車いす・シーティングの理論と実践

監修 ● 澤村誠志　伊藤利之
編集 ● 日本車椅子シーティング協会

はる書房

刊行にあたって

　わが国で重度の障害児一人ひとりに目を向けて、個別的に快適に座らせる工夫が始まったのは今から 50 年前のことと記憶しています。私は当時肢体不自由児施設に勤務していましたが、座ることよりもいかに立って歩くか、あるいは上肢の機能をいかに改善するかに重点が置かれていました。しかし、体幹や四肢の機能障害によって日常生活に必要ないろいろな姿勢をとることが困難である重度の障害児・者に対して、座位保持装置は単なる姿勢の保持のみならず、体幹の安定による口腔機能、呼吸循環機能、発声機能など多くの身体機能の改善に大きな役割を果たすことが次第に認識されるようになりました。さらに、座位保持装置は上肢作業能力の向上や ADL 全般における介助量の軽減など日常生活において、さらに地域における生活圏の拡大など心理社会的側面の改善においても大きく寄与するようになっています。

　1970 年代に重度身体障害児・者に「座位保持いす」が認められ、その後 1990 年に座位保持装置が独立した種目として認められ、2002 年には座位保持装置は「身体部位区分」「基本工作法」「製作要素」「完成用部品」に構成することとし、受託報酬の額に関する基準が決められました。また、2000 年からは高齢者に対する介護保険サービスのなかで福祉用具、特に車椅子のレンタル事業が顕在化し、個々の体幹の変形、筋力の低下などにより立位や歩行が困難となった高齢者にとっても、今後座位保持装置を含むシーティングの重要性が指摘されています。それだけに体系だった知識・情報などが要求されます。

　「シーティング」とは、人の座位姿勢とそれを重力空間上で保持するための用具で構成されると定義されています。現状の補装具費支給制度においては、「車椅子」と「座位保持装置」とが別個に捉えられていますが、本来は一体化した形で評価・支給されるべきでありましょう。また、椅子や車椅子などに座った状態を身体的に・社会的に最適な形で具現化するには、医療のみならずリハ工学面など、多職種によるチームアプローチが必要です。臨床の場では医療（医師・看護師・PT・OT・ST・義肢装具士など）の多職種の参加によって使用者が最も適切な動作や行為を行える姿勢を見つけ出し、座位保持装置の供給事業者はその目的に適合する用具を製作提供するというプロセスが大切です。さらに、このシーティング技術は、臨床の場から在宅生活の場、教育就労の場などで使用者の QOL 向上のために活かされるべきでしょう。

　しかし、残念ながらわが国の義肢装具の領域では、シーティングに関する教育が後れ、研究開発に関する情報が長く疎かにされていたように思われます。これを補うために、日本車椅子シーティング協会による車いす・シーティング基礎技能者講習会やシーティングエンジニア養成講習会が行われ、講習会用のテキストが作成されました。しかし、わが国での座位保持装置の供給・普及の現状をみると、地域間の格差

や、製作・供給事業者の技術格差があり、わが国全体にシーティングに関する基本知識・技術を集約した書籍が必要です。

　今回日本車椅子シーティング協会が、わが国の先駆者の方々による編集委員会を設置・企画され、車椅子や座位保持装置などに関係する多くの職種の人々が共通して利用できる体系づけた本書が作成され発刊の運びとなりました。待望のテキストです。本書が、医療・福祉・工学・教育など幅広い分野で活用され、多くの障害者・高齢者のADL・QOLを高めることを望んでおります。

　　　2014年2月

　　　　　　　　　　　　　　　　　　　　　　　　　　　　　　　　澤村誠志
　　　　　　　　　　　　　　　　　　　　　兵庫県立総合リハビリテーションセンター名誉院長

監修のことば

　リハビリテーションの世界でシーティングを必要とする対象は、椅子などに安定して座れない重度の障害児・者か高齢者だが、本書は、そのような方々に座位保持装置や車椅子を提供する技術者のために編纂されたテキストである。

　座位保持装置や車椅子におけるシーティングの視点は、義肢や装具と異なり、身体構造と機能を補完・代替するのではなく、人間としての生活スタイルを支援することにある。また、処方や製作の目的は移動だけでなく、適切に静止・安定した姿勢や目的活動を促す姿勢を維持することにあるため、身体との適合にも一定のゆとりが必要である。さらに、生活環境や介助力によっては適切な姿勢を求めることができず、家族全体の生活スタイルを優先しなければならないことも多い。そのため、身体構造・機能の評価を根拠とした医学的視点だけでは判定が難しく、多職種から成るチームの多角的視点に立った評価が不可欠である。

　しかし、たとえチームで対応したとしても科学性の乏しさは否めず、当事者にとっては「拘束」だとしても、それがリラクゼーションして長時間座っていられる適切な姿勢と判断されてしまうことも稀ではない。本書は、少なくともそのようなシーティングの考え方を是正したいとの願いを込め、その基本的な知識やリハビリテーション過程における位置づけを重視して編纂した。

　わが国におけるシーティングの歴史は浅く、テキストといってもいまだ科学的根拠に乏しい事項も含まれている。そのため、本書は必ずしも完成度が高いとはいえないが、裏を返せば、わが国のシーティング関係者が到達した現時点の水準を反映したものでもある。それだけに、未来に向かって多くの臨床経験を積みながら、より高みへと発展していくことが期待される書である。

　本書の刊行には企画段階から足掛け5年を費やした。その間に企画案を大幅に変更したこともあり、執筆を分担された方々には多大なご迷惑をお掛けしてしまった。これは監修を依頼された私の責任であり、この場をお借りして深くお詫び申し上げたい。

　なお、本書は日本車椅子シーティング協会の編集であり、研修会のテキストとして位置づけられているが、その対象は広く義肢装具士、福祉用具製作工房などの製作者・供給事業者のみならず、医師をはじめとするリハビリテーション専門職、福祉用具プランナーや福祉用具専門相談員など、シーティングに関係する多くの方々を想定している。できれば、本書が関係者の方々の仕事の糧となり、わが国のシーティング技術の発展とサービスシステムの充実につながれば幸いである。

2014年1月

伊藤利之
横浜市リハビリテーション事業団顧問

はじめに

　近年、車椅子や座位保持装置など用具の普及に伴い、シーティングに対する関心は年を経るに従い大きくなってきています。身体障害児・者の社会参加やQOLへの意識が高まり、用具についてより深い知識や技術の向上が求められています。また、立位や歩行が困難になった高齢者にとっても、寝たきりを予防するためにシーティングの重要さが指摘されてきています。

　しかし、用具の供給に関する考え方や製作技術については、地域ごと、施設ごと、供給事業者ごとに委ねられている部分が大きく、地域間格差や技術格差を生みやすい状況にありました。

　とりわけ、現在のようにシーティングの考え方や技術が日々進化を遂げている状況のもとでは、以前にも増して格差の広がる可能性があります。

　日本車椅子シーティング協会では、このような状況に鑑み、車椅子や座位保持装置などに関わる多くの職種に活用いただけるテキスト作りが急務と考えました。

　本書はつぎの方針によって編集されています。
1. 車椅子や座位保持装置などの用具の製作にあたり、必須である医学・工学や製作技術、使い方など、基礎から応用、実践までをカバーする内容とし、シーティングに関する知見の体系化をはかる。
2. チームアプローチによる用具の供給・製作を実現するため、知識や言語の共有化をはかる。
3. 現時点での最先端のシーティング知識と技術を集める。
4. 初心者から熟練者まで、その経験のレベルにかかわらず幅広い利用を可能にする。
5. 必要に応じて知識や技術の再学習・再修得を行えるものとする。

　そのために多職種からなる30名の執筆者および9名の編集委員の力をお借りしました。

　また、伊藤利之先生には『車いす・シーティング』に引き続いて監修をお引き受けいただきました。木之瀬隆氏には編集委員会委員長として委員会を取りまとめるとともに、筆者との調整も時にお願いしました。

　なお、当初の予定からは大幅な刊行の遅れとなり、関係各位に深くお詫び申し上げる次第です。

　本書が基礎テキストとして活用されることを通じて、車椅子や座位保持装置などの

用具と関わりをもつすべての職種の方々の間で、言語（用語）の共通化がはかられ、シーティングに関する知識の共有化と技術の平準化が進むことを願っています。そして、各地で使用者の笑顔に出会えることを期待しています。

2014 年 3 月

一般社団法人日本車椅子シーティング協会

執筆者　※執筆順

氏名	所属	担当章（節・項）
伊藤利之 医師	横浜市リハビリテーション事業団	2章、6章1.3.8
秋田　裕 理学療法士	公益社団法人神奈川県理学療法士会	3章1.1〜1.4、2.1
玉垣　努 作業療法士	神奈川県立保健福祉大学リハビリテーション学科	3章1.5、6章3.3
岸本光夫 作業療法士		3章2.2、2.3、3.2、6章1.2.1、1.3.7
染谷淳司 理学療法士	東京小児療育病院みどり愛育園	3章2.4
河野洋一 医師	療養介護事業所ひなた家	3章3.1、6章1.2.2〜1.2.6
木之瀬隆 作業療法士	シーティング研究所	3章4.、6章1.2.7、3.2
沖川悦三 リハビリテーション工学士	神奈川県総合リハビリテーションセンターリハ工学研究室	4章2.1、2.2、2.3.3
米田郁夫 リハビリテーション工学	西九州大学健康福祉学部スポーツ健康福祉学科	4章2.3.1、2.3.2
北野義明 リハビリテーション工学士	石川県リハビリテーションセンターバリアフリー推進工房	4章3.、7章7.3
繁成　剛 リハビリテーション工学士、人間環境デザイン	東洋大学ライフデザイン学部人間環境デザイン学科	4章4.
大鍋寿一 PhD（工学博士）	新潟医療福祉大学名誉教授（福祉工学・支援技術）	5章2.、3.
小池純子 医師	横浜市総合リハビリテーションセンター	6章1.1、2.
中谷勝利 医師	心身障害児総合医療療育センター	6章1.3.1〜1.3.6
米﨑二朗 作業療法士	大阪市援助技術研究室	6章3.4
飯島　浩 リハビリテーション工学士、シーティングエンジニア	横浜市総合リハビリテーションセンター	7章5.、6.、8.
松尾清美 リハビリテーション工学、福祉健康科学	佐賀大学医学部附属地域医療科学教育研究センター	7章7.2、7.4

日本車椅子シーティング協会 ……………… 1章、4章1.、4章5.、5章1.、6章3.1、7章1.〜4.、7.1

光野有次　　でく工房
シーティングエンジニア

菅原史生　　風の郷工房
シーティングエンジニア

神谷　健　　そう工房
シーティングエンジニア

網野敏広　　あみの工房
シーティングエンジニア

白江克治　　シラエ

作本喜則　　サウス
シーティングエンジニア

渡部憲士　　がく
シーティングエンジニア

松枝秀明　　きさく工房
シーティングエンジニア

沖ちなみ　　となりの工房
シーティングエンジニア

川原垣嘉久　きさく工房
シーティングエンジニア

古松弘喜　　こまつ家具工房

安田富男　　ヤスダ・ブレース
シーティングエンジニア

高橋良明　　ケアベアーズ
シーティングエンジニア

車いす・シーティングの理論と実践
CONTENTS

刊行にあたって　澤村誠志 ……………………………………………………………………… iii
監修のことば　伊藤利之 ………………………………………………………………………… v
はじめに　日本車椅子シーティング協会 ……………………………………………………… vii
執筆者一覧 ………………………………………………………………………………………… ix

基礎編

第1章　基本事項

1. 基本用語　005
　1.1　姿勢の定義　005
　1.2　座位　005
　1.3　シーティング　006
　　1.3.1「シーティング」という用語／1.3.2「シーティングシステム」と「座位保持装置」／1.3.3　シーティングエンジニア／1.3.4　QOLとシーティング／1.3.5　姿勢保持、ポジショニング、ポスチュアリング
　1.4　調節と調整　007

2. 座位保持装置および車椅子の定義　008
　2.1　座位保持装置の定義　008
　2.2　車椅子の定義と給付対象者　008

3. 補装具　009
　3.1　補装具の定義　009
　3.2　補装具費支給制度の概要　009

4. 日常生活用具　010
　4.1　日常生活用具の定義　010
　4.2　地域生活支援事業による日常生活用具支給制度の概要　010

5. 福祉用具の定義と分類　011
　5.1　「支援機器」と「福祉用具」　011
　5.2　身体に対する密着度による福祉用具の分類例　011

6. 介護保険による福祉用具貸与（レンタル）および購入費支給制度の概要　013
　6.1　介護保険制度の概要　013
　6.2　福祉用具貸与制度　013
　6.3　福祉用具購入費支給制度　014

第2章 リハビリテーションにおけるシーティング

1. リハビリテーションの視点　019
- 1.1 目標としてのQOL　019
- 1.2 福祉用具の役割　020

2. シーティングの評価と支援計画　021
- 2.1 評　価　021
- 2.2 支援計画　022

3. シーティングの効果と限界　024
- 3.1 効　果　024
- 3.2 限　界　024

4. チームアプローチと福祉用具の支給　025
- 4.1 チームアプローチ　025
- 4.2 公的支給システム　025

5. フォローアップのあり方　027

第3章 医学の基礎知識

1. 身体の構造・機能　031
- 1.1 神経系　031
  - 1.1.1 中枢神経系／1.1.2 末梢神経系
- 1.2 筋骨格系　033
  - 1.2.1 骨格系──骨の機能／1.2.2 骨の構造／1.2.3 頭蓋骨／1.2.4 脊柱／1.2.5 胸郭／1.2.6 上肢骨／1.2.7 骨盤／1.2.8 下肢骨／1.2.9 関節／1.2.10 筋系──筋肉の種類・機能／1.2.11 骨格筋の構造／1.2.12 筋の名前の由来／1.2.13 代表的な骨格筋／1.2.14 骨格筋の分類／1.2.15 筋活動と運動の原則
- 1.3 呼吸器・循環器・消化器系　043
  - 1.3.1 呼吸器系／1.3.2 循環器系／1.3.3 消化器系
- 1.4 摂食・嚥下機能　045
- 1.5 排泄のメカニズム　046
  - 1.5.1 排尿のメカニズム／1.5.2 排尿と姿勢の関係／1.5.3 排便のメカニズム／1.5.4 排泄姿勢

2. 運動学　049
- 2.1 身体運動の基礎　049
  - 2.1.1 体表の区分／2.1.2 基本肢位／2.1.3 姿勢の安定性に影響する因子（重心の位置、重心線、支持基底面）／2.1.4 関節運動時の面と軸／2.1.5 人体の方向を示す用語／2.1.6 関節運動の表し方／2.1.7 身体運動の力学／2.1.8 骨格筋の役割と分類／2.1.9 各基本面からみた姿勢の特徴
- 2.2 姿勢運動　058
  - 2.2.1 正常発達を学ぶ意義／2.2.2 シーティングのための（正常）姿勢運動の知識／2.2.3 シーティングへの応用

- 2.3 よい姿勢と異常姿勢　064
  - 2.3.1 よい姿勢の考え方／2.3.2 異常姿勢とその支援
- 2.4 姿勢の分類　067
  - 2.4.1 体位（position）／2.4.2 構え（attitude）／2.4.3 各種姿勢の因果関係／2.4.4 頭部−体幹アライメントを決定する要素

3. 拘縮と変形　079
- 3.1 概　略　079
  - 3.1.1 拘縮／3.1.2 変形／3.1.3 変形の構築性要素と変動性要素
- 3.2 発生機序　080

4. 褥瘡の基礎　082
- 4.1 褥瘡とは　082
- 4.2 褥瘡発生のメカニズム　082
- 4.3 褥瘡予防の考え方　083
- 4.4 発生予測　083
  - 4.4.1 好発部位／4.4.2 発生の予測方法

▶▶▶コラム　身体各部は連動している　065

参考：シーティングに重要な股関節、膝関節の周辺筋　074

第4章 用具の種類と機能

1. 座位保持装置　093
- 1.1 座位保持装置のフレームと機能　093
  - 1.1.1 フレーム選択の際の留意事項／1.1.2 背座角度固定型／1.1.3 背座角度可変（後傾型）／1.1.4 前傾前受け型／1.1.5 昇降型／1.1.6 フレックス構造／1.1.7 構造フレームに車椅子・電動車椅子を使用する場合の留意点
- 1.2 身体支持部の種類と機能　097
  - 1.2.1 バックサポート〔背もたれ〕・シート〔座面〕／1.2.2 ヘッドサポート〔頭部支え〕／1.2.3 レッグサポート〔下腿支え〕／1.2.4 フットサポート〔足台〕
- 1.3 その他の付属品　100
  - 1.3.1 テーブル部〔カットアウトテーブル〕／1.3.2 前受けクッション（テーブル付属品）／1.3.3 高さ調整台／1.3.4 その他付属品

2. 車椅子　102
- 2.1 種類（分類）と機能　102
  - 2.1.1 駆動方法／2.1.2 駆動輪位置／2.1.3 フレーム構造／2.1.4 製造方法／2.1.5 その他の構造
- 2.2 各部の名称と機能　110
  - 2.2.1 キャスタ／2.2.2 駆動輪（主輪）／2.2.3 ブレーキ／2.2.4 ハンドリム／2.2.5 フット・レッグサポート／2.2.6 フットサポート／2.2.7 レッグサポート／2.2.8 アームサポート／2.2.9 転倒防止装置／2.2.10 スポークカバー
- 2.3 車椅子に関する力学　121
  - 2.3.1 車輪の力学／2.3.2 車椅子走行と駆動の力学／2.3.3 車輪アライメントと走行性能

※ 工学的根拠 ………………………………………… 140

3. 電動車椅子　144
    3.1 種類と機能　144
        3.1.1 分類と名称／3.1.2 車体構造
    3.2 操作装置の種類と工夫　151
        3.2.1 操作装置の種類／3.2.2 操作装置の配置・固定／3.2.3 走行特性の調整／3.2.4 操作姿勢と操作部位／3.2.5 操作能力に応じた操作装置の適用
    3.3 電気回路（駆動装置）　159
        3.3.1 回路の構成／3.3.2 走行操作以外の工夫／3.3.3 バッテリ
4. その他の姿勢保持装置　163
    4.1 排泄用（トイレットチェア）　163
    4.2 入浴用（バスチェア）　163
    4.3 車内用（カーシート）　164
    4.4 立位保持装置　165
        4.4.1 直立位（スタンディングフレーム、スタンディングテーブル）／4.4.2 前傾位（プロンボード、膝立位保持具など）／4.4.3 後傾位（スーパインボード、ティルトテーブルなど）
    4.5 臥位保持装置　166
        4.5.1 腹臥位／4.5.2 側臥位／4.5.3 背臥位
    4.6 歩行器　167
5. 周辺機器　169
    5.1 人工呼吸器　169
    5.2 酸素ボンベ（酸素ボンベ架）　170
    5.3 パルスオキシメータ　170
    5.4 吸引器　171
    5.5 点滴ポール（栄養パック取付用ガートル架）　171
    5.6 輸液ポンプ　172

第5章　材料・構造・力学

1. 機能材料　177
    1.1 クッション材（素材）　177
        1.1.1 ポリウレタンフォーム／1.1.2 ポリエチレンフォーム／1.1.3 ポリスチレンフォーム（発泡スチロール）／1.1.4 ゴムスポンジ／1.1.5 フォームラバー／1.1.6 合成繊維立体構造体／1.1.7 合成樹脂立体構造体／1.1.8 クッション材の変遷
    1.2 張り生地　181
        1.2.1 素材別の機能性／1.2.2 素材の種類と特性・織り
2. 構　造　182
    2.1 構造材（structural material）　182
        2.1.1 金属（metal）／2.1.2 木材（wood）／2.1.3 プラスチック（plastic）／2.1.4 複合材料（composite material）
    2.2 構造部品（structural component）　189
        2.2.1 メカニカル・ロック（バネシリンダー）／2.2.2 ガスシリンダー・ロック／2.2.3 電

動直動アクチュエータ／2.2.4 ダイヤルロック
- 2.3 ボルト・ナット類（bolt, nut） 191
    - 2.3.1 ねじの基礎／2.3.2 ボルト（bolt）／2.3.3 ナット（nut）／2.3.4 ボルト・ナットの緩み止めの方法

3. 材料・構造・力学 195
- 3.1 材料力学の基礎 195
    - 3.1.1 材料の物理的特性／3.1.2 引張試験（tension test）／3.1.3 疲労試験（fatigue test）／3.1.4 衝撃試験（impact test）／3.1.5 許容応力（allowable stress）と安全率（factor of safety）／3.1.6 曲げ応力（bending stress）／3.1.7 有限要素法による構造解析
- 3.2 トグル機構（倍力機構：toggle joint） 201

応 用 編

第6章 評価と処方、その対応

1. 評 価 209
- 1.1 疾患別による留意点 209
    - 1.1.1 脳卒中／1.1.2 脊髄損傷/頸髄損傷／1.1.3 筋萎縮性側索硬化症（ALS）／1.1.4 脳性麻痺／1.1.5 二分脊椎／1.1.6 デュシェンヌ型筋ジストロフィー（DMD）／1.1.7 その他の姿勢保持が必要な疾患
- 1.2 障害種別による留意点（1）──肢体系障害 224
    - 1.2.1 筋緊張の異常／1.2.2 筋力の評価／1.2.3 筋力コントロールと筋力の向上／1.2.4 筋力低下の類別／1.2.5 立位と座位における筋活動／1.2.6 拘縮と変形／1.2.7 褥瘡
    - ※ 褥瘡対応事例1 ································ 255
    - ※ 褥瘡対応事例2 ································ 257
- 1.3 障害種別による留意点（2）──内部系、精神・神経系障害 260
    - 1.3.1 呼吸障害／1.3.2 循環／1.3.3 消化器／1.3.4 誤嚥／1.3.5 覚醒度（薬の影響）／1.3.6 体温調節／1.3.7 重症心身障害と知的障害／1.3.8 意識障害

2. 処 方 283
- 2.1 適応と処方 283
    - 2.1.1 適応／2.1.2 評価に基づいた処方
- 2.2 適合判定 290
    - 2.2.1 適合判定のポイント／2.2.2 効果測定
- 2.3 フォローアップ、姿勢管理の重要性 291

3. シーティングの実際 292
- 3.1 一般的な車椅子の問題点 292
    - 3.1.1 スリング式の問題点／3.1.2 リクライニング機構の問題点
- 3.2 高齢者 293
    - 3.2.1 高齢者を取り巻く車椅子環境／3.2.2 高齢者の廃用症候群／3.2.3 座位姿勢の問題

点の運動学的解釈／3.2.4 高齢者の車椅子の問題点／3.2.5 高齢者・脳血管障害のシーティング対応／3.2.6 高齢者の身体拘束の解決に向けて

　　⊠ 高齢者のシーティング　事例1 ……………………… 303
　　⊠ 高齢者のシーティング　事例2 ……………………… 304

3.3 脊髄損傷　306
　　3.3.1 脊髄損傷の特性／3.3.2 脊髄損傷者に求められる車椅子の要素／3.3.3 長い人生を過ごすことを考慮した座位姿勢への配慮／3.3.4 臨床で見られる問題点／3.3.5 車椅子上での座位姿勢／3.3.6 脊髄損傷者の車椅子／3.3.7 頸髄損傷者の車椅子／3.3.8 ADLを念頭に置いた車椅子／3.3.9 より高いニーズに対しての試み

3.4 運動発達期の障害　314
　　3.4.1 脳性麻痺／3.4.2 筋ジストロフィー／3.4.3 運動発達期の障害に対する車椅子適合支援の留意点

　　▶▶▶コラム　活動と休息　230
　　　　　　『褥瘡予防・管理ガイドライン』と車椅子クッションの選定　252
　　　　　　下顎や舌にかかる重力の影響　263
　　　　　　気管カニューレ　266
　　　　　　SpO_2　269

　　参考：障害・症状状況一覧表　327

第7章　採寸・採型から実用まで

1. 採寸・採型の考え方とポイント　341

1.1 姿勢保持の考え方と流れ ── 身体評価から採寸・採型まで ──　341
1.2 身体評価　341
　　1.2.1 身体評価項目／1.2.2 身体評価を行ううえでの留意点／1.2.3 問題点の抽出と対策・対応の整理
1.3 使用目的・使用環境　343
　　1.3.1 使用目的／1.3.2 使用環境
1.4 姿勢の決定（選択）　344
　　1.4.1 姿勢の考え方／1.4.2 選択の留意点／1.4.3 構えと体位／1.4.4 バックサポート〔背もたれ〕重視の考え方／1.4.5 高度の脊柱側彎の場合における前額面での重力方向ならびに水平面での装置正面の方向の考え方
1.5 装置に求められる機能　347
　　1.5.1 身体支持部ならびに姿勢保持パーツ／1.5.2 フレーム機構ならびに調節機構など
1.6 採寸・採型　348
　　1.6.1 採寸・採型を行ううえでの留意点／1.6.2 採寸・採型の特徴／1.6.3 採寸のポイント／1.6.4 採型のポイント

2. 設　計　354

2.1 設計上の留意点　354
2.2 設計の手法・手順　355
　　2.2.1 身体図を描く／2.2.2 身体支持部の設計／2.2.3 構造フレームの設計・動きの確認

3. 製　作　358
　3.1　クッション材の加工に使用する工具　358
　3.2　身体支持部の種類と機能　359
　　　3.2.1 シート張り調節型／3.2.2 平面形状型／3.2.3 モールド型シート〔座面〕、バックサポート〔背もたれ〕の製作／3.2.4 ヘッドサポート〔頭部支え〕
　3.3　付属品　365
　　　3.3.1 パッド類／3.3.2 ベルト類

4. 既成パーツ・完成用部品の利用　369

5. 仮合わせ　370
　5.1　身体への適合判定　370
　　　5.1.1 装置に乗せるときの留意点／5.1.2 評価
　5.2　問題解決への適合　372
　　　5.2.1 側方からの使用者と装置の関係／5.2.2 バックサポート〔背もたれ〕の角度／5.2.3 シート〔座面〕／5.2.4 シート・レッグサポート〔下腿支え〕／5.2.5 レッグサポート・フットサポート〔足台〕／5.2.6 シートとバックサポートの形状の適合／5.2.7 ヘッドサポート〔頭部支え〕／5.2.8 上肢の支持／5.2.9 フレーム・クッション・張り地などの決定／5.2.10 クッション・張り地のフィット感／5.2.11 試用

6. 完成チェックと納品　376

7. 使い方　377
　7.1　過用・誤用　377
　　　7.1.1 過用／7.1.2 誤用／7.1.3 その他の注意点
　7.2　車椅子　378
　　　7.2.1 車椅子からの移乗方法／7.2.2 車椅子でのさまざまな移乗場面／7.2.3 車椅子を自動車へ乗せ降ろしする方法／7.2.4 社会環境下での使い方
　7.3　電動車椅子　391
　　　7.3.1 使用環境／7.3.2 乗り降り／7.3.3 生活応用／7.3.4 電動車椅子活用のために
　7.4　車椅子の使い方全般について　392

8. フォローアップとメンテナンス　393
　8.1　機構的なメンテナンス　393
　8.2　使用者と装置の適合性チェック　393
　　　8.2.1 子どもの成長による変化／8.2.2 状態の変化・変形の進行／8.2.3 筋力低下／8.2.4 呼吸状態・誤嚥／8.2.5 筋緊張の状態／8.2.6 季節による着衣の変化／8.2.7 使用環境や家族状況の変化／8.2.8 フォローアップとメンテナンスの経費

　▶▶▶コラム　製作者のモラル　395

編集後記　木之瀬隆　……………………………………………………………………397
索引　………………………………………………………………………………………399
監修者および編集委員　…………………………………………………………………406

＊本書では、「手動車椅子・電動車椅子」に関連した用語はJIS（JIS T 9201：2016およびJIS T 9203：2016；日本工業標準調査会）用語に、「姿勢保持」「人体寸法」「褥瘡防止装置」に関連した用語はSIG（日本リハビリテーション工学協会）用語に、それぞれ概ね準拠・統一している。なお、一部補装具費支給制度の用語を併記した箇所もある。その場合、制度用語は〔　　〕内に表記した。

基礎編

第1章

基本事項

> **本章の概要**

　この書籍はシーティングを実務とする方に向けて執筆・編集されている。この章では、基本用語の説明と用具を使用するときに利用できる福祉制度について解説しているので、最初にこの第1章から目を通していただきたい。

　用語については立場が異なれば違った解釈もあると思われるが、現在の協会としての統一した考え方ということで、ご理解願いたい。

　福祉制度は社会の現在のあり様を反映しているものなので、当然だが時代とともに変化していく。技術の革新によってもその変更は必要だろうし、現場の実態が変化すれば、それにより即したものに改善されるべきであろう。そのためにも現状をここに明記しておく。

1. 基本用語

1.1 姿勢の定義

姿勢（posture）とは、辞典によると"からだつき、からだの構えや心の持ち方"などと説明されている。本書では生体を取り扱う立場で、姿勢を「構え」と「体位」の2つの概念で構成されるものとして解説する（図表1-1）。

構え（attitude）というのは、身体各部の相対的位置関係を表すものであり、体幹前屈位や上肢伸展位などで表現する。体位（position）とは、身体全体の重力方向に対する位置関係を示しており、臥位、座位、立位などで表現されている。

姿勢のさまざまな表現のなかで「抗重力姿勢」というものがあり、腹臥位で頭部を持ち上げている姿勢から立位まで、身体が重力に抗している状態を指している。これとは逆の表現が「従重力姿勢」であり、その代表が背臥位である。また「活動的姿勢」や「休息的姿勢」といった用語は、体位を指したものではなく姿勢の目的を表現したものであり、「動的姿勢」や「静的姿勢」も同義語である。

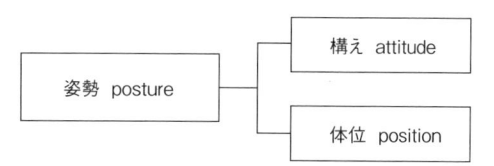

図表1-1 姿勢の構成要素

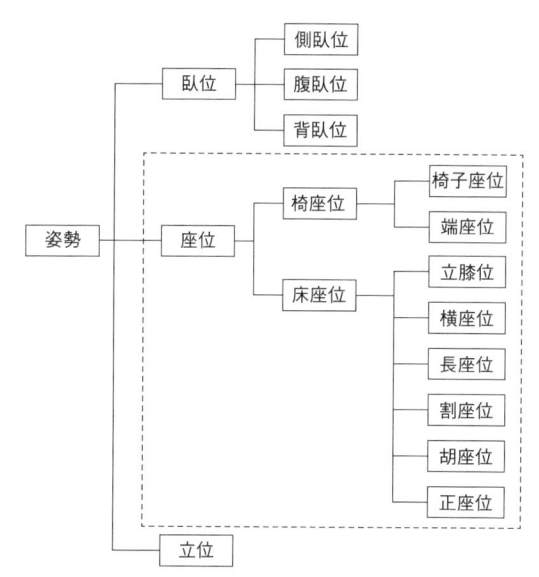

図表1-2 姿勢の分類

1.2 座位

座位は、上述したヒトの基本的な体位の一つで座った姿勢のことをいう。一口に座位といってもさまざまな「構え」があり、その分類は統一されていない。そこで本書では、とりあえず姿勢を図表1-2のように分類し、用語を統一した。

椅子に腰かけた座位を「椅座位」と称し、座位を「椅座位」と「床座位」に大きく分類する。さらに椅座位には、バックサポート〔背もたれ〕で背部を支える「椅子座位」があり、バックサポートの高さと後傾角を増すほど休息的度合いが大きくなる。もう一方に分類される「端座位」はベッドの端などに座る姿勢で、バックサポートなどの体幹の支えのない筋力やバランス感覚が要求される活動的な姿勢である。また本書では、頭部・体幹を前傾して座る椅子も多く紹介しているが、このような姿勢も椅子座位に分類する。主に介護の分野で「半座位」という表現をよく聞くが、ギャッチアップベッドで上半身を少し起こした姿勢を指してい

ることが多い。

「床座位」には、正座、胡座（あぐら）、割座、長座、横座、立膝などがあり、さまざまな生活様式の影響を受けた文化的背景が推察される。

ヒトにとっての座位は、臥位と立位・歩行の中継点であり、同時に食事、学習、作業、交流、休息など多くの意義がある。また発達や健康維持においても重要な役割を果たしており、これらについては、本書の多くのところで解説されている。

1.3 シーティング

1.3.1 「シーティング」という用語

本書ではシーティング（seating）を、「単に座らせること」と定義する。

「シーティング」という用語は、本書では書名にも使われているように最も重要なキーワードであるが、実は比較的新しい言葉であり、医療関係者や用具供給事業者、それに福祉・教育関係者などによって、それぞれの立場で用いられているのが現状である。

それらにおいて共通しているのは、うまく座らせるための工夫や技術を指す言葉としても使われていることである。また、車椅子のみならず、パソコンの前での事務仕事や椅子に座って組立作業などに従事する人、あるいは長距離ドライブなどで長時間座位をとらざるを得ない人にも必要な技術である。これらは従来人間工学の一分野として取り扱われてきた技術やノウハウである。

1.3.2 「シーティングシステム」と「座位保持装置」

アメリカでは「シーティングシステム（seating system）」という言葉がすでに1980年代には用いられていたが、わが国では1990年に「シーティングシステム」が「座位保持装置」と翻訳され、それまでの「座位保持いす」では対応できない場合に、新たに補装具基準表に加えられた「座位保持装置」が用いられることになった。補装具基準表の「座位保持装置」では、義肢装具と同様、基本工作法や基本フレーム、そして各パーツが定められ、それぞれに価格も設定されていて、それを積算したものが制度価格として認められている。

また、「シーティングシステム」は、広義には、座位に関するすべての構成要素（例えばフレーム機構やパーツなど）の集合体としてその仕組み（ハードウェア）を意味するだけでなく、座ることに関して、医学・運動学・人間工学などを包括する概念としても使われている。

1.3.3 シーティングエンジニア

シーティングシステムを工学的に研究・開発し、使用者の生活に貢献していくことが「シーティングエンジニアリング（seating engineering＝姿勢保持工学、座位保持工学）」であり、それを実行する者を「シーティングエンジニア（seating engineer）」と呼ぶ。

日本車椅子シーティング協会では、シーティングに関して一定の知識と技術をもつ者を、「シーティングエンジニア」として認定している。

1.3.4 QOLとシーティング

リハビリテーションの目標である「クオリティ・オブ・ライフ（quality of life: QOL）」については、「生命の質（生物レベル）」、「生活の質（個人レベル）」、「人生の質（社会レベル）」と、それぞれのステージに分けて細かく分析がなされ、具体的な対応が要求されている。これは、英語の"Life"という言葉が本来もっている3つの意味に着目した考え方である。

シーティングにおいても、この3つのレベルからの検討と対応が必要である。一般的にはADL（activities of daily living＝日常生活動作または日常生活活動）の観点から「生活の質」への対応が図られることが多いが、それだけでなく「生命の質」という観点、すなわち「苦痛の有無や程度」や「生理的な不快さ」などへの対応が必要である。「生理的な不快さ」とは、

呼吸・嚥下・排泄などの障害による不快さである。また "Life" の「人生」という意味合いからは、日常生活を長期的なスパンで検討する観点で、住環境や社会参加についても検討がなされなければならない。

1.3.5 姿勢保持、ポジショニング、ポスチュアリング

本書のなかで、「姿勢保持」「ポジショニング」「ポスチュアリング」という用語が多く使われているが、本書ではすべて "人にある姿勢をとらせること" の同義語としておく。医療・教育・介護の領域でよく使われる、姿勢づくり、日常姿勢援助といった表現も同様の意味をもつものである。

本書のテーマであるシーティングとの関連でいえば、シーティング≦ポジショニング≦ポスチュアリングであり、ポスチュアリングはいわば姿勢の選定を総括した概念になる（図表1-3）。

1.4 調節と調整

「調節」と「調整」は、日常はよく似た意味で使われているが、明らかに使い分けられている場面もある。例えば、エレベータのメンテナンスの場合、「調整中」と表示されることが多く、「調節中」という表示は見かけない。補装具の場合は「適合調節」ではなく、必ず「適合調整」と呼ばれている。

英語では、調節は control あるいは regulation であるし、調整は adjustment というように明確に異なる。

本書には随所に「調節」と「調整」という用語が出てくる。人体の生理機能としての「調整機能」、姿勢づくりの目的である「過緊張の調整」や「異常姿勢反射の調整」などで、用具の場合は「シート奥行調整」、「角度調整」などと使われている。

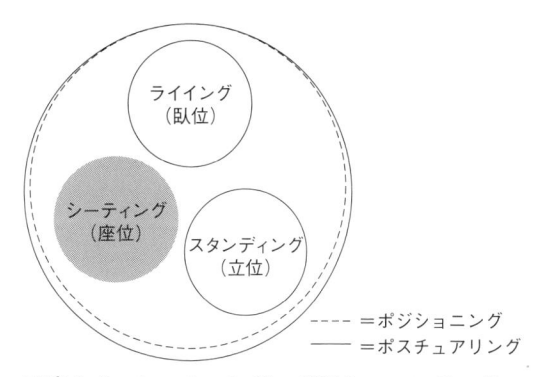

図表1-3 シーティング―ポジショニング―ポスチュアリング概念図

---- ＝ポジショニング
── ＝ポスチュアリング

この場合、用具に奥行や角度の「調節」ができる機構がついているので、使う人の身体状態に合わせて「調整」できるというように使い分けている。別の例を挙げると、温度や湿度の調節ができるエアコンが設置されていれば、その場に望ましい温度や湿度に調整できる、というような使い分けである。

身体の成長や変化に対応するには、調節できる仕組み（機構）がないと調整はできない。その場合、調整が目的（ゴール）であって、調節はその手段である。車椅子などの用具は、そのものの機構に着目して「角度調節型」と呼ばれたり、その目的から「角度調整型」とも呼ばれているが、現状はそのことが明確に区別されて使われているわけではない。

また、固有名詞や習慣的に使われている場合は、それに従っている。例えば「体温調節中枢」や「感覚調整障害」などである。

モジュール式の車椅子には調節がいくつもあるので、それを利用者の身体条件や使用環境に適合するように調整しなければならない。それができなければ「適合調整」とは呼べない。

2. 座位保持装置および車椅子の定義

2.1 座位保持装置の定義

　座位保持装置とは、体幹および四肢の機能障害により座位姿勢を保持する能力に障害がある場合に用いられるものである。身体機能障害の状況により、座位に類似した姿勢（いわゆる立位姿勢、膝立ち姿勢および臥位姿勢など）を保持する機能を有した装置についても、座位保持装置として取り扱うことができる。

　ただし、立位訓練を目的とするものは、座位保持装置の交付目的に馴染まないため、起立保持具の基準外として取り扱う。

2.2 車椅子の定義と給付対象者

　「車椅子」とは、身体の機能障害によって歩行困難となった者の移動に使われる福祉用具である。座席と大小の車輪などで構成され、手で車輪を動かす手動（自走用）車椅子や足駆動の車椅子、また自力で操作できない場合は手押し型（介助用）車椅子や電動車椅子などがある。

　車椅子を利用して日常活動を行う際には、その活動目的に適合した座位姿勢を保持する機能も必要で、特に長時間利用する場合には二次障害をできる限り軽減するためのシーティング技術も必要とされている。

　車椅子の対象者は、医学的な面からいえば歩行障害があって義肢・装具などの他の補装具によっても移動が困難な者である。

　また、道路交通法により、わが国では車椅子は「車両」ではなく「歩行者」として扱われている。

3. 補装具

3.1 補装具の定義

「補装具」とは、身体機能を補完し、または代替し、かつ長期間にわたり継続して使用されるものである。補装具は身体障害者福祉法および児童福祉法によって規定された用語で、次の3つの要件をすべて満たすものでなければならない。
①身体の欠損または損なわれた身体機能を補完、代替するもので、障害個別に対応して設計・加工されたもの
②身体に装着（装用）して日常生活または就学・就労に用いるもので、同一製品を継続して使用するもの
③給付に際して専門的な知見（医師の判定書または意見書）を要するもの

補装具の目的は、主に失われた身体機能を代償・補完することによって日常生活や社会参加（就学、就労など）を支援することにある。しかし身体障害児の場合は、機能障害による生活上の支障への対処を援護するだけでなく、これによって身体的条件の改善を図り、可能な限り正しい成長発達を促すことにも十分配慮する必要がある。

3.2 補装具費支給制度の概要

障害者自立支援法の施行により、2006（平成18）年10月からそれまでの現物支給が補装具費（購入費、修理費）の支給となった。2013（平成25）年4月以降は、「障害者の日常生活及び社会生活を総合的に支援するための法律（障害者総合支援法）」に移行している。

障害児・者が日常生活を送るうえで必要な移動などの確保や、就労場面における能率の向上を図ることおよび障害児が将来、社会人として独立自活するための素地を育成助長することを目的として、身体の欠損または損なわれた身体機能を補完・代替する用具について、購入または修理に要した費用（基準額）の100分の90に相当する額（補装具費）が支給される。補装具費の支給（購入または修理）を受けるには、支給を申請する時点で身体障害者手帳を所持し、判定などにより補装具費の支給が必要な障害状況と認められる必要がある。

補装具費の支給は、障害児・者への援護事業の一つとして各区市町村が行っている。補装具費の支給に際しては身体障害者（18歳以上）の場合は身体障害者更生相談所の判定が必要であるが、補装具の種類によっては医師の意見書による書類判定も可能である。また、身体障害児（18歳未満）に対する補装具費の支給には、原則として、意見照会機関の医師が作成した補装具費支給意見書が必要で、判定（または意見照会）機関は図表1-4のように区分されている。

図表1-4 判定の区分

	身体障害者	身体障害児
実施機関	区市町村	区市町村
支給対象	18歳以上	18歳未満
判定または意見照会機関	身体障害者更生相談所	指定自立支援医療機関
		保健所

4. 日常生活用具

4.1 日常生活用具の定義

日常生活用具支給制度は、重度障害者に対し自立生活支援用具などの日常生活用具を給付または貸与することなどにより、日常生活の便宜を図り、その福祉の増進に資することを目的としている。なお、障害者自立支援法の施行により2006（平成18）年10月から市町村地域生活支援事業の一つになった。

「日常生活用具」は次の3つの要件をすべて満たすものである。
①安全かつ容易に使用できるもので、実用性が認められるもの
②日常生活上の困難を改善し、自立を支援し社会参加を促進するもの
③製作や改良、開発にあたって障害に関する専門的な知識や技術を要するもので、日常生活品として一般的に普及していないもの

「補装具」と「日常生活用具」それぞれの定義を対照して、図表1-5に示す。

4.2 地域生活支援事業による日常生活用具支給制度の概要

障害者総合支援法に基づく支援は「障害福祉サービスに係る給付」と「地域生活支援事業」の二本柱で構成されており、事業の主体はいずれも市町村である。

補装具費支給制度は「障害福祉サービスに係る給付」に位置づけられているが、日常生活用具支給制度は「地域生活支援事業」の一環として運用されている。

日常生活用具の種目は以下のとおりで、そのなかから、障害者または障害児の保護者からの申請に基づき、支給決定を市町村が行っている。
①介護・訓練支援用具：身体介護を支援する用具や、障害児が訓練に用いる椅子など
②自立生活支援用具：入浴補助用具や聴覚障害者用屋内信号装置など入浴、食事、移動などの自立生活を支援する用具
③在宅療養等支援用具：電気たん吸引器や盲人用体温計などの在宅療養などを支援する用具
④情報・意思疎通支援用具：点字器や人工喉頭などの情報収集や情報伝達や意思疎通などを支援する用具
⑤排泄管理支援用具：ストマ用装具などの排泄管理を支援する衛生用品
⑥居宅生活動作補助用具（住宅改修費）：居宅生活動作を円滑にする用具で、設置に小規模な住宅改修を伴うもの

図表1-5　補装具と日常生活用具——定義の比較

補装具の定義	日常生活用具の定義
次の3つの要件をすべて満たすもの。 ①身体の欠損または損なわれた身体機能を補完、代替するもので、障害個別に対応して設計・加工されたもの ②身体に装着（装用）して日常生活または就学・就労に用いるもので、同一製品を継続して使用するもの ③給付に際して専門的な知見（医師の判定書または意見書）を要するもの	次の3つの要件をすべて満たすもの。 ①安全かつ容易に使用できるもので、実用性が認められるもの ②日常生活上の困難を改善し、自立を支援し社会参加を促進するもの ③製作や改良、開発にあたって障害に関する専門的な知識や技術を要するもので、日常生活品として一般的に普及していないもの

5. 福祉用具の定義と分類

5.1 「支援機器」と「福祉用具」

障害者などを支援する機器については、欧米では従来"technical aids"が使われてきた。日本語としては「福祉機器」や「福祉用具」と呼ばれている。その後、1990年代後半より"assistive technology"と呼ぶようになってきたが、"technology"の日本語訳に「機器」がないため、「支援技術」と訳されるなど混乱を生じている。

一方、ICF*の概念として機器類は環境因子と捉えられており、"products and technology（生産品と用具）"と表記されることから、ICFの立場に立った福祉機器を表す英語は"assistive products and technology"となる。ISO（国際標準化機構）においては、technologyではdeviceとsoftwareの両方を表せないため、productsを採用し、結局"assistive products"を使用することとなった。

以上のように英語表記の変遷があったわけであるが、日本においては、1993（平成5）年に成立した「福祉用具の研究開発及び普及の促進に関する法律（福祉用具法）」において「福祉用具」という用語が、「心身の機能が低下し日常生活を営むのに支障のある老人又は心身障害者の日常生活上の便宜を図るための用具及びこれらの者の機能訓練のための用具並びに補装具をいう」と定義付けされ、広く使われている（図表1-6）。

しかしながら、従来から使われている「福祉機器」や"assistive products"を直訳した「支援機器」が使用される場面もある。

5.2 身体に対する密着度による福祉用具の分類例

支援機器の分類にはいくつかの観点があると考えられるが、図表1-7に示したように、身体

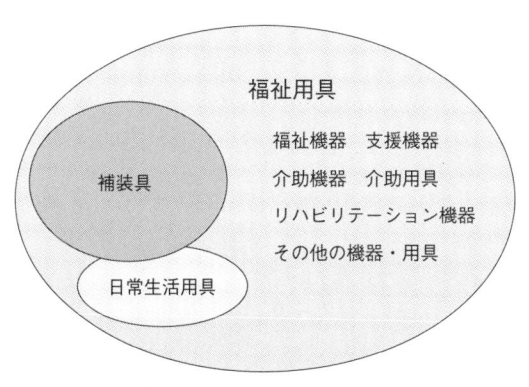

図表1-6 福祉用具の分類例

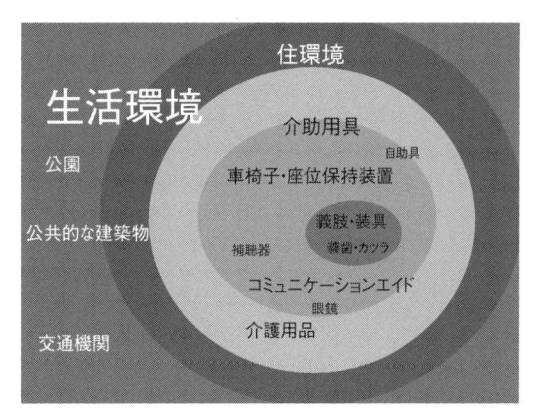

図表1-7 身体に対する密着度による福祉用具の分類

* International Classification of Functioning, Disability and Healthの頭文字をとったもので、わが国では「国際生活機能分類——国際障害分類改訂版」と呼ばれている。

に対する密着度による分類も考えられる。

まず身体に一番近いものとして、義肢・装具や義歯、人工肛門用のストマ装具が挙げられるが、ペースメーカーや人工内耳などの身体に埋め込む医療機器はさらに同心円の中心部分に分類されるべきものかもしれない。

次の同心円には、車椅子・座位保持装置、補聴器、眼鏡、コミュニケーションエイド、自助具（self-help device）*などの自ら使用する機器や用具が配置されている。これらは広い意味で、介助用具あるいは介助用品と呼ばれることもある。

その周囲には介助者が主に使用する介護用品（用具）**が分類される。具体的には紙おむつやポータブルトイレ排泄関連の用具から、介護用の電動ベッドや移乗用リフトが挙げられるであろう。

介助用品（用具）と介護用品（用具）は重なるものが多いが、自立的な活動をサポートする場面では介助用品（用具）と呼ばれ、どちらかというとお世話や見守りが多い場面で使われるものは介護用品（用具）と呼ばれている。

さらにその周囲に住環境整備があり、手すりやスロープ、一定の幅が確保された廊下や扉の開口幅、あるいはシャワー付便座や車椅子でも使いやすい洗面台や流し台、そしてホームエレベータなどの住宅設備が例として挙げられる。

最も外側には生活環境全体が取り巻いている。これには、道路や公共交通機関をはじめ各種施設、職場環境など、公設・民間を問わず社会的インフラ全体が含まれる。

図表1-7 からもわかるように、車椅子や座位保持装置などは、紙おむつや着脱が容易になる工夫を施された衣類などを除くと他の介護用品よりも身体への密着度は高い。身体への密着度の高い用具ほど身体状況との適合性が要求される。

* 食事、整容、更衣、書字（タイピング）など ADL（日常生活活動）や ASL（社会生活活動）の動作を容易にするための補助器具。
** 用品は品物で用具は道具の意味だが、生活現場ではほとんど同じように使われているのが実状。機器と呼ばれるものはモータなどが付き電動で動くものが多い。

6. 介護保険による福祉用具貸与（レンタル）および購入費支給制度の概要

6.1 介護保険制度の概要

　高齢化や核家族化の進展などに対処するため、要介護者を社会全体で支える新たな仕組みとして2000（平成12）年4月より介護保険制度が導入された。介護保険の保険者は原則として市町村および特別区で、広域連合や一部事務組合で運営されているケースも多い。介護保険の保険料は所得に応じて決められている。

　介護保険では満40歳以上の者が被保険者となる。うち65歳以上の者を第1号被保険者、40歳以上65歳未満の医療保険加入者を第2号被保険者という。40～65歳の者（第2号被保険者）でも、「特定疾病」に指定されている疾患の患者は年齢に関係なく、介護保険の認定対象となる。「特定疾病」とは、筋萎縮性側索硬化症（ALS）、脊髄小脳変性症、パーキンソン病、シャイ・ドレガー症候群、脳血管障害（脳出血、脳梗塞、くも膜下出血など）、骨折を伴う骨粗鬆症、初老期痴呆（アルツハイマー病）、後縦靱帯骨化症、脊柱管狭窄症、変形性関節症、慢性関節リウマチ、閉塞性動脈硬化症、慢性閉塞性肺疾患などである。

　介護サービスの利用にあたっては、まず被保険者が介護を要する状態であることが公的に認定（要介護認定）される必要がある。要介護認定は認定調査の結果をもとに保険者によって行われ、要支援1・2、要介護1～5の7つの段階に分けられる。これをもとに、どのような介護サービスを組み合わせて利用するかコーディネイトするのが介護支援専門員（ケアマネジャー）である。

　介護サービス事業者については、厚生労働省により開設基準が定められており、都道府県から指定を受ける必要がある。介護サービス事業者は、利用額の1割を利用者から徴収し、残りの9割については給付費を各都道府県に設置されている国民健康保険団体連合会へ請求する。国民健康保険団体連合会では9割の給付費を保険者から拠出してもらい、事業者へ給付する仕組みとなっている。

6.2 福祉用具貸与制度

　介護保険の対象となる福祉用具は、介護保険法によって、図表1-8のように定められている。

　「福祉用具貸与」とは、居宅要介護者に対して自治体により福祉用具（心身の機能が低下し日常生活を営むのに支障がある要介護者などの日常生活上の便宜を図るための用具および要介護者などの機能訓練のための用具であって、要介護者などの日常生活の自立を助けるためのもののうち厚生労働大臣が定めるもの）が貸与（レンタル）されることをいう。なお、利用者はその費用の1割を負担することとなっている。

図表1-8　介護保険の対象となる福祉用具

1 車椅子	8 スロープ
2 車椅子付属品	9 歩行器
3 特殊寝台	10 歩行補助つえ
4 特殊寝台付属品	11 認知症老人徘徊感知機器
5 床ずれ防止用具	12 移動用リフト
6 体位変換器	（つり具の部分を除く）
7 手すり	

6.3　福祉用具購入費支給制度

介護保険法では、入浴や排泄に用いるもので貸与になじまない福祉用具については、福祉用具購入費の支給の対象とされる。対象となる用具は、以下の5品目である。貸与の場合と同じく、利用者はその費用の1割を負担する。

・腰掛便座（ポータブルトイレ、補高便座など）
・入浴補助用具（入浴用いす、浴槽台、入浴台、浴槽手摺、すのこ、入浴用介助ベルトなど）
・特殊尿器
・簡易浴槽
・移動用リフトのつり具の部分

引用・参考文献

伊藤利之編『補装具費支給事務マニュアル　適正実施のためのQ＆A』中央法規出版、2007年。
木之瀬隆『これであなたも車いす介助のプロに』中央法規出版、2008年。
厚生労働省生活支援技術革新ビジョン勉強会報告「支援機器が拓く新たな可能性――我が国の支援機器の現状と課題」2008年3月。
染谷淳司「ポスチュアリング（姿勢の選定）について」『義肢装具学会誌』7巻1号（特集：座位保持装置）、1991年、3-11頁。
染谷淳司「姿勢保持・ねたきり対策、移動介助」江草安彦監修『重症心身障害療育マニュアル〔第2版〕』医歯薬出版、2005年、74-82頁。
染谷淳司「小児でのポスチュアリング（姿勢の選定）について」伊藤利之・田中理監修『〔改訂版〕車いす・シーティング――その理解と実践』はる書房、2007年、319-344頁。
光野有次・吉川和徳『シーティング入門――座位姿勢評価から車いす適合調整まで』中央法規出版、2007年。

第2章

リハビリテーションにおけるシーティング

本章の概要

　医学的リハビリテーションは、先天障害であれば誕生直後から、中途障害においても発症早期からの連続したサービスとして行われるようになってきた。福祉用具は、そのような過程において適宜・適切に支給されるべきであり、当事者や関係者にとって大きな支援策となるものである。

　福祉用具は、身体機能を補完・代替するだけでなく、介護者にとっても介助を容易にし、より安全で快適な生活を保障するものである。しかし、シーティングだけでは問題を解決することは難しい。シーティングを使用者の生活設計全体のなかに位置づけることが肝要で、使用者を支えている関係者や専門職によるチームアプローチは欠かせない手法である。

　ちなみに、製作した座位保持装置や車椅子は、実生活において使用してみなければ有効性を明らかにすることはできない。将来的には、利用者を横断的にではなく縦断的・継続的に見守るチームによる処方、適合判定、フォローアップの仕組みが必要である。

1. リハビリテーションの視点

　地球環境は人間にとってのみ棲みやすいものではない。そこに存在するすべての生物にとって、それぞれが生存・生活しやすくできる可能性を秘めた、いわばユニバーサルデザインの環境である。しかしそれは、それぞれの生物に本来備わっている機能を損なった場合、人間といえども例外ではなく、これを何らかの形で補完・代替しない限り生存・生活することができなくなるほどに厳しい環境でもある。

　われわれ人類の歴史は、多くの犠牲を払いながらも身体機能を損なう病気や外傷と闘い、その結果として、先進諸国においては救命救急の医療体制が整備され、加えて後遺した機能障害に対してもリハビリテーションによる家庭や社会復帰を目指す地域基盤を構築してきた。

1.1　目標としてのQOL

　リハビリテーションは、障害を負った個人に対して医学的なリスク管理のもとに機能回復を促進し、身体的、精神的かつまた社会的に最も適した機能水準の達成を目指すが（図表2-1）、

リハビリテーションの概念

■1982年：国連世界行動計画
リハビリテーションとは、身体的、精神的かつまた社会的に最も適した機能水準の達成を可能にすることによって、各個人が自らの人生を変革していくための手段を提供していくことを目指し、かつ時間を限定したプロセスである。

図表2-1　リハビリテーションの概念（出所：『第18回総合リハビリテーション研究大会報告書』）

それだけではなく、障害のある人間として「どのように生活し、どのように生きるか」という命題に対しても、人間個人としての生き様に寄り添って支援するものである。

　リハビリテーションの目標はいうまでもなくQOLの向上にある。なかでも、QOLを生命・生活・人生の質という3つのレベルで捉えたとき、人生の質的向上こそ究極の目標といえるであろう。しかし、現実にはADL（activities of daily living：日常生活活動）自立の可能性を追求することがQOLの向上に結びつくのであり、まずはADLの自立を目指すことが一般的な手法である。もちろん、必ずしもADL自立の延長線上にQOLの向上が存在するわけではなく、重度の障害故にADLを全面的に介助に依存せざるを得ない場合には、直接的にQOLの向上を目指すこともまれではない。

　しかし、どんなに権力と財力をもっていようとも、食事と排泄だけは自分の手で行いたいと願うのは自然の摂理である。ADLの自立はQOLの向上とイコールではないにしても、生活の質的レベルの向上をもたらすきわめて重要な条件であり、とりあえず起居・移動、コミュニケーション、セルフケアという標準的ADLの自立を図ることは、そのこと自体QOLの向上に寄与しているといえよう。

　ちなみにQOLは、客観的に評価するか主観的に評価するかによって大きく異なる。例えば、経済的に裕福な家庭に生まれた人の場合、その生活や人生は客観的にはQOLが高いと評価されても、当の本人は毎日強い不満をもって生活していて主観的にはQOLが低い、そんな人も大勢いる。同じように、自分が負った障害をどのように捉えるか、初めての体験に対して

多くの人たちの支援を得て自分を見つめ直したとき、たとえ障害が重く客観的QOLは低くても、障害を負う以前にも増して主観的QOLを高めることができた人も少なくない。

要するに、QOLには客観的QOLと主観的QOLが存在するが、本来的にその向上を追求すべきは主観的QOLであり、ADLの自立が必ずしもQOLの向上に結びつかないのと同様に、客観的QOLの向上はその一つの条件と捉えることができよう。

1.2 福祉用具の役割

リハビリテーションが体系化された歴史は国際的にも70年余りでしかないが、この間に対象疾患は大きく変遷してきた。当初は切断、脊髄損傷、ポリオなどが主体で、車椅子についても東京パラリンピック（1964〈昭和39〉年）を機に普及したが、対象のほとんどは脊髄損傷者であった。その後、高齢化社会の到来とともに脳卒中片麻痺が主役の座に着き、これに伴い福祉用具の普及にも大きな変化が生じた。

筆者が1977（昭和52）年に行った調査では、身体障害者福祉法で脳卒中片麻痺者に支給された車椅子はすべて屋外で、しかも介助用として家族などが操作する形で使われていた。この事実からわれわれは、介助者が操作しやすい車椅子として「介助用車椅子」の開発と普及に取り組んだ経緯がある。それが今では、普通型車椅子と合わせて介護保険により多くの脳卒中片麻痺者にレンタルされ、彼らの生活機能の補填に役立っていることは大変喜ばしい。

このようにしてリハビリテーションはそれまでのマイナーな世界から一躍メジャーへの道を歩み始めたのである。

わが国における医学的リハビリテーションの提供体制については、最近ようやく欧米諸国に近づきつつあり、先天障害であれば誕生直後から、中途障害についても発症早期からアプローチできるようになってきた。また、サービスの場も病院や施設から地域・在宅へと移行しつつあり、介護保険導入後の地域資源の充実には目を見張るものがある。

残念ながら現状においては地域格差が大きく、地域リハビリテーションの体制が整備されたところはまれであるが、質的レベルを問わなければ、都市部において発症から自立生活に至る連続したリハビリテーション（図表2-2）が提供される日はそう遠くないと予測される。

福祉用具は、その連続したリハビリテーション過程において適宜・適切に支給されるべきものであり、その体制の実現は当事者や関係者にとって大きな支援となるであろう。

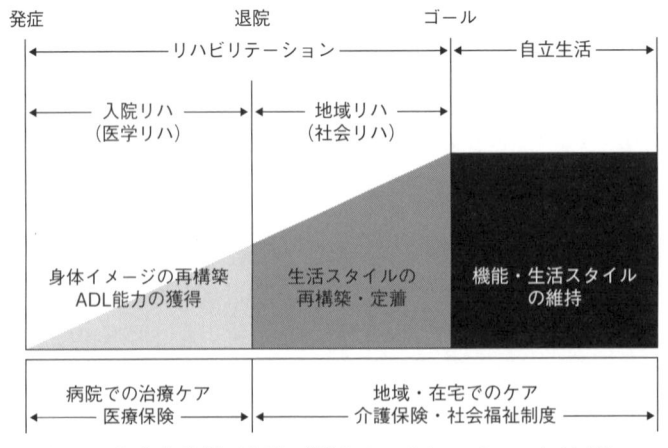

図表2-2 リハビリテーションと自立生活（出所：『総合リハビリテーション』28号）

2. シーティングの評価と支援計画

　福祉用具は、障害のある生活を強いられている人たちにとって、身体機能を補完・代替するだけでなく、さまざまなバリアを解消する道具である。また同時に、介護者にとっても介助を容易にし、より安全で快適な生活を保障するものである。なかでも安定した座位姿勢を保持するための座位保持装置や座ったまま走行する車椅子は、日常生活や就労生活における基本姿勢を支えるもので、歩行が困難な重度障害者にとっては特に重視すべき用具といえよう。

2.1 評　価

　座位保持装置や車椅子の製作にあたっては、それを使う障害児・者の身体機能評価が必須である。もちろんそれは医師をはじめとする医療職やリハビリテーション専門職の役割であるが、シーティングに関わるすべてのスタッフが共有すべきものである。

　具体的に身体機能の評価で重視すべき点は、①全身状態（呼吸や循環機能など）、②筋の緊張度（弛緩・痙縮の程度）や不随意運動、③脊柱の変形、④関節拘縮の程度、⑤椅子座位の姿勢、などである。また、成長期にある子どもでは成長曲線を推量することも忘れてはならない。ちなみに椅子座位の姿勢では、①重心線がどこを通りどこに落ちるか、骨盤の傾きと重心線の位置関係を詳細に観察すること、②坐骨や尾骨にかかる荷重の程度を確認すること、③坐骨部に荷重すること、を念頭に、骨盤の傾き（前後・左右）をどの程度まで矯正できるかを確認することがポイントである（図表2-3）。

　次に、座位保持装置や車椅子を使用する目的と環境について、ハード・ソフトの両面から情報を収集し、それらを多角的に評価・検討する必要がある。使用目的との関係では、例えば、①安楽な座位姿勢を保つためなのか、②食事などのADLを行うためなのか、③積極的に何らかの手作業を行うためなのかなど、それぞれの目的によって評価の視点は大きく異なる可能性がある。また、歩いている人が座る場合には体力にゆとりが生じ比較的長く座っていられるが、日常的に臥位を余儀なくされている人にとって座位はより活動的な姿勢となるため、長くは耐えられないことにも留意しなければならない。

　使用目的は1つでないこともあり、2つ以上の目的姿勢に対し1つの装置で対応しなければならないことも多い。近年では、ティルト機構などを有効に活用することで複数の目的を1つの装置で対応することが比較的容易になってきた。そのため、評価にあたっては2つ以上の目的を念頭に置く必要があり、複雑さを増してい

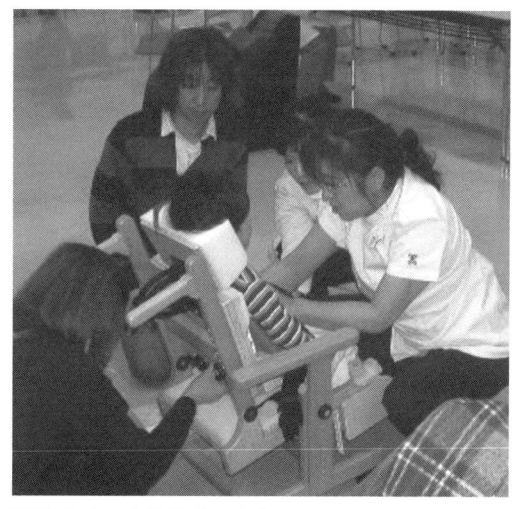

図表2-3　座位姿勢の評価

る状況にある。

　使用環境については、その条件が悪く装置がほとんど使えないか、場合によっては使わないこともある。そのため座位保持装置や車椅子の製作目的と環境との関係、さらには介助者の使い勝手をどのように調整するか、環境次第では製作しないという選択肢も含め、慎重に検討しなければならない。

　このように、評価にあたっては使用者の心身機能の状態、使用目的である家庭生活、就学・就労の状態、家族を含めた生活スタイルを確認する。また、使用環境や使用頻度、使用時間の概略を聞き取り、どのような場所で、週何回、どんな姿勢で、どのくらいの時間、継続的に座位を保持するのかを使用場所ごとに把握し、それらを総合して結論を導き出す必要がある。

　さらに、具体的な製作過程では相反する設計ニーズに直面し、いずれか一方の機能を選択せざるを得ないこともまれではない。このような場合にどちらの機能を優先すべきか、その判断は最終的には使用者自身が決めるにしても、彼らの判断を支援する立場から、医療情報や適切な工作上の情報を適宜、適切に提供することが求められている。

　そのためにはこれらの条件をできるだけ充足する必要があり、複数の異なった視点が得られるチームによる評価は必須である。少なくとも、医学的評価のみを過大視することは適当ではなく、むしろ生活上の問題に目を向けることが重要である。

2.2　支援計画

　シーティングに関わる支援計画は、対象である障害児・者の健康でより豊かな生活を実現するリハビリテーション計画全体のなかに位置づけられるもので、座位保持装置や車椅子を製作することのみに矮小化すべきではない。

　まずは身体機能の評価に加えて家族や訪問介護者との関係などを多角的に評価したうえで、今後の生活設計においてシーティングがどのような役割を果たせるか、生活全般のイメージを念頭に置きながらも、そこに的を絞って具体的な計画を立てる必要がある。いうまでもなく、支援計画のゴールはシーティングの効果に基づいた生活スタイルの改善であるが、うまく座れることによって何ができるようになるのか、また介助がどの程度容易になるのかを明らかにしなければならない。

　そのためには、第1に、リハビリテーション計画全体のなかで座位保持装置や車椅子をどのような目的に使うのか、例えば、食事姿勢や作業姿勢の保持、あるいは通学のための移動手段など、その主な使用目的を確認することである。そして第2には、それとは別に、シーティングを検討する目的、すなわち製作目的を明らかにすることである。使用目的が何であれシーティングを問題にする理由は、一般に市販されている椅子ではうまく座れず、褥瘡の発生や変形を強める危険性があるからであり、オーダーメイドでそれらを回避した姿勢を創り出すことが前提である。

　座位保持装置を例にとれば、その製作目的は、①リラクゼーション、②褥瘡や変形の予防、③姿勢の調整、④ADLや作業効率の改善などに集約される。ちなみにこれらの目的は、生活の多様性を考慮すると複数該当することも多く、実際にはそれぞれの割合をどの程度にするかが問題である。本人や介助者の要望を踏まえ、まずはその大枠を決めることである。そのうえで、それらの情報を心身機能、日常生活、就学・就労などの環境評価に照らし、それぞれの目的に合わせて妥協点を探る必要があろう（図表2-4）。

　その際、重度の障害児・者では座位保持装置や車椅子に座ることが「身体拘束」につながる可能性も考慮しなければならない。例えば成長期の子どもに対し、長時間の安定した姿勢を求めてクッション材を深々と削り、その中にすっぽりと収めるような製作手法をよく見掛ける

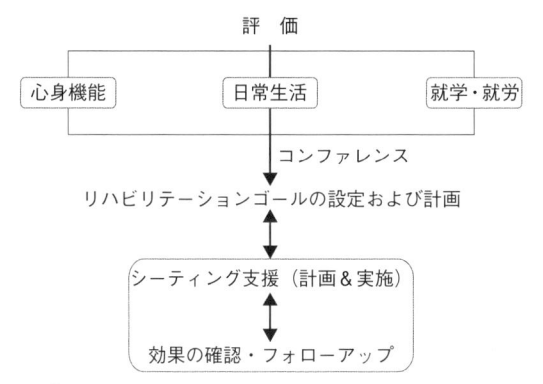

図表 2-4 シーティング支援の位置づけ

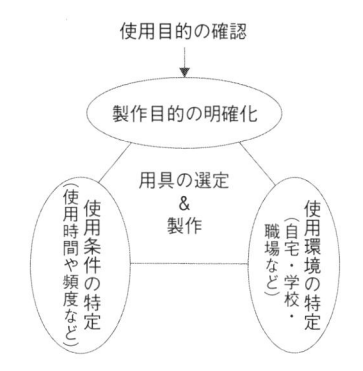

図表 2-5 シーティング支援（計画と実施）

が、はたしてそれはリラクゼーションになるのか身体拘束になるのか厳密に評価する必要がある。身動きがとれないことが長時間の座位保持につながっているのではないか、そもそも座位がとれているのか、臥位になってしまっているのではないかなど、よく観察する必要があろう。子どもの活動性を奪って長時間の同一姿勢を強要することになってしまっては本末転倒であり、成長を妨げることにもなりかねない。支援計画は少なくともそのような視点を含む総合的な評価のうえに成り立つものである。

　繰り返すが、支援計画では以上のような評価結果や把握した種々の情報に基づき、まずは、①座位保持装置や車椅子を使用する目的（使用目的）、②それらを製作する目的（製作目的）、③主に使用する場所の環境（使用環境）、④使用する時間や頻度（使用条件）などを特定することである（図表2-5）。次に、シーティングによって座位姿勢がどのように変わり、例えば座位時間が1時間延長できることで日常生活や介助の軽減がどの程度見込めるかを明らかにし、それらを使用者とともに確認することである。

3. シーティングの効果と限界

3.1 効 果

　座位保持装置や車椅子におけるシーティングの効果は身体機能の程度や使用目的によってさまざまであるが、よく耳にするのは、①褥瘡など皮膚のトラブルが減った、②姿勢の崩れが少なくなった、③長い時間座っていられる、④食事の介助が楽になった、⑤手がよく動かせるようになったなどで、座圧が分散して安定した座位が得られた結果と想定される。もちろんこのような声は、現状ではシーティングが主に重度障害児・者を対象としているため、活動的な作業姿勢よりも安楽で褥瘡や脊柱変形の予防姿勢が求められている証であり、シーティングが活動的な作業姿勢については無効だというわけではない。

　シーティングの効果を上げるポイントは、①重心線の位置を容易に変えられるようにする、②荷重をできるだけ広い面で受けて分散する、③体幹の変形に対しては3点支持による矯正を基本としつつも、支持面はできるだけ広くして圧を分散し、無理はせず、一定の余裕をもって適合させる、などに留意することである。

　ちなみに、①の重心線の位置の変化については、ティルト機構の開発により容易に可能になった。②や③についても、一定の技術を要するが、各種のクッション材の開発により荷重を分散して体幹の変形を矯正することができるようになった。しかしそれが度を超すと、無用なところにクッションを入れて風通しを悪くすることもあれば、無理な矯正になってしまう危険性もある。見掛け上の全面接触はかえってマイナスになることも認識しておくべきである。

3.2 限 界

　座位保持装置や車椅子上でどんなによい姿勢をつくり出したとしても、その結果たとえ座位時間が十分に延びたとしても、それですべてがうまくいったとはいえない。人は動物であり、動く生命体である。静止状態を保つことは苦手で、どんなに安楽な椅子でも長時間の座位には耐えられない。そのため、シーティングに際しては「動く」ことを前提とすべきであり、一定時間ごとに姿勢変換することが必須条件である。

　その意味で、ティルト機構の開発はシーティング技術の発展に大きな役割を果たした。ティルト機構はリクライニング機構とは異なり、バックサポート角度を変えることなく重心線の位置、すなわち荷重部位を容易に変換でき、褥瘡予防の視点からも画期的な機構である。体位変換のたびに行っていた座り直しの必要性も減り、「動かずして動く」ことができるようになったのである。これにより、ベッドや床に移ることなく褥瘡予防や下肢の浮腫予防、起立性低血圧の予防などが容易にできるようになったことは高く評価されよう。

　とはいえティルト機構にも限界はある。この機構によって得られる動きは重心線の位置を変えて荷重部位を変えるだけであり、姿勢そのものの変換ではない。したがって、頭部や体幹、下肢との位置関係、関節の角度に変化はなく、長時間、座位保持装置や車椅子に乗車したままでは関節拘縮や筋の萎縮を招くことになる。褥瘡や脊柱などの変形予防についても、座位時間の延長、過度な変形促進の予防ができればそれで妥協せざるを得ず、それ以上を求めることはかえって危険である。

4. チームアプローチと福祉用具の支給

4.1 チームアプローチ

リハビリテーションの対象である障害児・者は、いわば治療医学において治癒しえなかった存在である。それ故に、リハビリテーション医学の構造は多分野の学問領域の専門知識や技術を結集したものとなっており（図表2-6）、臨床サービスにおいては、各分野の専門職で構成されるチームによるアプローチが基本となっている。

座位保持装置や車椅子はそのような障害のある人たちがより快適に生活するための一つの手段であり、生活の一部である。製作にあたっては身体機能のこと、日常生活のこと、仕事のことなど多様なニーズに応える必要があり、褥瘡や脊柱の変形を防ぎつつ長時間の座位にも耐えられなければならない。それにはシーティングだけでなく、他の方法についても十分に検討し、できるだけ多くの手段を提供する必要があろう。

要するに、シーティングだけで問題の解決を図ろうとするのではなく、生活設計全体のなかにシーティングを位置づけることが肝要で、その点からも、対象となる障害児・者を支えている関係者や専門職によるチームアプローチは欠かせない方法である。

4.2 公的支給システム

わが国において、座位保持装置や車椅子などシーティングに関わる福祉用具の公的支給は主に障害者総合支援法と介護保険法が分担している。支給方法はそれぞれに異なり、前者は応能＋応益負担による支給、後者は1割の応益負担（定率）を前提としたレンタル支給である。

障害者総合支援法による支給（図表2-7）では、義肢や装具などと同様に、都道府県および政令指定都市に設置されている身体障害者更生相談所がそれらの評価・判定作業の責任機関と

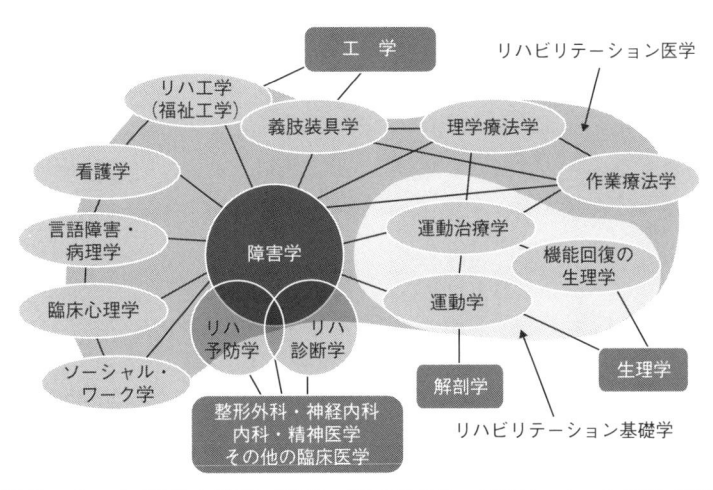

図表2-6 リハビリテーション医学の構造（出所：『目で見るリハビリテーション医学〔第2版〕』をもとに一部改変）

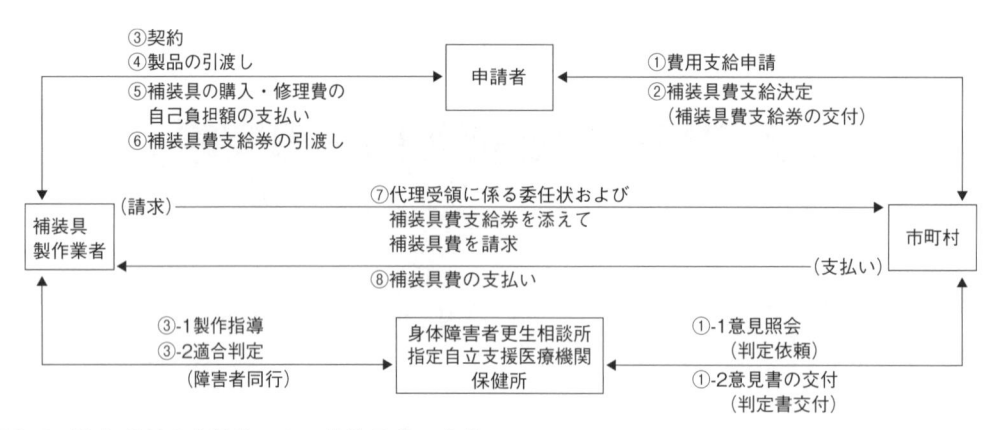

図表2-7 障害者総合支援法による補装具費の支給

して機能しており、支給にあたっては、医師、義肢装具士（PO）、理学療法士（PT）、作業療法士（OT）などの複数の専門職が処方や適合判定に関わっている。

一方、介護保険によるレンタル支給（図表2-8）では、福祉用具取扱店に福祉用具専門相談員が配置されてはいるものの、その情報量と技量は必ずしも高質とはいえず、加えて、在宅ケアの責任者であるケアマネジャーとのチームアプローチも保証されていない。そのため、車椅子などの福祉用具の選定や適合判定はチームによる対応というわけにはいかず、結果としてその不備が利用者に帰結される可能性が高い。要するに、レンタルだから試用して判断すればよいという安易な考えだけでは解決できない課題が多々存在しており、それを解決するシステムが一定の地域ごとに必要である。

筆者らは横浜市全域を対象に、障害児・者や高齢者を問わず、総合リハビリテーションセンターを中心に市内3か所の「福祉機器支援センター」をもってリハビリテーションの視点からサービスを展開しているが、その下支え効果は大きいと自負している。

高齢者のシーティングに限れば、機種の選定や適合の困難な対象はそれほど多くはないが、車椅子などの支給では障害者総合支援法による補装具支給サービスとの異同もあるため、ニー

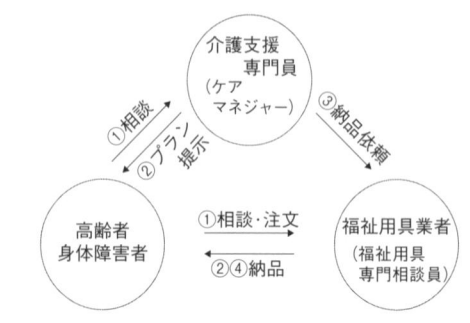

図表2-8 介護保険による福祉用具のレンタル支給

ズは決して少なくない。この問題を解決する一つの方法として、総合リハビリテーションセンターや広域支援センターなどを活用し、福祉用具の支給に関する包括的なバックアップシステムを構築することが有効と思われる。それはまた、在宅リハビリテーションをチームでアプローチする条件を創り出し、それに関わる人材の育成にも寄与することになろう。

ちなみに、チームアプローチにおいて留意すべきことは、チームの一員として、前項で記した「支援計画」をよく理解したうえで使用目的や製作目的を共有し、その一点に向かって協業することである。そのためには、チームメンバーがそれぞれの専門性を相互に理解し合っていることが必須条件であり、「混合」チームではなく、「化合」して一体的に機能するチームワークが求められることはいうまでもない。

5.
フォローアップのあり方

製作した座位保持装置や車椅子は、最終的に、実生活において使用してみなければ有効性を明らかにすることはできない。例えば障害者総合支援法による補装具の支給では、身体障害者更生相談所（以下、更生相談所）などに仮合わせと完成時における適合判定を義務づけているが、その後のフォローアップについては、使用者から「不適合」の訴えなどがない限り行われていない。そのため、生活において使っているか、適合状態を維持しているか、適切な使い方をしているかなど、実際のところは把握できていないのが実状である。

更生相談所における処方・適合判定は、システム上その時限りの横断的な判定にならざるを得ず、使用者の生活実態を踏まえた処方はなかなかに難しい。それでも全国的にみると、現状では補装具を熟知した医師がどこにでもいるわけではなく、横断的とはいえ更生相談所における判定のほうが質を担保できると考えられている。しかし利便性や継続性を考慮すると、将来的には使用者と補装具の両者に精通した主治医とそのチームによる処方、適合判定、フォローアップを可能にすることが求められよう。要するに、使用者を横断的にではなく縦断的・継続的に診ているチームによる処方、適合判定、フォローアップの仕組みが必要である。

一方、介護保険によるレンタル支給では、福祉用具専門相談員らによるメンテナンスが義務づけられているが、彼らが福祉用具貸与事業者に属している限りは客観性に乏しい。今後は、訪問系サービス事業所の福祉用具に対する関心度を高め、彼らにもフォローアップ機能を担ってもらうことが有効と思われる。前節に記したように、それを広域支援センターなどが包括的にバックアップする仕組みが求められよう。

ちなみに、フォローアップ機関に必要な条件は、継続性と客観性が担保されていること、および問題が生じたときに対応しうるバックアップ機能と一定の権限を有することである。

引用・参考文献

伊藤利之「地域リハビリテーション活動の展望」『総合リハビリテーション』28号、2000年、93-97頁。
上田敏『目で見るリハビリテーション医学〔第2版〕』東京大学出版会、1994年、3頁。
上田敏「リハビリテーション医学の構造」同『目で見るリハビリテーション医学〔第2版〕』東京大学出版会、1994年、9頁。
奥野英子「社会リハビリテーションの概念の体系化に向けて」『第18回総合リハビリテーション研究大会報告書』日本障害者リハビリテーション協会、1995年、72-76頁。

第3章

医学の基礎知識

本章の概要

　車椅子やシーティングを必要とする人々の障害や症状は実に多様であり、そのニーズも多岐にわたる。これらを正しく理解し支援の手段を考えていくために、ある程度の医学的知識は必須のものである。なぜなら専門家においては、ただ単に座れる道具を提供するというのではなく、一人ひとりの対象者において、どのような目的でどのように座ることを支援するかを明確にし、その根拠をもつことが大切だからである。

　ここでは、解剖学、生理学に基づいた人体の構造と機能、身体運動と姿勢を評価していくための運動学、姿勢運動の発達、姿勢の捉え方や分類を紹介する。さらに重度身体障害児・者の支援のために必要となる二次障害としての拘縮、変形、褥瘡といった基礎的知識について解説する。

　これらの知識は、医療関係者はもとより、製作者（エンジニア）においても重要なものであり、対象者を中心とした専門家間のチームワークにおける共通言語になるものと理解してほしい。

1. 身体の構造・機能

ヒトが座り、駆動する車いす・シーティングを学ぶにあたっては、人体の構造と機能を知ることが必要である。人体の構造についての学問が解剖学、機能についての学問が生理学である。また、人体の身体運動について力学的に捉える学問が運動学である。

この章では、車いす・シーティングを理解するのに必要かつ最小限の解剖学、生理学、運動学の知識を、できるだけやさしく、わかりやすく述べる。

「細胞」は、あらゆる生物の基本単位である。ただ1個だけの細胞からなる動植物もあるが、ヒトでは多数の細胞から構成されており、人体全体では、細胞の数は実に50～100兆個あるといわれている。

同じような形や機能をもつ細胞が集まったものを「組織」といい、何種類かの組織が組み合わさって、一定の機能を発揮する「器官」を構成する。さらに、さまざまな種類の器官がいくつか集まって、それぞれ身体の複雑な機能を遂行する「系」を構成している。

1.1 神経系

神経系はヒトの情報処理器官である。身体各部の状態や変化についての情報は、末梢神経系を通じて中枢神経系である脳や脊髄に伝達される。中枢神経系では情報の処理が行われ、その結果発生する新たな情報が、末梢神経系を通じて各器官に伝わり機能を調整する（図表3-1、3-2）。

1.1.1 中枢神経系

中枢神経系は脳と脊髄とからなり、頭蓋腔（とうがいくう）と脊柱の中で、全体としてひと続きの髄膜に覆われている（図表3-3）。髄膜は、外側から硬膜、くも膜、軟膜の3層で、くも膜と軟膜の間は脳脊髄液で満たされている。

(1) 脳

脳は、大脳、脳幹（中脳、橋（きょう）、延髄）、間脳、小脳からなる。

大脳は左右の大脳半球に分かれ、それぞれ外

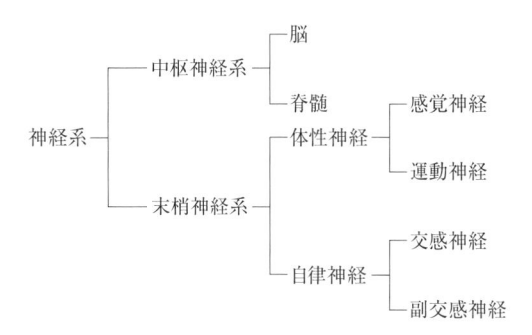

図表 3-1 神経系の種類

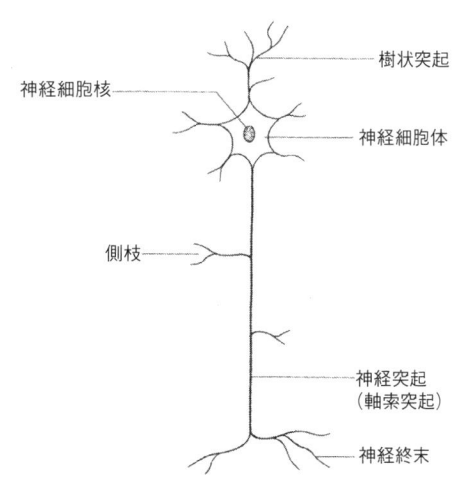

図表 3-2 ニューロン（出所：『新・セミナー介護福祉⑨一般医学』）

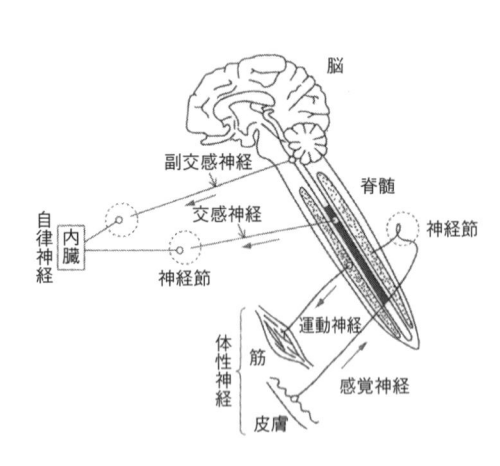

図表 3-3 神経系の概略（出所：『新版・社会福祉学習双書 第 12 巻 医学一般』）

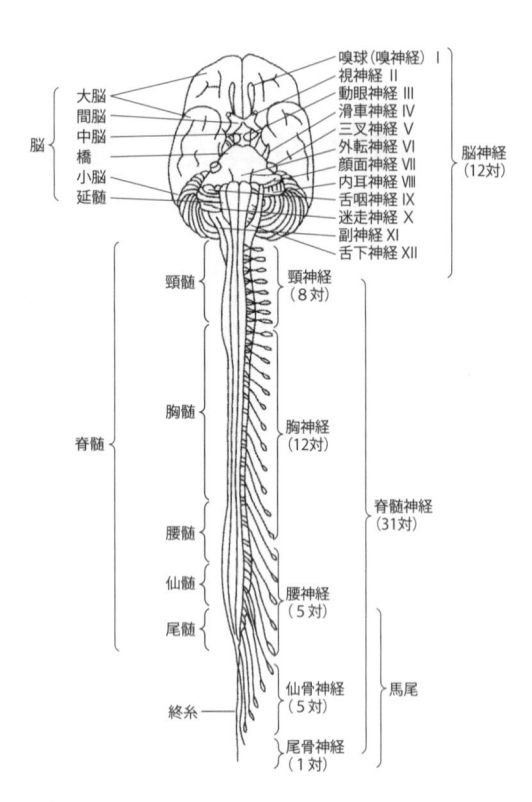

図表 3-4 神経系（出所：図表 3-3 に同じ）

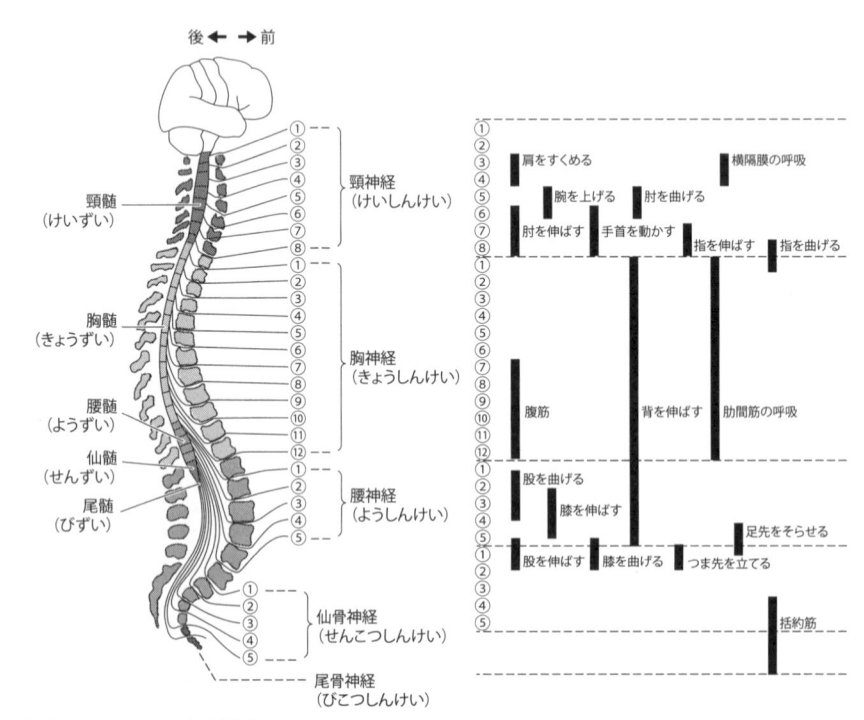

図表 3-5 脊髄のレベルと運動機能

側の皮質（灰白質）と内側の髄質（白質）に分けられる。皮質の表面には多くのしわがあって、しわを区切る溝を境に前頭葉、側頭葉、頭頂葉、後頭葉の4つに区分される。皮質には約140億個の神経細胞があるといわれ、運動、感覚、記憶、思考、意志、感情の作用を支配している。髄質は、主に皮質と皮質、皮質と脊髄を結ぶ神経線維の通り道で、一部に運動を支配する大脳基底核がある。

脳幹は、姿勢反射や呼吸、心臓の働きをコントロールする部分で、ヒトの生命の維持に深く関わっている。

間脳には自律神経を司る視床下部があり、小脳には運動と平衡感覚をコントロールする部分がある。

脳では、活発に代謝が行われるため多くの酸素を必要とし、心臓から送り出される血液の15％が脳で消費される。

脳から直接出入りする末梢神経を脳神経と呼び、左右12対ある（図表3-4）。

(2) 脊髄

脊髄は直径約1cm、長さ40cmの円柱状の器官である。脊髄は、脳と末梢にある器官をつなぐ神経線維の通路であるとともに、反射をコントロールする部分でもある。脊髄レベルの反射では、刺激は脳にまで伝えられないので意識を伴わず、脊髄が中枢神経として直接末梢部に命令を出す。この反射経路によって、多くの身体の機能がすばやく調整されているのである。

また、脳から脊髄に至る随意運動の指令を伝える遠心性の経路には2つのものがあり、延髄の錐体を通るものを錐体路（すいたいろ）、錐体路以外の経路をたどるものは錐体外路（すいたいがいろ）と呼んでいる。いずれも運動神経伝達路だが、錐体外路系の神経は、錐体路の運動刺激を微調整する働きをもっており、ここの経路が障害されると、多くは不随意運動を呈する。

脊髄には、末梢神経である31対の脊髄神経（感覚神経と運動神経）が出入りしている（図表3-5）。

1.1.2 末梢神経系

末梢の各器官から中枢神経系に情報を伝達する末梢神経を求心性神経といい、中枢からの情報を末梢に伝える神経を遠心性神経という。

また、末梢神経は機能面から、運動と感覚に関係する体性神経と自律機能に関与する自律神経に分けられる。体性神経は、求心性神経である感覚神経と遠心性神経である運動神経からなる。自律神経である交感神経と副交感神経は、いずれも遠心性神経である。

(1) 体性神経

体性神経は、脊髄に出入りする部位によって、脳神経と脊髄神経に分類される。

脳神経は左右12対あって、脳幹に出入りしている。眼球、顔面、舌の筋を動かす運動神経と、嗅覚、視覚、聴覚、味覚などを脳に伝える感覚神経からなっている。

脊髄神経は左右31対あって、脊髄に出入りしている。どの脊髄神経にも、脊髄の前方から出る運動神経と後方から入る感覚神経があり、その神経線維は手足の先まで伸びていて、長いものでは約1mに及ぶ。

(2) 自律神経

自律神経は、内臓の平滑筋、心筋などに分布して、生命の維持に必要な消化、呼吸、循環などの機能を無意識的、反射的に調整している。交感神経系、副交感神経系の相反する作用の2系列があり、多くの器官は両者の支配を受けている。

1.2 筋骨格系

ヒトの体は、約200個の骨から構成されており、頭蓋骨（とうがいこつ）、脊柱（せきちゅう）、胸郭（きょうかく）、上肢骨（じょうしこつ）、下肢骨（かしこつ）の骨格を形成している（図表3-6）。

後述する主な骨の名称とともに、骨格各部の名称を知ることは、筋が骨に付着する部分（起始・停止；後述）を知るうえでも大変重要であ

第3章 医学の基礎知識

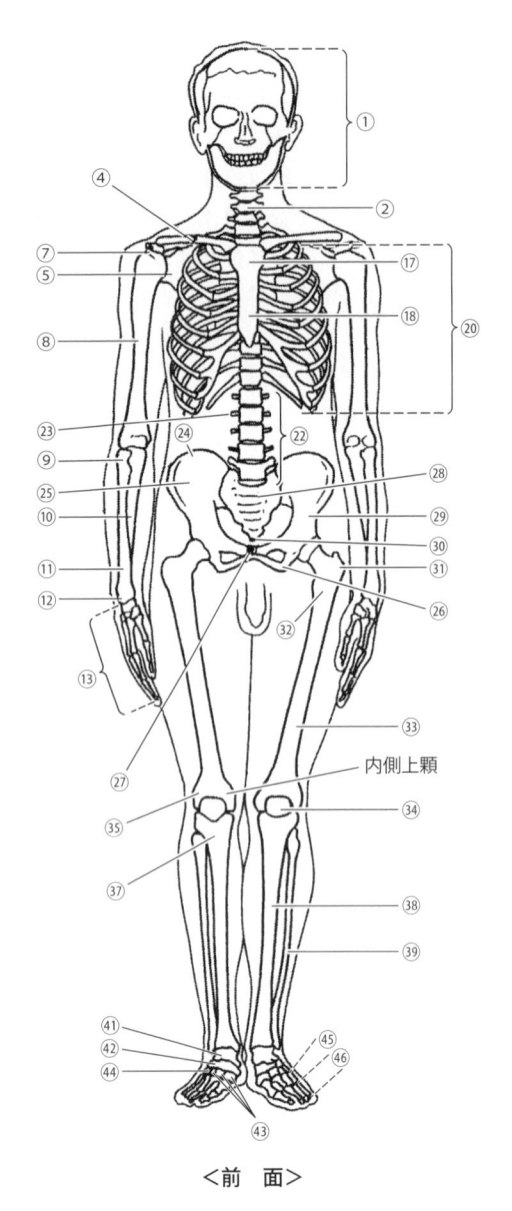

<前 面>   <側 面>

① … 頭蓋（とうがい）
② … 脊柱（せきちゅう）
③ … 第7頸椎棘突起（だいななけいついきょくとっき）
④ … 鎖骨（さこつ）
⑤ … 肩甲骨（けんこうこつ）
⑥ … 肩甲棘（けんこうきょく）
⑦ … 肩峰（けんぽう）
⑧ … 上腕骨（じょうわんこつ）
⑨ … 橈骨小頭（とうこつしょうとう）
⑩ … 尺骨（しゃっこつ）

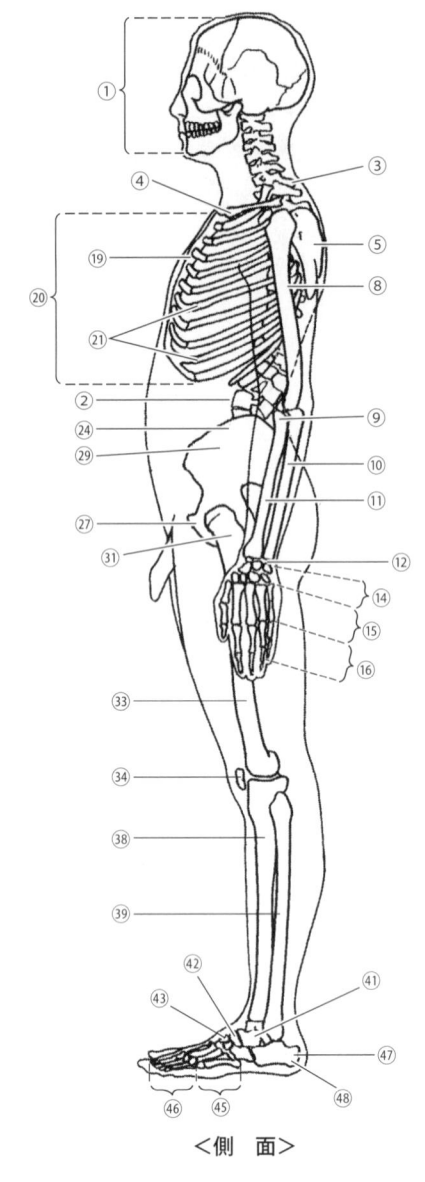

⑪ … 橈骨（とうこつ）
⑫ … 橈骨茎状突起（とうこつけいじょうとっき）
⑬ … 手の骨（てのほね）
⑭ … 手根骨（しゅこんこつ）
⑮ … 中手骨（ちゅうしゅこつ）
⑯ … 指骨（しこつ）
⑰ … 胸骨柄（きょうこつへい）
⑱ … 胸骨体（きょうこつたい）
⑲ … 胸骨（きょうこつ）
⑳ … 胸郭（きょうかく）

図表3-6　全身の骨格（出所：『基礎運動学〔第6版〕』、『身体運動の機能解剖』をもとに改変）

1. 身体の構造・機能

骨盤(右側・外側面)

- ㉕ 腸骨(ちょうこつ)
- ㉔ 腸骨稜(ちょうこつりょう)
- 上後腸骨棘(じょうこうちょうこつきょく)
- 上前腸骨棘(じょうぜんちょうこつきょく)
- 下後腸骨棘(かこうちょうこつきょく)
- 下前腸骨棘(かぜんちょうこつきょく)
- 坐骨(ざこつ)
- 寛骨臼(かんこつきゅう)
- 恥骨結節(ちこつけっせつ)
- 恥骨上枝(ちこつじょうし)
- ㉖ 坐骨結節(ざこつけっせつ)
- 恥骨(ちこつ)
- ㉙ 寛骨(かんこつ)

後 ← → 前

※寛骨は、□腸骨・▨坐骨・▩恥骨によって構成される

骨盤(前面)

- ㉔ 腸骨稜(ちょうこつりょう)
- ㉕ 腸骨(ちょうこつ)
- 腰仙関節(ようせんかんせつ)
- 仙腸関節(せんちょうかんせつ)
- 上前腸骨棘(じょうぜんちょうこつきょく)
- ㉘ 仙骨(せんこつ)
- 仙尾関節(せんびかんせつ)
- 寛骨臼(かんこつきゅう)
- 坐骨(ざこつ)
- ㉖ 坐骨結節(ざこつけっせつ)
- ㉗ 恥骨結合(ちこつけつごう)
- ㉛ 大転子(だいてんし)
- ㉜ 小転子(しょうてんし)
- ㉝ 大腿骨(だいたいこつ)

<㊿胸椎上面図>

- 体の前面
- 椎体
- ㉓ 横突起
- 棘突起
- 体の後面

<背面>

内側顆

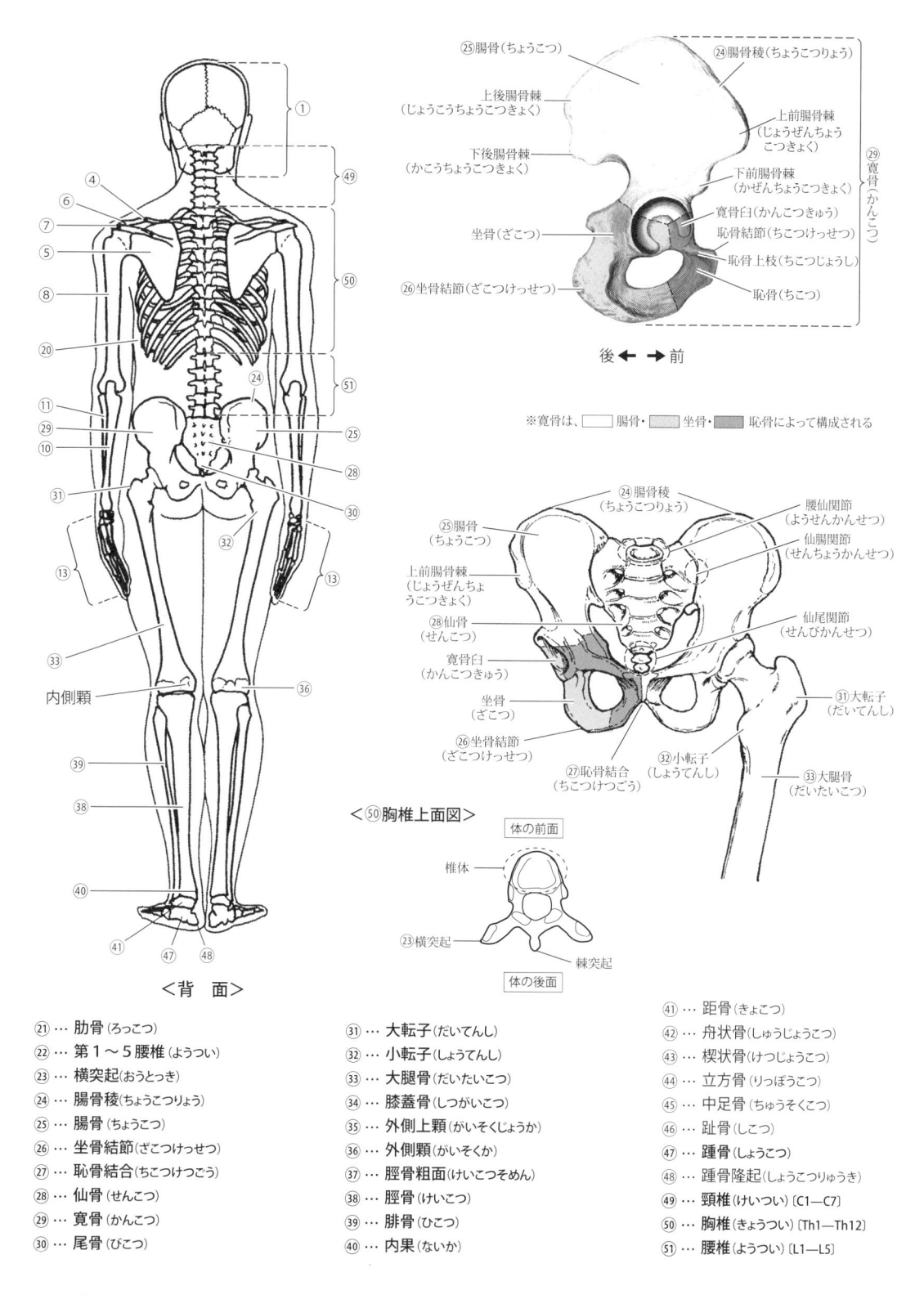

- ㉑ … 肋骨(ろっこつ)
- ㉒ … 第1〜5腰椎(ようつい)
- ㉓ … 横突起(おうとっき)
- ㉔ … 腸骨稜(ちょうこつりょう)
- ㉕ … 腸骨(ちょうこつ)
- ㉖ … 坐骨結節(ざこつけっせつ)
- ㉗ … 恥骨結合(ちこつけつごう)
- ㉘ … 仙骨(せんこつ)
- ㉙ … 寛骨(かんこつ)
- ㉚ … 尾骨(びこつ)
- ㉛ … 大転子(だいてんし)
- ㉜ … 小転子(しょうてんし)
- ㉝ … 大腿骨(だいたいこつ)
- ㉞ … 膝蓋骨(しつがいこつ)
- ㉟ … 外側上顆(がいそくじょうか)
- ㊱ … 外側顆(がいそくか)
- ㊲ … 脛骨粗面(けいこつそめん)
- ㊳ … 脛骨(けいこつ)
- ㊴ … 腓骨(ひこつ)
- ㊵ … 内果(ないか)
- ㊶ … 距骨(きょこつ)
- ㊷ … 舟状骨(しゅうじょうこつ)
- ㊸ … 楔状骨(けつじょうこつ)
- ㊹ … 立方骨(りっぽうこつ)
- ㊺ … 中足骨(ちゅうそくこつ)
- ㊻ … 趾骨(しこつ)
- ㊼ … 踵骨(しょうこつ)
- ㊽ … 踵骨隆起(しょうこつりゅうき)
- ㊾ … 頸椎(けいつい)[C1―C7]
- ㊿ … 胸椎(きょうつい)[Th1―Th12]
- 51 … 腰椎(ようつい)[L1―L5]

＊太字はシーティングにとって重要な骨格

035

1.2.1 骨格系──骨の機能

骨には次のような機能がある。
① 頭や内臓を支え、身体の支柱となる支持作用。
② 脳や内臓などの器官を収めて保護する保護作用。
③ 筋の収縮によって、関節を支点として骨を動かす運動作用。
④ 骨の内部にある骨髄で、赤血球、白血球、血小板を生成する造血作用。
⑤ 骨中に蓄えたカルシウム、リン、ナトリウム、カリウムなどの電解質を、必要に応じて体内に送り出す電解質の貯蔵作用。

1.2.2 骨の構造

骨は発育後の形状によって、大腿骨（だいたいこつ）、上腕骨、指骨（しこつ）などパイプ状の骨幹部と肥大した骨端部が区別される「長骨（ちょうこつ）」と、手根骨（しゅこんこつ）、足根骨（そくこんこつ）など短く不規則な形状をした「短骨（たんこつ）」、頭頂骨（とうちょうこつ）、腸骨（ちょうこつ）など扁平な形をした「扁平骨（へんぺいこつ）」、上顎骨（じょうがくこつ）、前頭骨（ぜんとうこつ）など内部に空気を含む洞をもつ「含気骨（がんきこつ）」に分類される。また肩甲骨（けんこうこつ）のように、これらいずれにも属さないものは「混合骨（こんごうこつ）」と呼ぶ。

骨は関節面を除いて、すべて緻密な結合組織である骨膜（こつまく）に覆われている。骨膜には神経や血管が多く、骨に栄養を与えているほか、その内部には再生能力をもった細胞が並んでおり、骨の成長や骨折後の再生などの役目を果たしている。骨膜の内面には、緻密質（ちみつしつ）や海綿質（かいめんしつ）からなる骨質があり、骨を丈夫な構造物につくり上げている（図表3-7）。

造血機能をもつ骨髄は、長骨の骨幹内にある髄腔（ずいくう）や海綿質、また椎骨（ついこつ）、胸骨（きょうこつ）、肋骨（ろっこつ）、腸骨などの海綿質内にある。

1.2.3 頭蓋骨

頭蓋骨は大小23個の骨からなっている。下顎骨以外は不動結合で連結されている。首の後方を上にたどったところにある後頭部の著明な隆起は外後頭隆起（がいこうとうりゅうき）と呼ばれている。この部分は車いす・シーティングのヘッドサポートの指標として重要である。

1.2.4 脊柱

脊柱は、32～34個の椎骨からなる。7個の頸椎（けいつい）、12個の胸椎（きょうつい）、5個の腰椎（ようつい）、5個の仙椎（せんつい）、3～5個の尾椎（びつい）である（図表3-8）。通常、仙椎と尾椎はそれぞれ癒合して仙骨（せんこつ）と尾骨（びこつ）となっている。後述するように仙骨と尾骨は寛骨（かんこつ）とともに「骨盤（こつばん）」を形成する。

第7頸椎棘突起（だいななけいついきょくとっき）は、頭を前傾すると頸の後方によく触れることができる。

癒合していない椎骨の間には椎間板（ついかんばん）が入っている。

脊柱は、頸部と腰部では前方に凸状、すなわ

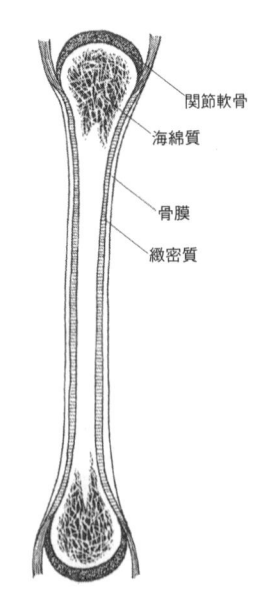

図表3-7　骨の構造（出所：『人体：構造と機能』）
（関節軟骨／海綿質／骨膜／緻密質）

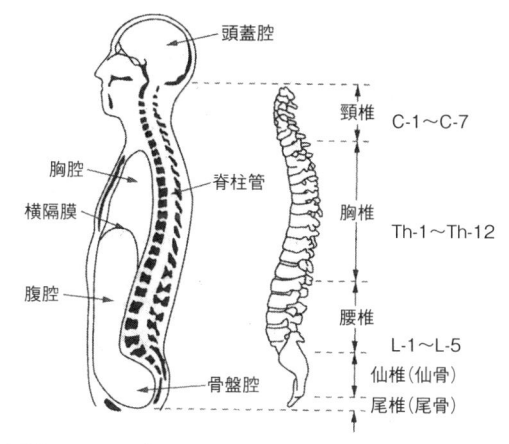

図表3-8　人体の正中断面と脊柱（出所：図表3-3に同じ）

ち前彎（ぜんわん）で、胸部と仙骨部では後方に凸状、すなわち後彎（こうわん）となっている。四足動物に比べ腰椎前彎が著しいのは立位をとるようになったヒトの大きな特徴である。この脊柱の可動性や変形は、バックサポートの形状や位置に大いに関係する。

脊柱の内部には、中枢神経である脊髄が上下に走行している。

1.2.5　胸郭

胸郭は、12対の肋骨（ろっこつ）、12個の胸椎（きょうつい）、1個の胸骨からなる。胸椎と肋骨は関節で連結されているが、肋骨と胸骨の間には、長い肋軟骨（ろくなんこつ）が挟まっている。

胸郭には、内部に心臓、肺などが収まっており、これらの生命維持に重要な臓器を、外力から保護する役割をしている。

1.2.6　上肢骨

上肢骨は64個あり、上肢帯と自由上肢骨の骨で構成されている。上肢帯は体幹と自由上肢骨を連結するもので、鎖骨（さこつ）と肩甲骨からなる。自由上肢骨には、上腕骨、前腕骨（撓骨（とうこつ）、尺骨（しゃっこつ））、手の骨（手根骨、中手骨（ちゅうしゅこつ）、指骨（しこつ））がある。

上肢を使って車椅子を駆動する際、肩甲骨（上肢帯）は上肢（自由上肢骨）の動きに連動して動いている。肩甲骨の動きが制限されると上肢の動きにも影響が及ぶので、上肢で駆動する車椅子のバックサポートの高さは、肩甲骨の下角（かかく）と呼ばれる最下端よりも低いほうが望ましい。

1.2.7　骨盤

骨盤は、左右1対の寛骨、仙骨、尾骨で構成される。これらの骨はいずれも成長とともに癒合するため、個数が変わる。寛骨は、腸骨（ちょうこつ）、坐骨（ざこつ）、恥骨（ちこつ）が17歳頃に一体化して1個の寛骨となる。仙骨は、5個の仙椎が癒合して1個の仙骨となる。尾骨は、3～6個の尾椎が部分的にあるいは全面的に癒合して尾骨となるが、その数は個々人で異なり不定である。

1.2.8　下肢骨

下肢骨は62個あり、下肢帯と自由下肢骨の骨で構成されている。

下肢帯は体幹と自由下肢骨を連結するもので、寛骨からなる。寛骨は、腸骨、坐骨、恥骨を連結する軟骨が思春期に骨化して1つになったもので、仙骨、尾骨とともに骨盤を形成している。自由下肢骨には、大腿骨、下腿骨（膝蓋骨（しつがいこつ）、脛骨（けいこつ）、腓骨（ひこつ））、足の骨（足根骨（そっこんこつ）、中足骨（ちゅうそくこつ）、趾骨）がある。

骨盤と大腿骨下面は、車いす・シーティングのシートとバックサポート下部に接する部分なので、その形状には十分に配慮する必要がある。特に身体を直立位にして座位をとる際、骨盤がシートに接しているのは坐骨結節（ざこつけっせつ）と呼ばれる2つの突起部のみであり、前後方向にはきわめて不安定である。骨盤の上部には脊柱が連なっており、骨盤の前後方向の傾斜によって脊柱の位置は大きく影響を受ける。骨盤の安定性を確保するためのシートとバックサポートのフィッティングはとりわけ重要である。

大腿骨の近位端を骨頭（こっとう）と呼び、

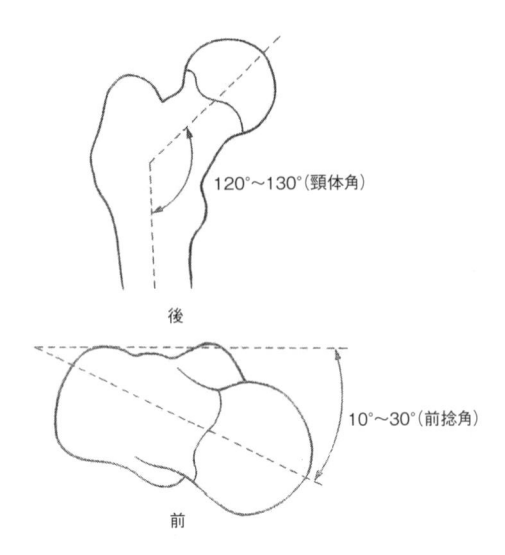

図表 3-9 大腿骨の頸体角と前捻角

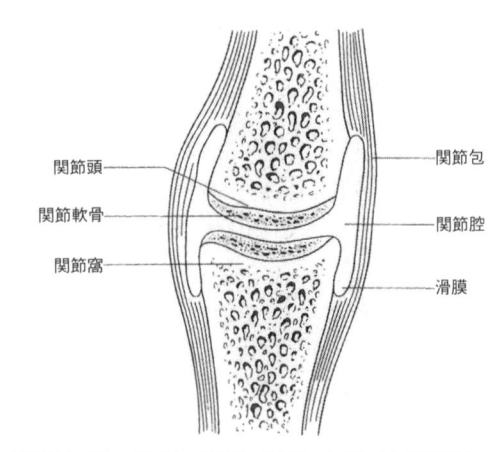

図表 3-10 関節の構造（出所：図表3-2に同じ）

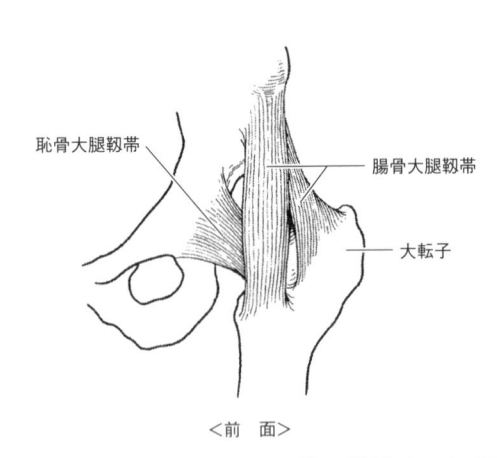

図表 3-11 股関節周囲の靱帯の外観（出所：『基礎運動学〔第6版〕』）

寛骨の臼蓋（きゅうがい）と呼ばれる窪み（寛骨臼）とで股関節を形成している。大腿骨骨頭の少し下の部分は頸部といい、骨幹部から内側方向に曲がっており、骨幹部と頸部の成す角度を頸体角（けいたいかく）と呼ぶ（図表3-9上）。この構造は大腿骨への体重の負担を軽減し、股関節外転筋である中臀筋の力を効率よく発揮させるために、股関節の中から外方に付着部を位置させることによって外転力を強めている。また、頸部は水平面上で前方に角度をなしており、この角度を前捻角（ぜんねんかく）と呼ぶ（図表3-9下）。一方、頸部の外側には大転子（だいてんし）、内側には小転子という骨の出っ張りがあり、そこに筋が付着している。

1.2.9 関節

骨が連結して骨格がつくられるが、骨と骨の連結部分が動くものを関節という。また、2つの骨の間に隙間がなく、動かない場合は不動結合と呼んでいる。

関節の外面は、骨膜から続く関節包（ほう）で被われている。2つの骨の骨端面を形成する関節軟骨との間には、関節腔（くう）と呼ばれる空間があり、滑液という少量の関節液で充填されている。通常双方の端面は一方が膨らみ（関節頭（とう））、他方は窪んでいる（関節窩（か））（図表3-10）。両者の間に軟骨性の関節円盤が介在する顎関節などがある。

また骨と骨は、靱帯（じんたい）と呼ばれる短い強固な結合組織でしっかりと結合されている。靱帯には関節の可動域を制限し、関節を安定させる働きがある。靱帯には若干の弾性があり、張力（ちょうりょく）がかかると次第に伸びていく。脱臼した場合、治療が遅れると靱帯が伸び過ぎ、関節の強度が落ち、習慣的な脱臼の原因となる（図表3-11）。

2つの骨からなる肩関節、股関節などを単関節、3つ以上の骨から形成されている肘関節な

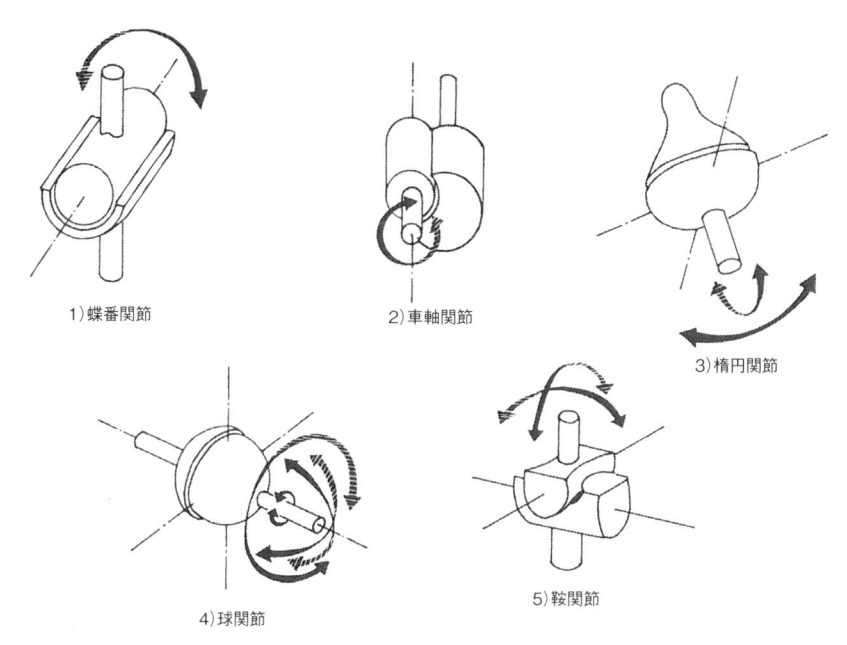

1) 蝶番関節
2) 車軸関節
3) 楕円関節
4) 球関節
5) 鞍関節

図表 3-12 関節の種類（出所：図表 3-7 に同じ）

どを複関節と呼んでいる。

また、運動の方向によって関節を分類すると、蝶番（ちょうばん）関節（指節間（しせつかん）関節など）、車軸関節（腕尺（わんしゃく）関節など）、楕円関節（橈骨手根（とうこつしゅこん）関節など）、球（きゅう）関節（肩関節など）、鞍（くら）関節（胸鎖（きょうさ）関節など）などに分けられる。それぞれの関節の構造によって、運動の方向と範囲が制限されている（図表 3-12）。

例えば股関節は身体のなかで最大の関節であるが、球関節といって、ボール状の大腿骨頭が臼蓋という骨盤の窪みにはまり込んでいる。球関節は可動性が大きいことが特徴であり、股関節では屈曲―伸展、外転―内転、外旋―内旋、分回しといった自由度の高い関節運動が可能である。この運動には、腸腰筋（ちょうようきん）（屈曲）、大腿四頭筋（しとうきん）（屈曲）、ハムストリングス（伸展）、大臀筋（だいでんきん）（伸展）、中臀筋（外転）、内転筋群（内転）などが関与している。

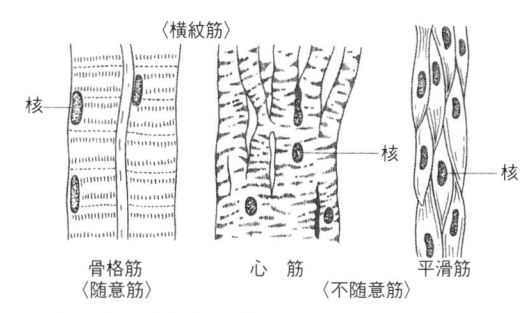

〈横紋筋〉
骨格筋　心筋　平滑筋
〈随意筋〉　〈不随意筋〉
核

図表 3-13 筋組織の種類（出所：図表 3-2 に同じ）

1.2.10　筋系──筋肉の種類・機能

筋には骨格筋、平滑筋（へいかつきん）、心筋の3種類がある（図表 3-13）。

骨格筋は、1つの骨から他の骨へと付着しているので骨格筋という。顕微鏡で観察すると、筋を横切る方向に線があるので横紋筋（おうもんきん）と呼ばれる。また、自分の意思で動かすことができるので随意筋ともいう。

平滑筋は、横紋構造が見られない。内臓や血管の壁にあり、自分の意思では動きをコントロールできないので不随意筋ともいう。

心筋は横紋筋ではあるが、機能的には随意的

第3章　医学の基礎知識

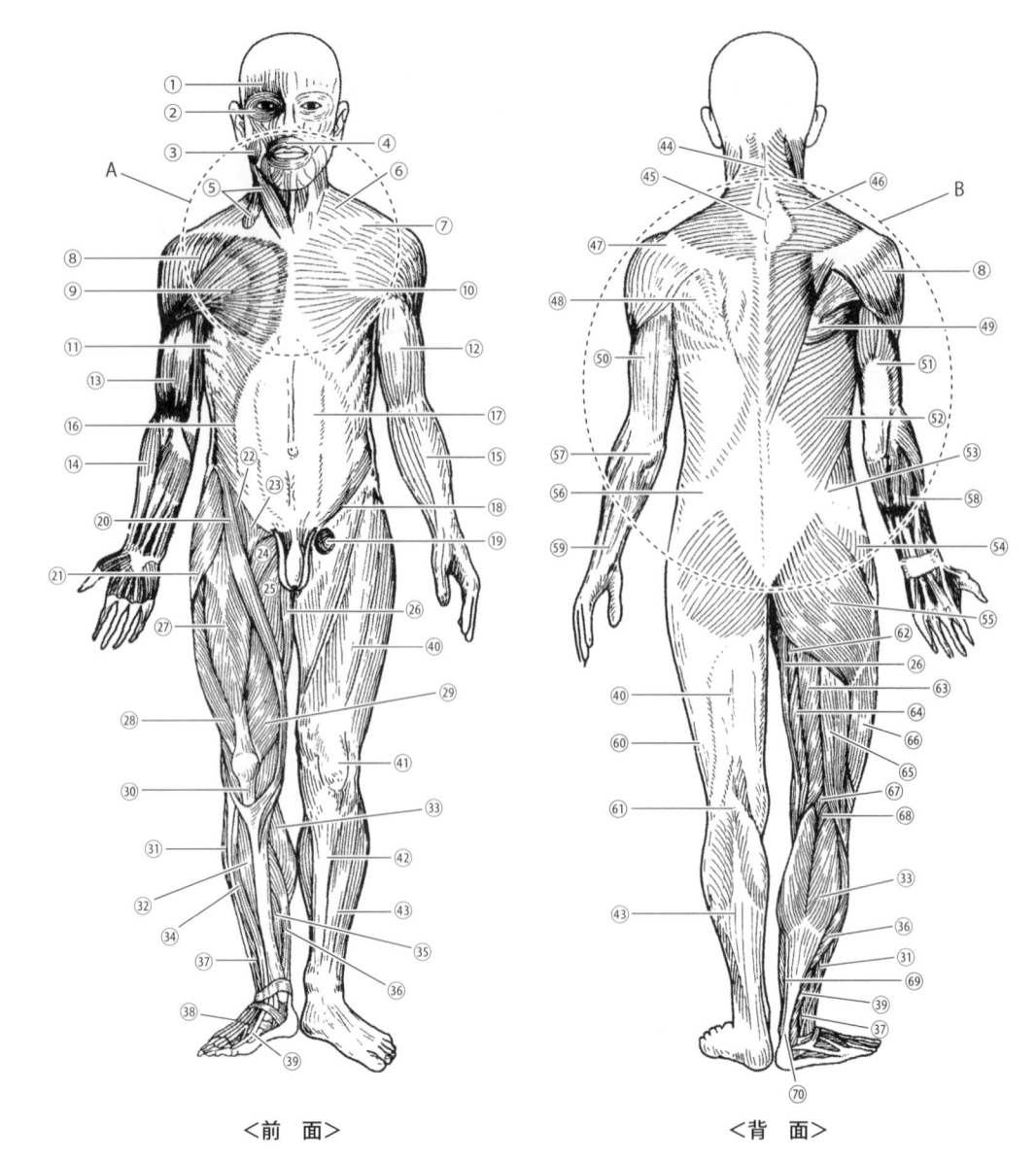

<前　面>　　　　　　　　　　　　　　　　　　<背　面>

① … 前頭筋（ぜんとうきん）
② … 眼輪筋（がんりんきん）
③ … 咬筋（こうきん）
④ … 口輪筋（こうりんきん）
⑤ … **胸鎖乳突筋**（きょうさにゅうとつきん）
⑥ … 広頸筋（こうけいきん）
⑦ … 鎖骨（さこつ）
⑧ … **三角筋**（さんかくきん）
⑨ … **大胸筋**（だいきょうきん）
⑩ … 胸筋膜（きょうきんまく）

⑪ … **前鋸筋**（ぜんきょきん）
⑫ … 上腕筋膜（じょうわんきんまく）
⑬ … **上腕二頭筋**（じょうわんにとうきん）
⑭ … 腕橈骨筋（わんとうこつきん）
⑮ … 前腕筋膜（ぜんわんきんまく）
⑯ … **外腹斜筋**（がいふくしゃきん）
⑰ … 腹直筋鞘（ふくちょくきんしょう）
⑱ … 鼠径靱帯（そけいじんたい）
⑲ … 伏在静脈裂孔（ふくざいじょうみゃくれっこう）
⑳ … **縫工筋**（ほうこうきん）

㉑ … **大腿筋膜張筋**（だいたいきんまくちょうきん）
㉒ … 腸骨筋（ちょうこつきん）
㉓ … 大腰筋（だいようきん）
㉔ … 恥骨筋（ちこつきん）
㉕ … 長内転筋（ちょうないてんきん）
㉖ … 薄筋（はっきん）
㉗ … **大腿直筋**（だいたいちょっきん）
㉘ … 外側広筋（がいそくこうきん）
㉙ … 内側広筋（ないそくこうきん）

図表3-14　全身の骨格筋（出所：『基礎運動学〔第6版〕』、『身体運動の機能解剖』をもとに改変）

＜A拡大図＞

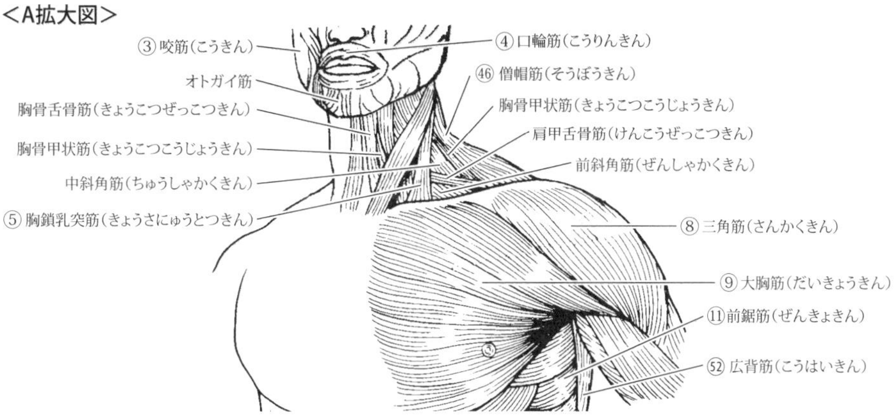
③咬筋（こうきん）
④口輪筋（こうりんきん）
オトガイ筋
㊻僧帽筋（そうぼうきん）
胸骨舌骨筋（きょうこつぜっこつきん）
胸骨甲状筋（きょうこつこうじょうきん）
胸骨甲状筋（きょうこつこうじょうきん）
肩甲舌骨筋（けんこうぜっこつきん）
前斜角筋（ぜんしゃかくきん）
中斜角筋（ちゅうしゃかくきん）
⑤胸鎖乳突筋（きょうさにゅうとつきん）
⑧三角筋（さんかくきん）
⑨大胸筋（だいきょうきん）
⑪前鋸筋（ぜんきょきん）
(52) 広背筋（こうはいきん）

＜B拡大図＞

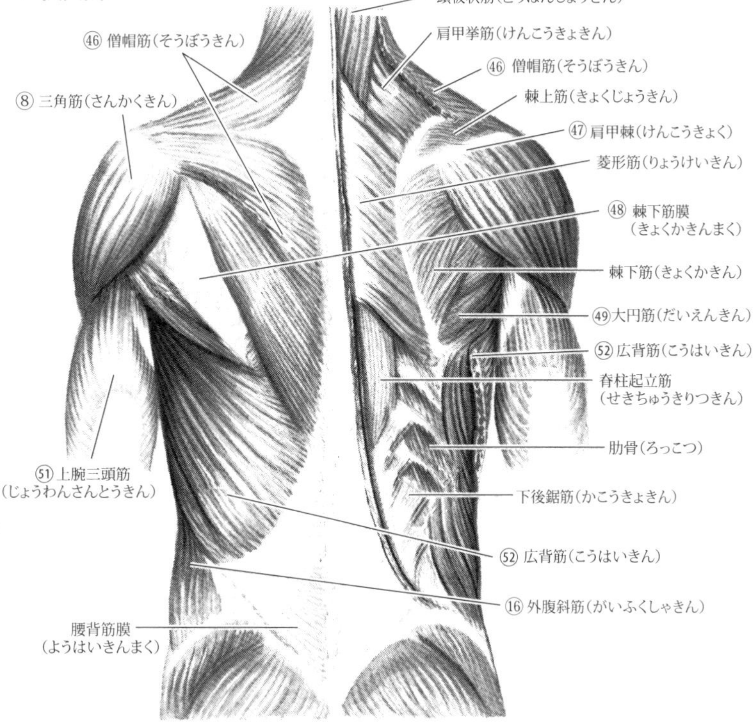
頭板状筋（とうばんじょうきん）
肩甲挙筋（けんこうきょきん）
㊻僧帽筋（そうぼうきん）
㊻僧帽筋（そうぼうきん）
⑧三角筋（さんかくきん）
棘上筋（きょくじょうきん）
㊼肩甲棘（けんこうきょく）
菱形筋（りょうけいきん）
㊽棘下筋膜（きょくかきんまく）
棘下筋（きょくかきん）
㊾大円筋（だいえんきん）
(52) 広背筋（こうはいきん）
脊柱起立筋（せきちゅうきりつきん）
肋骨（ろっこつ）
(51) 上腕三頭筋（じょうわんさんとうきん）
下後鋸筋（かこうきょきん）
(52) 広背筋（こうはいきん）
⑯外腹斜筋（がいふくしゃきん）
腰背筋膜（ようはいきんまく）

㉚… 膝蓋靱帯（しつがいじんたい）
㉛… 長腓骨筋（ちょうひこつきん）
㉜… 前脛骨筋（ぜんけいこつきん）
㉝… 腓腹筋（ひふくきん）
㉞… 長趾伸筋（ちょうししんきん）
㉟… 長趾屈筋（ちょうしくっきん）
㊱… ヒラメ筋（ひらめきん）
㊲… 短腓骨筋（たんひこつきん）
㊳… 長趾伸筋（ちょうししんきん）
㊴… 長母趾伸筋（ちょうぼししんきん）
㊵… 大腿筋膜（だいたいきんまく）
㊶… 膝蓋骨（しつがいこつ）
㊷… 脛骨（けいこつ）
㊸… 下腿筋膜（かたいきんまく）
㊹… 項靱帯（こうじんたい）
㊺… 隆椎（りゅうつい）〔第７頸椎（だいななけいつい）〕
㊻… 僧帽筋（そうぼうきん）
㊼… 肩甲棘（けんこうきょく）
㊽… 棘下筋膜（きょくかきんまく）
㊾… 大円筋（だいえんきん）
㊿… 上腕筋膜（じょうわんきんまく）
(51)… 上腕三頭筋（じょうわんさんとうきん）
(52)… 広背筋（こうはいきん）
(53)… 腰三角（ようさんかく）
(54)… 中臀筋（ちゅうでんきん）
(55)… 大臀筋（だいでんきん）
(56)… 腸骨稜（ちょうこつりょう）
(57)… 肘頭（ちゅうとう）
(58)… 指伸筋（ししんきん）
(59)… 前腕筋膜（ぜんわんきんまく）
(60)… 腸脛靱帯（ちょうけいじんたい）
(61)… 膝窩（しっか）
(62)… 大内転筋（だいないてんきん）
(63)… 半腱様筋（はんけんようきん）
(64)… 半膜様筋（はんまくようきん）
(65)… 大腿二頭筋（だいたいにとうきん）
(66)… 外側広筋（がいそくこうきん）
(67)… 膝窩筋（しっかきん）
(68)… 足底筋（そくていきん）
(69)… 足底筋腱（そくていきんけん）
(70)… 踵骨腱（しょうこつけん）〔アキレス腱〕

＊太字はシーティングにとって重要な筋肉

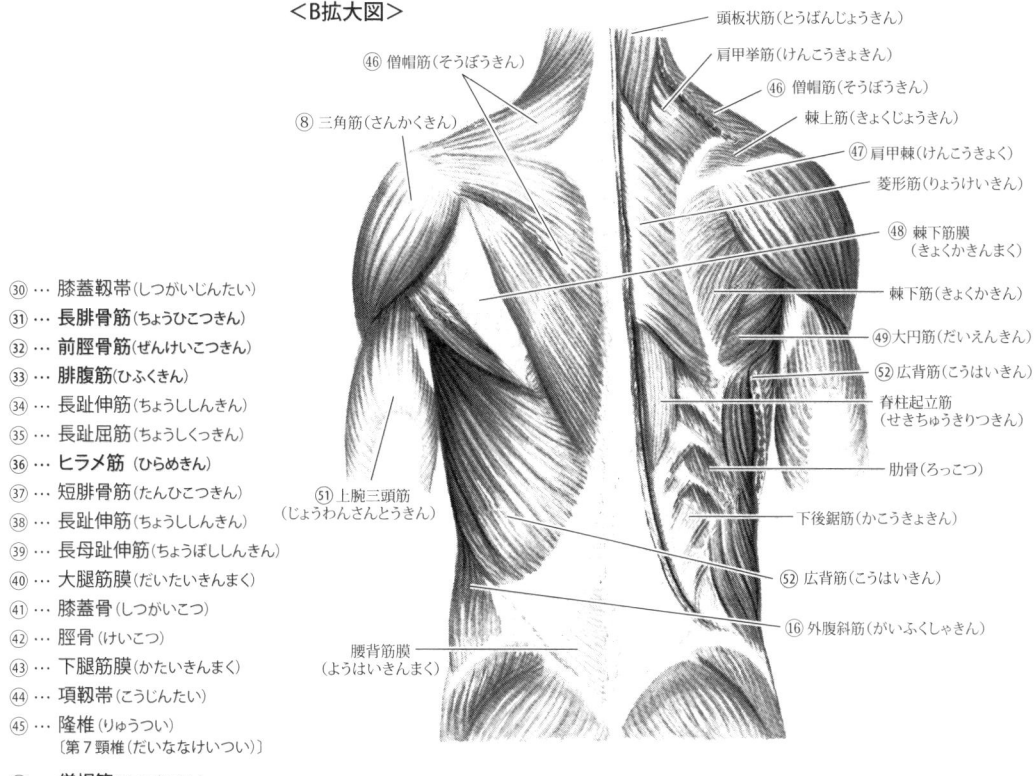

に動かすことはできず、不随意筋である。

ヒトは骨格筋の筋活動によって身体を支え、歩き、生活している。70cm近い長さの縫工筋から1～2cmの舌筋まで、大小約400個の骨格筋は、体重の約30%を占めており、いずれもわずか100分の2～3秒という短い時間で反応し、自分の重量の1,000倍もある重力を支えている。

筋系は、骨格筋と筋の活動を助ける筋膜（きんまく）、腱鞘（けんしょう）、滑液包（かつえきほう）などの補助装置からなっている。骨格筋は、頭部、頸部、背部、胸部、腹部、上肢、下肢に分布し、骨と協力して身体を支え、人体各部の運動を行っている（図表3-14）。

1.2.11 骨格筋の構造

骨格筋は多数の細長い筋線維と呼ぶ細胞の束で、運動神経から伝わった刺激によって個々の筋線維が縮み、それによって骨が関節の部分で動き、身体の運動が生じる（図表3-15）。

骨格筋の両端は腱（けん）を介して、多くは骨に、一部は皮膚に付着している。筋収縮のときに、固定されて動きの少ないほうを筋の起始（きし）、その部分を筋頭（きんとう）といい、反対側の動くほうを筋の停止、その部分を筋尾（きんび）という。筋の中央のふくらんだ部分を筋腹（きんぷく）という（図表3-16）。

腱の周囲には、摩擦を防ぐための滑液包や腱鞘が付属している。滑液包は滑液を含んだ袋状の組織で、腱の動きを滑らかにしている。さらにその滑液胞の周囲にある腱鞘は、運動の際に腱が浮き上がらないように押さえつけている。

筋線維の収縮は神経からの刺激が止まると元の状態にまで弛緩するが、動かした骨を元に戻すためには反対側から引っ張る必要があるので、骨格筋には、この逆の作用をする拮抗筋（きっこうきん）と呼ばれる筋が準備されている。

1.2.12 筋の名前の由来

筋の名前の多くは、その形状や作用などから命名されている。

① 作用によって：尺側手根屈筋（しゃくそくしゅこんくっきん）、内転筋（ないてんきん）など
② 筋線維の方向によって：大腿直筋（だいたいちょっきん）、腹直筋（ふくちょっきん）、腹横筋（ふくおうきん）など
③ 存在部位によって：上腕筋（じょうわんきん）、大胸筋（だいきょうきん）、広背筋（こうはいきん）、大臀筋（だいでんきん）、前脛骨筋（ぜんけいこつきん）など
④ 構成部品数によって：上腕二頭筋（じょうわんにとうきん）、大腿四頭筋（だいたいしとうきん）、下腿三頭筋（かたいさんとうきん）など
⑤ 形状によって：三角筋（さんかくきん）、僧帽

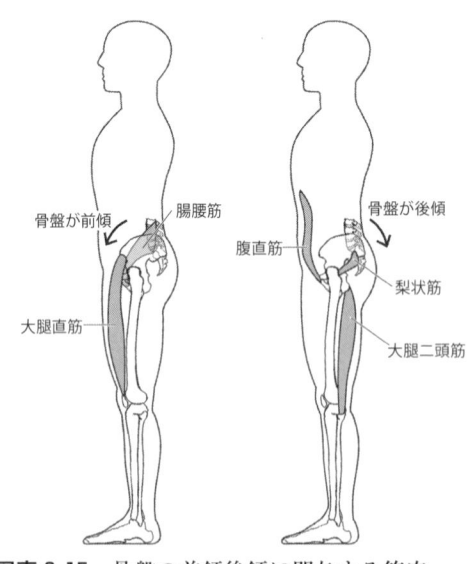

図表3-15 骨盤の前傾後傾に関与する筋肉

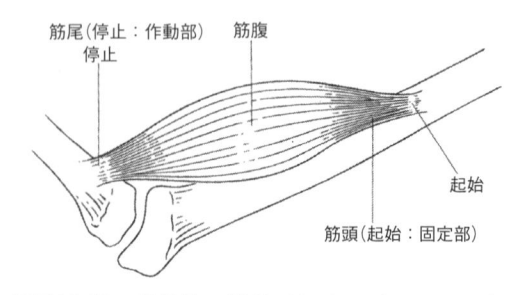

図表3-16 骨格筋の構造（出所：図表3-2に同じ）

筋（そうほうきん）、腰方形筋（ようほうけいきん）、ハムストリングスなど
⑥付着部によって：胸鎖乳突筋（きょうさにゅうとつきん）など

1.2.13 代表的な骨格筋

身体運動に関わる骨格筋のうち、代表的なものを列挙する。
①前面の主な筋
　胸鎖乳突筋（きょうさにゅうとつきん）
　三角筋（さんかくきん）
　大胸筋（だいきょうきん）
　上腕二頭筋（じょうわんにとうきん）
　腹直筋（ふくちょっきん）
　内転筋（ないてんきん）
　大腿四頭筋（だいたいしとうきん）
　前脛骨筋（ぜんけいこつきん）
②後面の主な筋
　三角筋（さんかくきん）
　僧帽筋（そうほうきん）
　上腕三頭筋（じょうわんさんとうきん）
　広背筋（こうはいきん）
　大臀筋（だいでんきん）
　ハムストリングス：大腿二頭筋（だいたいにとうきん）、半腱様筋（はんけんようきん）、半膜様筋（はんまくようきん）
　下腿三頭筋（かたいさんとうきん）

1.2.14 骨格筋の分類

骨格筋は、その部位や運動作用などによって、次のように分類される。
①部位によって：股関節周囲筋（大臀筋など）、膝関節周囲筋（大腿四頭筋、ハムストリングスなど）など
②運動作用によって：脊柱伸展筋（脊柱起立筋など）、膝関節伸展筋（大腿四頭筋など）、足部底屈筋（下腿三頭筋など）など
③関与する関節数によって：一関節筋（三角筋など）、二関節筋（ハムストリングスなど）

1.2.15 筋活動と運動の原則

骨格筋の筋活動には、次のような運動の原則がある。

①骨格筋は、刺激されたときだけ収縮する。
②骨格筋の収縮には、いくつかの型がある。
③骨格筋が骨を牽引することで、運動を生じる。
④骨はてことして働き、関節はてこの支点となる。
⑤筋の付着部は動かされる骨の近位部にある。
⑥骨格筋はグループで働く。

1.3 呼吸器・循環器・消化器系

1.3.1 呼吸器系

呼吸器の基本的な働きは、生命を維持するために代謝に必要な空気中の酸素を血液の中に取り込み、代謝の結果生じ不要となった炭酸ガス（二酸化炭素）を体外に排出することである。

呼吸には、気体となった酸素と炭酸ガスを出入りさせる外呼吸（肺呼吸）と、血液中の酸素と炭酸ガスを交換する内呼吸（組織呼吸）があり、一般的には外呼吸を呼吸といい、内呼吸は循環器系の働きによる。

一連の呼吸の過程は次のとおりである。
①空気中の酸素を肺に取り込み、血液を酸素化する。
②酸素化された血液が心臓に入る。
③心臓のポンプ作用によって、酸素が豊富な動脈血として全身に送られる。
④各細胞が動脈血から酸素を取り込み、エネルギー代謝を行う。
⑤代謝の結果生じた炭酸ガスは血液中に排出される。
⑥炭酸ガスを多く含む血液が静脈血として心臓に戻る。
⑦静脈血が心臓から肺に送られる。
⑧肺が血液中の炭酸ガスを取り出し、体外に排出する。

呼吸器系は、鼻腔（びくう）、咽頭（いんとう）、喉頭（こうとう）、気管・気管支（これらを総称して気道という）、肺、胸膜からなる（図表3-17）。肺にはガス交換をするための肺胞と呼ばれる小部屋が約3億個あり、その小部

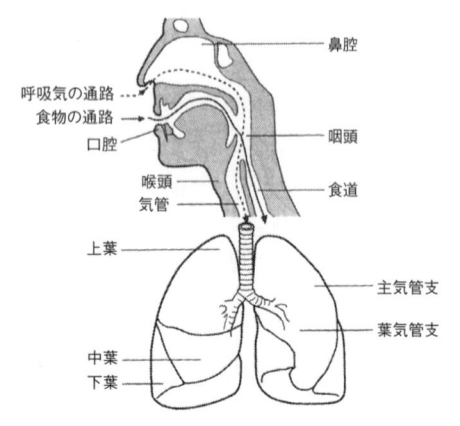

図表 3-17　呼吸器の外観（出所：『ホームヘルパー養成研修テキスト2級課程　第2巻 利用者の理解・介護の知識と方法』）

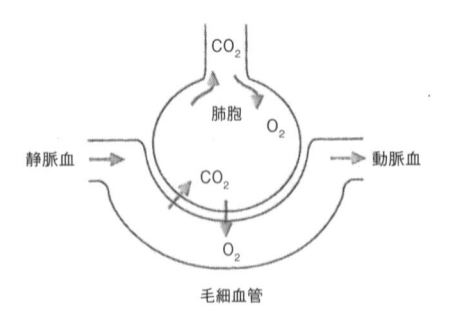

図表 3-18　肺胞におけるガス交換（出所：図表3-17に同じ）

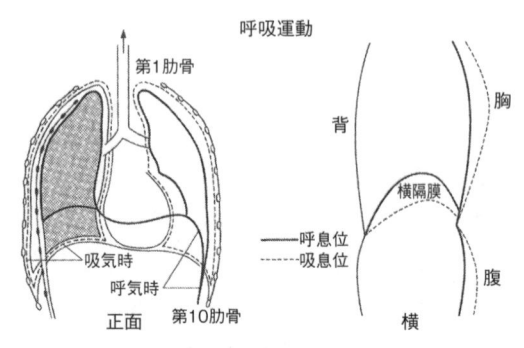

図表 3-19　呼吸に伴う胸郭・腹壁・横隔膜の位置関係（出所：図表3-2に同じ）

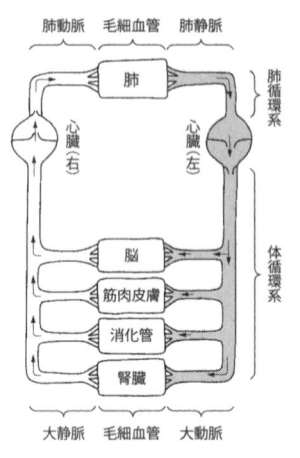

図表 3-20　循環器系の概略（出所：図表3-3に同じ、一部改変）

屋の総壁面積は約60m²にもなる（図表3-18）。

肺自体には自動能力はなく、横隔膜と胸郭の動きによって受動的に肺内に空気が出入りし、呼吸が行われる（図表3-19）。

吸気（息を吸う）では、安静時には円蓋となっている板状の筋である横隔膜が収縮して下方に下がり、また外肋間筋が収縮して肋骨が上にもち上がり胸郭が広がる。深呼吸をすると、呼吸補助筋が収縮してさらに胸部が拡張される。

呼気（息を吐く）は、安静呼吸時には肺の弾性で受動的に行われ、深呼吸の際には内肋間筋の働きで胸郭が下がり、また腹筋の収縮で腹部内臓を横隔膜とともに押し上げて胸腔を狭くする。

また、胸郭の動きは呼吸の原動力となっている。胸椎から胸骨まで弧を描くように存在している肋骨は、胸椎との関節を中心に、あたかもバケツの取っ手を動かすように上下に角度を変えて動く。上方に動くと胸郭の前後径は広がって胸郭内の容積は増え、下方に動くと胸郭の前後径は狭くなって胸郭内の容積は減少する。

1.3.2　循環器系

身体の各組織や器官（臓器）の活動に必要な諸物資を運搬し、細胞から放出される老廃物を集め、体外に排出するために、体内には物資の輸送を担当する血液やリンパを、あらゆるところに行き渡らせる脈管が分布している。これが循環器系で、血管系とリンパ系に大別される。

血管系のなかで最も中心的な役割を果たして

いるのが心臓で、4個の弁膜と4つの部屋をもったポンプである。1分間に約70回規則正しく収縮し、1日約5,000ℓの血液を送り出している。心臓の収縮リズムは神経やホルモンによって調節されており、心臓の自動的に規則正しいリズムをつくっている場所からの命令を心筋が受け、収縮を繰り返している。

血管は、心臓から血液を運び出す動脈系と、末梢からの血液を心臓に送り返す静脈系とに分類される。また血管系は、肺で血液と空気の間でガス交換を行う肺循環と、全身の各所で物質交換を行う体循環とに分けられる（図表3-20）。

リンパ系は、身体各部の皮膚や深部から起こり、次第に合流していくつかのリンパ本幹となって、最終的には頸部の静脈に注ぎ込む。

リンパ管の途中にはろ過装置としてのリンパ節があり、ここで細菌や異物を捕捉する。

1.3.3 消化器系

ヒトが生存していくためには、外界からの栄養物を摂取し、その食物を細かく砕き、腸管の膜を通過できるように細かい分子にしなければならない。この作用を消化という。そしてこの細分子化した食物を体内に取り込む過程を吸収という。

消化の過程は、食物を消化管内の先へと送る消化運動（機械的消化）と、消化液の働き（化学的消化）に分けられる。

消化器は、口腔から肛門までの長い1本の消化管と、消化液を分泌する消化腺とに分けられる（図表3-21）。

消化管は、口腔（舌、歯）、咽頭、食道、胃、小腸（十二指腸、空腸、回腸）、大腸（盲腸、結腸、直腸）、肛門である。小腸と大腸を合わせると約7.5～8.5mの長さがある。消化腺には、口腔腺（唾液腺）、肝臓、脾臓がある。

消化・吸収された残渣物は大便として体外に排出されるが、残渣物が直腸に入り直腸壁が伸展されると、これが刺激となって排便中枢に伝えられ、反射的に内肛門括約筋と直腸が弛緩する。それに加えて排便中枢の刺激が大脳皮質に達し、便意となって大脳からの命令で外肛門括約筋が弛緩して排便が起こる。この際、呼吸停止や筋肉の収縮による腹圧上昇が排便の補助をする。

1.4 摂食・嚥下機能

摂食・嚥下（せっしょく・えんげ）は、食物を認識して口に取り込むことに始まり、食物が胃に至るまでの一連の過程を指す（図表3-22）。

食物が口腔内に取り込まれると、歯でかまれ粉砕され（咀嚼）、舌で唾液と混ぜられ、口腔内の筋の働きで喉に送られ、その後、一連の反射で鼻や気管に入ることなく食道を経て胃に送り込まれる。食物が喉を通過する際に、反射が正しく起こらなくなると、食物の一部が気管に入るようになる。これを誤嚥（ごえん）という。食物が気管に入ると、む・せ・や・せ・き・を生じて気管から排出しようとするが、このような反射

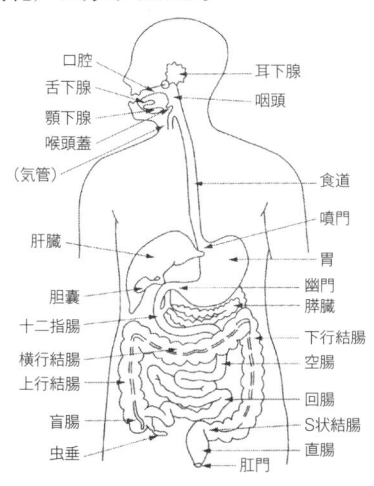

図表3-21 消化器系（出所：図表3-3に同じ）

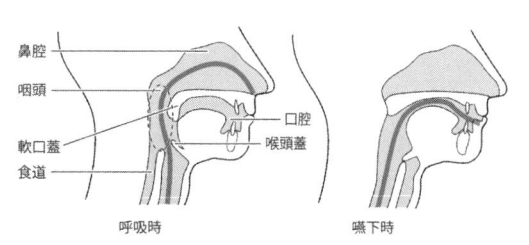

図表3-22 嚥下運動（出所：図表3-17に同じ）

が低下あるいは消失している場合には誤嚥が助長される。

摂食・嚥下は、通常座位姿勢で行われるが、頸部・体幹の機能、姿勢のアライメント、上肢機能、呼吸機能にも大きく影響を受ける。

ヒトの摂食・嚥下は、以下のような5期に分けられる。

①先行期
　認知期ともいわれ、これから摂食する食物の性状を認知することによって、食べ方、唾液の分泌、姿勢など、摂食に必要な準備を整える時期。

②準備期
　食物を口腔内に取り込み、歯で咀嚼して飲み込みやすい大きさの食塊を形成する時期。

③口腔期
　嚥下第1期とも呼ばれる。意識して止められる随意運動であり、食塊を舌によって咽頭へ送り込む時期。

④咽頭期
　嚥下第2期とも呼ばれる。これ以後は、意識して止められない不随意運動となる。舌の先端がもち上がり、食塊が咽頭に達すると嚥下反射が生じて、1秒ほどの間に以下の一連の動きを行う。
・軟口蓋が挙上し、鼻腔と咽頭の間を塞ぐ。
・舌骨、喉頭が挙上し、食塊が咽頭を通過する。
・喉頭蓋が下方に反転し、気管の入口を塞ぐ。
・一時的に呼吸が停止する。
・咽頭が収縮し、食道入口部が開大する。

⑤食道期
　嚥下第3期ともいう。食道の蠕動（ぜんどう）運動が誘発され、食塊が食道入口部から胃へと送り込まれる。輪状咽頭筋が収縮して、食塊が逆流しないように食道入口部が閉鎖される。舌骨、喉頭、喉頭蓋は安静時の状態に戻る。

1.5 排泄のメカニズム

排泄管理は、当事者もしくは家族にとって人前では話しにくく、それでいて心底困る問題である。尿便失禁の場合、臭気や衛生面において周囲の人を含めて大きな心理的・社会的ダメージがある。羞恥心や屈辱感などのダメージとともに無力感やネガティブ志向の原因になりやすく、外出時の失禁に対する恐怖感や他者への申し訳なさなどにより社会参加の機会も失ってしまう可能性がある。そのため排泄管理に関して当事者は、多少困っていてもこれまで行ってきた生活パターンを変更することに抵抗があり、それまでと異なる管理方法には手を出しにくい状況にある。

1.5.1 排尿のメカニズム

尿は腎臓で血液から老廃物を濾（こ）してつくられ、尿管を通り膀胱にたまる。尿がたまる

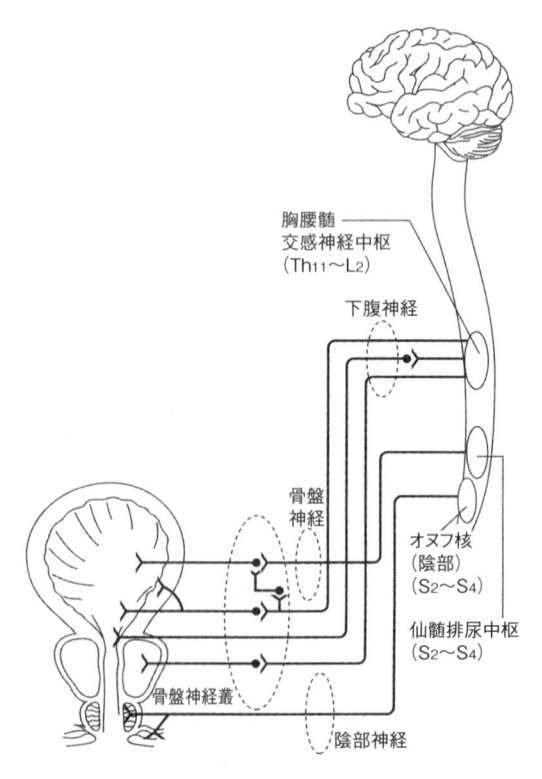

図表3-23　排尿のメカニズム

ことで膀胱が伸び、その刺激が脊髄にある排尿神経中枢に至り、骨盤神経求心路を経て脊髄を上行し、大脳に伝えられる。十分な尿意を感じると、脳幹橋部の高位排尿中枢から排尿反射の抑制を解除する指示が出る。その指示は脊髄を下行し、仙髄の下位排尿中枢から骨盤神経を経て膀胱に至り、膀胱を強く収縮させる。同時に、腰部交感神経節を介して下腹神経（交感神経）の興奮が抑制されて、膀胱頸部と尿道が弛緩し尿は排出される（図表3-23）。膀胱と尿道は弛緩・収縮という働きを協調して、蓄尿と排尿をそれぞれ行う。

1.5.2 排尿と姿勢の関係

排尿の場合、膀胱の収縮力が効率よく伝わることが重要となる。腹圧に関係なく膀胱から尿が出やすい、膀胱と尿道がストレートになる解剖学的な姿勢がよい。男性の場合、立ったほうがストレートとなり、女性の場合は、中腰のほうがストレートとなり出しやすい。完全にしゃがんで座ってしまうと、骨盤底が下がり、そのぶん膀胱と尿道の角度が鋭角になり出にくくなってしまう。

1.5.3 排便のメカニズム

排便は一般的に食事・運動・精神面の影響を受けやすいといわれている。

正常な排便は、朝起き上がるときからその準備が始まり、便の輸送が促される（起立―大腸反射）。また、食事を摂ることで大腸の運動がさらに誘発されて（胃―大腸反射）起こる。便は小腸からドロドロの消化された食物が送られ、上行結腸（じょうこうけっちょう）や横行（おうこう）結腸で水分が吸収され、固形状となった便は下行結腸、S状結腸に送られる。S状結腸には胃に食物が入ったときに始まる蠕動運動によって送られる。その後直腸に便が入るとその伸展、重さの刺激は骨盤神経を経て大脳に伝わり便意となるが、直腸でも下部3分の1の最も肛門に近い場所で、伸縮性の高い場所である下部結腸（膨大部（ぼうだいぶ））に便がたまると強い便意が起こる。

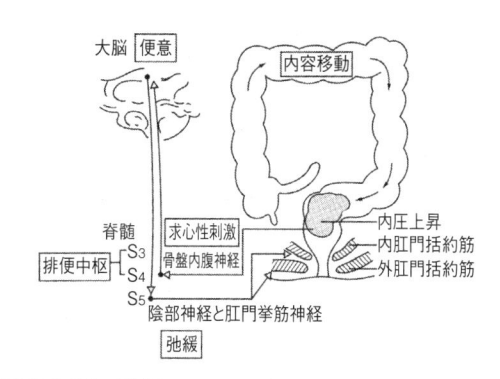

図表3-24 排便のメカニズム

排便抑制の刺激は骨盤神経、陰部神経に伝わり、内肛門括約筋（ないこうもんかつやくきん）、外（がい）肛門括約筋を緊張させる。そして、トイレに行き排便の準備が整うと、大脳から排便を抑制していた刺激が解かれ、排便の指示が出され、横隔膜の呼吸停止、腹筋の緊張によって腹腔内圧を増加させると同時に、内肛門括約筋、外肛門括約筋が弛緩し、排便される。このときに蠕動運動が増加し、便の排出を助ける反射が起こる（図表3-24）。

正常な排便では、1回に150〜200g（膨大部の容量分）の便が排出され（成人の場合）、直腸に残ることはなく排出されると、再び内肛門括約筋、外肛門括約筋は緊張して元に戻る。

1.5.4 排泄姿勢

自然な排便姿勢を観察すると、身体を前屈し、重心を前方にかけていることがほとんどである。これは非常に合理的な動作で、前屈したほうが腹圧をかけやすくいきみやすいこと、重心が前方に移ることで臀部の圧力が軽減すること、臀部の筋や皮膚が引っ張られ肛門周囲が突出すること、加えて直腸―肛門角が鈍角（120〜130°）になり便排出が容易になる利点が考えられ、基本的に排便姿勢は前屈した姿勢が望ましいと考えられる（図表3-25）。

通常人体は、寝たり立ったりしているときは恥骨直腸筋と浅部肛門括約筋の働きにより直腸と肛門のなす角度は鋭角（約90°）で、容易に

便が出ない仕組み（フラップバルブ・メカニズム）になっている。そのためトイレにしゃがむ前屈した姿勢では、腹圧がかかりやすく、直腸－肛門角を鈍角にできるため排便が容易になる。

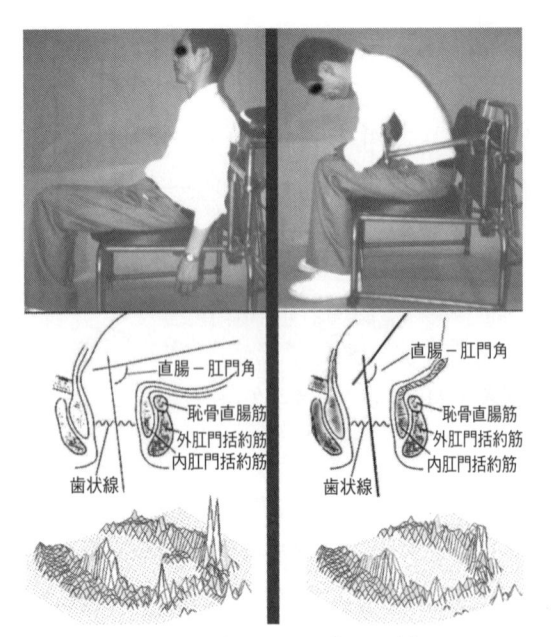

図表3-25　姿勢と直腸－肛門角の関係

2.

運動学

　運動学は姿勢や身体運動について力学的に捉える学問である。この節では、座位姿勢の捉え方、身体の動きの基礎となる関節運動の表現方法について述べるとともに、座位姿勢の安定性に影響する重心、関節運動の力源となる筋の働きを運動学の視点から整理する。また小児の正常発達の過程から、異常姿勢への対応を学ぶこととする。

2.1　身体運動の基礎

2.1.1　体表の区分（図表3-26）
①頭部（とうぶ）
②頸部（けいぶ）
③体幹（たいかん）
④胸部（きょうぶ）
⑤腹部（ふくぶ）
⑥上肢（じょうし）
　1）肩（かた）
　2）上腕（じょうわん）
　3）肘（ひじ）
　4）前腕（ぜんわん）
　5）手部（しゅぶ）：手背（しゅはい）、手掌（しゅしょう）
⑦下肢（かし）
　1）大腿（だいたい）
　2）膝（ひざ）
　3）下腿（かたい）
　4）足部（そくぶ）：足背（そくはい）、足底（そくてい）

2.1.2　基本肢位（図表3-27）

(1) 基本的立位肢位

　立位姿勢で顔面を正面に向け、両上肢を体側に下垂して手掌を体側に向け、下肢は平行、踵

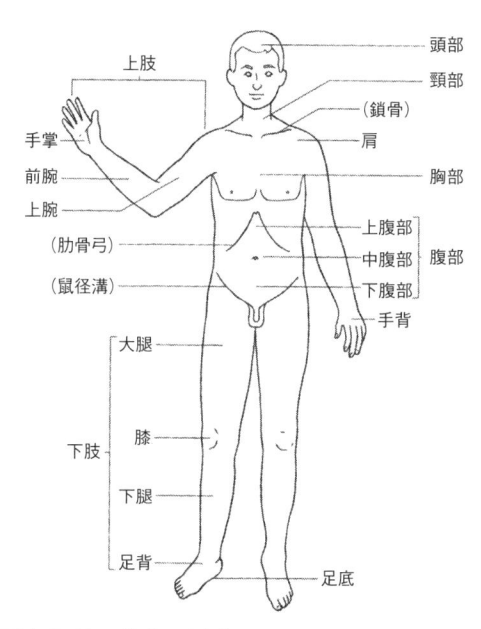

図表 3-26　体表の区分（出所：図表 3-2 に同じ）

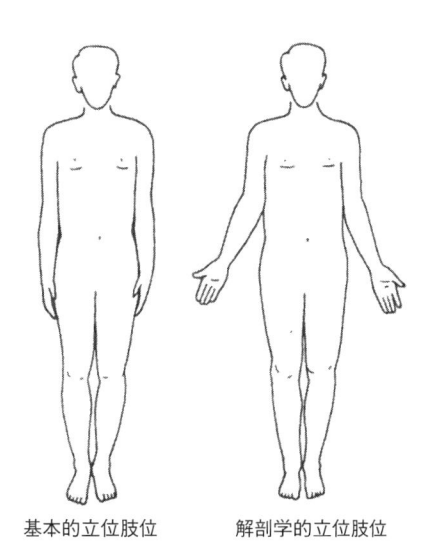

図表 3-27　基本肢位（出所：図表 3-11 に同じ）

を密着させてつま先を軽く開いた直立位を「基本的立位肢位」という。

(2) 解剖学的立位肢位

基本的立位肢位で手掌を前方に向けた（前腕の回外）直立位を「解剖学的立位肢位」という。身体運動を記載する場合には、一般に基本的立位肢位が用いられる。

2.1.3 姿勢の安定性に影響する因子（重心の位置、重心線、支持基底面）

立位や座位姿勢をとる際の安定性に関係する因子として、重心位置、重心線、支持基底面の位置関係を知ることは重要である。

立位での重心の位置は、骨盤内で仙骨のやや前方にあり、成人では足底から約55％の位置にある（図表3-28）。座位姿勢では、およそ胸郭内にある。なお、重心位置から下ろした垂線を重心線と呼んでいる。

身体を支えるために床と接している部分を結んだ範囲（床の面積）を支持基底面と呼ぶ。起立したときには、両足底とその間の部分を合計した面積である（図表3-29）。座位姿勢では、足底から大腿部の裏面および坐骨がつくる面となる（図表3-30）。

座位では、重心線の落ちる位置は支持基底面

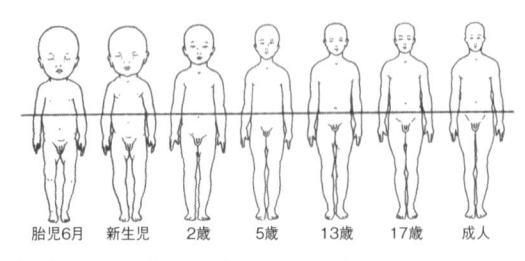

図表 3-28 人体の重心の位置（出所：図表3-11に同じ）

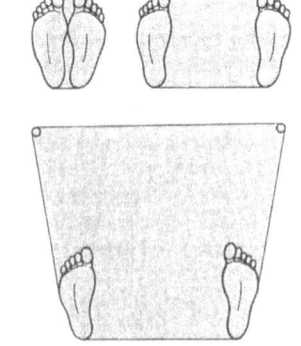

両足を密着した場合（左上）よりも、両足を開いた場合（右上）や松葉杖を使用した場合（下）のほうが支持基底面は拡大する

図表 3-29 支持基底面の広さ（出所：図表3-11に同じ）

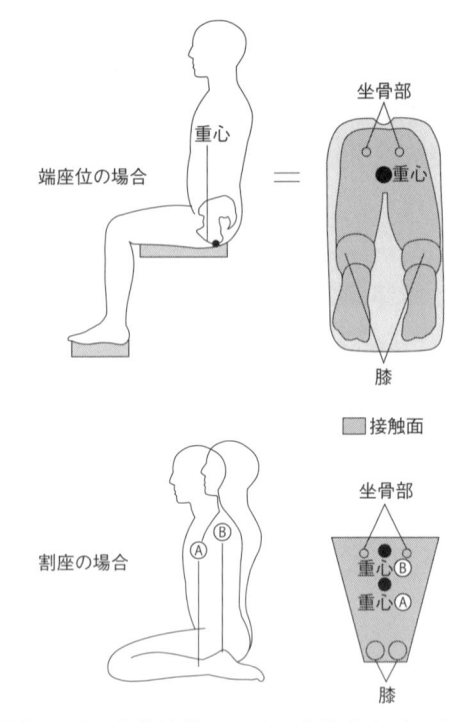

図表 3-30 座位姿勢における支持基底面の広さ

図表 3-31 姿勢の安定性に影響する要因

①重心の位置が低いほど安定性がよい
②支持基底面が広いほど安定性がよい
③支持基底面と重心線の位置が中心に近いほど安定性がよい
④質量が大きいものほど安定性がよい
⑤床との接触面の摩擦抵抗が大きいほど安定性がよい
⑥分節構造物よりも単一構造物のほうが安定性がよい
⑦筋骨格系の働きが正常であれば安定性がよい
⑧姿勢反射（神経系）の働きが正常であれば安定性がよい

の後縁に偏っており、さらに支持面に接する坐骨結節の不安定性、その上に連なる脊柱の分節構造が、座位姿勢の保持の不安定性に関係している。

座位の保持に関与する筋として、脊柱の支持筋である頸部の伸筋・屈筋、脊柱起立筋・腹筋のほか、坐骨の前方・後方への傾斜にかかわるハムストリングスと腸腰筋の存在は重要である。

これ以外にも姿勢の安定性には種々の要因が関連しており、それらを整理すると図表3-31のようになる。

2.1.4 関節運動時の面と軸

人体の運動は、基本面と呼ぶ3つの平面、すなわち矢状面（しじょうめん）、前額面（ぜんがくめん）、水平面（すいへいめん）、および基本軸と呼ぶ直行する3つの軸、すなわち垂直軸（すいちょくじく）、左右軸（さゆうじく）、前後軸（ぜんごじく）で記述される（図表3-32）。

(1) 基本面
①矢状面：身体を左右に分け、前後方向に走る面。無数にある矢状面のなかで身体の正中線を通過する面を、特に正中面という
②前額面：身体を前後に分け、左右方向に走る面。前頭面（ぜんとうめん）、前断面（ぜんだんめん）ともいう
③水平面：身体を上下に分け、水平方向に走る面。横断面（おうだんめん）ともいう

(2) 基本軸
①垂直軸：水平面に直交する上下方向の軸
②左右軸：矢状面に直交する左右方向の軸
③前後軸：前額面に直交する前後方向の軸

2.1.5 人体の方向を示す用語

①上方（じょうほう）または頭方（とうほう）：身体の頭端に向かう方向
②下方（かほう）または尾方（びほう）：身体の頭から離れる方向
③前方（ぜんぽう）または腹側（ふくそく）：身体の前側。腹部の側
④後方（こうほう）または背側（はいそく）：身体の後側。背中の側
⑤内側（ないそく）：身体の正中面に近い方向
⑥外側（がいそく）：身体の正中面から遠い方向
⑦近位（きんい）：身体の中央に近い方向
⑧遠位（えんい）：身体の中央から離れて遠い方向

2.1.6 関節運動の表し方（図表3-33～3-35）

(1) 屈曲（くっきょく）と伸展（しんてん）

多くは矢状面での運動で、屈曲は2つの部位が近づく運動。伸展は2つの部位が遠ざかる運動。ただし、肩関節、頭部、体幹部については、前方への動きが屈曲、後方への動きが伸展である。また手・足関節、手足の指関節では、手掌・足底への動きが屈曲、手背・足背への運動が伸展である。

(2) 外転（がいてん）と内転（ないてん）

多くは前額面での運動で、外転は体幹や手指の軸から遠ざかる動き。内転は近づく動きである。

(3) 外旋（がいせん）と内旋（ないせん）

肩関節、股関節で、上腕の長軸、大腿の長軸を中心に、外方へ回旋する動きが外旋、内方へ回旋する動きが内旋である。

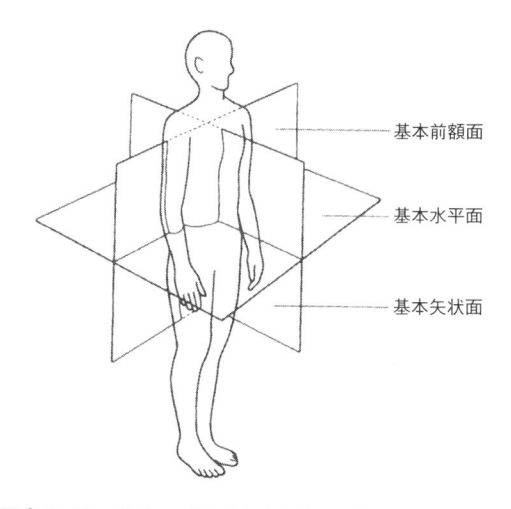

図表3-32 身体の基本面（出所：図表3-11に同じ）

(4) 回外（かいがい）と回内（かいない）

前腕を、前腕の長軸を中心に外方に回旋する動き（肘を曲げたとき手掌が上を向く動き）が回外。内方へ回旋する動き（肘を曲げたとき手掌が下を向く動き）が回内である。

(5) 水平屈曲（すいへいくっきょく）と水平伸展（すいへいしんてん）

肩関節の運動で、上腕の水平面上での前方への動きが水平屈曲。後方への動きが水平伸展である。

(6) 挙上（きょじょう）と下制（かせい）

肩甲帯の前額面での運動で、上方への動きが挙上。下方への動きが下制（「引き下げ」ともいう）である。

(7) 側屈（そっくつ）

頭部あるいは体幹の前額面での運動で、右方向への動きが右側屈。左方向への動きが左側屈である。

(8) 回旋（かいせん）

頭部あるいは体幹の水平面での運動で、垂直軸を中心に右方向への回旋が右回旋。左方向への回旋が左回旋である。

(9) 撓屈（とうくつ）と尺屈（しゃっくつ）

手関節の手掌面での運動で、撓骨側への動きが撓屈、尺骨側への動きが尺屈である。

(10) 撓側外転（とうそくがいてん）と尺側内転（しゃくそくないてん）

母指の手掌面での運動で、母指の基本軸から遠ざかる動き（撓骨側への動き）が撓側外転、近づく動き（尺骨側への動き）が尺側内転である。

(11) 掌側外転（しょうそくがいてん）と掌側内転（しょうそくないてん）

母指の手掌面に垂直の運動で、母指の手掌から遠ざかる動きが掌側外転、手掌に近づく動き（手背方向への動き）が掌側内転である。

(12) 対立（たいりつ）

母指の対立は、外転、屈曲、回旋が複合した動きで、母指で少指の先端や基部に触れる動きである。

部位名	運動方向	参考可動域角度	参考図
肩甲帯 shoulder girdle	屈曲 flexion	20	
	伸展 extension	20	
	挙上 elevation	20	
	引き下げ（下制） depression	10	
肩 shoulder（肩甲帯の動きを含む）	屈曲（前方挙上） forward flexion	180	
	伸展（後方挙上） backward extension	50	
	外転（側方挙上） abduction	180	
	内転 adduction	0	
	外旋 external rotation	60	
	内旋 internal rotation	80	
	水平屈曲 horizontal flexion (horizontal adduction)	135	
	水平伸展 horizontal extension (horizontal abduction)	30	
肘 elbow	屈曲 flexion	145	
	伸展 extension	5	
前腕 forearm	回内 pronation	90	
	回外 supination	90	

図表3-33 上肢の関節運動と可動域（出所：「関節可動域表示ならびに測定法改正案」をもとに一部改変）

部位名	運動方向	参考可動域角度	参考図
股 hip	屈曲 flexion	125	
	伸展 extension	15	
	外転 abduction	45	
	内転 adduction	20	
	外旋 external rotation	45	
	内旋 internal rotation	45	
膝 knee	屈曲 flexion	130	
	伸展 extension	0	
足 ankle	屈曲（底屈）flexion (plantar flexion)	45	
	伸展（背屈）extension (dorsiflexion)	25	
足部 foot	外がえし eversion	20	
	内がえし inversion	30	
	外転 abduction	10	
	内転 adduction	20	

図表 3-34 下肢の関節運動と可動域（出所：図表 3-33 に同じ）

部位名	運動方向		参考可動域角度	参考図
頸部 cervical spine	屈曲（前屈）flexion		60	
	伸展 extension		50	
	回旋 rotation	左回旋	60	
		右回旋	60	
	側屈 lateral bending	左側屈	50	
		右側屈	50	
胸腰部 thoracic and lumbar spines	屈曲（前屈）flexion		45	
	伸展（後屈）extension		30	
	回旋 rotation	左回旋	40	
		右回旋	40	
	側屈 lateral bending	左側屈	50	
		右側屈	50	

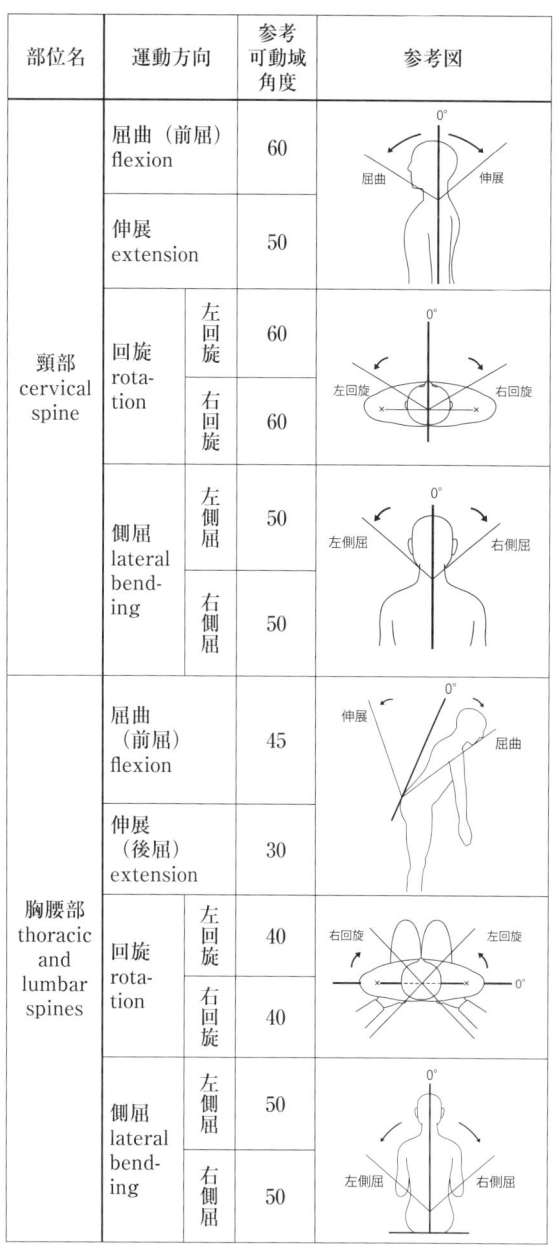

図表 3-35 頭部・体幹の関節運動と可動域（出所：図表 3-33 に同じ）

(13) 撓側外転（とうそくがいてん）と尺側外転（しゃくそくがいてん）

中指の手掌面での運動で、中指の基本軸から撓骨側へ遠ざかる動きが撓側外転、尺骨側へ遠ざかる動きが尺側外転である。

(14) 外がえし（そとがえし）と内がえし（うちがえし）

足部の運動で、足底が外方を向く動き（足部の回内、外転、背屈の複合運動）が外がえし。

図表 3-36　股関節の動きの分析（出所：図表 3-11 に同じ）（各筋の説明は p.74-78 を参照）

	屈曲	伸展	外転	内転	外旋	内旋
腸　腰　筋	○				○	
縫　工　筋	△		△		△	
大 腿 直 筋	○		△			
恥　骨　筋	○			○	△	
大腿筋膜張筋	○		○			
大　臀　筋		○	△	△	○	
大 腿 二 頭 筋		○			△	
半 腱 様 筋		○				△
半 膜 様 筋		○				△
中　臀　筋	△	△	○		△	○
小　臀　筋	△	△	○			○
薄　　　筋	△			○	△	
長 内 転 筋	△			○	△	
短 内 転 筋	△			○	△	
大 内 転 筋	△	△		○	△	△
深層外旋六筋					○	

足底が内方を向く動き（足部の回外、内転、底屈の複合運動）が内がえしである。なお、足部の内反と外反は変形を意味する用語として使用している。

　股関節を例に挙げると、股関節の関節運動には屈曲、伸展、外転、内転、外旋、内旋があり、これらの運動に関与する筋は図表 3-36 のとおりである。

2.1.7　身体運動の力学

(1)　力の作用する角度

　人体では、筋が骨に対して直角に収縮力を及ぼすことはまれで、「てこ」すなわち骨に作用する角度は関節の動きによって変化する。

　上腕二頭筋を例に説明すると（図表 3-37）、肘関節が直角（90°）の場合（b）、上腕二頭筋の筋力は肘を屈曲する力源として最も有効に働く。しかし肘関節が 90°以上に屈曲した位置（a）では、筋の収縮力は肘屈曲の分力と撓骨を肘関節に押し付ける分力とに分けられ、また、肘関節が 90°より伸展した位置（c）では、筋の収縮力は肘屈曲の分力と撓骨を肘関節から引き離そうとする分力とに分けられ、いずれの場合も

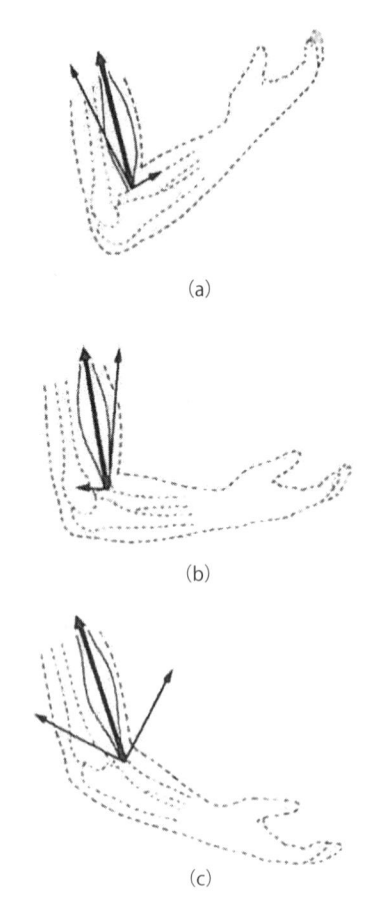

図表 3-37　力の作用する角度（出所：図表 3-11 に同じ）

肘関節が 90°のときに比べ、肘を屈曲する力は弱くなる。

(2)　梃子（てこ）

　梃子は、棒状の剛体が定点を通る 1 つの軸の周りに自由に回転できる状態のことである。またその効用は、支点、力点、作用点の位置関係で決定され、次の 3 つの種類に分類される。

(a)　第 1 の梃子

　支点が力点と作用点の間にある形の梃子で、その特徴は安定性である。人体では頭部の前後屈がこれに相当し、支点は環椎後頭関節、力点は後頭骨の筋付着部、荷重点は頭部の重心から垂直に床面に延長した部分である（図表 3-38）。

　代表的な梃子の一種で、古くから巨石などを動かすのにも使われてきた。この種類の梃子を

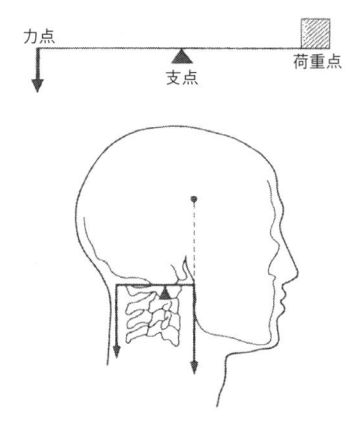

図表 3-38 第1の梃子（出所：図表 3-11 に同じ）

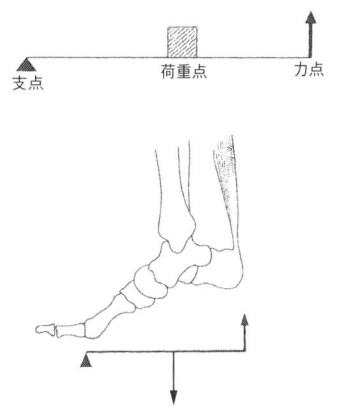

図表 3-39 第2の梃子（出所：図表 3-11 に同じ）

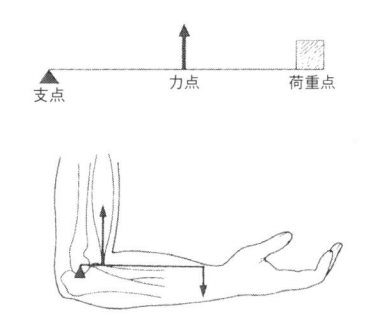

図表 3-40 第3の梃子（出所：図表 3-11 に同じ）

用いて大きなものを小さい力で動かす仕組みを使っている道具として、くぎ抜き、洋はさみ、缶切り、ラジオペンチなどがある。

(b) 第2の梃子

荷重点が支点と力点の間にある形の梃子で、力の腕のほうが荷重の腕より長い。その特徴は力の有利性である。例としては、つま先立ちしたときの足の状態が相当する。支点は中足指節間関節、力点はアキレス腱付着部、荷重点は身体重心線の通過点になる（図表 3-39）。

この梃子も、小さい力を大きな力に変えて加えることができる。この方法を使って大きな力を加えて用いる道具には、栓抜き、くるみ割り器、穴あけパンチ、空き缶つぶし器などがある。

(c) 第3の梃子

力点が支点と荷重点の間にある形の梃子で、荷重の腕が力の腕より長い。その特徴は、力に対しては不利であるが、運動の速さに対しては有利ということである。人体における梃子の大部分は、この第3の梃子である。肘関節を屈曲するとき、支点が肘関節、力点が上腕二頭筋付着部、荷重点が前腕の重心点になる（図表 3-40）。

この種類の梃子を用いた道具には、ピンセット、トング、手持ち式のステープラー、箸などがある。

(3) 滑車

滑車は、固定された軸の周りを回転する溝の付いた車とロープとを組み合わせて力の方向を変え、力学的有利性を得るための機械である。人体では、腱が骨の一部を通過する部分、例えば足部の後脛骨筋腱と外果部に、滑車に似た構造がある（図表 3-41）。

(4) 車輪と車軸

車輪と車軸（輪軸）は、車軸とそれを中心にして回転する車輪で構成される。力の働く部分で2つの場合がある。一つは力を車輪から離れた車軸にかけて軸が仕事をするもので、体幹の回旋における外腹斜筋と内腹斜筋がその例である。もう一つは力を車軸に近い部分にかけて仕事をするもので、同じく体幹の回旋における回旋筋がその例である。前者のほうが後者に比べて力学的有利性は高い（図表 3-42）。

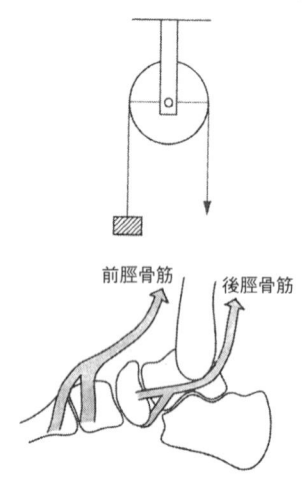

図表 3-41　滑車（出所：図表 3-11 に同じ）

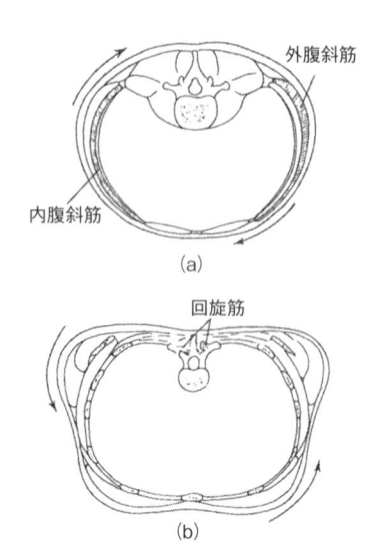

図表 3-42　車輪と車軸（出所：図表 3-11 に同じ）

図表 3-43　骨格筋の作用（機能）による分類

①主動作筋：目的とする関節運動を中心的に担う筋
②補助筋：目的とする関節運動において主動作筋を補助する筋
③固定筋：主動作筋や補助筋が有効に機能するように、起始部などを固定する筋
④拮抗筋：主動作筋とは反対の作用をする筋

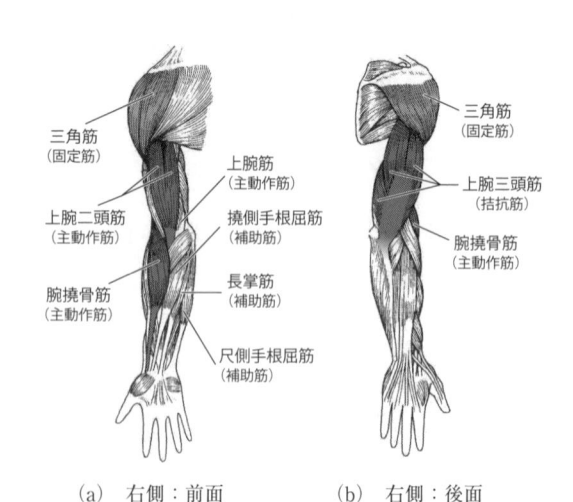

（a）右側：前面　　（b）右側：後面

図表 3-44　肘を曲げるときに働く筋肉（出所：図表 3-11 に同じ、一部改変）

2.1.8　骨格筋の役割と分類

骨格筋は骨格に付着し、筋肉の収縮によって関節を動かし運動を生じさせる。さらに骨格筋には、関節の安定、姿勢の保持、軟部組織の保護、体温の維持、などの役割がある。

骨格筋をその作用（機能）で分類すると、図表 3-43 のとおりとなる。

「肘を曲げる」を例にとると、
　主動作筋：上腕二頭筋、上腕筋、腕橈骨筋
　補助筋：浅指屈筋、長掌筋、橈側手根屈筋、尺側手根屈筋
　固定筋：肩関節周囲筋
　拮抗筋：上腕三頭筋
となる（図表 3-44）。

また、骨格筋はその収縮形態によって、以下のように分類されている。

(1) 求心性収縮、遠心性収縮、静止性収縮

求心性収縮では、筋は抵抗に打ち勝つだけの張力を発生して収縮し、筋の長さの短縮が起こる。上腕二頭筋を例に挙げると、肘を曲げて物を持ち上げるとき、筋は短縮しながら収縮している。階段を上がるときの大腿四頭筋は、同じく短縮しながら収縮して膝を伸ばして段を上がっている。

遠心性収縮では、加えられた抵抗が筋張力より大きく、筋は収縮しても筋の長さは伸ばされ

る。肘を伸ばしながら手に持った物を下に置こうとするとき、上腕二頭筋は伸張しながらも収縮している。階段を降りるとき、大腿四頭筋は体重を支えて、筋を伸ばしながら収縮している。

静止性収縮では、筋の全長には変化がない状態で収縮する。物を持ったまま上げも下げもしない状態では、上腕二頭筋は長さを変えずに収縮している。

(2) 等尺性収縮、等張性収縮

等尺性収縮は静止性収縮と同義である。等張性収縮は筋張力が変化せずに収縮する状態で、筋自身は収縮しながら縮まるか、収縮しながら伸びるかのいずれかの状態である。

(3) 相動性収縮、持続性（緊張性）収縮

相動性収縮は速い動きを伴う収縮である。持続性収縮は静止性収縮と同義である。筋には大きく2種類のものがあり、酸素を利用した持続的な収縮の可能な遅筋（赤筋）と、瞬発的な収縮の可能な速筋（白筋）に分けられる。両者の性質を備えた中間筋の存在も認められている。

なお、弛緩とは筋に収縮がない状態である。完全に筋が弛緩していても、筋の物理化学的性質による弾性などによって一定の緊張が存在する。これを筋トーヌスと呼んでいる。筋トーヌスの存在は、関節の過度の運動を阻止し、姿勢を保持する役割をしている。

筋トーヌスが亢進した状態としては、錐体路障害による痙縮（けいしゅく）あるいは痙直（けいちょく）と、錐体外路系障害による固縮（こしゅく）あるいは強剛（きょうごう）がある。痙縮では、障害される筋は選択的（上肢では屈筋、下肢では伸筋に著明）で、伸展の初めで抵抗が強く途中で急に弱くなる「折りたたみナイフ現象」が見られる。固縮は、屈筋も伸筋も同時に緊張している状態で、鉛管様固縮（関節を動かそうとすると持続的な抵抗がある）と歯車様固縮（同じく動かそうとするとガクガクと断続的な抵抗がある）がある。

筋トーヌスが低下した状態は、脊髄前角細胞以下の病変や小脳の病変で起こる。

2.1.9 各基本面からみた姿勢の特徴

(1) 矢状面

脊柱は、胎児期にはひと続きの背方に凸の緩やかな後彎を呈しているが、成長に伴い、頸部の前彎が生後2〜3か月から、腰部の前彎が生後10か月頃から見られ始める。こうして上半身を支えながら、起立・歩行に適した状態に二次的な変化を遂げ、最終的に頸椎前彎・胸椎後彎・腰椎前彎という滑らかなS字状のカーブを形成するようになる。健常な成人の胸部の彎曲と仙尾部の彎曲は胎児期の名残である。

また、10歳以降には骨盤の発達に男女差が出現するが、そのなかでシーティングに関するものを挙げると、女性の場合には寛骨が比較的直立していて両側の腸骨翼が直立に近い状態であり、仙骨は幅が広くて全体として平らな形である。

未定頸（頸がすわっていない）な状態では、頭頸部の姿勢を安定させようとして、胸鎖乳突筋・頭半棘筋・僧帽筋・板状筋・肩甲挙筋などが収縮し、頸部の後屈（頸椎の前彎増強）や肩甲骨の挙上・内転が起こる。背臥位や座位姿勢で上肢を体幹の前方に出して操作する機会がなければ、肩も後方に引かれていることが多い。

定頸は完了したが座位姿勢が安定しない場合には、脊柱後部の筋の緊張が高くなり、胸椎の生理的後彎が消失して脊柱が全体的に前彎した状態になっていたり、ある程度座位姿勢が保持できていると、円背が強まり、腰椎の前彎も小さくなって仙骨部は後下方を向かなくなり、滑り座り（仙骨座り）が起こる場合もある。

脊柱の後彎は、もともと見られる胸椎の後彎が強くなったもので、胸椎だけのものと腰椎も含めて後彎が見られる場合の2つがある。前者は、低緊張ながらも立位・歩行が獲得されている場合に見られ、後者は座位はかろうじて保持できているが、立位は未獲得か一度獲得してもすぐにできなくなった場合に多い。いずれも、ある程度自分で抗重力姿勢がとれるため、変形を来さないような姿勢管理は、本人の自覚が促

せない場合には逆に難しい。

脊柱の前彎が最も起こりやすいのは頸椎で、頭頸部の姿勢の保持や筋緊張の亢進により後頸部を短縮させている場合や、円背があるために代償性に頸部を後屈させている場合に認められる。この前彎増強のため、上気道閉塞性の呼吸障害や気管狭窄および嚥下困難や誤嚥が二次的に起こるため、変形を増強させないような姿勢管理が重要である。円背とは胸椎の後彎が生理的な範囲よりも大きく後方に張り出している状態である。

薄手のシャツを着ている夏と、厚手の上着を着ている冬とでは、バックサポート面とヘッドサポートとの位置関係が異なるので、服装の厚みに応じて適切な状態にできるような工夫が必要である。それを怠って、薄手のシャツを着て合わせたヘッドサポートの位置のまま、厚手の服装で乗車していると、頸部の後屈が強くなり、呼吸障害や嚥下困難に伴う喘鳴の増強などが見られ、姿勢の崩れから体の変形を増強させてしまうことにつながりかねない。

(2) 水平面

水平面での姿勢は、基本的に対称である。胸腔内・腹腔内の臓器は別として、骨格や筋肉の部分欠損（先天性の奇形や事故による消失）がない限り、基本的に人体は左右対称にできている。障害児・者では、これに前述のような後天的要素が加わり、対称的でない水平面になっていることがある。

成人の胸郭は、正常であれば横径に対する前後径の比率が0.6〜0.7となる。障害児・者では、これが0.4前後にしかならないこともある。この値が小さくなるのは、体幹の抗重力活動性が低く、乳幼児期から背臥位で過ごしていた時間が長い場合に多い。逆に乳幼児期から左右の側臥位で過ごすことがほとんどだった場合には、横径が著明に小さくなる。また、10歳台まで座位や立位姿勢が自力で維持できていた場合には、たとえその後の経過で寝たきりの状態になっても、胸郭の前後径／横径比は比較的保たれていることが多い。

(3) 前額面

前額面での姿勢も、基本的に対称である。前述の水平面と同様に、骨格や筋肉の部分欠損がない限り左右対称となっている。

側彎とは脊柱の側方への曲がりを指し、脳性麻痺、二分脊椎や筋疾患などの疾病の合併症（症候性側彎）として重要で、呼吸障害や消化管障害などの二次障害を起こす原因としても、見過ごすことのできないものである。

もともと側方にぶれていない脊柱を曲げてしまう可能性があるのは、①左右差のある筋緊張亢進状態が顕著な場合、②座位などの抗重力姿勢において、支持する力に左右差が明らかな場合、③一方の上肢を使用する活動のなかで、一方の体幹を短縮させた姿勢を続けた場合、④膝や股関節の伸展制限がある場合に、背臥位姿勢などで一方の下肢を股関節外旋位で、他方を股関節内旋位で保持して骨盤帯に捻れを生じさせた場合、などである。①〜③においては、脊柱の後側にある固有背筋のうちの脊柱直立筋が体幹の短縮させている側においてより強く収縮しているが、同時に、さらに深層にある椎体を回旋させる筋肉が同じ側でより強く収縮しているため、側彎で突出している側に向けて水平面上で椎体の回旋も起こってくる。①の場合は障害の左右差に起因しているため、姿勢管理だけでは防ぎきれない面もあるが、②〜④は姿勢管理により、ある程度の予防が可能である。特に②③に対しては静的または動的な座位保持姿勢の工夫が重要になってくる。

2.2 姿勢運動

2.2.1 正常発達を学ぶ意義

シーティングに携わる専門家にとって正常発達の知識は必要である。特に発達途上にある子どもの場合、上手く座れるようになっていく過程と自立そのものを支援していくことは大切なシーティングの重要な技術だからである。この

場合の正常発達の知識としては、何か月に何ができるといった細かい発達指標ではなく、摂食機能、座位保持能力、目と手の遊び、移動能力などを獲得していく発達経過のおおまかな連続性の情報が貴重なものになる。そしてこれらの知識を背景に、①未経験な要素、健常では見られない固有の要素、といった一人ひとりの発達的特徴を推察し、②発達的課題を具体化し、③支援手段を考察する、ことに意義がある。決して健常児の発達に当てはめようとするのではない。

2.2.2 シーティングのための（正常）姿勢運動の知識

乳児のさまざまな学習の基盤となっているのは、感覚 - 運動経験である。これは、子どもが頭部や体幹、手を活発に動かすことによって、顔や胸、肩、腹、足など自分自身の身体に気づいていくことから始まる。健常乳児は、母親に抱かれているときに、たまたま触れた母親の身体、衣服などを活発に口で探索し、いろいろなものの感触や形といったものを学習していく。同時に、手を口に持っていったり、両手を合わせたり、足を持って口に運んだりしながら、自分自身について学び、自分以外の世界についても理解していく。寝返りや這い這いができるようになると、動きながら自分の身体の大きさ、物や人との距離や方向なども学習し、より自由に動けるようになるなかで空間知覚が発達してくる。

子どもにとって運動とは、安定性、快適さ、安心感を得るという意味できわめて重要であり、不快な状況から抜け出す手段ともなっている。また認知面の発達、コミュニケーションや社会性の発達にも、運動発達は大きな影響を与えている。この意味で重度な運動障害をもって生まれた子どもは、自由に動くなかでの学習に制限があり、さまざまな発達的障害を有することになる。

ここでは、おおよそ生後1歳までの粗大運動発達の流れを整理しておく。

図表3-45 新生児期（生後1か月まで）

図表3-46 非対称的な姿勢運動の特徴を示す時期（生後1～2か月）

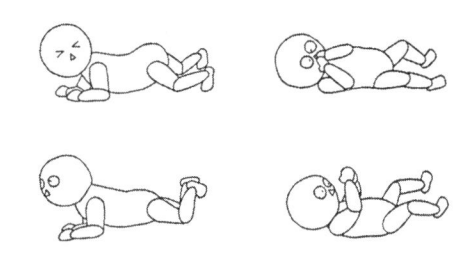

図表3-47 両側性の対称的な動きが活発な時期（生後3～4か月）

満期産で生まれた健常新生児は、全体的に屈曲優位であり、同時に反射的（モロー反射や口腔周囲の反射）で全身が一体となった（分離していない）姿勢運動の特徴を示している（図表3-45）。

生後1～2か月になると、ATNR運動パターンに代表される非対称的な運動が多く見られ、間欠的な頭部の挙上に加え、顔面側の上下肢の動きが活発になってくる（図表3-46）。そして、左右で繰り返されていた非対称的な動きが生後3～4か月頃には、正中線上にまとまってくる段階に入ってくる（図表3-47）。ここでは、手と口と目が出会い活発に遊ぶ正中線指向

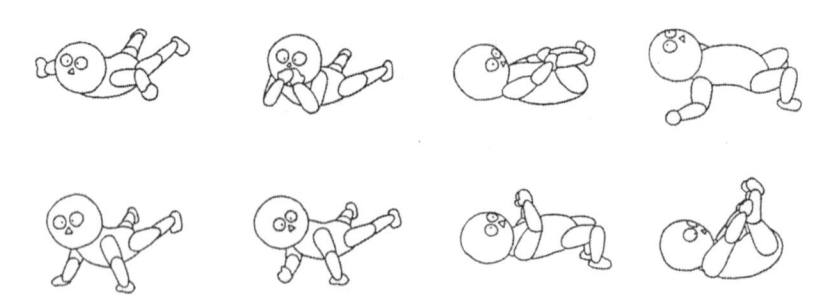

図表 3-48 屈曲・伸展、外転・内転、外旋・内旋の大きな動きを繰り返す時期（生後5〜6か月）

図表 3-49 回旋の運動要素が複雑に組み合わさる時期（7〜8か月）

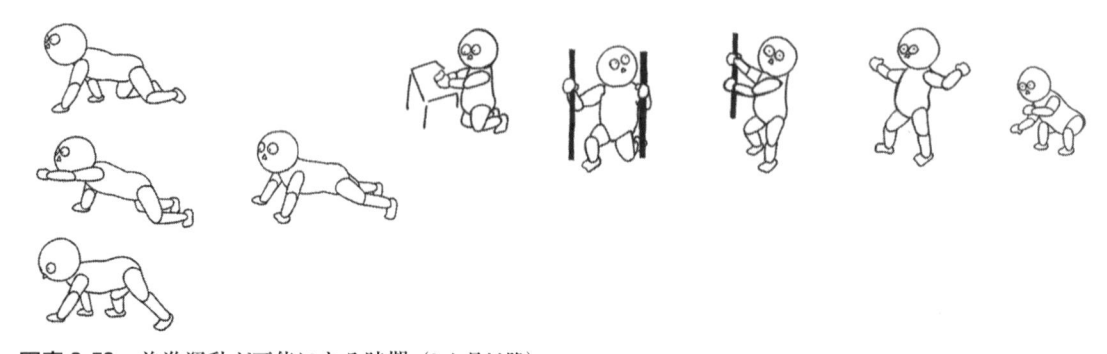

図表 3-50 前進運動が可能になる時期（9か月以降）

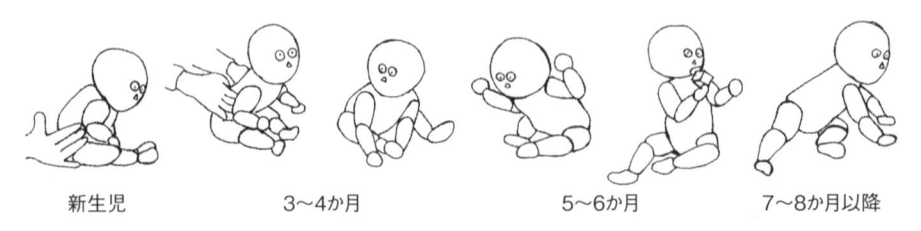

新生児　　　3〜4か月　　　5〜6か月　　　7〜8か月以降

図表 3-51 座位姿勢の発達の様相

の活動が特徴的で、頭部のコントロールが獲得され180度の追視も可能になる。

このようにして左右両側性の活動を通して、頭部・体幹の対称的な姿勢の安定性が獲得され、その後、生後5～6か月には、四肢の屈曲・伸展、外転・内転、外旋・内旋のダイナミックな動きを交互に反復する特徴が見られるようになる（図表3-48）。この時期になると、①頭部のコントロール、②股関節の屈曲と体幹の伸展を組み合わせること、③上肢での体重支持といった座位保持に必要な能力の基礎が習得され、手で支えて座れるようになる。

そして、生後7～8か月になると体幹の回旋の要素が活発に組み合わされるようになり、体重支持と運動を身体の左右と上下でも使い分けられるようになる（図表3-49）。この結果、子どもの姿勢運動は非常に多様になり、座位バランスの向上にも影響してくる。

このような連続した運動経験の延長として、9か月以降、移動能力を獲得していくことになる（図表3-50）。これら姿勢運動の発達の流れを座位姿勢の発達の様相と対比してみると、図表3-51のようになる。

上述したような運動発達の知識は、障害児の座位保持能力の獲得を支援するにあたっても、重要な留意点を与えてくれる。つまり健常乳児の運動発達の連続性をみると、子どもが座位を獲得してくる過程においても数多くの姿勢と多様な運動を経験し、それらが相互に影響し合うことが背景になっていることである。

2.2.3 シーティングへの応用

(1) 摂食機能の発達

新生児は乳首から栄養を摂取する哺乳の能力をすでに備えて出生する。これは生得的な反射運動によるもので、生命維持機能として不可欠なものである。この反射運動は、下顎、舌、口唇など口腔領域の各器官を一体として働かせて哺乳の機能をなしている。

ところが生後2～3か月のうちに、口腔周辺の反射活動は次第に減弱し、徐々に口腔周囲の各器官が分離し、反射的な運動からより随意的な運動に変化していく。そして5～6か月頃の離乳期を迎えると、固形物を摂取できるだけの下顎、舌、口唇など口腔領域の各器官の分離的で随意的な機能が備わってくることになる。その後、さまざまな形態の食物を食べる経験を積み重ね、18か月頃には、食べ物の取り込み、咀嚼、嚥下という基本的な摂食機能が獲得される。

このような摂食機能の発達には、口の探索活動の経験が重要な役割を果たしている。健常乳児は出生時から口を探索器官として活発に用いる。親の肌や衣服、たまたま出会った自分の手などを頻繁にしゃぶり続ける。このような活動は口唇や舌の触覚、味覚機能を高め、コップか

図表3-52　口の探索活動と食べる機能

反射的な口の活動	・生命維持機能 　気道防御 　哺乳機能
⇩	
探索的な口の活動	・口腔周囲のさまざまな感覚刺激への適応
⇩	・下顎、舌、口唇の豊富な協調的な活動経験
随意的な口の活動	・視覚や手と口の協力関係 ・吸う、なめる、かむ、かみきる、かみ砕く、嚥下する、などの食事の基礎能力
⇩	
選択的で多様な口の活動	・食物形態に合わせた口腔機能の発達
⇩	
さまざまな知覚認知機能の背景となる学習経験	

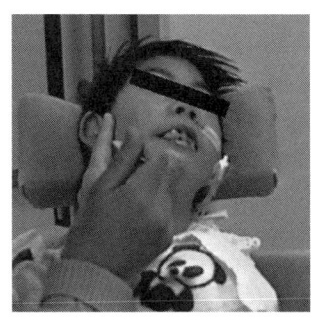

図表3-53　食物が近付くとのけぞってしまう
（正中線指向の発達経験が乏しい）

ら飲む、スプーンから食べる感覚にも適応していくことにつながる。座位が安定し、両手が自由に使えるようになると、口と協力して手に持ったおもちゃの周囲をなめ回し、ときには咬みつく。この時期には下顎のより協調した開閉運動と、口唇をすぼめ、舌をあらゆる方向に動かす能力の基礎が出来上がる（図表3-52）。

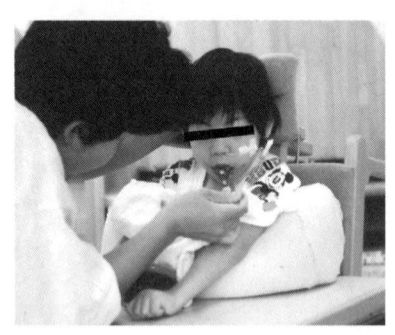

図表 3-54 胸受けクッションを用いた座位保持と介助の工夫

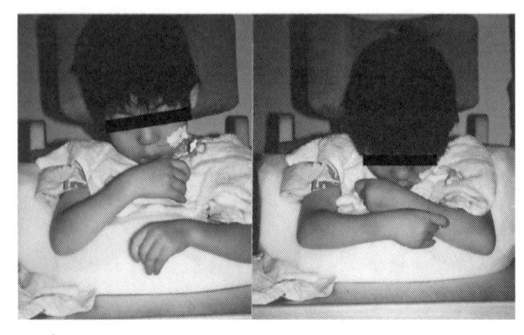

図表 3-55 手と口の遊びが口腔感覚運動機能を高めた

一方、重度な障害児では、発達のごく初期から上述のような経験は阻害される。その結果、口腔周辺の反射活動がいつまでも残存し、さまざまな食物形態に適応できる口腔感覚運動機能の発達が障害されてしまうことになる。

図表3-53は、頸部の後屈を伴う非対称的伸展パターンの積み重ねが直接口腔運動機能に影響し、下顎と口唇の閉じ機能を加齢とともに後退させた結果、経口摂取が難しくなった6歳の子どもである。日常の子どもの過ごし方と介助方法を見直すと同時に、座位保持装置は体幹をやや前傾位に保ち、両上肢を前方に保持できるように、前面テーブルに胸受けクッションを取り付け、これを食事介助と日常の遊びにも応用した（図表3-54）。このような座位保持装置とその使用方法の工夫のなかで、日常生活での子どもの両口唇と両手との接触を頻繁にし（図表3-55）、口腔周辺の過敏性の減少に役立っただけでなく、誤嚥しない安全な経口摂取が可能になった。

重度障害児の発達経験の欠落部分を座位保持装置で補えた例である。

(2) 目と手の遊びの発達

健常乳児は、全身的な屈曲優位の段階から、生後1〜2か月になると顔面側の上肢の動きが活発になり、偶然的に視野に入った手を眺めているという経験を繰り返す。これら一見まとまりのないように思える非対称的な活動が、やがて生後3〜4か月頃には、正中線上で両手が出

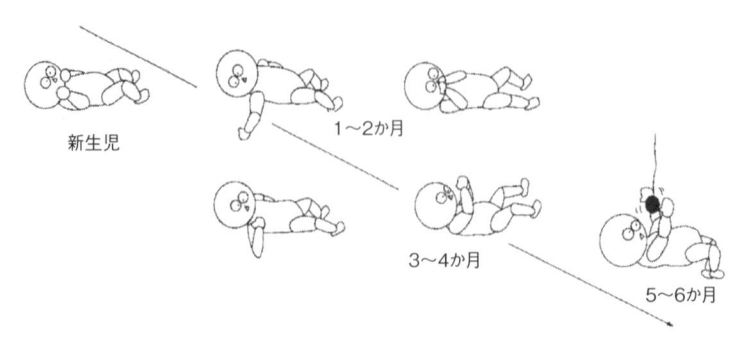

新生児　　1〜2か月　　3〜4か月　　5〜6か月

図表 3-56 目と手の連続した発達のイメージ

会い、両手と口と物が出会う経験に発展する。そして手が視野の中に入っていることが多くなり、研究しているように手・手指の動きを熱心に見る、さらに手と物を交互に見ては、あたかも目と手を協力させて物を捕えようとしているかのような活動が見られるようになる。このような経験の繰り返しのなかで、手や物の触覚的な印象と視覚的印象の相互作用に結びつき、目で捕えたものに活発に手を伸ばし把握しようとするといった、目と手の遊びの基礎が発達してくる（図表3-56）。

図表3-57は、10歳になる知的障害を伴う脳性麻痺児である。声かけや視覚刺激に対する反応はよいものの、日常は関わってもらうことが中心で、主体的におもちゃで遊ぶ場面はほとんど見られなかった。そこで、すでに出現している拘縮・変形の進行の予防と主体的な遊びの広がりを目的に、日常生活支援プログラムを以下のように計画し、実施した。

①手を身体の前方に持ってくる経験を補い、手の触覚的、視覚的探索を促す。
②そのために、背臥位姿勢で過ごすことを少なくし、手が視野の中にある日常姿勢を工夫する。
③手への意識を高める遊びを工夫する。

このなかで、図表3-58の膝立ち具は、必然的に両上肢が正中線上にあり、能動的な頭部の抗重力伸展活動が経験でき、介助者の手を離れて過ごすには格好の道具になった。同様に日常生活でのシーティングも工夫し、手で遊ぶことを促した（図表3-59、3-60）。その後の経過において、子どもは学習の機会を与えられれば手で遊ぶという意識の向上と並行して、子どもな

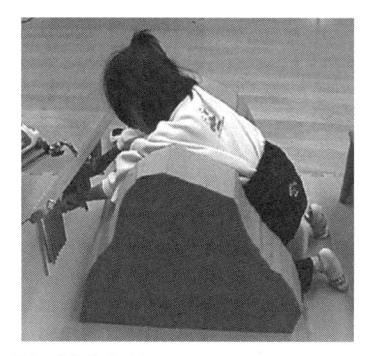

図表 3-58 膝立ち具

図表 3-59 リクライニング式車椅子を時折、直立位にし手の探索を促す機会をもたせる

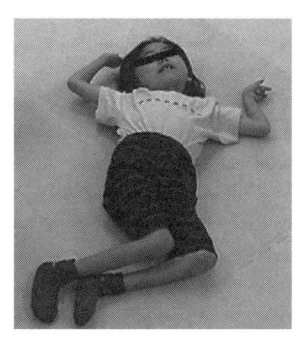

図表 3-57 定型的背臥位姿勢（目と手が出会う機会が乏しい）

図表 3-60 手が使いやすいテーブルとクッションチェアの組み合わせ

りの操作方法を身につけていくことを示してくれた。

このように障害児のリハビリテーションのなかで、正常発達の知識は応用され、シーティングのデザインやその使い方にも大切な情報になることがわかる。

2.3　よい姿勢と異常姿勢

2.3.1　よい姿勢の考え方

シーティングを通して障害児・者の生活を支援していくとき、われわれは彼らを少しでもよい姿勢で過ごさせたいと考える。ところでこの「よい姿勢」というのははなはだ曖昧な表現であり、しばしばシーティングの現場において、その理解のされ方が異なるために混乱を招いていることがある。

人間工学的には、よい姿勢とは「神経－筋のコントロールが適切に働き、無駄な動きがなく安定していると同時に、効率のよい動作が起こりうる出発点」とされている。これは言い換えると、その姿勢の必要性に合致しており、その人がよいと感じることができ、何か不都合を感じたときにいつでもその姿勢を変えることができる、ということを意味している。この視点に立つと、動けないでいる重度障害児・者にとって唯一の最適な姿勢などというものは存在しないことが明確であり、われわれは一人ひとりの症状や必要性に対応したさまざまな姿勢を工夫し援助する重要性があるということになる。

一般に人には、朝に目覚めてから夜に就寝するまでさまざまな活動があり、健常者はその活動が効率よく行えるように姿勢を柔軟に変更していくのである。このように「よい姿勢」は、目的によって変化するものであり、シーティングの援助においても同様の考え方が必要になる。つまりシーティングの目的を明確にしておかなければ、その適合性の判断はできないということになる。

図表3-61は、同一の障害のある高齢者が3タイプの異なる椅子に座っているところである。どの椅子も基本的には身体寸法に合っているが、座位姿勢はかなり変化している。つまり椅子の形状が、対象者の骨盤の傾き（前後傾）や体幹・頭部との位置関係に大きく影響することがわかる。

図表3-61（a）は、端座位であり、頭部や体幹は垂直位に近くなっている。立ち上がりや更衣動作など上下肢のダイナミックな動作に適しているが、抗重力姿勢を維持する能力が必要であり、長時間の座位では疲労しやすい姿勢である。

図表3-61（b）は、食事や軽作業に適しているとされる一般的な椅子であり、端座位に比べ、腰椎が支えられることで疲れにくい姿勢といえる。

図表3-61（c）は、標準型車椅子姿勢である。標準型車椅子は、シートの後傾角を一般的な椅

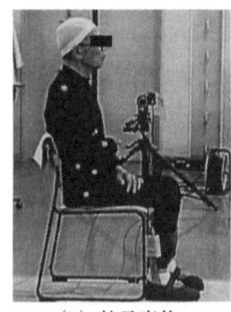

(a) 端座位　　　(b) 椅子座位　　　(c) 標準型車椅子座位

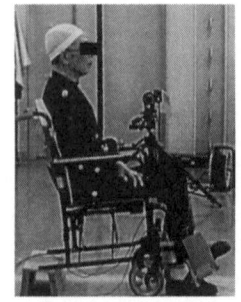

図表3-61　椅子の形状の差による座位姿勢の変化

コラム●身体各部は連動している

　ヒトの身体各部は、さまざまな関節と筋群で連結されており、それぞれ各部分の位置や角度の影響を受け合っている。したがってヒトの姿勢を評価していく際、部分だけをみるのではなく、全体として各部の関連性を観察するようにすべきである。座位姿勢を例にとってみると、骨盤の前傾は、脊柱の前彎と頭部の後屈方向に影響を受け、肩甲骨の内転方向への作用が加わる（図A）。これとは逆に骨盤の後傾は、脊柱の後彎と頭部の前屈方向に影響を受け、肩甲骨の外転方向への作用が加わることになる（図B）。

　従来よりリハビリテーションにおいて、この肩甲骨の外転方向への作用をプロトラクション、内転方向への作用をリトラクションと表現し、対象者の姿勢調整能力を促すハンドリングに用いられてきた。肩甲骨のプロトラクションを徒手的に誘導すると骨盤の後傾と脊柱の全体的屈曲が得やすく、リトラクションはこの逆になる。このような作用はさまざまな姿勢保持の対策にも応用されている（図C）。いずれにしろシーティングに携わる専門家にとって、このような身体各部の連動関係の知識は必須のものである。

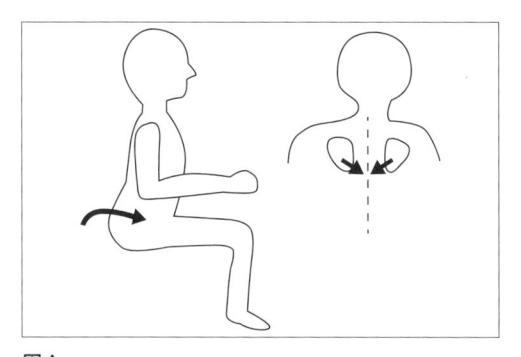

図A

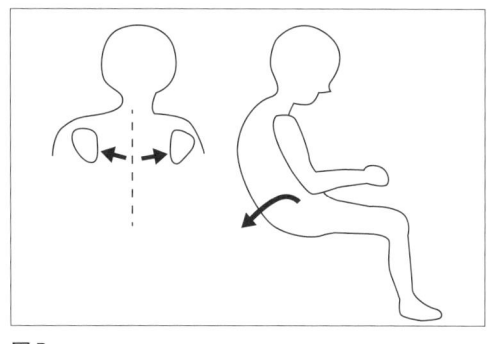

図B

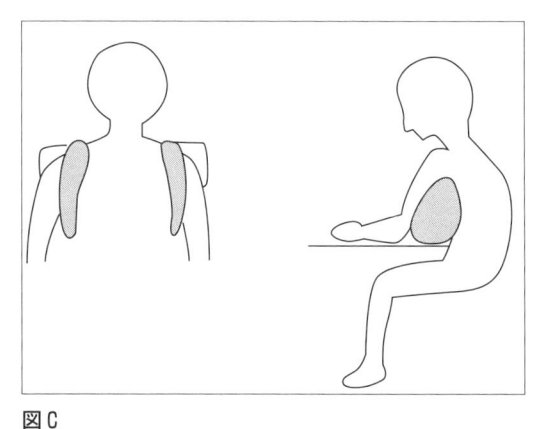

図C

子よりも大きく設定してある。これは、駆動時（自走、介助とも）の安全性などに配慮したものだが、全体的に体幹がバックサポートに寄り掛かった姿勢になっており、立ち上がりや手作業には一般的な椅子に比べ不向きであることが推察できる（図表3-62（a）、（b））。われわれは、このような傾向もよく考慮し、一人ひとりの対象児・者の障害と能力に応じた、そして目的に合致したよい姿勢を援助する必要がある。

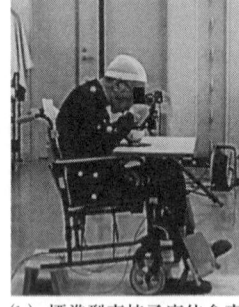

2.3.2 異常姿勢とその支援

先に「よい姿勢」について述べてきたが、これと対比すると異常姿勢についても理解しやすい。要するに、ある行為をするという観点から姿勢や動作をみると、変化できることが正常であり、まったく変化できない、あるいは変化の範囲が偏り制限されたものが異常なのだといえる。

異常姿勢は、原疾患によってその出現の機序はさまざまであるが、主な共通点は、①筋緊張の異常による不動や偏った動作、②努力的な代償動作、③習慣的な過ごし方などであり、後に解説されている拘縮、変形（p.79以下参照）と関連してくることになる。

重度の身体障害児・者に見られる異常な姿勢や動作パターンは、生活のなかで生じた必然性もあり、そのことのみを問題視するのではなく、本人が受け入れやすい変化を支援するという視点に立たなければならない。姿勢は左右対称的に真っすぐに保持しなければならないといった固定観念をもっていると、すでに非可逆的な変形のある場合には大きな負担を与えるだけになってしまう。対象児・者が示している異常姿勢から生じるさまざまな問題を少しでも回避し、適切な姿勢の支援を考えていくために、その背景をよく評価していくことが重要なのである。

図表3-63、3-64は、発症後3年を経過した重度脳障害後遺症患者であったが、それまでの

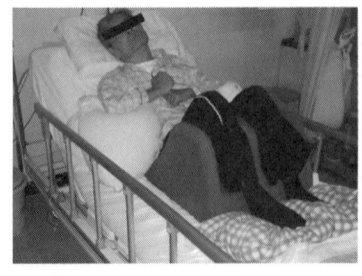

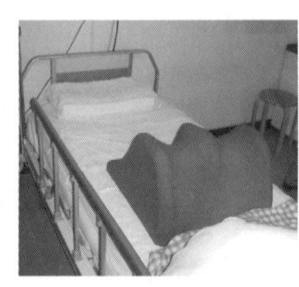

（a）椅子座位食事　　（b）標準型車椅子座位食事

図表3-62　食事姿勢の変化

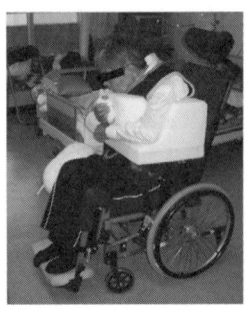

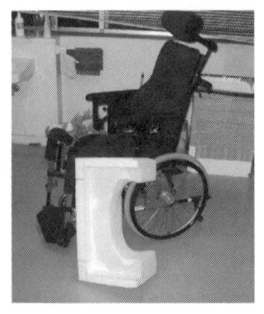

図表3-63　前傾座位を取り入れることが、上肢の屈筋痙性の減弱と排痰に役立った

図表3-64　ベッド上で膝立て位と側臥位を組み合わせることにより、股関節と足部の管理ができ、シーティングによい影響を与えた

ベッド上の定型的な背臥位姿勢のなかで上肢の屈筋痙性と下肢の非対称姿勢が強まり、今後明らかな脊柱側彎やそれに伴う呼吸障害の進行が予測された。同症例に対しては、一日の生活の範囲で姿勢の工夫を積み重ねた結果、骨盤と股関節の対称性が改善され、上肢の可動性を広げることができた。そしてシーティングの適合性は、さまざまな日常姿勢の組み合わせ（変化）によって高めていけることも確認できた。

2.4 姿勢の分類

ヒトの三次元的で連続的な活動を保障する身体運動（movement）の基本をなす姿勢（posture）は、当然のことながら多様である。また個人差があり、なおかつ固有の障害を有するため、健やかに育つこと、呼吸や排泄などの生命機能を維持し増進すること、心身の活動性、社会参加や環境との間の相互交渉の支援や改善など、課題とする機能的テーマ（活動）も多様である。そのため姿勢保持においても、基本を踏まえながらも柔軟性をもって支援・対応することが要求される。

重力下世界では、姿勢適応（postural adaptation）のための自動的な調整機構が有効に機能する。これは体重支持部位や支持基底面を適切に得ることから開始され、重力適応反応が加わり、目的とする活動を行いやすい条件（身体的な要因）が用意できたとき、有目的で機能的な姿勢やその連続である運動が成立する。

2.4.1 体位（position）

体位については、身体と重力の関係であることから、活動・休息・発達的視点・呼吸・消化・循環器系・骨格系などへの影響が挙げられる。

・活動
・休息
・発達（臥位での発達、座位での発達、立位での発達）
・呼吸（気道確保、より深い胸式・横隔膜呼吸の促進、肺炎や無気肺の予防）
・消化器系（摂食・嚥下の促進、消化の促進、胃食道逆流（GER）の予防、排泄の支援）
・腎臓機能（腎臓や膀胱結石の形成予防）
・循環器系（多姿勢への循環適応、起立性低血圧の防止、リンパ灌流の促進、褥瘡予防）
・骨格系（骨の成長・弱化防止、脊柱・胸郭や股関節の形成促進）、など

2.4.2 構え（attitude）

頭部−体幹や四肢の位置関係に関して、構えの視点は、体位の項で述べたこととも密接に関わり、目的達成や問題解決の姿勢の提供に重要である。

構えは多様である。例えば、体幹前傾位の活動場面での足底の位置や上肢の位置、休息のときの関節の角度、手と眼の協応、気道確保のための頭頸部の構え、呼吸や胃食道逆流に影響を及ぼす腹部の圧迫、嚥下しやすい頭−頸部の構え、股関節の可動域制限やハムストリングスの短縮などによる股関節・膝関節の角度の設定など、が挙げられる。

特に、呼吸の発達や運動学的に効率のよい基本的な構えとして、「適度に脊柱を伸展させ、頭部−体幹を正中位・中間位に保ち、腹部がリラックスする構え、それに伴う上肢・下肢の構え」が重要である。適度な脊柱伸展は、後頸部を伸長させ、下顎や舌骨の運動を円滑にし、嚥下、発声や持続的に安定した気道を確保する。そして、肋骨と横隔膜運動を円滑にし、換気能力を改善し、深呼吸や咳を可能にする。（圧迫や過緊張状態でない）腹部のリラックスは、努力性呼吸を軽減し、胃の噴門機構の機能を維持し、GERの予防などに通じる。

2.4.3 各種姿勢の因果関係

立位・座位においては、体幹の中間位（直立位またはupright）と、体幹前傾位および体幹後傾位がある。

体幹前傾位は、一般的には活動的な姿勢（ac-

第 3 章　医学の基礎知識

体幹前傾姿勢　　　　　基本姿勢　　　体幹後傾姿勢

活動的な姿勢　　　　　　　　　　　安静的な姿勢
(active Posture)　　　　　　　　　　(resting Posture)

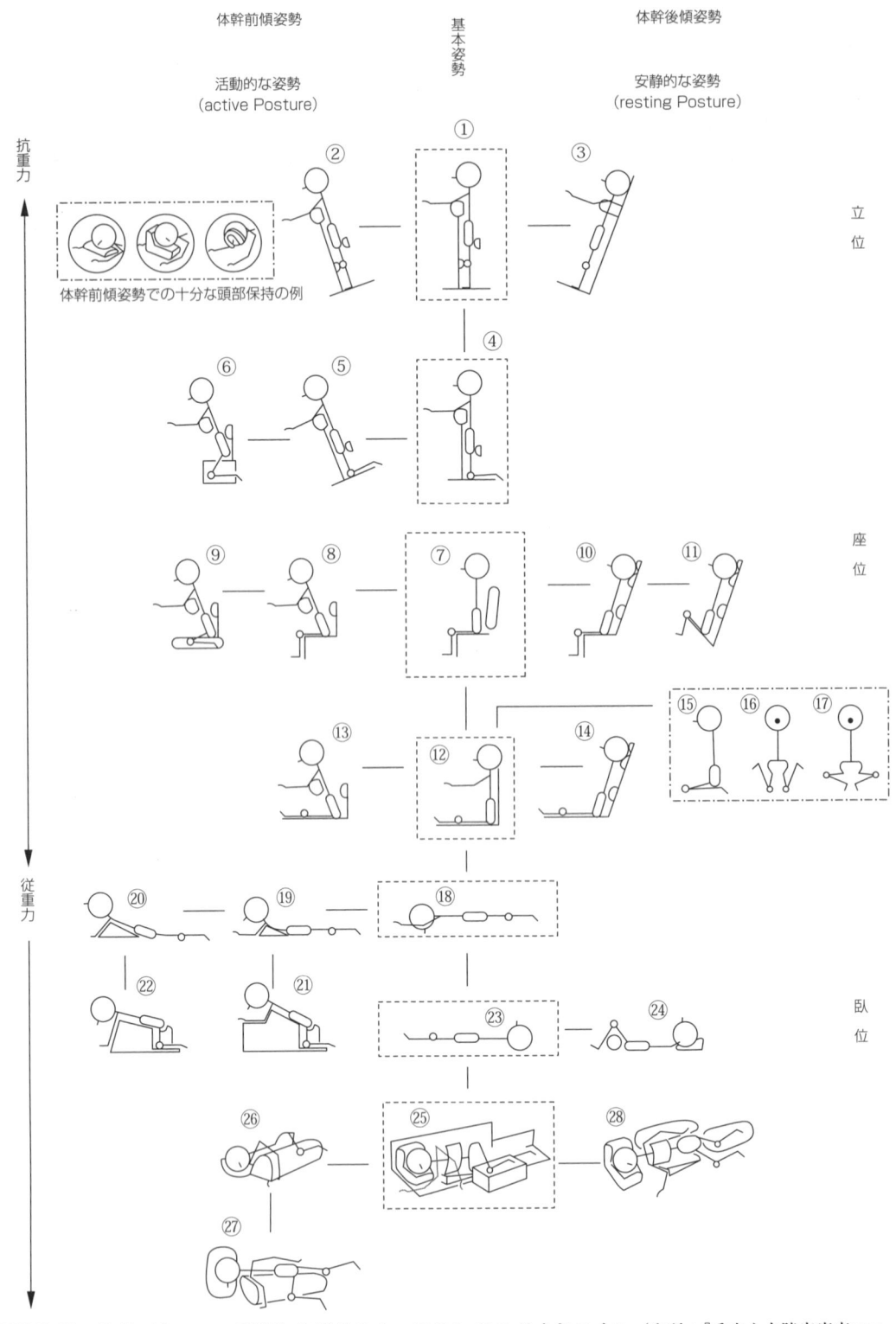

抗重力 ↑

体幹前傾姿勢での十分な頭部保持の例

立位

座位

臥位

↓ 従重力

図表 3-65　姿勢パターンの関連およびポスチュアリングのガイドライン（出所：『重症心身障害療育マニュアル』）

tive posture）であり、体幹後傾位は安静的な姿勢となる。特に体幹前傾位は、頸－体幹筋群の発達や上肢の支持・運動、嚥下、排泄などの広範囲な機能に有効な活動姿勢となる。一方、呼吸管理を必要とするような重症心身障害児（以下、重症児）では、舌根沈下や下顎の後退を改善する姿勢であり、また分泌物（唾液）の誤嚥を起こす場合は、分泌物（唾液）の排出姿勢である。そのためこれらの問題を抱える重症児では、休息において最も有効な姿勢であり、安楽な姿勢でもある。

体幹後傾位の姿勢は、一般的には休息の姿勢（resting posture）である。また、上肢が体幹前傾位に比べて支持から解放されることになり、上肢機能の発達や活動に有効な姿勢である。

図表3-65のそれぞれの姿勢の一般的な名称と機能的特性は以下のとおりである。

・図表3-65の①

立位（スタンディング）の基本姿勢（直立位）である。立位は、抗重力要素が強く、抗重力筋群が促通しやすい。足部、膝部、股関節といずれの関節も0°で体幹は中間位、このように全身的に自然体位であるので、適切な姿勢サポートがあれば、過緊張などを調整しやすく、発達促進や運動活性に有効な姿勢である。

保持具のスタンディングフレームは、比較的支持性の高いケースの立位リハビリ用に使用され、目的や能力により、支持部を選択する。アライメントの調整が必要であり、各部の調整機構が装備されているものが多い。

・図表3-65の②

立位の基本姿勢を前方へ傾けた姿勢。このような体幹前傾位をとることによって、頭部－体幹の抗重力伸展活動や上肢の活動が促通される。座位機能が不完全なためまだ頭部や体幹機能が未熟な状態であるならば、むしろ積極的にこの前傾位立位姿勢を適度な角度で活用することは発達支援のうえで重要である。

保持具にプロンボードを使用する。足部、膝部、坐骨結節中心の臀部、胸部、腋下から上肢、これらの関係を考慮した姿勢アライメントの設

【図表3-65　註】
1. 気道確保や正常嚥下促通、胸・腹式呼吸運動には、頭部－体幹（中枢部）の安定とアライメントの調整が重要なポイントである。
具体的には、頭部－体幹アライメントに関しては、適度な脊柱伸展に頭部－体幹の正中位・中間位保持が基本であり、合わせて腹部がリラックスする構えが大切である。関連する上肢・下肢の構えとサポートも重要である。これは、重要な運動発達学的視点または運動学的視点である。
2. 分泌物（唾液）の誤嚥があれば側臥位・腹臥位＋頭高位が望ましく、また椅子座位などでは体幹前傾位が望ましい。
3. 消化器系への対応（注入も含め）やGERがある場合は、頭高位が基本である。
4. 体位排痰としては頭低位が基本であるが、GERがある場合には食前に利用するなど総合的な判断と配慮を要する。
5. 脊柱の高度変形があれば体重支持は局所的になる。体重支持の分散を行い、トータルフィット＆サポートを図る必要がある。
6. 過緊張や低緊張の持続、股関節脱臼では時間の経過によって可動域制限を発生させたり増長させるので、諸所の設定する下肢の構えに余裕をもたせる。
7. 過緊張の調整を行う際は、本来もっている運動能力を阻害しない配慮が必要である。過剰なサポートは避け、運動性を発揮するための"自由性"の確保が重要である。また、生活のなかで一定時間保持することになるので、姿勢保持に適度な遊びをもたせた設定にする。
8. 目的達成のためには、多種類の適応したよい姿勢を用意する。
9. 目的を達成するためにいくつかの限られた姿勢をとることが多く、筋疲労や痛みなどへの対応として、姿勢変換プログラムを実施することが重要である。また、姿勢保持の支援だけでは身体機能の維持・管理に限界があることを認識し、日常介護やリハビリなどで体幹の回旋や非対称姿勢を加えた運動や体操の機会を保障することが大切である。

定が重要である。ケースによりあご受けなど頭部保持が加えられる。

・図表 3-65 の③

立位の基本姿勢を後方へ傾けた姿勢。このような体幹後傾位をとることで、主に循環器・消化器などの生理的機能維持・改善や重力負荷の調整を行う。高齢者や筋ジストロフィー、保持力が低いケースに有効とされる。

保持具に、90°直立位から水平0°までの角度可変機構を装備したスーパインボードやティルトテーブルを処方する。

・図表 3-65 の④

膝立位（ハーフニーディング）の基本姿勢。基本的な目的は図表 3-65 の①②と同じである。ハムストリングスの短縮などで膝伸展が困難な場合や、ハムストリングスや薄筋の短縮などによる股関節の求心性の改善を図る。また、膝関節屈曲・足関節底屈または困難なら背屈をとることで下肢の過緊張を調整する。

保持具に膝立ちのスタンディングボードを使用する。

・図表 3-65 の⑤

④の前傾位であり、②（頭部－体幹の抗重力伸展活動や上肢の活動の促通）と④（下肢の過緊張の緩和）を目的とする。

保持具に膝立ちのプロンボードを使用する。

・図表 3-65 の⑥

⑤の対象者で、腸腰筋の短縮が強い場合の股関節屈曲姿勢である。④⑤と同様に、過緊張を調整する。

・図表 3-65 の⑦

椅子座位のなかで、立位の基本姿勢（図表 3-65 の①）に相当する姿勢。支持性の高いケースでは、椅子座位での食事や学習といった活動性の高い姿勢も可能である。

保持具に直角椅子を使用する。

・図表 3-65 の⑧

椅子座位での前傾位。支持性の低いケースで活動性の向上が図られる。肩甲帯のプロトラクトや下肢の構えの設定は過緊張を緩和する。ま
た、頭部－体幹が前傾となることで気道が確保され、分泌物（唾液）の誤嚥を改善する。リラックスできる有効な休息の姿勢といえる。

保持具にプローン型椅子（前傾前受型椅子）を使用する。体幹部の後彎を修正しつつ伸展を促すために、腰背部後面から前斜め方向へサポートするベルトを活用するケースも多い。

・図表 3-65 の⑨

⑧の姿勢に膝関節屈曲、足関節の底屈を強めた姿勢であり、伸展過緊張をより緩和しやすい。臀部保持を設け上半身の重さを受けると、両下肢での支持負担を回避できる。他は⑧に同じである。

ライダー型ともいわれる保持具（前傾の正座保持装置）を使用する。下半身への対応として枕やロールを跨ぐことが有効な場合も多い。

・図表 3-65 の⑩

椅子座位での後傾位、体幹を保持した姿勢である。頸定（けいてい）がない、体幹の支持性が低いなど、座位耐久性（持久性）の低いケースを対象とする休息のための姿勢である。

保持具にリクライニング椅子またはティルト椅子を使用する。

・図表 3-65 の⑪

⑩の姿勢に比較して股関節・膝関節の屈曲を強くした姿勢（構え）であり、伸展過緊張の緩和や股関節の屈曲拘縮がある場合の可動域に合わせた構えをとる。

・図表 3-65 の⑫

床座位の基本姿勢として長座位があるが、一般的な生活の場面でこの姿勢をとることはほとんどない。ハムストリングスの影響を最も受けるうえに骨盤が後傾しやすく、座位のなかでは脊柱起立筋群の活動（エネルギー消費量）が最も高い姿勢である。リハビリ目的でハムストリングスの伸長や下肢支持性促進で使用されたりする。

・図表 3-65 の⑬、⑭

⑬は⑫の前傾位で、全身の過度な伸展を生じやすい場合に活用される。伸展を調整しやすい

といった面をもつ。ハムストリングスの適度な柔軟性が必要である。後傾は⑭となる。

保持具に前傾位または後傾位の長座位保持具を使用する。

・図表 3-65 の⑮

いわゆる正座の姿勢である。骨盤の中間位から前傾位が得やすい姿勢であり、骨盤の後傾が起きにくい構えである。脊柱起立筋群の活動（エネルギー消費量）は低い。

股関節 90°－膝関節最大屈曲－足関節底屈の構えであり、下肢の伸展過緊張を最も緩和する姿勢でもある。直立位からやや前傾位の姿勢であり、体幹への支持を増やすことで、⑨の姿勢と共通したものになる。足関節は状況で背屈を許す。

・図表 3-65 の⑯

割座（W シッティング）（とんび座り）と呼ばれる姿勢である。骨盤の中間位から前傾が得やすく、⑮に比べると支持基底面は広くより安定した座位姿勢である。脊柱起立筋群の活動（エネルギー消費量）も低い。

安定した座位であるというだけでなく、下肢の構え（股関節・膝関節屈曲位）から伸展過緊張の抑制の姿勢でもある。しかし、この構えの持続では股関節後方脱臼を助長しかねないので注意を要する。

・図表 3-65 の⑰

胡座位（あぐら）や、円胡座りと呼ばれる姿勢である。⑮⑯に比べて骨盤は後傾しやすい。この姿勢での脊柱の伸展には脊柱起立筋群の高い活動（エネルギー消費量）を必要とし、そのために持久性は低くなり、脊柱は後彎しがちである。

⑩⑪の姿勢で下肢の過緊張を緩和できない場合に、構えを胡座位の形にする方法もある。

・図表 3-65 の⑱

腹臥位の基本姿勢であり、腹臥位、うつぶせ、プローンなどと呼ばれる。気道確保や分泌物（唾液）の誤嚥予防に有効な姿勢であり、リラックスしやすい姿勢である。

・図表 3-65 の⑲

前腕支持（オンエルボー）の姿勢であり、臥位レベルの発達のなかで上肢での支持、頭部の挙上、体幹の伸展が促通される。

保持具に三角マット（ウェッジ）またはロールを使うことが多い。

・図表 3-65 の⑳

手掌支持（オンハンズ）の姿勢であり、⑲と同様の発達（上肢での支持、頭部の挙上、体幹の伸展）と手そのものの発達を促通する。

・図表 3-65 の㉑、㉒

障害が特に重度であり、股関節脱臼や関節可動域制限などがある場合は、各関節に無理のない構えが必要になる。

気道確保や分泌物（唾液）の誤嚥予防に有効な姿勢であり、睡眠時の姿勢としても考慮する必要がある。特に腹式呼吸や消化機能で重要な腹部のリラックスが得やすい姿勢である。

保持具は、四這い位保持具または腹臥位保持具と呼ばれるものである。気道確保や頸・肩部の疲労軽減のために十分な頭部支持部を用意することが多い。

・図表 3-65 の㉓

背臥位（スーパイン）の基本姿勢である。視界は開け、脊柱の伸展が得られ、胸郭運動も促進される。嚥下機能に障害のないことが適応の条件となる。

・図表 3-65 の㉔

背臥位での下肢屈曲位の姿勢（構え）である。下腿保持具により下肢と腰部や腹部の過緊張の緩和が得られやすく、嚥下機能に支障がない限り安静が得られやすい姿勢といえる。弛緩型の開排位の矯正や、それによる前方脱臼の予防や、ウィンドブローの姿勢改善などにも有効である。

・図表 3-65 の㉕、㉖、㉗、㉘

側臥位（サイドライイング）は、中枢性の異常姿勢反射の調整（コントロール）が行いやすく、適切な姿勢保持環境が整えば、持続的な姿勢保持が可能となる。頭部は体幹との位置関係

を保ちつつ中間位であることと、下側の上肢への荷重の免荷は上肢の循環障害の予防などで重要で、さらに下側体幹の適度な伸張は換気能力の改善につながる。

日常の休息姿勢はいうに及ばず、夜間の睡眠姿勢にも適した姿勢である。この左右の姿勢を適度に取り入れることで、生活によいリズムを作ることができる。なお、視野の保障や拡大に配慮する。

㉕に見るような、下側の上下肢・体幹を伸展位に保持する側臥位保持装置の使用によって、過緊張の緩和→上肢機能の支援→精神的安定→緊張緩和の経過を辿り、生活の改善が得られた症例（重度のアテトーゼ）がある。

嚥下障害があれば、顔面・口腔は真横か下向きにすることで誤嚥予防になるが、頭頸部の変形や可動域に配慮する。

体幹部の高度な変形では、後頭側で側彎凸側が下となるときは半腹臥位㉖に、顔面側で側彎の短縮側が下となるときは半背臥位㉘にすることが原則である。骨盤部から下半身の非対称性の高度変形では、骨盤部を含めた体幹部をなるべく中間位に保つこと、下肢はリラックスできる構えで十分に支えることが原則である。

特に体幹は床面からの支えを必要とする。胸パッドや背パッドのほか、頭部は枕、上側の下肢はクッションで保持するなど、保持具の簡単な組み合わせでの対応もある。

・図表3-65の㉖、特に㉗

妊婦の安らぐ姿勢でもある「シムスの姿勢」は、リラクセーションに有効である。非対称的な上下肢の構えは全身の疲労を調整し、腰痛を含めた脊柱背筋群の過緊張の緩和や呼吸機能の改善に有効である。乳幼児から成人、高齢者まですべての世代に共通する休息の姿勢である。下側になる半身では体幹を適度に伸長し下肢は回旋中間位または内旋で伸展すると運動学的に自然で楽な構えとなる。半腹臥位㉖の姿勢であるが、特に下側の上肢は肩内旋で体側に寄せ、手を臀部の横にする㉗が全身のリラクセーションが得られやすい「推奨のシムスの体位」である。

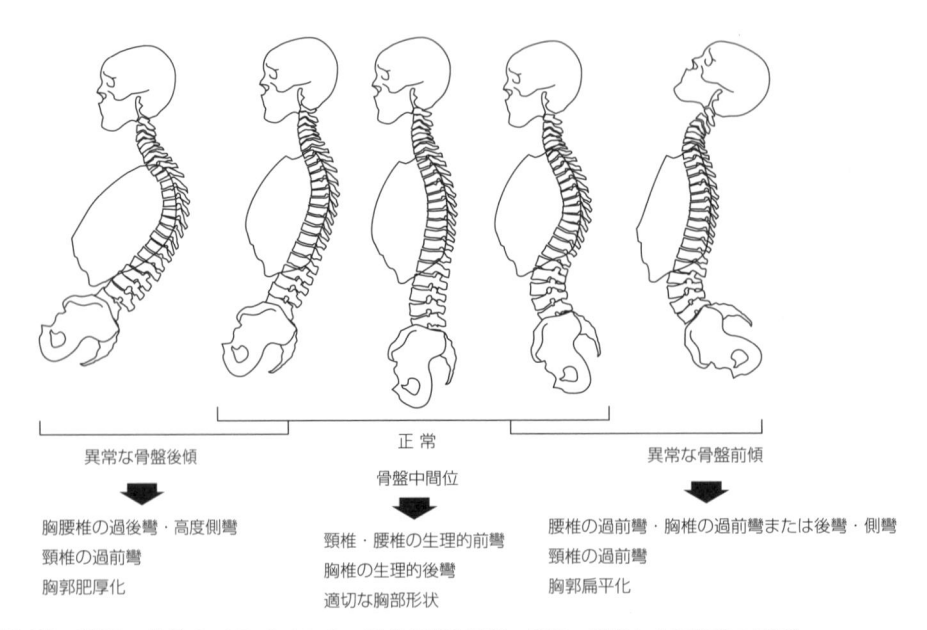

異常な骨盤後傾	正常 骨盤中間位	異常な骨盤前傾
胸腰椎の過後彎・高度側彎 頸椎の過前彎 胸郭肥厚化	頸椎・腰椎の生理的前彎 胸椎の生理的後彎 適切な胸部形状	腰椎の過前彎・胸椎の過前彎または後彎・側彎 頸椎の過前彎 胸郭扁平化

図表3-66 頭部－体幹のアライメント（骨盤傾斜と腰椎－胸椎－頸椎および胸郭の関係）

2.4.4 頭部−体幹アライメントを決定する要素

　椅子座位の姿勢のなかで、頭部−体幹アライメントを決定する要素として骨盤の傾斜角度がポイントとなる。矢状面に限定して論じるが、図表3-66で示したとおり過度な腰椎前彎・後彎を伴う骨盤の前傾・後傾は、頭部−体幹のアライメントを不良にする。

　その結果、胸部・腹部の圧迫や体幹部の可動性が悪くなり、呼吸機能（換気量の改善や排痰、気道確保）や消化機能（嚥下）の低下を引き起こす。GERの原因にもなる。また、体幹の回旋や上肢機能などの運動機能の制約を引き起こすことにもなる。

　さらには、下肢の伸展過緊張や股関節・膝関節可動域制限や筋の短縮などで骨盤の前傾・後傾が増長される。骨盤に起因するアライメントの調整は特に過緊張・可動域・筋の短縮への十分な配慮が必要になる。

第3章 医学の基礎知識

参考：シーティングに重要な股関節、膝関節の周辺筋

(『身体運動の機能解剖』、『〔新装版〕目でみる 動きの解剖学』をもとに作成)

腸腰筋（ちょうようきん）

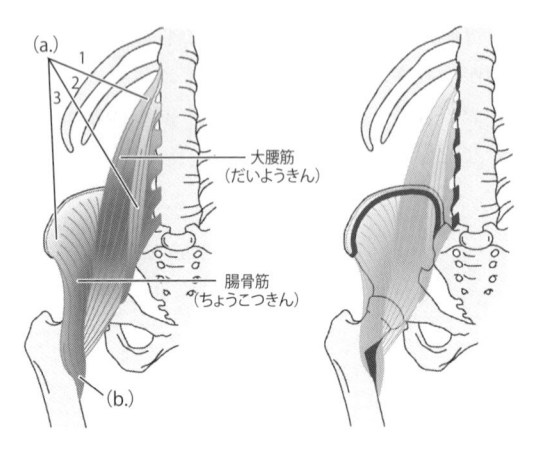

大腰筋（だいようきん）
腸骨筋（ちょうこつきん）

起始(a.)
1 腰椎（ようつい）
2 肋骨突起（ろっこつとっき）
3 腸骨窩（ちょうこつか）〔腸骨内側面（ちょうこつないそくめん）〕
停止(b.)
　大腿骨（だいたいこつ）の小転子（しょうてんし）

大腿筋膜張筋（だいたいきんまくちょうきん）

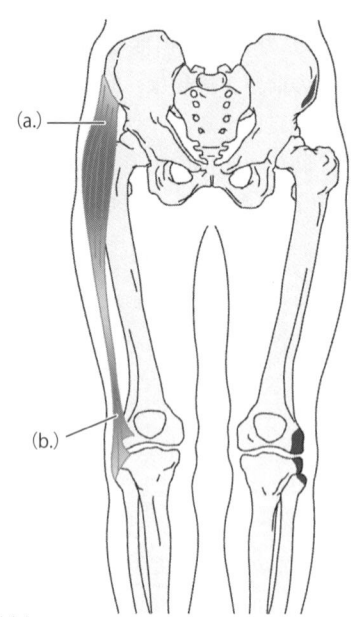

起始(a.)
　上前腸骨棘（じょうぜんちょうこつきょく）
停止(b.)
　〔腸脛靱帯（ちょうけいじんたい）を経て〕大腿骨外側上顆（だいたいこつがいそくじょうか）、脛骨外側顆（けいこつがいそくか）、腓骨頭（ひこつとう）

縫工筋（ほうこうきん）

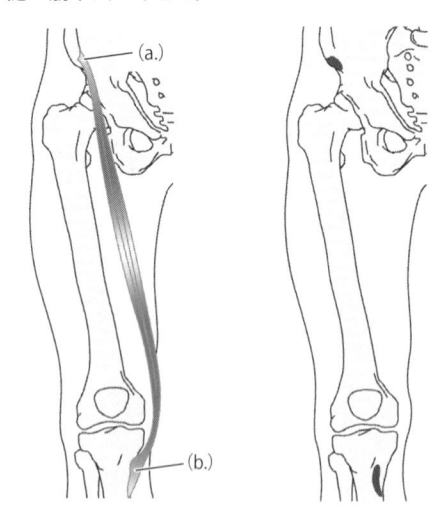

起始(a.)
　上前腸骨棘（じょうぜんちょうこつきょく）
停止(b.)
　脛骨粗面内側（けいこつそめんないそく）

中臀筋（ちゅうでんきん）

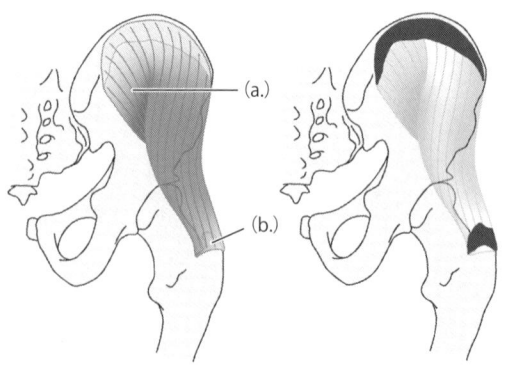

起始(a.)
　腸骨外側面上部（ちょうこつがいそくめんじょうぶ）
停止(b.)
　大腿骨（だいたいこつ）の大転子（だいてんし）

074

2. 運動学

小臀筋（しょうでんきん）

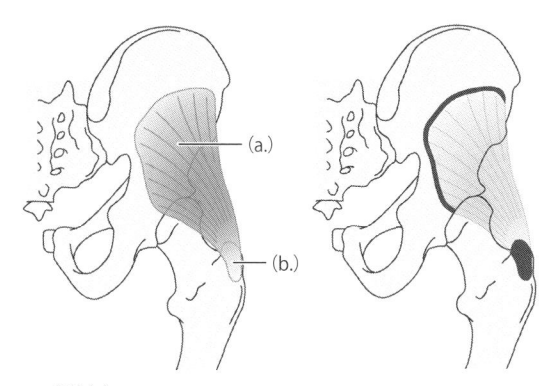

起始（a.）
　腸骨外側面中部（ちょうこつがいそくめんちゅうぶ）
停止（b.）
　大腿骨（だいたいこつ）の大転子（だいてんし）

大臀筋（だいでんきん）

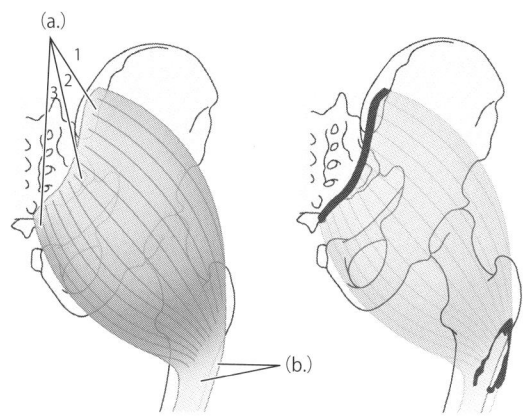

起始（a.）
　1 腸骨外側面後部（ちょうこつがいそくめんこうぶ）
　2 仙骨（せんこつ）
　3 尾骨（びこつ）
停止（b.）
　1 大腿骨（だいたいこつ）の臀筋粗面（でんきんそめん）
　2 腸脛靱帯（ちょうけいじんたい）

恥骨筋（ちこつきん）

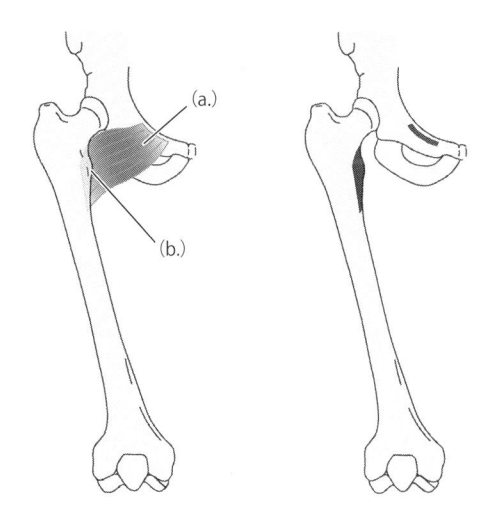

起始（a.）
　恥骨上縁（ちこつじょうえん）〔恥骨稜（ちこつりょう）のすぐ上の恥骨前面（ちこつぜんめん）〕
停止（b.）
　大腿骨（だいたいこつ）の後面上部

薄筋（はっきん）

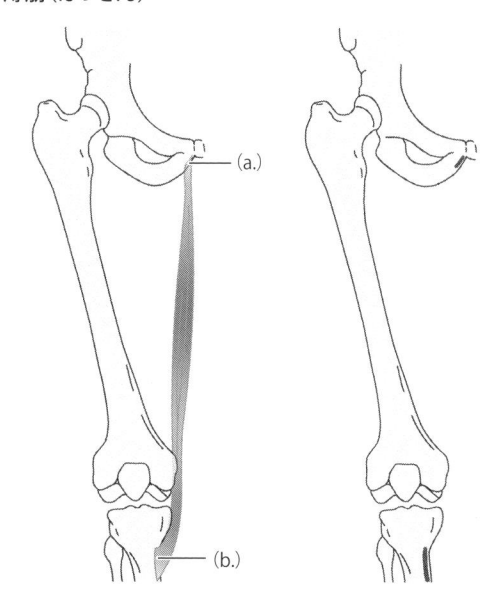

起始（a.）
　恥骨下部（ちこつかぶ）〔恥骨下枝（ちこつかし）の内縁（ないえん）〕
停止（b.）
　脛骨粗面内側（けいこつそめんないそく）

075

第3章　医学の基礎知識

深層外旋六筋（しんそうがいせんろっきん）

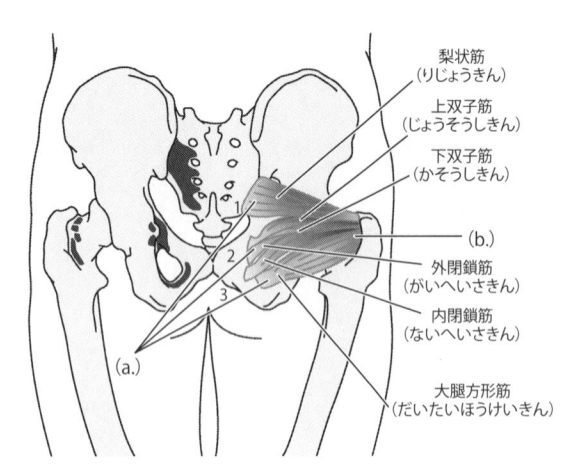

- 梨状筋（りじょうきん）
- 上双子筋（じょうそうしきん）
- 下双子筋（かそうしきん）
- (b.)
- 外閉鎖筋（がいへいさきん）
- 内閉鎖筋（ないへいさきん）
- 大腿方形筋（だいたいほうけいきん）

起始（a.）
1 仙骨前方（せんこつぜんぽう）
2 坐骨（ざこつ）の後方
3 閉鎖孔（へいさこう）
停止（b.）
大腿骨（だいたいこつ）の大転子（だいてんし）の上後方

大内転筋（だいないてんきん）

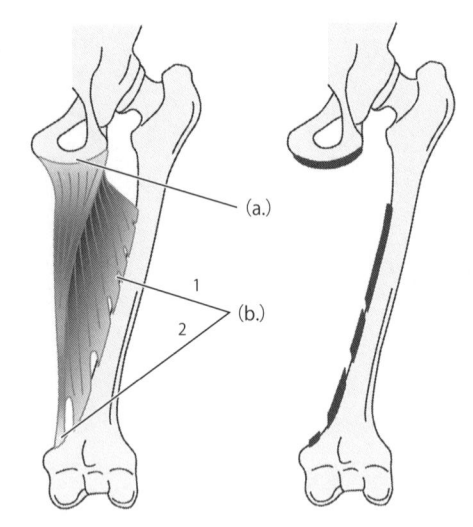

起始（a.）
恥骨下枝（ちこつかし）、坐骨枝（ざこつし）、坐骨結節（ざこつけっせつ）
停止（b.）
1 大腿骨（だいたいこつ）の中央後面〔粗線内側唇中央部（そせんないそくしんちゅうおうぶ）〕
2 大腿骨の内側上顆（ないそくじょうか）

長内転筋（ちょうないてんきん）

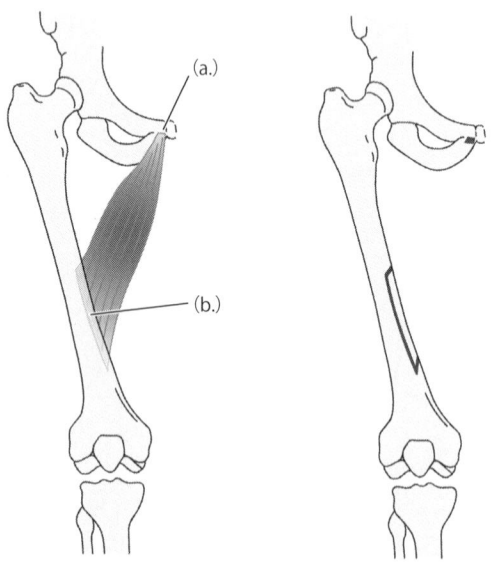

起始（a.）
恥骨前部（ちこつぜんぶ）〔恥骨稜（ちこつりょう）のすぐ下〕
停止（b.）
大腿骨の中央後面〔粗線内側唇中央部（そせんないそくしんちゅうおうぶ）〕

短内転筋（たんないてんきん）

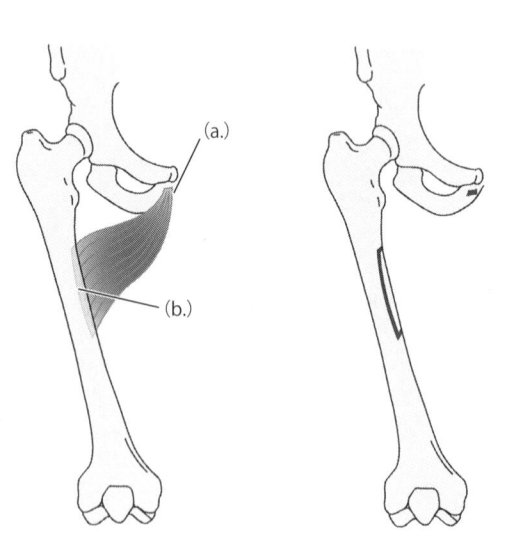

起始（a.）
恥骨下枝（ちこつかし）の前面〔長内転筋（ちょうないてんきん）のすぐ下〕
停止（b.）
大腿骨（だいたいこつ）の小転子（しょうてんし）の下方〔大腿骨（だいたいこつ）の粗線内側唇上部（そせんないそくしんじょうぶ）〕

2. 運動学

ハムストリングス〔大腿屈筋群（だいたいくっきんぐん）〕

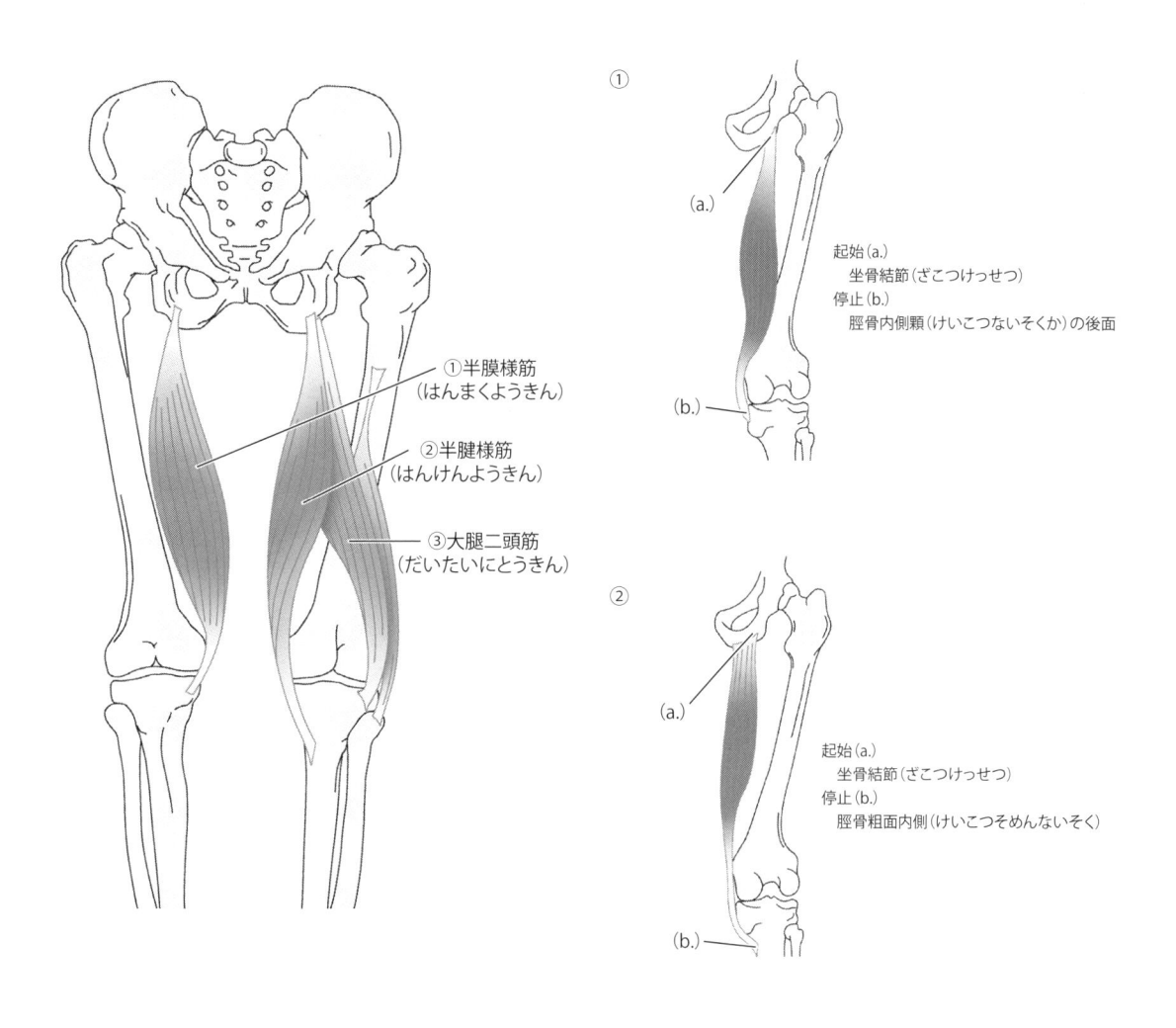

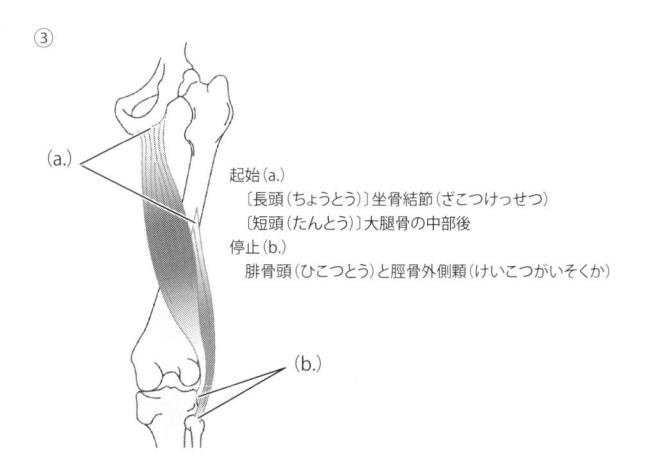

①半膜様筋（はんまくようきん）
②半腱様筋（はんけんようきん）
③大腿二頭筋（だいたいにとうきん）

①
起始（a.）
　坐骨結節（ざこつけっせつ）
停止（b.）
　脛骨内側顆（けいこつないそくか）の後面

②
起始（a.）
　坐骨結節（ざこつけっせつ）
停止（b.）
　脛骨粗面内側（けいこつそめんないそく）

③
起始（a.）
　〔長頭（ちょうとう）〕坐骨結節（ざこつけっせつ）
　〔短頭（たんとう）〕大腿骨の中部後
停止（b.）
　腓骨頭（ひこつとう）と脛骨外側顆（けいこつがいそくか）

077

大腿四頭筋（だいたいしとうきん）

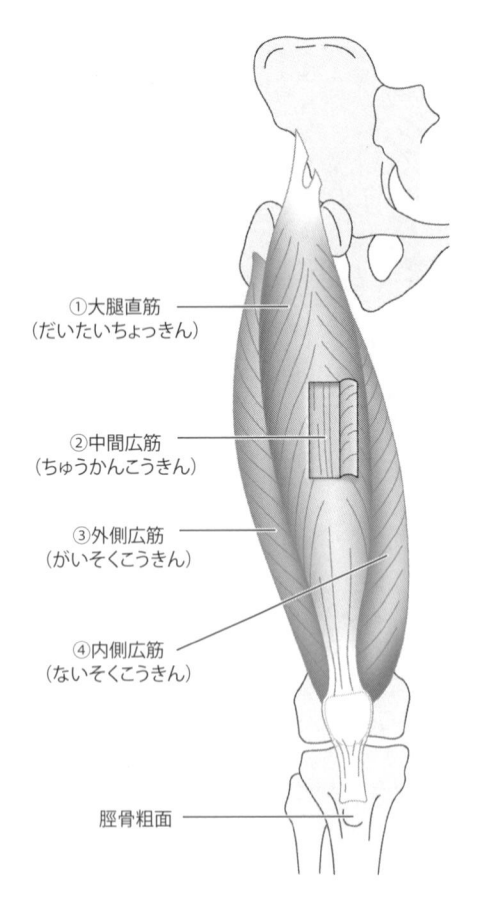

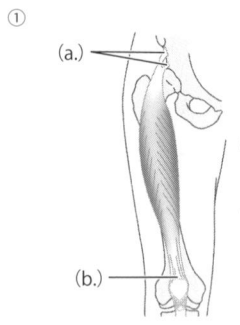

①大腿直筋（だいたいちょっきん）
②中間広筋（ちゅうかんこうきん）
③外側広筋（がいそくこうきん）
④内側広筋（ないそくこうきん）
脛骨粗面

①
起始(a.)
　下前腸骨棘（かぜんちょうこつきょく）
　寛骨臼上縁（かんこつきゅうじょうえん）
停止(b.)
　〔膝蓋骨（しつがいこつ）、膝蓋靭帯（じんたい）を経て〕脛骨粗面（けいこつそめん）

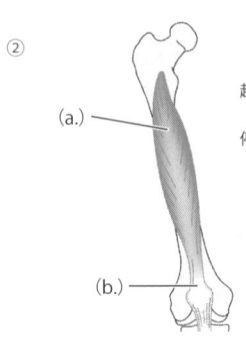

②
起始(a.)
　大腿骨（だいたいこつ）の前面
停止(b.)
　〔膝蓋骨（しつがいこつ）、膝蓋靭帯（じんたい）を経て〕脛骨粗面（けいこつそめん）

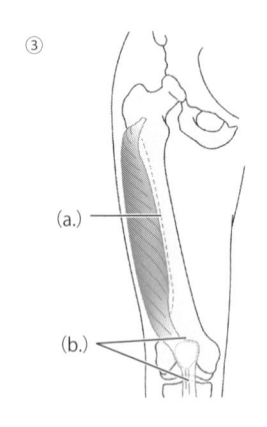

③
起始(a.)
　大腿（だいたい）の外側面で大転子（だいてんし）の下部〔大腿骨（だいたいこつ）の粗線外側唇（そせんがいそくしん）〕
停止(b.)
　〔膝蓋骨（しつがいこつ）、膝蓋靭帯（じんたい）を経て〕脛骨粗面（けいこつそめん）

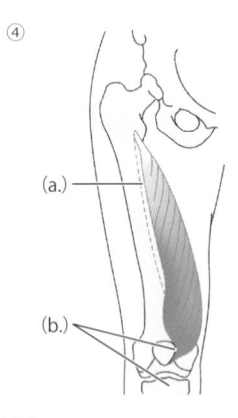

④
起始(a.)
　大腿骨の粗線内側唇（そせんないそくしん）
停止(b.)
　〔膝蓋骨（しつがいこつ）、膝蓋靭帯（じんたい）を経て〕脛骨粗面（けいこつそめん）

3. 拘縮と変形

　私たちの体は日常の活動で、毎日ストレッチされて柔軟性が維持されている。動物実験で四肢を固定（不動化）すると、筋の繊維化や関節軟骨の変成を起こして可動性を喪失することが証明されている。可動性が喪失した状態を拘縮と呼ぶ。拘縮は麻痺などで動かせないことだけでなく、長期に動かさないことでも生じる。また、発達の段階の子どもで成長の早期に固定的姿勢が生じると、関節可動域の制限だけでなく、骨の形自体が歪んで成長することもある。

3.1 概　略

3.1.1 拘　縮

　拘縮の原因は、固定的姿勢によって軟部組織（骨以外の組織）が弾力性を喪失したためであり、分子生物学的レベルでは軟部組織の構造を支える蛋白質繊維に変化が生じている。弾力性のある繊維（弾性繊維、代表的蛋白質：エラスチン）が減少し、それ自体は伸びないが網目状に組まれて伸びる繊維（膠原繊維、代表的蛋白質：コラーゲン）の分子間に架橋が増えて、弾力性が減少する。

　これらの変化が生じる組織は、関節以外の皮膚、皮下組織、筋肉、靭帯、神経、血管などの関節周囲の組織である。拘縮は、これらの組織の直接的な損傷、例えば広範な熱傷による皮膚と皮下の瘢痕、外傷による筋肉の挫滅、関節炎による関節面の破壊などでも起こるが、身体障害児・者の拘縮は組織の破壊がなく、固定的姿勢のみで起こる。

　関節の可動域制限には拘縮の他に強直という用語があり、教科書的には、関節外因子（筋肉や靭帯など）が原因の場合が拘縮、関節内因子（関節軟骨や滑膜など）が原因の場合が強直と定義されている。しかし、用語の使い方には混乱が見られ、原因を問わず、多少とも可動域の残っているものは拘縮、可動域の完全に消失したものは強直と呼ばれることも多い。

　座位保持装置の使用者で見られる拘縮は、長期の固定的姿勢に起因する多肢・多関節にわたるものが多く、そのような拘縮では筋肉、皮膚など前述のすべての組織が短縮していることが多い。

3.1.2 変　形

　変形は拘縮よりももっと曖昧な言葉で、明確な定義はない。骨の形状や骨のアライメント（縦軸方向への配列）が正常から大きく逸脱した場合に用いられている。脊柱のカーブ、頭蓋や胸郭の歪曲、下肢の wind-blown、足部の内反、外反などが変形と呼ばれることが多い。

　変形のなかでとりわけ重大なものは、脊柱の側彎と股関節脱臼である。大きな関節ほど姿勢や肢位の制限を起こして全身的な健康管理に影響し、座位、臥位での体重支持を不良にして褥瘡のリスクを高め、股関節脱臼は痛みを伴うとQOLを低下させるからである。

　変形は拘縮が進行した結果、あるいは固定的姿勢が長期にわたる場合に起こる。

3.1.3 変形の構築性要素と変動性要素

　変形には、骨の変形や靭帯、関節包の拘縮など、手術でしか矯正できない構築性の要素と、他動的または自動的な矯正の余地がある変動性の要素とがある。変動性要素に含まれるものには、重力、緊張（痙性、随意的筋収縮、不随意運動）、疲労、モチベーションなどがある。

　変動性要素の影響が最も大きい変形は脊柱変形である。例えば、臥位の安静時レントゲンで

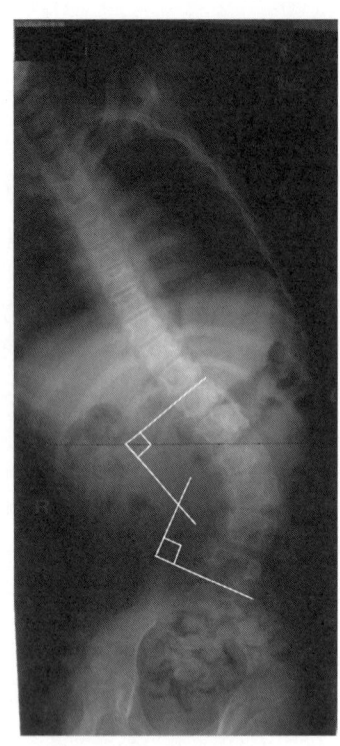

図表 3-67 脳性麻痺者の側彎のレントゲン写真
(1) 矯正前

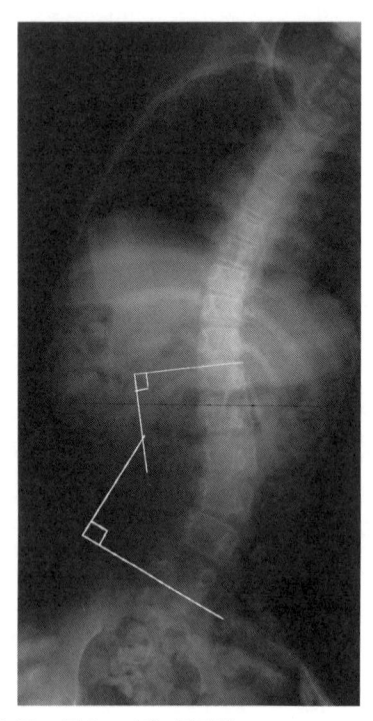

図表 3-68 同上 (2) 矯正後

64°を示す脳性麻痺の側彎（図表 3-67）は、構築性側彎＋矯正可能な緊張が合わさったものである。筋の緊張や椎間板軟骨、靱帯などで弾力性が残っている部分は反対側へ最大側屈することで矯正され、構築性要素の 34°のみが残る（図表 3-68）。安静時臥位の 64°は、興奮や不安などによる筋緊張亢進でさらに増大することもある。筋緊張亢進は興奮や不安以外に、集中力を必要とする座位での机上操作や、呼吸器や消化器疾患などの体調不良でも起こる。

脊柱では他の四肢よりも重力が側彎の角度に大きく影響する。筋ジストロフィーなどの筋力低下を起こす弛緩性麻痺はもちろん、痙性麻痺でも臥位のときよりも座位のほうが重力によって側彎、前彎、後彎が増悪する。また、麻痺のある使用者は健常者以上に姿勢制御に集中力と筋力を必要とし、座位による疲労を起こしやすいと思われ、疲労は姿勢悪化の一因となる。知的障害で低緊張のある使用者では特にモチベーションが姿勢に大きく影響し、モチベーションの低下で後彎や側屈が見られやすい。

3.2 発生機序

拘縮を起こす病態は、先に述べた随意的に動かせないこと、本人が好んで、あるいはその肢位しか取れないために同じ肢位をとり続けること、緊張によりその肢位で固定されてしまうこと、などさまざまである。また、子どもでは成長に関連して悪化する要素が大きい。大まかに病態を分けると以下のようになる（図表 3-69）。

①自発的運動性の欠如による固定的姿勢

重度な脳障害児・者に見られる典型例は、後弓反張（全身性の非対称的伸展姿勢）や蛙様肢位（四肢の外転、外旋姿勢）、などであり、これらの姿勢から抜け出せずにいると、正中線指向や左右対称的活動を経験できず、拘縮・変形を進行させてしまう。

②限定された姿勢運動パターンの習慣化

上述の固定的姿勢に加えて、ある程度の自

図表3-69　重度身体障害児・者に見られる拘縮・変形の進行の原因

①自発的運動性の欠如による固定的姿勢
②限定された姿勢運動パターンの習慣化
③身体部分の障害の差による代償性、過剰な努力性の動作
④異常な感覚感受性や疼痛
⑤知的障害による常同行動、環境因子
⑥筋活動のバランス不良による骨格成長の異常

図表3-70　拘縮・変形を予防するための指針

①異常姿勢を固定的にせず、日常姿勢に変化（多様性）をつける
②対象児・者の身体を動かす機会を多くもつ
③①と②を対象児と介助者ともに、ストレスの少ない方法で定着させる

発運動はあるがそれが定型的（限られた運動方向）になっており多様性に乏しい場合、拘縮・変形の進行は加速することもある。低緊張な身体部位と過緊張な部位の差が大きい場合は、一層著明である。

③身体部分の障害の差による代償性、過剰な努力性の動作

機能的によい身体部分を代償的に、そして努力的に使用するなかで繰り返し生じる連合反応も、拘縮や変形の原因となる。重度片麻痺患者の四肢・体幹の非対称性やずり這いを始めた痙直型両麻痺児が強めていく下肢の内転、内旋、尖足などがそれである。

④異常な感覚感受性や疼痛

感覚過敏性をもっている対象児・者は、四肢の触覚刺激に対し逃避的に屈曲方向に引き込むといった反応を示すことがあり、股関節、膝関節の屈曲拘縮や足部の内反拘縮、上肢の屈曲拘縮を引き起こす誘因になる。また、頻繁に起こる驚愕反応の繰り返しで四肢の外転方向の拘縮・変形をつくることがある。疼痛やそれによる不安感が原因となり、いっそう異常姿勢筋緊張を高めて姿勢を固定的にした結果生じるものもある。

⑤知的障害による常同行動、環境因子（第6章1.3.7参照）

重度な知的障害を合わせもち、一側の手を口に持っていくといった常同行動から抜け出せないでいる障害児・者の多くは、加齢とともに脊柱側彎やそれに伴う拘縮が目立ってくる。ストレスの多い不快な環境も拘縮・変形の進行の原因となる。

⑥成長に伴う拘縮と変形の進行

成人の拘縮は運動障害の期間が長いほど強くなる傾向にあるが、子どもでは成長する分、より複雑である。特に、乳幼児期の障害では成長が止まるまでの期間が長く、大人の麻痺性疾患では見られない骨変形を来すことがある。

正常な筋は骨の成長に合わせた成長をするが、痙性麻痺の筋は十分なストレッチがなされず、成長が不良である。したがって、成長が続く間、痙縮筋は骨に対して相対的に短縮し続け、拘縮が進む。また、骨の成長も筋活動の影響を受けるので、弛緩性麻痺でも痙性麻痺でも、屈曲と伸展、内転と外転などの拮抗する筋力のインバランスが持続すると、拘縮から始まって骨変形へと進行することがある。

上述のような拘縮・変形の発生機序に留意すると、これらを防止する対策は、図表3-70に示す内容になる。シーティングはこれらの一対策にはなりうるが、シーティングのみで拘縮・変形の進行を防止することは不可能であることを心得ておかなければならない。近年の研究においても、重度脳障害児・者に対し、運動療法、装具療法、シーティングともに、関節運動制限に対する即時効果と短期的な成果は報告されているが、それらのみで長期的に拘縮や変形が改善し、予防できたというエビデンスはない。

4. 褥瘡の基礎

4.1 褥瘡とは

　褥瘡は、日本褥瘡学会により「身体に加わった外力は骨と皮膚表層の間の軟部組織の血流を低下、あるいは停止させる。この状況が一定時間持続されると組織は不可逆的な阻血性障害に陥り褥瘡になる」と定義されている（2005〈平成17〉年）。その後、褥瘡予防・管理ガイドラインにより、エビデンスレベルと合わせた対応が紹介された。

　褥瘡予防に関わる法制度の動きは、厚生労働省より2002（平成14）年3月に褥瘡対策に関する通知が出され、その年の10月には医療機関における褥瘡対策に関する診療計画書の提出が必要となった。その目的は、褥瘡発生の危険の高い患者に対して、褥瘡発生予防、発症後早期からの適切な処置を含めた対策を実施する体制を整備しなければならないということであった。具体的には褥瘡対策に関する診療計画書のなかでベッド上での危険因子の評価と合わせ、椅子上での座位姿勢の保持、除圧の評価、看護計画が盛り込まれている。椅子上での対応とはシーティング対応のことで、医療機関でもシーティングの対応が本格的に必要となった。

　その後、2006（平成18）年には介護保険法の改正により、高齢者介護施設に褥瘡予防の体制整備が義務付けられた。また、日本褥瘡学会から2008（平成20）年には「在宅予防・治療ガイドブック」、2015（平成27）年には「褥瘡予防・管理ガイドライン（第4版）」が発行された。いずれも臥床状態、椅子座位での褥瘡予防をリハビリテーションやシーティング技術との関連で位置づけている。

4.2 褥瘡発生のメカニズム

　褥瘡発生のメカニズムとしては、外力（圧力＋ずれ力）により剪断応力が働き[*]、①阻血性障害、②再灌流障害、③リンパ系機能障害、④機械的変形、の4種類の機序が複合的に関与し、細胞死・組織障害として褥瘡が発生すると考えられる（図表3-71）。阻血性障害は嫌気性代謝の亢進により組織内に乳酸が蓄積され、組織pHが低下することが主因であり、このことは、組織の血流が阻害され組織が壊死を起こすことにつながる。再灌流障害とは、阻血後の血流再開に伴い単なる阻血よりも強い組織障害が生じることを指し、褥瘡の重度化の要因の一つとされている。リンパ系機能障害は、リンパ灌流のうっ帯による、老廃物や自己分解性酵素の蓄積などが主因であり、一般的にはリンパの流れが滞るといろいろな問題を引き起こすが、生体機能の低下を引き起こす。

　機械的変形とは、外力の直接作用である。軟部組織にかかる外力は、ベクトルの方向によって圧力とずれ力の要素に分解される。骨突出部にかかるずれ力は骨に近接した深部組織のほうが強いと考えられ、理論上、皮膚表面よりも骨に近接した深部組織の障害が先行する場合が想定されるようになった。

---

[*] 外力は応力と表現され、応力は剪断応力、引っ張り応力、圧縮応力のことで、これが複合的に影響し褥瘡発生につながる。軟部組織にかかる外力は、ベクトル方向によって圧力とずれ力の要素に分解される。骨突出部分にかかるずれ力は骨に近接した深部組織のほうが強いと考えられている。

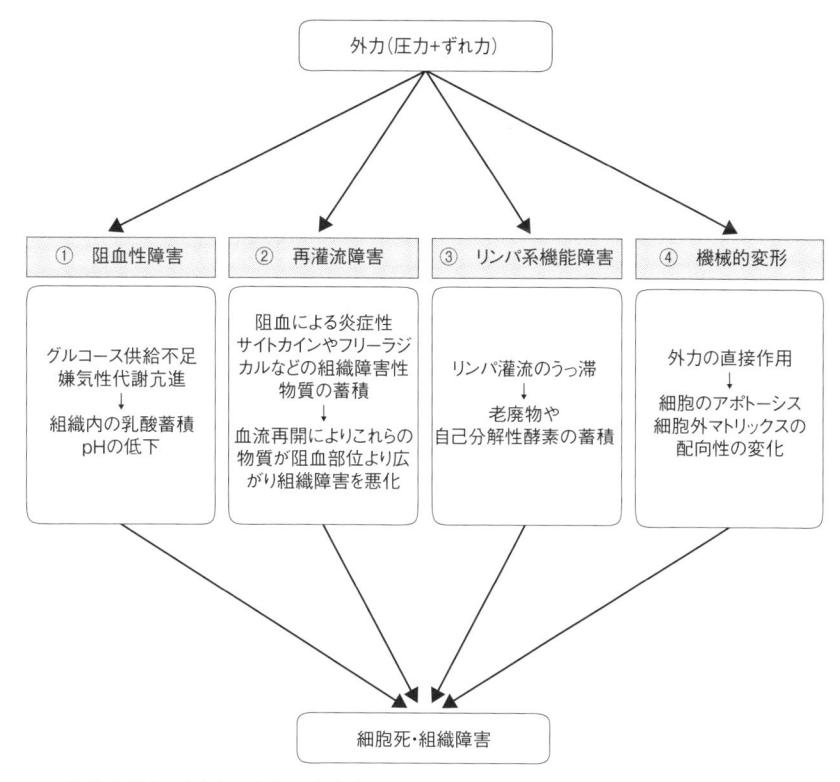

4. 褥瘡の基礎

```
                    外力（圧力+ずれ力）
        ┌──────┬──────┼──────┬──────┐
        ▼      ▼      ▼      ▼
    ①阻血性障害 ②再灌流障害 ③リンパ系機能障害 ④機械的変形
```

① 阻血性障害	② 再灌流障害	③ リンパ系機能障害	④ 機械的変形
グルコース供給不足嫌気性代謝亢進 ↓ 組織内の乳酸蓄積pHの低下	阻血による炎症性サイトカインやフリーラジカルなどの組織障害性物質の蓄積 ↓ 血流再開によりこれらの物質が阻血部位より広がり組織障害を悪化	リンパ灌流のうっ滞 ↓ 老廃物や自己分解性酵素の蓄積	外力の直接作用 ↓ 細胞のアポトーシス細胞外マトリックスの配向性の変化

→ 細胞死・組織障害

【註】グルコース：血糖を指し、通常、血中に存在するグルコースである。
サイトカイン：体内の免疫系の細胞から分泌される蛋白質の一種。細胞の増殖・再生・分化などを促す働きがある。
フリーラジカル：活性酸素に代表されるように相手物質を酸化させる強い力をもつ。フリーラジカルの増加は、がん細胞の発生や老化を促進する要因ともなるといわれている。
アポトーシス：細胞死の一形態で電子顕微鏡による観察から病理的に定義されたものである。
細胞外マトリックス：生物の組織は「細胞」と「細胞以外の物質」からできており、「細胞以外の物質」の個体部分を総称して細胞外マトリックスと呼ぶ。

図表 3-71 褥瘡発生のメカニズム（出所：『褥瘡予防・管理ガイドライン〈2009〉』）

4.3 褥瘡予防の考え方

褥瘡学会のガイドラインをはじめ、褥瘡予防の方法として、シーティング技術はエビデンスレベルが低いために明確な解説はない。しかし、褥瘡は寝たきり状態から廃用症候群に伴い、臥位姿勢で発生することが多く、仙骨部などの骨突出点の除圧は座位姿勢の確保にあるといえる。シーティングによってクライアントの状態に合わせた適切な座位姿勢を確保できれば、褥瘡予防の対応方法は飛躍的に広がるものと思われる。

4.4 発生予測

一般的な褥瘡発生の局所要因としては圧力、ずれ、摩擦、皮膚の湿潤が挙げられる。全身的要因では低栄養状態、貧血、知覚・運動麻痺、意識障害、基礎疾患、発熱、脱水、年齢などが挙げられる。その他の因子として病床環境、本人の意欲、家族、医療関係職種などの関わりも挙げられていたが、いわゆる「寝たきり状態」

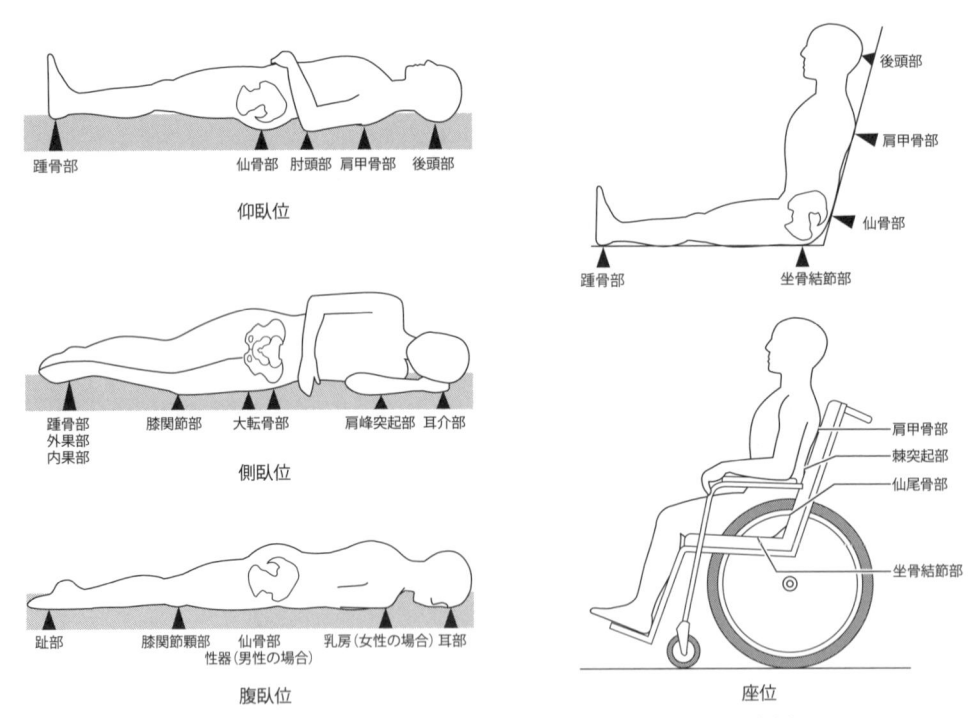

図表3-72　褥瘡の好発部位（出所：『褥瘡の予防・治療ガイドライン』をもとに一部改変）

での臥位で発生する褥瘡の予防は、適切な座位姿勢を確保することが解決策の一つである。

4.4.1 好発部位

褥瘡は骨突出部に好発するが、体位により好発部位は異なる。仰臥位では後頭部、肩甲骨部、肘頭部、仙骨部、踵部などである。側臥位では腸骨部、大転子部、外顆部である。腹臥位では上前腸骨部、膝関節部である。座位では坐骨結節部、尾骨・仙骨下部などである。また脊柱の棘突起部は物理的要因として剪断応力が働き、骨部分と接触する深部組織により大きな障害を与えるといわれている（図表3-72）。シーティングでは座位で接触する骨突出部を触診により確認し、除圧、減圧について検討する。褥瘡が発生している場合は、触診は褥瘡部位を刺激するために行ってはならない。

4.4.2 発生の予測方法

褥瘡発生の予測方法としては、ブレーデンスケール（Braden Scale）、OHスケールが一般的に使われており、この2つを紹介する。

(1) ブレーデンスケール

ブレーデンスケールは、ケア可能な6項目から構成されている（図表3-73）。また、採点の結果がケアに直結する特徴がある。

使用方法の説明によれば、知覚の認知は、圧迫による不快感に対して適当に反応できるかどうかをみる項目である。湿潤は皮膚が湿度にさらされる頻度をみる項目である。活動性は行動範囲を示し、圧迫が取り除かれる時間をみることと、動くことにより血流の回復を図る項目である。

可動性は体位を変える能力を示し、骨突起部の圧迫を取り除くために位置を変える力と本人の動機も含んでいる。栄養は普段の食摂取状態をカロリーと蛋白の摂取量でみる項目である。摩擦とずれは、同時に起こるので一つの項目となっている。

ブレーデンスケールの採点開始時は、日中のほとんどをベッドで過ごすようになったときである。寝たきりの状態、つまり可動性、活動性

図表 3-73　ブレーデンスケール

患者氏名：＿＿＿＿＿＿＿　評価者：＿＿＿＿＿＿　評価年月日：＿＿＿＿＿＿

知覚の認知 圧迫による不快感に対して適切に対応できる能力	1. 全く知覚なし 痛みに対する反応（うめく、避ける、つかむ等）なし。この反応は、意識レベルの低下や鎮静による。あるいは体のおおよそ全体にわたり痛覚の障害がある。	2. 重度の障害あり 痛みのみに反応する。不快感を伝える時には、うめくことや身の置き場なく動くことしかできない。あるいは、知覚障害があり、体の1/2以上にわたり痛みや不快感の感じ方が完全ではない。	3. 軽度の障害あり 呼びかけに反応する。しかし、不快感や体位変換のニードを伝えることが、いつもできるとは限らない。あるいは、いくぶん知覚障害があり、四肢の1、2本において痛みや不快感の感じ方が完全でない部位がある。	4. 障害なし 呼びかけに反応する。知覚欠損はなく、痛みや不快感を訴えることができる。
湿潤 皮膚が湿潤にさらされている程度	1. 常に湿っている 皮膚は汗や尿などのために、ほとんどいつも湿っている。患者を移動したり、体位変換をするごとに湿気が認められる。	2. たいてい湿っている 皮膚はいつもではないが、しばしば湿っている。各勤務時間中に少なくとも1回は寝衣寝具を交換しなければならない。	3. 時々湿っている 皮膚は時々湿っている。定期的な交換以外に、1日1回程度、寝衣寝具を追加して交換する必要がある。	4. めったに湿っていない 皮膚は通常乾燥している。定期的に寝衣寝具を交換すればよい。
活動性 行動の範囲	1. 臥床 寝たきりの状態である。	2. 座位可能 ほとんど、または全く歩けない。自力で体重を支えられなかったり、椅子や車椅子に座る時は、介助が必要であったりする。	3. 時々歩行可能 介助の有無にかかわらず、日中時々歩くが、非常に短い距離に限られる。各勤務時間中にほとんどの時間を床上で過ごす。	4. 歩行可能 起きている間は少なくとも1日2回は部屋の外を歩く。そして少なくとも2時間に1回は室内を歩く。
可動性 体位を変えたり整えたりできる能力	1. 全く体動なし 介助なしでは、体幹または四肢を少しも動かさない。	2. 非常に限られる 時々体幹または四肢を少し動かす。しかし、しばしば自力で動かしたり、または有効な（圧迫を除去するような）体動はしない。	3. やや限られる 少しの動きではあるが、しばしば自力で体幹または四肢を動かす。	4. 自由に体動する 介助なしで頻回にかつ適切な（体位を変えるような）体動をする。
栄養状態 普段の食事摂取状況	1. 不良 決して全量摂取しない。めったに出された食事の1/3以上を食べない。蛋白質・乳製品は1日2皿（カップ）分以下の摂取である。水分摂取が不足している。消化態栄養剤（半消化態、経腸栄養剤）の補充はない。あるいは、絶食であったり、透明な流動食（お茶、ジュース等）なら摂取したりする。または、末梢点滴を5日間以上続けている。	2. やや不良 めったに全量摂取しない。普段は出された食事の約1/2しか食べない。蛋白質・乳製品は1日3皿（カップ）分の摂取である。時々消化態栄養剤（半消化態、経腸栄養剤）を摂取することもある。あるいは、流動食や経管栄養を受けているが、その量は1日必要摂取量以下である。	3. 良好 たいていは1日3回以上食事をし、1食につき半分以上は食べる。蛋白質・乳製品は1日4皿（カップ）分摂取する。時々食事を拒否することもあるが、勧めれば通常補食する。あるいは、栄養的におおよそ整った経管栄養や高カロリー輸液を受けている。	4. 非常に良好 毎食おおよそ食べる。通常は蛋白質・乳製品を1日4皿（カップ）分以上摂取する。時々間食（おやつ）を食べる。補食する必要はない。
摩擦とずれ	1. 問題あり 移動のためには、中等度から最大限の介助を要する。シーツでこすれずに体を移動することは不可能である。しばしば床上や椅子の上でずり落ち、全面介助で何度も元の位置に戻すことが必要となる。痙攣、拘縮、振戦は持続的に摩擦を引き起こす。	2. 潜在的に問題あり 弱々しく動く。または最小限の介助が必要である。移動時皮膚は、ある程度シーツや椅子、抑制帯、補助具などにこすれている可能性がある。たいがいの時間は、椅子や床上で比較的良い体位を保つことができる。	3. 問題なし 自力で椅子や床上を動き、移動中十分に体を支える筋力を備えている。いつでも、椅子や床上で良い体位を保つことができる。	

出所：Braden and Bergstrom, 1988 ／翻訳：金沢大学医学部保健学科褥瘡研究室．

が2点以下になったら開始する。採点頻度は急性期には48時間ごと、慢性期は2週間ごとである。高齢者は最初の4週間は毎週、その後は3か月に1回採点する。そのほかの注意点として、皮膚の観察を毎日することがあり、危険点は医療機関では14点、施設では17点になる。採点方法は、前段階要因と引き金要因の2段階方式で当てはまる項目にチェックをする。当てはまれば1点、当てはまらなければ0点となる。

(2) OHスケール

OHスケールの危険要因とそのスコア（図表3-74）については、(1) 自力体位変換が「できる」・「できない」・「どちらでもない」に分類する。(2) 病的骨突出は「なし」・「軽度・中等度」・「高度」の3つに分類する。骨突出とは仙骨部中央から8cm離れたところでの高低差について、仰臥位時に仙骨部の頂点が両臀筋と同じ高さかあるいは突出している状態を指し、その程度を簡易メジャーで判断することも可能である。(3) 浮腫は「なし」・「あり」の2つに分類する。(4) 関節拘縮は「なし」・「あり」の2つに分類する。

危険要因と点数の付け方の例としては、自力体位変換が「できる」0点、「どちらでもない」1.5点、「できない」3点と配分する。危険要因の採点により、その合計点により患者を4段階に分類している。偶発性褥瘡は危険要因なし0点で、起因性褥瘡は、軽度（1～3点）・中等度（4～6点）・高度レベル（7～10点）に分類される。また、このスケールは骨突出を仰臥位で判断するため座位評価での使用は難しい（図表3-75）。

(3) 褥瘡予防・管理ガイドライン

褥瘡はその損傷の深さにより4ないし5のステージに分類される。褥瘡の深達度分類としては、NPUAP（米国褥瘡審査委員会）のステージ分類、EPUAPのグレード分類、日本褥瘡学会のDESIGN分類などがある。ここでは、日本褥瘡学会の『褥瘡予防・管理ガイドライン』（2009〈平成21〉年）にあるDESIGN-R分類の

図表3-74 OHスケール（出所：『エキスパートナース』vol. 20、no. 4）

危険要因		点数
自力体位変換 麻痺・安静度意識状態の低下（麻酔覚醒、薬剤）	できる	0点
	どちらでもない	1.5点
	できない	3点
病的骨突出 （仙骨部）	なし	0点
	軽度・中等度	1.5点
	高度	3点
浮腫	なし	0点
	あり	3点
関節拘縮	なし	0点
	あり	1点

図表3-75 OHスコアによる患者のレベル分け

①危険因子を採点し、その合計点により患者を4段階に分類
②偶発性褥瘡は危険要因なし0点、起因性褥瘡は、軽度（1～3点）・中等度（4～6点）・高度レベル（7～10点）に分類
③軽度は0～3点、中等度は4～6点、高度は7～10点と識別

表記に統一して解説する（図表3-76）。

ガイドラインにおける予防とは、褥瘡発生の危険性（リスク）を評価し、そのリスクに応じた褥瘡予防ケアを実施することをいう。また、褥瘡予防ケアとは褥瘡を予防（発生させない）ケアと、仮に褥瘡が発生したとしても褥瘡を悪化させないためのケアも含むので、褥瘡発生後のケアとしてある。上記以外の外用薬、外科的治療、物理療法などについては、褥瘡関連の図書に譲る。褥瘡の予防には①皮膚の観察、②褥瘡発生の予測、③圧迫・ずれの排除、④スキンケア、⑤栄養管理、⑥リハビリテーション、⑦患者教育があり、褥瘡発生後のケアには、①皮膚の観察、②体圧分散用具、③スキンケア、④栄養管理、⑤リハビリテーション、⑥患者教育が挙げてある。

DESIGN-R分類は「深さ」の項目としてd0からD5に至る6段階評価を採用している。

	DESIGN-R 深さ (2008)	NPUAP 分類 (2007改訂版)
		DTI疑い 圧力および/または剪断力によって生じる皮下軟部組織の損傷に起因する、限局性の紫または栗色の皮膚病変、または血疱
	d0 皮膚損傷・発赤なし	
	d1 持続する発赤	ステージⅠ 通常骨突出部位に限局する消退しない発赤を伴う、損傷のない皮膚。暗色部位の明白な消退は起こらず、その色は周囲の皮膚と異なることがある
	d2 真皮*までの損傷	ステージⅡ スラフを伴わない、赤色または薄赤色の創底をもつ、浅い開放潰瘍として現れる真皮の部分欠損。破れていないまたは開放した/破裂した血清で満たされた水疱として現れることがある
	D3 皮下組織までの損傷	ステージⅢ 全層組織欠損。皮下脂肪は確認できるが、骨、腱、筋肉は露出していないことがある。スラフが存在することがあるが、組織欠損の深度がわからなくなるほどではない。ポケットや瘻孔が存在することがある
	D4 皮下組織を越える損傷	ステージⅣ 骨、腱、筋肉の露出を伴う全層組織欠損。黄色または黒色壊死が創底に存在することがある。ポケットや瘻孔を伴うことがある
	D5 関節腔・体腔に至る損傷	
	U 深さ判定が不能な場合	判定不能 創底で、潰瘍の底面がスラフ（黄色、黄褐色、灰色または茶色）および/またはエスカー（黄褐色、茶色、または黒色）で覆われている全層組織欠損

【註】 発赤：皮膚粘膜が赤みを帯びること、血疱（けつほう）：水ぶくれ、消退：低下や消えてなくなること、スラフ：水分を含んだ軟らかい黄色調の壊死組織、創底：創の底、開放潰瘍：潰瘍部分がむき出しの状態、血清：凝固した血液の上澄み。透明の液体で免疫抗体や各種の栄養素・老廃物を含む、ポケット：皮膚欠損部より広い創腔（そうこう）、瘻孔：管状の穴、エスカー：乾燥した硬く黒い壊死組織

*皮膚の組織については図表3-77を参照。

図表3-76 DESING-R深さ項目、NPUAPステージ分類（2007年改訂版）

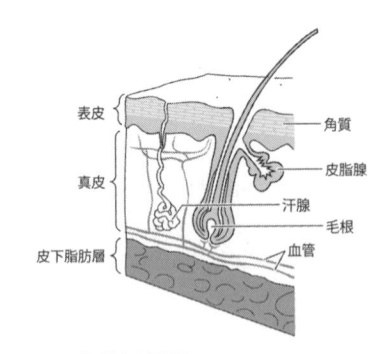

図表 3-77　皮膚解剖図

DESIGN 分類は以下の項目の頭文字を並べたものである。すなわち、深さ（Depth）、浸出液（Exudate）、大きさ（Size）、炎症・感染（Inflammation/Infection）、肉芽組織（Granulation tissue）、壊死組織（Necrotic tissue）の 6 項目で構成されている。

一般的には NPUAP 分類がわかりやすいが、DESIGN-R 分類は日本褥瘡学会が推奨しており、医療機関で一般的に使われている。DESIGN-R 分類では d 0、D 3 などの表現があり、d 0 は皮膚損傷・発赤がなしの状態である。

浸出液は 0 ～ 3、大きさは皮膚損傷範囲を計測する。炎症・感染は局所の炎症兆候のあり・なしで判断する。肉芽組織は治癒、良性肉芽などで判断する。壊死組織はなし・ありで判断する。ポケットはなしと大きさで判断する。褥瘡の判断は専門の医師、看護師、褥瘡認定師などが行う必要があり、褥瘡がある場合やリスクの高いケースのシーティングを行う際は十分な情報交換が必要である。

褥瘡は予防することが重要であり、シーティング評価と合わせて褥瘡のリスク評価が行われることで二次障害が予防できる。

応用編では、椅子上での圧迫、ずれ力の排除に関する基本的な対応と褥瘡対応例、褥瘡対策診療計画書について紹介する（p. 247 以下参照）。

引用・参考文献

Alexander, Rona and Regi Boehme（高橋智宏監訳）『機能的姿勢——運動スキルの発達』協同医書出版社、1997年。

石井賢俊・西村かおる『らくらく排泄ケア』MCメディカ出版、2008年。

ヴィルヘード、ロルフ（金子公宥・松本迪子訳）『目でみる動きの解剖学〔新装版〕スポーツにおける運動と身体のメカニズム』大修館、1999年。

上田佳子他「重症心身障害児（者）の日常生活での基本姿勢保持支援——器具提供と継続的使用方法」『第31回重症心身障害児（者）の療育に関する研究助成金研究報告書』2003年、3-15頁。

上田敏編『新・セミナー介護福祉⑨一般医学』ミネルヴァ書房、2007年。

内山靖編著『環境と理学療法』医歯薬出版、2004年。

江草安彦監修『重症心身障害療育マニュアル』医歯薬出版、1998年。

岡村健二他『人体：構造と機能』日本看護協会、1989年。

岸本光夫「重症脳性麻痺児のポジショニング」『理学療法学』20号、1994年、132-134頁。

岸本光夫「重症脳性麻痺児の発達過程とADL」『OTジャーナル』37号、2003年、538-543頁。

岸本光夫「活動分析とその適応」『作業療法ジャーナル』38巻11号、2004年、1074-1080頁。

岸本光夫「小児におけるポジショニングの技術——作業療法士のかかわり」『小児看護』29巻8号、2006年、1100-1104頁。

岸本光夫「発達障害における拘縮予防——脳性麻痺を中心に」『OTジャーナル』40号、2006年、324-328頁。

齋藤宏・松村秩・矢谷令子『姿勢と動作 ADLにおける扱いと手順』メヂカルフレンド社、1977年。

「新版・社会福祉学習双書2007」編集委員会編『新版・社会福祉学習双書 第12巻 医学一般』全国社会福祉協議会、2007年。

照林社編『エキスパートナース』vol.20、no.4、2004年。

染谷淳司「年長アテトーゼ児・者の緊張性姿勢反射を抑制すると共に肢機能を発揮させる為の姿勢保持具（側臥位保持用具）の研究」『重症心身障害研究会誌』17巻2号、1992年、22-29頁。

染谷淳司「慢性呼吸不全を有する重症脳損傷児の運動療法と姿勢保持用具」『理学療法学』20巻1号、1993年、36-41頁。

染谷淳司「重症脳損傷児の呼吸機能へのアプローチ（1）（2）」『ボバースジャーナル』19巻2号、1996年、57-64頁、20巻1号、1997年、63-74頁。

染谷淳司「姿勢保持・ねたきり対策、移動介助」江草安彦監修『重症心身障害療育マニュアル』医歯薬出版、1998年、76-83頁。

染谷淳司「姿勢保持・ねたきり対策、移動介助」江草安彦監修『重症心身障害療育マニュアル〔第2版〕』医歯薬出版、2005年、74-82頁。

染谷淳司「小児でのポスチュアリング（姿勢の選定）について」伊藤利之・田中理監修『〔改訂版〕車いす・シーティング——その理解と実践』はる書房、2007年、319-344頁。

染谷淳司他「呼吸機能の改善を目的とした夜間姿勢保持の研究」『第26回重症心身障害児（者）の療育に関する研究報告書』読売光と愛の事業団、1998年、25-35頁。

染谷淳司他「日常生活に腹臥位系姿勢を組み込んで——26年間の実態調査」『日本重症心身障害学会誌』38巻3号、2013年、421-430頁。

ダイヤグラム・グループ編集、池上千寿子他訳『チャイルズボディー』鎌倉書房、1982年。

トンプソン、クリム／フロイド（栗山節郎監修／中村千秋・土屋真希訳）『身体運動の機能解剖（2刷）』医道の日本社、1997年。

高橋純・藤田和弘編『障害児の発達とポジショニング指導』ぶどう社、1986年。

玉垣努「これだけは知っておきたい排便のケア21」『訪問介護と看護』Vol.13、No.6、1998年、422-428頁。

中村隆一他『基礎運動学〔第6版〕』医歯薬出版、1998年。

南雲健吾「重症児の脊柱側彎に対する具体的アプローチの検討〔2008改訂版〕」『重症心身障害のための理学療法セミナー資料集』社福法人十愛愛育会、2008年、112-115頁。

日本褥瘡学会編集『褥瘡の予防・治療ガイドライン』照林社、1998 年。
日本褥瘡学会編「褥瘡対策の指針」2002 年。
日本褥瘡学会編集『褥瘡予防・管理ガイドライン』照林社、2009 年。
日本リハビリテーション医学会「関節可動域表示ならびに測定法改正案」『リハ医学』31 号、1994 年、207-217 頁。
Haas, J. H. de（高橋孝文監訳）『乳児の発達』医歯薬出版、1985 年。
ホームヘルパー養成研修テキスト作成委員会編『ホームヘルパー養成研修テキスト 2 級課程　第 2 巻 利用者の理解・介護の知識と方法』長寿社会開発センター、2001 年。
間々田貴子「重症脳性麻痺の下肢の非対称変形に対するポジショニングの効果」『茨城県立医療大学保健医療学部作業療法学科卒業研究論文集』5 号、2003 年、198-203 頁。
宮崎一興「排泄のメカニズムとその障害」『OT ジャーナル』26 号、1992 年、394-398 頁。
Bergen, Adrienne Falk, *Positioning for Function,* Valhalla Rehabilitation Publications, 1990.

第4章

用具の種類と機能

本章の概要

　さまざまな福祉用具のなかから、この章では座位保持装置と車椅子を取り上げる。

　座位保持装置の種類、フレームの形式、構造、特性、各部の名称、それぞれの機能的特徴、デメリットを知っておくことは、設計・製作するうえにおいて不可欠なことである。

　オーダーで、設計から完成まですべて製作する場合だけでなく、既製品を利用する場合でも、多くの商品のなかから、商品の特性や特徴を見分けることで、使用者に最も適合したモノを選択し供給できることにつながる。

　また、車椅子の走行性、操作性、駆動性に関しては、構造の特性、構造力学、運動力学の視点から捉えることにより車椅子の機能をより深く知ることができ、車椅子の設計・製作や選択に重要なことである。

　人工呼吸器や吸引器、パルスオキシメータなどの周辺機器の知識は、姿勢保持を考えるうえで重要である。また、これらの機器の搭載は、スペースや使いやすさといった設計においても大きな要素になる。

1. 座位保持装置

座位保持装置は大きく身体支持部とフレームから成る。支持部は、頭・頸部や体幹を支えるものであり、フレームは、支持部を装置の使用目的に合わせた高さや角度に保持するものである。各支持部とフレームが連結されることで装置全体の形が出来上がる。

1.1 座位保持装置のフレームと機能

1.1.1 フレーム選択の際の留意事項

座位保持装置のフレームを選択する際には、さまざまな角度からの検討が必要である（図表4-1）。

(1) 使用目的と使用場所

第1にはっきりさせなければならないことは、座位保持装置を使用する場所と目的である。家庭用、学校用、施設用などの別、そして食事用、学習用、作業用、移動用、排泄用、入浴用、車載用などの主な使用場所と使用目的を明確にする。

(2) フレームの種類と材質

使用場所や使用目的に応じて、フレームの種類や材質を選択する。フレームの種類としては、大きくは椅子か車椅子（手動）か電動車椅子かの選択肢になる*。

また、材質的には木製、金属製（鉄、アルミニウム、ステンレス、チタン）、ウレタン製、段ボール製などの選択肢がある。家庭用などの室内で使用する「いす」フレームは当初ほとんど木製だったが、機能が高度化するにつれて金属製のフレームも多くつくられるようになった。また、軽量で簡易に製作できる幼児用のいす素材として、三層強化段ボールを使ったフレームも販売されている。車椅子・電動車椅子は基本的に金属製で、アルミニウムパイプを使用した軽量型フレームが主流となっている。

(3) フレームの構造と機能

使用者の姿勢保持能力や使用目的に応じて、フレームの構造と機能を選択する。

1.1.2 背座角度**固定型

頭部、体幹部のコントロールがある程度とれて、姿勢変換を必要としない場合は、背座角度固定型を選択する。股関節の可動域や使用状況に合わせてシート〔座面***〕の角度や背座の両面角度を決定する。

1.1.3 背座角度可変型（後傾型）

頭部、体幹部のコントロールが難しく、休息時の安楽姿勢を必要とする場合は、姿勢変換が可能な背座角度可変型を選択する。基本的にはバックサポート〔背もたれ〕を垂直より後方に倒していく後傾姿勢となる。背座角度可変型にはさまざまな種類があり、姿勢保持能力と使用状況に応じ、必要な機能について慎重に検討しなければならない。

(1) リクライニング式

バックサポートの角度のみが変化するタイプ。筋力低下や疲労の影響で姿勢の崩れが生じる場合、随時バックサポートを倒して、股関節を開いた形での休息姿勢をとることができる。

---

* 補装具の座位保持装置の制度では、当初は「いす」しかフレームとして認められていなかったが、現在では車椅子や電動車椅子を構造フレームとして選択できる。
** 背座角度あるいは座背角度とは「バックサポート角度」のことである。
*** 〔 〕内は制度用語。座位保持については製作現場ではいまだ制度用語が主要なため併記した。

図表 4-1 座位保持装置のフレーム構造と機能

		フレーム構造	機能的特徴	メリット	デメリット	対象者
背座角度固定型		普通型	・背座角度が固定	・構造がシンプルで軽量	・姿勢変換はできない	・頭部、体幹部のコントロールが可能な人
背座角度可変型（後傾型）	リクライニング式	従来式リクライニング	・リクライニングの支点が背と座の交点にある ・バックサポート〔背もたれ〕が後方に倒れる ・フルフラットが可能	・臥位に近い休息姿勢が可能 ・体圧分散が得られる ・オムツ交換が可能	・リクライニング時にバックサポート〔背もたれ〕と身体のずれが生じる ・リクライニング時に骨盤が前ずれを起こし仙骨座りになる ・リクライニングした状態から起こすときに腹部の圧迫が起こる	・筋力低下のある人
		オフセット式リクライニング	・リクライニングの支点が大転子に近接している ・バックサポート〔背もたれ〕が後方に倒れる ・フルフラットが可能	・リクライニング操作による身体のずれは少ない ・臥位に近い休息姿勢が可能 ・体圧分散が得られる ・オムツ交換が可能	・リクライニング操作による身体のずれが完全になくなるわけではない ・支点が出っ張るので移乗時に注意が必要	・筋力低下のある人
		新方式リクライニング	・リクライニングの支点がシートサイドパイプの坐骨前方に設定されている ・バックサポート〔背もたれ〕とシート〔座面〕後部が一緒にリクライニングする	・リクライニング操作による身体のずれはまったく生じない ・リクライニングしても身体が滑り出しにくい ・坐骨、仙骨圧が減少する	・倒しすぎると大腿背部を圧迫するため、背座角度40度くらいが限度となる	・筋力低下のある人 ・脊柱変形のある人 ・脳性麻痺、筋ジストロフィーなど ・高齢者 ・頸髄損傷 ・ALS
	ティルト式		・背座角度が固定のまま後方に倒れる ・身体の各部の位置関係（頭部、体幹、下肢など）が変わらない	・身体全体が一体で傾くため、ずれが生じない ・股関節、膝関節に拘縮がある場合などは安全である	・体幹部のつぶれや腹部の圧迫がある状態でティルトしても、つぶれや圧迫は解消されない ・各関節が一定角度のままなので、股関節や筋などの生理的な休息は得られない	・筋力低下のある人 ・脊柱変形のある人 ・脳性麻痺、筋ジストロフィーなど ・股関節、膝関節に拘縮のある人
	リクライニング・ティルト式		・リクライニングとティルトの機能を兼ね備えている	・体圧分散が得られる ・ティルトのみに比べて腹部の圧迫が軽減される ・新方式リクライニングとの組み合わせでは、どちらを使っても身体のずれは生じない、また前傾前受け姿勢がとれる	・従来式またはオフセット式リクライニングとの組み合わせでは身体のずれが起こる	・筋力低下のある人 ・脊柱変形のある人 ・高度側弯、後弯のある人 ・脳性麻痺、筋ジストロフィーなど ・休息姿勢が有効な人
	ダブルリクライニング式		・新方式リクライニングとオフセット式リクライニングを兼ね備えている	・臥位に近い休息姿勢が可能 ・腹部を十分に広げることができる ・身体のずれが生じない ・オムツ交換が可能 ・簡易的な側臥位も可能	・背リクライニングのみを使用した場合、オフセット式リクライニングの欠点が残る	・極端な筋力低下のある人 ・腹部の圧迫が起きやすい人 ・高度側弯、後弯のある人

前傾前受け型	角度固定型	・体幹前傾位で固定	・唾液による誤嚥の防止 ・排痰、呼吸の改善 ・下肢や頭頸部の過緊張の緩和 ・脊柱の伸展や頭部の支持性を促す ・作業的な姿勢がとれる		・嚥下や呼吸に問題がある人 ・下肢や頭頸部に過緊張がある人 ・作業的姿勢を取りたい人
	角度可変型	・体幹前傾位まで角度可変			
昇降型		・シート〔座面〕の高さを変えられる	・使用場所や介助者に応じて高さを変更できる ・自力での移乗が可能となる		・異なった場面や介助者で使用する人 ・「いざり」動作が可能で自力移乗のできる人

(※従来、「リクライニング・ティルト式」を「ダブルリクライニング式」と呼称してきたこともある。)

リクライニング式では、現在3種類のタイプが製作されている。

(a) 従来式リクライニング

従来長期にわたって製作されてきたタイプで、リクライニングの支点が背と座の交点(原点)に設定されているもの。フラット近くまで倒すことができ、臥位に近い休息姿勢をとれる。オムツ交換やベッドからの移乗なども介助者にはやりやすいため、現在でも入所施設などではよく利用されている。

しかし、フレームの背座角度変化の支点がリクライニング時に大転子から離れるため、バックサポート〔背もたれ〕と身体の間にずれが生じる。バックサポートを倒すと肩の位置が下がり、起こすと背中が押し出されて、腹部を圧迫すると同時に骨盤が前ずれを起こし、「仙骨座り」となる。リクライニング操作を繰り返すたびに前ずれが生じるので、そのたびに姿勢を直したり、股ベルトでずり落ちを防止する必要性が生じる。姿勢保持の観点からは推奨できないフレームである。

(b) オフセット式リクライニング

リクライニングの支点を大転子近くに近接して、身体のずれを最小限にしたタイプ。フラット近くまで倒すこともできるが、身体のずれが完全になくなるわけではない。また、支点が背座のフレームから出っ張る形になり、移乗時に注意を必要とする。

(c) 新方式リクライニング

リクライニングの支点をシートサイドパイプの中間(坐骨部のやや前方)に設定し、バックサポートとシート〔座面〕の臀部支持部が一体となってリクライニングするタイプ。身体のずれが生じにくく、シートが臀部(坐骨周辺部)を常に適切な方向から受けるので、前ずれを起こしにくい構造となっている。リスクが少なく、適用対象者は広い。しかし、倒しすぎると大腿背部を圧迫する形となるため、倒し角は背座角度で40度くらいまでが限度である。

(2) ティルト式

バックサポートとシートの角度が固定のまま後方に倒れるタイプ。身体の各部(頭部、体幹部、下肢など)の位置関係が変わらないため、身体のずれが生じることはない。股関節、膝関節に拘縮がある場合などには安全であり、操作がシンプルなので介助者に使いやすいフレームとなっている。座位保持装置の構造フレームとしては、現在最も多く製作されているフレームタイプである。

しかしティルト式の場合には、股関節や膝関節などが一定角度のままなので、ティルトして姿勢変換を図っても生理的な休息は得られにくい。特に疲労や筋力低下によって体幹部のつぶれや腹部の圧迫などが生じている場合では、

ティルトしても股関節の角度が開かないため、体幹部のつぶれや腹部の圧迫は解消されない。

(3) リクライニング・ティルト式

リクライニングとティルトの両方の機能を兼ね備えたタイプ。体圧分散が得られ腹部の圧迫も軽減される。

従来式リクライニングやオフセット式リクライニングとの組み合わせでは、身体のずれや骨盤のすべりが生じることに変わりはないが、ティルトとの兼用によって、そのリスクは軽減される。

新方式リクライニングとの組み合わせでは、ティルトと新方式リクライニングのどちらを使っても身体のずれは生じず、介助者の誤操作による影響を受けない。また新方式リクライニングとの組み合わせでは、坐骨部が滑りにくいため、下腿部を下げた形の「前傾前受け」の姿勢をとることも可能となる。

(4) ダブルリクライニング式

新方式リクライニングとオフセット式リクライニングの両方の機能を兼ね備えたタイプ。身体のずれを最小限にしつつ、臥位に近い休息姿勢をとれ、腹部を十分に広げることができる。簡易的な側臥位やオムツ交換も可能となる。

近年に開発され登場してきたタイプであり、従来「リクライニング・ティルト式」を「ダブルリクライニング式」と呼称してきたこともあるので、機能的差異に注意して呼称する必要がある。

1.1.4 前傾前受け型

呼吸や嚥下に問題がある場合、下肢や頭頸部に過緊張がある場合、作業的な姿勢をつくりたい場合には、シート〔座面〕を前傾させたり、シートの前を下げるなど体幹を前傾させ、前方からのサポートをつくる「前傾前受け型」の姿勢が有効となる。

呼吸や嚥下に問題がある場合には、後傾姿勢では重力の影響で舌根沈下や気道狭窄を引き起こす。腹臥位や前傾前受けの姿勢にすると、逆に重力の影響で舌や下顎が前方に出て、気道が確保される。唾液による誤嚥を防止したり、排痰や呼吸の改善にも効果がある。

頭頸部や下肢に過緊張がある場合、前傾前受けで膝関節を屈曲した姿勢をとると伸展緊張が緩和され、重力の影響で頭頸部の過緊張も軽減される。また作業的な姿勢をとりたい場合には、胸受けなどの前受けサポート部分をしっかりつくったうえで、シート前方を下げて脊柱を伸展しやすい姿勢にすることで、上肢の操作性を高められる。いずれの場合にも、身体の状態を確認しながら時間を区切って姿勢変換を取り入れる。

フレームの構造としては、決まった角度で固定して使用する場合と、ティルトやリクライニングと組み合わせて角度を調整しながら使用する場合とがある。

1.1.5 昇降型

シート〔座面〕の高さを使用場面や使用状況に応じて変更できるタイプのフレームである。和室や洋室などの生活環境に合わせて高さを変更する場合や、全介助の場合に、食事や移乗・オムツ交換などの場面で、介助のしやすさや介助者の身長の違いに応じてシートの高さを変更する。電動車椅子の場合には、昇降機能がついていることによって、自力移乗が可能となったり、自力で行動できる生活空間が広がる効果がある。

椅子、車椅子、電動車椅子のいずれのフレームでも、「いざり」動作が可能な使用者の場合は、床面までぎりぎりにシートを下げることによって自力での移乗が可能となる。

昇降機能のあるフレームとしては、メカニカル・ロックやガススプリングなどを使った手動式のフレームとアクチュエータを使った電動式のフレームがある。

昇降機構は単独でフレーム構造となるわけではなく、必ず他のフレーム機能と合わせて検討する。

1.1.6 フレックス構造

筋緊張が強い場合に、伸展緊張を緩和する目

的で構造フレームにフレキシブルにたわむ機能を取り入れることがある。例えば、熱可塑性の樹脂を重ねたり、バネを使用したりして、身体が反り返った際に頭頸部や体幹上部、足部などをたわむ構造とし、緊張が収まるにつれて元の姿勢に戻れるようにするといった工夫である。

1.1.7 構造フレームに車椅子・電動車椅子を使用する場合の留意点

座位保持装置の構造フレームに車椅子や電動車椅子を使用する場合に、フレーム設計上、気をつけるべき点についてまとめておく。

まず共通していえるのは、シート〔座面〕の前座高・奥行きやバックサポート〔背もたれ〕高、フットサポート〔足台〕、アームサポート〔アームレスト〕の高さなどは、背と座のクッションの厚みや幅を計算に入れたうえで決定することを忘れてはならないという点である。またフレームの折りたたみが必要な場合は、座位保持クッション部分の脱着が必要となる場合が大部分で、スムーズに脱着できるような工夫がいる。

(1) 自走用の場合

上肢による車椅子操作がしやすいように、また操作を妨げないように留意する。

車軸位置は通常背座の原点位置の下方に設定する場合が多いが、バックサポートパイプの内側に板ベースのモールド型のバックサポートを載せた場合など、バックサポートに厚みがある場合、その厚み分だけ原点より「前出し」する必要がある。

座位保持クッションを載せる必要上、シート幅は通常より広くとるが、シート幅が広すぎるとハンドリムに手が届きにくくなる。この場合、車輪にキャンバ角をつけるとタイヤ位置を近づけることができる。

(2) 介助用の場合

座位保持装置を必要とする人の多くはハムストリングスの短縮傾向が見られるため、フットサポートの位置を膝直下または内側にセットする必要がある。そのうえで前輪との干渉を避けるためには、全体の車高を上げるか、キャスタケースを外出しするなどの工夫を必要とする。また足部の底屈・背屈・内反・外反などの拘縮・変形に対応するため、角度可変のフットプレートや中央に隙間の開かない一枚式フットプレート、フットサポートのクッション張りなどの工夫が必要となる。

(3) 電動の場合

ジョイスティックによる操作がしやすいように、また操作を妨げないように留意する。姿勢を正中位に近く保持しつつ、ジョイスティックの操作を妨げない姿位を選択すること、操作側のアームサポートの高さ、長さ、幅、クッション性などへの注意が必要である。リクライニングやティルト機能をもったフレームの場合、休息の自立を図るためには電動式の姿勢変換機能を選択することが望ましいのだが、起き上がるときにジョイスティックから手が離れないように肘関節位置を固定する工夫がいる。

1.2 身体支持部の種類と機能

座位保持装置の制度における支持部は、身体部位区分により分けられた身体部位を支えるものである（図表4-2～4-4）。本項では座位保持装置の制度で定義されていることを提示する。

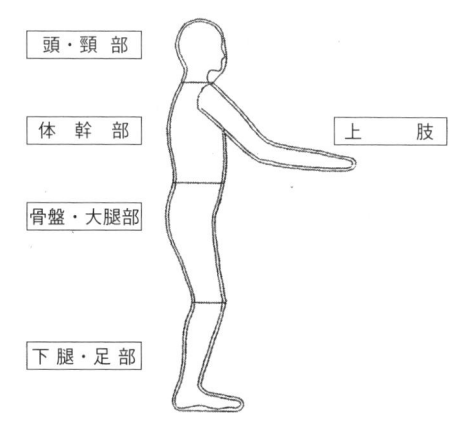

図表 4-2 座位保持装置の採寸・採型に係る身体部位区分

図表 4-4 支持部の構造の違い

	定　義	メリット	デメリット
平面形状型	・平面形状のバックサポート〔背もたれ〕・シート〔座面〕にビス・ボルトなどでパットを固定したもの	・パーツが分割されているので成長対応、修理・交換が比較的容易	・姿勢変換が困難 ・支持面に連続性をもたせにくい（実際には連続性をもたせた製作が多い） ・パッドなどによる固定力が強すぎると疲労や体幹の崩れが見えにくい ・姿勢が型にはまりやすい
モールド型	・ウレタンフォームなどを身体形状に合わせ、三次元的に成形したもの	・体型に合わせて連続した広い支持面がとれる ・高度側彎などに高い適合性が得られる ・体圧分散できる	・状況（成長、衣服の厚さ、変形の進行）の変化への対応がやや困難（修正が難しい） ・通気性がよくない（暑さ、蒸れ） ・体積が大きく、かさばる（収納性が悪い） ・ウレタンの場合へたりがおきる ・移乗がしにくい
シート張り調節型	・バックサポート〔背もたれ〕・シート〔座面〕に張り調整可能なスリング、必要に応じてインナーパットで構成される	・スリングベルトの形状により矢状面に細かく対応できる ・比較的通気性がよい ・モールド型に比べ、薄く、軽量化が可能 ・状況（成長、衣服の厚さ、変形の進行）の変化への対応が容易（調整がしやすい） ※調整のしやすさがデメリットとなる場合がある	・バックサポート〔背もたれ〕のリクライニング角を起こしたとき、スリングへの加重が減少し、インナーの支持力が低下する ・凹面への対応が必要 ・高度な変形（強い非対称）への適合性が低い ・圧がかかる場合シートクッションが薄いと十分な除圧ができないことがあるので注意が必要

支持部とは以下に区分される。

1.2.1 バックサポート〔背もたれ〕・シート〔座面〕

(1) 平面形状型

平面形状型とは採寸で製作されるもので、平面を主体として構成された支持面をもち、各種付属品を組み合わせて姿勢を保持する機能を有するものである（図表 4-5）。

(2) シート張り調節型

シート張り調節型とは支持面のシートまたは複数のベルトによるたわみによって身体形状や変形に対応し、姿勢を保持する機能を有するものである（図表 4-6）。

(3) モールド型

モールド型の支持部とは基本的には採型で製作されるもので、身体の形状に合わせた三次曲面で構成された支持面をもち、各種付属品を組

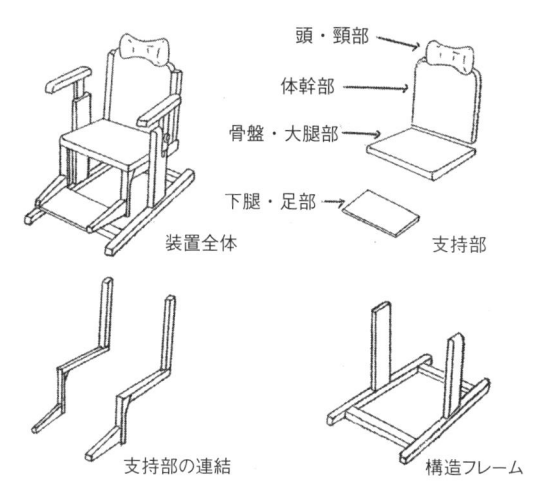

図表 4-3 座位保持装置の構成概念図

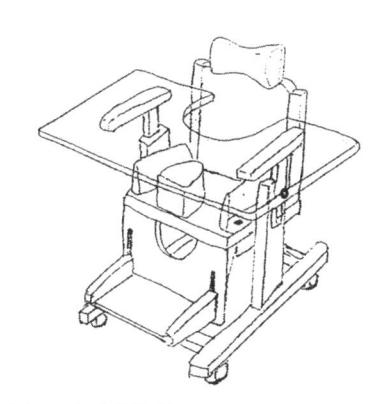

図表 4-5 平面形状型の例

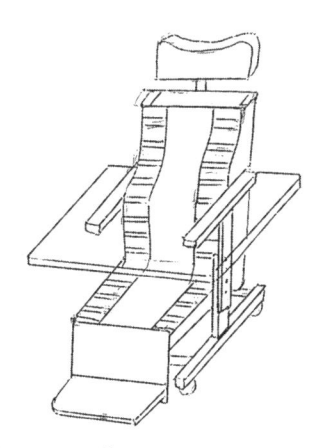

図表 4-6 シート張り調節型の例

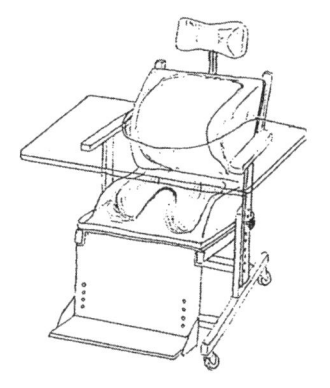

図表 4-7 モールド型の例

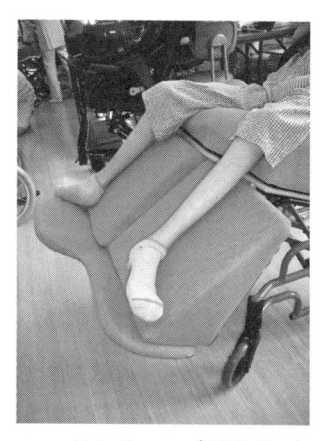

図表 4-8 レッグサポート〔下腿支え〕

み合わせて姿勢を保持する機能を有するものである（図表 4-7）。

1.2.2 ヘッドサポート〔頭部支え〕

頭部から頸部を支えるもの。採寸、採型で製作されるものと完成用部品を使用するものがある。形状としては平面型（後方）、R型（後方＋側方）、ネック型（後方＋側方＋下方）などに大きく分けられる。継手（完成用部品を含む）やマジックテープなどでバックサポート〔背もたれ〕に取り付ける。

1.2.3 レッグサポート〔下腿支え〕

下腿部を保持するもの。クッションや布地などでつくられる。下腿の引き込みの防止やリクライニング、ティルト時の支えとして使用される。固定型と角度可変型がある（図表 4-8）。

1.2.4 フットサポート〔足台〕

足部を支えるもの。左右一体のものと分割式のものに分けられ、角度調整、前後調整、開閉、脱着などの機能を付ける場合がある。

1.3 その他の付属品

支持部だけでは目的の機能を果たさない場合に使用することにより、座位保持装置の制度で定義されている身体部位の支持を補うものである。

1.3.1 テーブル部〔カットアウトテーブル〕

作業や上肢、体幹の支持に使用される。素材は木製、アクリル製、クッション製などがあり、物が落ちないように縁を付けることがある。通常、アームサポート〔アームレスト〕に載せて使用される。腕の支持を広くするため、あるいは腕がテーブルの下に落ち込まないようにカットアウトすることが多い。

大きなものを載せるときは独立型のテーブルとなるが、補装具の基準では認められていない。テーブルの付属品として肘パッド、縦・横型グリップがある。また、胸受けロール、肘受けロール、あご受けなどをテーブルに置いて使用することがある（図表4-9）。

図表 4-9　テーブル部〔カットアウトテーブル〕

1.3.2 前受けクッション（テーブル付属品）

排唾、誤嚥防止のために前傾位にするときの支持に使用することが多い。頭部の支持を補助するためにあご受けを付ける場合もある（図表4-10）。

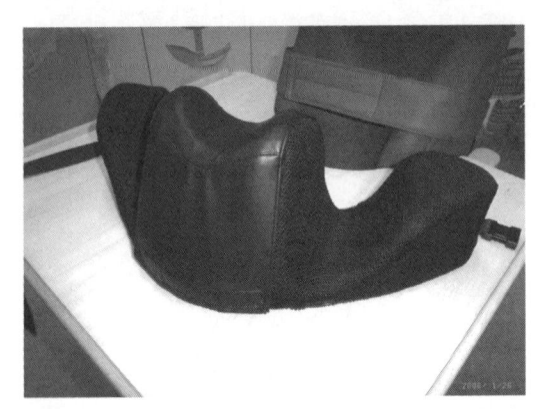

図表 4-10　前受けクッション（テーブル付属品）

1.3.3 高さ調整台

座位保持装置の高さを変えたい場合に使用する。通常、座位保持装置本体フレームと高さ調整台が簡単に分離するような構造となっている（図表4-11）。

1.3.4 その他付属品（図表4-12、4-13）

図表 4-11　高さ調整台

1. 座位保持装置

図表 4-12　付属品の例（1）

名　称	種　類（番号は図表 4-13 に対応）	機　能
上肢保持部品	1．アームレスト 2．肘パッド 3．縦型グリップ 4．横型グリップ	上肢の支持 肩甲帯のリトラクション抑制、不随意運動の抑制 手の不随意運動の抑制、体幹の正中保持 同　上
体幹保持部分	5．肩パッド 6．胸パッド 7．胸受けロール 8．体幹パッド 9．腰部パッド	肩の挙上防止、肩甲帯のリトラクション抑制 体幹の前傾防止 同　上 体幹の横ずれ防止 腰椎の支持
骨盤保持部品	10．骨盤パッド 11．臀部パッド	骨盤の固定 臀部の後ろずれ防止
下肢保持部品	12．内転防止パッド 13．外転防止パッド 14．膝パッド 15．下腿保持パッド 16．足部保持パッド	股関節の内転防止 股関節の外転防止 前ずれ防止、膝の伸展防止、骨盤の固定 下腿の交差防止 足部の保持
ベルト部品	腕ベルト 17．手首ベルト 18．肩ベルト 19．胸ベルト 20．骨盤ベルト 21．股ベルト 22．大腿ベルト 膝ベルト 23．下腿ベルト 24．足首ベルト	手の不随意運動の抑制、体幹の正中保持 同　上 体幹の正中保持、前傾防止 体幹の前傾防止 骨盤の保持 骨盤の前ずれ防止 大腿部の保持 前ずれ防止、膝の伸展防止、骨盤の固定 下腿部の保持 膝の伸展防止、足の横ずれ防止

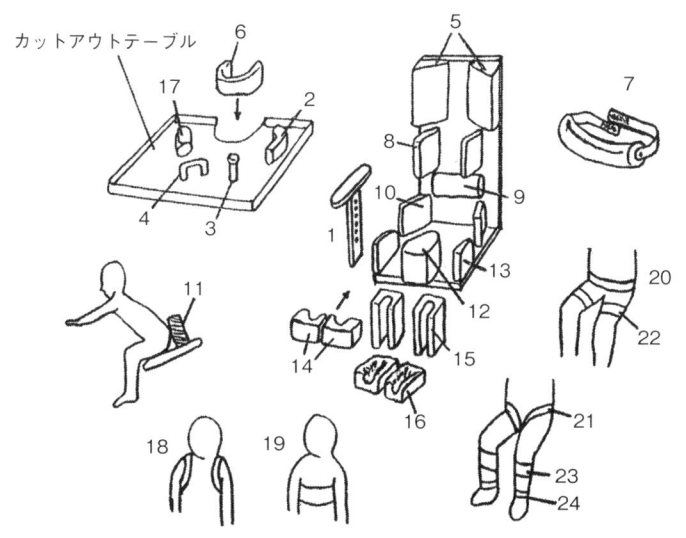

図表 4-13　付属品の例（2）

2. 車椅子

車椅子は身体支持部、フレーム、駆動部、車輪で構成される。その駆動方法や構造にはいくつかの種類があり、それぞれの機能と合わせて紹介する。また、車椅子を合理的にデザインするための一助となるよう、車輪の力学および車椅子走行と駆動の力学について解説する。

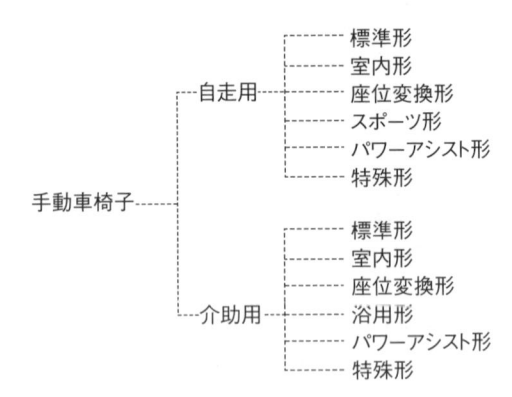

```
                   ┌─ 標準形
                   ├─ 室内形
           ┌─自走用─┼─ 座位変換形
           │       ├─ スポーツ形
           │       ├─ パワーアシスト形
           │       └─ 特殊形
手動車椅子──┤
           │       ┌─ 標準形
           │       ├─ 室内形
           │       ├─ 座位変換形
           └─介助用─┼─ 浴用形
                   ├─ パワーアシスト形
                   └─ 特殊形
```

図表 4-14 JIS T 9201：2016 による車椅子の分類

2.1 種類（分類）と機能

2.1.1 駆動方法

車椅子は駆動方法でみると、使用者自身で駆動する「自走用車椅子」と、介助者が操作する「介助用車椅子」に大別される（図表 4-14、4-15）。JIS の分類による定義のうえでの自走用と介助用の構造上の違いは、自走用の後輪は大径車輪でハンドリムがついており、介助用の後輪は中径車輪以上のものを使いハンドリムは取り付けないことである。前輪はどちらもキャスタである。ここで大径車輪は 18 インチ以上、中径車輪は 12 インチ以上 18 インチ未満の車輪を指す。

自走用の駆動方法には、両上肢駆動によるもの、片手駆動によるもの、片手片足駆動によるもの、そして足（下肢）駆動によるものがある。

(1) 自走用（図表4-16）

図表 4-16 に示したのは一般的に使用される自走用車椅子の一例で、前輪がキャスタ、後輪が大径車輪の 4 輪構造である。後輪は通常、バックサポートパイプの延長上に取り付けられ、駆動用に取り付けられたハンドリムを両上肢によって操作して駆動する。このように上肢で駆動することを目的とした車輪を特に「駆動輪」と呼ぶ。

駆動輪の位置や大きさは直接、駆動操作に影響を及ぼし、バックサポートの高さや角度の影響も含め、重要な要素となる。

(2) 介助用（図表4-17）

図表 4-17 は一般的に使用される介助用車椅子の一例で、前輪がキャスタ、後輪が中径車輪以上の 4 輪構造である。後輪には駆動用のハンドリムはついていない。このような車輪は「主輪」と呼ぶ。小児用あるいは用途によっては、主輪に小径車輪（12 インチ未満）が使われる場合もある。

主に介助者が操作するため、手押しハンドルの高さや形状に配慮が必要である。また、ブレーキは一般的な駐車ブレーキのほか、足踏み式や制動ブレーキを備えてあることが多い。

(3) 片手駆動式（図表4-18、4-19）

片手駆動式車椅子は、車椅子の駆動機構を工夫して片手のみで駆動と方向転換が可能な車椅子であり、自走用標準形の車椅子を片手片足で操作する場合は特に機構上の工夫は必要ない。現在、片手駆動式車椅子として流通しているのは、片側の駆動輪にハンドリムを 2 本つけた片手駆動式（図表 4-18）と、駆動用のレバーを 1

図表 4-15　車椅子形式分類の定義（出所：JIS T 9201：2016 を改変引用）

用　　語	定　　義
自走用	使用者自らが駆動・操作して使用することを主目的とした車椅子。
自走用標準形	一般的に用いられる自走用車椅子で、後輪にハンドリムを装備し、バックサポートの種類は固定式、着脱式、折りたたみ式およびそれらと同等の方式であり、特別な座位保持具はつかず、任意にバックサポート角度が変えられないもので、前輪はキャスタ、後輪は大径車輪の4輪で構成したもの。日常生活用で特殊な使用目的のものは除く。また、モジュラー式車椅子を含み、各部の調節、脱着およびフレームの折りたたみ式は限定しない。
自走用室内形	室内での使用を主目的とした自走用車椅子でハンドリム駆動方式のもの。特別な座位保持具、姿勢変換機能はつかず、車輪数、車輪サイズ、各部の調節、脱着、フレームの折りたたみ方式は限定しない。
自走用座位変換形	座位の位置や姿勢変換を主目的とした車椅子で、身体支持部のティルト機構、リクライニング機構、昇降機構、旋回機構、スタンドアップ機構などを組み込んだ自走用車椅子。
自走用スポーツ形	各種のスポーツのために特別に工夫したスポーツ専用の車椅子。レース用、テニス用、バスケットボール用、スラローム用およびレジャー用などを含む。
自走用パワーアシスト形	自走用標準形車椅子にパワーアシストがついた自走用車椅子で後輪ハンドリム駆動方式のもの。モジュラー式車椅子を含み、各部の調節、脱着およびフレームの折りたたみ方式は限定しない。
自走用特殊形	特殊な駆動方式や特別な用途の自走用車椅子。自走用標準形、自走用座位変換形、自走用パワーアシスト形、自走用室内形および自走用スポーツ形以外の自走用車椅子をすべて含む。
介助用	使用者自らは駆動せず、介助者が操作することを主目的とした車椅子。
介助用標準形	一般的に用いられる介助用車椅子で、特別な座位保持具やハンドリムはなく、バックサポートの種類は固定式、着脱式、折りたたみ式およびそれらと同等の方式であり、任意にバックサポート角度が変えられないもので、前輪はキャスタ、後輪は中径車輪以上で構成したもの。シートベルトを装備しているものもある
介助用室内形	室内での使用を主目的とした介助用車椅子。車輪数、車輪サイズ、各部の調整、調節、脱着、折りたたみ式は限定しない。
介助用座位変換形	座位保持や姿勢変換を目的とした介助用車椅子で、姿勢を保持しているのが困難な使用者のために、個々に合わせて体幹を保持するパッド、シートなどや身体支持部のリクライニング機構、ティルト機構、昇降機構、旋回機構、スタンドアップ機構などを備えた車椅子。
介助用浴用形	浴室内での使用を目的とした介助用車椅子で、さびない工夫などを施したもの。トイレでの使用や、便器のセットが可能なものも含む。
介助用パワーアシスト形	パワーアシストがついた介助用標準形車椅子。各部の調整、調節、脱着、フレームの折りたたみ式などは限定しない。
介助用特殊形	特別な使用を目的とした介助用車椅子で、介助用標準形、介助用座位変換形、介助用パワーアシスト形、介助用室内形、介助用浴用形以外のすべての介助用車椅子を含み、携帯用、運搬用およびバギーなどを含む。

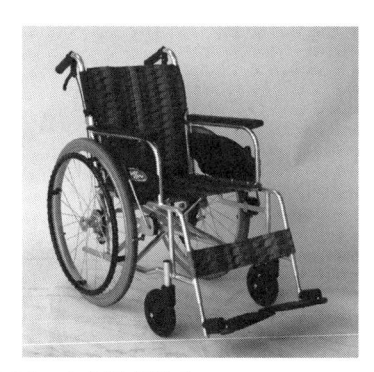

図表 4-16　自走用車椅子

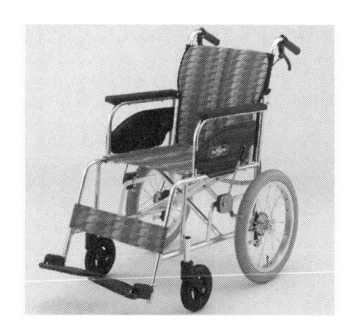

図表 4-17　介助用車椅子

第4章 用具の種類と機能

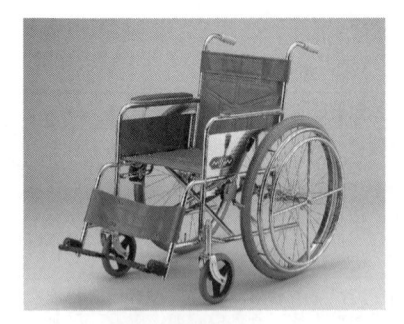

図表 4-18 片手駆動式車椅子

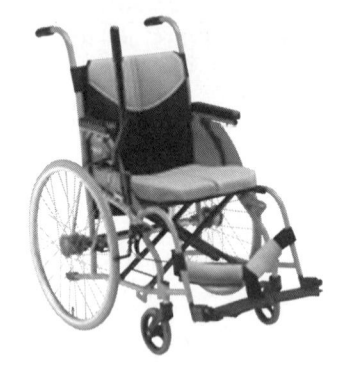

図表 4-19 片手レバー駆動式車椅子

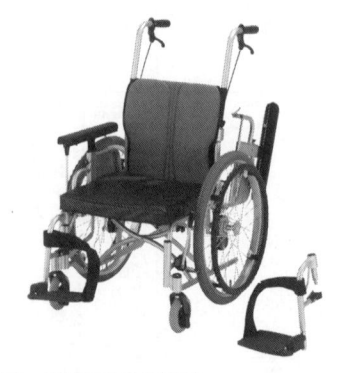

図表 4-20 低座面形車椅子

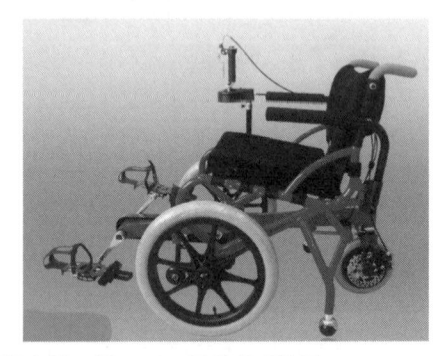

図表 4-21 足ペダル駆動式車椅子

本取り付けたレバー駆動式（図表4-19）である。

一般にハンドリムは駆動輪のリムにねじ止めされているが、片手駆動式ではそのハンドリムに加え、外径がひとまわり小さいハンドリムを車輪ハブの中を通して反対側の駆動輪軸に接続するように取り付けてある。この外側のハンドリムを回すと反対側の駆動輪を回すことになるので、例えば右側の駆動輪に取り付けてある場合、前に回すと左の駆動輪を前に回して車椅子が右に曲がる。両方同時に握って回すと直進できる。

レバー駆動式は1本のレバーを車椅子フレームの左右どちらかに取り付け、リンク機構とワンウェイクラッチを組み合わせて左右の駆動輪に接続し、レバーの角度や漕ぐ方向を調整することで左右の駆動輪回転数を調整できるようになっている。

(4) 足駆動式（図表4-20、4-21）

足駆動式車椅子は足だけで駆動する車椅子であるが、一般的にフット・レッグサポートがない形式のものをそう呼んでいた。最近ではフット・レッグサポートを着脱式にして、足駆動しやすいようにシート高を低く設定した低座面形（図表4-20）が主流になってきた。シート高は下腿の長さを考慮して決めるが、足を後方にけり出したとき、足部が折りたたみフレームやキャスタに当たりにくい工夫が盛り込んである。ブレーキは片麻痺者でも操作しやすいよう、麻痺側のレバーを長くしたものや片側を操作すると両側のブレーキがかかるようにしたものもある。

また、新しい駆動方式として自転車のような足漕ぎペダルを備え、片麻痺者のように片側の足しか動かせなくても上肢による舵取り機構と合わせて駆動操作できる車椅子（図表4-21）

2.1.2 駆動輪位置

車椅子の駆動輪位置は、走行特性や駆動操作性、移乗しやすさに影響を及ぼす。例えば左右の駆動輪を同じ量だけ逆向きに回すと、車椅子を最も小さい旋回半径で旋回させることができる。このとき、左右の駆動輪接地点を結んだ線の中心が旋回の中心点になるため、旋回中心から最も遠いところにあるフレーム部分までの距離が最小旋回半径となる（図表4-22）。駆動輪の位置によってこの距離は変わってくるため、旋回半径の大小に影響を及ぼすことが理解できるであろう。

一般的な車椅子は、前輪がキャスタ、後輪が駆動輪の4輪構造で、後輪駆動式である。これに対して駆動輪が前方で後輪がキャスタの前輪駆動式と、駆動輪が前後方向の中ほどにあって前後にキャスタを備える6輪構造の中輪駆動式がある。

(1) 前輪駆動式（図表4-23）

前方が大径車輪で段差などの乗り越え性能が高く、屋外用のトラベラー形と呼ばれていた。走行は前輪が誘導するような動きであり、旋回は身体よりも前方にある点を中心に回るため使用者の身体が左右に振られるような動きになる。このような特性から普及台数は少ないが、上肢の可動域に制限があり前方の駆動輪しか操作できない場合は有効な駆動方式である。ただし、シート前方に大径車輪があるため、移乗時には制限となる。

(2) 後輪駆動式

駆動輪はバックサポートパイプの延長上に取り付けられるため、車椅子に座った状態で駆動輪の中心は肩関節より後ろになることが多い。この状況は駆動範囲が狭くなり駆動操作性を悪くする要因になる。駆動操作性を高める工夫として、駆動輪軸をバックサポートパイプより前方に取り付けることがあるが（図表4-24）、後方転倒の危険性が増すため注意が必要である。

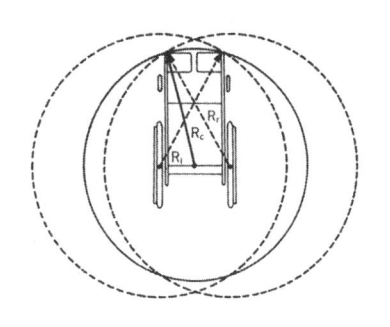

図表4-22 旋回半径（出所：『車いす』）

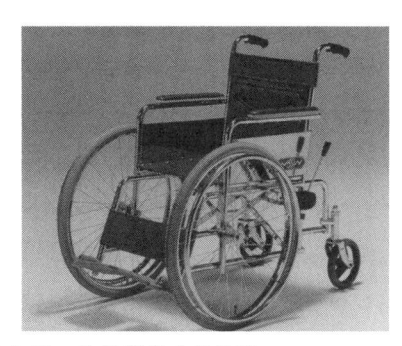

図表4-23 前輪駆動式車椅子

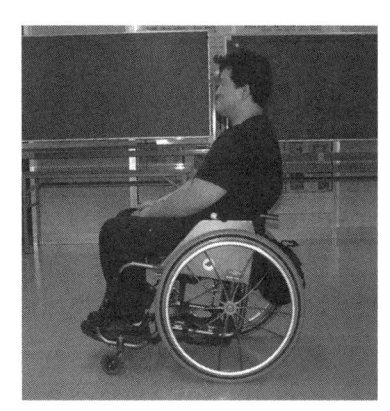

図表4-24 後輪駆動式車椅子で車軸前出しにした場合

(3) 中輪駆動式（図表4-25）

駆動輪が前後方向の中央にあり、通常の前輪キャスタに加え後方にもキャスタを備えた6輪車の構成になる。駆動輪が重心の落ちる位置付近まで前方になるため、キャスタにかかる荷重負担が減ることで転がり抵抗が小さくなる。また、旋回半径も小さくなり、ハンドリムを駆動

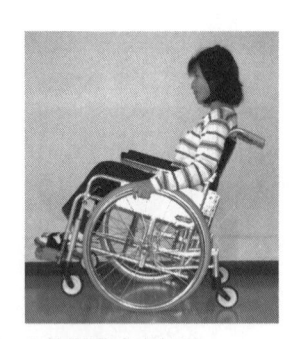

図表 4-25　中輪駆動式車椅子

する範囲も拡大して駆動操作の面でも有利になる。これらのことから中輪駆動式は屋内環境に有利な車椅子である。後輪のキャスタは後方転倒防止の目的であるが、そのままでは段差を乗り越えることができないため、リンク機構とガススプリングにより前輪挙上の補助機構が組み込まれている。

2.1.3　フレーム構造

(1)　折りたたみ機構

車椅子の主フレームには、乗用車積み込みなどの運搬時や保管時に折りたためるようになっている折りたたみ式（図表4-26）と、折りたたむことのできない固定式（図表4-27）とがある。

一般的な折りたたみ機構は、図表4-28に示すような折りたたみフレームをシートフレームと兼用で組み込むことで幅を小さくする構造になっている。折りたたみフレームにはクロスブレースが2組のダブルブレース式と1組のシングルブレース式があるが、ダブルブレース式のほうが固定力が大きい。座位保持のための特別な機構や部品が組み込まれたものには、車椅子を前後方向に折りたたむ形式（図表4-29）が使われている。

固定式のフレームでもバックサポートが前方に折りたため、フット・レッグサポートや駆動輪が工具なしで着脱できるものは小さく分解することができるため（図表4-30）、手数はかかるが車載スペースは小さくできる。

車椅子駆動時にフレームがゆがむと人が出し

図表 4-26　折りたたみ式車椅子；折りたたんだ状態

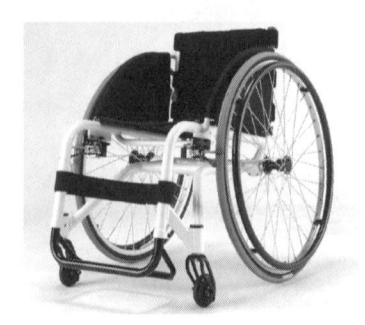

図表 4-27　固定式フレーム

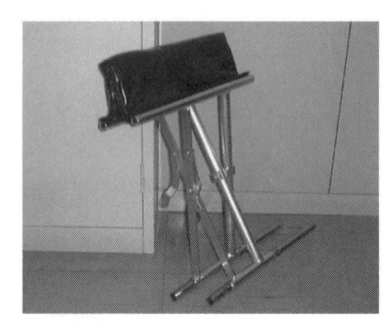

図表 4-28　折りたたみフレーム

た駆動力が吸収され、力の伝達効率が悪くなる。したがって、固定式フレームのほうが駆動力のロスが少なく楽に駆動することができる。折りたたみフレームであっても、固定力が大きいものほど固定式フレームに近い特性が出せる。一方、床や路面の凹凸にはフレームがゆがんだほうが追従しやすく、固定式フレームでは

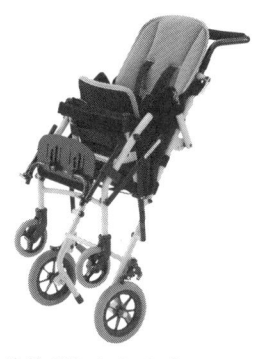

図表 4-29　前後折りたたみ式

図表 4-30　固定式フレームの収納

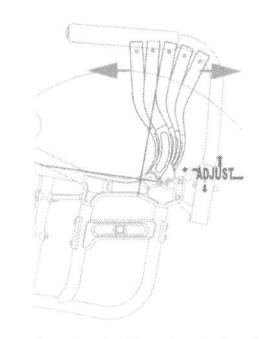

図表 4-31　バックサポートパイプの角度調節機構

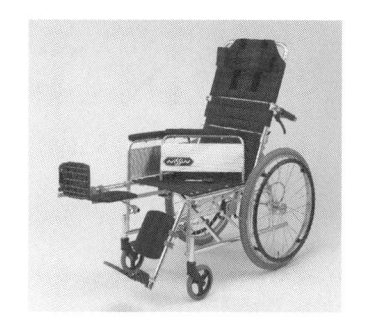

図表 4-32　リクライニング式車椅子

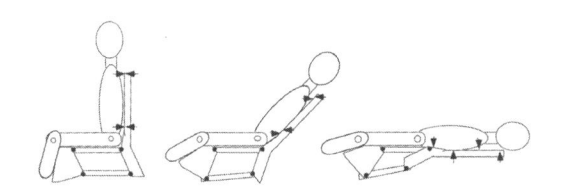

図表 4-33　リクライニング時のずれ（出所：*Wheelchair Selection and Configuration*）

4輪接地ができないことも起こる。これらのフレームによる特性は、使用者の環境や好みによって選択すればよい。

(2) 姿勢変換機構

車椅子の座席（身体支持部）はシートとバックサポートで構成されるが、通常この2つの間の角度（バックサポート角度*）は固定されており、車椅子上で姿勢変換するには身体をずらして対応するしかない。以下に示す姿勢変換機構とは別に、バックサポート角度を微調整できる機構（図表 4-31）を備えた車椅子もある。これらの車椅子は後方に重心が動く構造のものがほとんどであるためホイールベースが大きくなり、車椅子の全長が大きくなるため屋内での取り回しが不利になることがある。

(a) リクライニング式（図表4-32）

リクライニング機構はバックサポートの角度が工具を使わず可変できるもので、通常、バックサポートとシートサイドパイプの交点付近に回転軸が設けられる。このバックサポートの回転軸と人体の仮想回転軸は一致しないことが多く、リクライニング時に身体とバックサポート面にずれが生じる（図表 4-33）。特に起き上がり時はバックサポートが身体を下方向に押しつけるような状況になり、シート前面の圧力が高まることがある。このような問題を軽減するために、リクライニングの回転軸をシート前面よ

* バックサポート角度は、通称「座背角度」や「背座角度」などと呼ばれている。

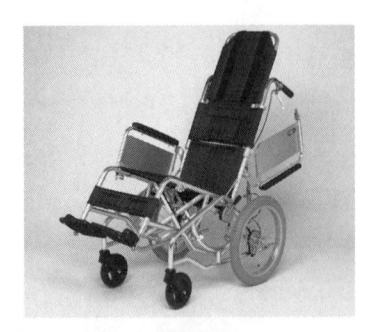

図表 4-34　ティルト式車椅子

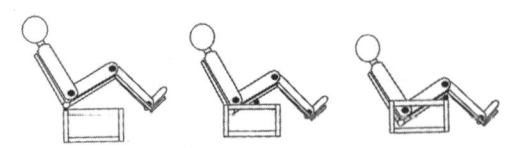

図表 4-35　ティルト回転軸による動きの違い
（出所：図表4-33に同じ）

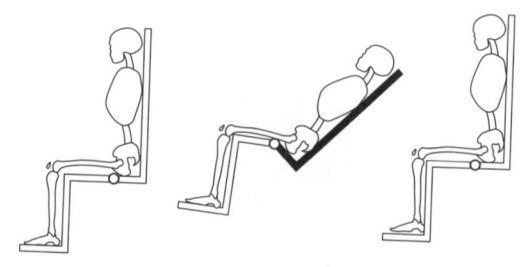

図表 4-36　新しいティルト機構

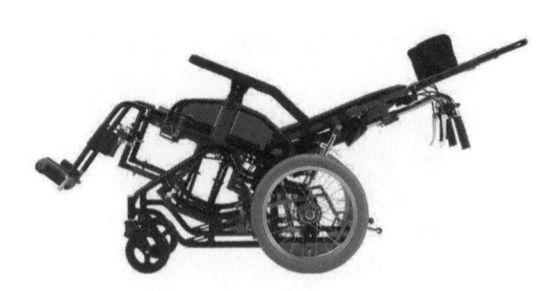

図表 4-37　ティルト・リクライニング式車椅子

り上にしたりバックサポート前面より前に出したりという対応策が必要である。

(b)　ティルト式（図表4-34）

　ティルト機構はシートとバックサポートとの角度を変えないで、工具を使わず座席一体で角度可変ができるものである。ティルトしても身体とバックサポートがずれることはない。ティルトの回転軸はシート前方、シート中央、シート後方のどこにでも設定できるが、回転軸の位置（図表4-35）で性格が変わる。

　軸が前方の場合、膝付近の高さがあまり変化しないので環境との適合性がよい。しかし体重のほとんどが座席にかかるため、ティルト操作に力が必要になる。軸が後方の場合はティルト操作によって膝の高さが大きく変化する。後ろに倒す際に大きな力を必要とするが、構造上、座席下部の制約が少なく車椅子フレームの設計が容易で折りたたみ機構も組み込みやすい。軸が中央の場合は前方と後方の中庸の性格となる。ティルト機構はその操作によって身体とバックサポートがずれることはないが、どんなに姿勢変換しても股関節の角度は変わらないため、常に腹部に圧力がかかった状態になる。

　近年、リクライニング機構とティルト機構の中間的な構造で、両者の欠点を補った新しいティルト機構（図表4-36）が開発された。骨盤から上部が全体的にティルトする構造のため、背とバックサポートがずれることはない。

(c)　ティルト・リクライニング式（図表4-37）

　リクライニング機構とティルト機構の両方を備えた車椅子。両方の特徴を合わせもつので姿勢変換の自由度が高くさまざまな身体状況に対応できる。ただし、それぞれの機構に角度決定（設定）用の機械部品が必要となり、その構造上、全体の重量は大きくならざるを得ない。また、折りたたみ機構を組み込むための工夫と、組み立てたフレームの剛性を保つ工夫が必要である。

2.1.4　製造方法

　車椅子の製造方法で分類すると、概ね、「レディーメイド」「オーダーメイド」「モジュラー式」の3つに分類できる。

(1)　レディーメイド

　既製品として同一機種に数種類のサイズ設定がなされて製造され、流通する車椅子である。

各部の角度や車輪の位置などは調整できないものがほとんどである。使用者の身体状況や身体寸法、使用目的に応じて選択することになるが、きめ細かな適合は望めない。最近のレディーメイド車椅子には設定サイズを豊富に用意しているメーカーもあり、選びやすくなってきた。

(2) オーダーメイド

日本で古くから取り入れられていた製造概念である。一人ひとりの身体寸法に合わせて車椅子の寸法を決め、座位保持能力に合わせてバックサポートの角度や高さを決め、そして移乗能力に合わせてシート高やアームサポートの形状を決める。また、個人の好みに応じてフレームパイプの太さや曲げ方、各部品の形状までオーダーする場合もある。

障害が重度で身体変形が重度の場合は、オーダーメイドでなくては対応できないことが多い。また、完成後は各部の調整ができないため、その処方に携わる人には豊富な知識と経験および高い技術が必要である。

(3) モジュラー式

あらかじめ数種類の寸法のフレームや機能の異なる部品をつくっておき、受注後に処方内容に応じて組み立てる方式の車椅子。また、規格だけを決めておいて、受注後に指定された規格どおりのフレームをつくって組み立てる方式もモジュラー式に含まれると考えている。

車輪の大きさや取付位置は工具を使って簡単に変更できるものがほとんどで、その場合、車輪の組替えによってシート高や角度も調整できる。バックサポートやアームサポートの高さと角度を調整できる機構部品が用意されている機種もある。モジュラー式車椅子が日本に流通しはじめてから、これらの調節機構に加え、バックサポートやシートの張り具合をベルトなどで調整できるものが増えてきた。

「モジュラー式車椅子」と一口にいっても、そのフレーム寸法のバリエーションや選択・調整可能な部位と種類はそれぞれの機種によって大きく異なる。JIS T 0102-1998に定義されているモジュラー式車椅子を図表4-38に示しておくが、あくまでも一例である。

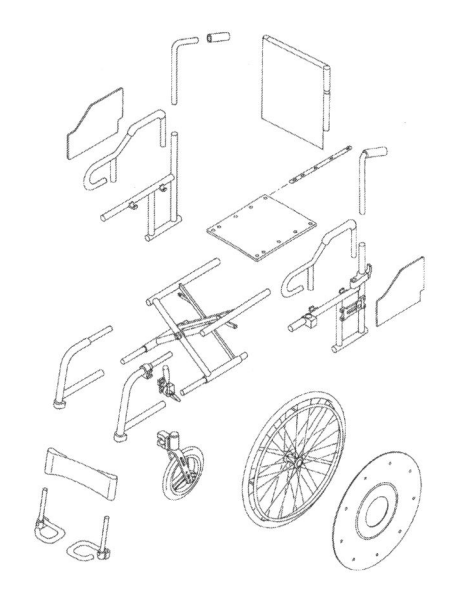

図表4-38　モジュラー式車椅子の例

2.1.5　その他の構造

車椅子はこれまで述べてきた種類以外に、特殊な姿勢変換機構を備えたものがいくつか流通している。それらのうち、座面昇降式車椅子、スタンドアップ式車椅子、シャワー用車椅子について以下に説明する。

(1) 座面昇降式（図表4-39）

手動式の座面昇降機構は主に、日常の車椅子座面高から床までを昇降する目的でつくられたものである。これは畳の部屋をはじめとする、床に直接座ったり寝たりする日本独自の生活様式にとって有効な機構である。椅子座位による日常生活上の高さにおいては若干のシート高調節機構としても利用でき、環境適合しやすい。昇降動作は、フレームに組み込まれたリンク機構やレールスライド機構などと体重を補完するためのバネの反力（一般的にはガススプリングの反力）に、使用者の上肢の力を加えて行う。

(2) スタンドアップ式（図表4-40）

座位から立位、立位から座位へと姿勢変換の

第4章　用具の種類と機能

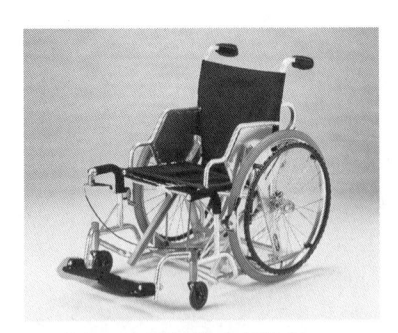

図表4-39（a）　座面昇降式車椅子

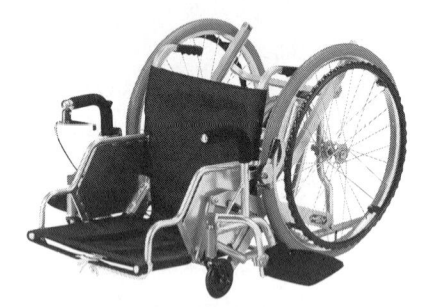

図表4-39（b）　座面昇降式車椅子；座面を下ろしたところ

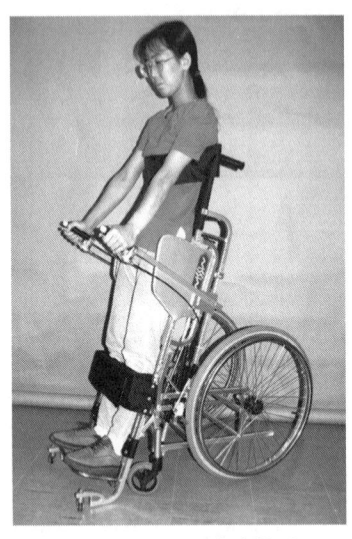

図表4-40　スタンドアップ式車椅子

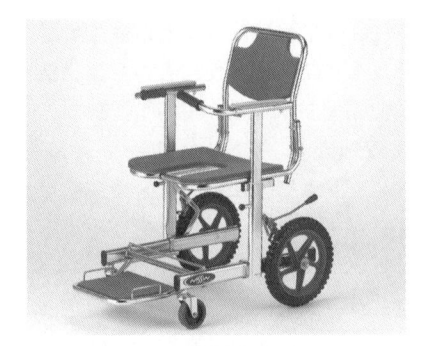

図表4-41　シャワー用車椅子

のフレームが連動して立ち上がる機構になっている。上肢の力を利用してシートにかかる体重を軽くすることでバネの反力によりシートフレームを押し上げたり、シート上面とバックサポート前面の間の角度を押し広げるように力を加えることで立ち上がったりするものがある。

立位を保持するために膝パッドと胸ベルトが必要であり、膝パッドの位置や形状などは重要な要素である。また、座位での使用中はシートクッションを使用するが、立位になったときにそのクッションの厚さも考慮しなくてはならない。

(3)　シャワー用（図表4-41）

浴室で使用するための車椅子で、車椅子に乗ったままシャワーを浴びることができる。背中を洗いやすいように前方からの支えが付いているものや、バックサポートのシートを取り外せるものがある。また、シート面の工夫で洋式トイレにそのままアプローチできるものもある。介助用がほとんどである。

2.2　各部の名称と機能

車椅子各部寸法の名称と意味を図表4-42と4-43に、車椅子各部の名称と意味を図表4-44、4-45と4-46に示す（JIS T 9201：2016を改変）。

2.2.1　キャスタ

キャスタはキャスタ軸周りに自由に方向が変わる車輪装置であり、駆動力を発揮しない。

できる車椅子である。フット・レッグサポートとシート、シートとバックサポートがそれぞれリンク機構で接合され、ガススプリングなどの反力と使用者の上肢の力を利用して、それぞれ

2. 車椅子

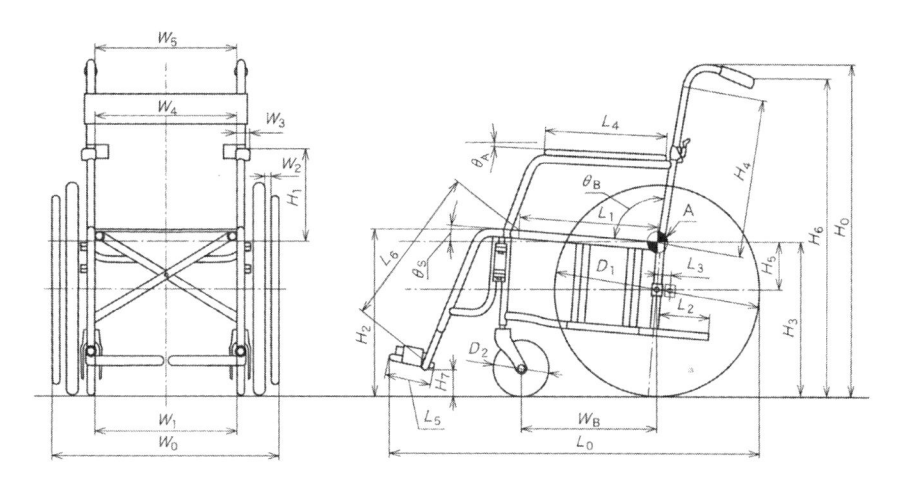

図表 4-42 車椅子各部寸法の記号名称（記号は図表 4-43 に対応）

図表 4-43 基準寸法の定義

用　語	記号	意　味	備　考
寸法基準点	A	車椅子寸法の基準となる点で、バックサポート取付フレーム前面とシート取付フレーム上面の交点をいう	
ハンドリム取付間隔	W_2	駆動輪リム外側とハンドリム内側の間隔	
駆動輪（主輪）径	D_1	駆動輪または主輪の最大直径（インチでもよい）	
車軸前後位置	L_3	寸法基準点から駆動輪または主輪の車軸中心までの水平距離（前：−、後：＋）	
車軸上下位置	H_5	寸法基準点から駆動輪または主輪の車軸中心までの垂直距離	
キャスタ径	D_2	キャスタ輪の最大直径（インチでもよい）	
前座高	H_2	床からシート取付フレーム上におけるシート前端上面までの垂直距離	
後座高	H_3	床から寸法基準点までの垂直距離	
シート角度	θ_S	水平面に対するシート取付フレーム上におけるシート面の角度	
シート奥行	L_1	寸法基準点からシート取付フレーム上におけるシート先端までの距離	
シート幅	W_1	使用時におけるシートの有効幅（サイドガードの内内寸法、シートサイドパイプ内内寸法、シートの最大幅など）	
バックサポート角度	θ_B	シート取付フレーム上におけるシート面とバックサポート取付フレーム上におけるバックサポート面の内角	
バックサポート高	H_4	寸法基準点からバックサポート取付フレーム上におけるバックサポート上端までの距離	
バックサポート幅	W_5	使用時におけるバックサポートの有効幅	
フットサポート・シート間距離	L_6	フットサポート外側上面からシート取付フレーム上におけるシート前端上面までの距離	
フットサポート高	H_7	床からフット・レッグサポート最下端までの垂直距離（最低地上高ともいう）	
フットサポート長	L_5	フットサポート前後方向の最大長さ	

アームサポート高	H_1	寸法基準点からアームサポート上端面までの垂直距離	
アームサポート長	L_4	アームサポートの長さ	
アームサポート幅	W_3	アームサポートの幅	
アームサポート角度	θ_A	水平面に対するアームサポート面の角度	
アームサポート間隔	W_4	左右のアームサポート間の内内寸法	
ティッピングレバー長	L_2	ティッピングレバーの長さ	
手押しハンドル高	H_6	床から手押しハンドル後端の上端面までの垂直距離	
ホイールベース	W_B	矢状面における前輪（キャスタ輪）の接地点と駆動輪または主輪の接地点間距離。前輪がキャスタの場合はトレーリングポジションとする	
キャンバ角	θ_{CM}	前額面における駆動輪または主輪の鉛直線に対する角度（左右一対の車輪の場合、上が狭い状態が－、その反対が＋）	図表4-113参照。プラスのキャンバ角は、明らかに走行性能を落とし、マイナスでも大きすぎると全幅に影響するので注意をすること。参考値－5～0度
キャンバ寸法	W_6	前額面における駆動輪または主輪の角度によって生じた駆動輪または主輪の上端と下端の水平距離	図表4-113参照
トウ角	θ_T	水平面における駆動輪または主輪の進行方向に対する角度（左右一対の車輪の場合、前方が狭い状態が－、その反対が＋で、－をトウ・イン、＋をトウ・アウトともいう）	図表4-112参照。0度以外は、走行性能に悪影響があるため、注意が必要である。参考値0度
キャスタ角	θ_{CS}	矢状面におけるキャスタ軸の鉛直線に対する角度（後方へ傾いた状態が－、その反対が＋）	図表4-49参照。0度が望ましい。参考値－2～0度
キャスタトレール	CT	キャスタ軸の延長線が地面に接する点とキャスタ輪の接地点との距離	図表4-49参照
キャスタオフセット	CO	キャスタ軸に対して垂直に測ったキャスタ軸中心とキャスタ輪の車軸中心との距離	図表4-49参照
全高	H_0	使用時における車椅子の床から最高点までの垂直距離	
全幅	W_0	使用時における車椅子の左右外側の最大寸法	
全長	L_0	使用時における車椅子の前後方向の最大寸法	

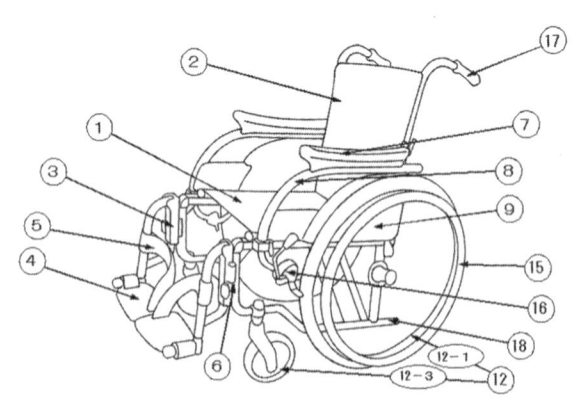

図表4-44 自走用車椅子の名称（出所：JIS T 9201：2016を改変）（番号は図表4-46に対応）

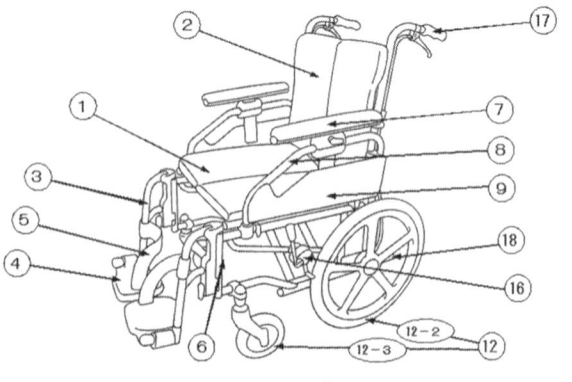

図表4-45 介助用車椅子の名称（出所：JIS T 9201：2016を改変）（番号は図表4-46に対応）

図表 4-46 車椅子各部の名称と意味（JIS T 9201：2016 を改変引用）

用　語	番号	意　味
シート	1	座（臀部・大腿部の支持装置）
バックサポート	2	背の支持装置
フット・レッグサポート	3	下腿・足部の支持装置
フットサポート	4	足部の支持装置
レッグサポート	5	下腿の支持装置
フット・レッグサポートフレーム	6	フット・レッグサポートを連結するフレーム
アームサポート	7	腕の支持装置
アームサポートフレーム	8	アームサポートを連結するフレーム
サイドガード	9	衣類が駆動輪または主輪に巻き込まれたり、汚れることを防ぐためにアームサポートフレームに取り付けられた板または布製のガード
車輪	12	車椅子の構成車輪で、駆動輪、主輪、キャスタ、補助輪などがある
駆動輪	12-1	自走用手動車椅子の駆動用車輪
主輪	12-2	介助用手動車椅子の主車輪
キャスタ	12-3	自由に方向が変わる車輪付装置
ハンドリム	15	駆動輪に取り付けられ、手で操作して駆動輪を回転させるための金属または合成樹脂製の輪
ブレーキ	16	車椅子を停止または制動するための装置
手押しハンドル	17	介助者が車椅子を後方から押すときなどに使う取っ手
ティッピングレバー	18	介助者が前輪上げをするときに踏むためのレバーまたはプレート

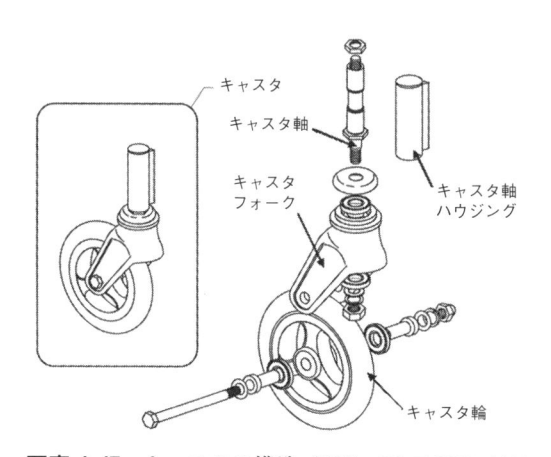

図表 4-47 キャスタの構造（出所：JIS T 9201：2016 を改変）

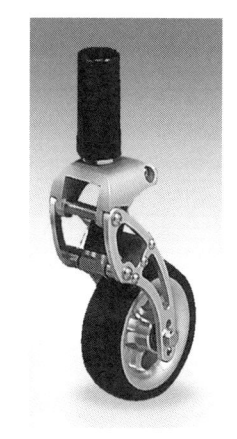

図表 4-48 ショックアブソーバ付キャスタ

キャスタの構造を図表 4-47 に示す。

(1) 種　類

車椅子用キャスタの車輪は一般的にソリッドタイヤが使われ、1インチ刻みに3～8インチのサイズがある。そのうち4～6インチのものがよく使われる。振動吸収性をよくして乗り心地を上げるために空気入りの車輪が使われることもあるが、8インチ程度以上の大きさにな

り、車椅子寸法や重量、小回り性などが不利になる。それらの問題点を解決するために、クッション性のよい材質を使った5〜6インチ程度の車輪やショックアブソーバ付キャスタ（図表4-48）もある。また、夜間の視認性を上げるために、レジャー用品用に市販されている回転に伴い発光する車輪を使う人もいる。

キャスタフォークや車輪のホイールは鉄製、アルミニウム合金製、樹脂製などがあるが、最近はカーボンで強化した樹脂製のものが主流である。

(2) キャスタ関連寸法や角度の名称と定義

キャスタに関連する寸法や角度の名称について、図表4-49、4-50に示す。

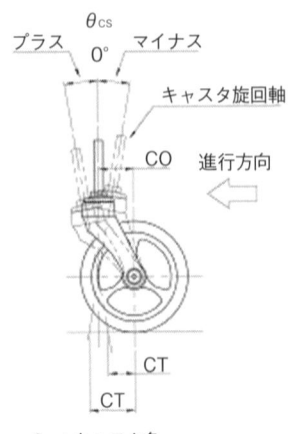

キャスタ角は矢状面におけるキャスタ軸の鉛直線に対する角度で、後方に傾いた状態がマイナス、その反対をプラスで表す。トレーリングポジションとは、車椅子が前進状態にあるとき、進行方向に対してキャスタ輪がキャスタ軸の真後ろにある状態を指す。

キャスタ軸の延長線が地面に接する点とキャスタ輪の接地点との水平距離をキャスタトレールといい、この数字が大きいと直進しやすくなるが、大きすぎると足部と干渉しやすくなる。逆に小さすぎてキャスタ輪径の1/3以下になると、キャスタシミー（キャスタ軸周りの振動）やキャスタフラッタ（キャスタ軸周りのばたつき）という現象が起きやすくなり危険である。

キャスタ軸に対して垂直に測ったキャスタ軸中心とキャスタ輪の中心との距離をキャスタオフセットといい、キャスタ軸が垂直（キャスタ角0度）のとき、キャスタオフセットとキャスタトレールの値は同じになる。キャスタ角がマイナスのときトレール値は大きくなりプラスでは小さくなるが、キャスタ角が大きすぎるとキャスタ取付部位の上下方向の挙動が大きくなり、全般的に走行性が悪くなる。

2.2.2 駆動輪（主輪）

駆動輪は車椅子車輪のうちキャスタ以外の車輪で、自走用車椅子の駆動用車輪をいう。ちな

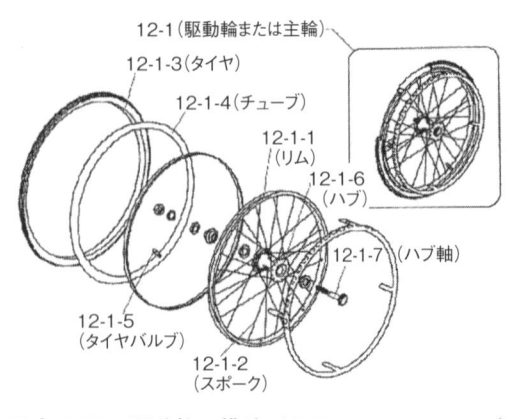

θ_{CS}：キャスタ角
CT：キャスタトレール
CO：キャスタオフセット

図表4-49 キャスタ関連寸法・角度（出所：JIS T 9201：2016を改変）

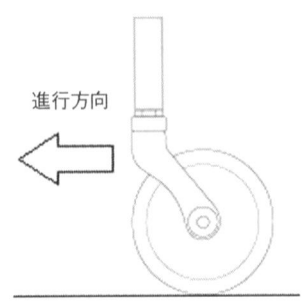

図表4-50 トレーリングポジション（出所：『車いす・シーティング用語集』）

図表4-51 駆動輪の構造（出所：JIS T 9201：2016）

12-1（駆動輪または主輪）
12-1-3（タイヤ）
12-1-4（チューブ）
12-1-1（リム）
12-1-6（ハブ）
12-1-7（ハブ軸）
12-1-5（タイヤバルブ）
12-1-2（スポーク）

みに介助用車椅子の場合は主輪である。駆動輪の構造を図表4-51に示すが、基本的に自転車と同じで、ハブ、スポーク、リム、タイヤの構成である。車椅子独特なのは、ハブ軸が片持ち支持方式で片側のみでフレームに固定されることと、駆動用のハンドリムがあることである。介助用の主輪には基本的にハンドリムを装着しない。

駆動輪は基本的に自転車の車輪と同じであり、サイズも各種ある。自走用車椅子には18インチから2インチ刻みに26インチまでのタイヤが使われる。空気入りのものがほとんどであるが、ウレタンフォーム入りやソリッドタイヤ、空気の代わりに特殊なゲルを注入したノーパンクタイヤもある。ノーパンクタイヤは空気入りより乗り心地は悪いが、パンクの心配がなく、ゲルを注入したものは乗り心地も多少改善されている。

リムとスポークなどのホイール部分も基本的に自転車と同じである。リムの材質は鉄やアルミニウム合金が多いが、最近はアルミニウム合金が主流である。他にチタン合金のリムやザイロンという高強度の合成繊維製のスポークを使ったもの、樹脂製の一体成型ホイールやカーボン繊維強化プラスチックのホイール、マグネシウムのホイールなど多くの種類があり、使用者の好みで選択できる。ただし、価格は高価である。

ハブ部分は片持ち支持式であるが、通常のボルト固定式と工具を使わず着脱可能な着脱式（図表4-52）があり、着脱式はワンタッチで駆動輪を着脱できるため、車椅子をより小さく折りたたみたいときや固定式のフレームに用いられる。他にもパンク修理のときや、使用場所によって駆動輪を交換したい場合などにも重宝する。

2.2.3 ブレーキ

ブレーキは車椅子を停止または制動するための装置で、停止状態を維持するための駐車ブレーキ（図表4-53）と、走行速度を制御する制動ブレーキ（図表4-54）がある。駐車ブレーキには使用者本人が操作するものと介助者が操作する介助用ブレーキがあるが、制動ブレーキは介助者用のものしかない。

(1) 駐車ブレーキ

車椅子を停止させておくためのブレーキで、

図表4-53 駐車ブレーキ（出所：JIS T 9201：2016）

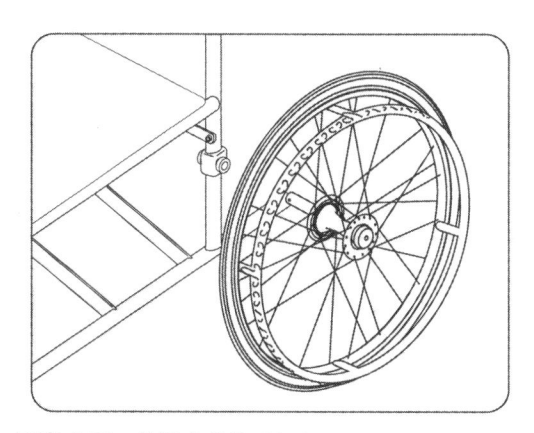

図表4-52 着脱式車輪（出所：JIS T 9201：2016）

図表4-54 制動ブレーキ（出所：JIS T 9201：2016）

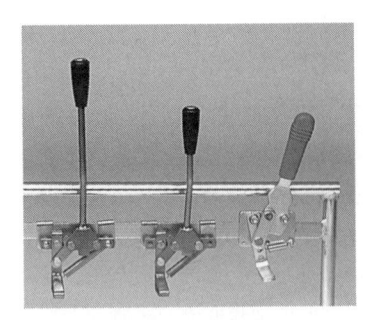

図表 4-55　トグル式ブレーキ

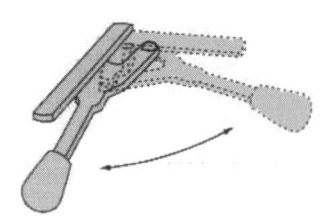

図表 4-56　水平式ブレーキ

図表 4-57　足踏み式ブレーキ（出所：JIS T 9201：2016）

ほとんどのブレーキがトグル機構というリンク機構を応用している。ブレーキレバーを操作することで車輪をロックした状態に固定する方式であり、トグル式ブレーキ（図表 4-55）という。ブレーキレバーを手前に引いて掛けるのが一般的で、他に、押して掛けるもの、引いても押しても掛かるものがある。

一般的な駐車ブレーキはブレーキレバーが縦方向で、上に向かって伸びている。このタイプはレバーに手は届きやすいが、タイヤを押し付ける部分が常にタイヤ付近にあり、タイヤを持って駆動すると指が挟まる危険がある。活動的な使用者には図表 4-56 に示すような、水平式で、ブレーキをかけていないときはブレーキすべてがフレームの内側に収納されるタイプが好まれる。

介助用の駐車ブレーキは、図表 4-57 に示すようにブレーキレバーが車椅子後方のティッピングレバーのところまで延長してあり、介助者が後方から足で踏みつけることによりロックする。足踏み式ブレーキと呼ばれ、介助者が車椅子から手を離すことなくブレーキが掛けられるため安全性が高い。

(2) 制動ブレーキ

車椅子を制動するためのブレーキで、車輪ハブの部分にバンドブレーキを組み込んだものや、車輪リムをブレーキシューで挟んで制動するキャリパーブレーキがある。どちらも自転車のブレーキと同様で、手押しハンドルに取り付けたブレーキレバーを介助者が握って操作する。ブレーキレバーの部分に手を離してもブレーキを掛けたままにできる機構を組み込んだものは、駐車ブレーキとしても機能する。

2.2.4　ハンドリム

駆動輪に取り付けられ、手で操作して駆動輪を回転させるための輪。金属製と樹脂製のものがあり、金属製にはステンレス製、アルミニウム合金製、チタン合金製がある。外形の直径は駆動輪径より数センチメートル小さくつくってあり、太さは 16 mm、19 mm、22 mm が一般的である。駆動にも使うが、制動する際も手をハンドリムに押し付けて速度を制御する。長い下り坂を制動しながら下る場合は摩擦で高温になるため注意が必要である。

(1) ハンドリム取付間隔（図表4-58）

駆動輪リムとハンドリムとの取付間隔は 0 mm から 25 mm くらいのなかから選ぶが、駆動能力が高い人の場合、ハンドリムを握って操作することはほとんどなく、親指を上から添

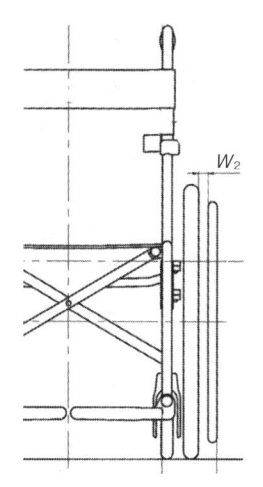

図表 4-58 ハンドリム取付間隔（W_2）（出所：JIS T 9201:2016 を改変）

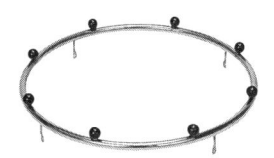

図表 4-59 ノブ付ハンドリム

図表 4-60 固定式フット・レッグサポート（出所：JIS T 9201:2016）

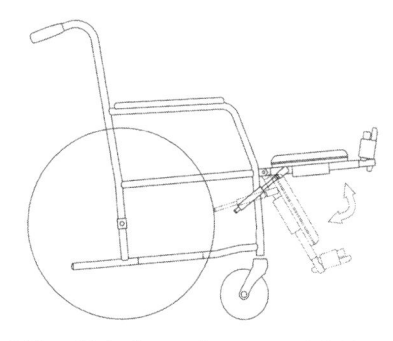

図表 4-61 挙上式フット・レッグサポート（出所：JIS T 9201:2016）

えてつまむような操作になるため間隔は0～15 mm くらいがいい。この場合、大きな駆動力を必要とする際にはタイヤとハンドリムを同時に握れるため、大きな力を出しやすくなる。また、駆動能力が低い場合にはハンドリムだけを握るような操作になるため、親指がリムとハンドリムの隙間に入るよう、取付け間隔は15～25 mm くらいが適切である。

(2) 滑り止め

上肢の機能や握力に応じてハンドリムに滑り止めを施すことができる。ビニールコーティングやゴムコーティングが一般的で、他に滑り止め素材をハンドリムのパイプ全体にかぶせるものや、外周に貼り付けるものなどがある。

ほとんど握力がなく、ハンドリムに力が加えられない場合には、ハンドリムに一定間隔でノブを取り付け（図表4-59）、手や上肢で引っかけて駆動できるようにすることがある。ノブの形状や取付方法は使用者の能力に応じて決定する。ただしノブ付にした場合には、ハンドリムを制動に使うことができなくなる。

2.2.5 フット・レッグサポート

下腿と足部の支持装置で、フットサポート、レッグサポート、フット・レッグサポートフレームの総称である。足部をしっかり支えて座位姿勢を安定させるためにも重要な部分であり、調節できる部位をしっかり使用者に適合させる必要がある。

(1) 固定式フット・レッグサポート（図表4-60）

溶接などでフレームに固定されたフット・レッグサポート。

(2) 挙上式フット・レッグサポート（図表4-61）

工具なしで上下方角度調整ができるフット・レッグサポート。任意の角度でロックできるものがほとんどである。リクライニング機構と併

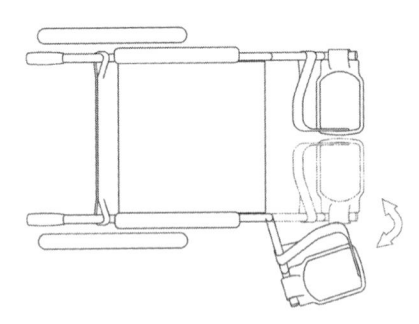

図表 4-62 開き式フット・レッグサポート（出所：JIS T 9201：2016）

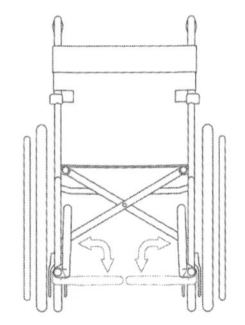

図表 4-64 側方跳ね上げ式フットサポート（出所：JIS T 9201：2016）

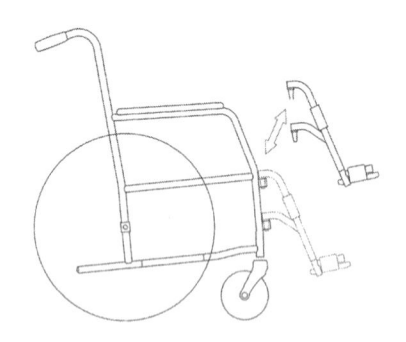

図表 4-63 着脱式フット・レッグサポート（出所：JIS T 9201：2016）

図表 4-65 跳ね上げ式フットサポート（出所：JIS T 9201：2016）

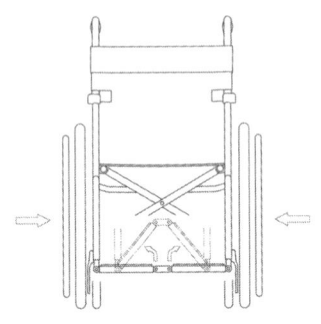

用されることが多い。

(3) **開き式フット・レッグサポート**（図表4-62）

工具なしで側方に開くことができるフット・レッグサポート。ベッドやトイレなどへの移乗時に有効な機構である。

(4) **着脱式フット・レッグサポート**（図表4-63）

工具なしで着脱できるフット・レッグサポート。開き式フット・レッグサポートは着脱できるものがほとんどであり、どちらも移乗時に有効である。また、片足駆動の場合には、フット・レッグサポートがじゃまになるなどの理由で取り外して使用することもある。

2.2.6 フットサポート

足部の支持装置で、板状のものやパイプを組み合わせたものなどがある。材質はアルミニウム合金や樹脂のものが多い。

(1) **側方跳ね上げ式フットサポート**（図表4-64）

工具なしで側方に跳ね上げることができる

図表 4-66 中折れ式フットサポート（出所：JIS T 9201：2016）

フットサポート。立位移乗や車椅子を折りたたむ際に跳ね上げるが、ほとんどの車椅子のフットサポートがこれである。

(2) **跳ね上げ式フットサポート**（図表4-65）

工具なしで上方に跳ね上げることができるフットサポート。移乗対象物に接近しやすくするための機構である。

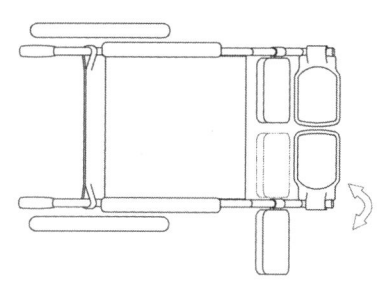

図表 4-67 開き式レッグサポート（出所：JIS T 9201：2016）

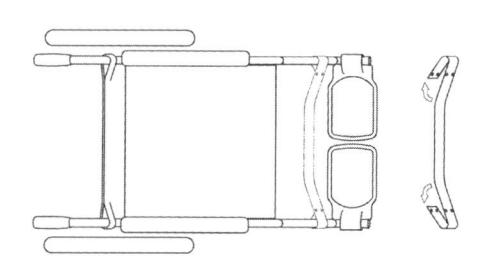

図表 4-68 着脱式レッグサポート（出所：JIS T 9201：2016）

(3) 中折れ式フットサポート（図表4-66）

車椅子を折りたたむ際に、工具なしで中央部から折りたたむことのできるフットサポート。使用時は左右の車椅子フレームを連結する役目ももつため、フットサポートとしても安定して支える性能をもっている。

2.2.7　レッグサポート

下腿の支持装置。左右がつながった布製のものがほとんどであるが、フット・レッグサポートの種類によっては左右独立したパッド状のものもある。

(1) 開き式レッグサポート（図表4-67）

工具なしで側方に開くことができるレッグサポート。開き式フット・レッグサポートに使われることが多い。

(2) 着脱式レッグサポート（図表4-68）

工具なしで着脱できるレッグサポート。すべての種類のフット・レッグサポートに使われる。着脱部分には面ファスナーやスナップボタンが使われる。

図表 4-69 固定式アームサポート（出所：JIS T 9201：2016）

2.2.8　アームサポート

腕の支持装置で、アームサポートフレームやサイドガードと一体で構成される。サイドガードは衣類が駆動輪に巻き込まれたり、汚れたりすることを防ぐために取り付けられたガードのことで、金属や樹脂の板、または布製のものがある。車椅子のなかでは臀部のラテラルサポート（体幹側方支持部）の役割を果たす場合もある。

アームサポートは腕をしっかり支えて身体を安定させる役割をもっているが、腕を支える性能が高ければ高いほど、移乗時には障壁になる。そこで、アームサポートを可変できるようアームサポートにはいくつかの種類がある。それぞれに特徴があり、使用者の状況に応じて選択すればよい。

(1) 固定式アームサポート（図表4-69）

溶接などでフレームに固定されたアームサポート。形状を考慮すれば移乗時にも問題にならないことがあるが、アームサポートとしての性能が低くなる。

(2) 開き式アームサポート（図表4-70）

工具なしで側方に開くことができるアームサポート。後輪径がシートパイプより上に出ない大きさのものに使われる。

(3) 跳ね上げ式アームサポート（図表4-71）

工具なしで上方に跳ね上げることができるアームサポート。後輪の大きさに影響されないが、跳ね上げ後にバックサポート側方に残るた

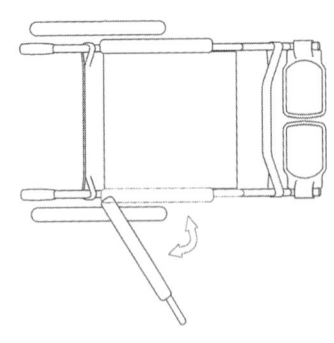

図表 4-70 開き式アームサポート（出所：JIS T 9201：2016）

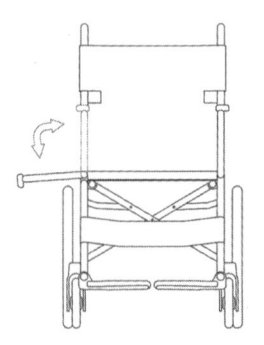

図表 4-73 横倒し式アームサポート（出所：JIS T 9201：2016）

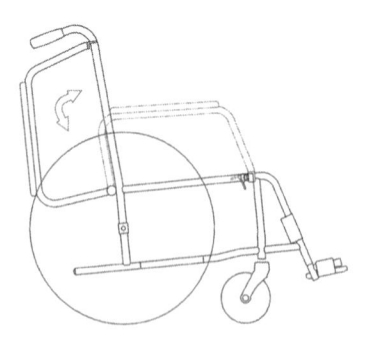

図表 4-71 跳ね上げ式アームサポート（出所：JIS T 9201：2016）

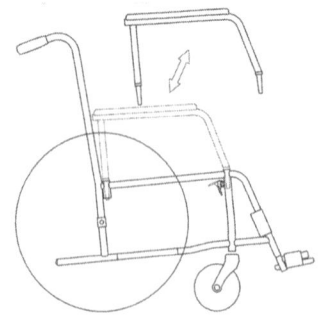

図表 4-74 着脱式アームサポート（出所：JIS T 9201：2016）

図表 4-72 落し込み式アームサポート（出所：JIS T 9201：2016）

め、後方からの介助の邪魔になる場合がある。

(4) 落し込み式アームサポート（図表4-72）

　工具なしでシート面まで下げることができるアームサポート。アームサポートパッドの形状によっては後輪径の大きさに制限が出てくるが、落し込み後にアームサポートパッドがシート幅を広くするような形になるので横移乗の補助になる。

(5) 横倒し式アームサポート（図表4-73）

　工具なしで側方に倒すことができるアームサポート。後輪径がシートパイプより上に出ないものに使われ、横倒し後にトランスファーボードの役割をする。

(6) 着脱式アームサポート（図表4-74）

　工具なしで着脱することができるアームサポート。車輪径には影響されず、外したあと移乗動作の邪魔にもならないが、置いておく場所に困ることがある。

2.2.9　転倒防止装置

　車椅子が後方に転倒するのを防止するための装置で、図表 4-75 に示すように小車輪がついたものと、車輪の代わりにゴムのストッパーをつけたものがある。転倒防止装置があると前輪

図表 4-75　転倒防止装置

図表 4-76　折りたたみ式転倒防止装置

図表 4-77　補助輪

を上げられる高さが小さくなるため、段差などを越えられなくなる場合がある。したがって、不要なときは図表 4-76 のように折りたためるものがよい。

図表 4-77 に示す補助輪は転倒防止装置ではないが、着脱式駆動輪を外したとき補助輪が接地してより狭い通路を通過できるように考えられたものである。

2.2.10　スポークカバー

使用者の手指が車輪のスポークによって損傷するのを防ぐ目的で使用される（図表 4-78）。PET などの樹脂でつくられ、最近はさまざまなデザインのものが流通している。

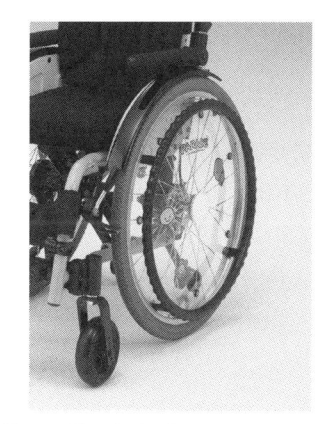

図表 4-78　スポークカバー

2.3　車椅子に関する力学

2.3.1　車輪の力学

車輪は人類が発明した最も重要で画期的な技術の一つである。発明したのは紀元前 40～30 世紀の古代メソポタミアのシュメール人とされている。今や車輪は人や荷物を運ぶさまざまな道具や機器に使われており、車輪なくしてわれわれの生活は成り立たないといってよい。

広辞苑によると、車椅子は「歩行の不自由な人のために工夫された車つきの椅子」と記されている。すなわち、車椅子は、車輪、椅子、それにそれらを結合させる構造体（フレーム）で構成される移動支援機器である。

車椅子の機構はそれほど複雑ではないが、いろいろな技術が使われている。それらは当然のことながら、科学技術と無縁ではありえない。車椅子を合理的にデザインし、処方し、そして正しく使うためには、車椅子について科学的に理解しておくことが必要不可欠である。車輪について科学的に理解しておけば、走行効率がよく、操作しやすい車椅子を合理的にデザインするための一助になる。

(1)　車輪と転がり

車輪が使われる理由は、それが非常に小さい力で転がり、その特性を利用すれば重いもので

も少ないエネルギーで効率よく動かすことができるということである。まずは、車輪がどうして小さい力で転がるのかを考えてみる。

図表4-79のように、摩擦が十分に大きい床に置かれた不定形な重さWの物体に対して、重心を通り水平方向に力Fを加えて転がして動かすことを考えてみる。物体には力Fによって$F \cdot r \cdot \cos \theta$のモーメントが働き、物体はP点を中心にして時計回りに回転しようとする。一方、物体の重さWによるモーメント$W \cdot r \cdot \sin \theta$がその回転を阻止するように働く。今まさに物体が転がろうとしているときは、転がそうとするモーメント$F \cdot r \cdot \cos \theta$とそれを阻止しようとするモーメント$W \cdot r \cdot \sin \theta$がつり合っていると考えてよいので、

$$F \cdot r \cdot \cos \theta = W \cdot r \cdot \sin \theta \quad (4\text{-}1)$$

式（4-1）より、

$$F = W \cdot \frac{\sin \theta}{\cos \theta} = W \cdot \tan \theta \quad (4\text{-}2)$$

すなわち、Fを$W \cdot \tan \theta$より少しでも大きくすれば、物体を転がすことができる。たとえば、図表4-79においてθが45°であったとすると、tan 45°=1であるので、物体を転がして動かすためには、最初は物体の重さWと同じ大きさの力が必要である。

次に、図表4-79の物体の角を削ぎ落として、ついには図表4-80のような円形物体になったとすると、θは常に0になる。したがって、tan θも常に0になり、ほんの小さな力Fを加えれば、円形物体を転がして動かすことができるということである。つまり、車輪は非常に小さな力で転がりながら移動することができる。これが、移動機器に車輪が用いられる理由である。

(2) 車輪とサイド・フォース

移動機器は直進するだけでなく、進む方向を左右に変えられなければならない。車輪を用いた移動機器では、車輪によって横方向の力を発生させて進行方向を変える。車輪の横方向の力をサイド・フォースという。サイド・フォースの発生要因としてコーナリング・フォースとキャンバ・スラストがある。

(a) コーナリング・フォース

ハンドル形電動車椅子の走行を考えてみよう。図表4-81のように、直進しているハンドル形電動車椅子のステアリング・ハンドルを回して前輪（操舵輪）を右に切ったとする。すると、その瞬間、ハンドル形電動車椅子はまだ直進しようとしているので、前輪は進行方向に対してある角度をなしている。その角度を横滑り

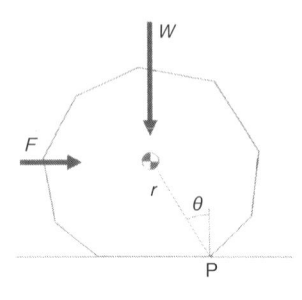

図表4-79 不定形物体の転がり

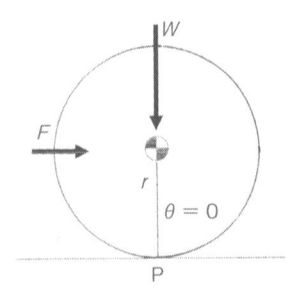

図表4-80 円形物体の転がり

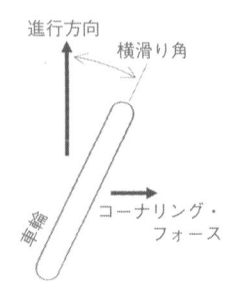

図表4-81 車輪のコーナリング・フォース

角と呼ぶ。横滑り角があることによって、車輪の接地点に横方向の力が生じる。この進行方向に直角の力をコーナリング・フォースという。このコーナリング・フォースがハンドル形電動車椅子を旋回させるのである。

コーナリング・フォースの発生メカニズムを説明する理論式は確立されていないが、いろいろな条件下でのコーナリング・フォースの計測値は多い。図表4-82は自転車用空気タイヤ車輪のコーナリング・フォースの計測例である。横滑り角が5°くらいまでは、コーナリング・フォースはほぼ比例的に増大するが、10°近くになると飽和状態になる傾向が見られる。

ところで、コーナリング・フォースを発生させるためには、車輪と路面の間の摩擦が大きくなければならない。図表4-83は自転車用車輪が乾燥路面と水に濡れた路面を転がるときのコーナリング・フォースを計測した例である。このグラフから、水に濡れた路面では摩擦が小さくなり、それによりコーナリング・フォースが乾燥路面の場合に比べて1/2～1/3程度になることがわかる。

(b) キャンバ・スラスト

図表4-84に示すように、車輪が路面に垂直ではなく傾いているとき、その傾きをキャンバ角という。キャンバ角をもつ車輪が転がるときも、車輪の接地点においてキャンバ・スラストと呼ばれる横方向の力が発生し、車輪は、回転軸と路面が交わる点Pを頂点とし、車輪を底面とする円錐が転がるように円軌道上を進もうとする。図表4-85は自転車用車輪における

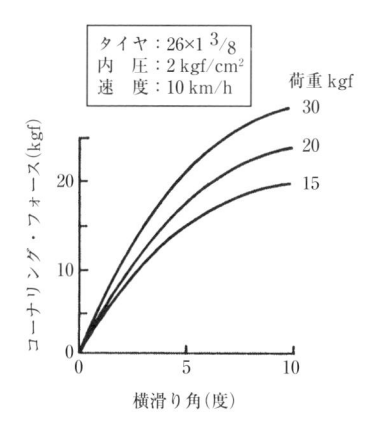

図表4-82　コーナリング・フォースの実測例
（出所：『自転車実用便覧〔第4版〕』）

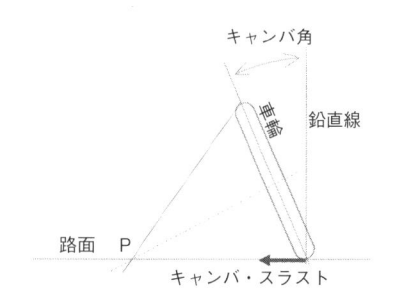

図表4-84　車輪のキャンバ・スラスト

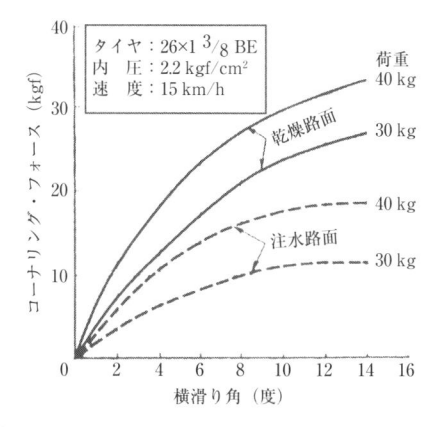

図表4-83　路面条件によるコーナリング・フォースの違い（出所：図表4-82に同じ）

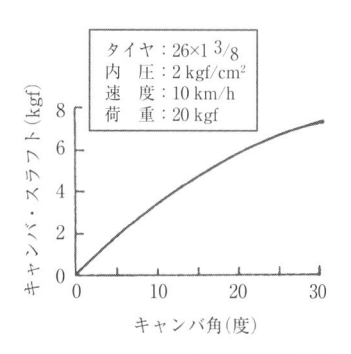

図表4-85　キャンバ・スラストの実測例（出所：図表4-82に同じ）

キャンバ角とキャンバ・スラストの関係の計測例である。図表4-82、4-83、4-85から明らかなように、キャンバ・スラストはコーナリング・フォースに比べてかなり小さい。

(3) 車輪が機能を発揮するための条件

車輪は非常に小さい力で転がり動くことができ、また、サイド・フォースを発生させると進路を変えることができるので、車椅子も含めて運搬機器に用いられている。ところで、車輪による移動は、歩行と違って平坦でない路面を進むのは苦手である。特に、段差は車椅子にとってバリアであり、場合によっては通行不可能である。

(a) 段 差

手動車椅子で段差を乗り越えるにはどのくらいの力（駆動力）が必要であるか、実際のデータをみてみよう。図表4-86は、男性健常者（質量70 kg；体重686 N）が計測用車椅子（質量25 kg；重量245 N）に乗って硬い水平路面上を秒速0.608 m（時速2.2 km）で移動したときのハンドリム駆動力（左右合計。以下同じ）データであり、図表4-87は、キャスタが呼び径5インチ（直径127 mm）の計測用車椅子で高さ3 cmの段差を乗り越えたときの駆動力データ、図表4-88は同じ段差を呼び径6インチ（直径152 mm）キャスタの計測用車椅子で乗り越えたときの駆動力データである。

以上より、手動車椅子で硬い水平路面を移動するときは60～80 N（6.1～8.2 kgf）程度の駆動力でよいのに対し（図表4-86）、ウィリーしないで高さ3 cmの段差をキャスタで乗り越える際には、キャスタ径が5インチおよび6インチのとき、それぞれ492 N（50 kgf）、415 N（42 kgf）の駆動力が必要であることがわかる（図表4-87、4-88）。なお、計測用車椅子の詳細については節末の工学的根拠その1を参照されたい。

また、図表4-87、4-88から、段差高さが同じでも、車輪径を大きくすると乗り越えやすくなることが明らかである。車輪径と段差の関係

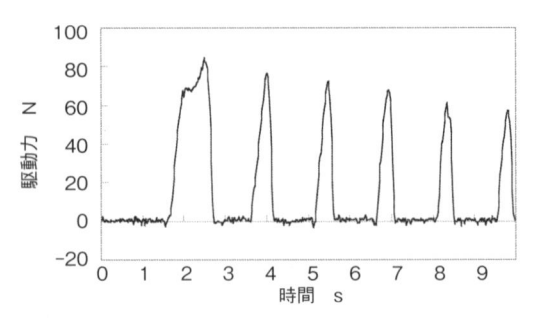

図表 4-86 水平硬路面走行時の駆動力

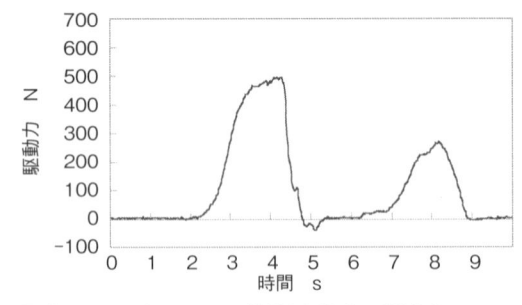

図表 4-87 高さ3 cm段差通過時の駆動力
　　　　　(1) キャスタ：5 in

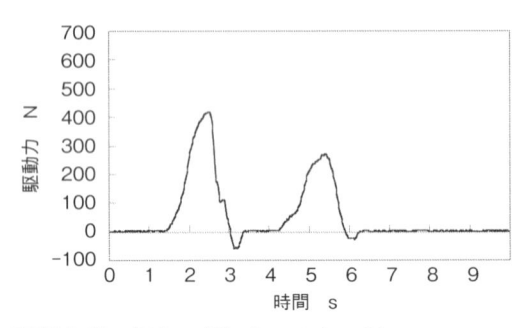

図表 4-88 同上　(2) キャスタ：6 in

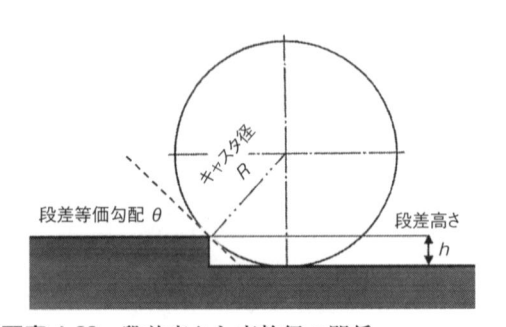

図表 4-89 段差高さと車輪径の関係

は、図表4-89のように、段差を斜面に置き換えて考えるとわかりやすい。車輪が段差に接した位置での車輪に対する接線の角度がθであったとすると、車輪がその段差を越えようとするとき、瞬間的に勾配がθの斜面が車輪の前に立ちはだかっていると考えることができる。米田（1995）はθを段差等価勾配と定義している。車輪の半径がR、段差高さがhであったとすると、段差等価勾配は式（4-3）のようになる。

$$\theta = \cos^{-1}(R-h)/R \qquad (4\text{-}3)$$

式（4-3）から、段差高さが同じであっても、車輪半径が大きいほうが段差等価勾配は小さくなり、より小さい駆動力で段差を越えることができる。ちなみに、車椅子がウィリーしないで高さ3cmの段差を越えるとき、キャスタが5インチおよび6インチの場合の段差等価勾配はそれぞれ58.2°、52.8°になる。

(b) 摩擦の重要性

(ア) 摩擦力の大きさ

実は、車輪は転がることによってその機能が発揮される。その陰では摩擦が重要な働きをしている。物体が他の物体と接触しているとき、何らかの力が作用してお互いに動こうとするとき、あるいは動いているとき、必ず接触面においてその動きを阻止しようとする抵抗力が働く（図表4-90、4-91）。この抵抗力が摩擦である。

摩擦力は2つの物体の接触面に平行な方向に作用する。水平面上に置かれている重量Wの物体に水平方向に力f_sを加えたとき動き出したとすると、その力f_sを最大静摩擦力あるいは限界静摩擦力と呼んでいる。物体は、置かれた平面をある力Nで垂直に押し付ける。そして、平面は同じ大きさの力Nで物体を押し返そうとしている。このような力Nは抗力と呼ばれている。平面が水平のときは$N=W$である。このとき、最大静摩擦力f_sと抗力Nは式（4-4）のようになる。

$$f_s = \mu_s \cdot N \qquad (4\text{-}4)$$

μ_sは静摩擦係数と呼ばれ、摩擦の大きさの尺度として用いられる。

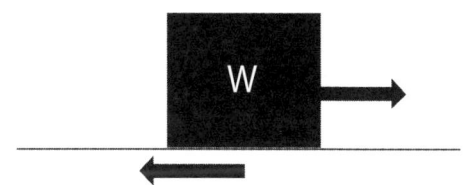

図表 4-90 摩擦による抵抗力（水平面）

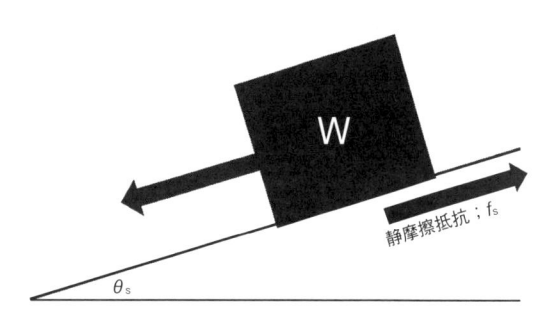

静摩擦抵抗；$f_s = \mu_s \cdot N = \mu_s \cdot W$

図表 4-91 摩擦による抵抗力（斜面）

静摩擦抵抗；f_s

物体が図表4-91のような勾配θ_sの斜面に置かれている場合、抗力Nは$W \cdot \cos \theta_s$となる。また、物体には斜面を滑り落とそうとする力が働く。その大きさは$W \cdot \sin \theta_s$である。勾配θ_sで物体が滑り始めたとすると最大静摩擦係数μ_sは式（4-5）のようになる。

$$\mu_s = W \cdot \sin \theta_s / W \cdot \cos \theta_s = \tan \theta_s \qquad (4\text{-}5)$$

θ_sは摩擦角と呼ばれている。

(イ) トラクション（推進力）と転がり

半径rの車輪が回転力（トルク）τを発生しているとすると、その車輪は路面との接地点においてトラクションと呼ばれる推進力を発生させる（図表4-92）。トラクションTの大きさは式（4-6）のようになる。

$$T = \tau/r \qquad (4\text{-}6)$$

車輪を路面上で転がさないで滑らせるときの静摩擦係数がμ_s、車輪に加わる荷重がWであるとする。路面が水平のときは、車輪の摩擦力$R = \mu_s \cdot N = \mu_s \cdot W$となる。このとき、トラクション$T$が摩擦力$R$より大きいと、車輪は転がらないで滑ってしまう。すなわち、車輪が滑

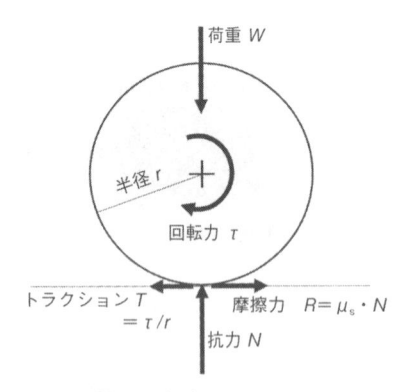

図表4-92　車輪の回転力とトラクション

らないで転がるためには、式（4-7）のような条件を満たす必要がある。

$$T < \mu_s \cdot W \qquad (4-7)$$

例えば、車椅子でスロープや段差を通過するときなど、トラクションを大きくして走行する必要がある場合は、車輪・路面間の摩擦力を大きくする必要がある。摩擦力を大きくする方法は2つある。まずは、摩擦係数 μ_s を大きくすることである。擦り減ったタイヤは摩擦係数がかなり小さくなっているが、新しいものに交換することにより摩擦係数は大きくなる。次に、式（4-7）の W すなわち車輪にかかる荷重を大きくすることである。もちろん、車椅子の重量や使用者の体重を大きくするというようなことではない。駆動輪への重量配分を大きくするのである。例えば、駆動輪を前出し位置にすると、駆動輪への重量配分は大きくなる。

2.3.2　車椅子走行と駆動の力学

車椅子使用（乗車）者は、毎日そして日中のほとんどの時間を車椅子上で過ごす。したがって、車椅子の操作負担が大きいと、他のいろいろな生活動作が制限されることになる。それだけでなく、操作が楽でない車椅子の長期間の使用は、Cooperら（2002）が指摘しているように、慢性的な頸痛、肩痛、腱鞘炎などの二次障害が発生するリスクを大きくする。

車椅子の操作負担に影響する要因としては、車椅子の機械的条件、環境条件、車椅子と乗車者の適合性の3つが挙げられる。ここでは、そのうちの車椅子の機械的条件と環境条件が操作負担に及ぼす影響のメカニズムについて考える。

車椅子を走行させるための重要な部品要素はいうまでもなく車輪である。その特性および取付位置は車椅子の走行性能あるいは走行効率に影響を与える。特に、前後輪への荷重配分は車椅子の走行性能（走行効率）に影響を及ぼす。本小項では、車輪配置と車椅子の走行特性や操作性について考えてみる。

（1）車輪配置と段差乗り越え性能

駆動輪取付位置をいろいろに変えた計測用車椅子（工学的根拠その1参照）で高さ3cmの段差を乗り越えたときの駆動力データをみてみる。データは、計測用車椅子の駆動輪車軸取付位置を、バックサポートパイプ直下に設定した「標準位置」、標準位置より4cm後方に設定した「後出し位置」、標準位置より4cm前方に設定した「前出し位置」で、男性被験者（質量70kg；体重686N）が乗車して段差乗り越え実験を行って得られたものである。

図表4-93は図表4-87と同じものであるが、駆動輪車軸取付位置を標準位置にして段差乗り越え実験をしたときのデータである。図表4-94、4-95は、それぞれ前出し位置および後出し位置にしたときのデータである。

図表4-94、4-95から明らかなように、キャスタ輪で段差（高さ3cm）を乗り越えるときの駆動力は、駆動輪を前出し位置にすると小さくなり、後出し位置にすると大きくなっている。その理由は、キャスタ輪への荷重配分が、駆動輪を前出し位置にすると小さくなり、後出し位置にすると大きくなるためである。

ところで、改めて図表4-93と図表4-94をみてみると、駆動輪で段差を越えるときの駆動力は、標準位置より前出し位置の場合のほうが少し大きくなっている。これは、駆動輪前出しにより、キャスタ輪への荷重負荷は小さくなったものの、駆動輪への荷重負荷は逆に大きくなったためである。一連の実験では、被験者はアッ

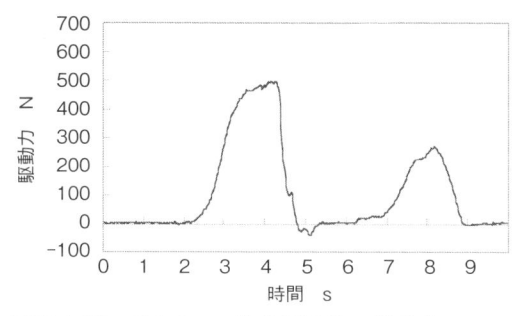

図表 4-93 高さ3cm段差通過時の駆動力
(1) 駆動輪：標準位置

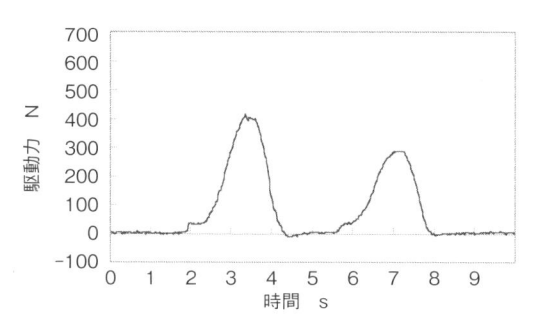

図表 4-94 同上　(2) 駆動輪：前出し位置

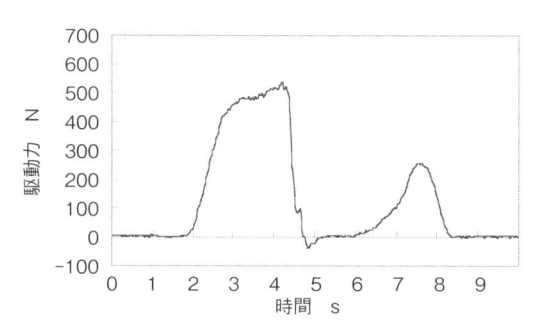

図表 4-95 同上　(3) 駆動輪：後出し位置

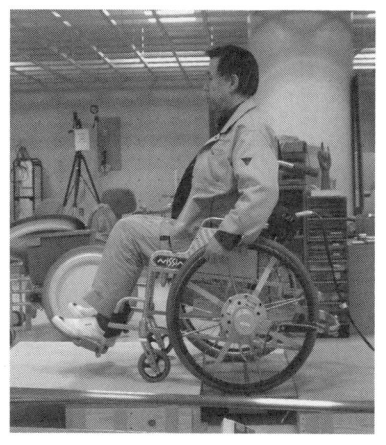

図表 4-96（a） 駆動輪段差通過時の姿勢
(1) アップライト姿勢

図表 4-96（b） 同上　(2) 前傾姿勢

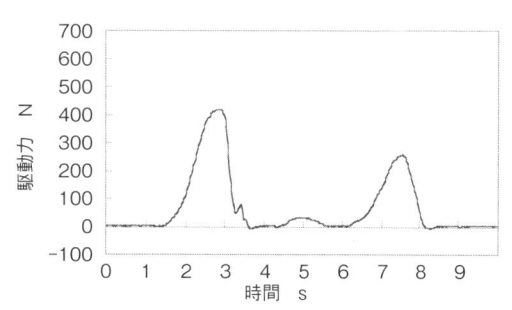

図表 4-97 高さ3cm段差通過時の駆動力（前傾姿勢）

プライトの座位姿勢（図表4-96(a)）を保持していた。そこで、駆動輪で段差を越える際に体幹を前傾させて実験してみると（図表4-96(b)）、図表4-97のようなデータが得られた。

駆動輪で段差を越えるときの駆動力は図表4-94のときと比べて少し小さくなっているのがわかる。体幹を前傾させたことにより、駆動輪への荷重負荷がアップライト時より小さくなり、その分段差越えに必要な駆動力が小さく

なったのである。実際、車椅子の駆動輪で段差を越えるときは、後方転倒を防ぐ目的もあって体幹を前傾させる姿勢をとる。それは駆動力の面からみても合理的な姿勢といえよう。

(2) 車輪配置と走行効率

駆動輪取付位置は車椅子の走行効率にも影響を与える。結論をいうと、前輪がキャスタで、後輪が駆動輪の一般的な車椅子の場合、駆動輪を前出し位置にしたほうが走行効率はよくなる。それは、車輪径による転がり抵抗の違いと大いに関係がある。一般的に、車輪の転がり抵抗は、径が大きいほうが小さくなる。車椅子は、大きな径の駆動輪と小さい径のキャスタ輪で構成されているので、全重量が同じであれば、転がり抵抗が小さい駆動輪のほうにかかる荷重を大きくしたほうが車椅子全体の走行抵抗は小さくなり、走行効率がよくなる。駆動輪を前出し位置にすると、駆動輪への荷重配分がより大きくなる。それにより、走行効率は向上する。このことは、以下のような簡単なモデル計算によって説明することができる。

車椅子と使用（乗車）者全体の重心位置と車輪への荷重負荷の関係を図表4-98に示すモデルで考えてみよう。キャスタ輪への荷重負荷をN_1、駆動輪への荷重負荷をN_2、キャスタ輪における転がり抵抗係数をμ_1、駆動輪における転がり抵抗係数をμ_2とすると、車椅子で走行するときの全体の転がり抵抗Rは式（4-8）のようになる。

$$R = \mu_1 \cdot N_1 + \mu_2 \cdot N_2 \quad (4\text{-}8)$$

さらに、車椅子と使用（乗車）者全体の重量をW、ホイールベースをL、キャスタ輪接地点と重心との間の水平距離をL_1とすると、垂直方向の力のつりあい条件から式（4-9）が求められ、重心回りのモーメントのつりあい条件から式（4-10）が求められる。

$$W - N_1 - N_2 = 0 \quad (4\text{-}9)$$
$$N_1 \cdot L_1 - N_2 \cdot (L - L_1) = 0 \quad (4\text{-}10)$$

式（4-9）および（4-10）から、N_1およびN_2が式（4-11）および（4-12）のように求められる。

$$N_1 = W \cdot (1 - a) \quad (4\text{-}11)$$
$$N_2 = W \cdot a \quad (4\text{-}12)$$

ただし、$a = L_1/L$である。

式（4-11）、（4-12）を式（4-8）に代入して、改めて走行抵抗Rを求めると式（4-13）のようになる。

$$R = W \cdot \{\mu_1 - a \cdot (\mu_1 - \mu_2)\} \quad (4\text{-}13)$$

一般的に、キャスタの転がり抵抗係数μ_1のほうが駆動輪の転がり抵抗係数μ_2より大きい。したがって、式（4-13）から、aが大きいほうが走行抵抗Rは小さくなる。駆動輪を前出しにするとaが大きくなる。したがって、駆動輪を前出し位置にすると、走行抵抗は小さくなる。

車輪配置と走行効率の関係は1ストローク走行実験によっても確かめることができる。図表4-99は、計測用車椅子のハンドリムを1回だけ駆動して自然に停止するまでの駆動力と走行距離データの一例である。

図表4-99をみると、ハンドリムから手を離した惰走期において走行速度は時間とともに直線的に減少することがわかる。この惰走期における走行速度グラフの傾きは減速度（負の加速度）であり、傾きが大きいほど走行抵抗が大きいと考えることができる。図表4-100は、3通りの駆動輪位置条件について、硬路面および絨

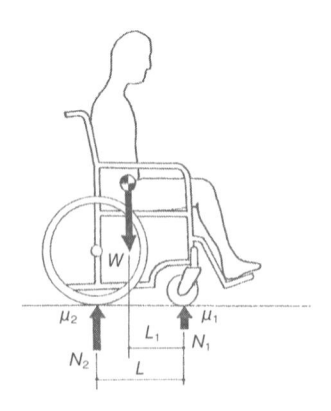

図表4-98 車椅子の荷重分布と走行抵抗（記号は本文参照）

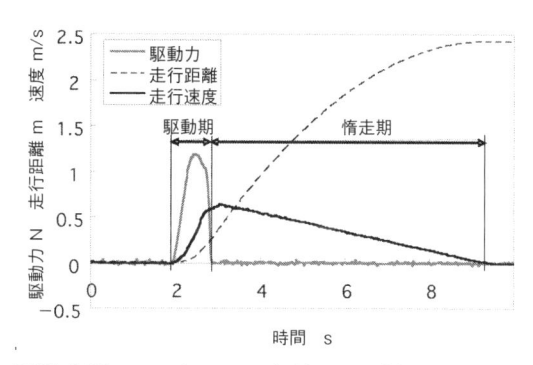

図表 4-99 １ストローク走行データ例

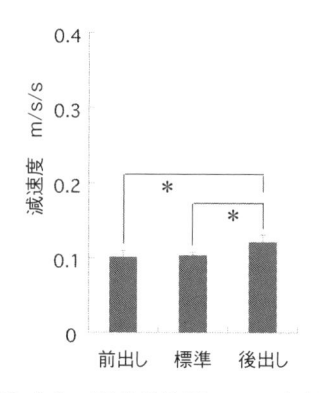

図表 4-100（a） 駆動輪位置による走行抵抗の違い　(1) 水平硬路面
＊5％水準で有意差あり。

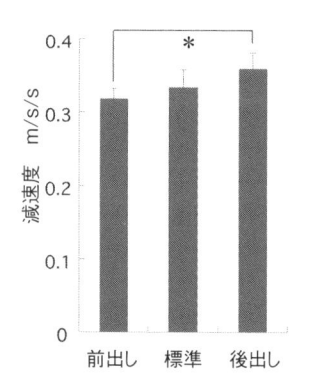

図表 4-100（b） 同上　(2) 毛足 14 mm 絨毯路面
＊5％水準で有意差あり。

毯路面でそれぞれ 7 回ずつ行った 1 ストローク走行実験から得られたデータから減速度を求めた結果である。

図表 4-100 から、すべてについて統計的有意差（5％水準）があるわけではないが、いずれの路面条件においても、駆動輪を前出し位置に取り付けたとき減速度は最も小さく、後出し位置のとき最も大きくなることが明らかである。したがって、駆動輪を前出し位置にしたほうが走行抵抗は小さくなり、その分走行操作性は向上するといってよい。

(3) 走行効率の重要性

当然のことながら、車椅子を動かすのに必要な力は小さいほうがよい。車椅子に限ったことではないが、物体を動かそうとするときには、必ず物体が動くのを阻止する力（抵抗力）が作用している。例えば、車椅子の動きを阻止する抵抗力としては、車椅子と使用（乗車）者全体の重量、車輪の転がり抵抗、車軸での摩擦力、路面の勾配などがある。

ところで、ある条件下で置かれている重量 100 N（約 10.2 kgf）の物体に 10 N（約 1.02 kgf）の力を加えたときその物体が動きはじめたとすると、そのときの抵抗力は 10 N であり、抵抗係数は 0.1（10/100）であるという。ここで、走行効率をよくする、すなわち抵抗力を小さくすることの重要性を理解するための試算をしてみる。

車椅子重量が 147 N（15 kgf）、使用（乗車）者の体重が 735 N（75 kgf）であるとし、タイヤの空気圧が少し減ったために抵抗係数が 0.007 であったとすると、そのときの抵抗力は $(147+735) \times 0.007 = 6.174$ N（0.63 kgf）である。すなわち、6.174 N（0.63 kgf）以上の力が加われば、この車椅子は動く。

次に、タイヤに空気を補充することによって空気圧を高め、抵抗係数が 0.006 に改善されたとすると、そのときの抵抗力は $(147+735) \times 0.006 = 5.292$ N（0.54 kgf）である。つまり、抵抗係数が 0.007 のときより 6.174 − 5.292 ＝

0.882 N（0.09 kgf）だけ小さい力でこの車椅子を動かせることになる。

ところで、重量を減らすことによっても、抵抗力を小さくすることができる。抵抗係数は0.007のままで、重量をどのくらいにすれば抵抗力を5.292 Nにすることができるであろうか。答えは5.292÷0.007＝756 N（77.1 kgf）である。すなわち、車椅子と使用（乗車）者の全重量を（147+735）＝882 N（90 kgf）から126 N（12.9 kgf）だけ減らして756 N（77.1 kgf）にすればよい。つまり、重量21 N（約2.1 kgf）の超軽量車椅子に乗り換えるか、もしくは使用（乗車）者が体重を735 N（75 kgf）から126 N（12.9 kgf）だけ減量して609 N（約62 kgf）にすればよい。可能性はあるであろうか。

以上の試算より、走行抵抗を小さくする、すなわち、走行効率を少しでも改善することによる効果の大きさが認識されるであろう。

(4) 車椅子走行操作負担に関係する要因

車輪は、2.3.1 の（1）において説明したように、非常に小さい力で転がり、移動することができる。したがって、車輪を使った用具である車椅子は、本来、楽に移動できる用具である。しかし、それには条件があり、路面が硬く平坦である必要がある。路面が軟らかかったり、凹凸があったり、勾配があったりすると、車椅子を走らせるための負担は大きくなる。そして、車椅子を走らせるときの操作負担は、走行速度、駆動輪の取付位置などによっても変わってくる。

(a) 走行速度と操作負担

車椅子にとって条件のよい平坦で硬い路面の場合には、速く走ってもゆっくり走っても、負担は小さい。しかし、絨毯など軟らかい路面、縦断勾配（スロープ）路面、横断勾配（片流れ）路面など、条件の悪い路面を走行する場合、操作負担はかなり大きくなる。しかも、速度が遅いと、負担はより大きくなる。このことは、実際に車椅子に乗って走行してみると実感できる。特に、縦断勾配路面で走行実験する

と、被験者は全員速く走行したほうが楽であるとコメントする。また、計測用車椅子による走行実験によってもこのことを確かめることができる（節末の工学的根拠その2、その3参照）。

(b) 片流れ路面における操作負担

車椅子にとっては、片流れ路面も滑らかな移動を阻害するバリアになる。片流れ路面を走行する場合は、左右のハンドリムに加える駆動力を不均衡にする必要がある。図表4-101は、計測用車椅子で勾配5％（約3°）の右片流れ路面上を直進維持走行したときの左右駆動輪の駆動力パターンと走行距離データの例である。図表4-101の例では、車椅子が右側（谷側）に流されるのを防ぐために、左側（山側）の駆動輪には後退方向の駆動力すなわちブレーキをかけながら走行していることがわかる。

車椅子で片流れ路面を走行する場合、走行速度だけでなく駆動輪取付位置も、走行操作しやすいか否か（操作負担の大小）に影響する。駆動輪取付位置を変えることができる車椅子（図表4-102）を使って、実際に片流れ路面を走ってみると（図表4-103）、駆動輪を前出し位置にすることにより走行操作しやすさがかなり改善することが実感できる。このことは、計測用車椅子による走行実験によっても具体的な数値で確かめることができる（節末の工学的根拠その4参照）。

片流れ路面において、駆動輪取付位置によって走行操作性の違いが生じる理由は次のように説明することができる。

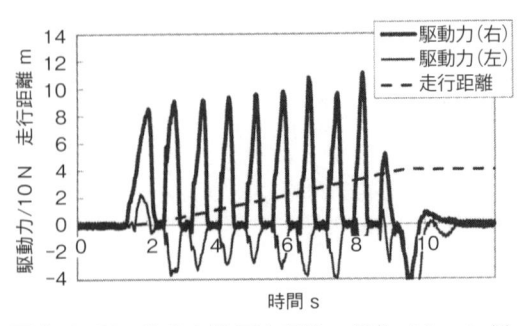

図表4-101　片流れ路面走行時の操作パターン例

図表 4-102（a） 駆動輪位置が変えられる車椅子の例 （1）前出し位置

図表 4-102（b） 同上 （2）標準位置

図表 4-103 片流れ路面での走行実験

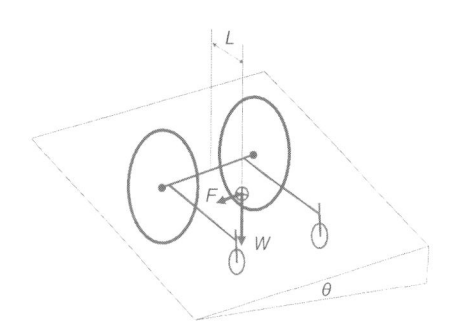

図表 4-104 片流れ路面上の車椅子（模式図）

片流れ勾配 θ の路面上を車椅子が走行している状況は、模式的に図表4-104のように示すことができる。重心が左右駆動輪車軸を結ぶ直線から L の位置にあるとすると、重力によって、車椅子を旋回させる式（4-14）のようなモーメント M が発生する。

$$M = W \cdot L \cdot \sin \theta \qquad (4\text{-}14)$$

モーメント M によって、車椅子は右駆動輪の接地点を中心に谷側のほうに旋回しようとする。この旋回モーメントが車椅子にとって走行を阻害する要因になる。直進するには、その阻害要因を打ち消すようにしながら前進方向に駆動しなければならない。

次に、式（4-14）の L は、駆動輪を前出し位置にすると小さくなり、抵抗となる旋回モーメント M も小さくなる。後出し位置にするとその逆になる。したがって、片流れ路面でも、駆動輪を前出し位置にしたほうが負担率は小さくなり操作しやすくなると考えることができる。

(5) 車輪配置と操作性

車輪配置は、ハンドリムの操作性にも影響することが考えられる。図表4-105は車椅子の駆動輪位置とハンドリム操作域の違いを模式的に示したものである。

駆動輪を前出しにすると（図表4-105（c））、使用（乗車）者に近づくことになるので、手がハンドリムに届く範囲が広くなることが容易に想像できる。また、駆動輪を前出しにすることにより、車椅子の全長は短くなり、それに伴い旋回スペースが小さくなるので、使い勝手も向上すると考えられる。

ところで、駆動輪位置の違いによって、ハンドリムに手が届く範囲だけでなく、操作性に違いがあるか否かも重要である。このことは、以下のような簡単なハンドリム駆動操作実験によって検証することができる。

車椅子のフットサポートに例えばプッシュ・

図表 4-105（a） 駆動輪位置によるハンドリム操作域の違い （1）後出し位置

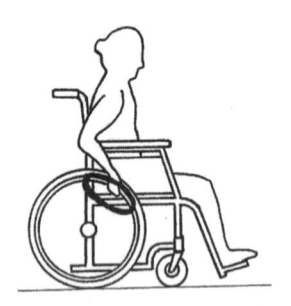

図表 4-105（b） 同上　（2）標準位置

図表 4-105（c） 同上　（3）前出し位置

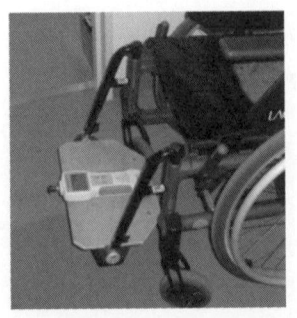

図表 4-106　プッシュ・プル・ゲージ（駆動力計測装置）

図表 4-107　ハンドリム駆動力計測

プル・ゲージ（駆動力計測装置）を取り付ける（図表 4-106）。車椅子を、プッシュ・プル・ゲージが前面の壁に軽く触れる状態に設置する。被験者は車椅子に乗り、ハンドリム円周上のいろいろな箇所に手を置いて、ハンドリムを前進方向に最大限の力で漕ぐ（図表 4-107）。そのときのプッシュ・プル・ゲージの値（ディジタル表示）を記録する。同時に側方遠方よりカメラで映像を記録し、手がハンドリムを握っている箇所を特定する。なお、車椅子の駆動輪取付位置はいろいろに変更することが可能であり、駆動輪車軸を標準位置（ほぼシート面後端部）および前出し位置（標準位置より 90 mm 前方）に設定してデータを収集している。

被験者は以下に示す健常者 3 名である。
　被験者 A：女性 22 歳、身長 165 cm・体重 549 N（56 kgf）
　被験者 B：男性 61 歳、身長 172 cm・体重 706 N（72 kgf）
　被験者 C：男性 40 歳、身長 173 cm・体重 745 N（76 kgf）

ハンドリム駆動位置と最大駆動力の関係を図表 4-108〜4-110 に示す。なお、ハンドリム駆動位置は、ハンドリム頂点を 12 時として、時計の文字盤と同様の表示としている。

図表 4-108〜4-110 から、3 名の被験者ともに、駆動輪を前出し位置にしたほうが発揮できる駆動力は大きくなっている傾向が見られる。特に、12 時〜14 時の間での駆動輪前出し位置

の優位性が顕著である。このことは、駆動輪を前出し位置にすることにより、ハンドリムの操作性も向上するということを示唆している。

ただし、駆動輪を前出しにすることによる欠点もある。後出しのときとは逆に重心が駆動輪の近くに移動するので後方転倒しやすくなる。したがって、操作能力が十分でない人が駆動輪を前出しにした車椅子を使用する場合は後方転倒防止装置を取り付ける必要がある。

2.3.3 車輪アライメントと走行性能

(1) 車輪アライメント

車輪アライメントとは車軸の取付位置や角度と車輪相互の位置関係を示すものであり、車椅子の走行性能に影響する。車輪アライメントに関する名称と定義は前掲（p. 111-112）図表4-42、4-43を参照いただき、ここでは簡単に図表4-111にまとめておく。

(a) トウ角

車輪の取付アライメントが適正でないとトウ角がつくことがある。トウ角とは図表4-112に示すように、車椅子の前後方向に対する車輪の傾き角のことである。車輪の前方が車椅子中心線に近づいている場合はマイナスのトウ角あるいはトウ・イン、逆の状態はトウ・アウトと呼ばれる。

車椅子駆動輪にトウ角がついていると、駆動輪には横滑り角（前掲（p. 122）図表4-81）が生じ、そのため常にコーナリング・フォース（前掲（p. 123）図表4-82）が発生していることになる。したがって、その分推進力が損失し、車椅子の走行性能が低下する。駆動輪にトウ角がついてしまう状況は、駆動輪車軸取付部にガタが生じたり、車椅子フレームが変形したりし

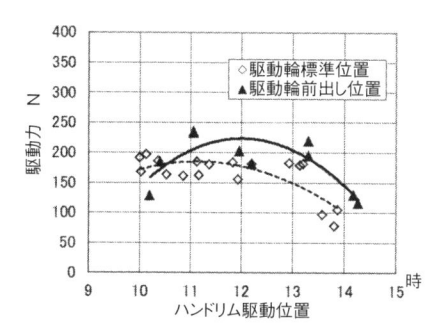

図表4-108　ハンドリム駆動位置と駆動力の関係
　　　　　(1) 被験者A

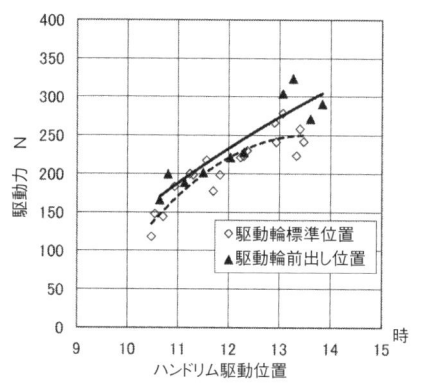

図表4-109　同上　(2) 被験者B

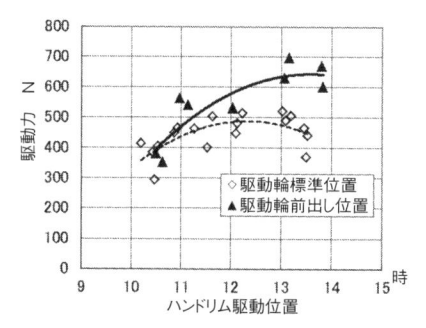

図表4-110　同上　(3) 被験者C

図表4-111　車輪アライメントの用語

名称	内容
キャスタ角	矢状面におけるキャスタ軸の傾き
キャスタオフセット	キャスタ軸と車輪軸の水平距離
キャスタトレール	キャスタ軸を延長して地面と交差する点とキャスタの接地点間距離
キャンバ角	前額面における駆動輪のなす角度
トウ角	水平面における駆動輪のなす角度
ホイールベース	前輪接地点と後輪接地点の前後距離
トレッド	左右の車輪接地点間距離

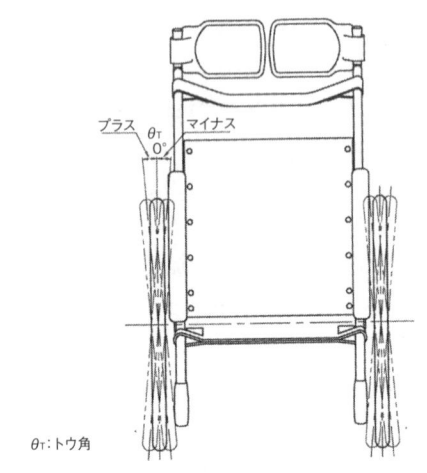

図表 4-112 トウ角（出所：JIS T 9201：2016）

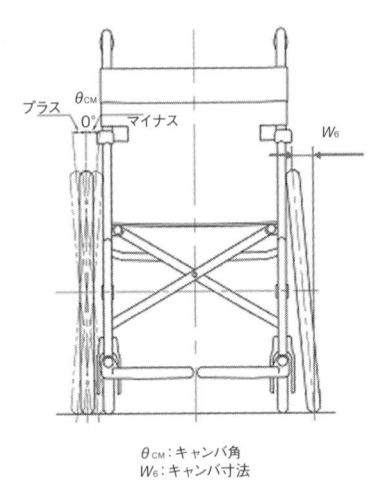

θ_T：トウ角

図表 4-113 キャンバ角（出所：JIS T 9201：2016 を改変）

θ_{CM}：キャンバ角
W_6：キャンバ寸法

たときに起こりうる。また、車椅子フレームの剛性が低いと、使用（乗車）者の体重によりフレーム全体がゆがみ、駆動輪にトウ角がついてしまうことも十分考えられる。いずれにしても、車椅子にとってトウ角は走行性能を低下させるだけで何らよい点はないということを知っておく必要がある。

駆動輪にトウ角がついていると車椅子の走行にどのような悪影響が出るかについては、計測用車椅子による走行実験から得られたデータ（節末の工学的根拠その5）があるので参照されたい。

(b) キャンバ角

ところで、車輪のアライメントとしてはキャンバ角も考えられる。車椅子を真正面から見たときの駆動輪の鉛直線に対する傾きをキャンバ角という（図表4-113）。車輪の頂点が車椅子側に傾いている場合をマイナス、その逆をプラスのキャンバ角と定義している。

車椅子の駆動輪にマイナスのキャンバ角をつけることがある。車椅子駆動輪にマイナスのキャンバ角をつけることによって走行効率の低下は生じないのであろうか。

車輪にキャンバ角がついても横方向の力（キャンバ・スラストと呼ばれる）が発生する。しかし、キャンバ・スラストはコーナリング・フォース（図表4-82）の1/10程度（前掲（p.123）図表4-85）であり、走行効率への影響は非常に小さい。

駆動輪にマイナスのキャンバ角をつけるのは、車椅子の側方安定性が増す、駆動輪つまりハンドリムの上部が使用（乗車）者の身体に近づくので操作しやすくなる、その場旋回しやすくなるといった利点を利用するためである。ただし、左右駆動輪最下部の間の距離は増大するので、車椅子の全幅が大きくなり、狭い出入り口を通り抜けづらくなることも考えられるので注意する必要がある。また、プラスのキャンバ角がつくと、ハンドリム操作がしづらくなり、走行安定性も低下してしまうので、それは避けなければならない。

(2) 旋回性能

(a) キャスタ角とキャンバ角

キャスタ角とキャンバ角の変化により旋回開始時の駆動トルクの値が変化する。キャンバ角が同じならキャスタ角がマイナスのときが小さく、マイナスのキャンバ角をつければ、さらに小さくなる。旋回開始時の駆動トルクが小さくなるということは、それだけ旋回を始めやすくなるということである。

図表4-114はその場旋回時の駆動トルクと

キャスタの首振り角度の関係を、こぎ始めからの時間経過で示したものである。首を振りはじめてから旋回内側のキャスタが外側よりも急に首を大きく振るときに大きな駆動トルクを必要としている。この理由をわかりやすく説明するために図表4-115をみていただきたい。

この図は車椅子フレームの旋回とキャスタの首振り角度の様子を模式的に示したものである。図中Cは左側駆動輪の接地点であり、その先端に左のキャスタ、右側に右のキャスタがついている。この図ではフレームが5度旋回するまでの間に、旋回内側（左）のキャスタは車輪が回転せずキャスタ軸がほぼ真横に車輪を床にねじりつけられながら首を振る。このとき駆動トルクは最大となる。

キャスタ角をマイナスにすると同じキャスタオフセットでもキャスタトレールを大きくでき、プラスのキャスタ角ではキャスタトレールが小さくなる。キャスタトレールが大きいと、キャスタ輪の摩擦に対してそれをねじるための腕が長くなるため小さい駆動トルクで旋回を始動できる。ちなみに通常のキャスタでは50mm程度のキャスタオフセット（＝キャスタトレール）が標準である。あまり長いと車椅子の旋回時に足部や回りのものにぶつかりやすく実用的ではない。また、小さすぎるとキャスタシミーが起きやすく危険である。

キャスタ角がマイナスのとき、車椅子旋回始動時のトルクが小さいのは、図表4-116による。ここでキャスタ軸の高さが変わらないと仮定すると、キャスタが首を振ることによってキャスタ輪が床から浮き上がることになる（①→②→③→④）。しかし、実際にはキャスタ輪が常に床に接しているからキャスタ軸の高さが低くなることになる。したがって、キャスタが直進状態（①）から少しでも首を振るとキャスタに加わる荷重の影響により、④まで勝手に首を振ろうとする動きになる。このため車椅子の旋回始動時には楽になるが、そこから逆方向に旋回するときは重く感じることになる。また、

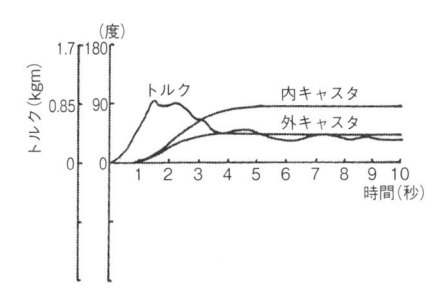

図表4-114 駆動トルクとキャスタの首振り角度
（出所：『第4回日本リハビリテーション工学協会車いすSIG講習会テキスト』）

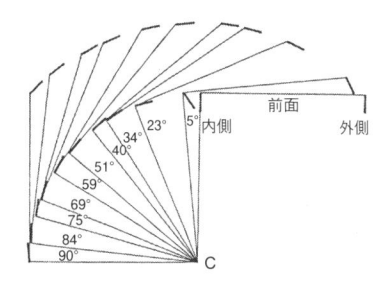

図表4-115 首振り角度の様子（出所：図表4-114に同じ）

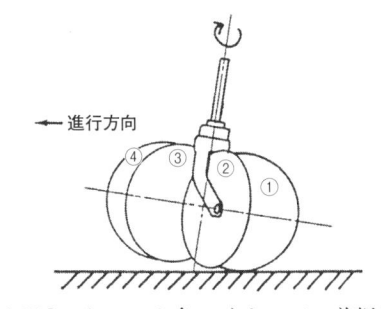

図表4-116 キャスタ角マイナスでの首振りの様子（出所：図表4-114に同じ）

キャスタ角が大きすぎると旋回のきっかけを作った後は車椅子が勝手に動くという現象も起こる。

これらのことから、キャスタ角はできるだけないほうがよい。特にプラスのキャスタ角があると、キャスタトレールの減少に伴い走行中のキャスタシミーが発生しやすくなるため、避けなければならない。

キャスタアライメントの違いによるキャスタ

図表 4-117　キャスタアライメントによるトレール値と走行性の変化（出所：図表 4-114 に同じ）

	マイナス	0度	プラス
キャスタ角	マイナス	0度	プラス
キャスタオフセット（CO）	CO=CT⁻	CT⁰	CO=CT⁺
オフセット値	大	基準	小
キャスタトレール値（CT）	CT⁻	＞ CT⁰ ＞	CT⁺
旋回性		＞	旋回しにくい
直進性	直進しにくい	＜	
キャスタシミー	起きにくい	基準	起きやすい

トレール値の変化と走行性への影響を図表4-117にまとめておく。

　マイナスのキャンバ角をつけると旋回始動トルクが小さくなる。図表4-118と図表4-119は各車輪の接地点の状態を模式的に示し、それぞれ左側駆動輪の接地点を中心に車椅子を旋回させたときの様子を示したものである。これによると、キャンバ角をつけるとキャスタ接地点より駆動輪接地点が旋回内側に位置し、角度θ_{L0}よりθ_{L1}が大きく、図表4-115でフレームを5度旋回させたあたりから旋回を始めるのと同じ効果が得られるものと思われる。キャンバ角を大きくすればさらにその効果は大きくなる。

　また、キャンバ角をつけるとキャンバスラストという中心向きの力が働くが、このキャンバ

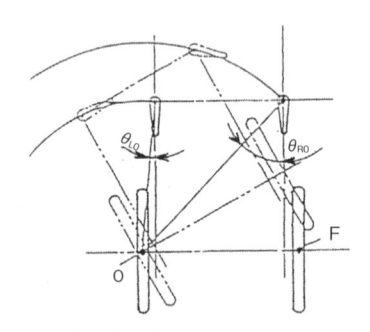

図表 4-118　標準状態（出所：図表 4-114 に同じ）

スラストも旋回しやすくなる要素であり、キャンバ角のついた車椅子は走行中に片側駆動輪の回転を止めるだけで簡単に旋回できる。

　図表4-120はホイールベースを長くした様子であるが、θ_{L2}はθ_{L0}よりも小さくなり、車椅

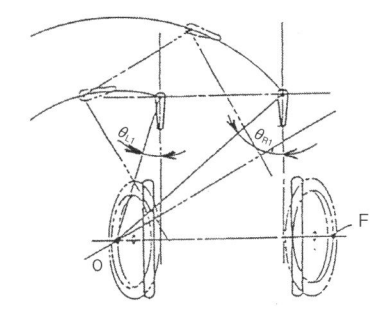

図表4-119 キャンバ角をつけた状態（出所：図表4-114に同じ）

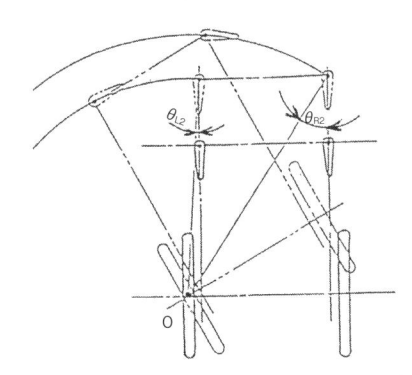

図表4-120 ホイールベースを長くした状態（出所：図表4-114に同じ）

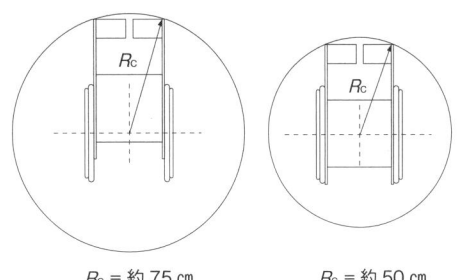

図表4-121 旋回半径の比較（出所：『第20回日本リハビリテーション工学協会車いすSIG講習会テキスト』）

R_c = 約75 cm　　R_c = 約50 cm

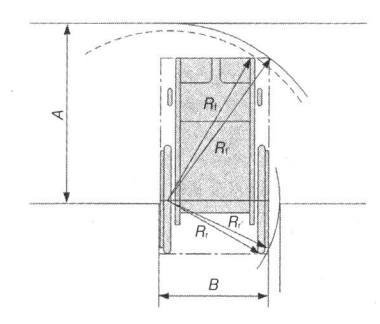

図表4-122 直角コーナーと車椅子の大きさの関係（出所：『車いす・シーティング』）

子旋回に大きな力が必要だと推測できる。

(b) 旋回半径

車椅子が4輪接地のまま旋回する場合の最小旋回半径は、左右の駆動輪軸を結んだ線の中点から車椅子の最遠端までの距離になる（図表4-121左）。したがって駆動輪車軸位置が前方にあるほうが最小旋回半径は小さくなり、6輪車椅子のように駆動輪を車椅子の中央付近まで前出しした中輪駆動式車椅子の最小旋回半径は一般的な車椅子の2/3程度になる（図表4-121右）。

車椅子の旋回性は小回り性にも関連し、直角に曲がる廊下の通過や廊下から直角に曲がって進入する部屋の入口などへのアプローチに影響する。車椅子の水平面形状が長方形だと仮定して通過できる最小幅の直角コーナーを考えると、図表4-122のように進入先の最小幅Aは駆動輪接地点から前方遠位までの対角線長（R_f）、進出側の最小幅Bは駆動輪接地点から後方遠位までの対角線長（R_r）に近似する。この場合も中輪駆動式車椅子は通過できる直角コーナーの幅が小さくなり小回り性がよい。

(3) 重心位置と荷重

前後の車輪と重心の位置関係によって図表4-123に示すように荷重のかかる割合が変化する。転がり抵抗は車輪径が小さいほうが大きいので、図表4-123の右図のようにキャスタの荷重が少ないほうが転がりやすくなる。ここで車輪を下から支えている矢印の大きさは荷重の大きさを示す。

ホイールベースの大きさと荷重の関係は図表4-124のようになる。駆動輪に対する重心の前後位置が同じとき、図表4-124右のようにホイールベースを小さくしてキャスタを重心に近づけるとキャスタにかかる荷重が大きくなり転

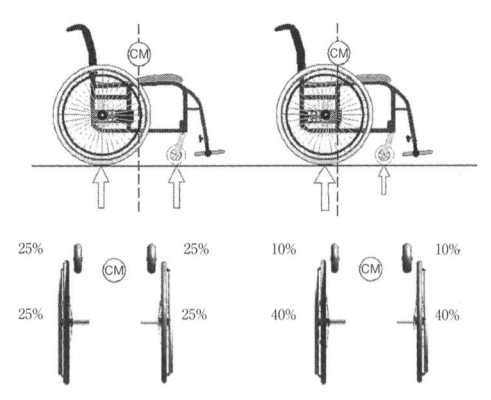

図表 4-123 車輪と荷重の前後位置関係による車輪への荷重の大きさ（CM は重心）（出所：『エルゴノミック・シーティング』）

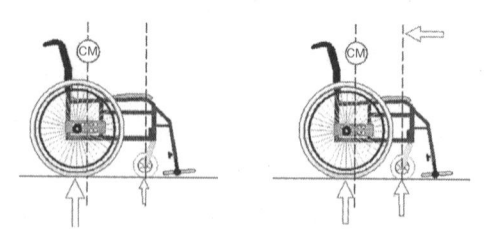

図表 4-124 ホイールベースと荷重（CM は重心）（出所：図表 4-123 に同じ）

がりにくくなる。

（4）空気圧と転がり抵抗

車椅子を走行させると進行方向に推進力、逆向きに走行抵抗が働く。車椅子の走行抵抗には転がり抵抗、機械抵抗（内部抵抗）、空気抵抗などがあるが、転がり抵抗が最も影響する。

車椅子をある速度で走行させるために必要な力 F は次式で表される。

$$F = R \cdot v \qquad (4\text{-}15)$$

ここで、R は走行抵抗、v は速度である。

したがって、小さな力で車椅子を駆動するためには走行抵抗か速度を小さくすればよい。ここでは走行することが目的なので、走行抵抗軽減が車椅子を楽に動かすための手段になる。

また、転がり抵抗 R_r は次式で表される。

$$R_r = W \cdot \mu \qquad (4\text{-}16)$$

ここで、W は車椅子の重量＋使用（乗車）者の体重、μ は転がり抵抗係数である。

転がり抵抗係数は床面の状態、車輪直径の大きさ、接地面積の大きさ、タイヤの空気圧などによって変化する。例えば床が軟らかい場合や凹凸がある場合は転がり抵抗係数が大きくなり、車輪径が小さくなるほど、また接地面積が大きくなるほど転がり抵抗係数は大きくなる。タイヤの空気圧が小さくなるだけでも転がり抵抗係数は大きくなる。

転がり抵抗を小さくするには車椅子を軽くするか転がり抵抗係数を小さくすればよいが、10〜15 kg 程度の車椅子を数キログラム軽くする設計には限度があり、そこだけに目を向けすぎるとフレームの剛性や強度が小さくなり、逆効果となる。ここではタイヤの空気圧による転がり抵抗係数の違いを例にして考えてみる。

図表 4-125 に示したタイヤ空気圧と転がり抵抗係数の例と式（4-16）を使ってまとめた、空気圧と車椅子重量および転がり抵抗の関係を図表 4-126 に示す。A と B とでは空気圧が違うため転がり抵抗係数が異なり、同じ体重で同じ車椅子重量でも転がり抵抗が違ってくる。

ここで C の例は、A と同じ転がり抵抗で B と同じ空気圧（転がり抵抗係数）とし、体重が変わらないとしたものだが、このとき車椅子重量は 37.5 kgf 増えている。つまりこの例では、転がり抵抗係数 0.003 の差が車椅子重量 37.5 kgf 分に相当するということになる。車椅子の走行抵抗を考えるとき、転がり抵抗係数が大きな要因になることがわかっていただけたであろう。

（5）まとめ

以上述べたように、車椅子の走行性能にはさまざまな要因が関与する（図表 4-127）。要因ごとに改善を図ることで車椅子は軽く動くようになる。

図表 4-125　タイヤ空気圧と転がり抵抗係数の例

空気圧（kgf/cm²）	転がり抵抗係数
1.0	0.009
2.0	0.007
3.0	0.006

図表 4-126　タイヤ空気圧、車椅子重量と転がり抵抗の関係

	A	B	C
空気圧（kgf/cm²）	1.0	3.0	3.0
転がり抵抗係数	0.009	0.006	0.006
使用(乗車)者体重（kgf）	60	60	60
車椅子重量（kgf）	15	15	52.5
転がり抵抗（kgf）	0.675	0.45	0.675

図表 4-127　走行性に関与する要因

要因	車輪の転がり抵抗 大	車輪の転がり抵抗 小
車輪直径	小さい	大きい
タイヤ空気圧	低い	高い
タイヤ材料	柔らかい	硬い
接地面積	広い	狭い

要因		車椅子の走行抵抗 大	車椅子の走行抵抗 小	
車輪アライメント	駆動輪位置	後	前	※1
	ホイールベース	短い	長い	※2
フレーム	剛性	低い	高い	
人と車椅子の合成重心		前	後	※3

要因		車椅子の旋回性 悪	車椅子の旋回性 良	
人と車椅子の合成重心		前	後	※3
車輪アライメント	駆動輪位置	後	前	※1
	キャンバ角	プラス	マイナス	
	ホイールベース	長い	短い	
フレーム	剛性	低い	高い	

※1：後輪駆動の場合。
※2：駆動輪位置は同じとする。
※3：合成重心が後ろの場合、後方への安定性は低下する。

工学的根拠

【その1】 計測用車椅子

手動車椅子は、使用（乗車）者が駆動輪に取り付けられたハンドリムを手で回すことにより推進させられる。使用者の手によってハンドリムに加えられた力と駆動輪の回転数が計測できれば、それらのデータから、車椅子の走行特性や操作負担を定量的に評価することができる。

付図4-A は、ハンドリム駆動力と回転数を計測することができる計測用車椅子である。ハンドリムにはトルク変換器（共和電業製 TPR-S-100 NMS 22）が取り付けられている。また、駆動輪車軸にはロータリ・エンコーダ（分解能 2000 P/R）が内蔵されており、車椅子走行時の駆動輪の回転数を計測することができる。駆動輪直径は 600 mm であり、キャスタ輪はいろいろな直径のものを取り付けることができるようになっている。このトルク変換器およびロータリ・エンコーダ付き駆動輪はいろいろな車椅子フレームに着脱可能である。

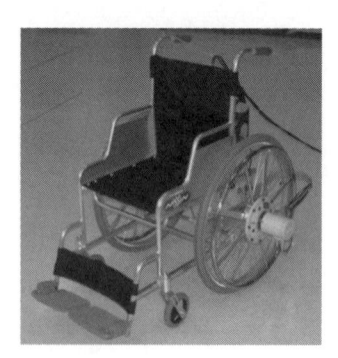

付図 4-A　計測用車椅子

【その2】 車椅子操作負担の評価尺度

付図 4-B は計測用車椅子によって得られた駆動力と走行距離のデータの例である。車椅子を走行させるときの操作負担は、駆動力グラフと時間軸で囲まれた部分の面積を評価指標とするのが妥当である。この面積は、力学では運動量と呼ばれている。

付図 4-B のような車椅子走行データについて、1周期ごとに労力（運動量）と走行距離を計算し、それらを順次積算してみると付図 4-C のようなグラフが得られる。付図 4-C は水平硬路面および毛足 14 mm の絨毯路面を 7 回ずつ走行したときのデータから各試験走行について、走行距離と運動量を計算してグラフにした例である。

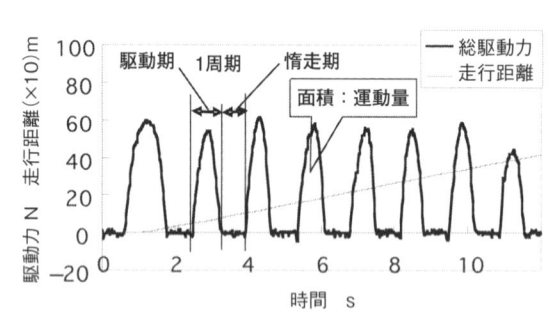

付図 4-B　計測用車椅子から得られたデータ例

付図 4-C のグラフはほぼ直線であり、走行距離と労力は比例していることがわかる。したがって、この直線グラフの傾きは、車椅子で 1 m 走行するのに必要な労力を表している。つまり、この直線グラフの傾きが小さいほど車椅子で走行するのが楽であるということである。筆者・米田は、このグラフの傾きを負担率と定義して車椅子走行操作負担の定量評価指標としている。

付図 4-C から、水平硬路面においては各試験走行について負担率（直線の傾き）はほぼ一定であるが、毛足 14 mm の絨毯路面では各試験走行ごとに負担率が異なっている。これは、走行抵抗が大きい路面において

(a) 水平硬路面

(b) 絨毯路面（毛足 14 mm）

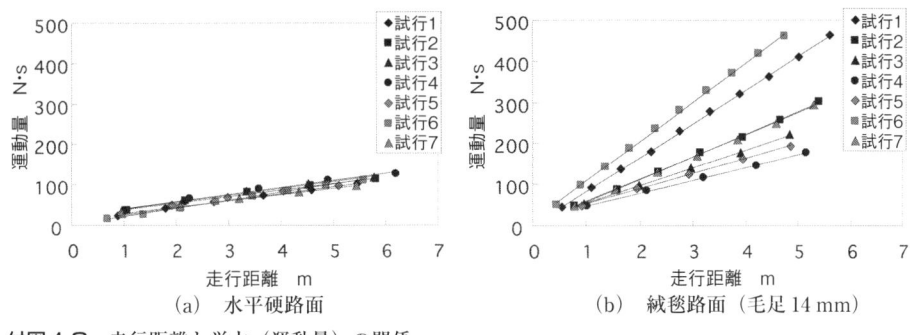

付図 4-C　走行距離と労力（運動量）の関係

は、走行速度によって負担率が変わるためである。

【その3】　各種路面による負担率の違い

　付図 4-D は、水平硬路面、毛足 4.5 mm 絨毯（短毛絨毯）、毛足 14 mm 絨毯（長毛絨毯）、各種勾配スロープにおいて、計測用車椅子でいろいろな速度で7回ずつ試験走行し、負担率および平均速度を求めてグラフにしたものである。付図 4-D から、走行抵抗が非常に小さい水平硬路面では、走行速度による負担率の違いはないが、絨毯路面やスロープなど走行抵抗が大きい路面では、走行速度が小さいと負担率が大きくなり、走りにくくなることがわかる。

　走行抵抗が大きい路面、特にスロープや横断勾配（片流れ）路面（その4参照）などでは、被験者全員が「速く走ったほうが通り抜けしやすい」とコメントしている。したがって、負担率が、操作性を評価する指標として妥当であるということができる。

　ところで、負担率の単位は N・s/m である。この単位は力を速度で除した単位と等価である。このことは、手動車椅子を走行操作するときの駆動力が F、走行速度が V であったとすると、走行操作のための労力（負担） R は、以下の形の式で表されることを示唆している。

$$R = \frac{F}{V}$$

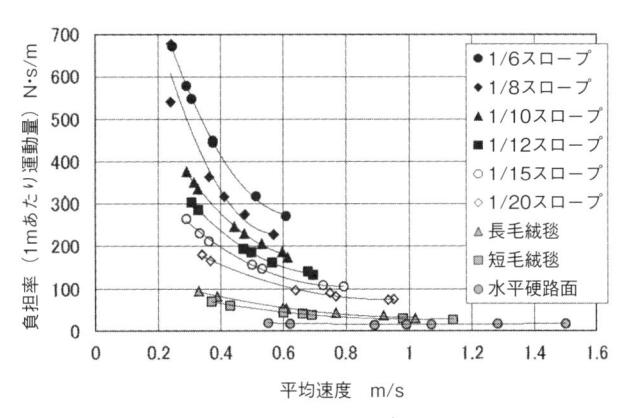

付図 4-D　各種路面における走行速度と負担率の関係

【その4】　横断勾配（片流れ）路面における負担率

　付図 4-E は、男性健常者（質量 70 kg；体重 686 N）が計測用車椅子（質量 25 kg；重量 245 N）に乗って、駆動輪を標準位置、前出し位置、後出し位置にして、5%の右横断勾配（片流れ）路面を、いろいろな速度で7回ずつ走行したときのデータから負担率を求めたものである。比較のため、水平硬路面を3通りの駆動輪位置条件で走行したときの負担率も示してある。

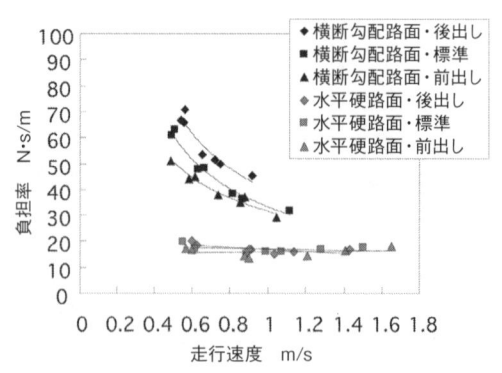

工学的根拠

付図 4-E　横断勾配（片流れ）路面走行時の負担率

横断勾配（片流れ）路面においては、駆動輪を前出し位置にし、走行速度を大きくすると負担率が小さくなり、走りやすくなることがわかる。

【その5】　トウ角による操作負担の増大

付図 4-F は計測用車椅子の左右駆動輪に 1.8°のトウ・イン角をつけて水平硬路面および絨毯路面を走行したときの負担率の例である。駆動輪車軸取付位置は標準である。比較のため、アライメントが適正な場合の負担率も示してある。

付図 4-F から、駆動輪にトウ角がつくと水平硬路面においてもかなり負担率が増大することがわかる。そして、水平硬路面、絨毯路面ともに速度が小さいほど負担率が大きくなり、走行操作しにくくなることがわかる。

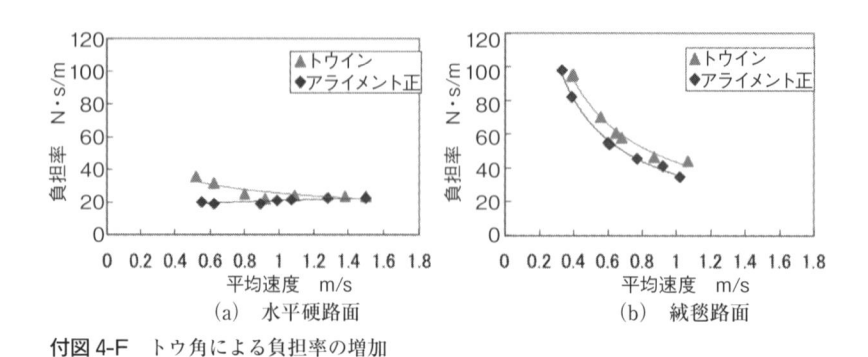

(a)　水平硬路面　　　　(b)　絨毯路面

付図 4-F　トウ角による負担率の増加

【その6】　遅く走ると負担率が大きくなる理由

付図 4-D、付図 4-E、付図 4-F をみると、水平硬路面では走行速度にかかわらず負担率はほぼ一定であるが、絨毯路面、スロープ、横断勾配（片流れ）路面などでは、速度を大きくしたほうが負担率は小さくなっていることがわかる。付図 4-F では、駆動輪にトウ角がつくと、やはり速度を大きくしたほうが負担率は小さくなっている。すなわち、走行抵抗が大きい路面では、走行速度を大きくしたほうが負担率が小さくなり、走りやすくなるということである。この理由は以下のように説明できる。

まず、走行速度によって駆動パターンが違ってくることと関係がある。付図 4-G、付図 4-H は、走行実験データから、それぞれ走行速度と最大駆動力、走行速度と駆動期時間の関係を求めたものである。速度を上げると駆動力は大きくなり（付図 4-G）、駆動期の時間は短くなる（付図 4-H）ことがわかる。つまり、走行速度が大きいと、駆動力のパターンは、速度が小さいときに比べて駆動の波形は急峻になる。このことを模式的に表すと、付図 4-I のようになる。

ここで、付図 4-I (a)、(b) の運動量（駆動力グラフの面積）および走行抵抗は等しいとする。付図 4-I に

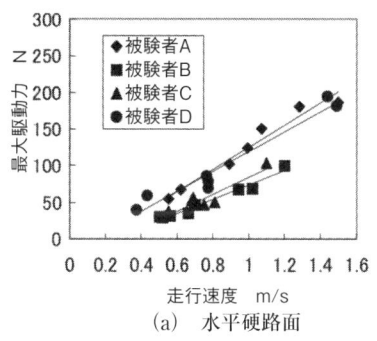

付図4-G　走行速度と最大駆動力の関係
(a) 水平硬路面
(b) 絨毯路面

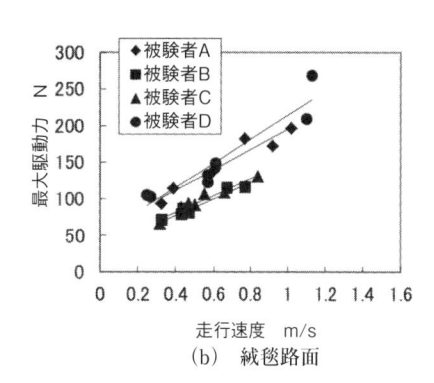

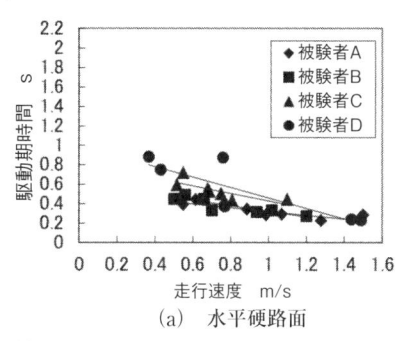

付図4-H　走行速度と駆動期時間の関係
(a) 水平硬路面
(b) 絨毯路面

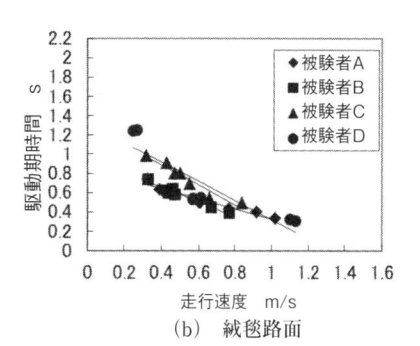

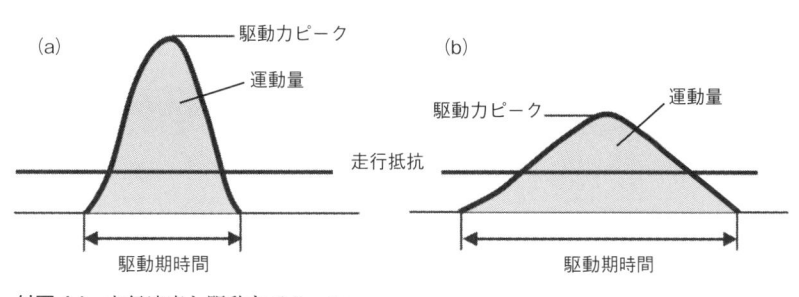

付図4-I　走行速度と駆動力パターン

示した波形の駆動力のうち、走行抵抗より低い部分は走行抵抗に打ち消されるので、車椅子の推進力として使われるのは走行抵抗より高い部分である。したがって、同じ運動量であれば、駆動力を大きくし駆動期時間を短くする、つまり速度を大きくする駆動パターンのほうが、走行抵抗により打ち消される駆動力の部分（付図4-Iの走行抵抗により切り取られる駆動力波形の面積）が少なくなる。走行抵抗がかなり大きい路面においては、走行速度が小さい操作パターンにすると、ハンドリムに駆動力を加えているにもかかわらず、手動車椅子がまったく進まないという状況もありうる。

　以上のことより、手動車椅子で移動する場合、絨毯路面、スロープ、横断勾配（片流れ）路面など走行抵抗が大きい路面環境においては、走行速度を大きくする操作パターンのほうが負担率は小さくなることが説明できる。また、走行抵抗がかなり小さい場合は、走行抵抗に打ち消される駆動力の割合が小さくなり、駆動パターンによる負担率の違いは小さくなる。このことは、走行抵抗が非常に小さい水平硬路面においては走行速度にかかわらず負担率がほぼ一定（付図4-D）になることの説明になる。

3. 電動車椅子

身体特性や環境条件によって手動車椅子の自走が難しい場合でも、移動獲得への可能性を与えるのが電動車椅子である。そして、移動だけではなく座位変換を使用者自身で行える可能性をもたらすことができる。すなわち、使用者が自立的な生活を実現できるかどうかの鍵を握る用具といえる。また、発達期の児童の場合は、移動の機会が多くなることで知的発達や運動発達にも大きな影響があるといえよう。

このような電動車椅子の有効活用を目指すには、まず車体構造や操作装置などの種類や機能、特性を理解したうえで、これらの適用や工夫を検討していくべきである。それらについて解説する。

3.1 種類と機能

電動車椅子が使用者の身体能力や生活に適合していない場合には、効果的に活用できないばかりでなく、二次障害をもたらす危険性もある。

適合のためには、どのような生活の実現のため、いつどこでどのように活用するのかを考えたうえで、使用者の身体特性および使用環境を把握し、姿勢・移動・移乗といった車椅子の基本機能別に求められる条件を整理すべきである。そして、この条件の具現化に向けて、車体（駆動部）、座位変換機構と姿勢保持、操作装置などの検討を進めるが、それらの種類や機能、工夫の可能性について理解しておくことが重要となる。

図表4-128 JIS（T 9203：2016）による電動車椅子の形式分類（出所：JIS T 9203：2016を改変）

	形式分類	説　明
自操用	標準形	自操用電動車椅子で、前2輪、後2輪の四輪で構成したもので、駆動方式は限定しない。身体支持部のうち、シート、バックサポートおよびフット・レッグサポートは、任意に角度が変えられない機構で、主に操作方式はジョイスティック方式とする。なお、パワーステアリング機構を装備したものを含む。
	ハンドル形	操舵を直接ハンドル操作の使用によって行う自操用電動車椅子。3輪または4輪で構成したもの。
	座位変換形	座位の位置または姿勢変換を主目的にしている自操用電動車椅子。姿勢変換のためのリクライニング機構、リフト機構、スタンドアップ機構およびティルト機構を装備している。ただし、単純な座の旋回だけのものは含まない。
	室内形	室内での使用を主目的とした、自操用の電動車椅子。特別な座位保持装置は装備しない。また、座位変換機構はつかず、車輪数、各部の調節機構は限定しない。
	簡易形	手動車椅子に電動駆動装置または制御装置を取り付けた簡便な電動車椅子で、使用者が操作して使用するもの。
	特殊形	特殊な駆動方式または特別な用途の自操用電動車椅子。自操用標準形、自操用ハンドル形、自操用座位変換形、自操用室内形および自操用簡易形以外の自操用電動車椅子のすべてを含む。
介助用	標準形	3輪または4輪構成の電動車椅子で、介助者が操作して使用するもの。制御操作部は、後部に取り付けられている。ただし、操作方式は限定しない。
	簡易形	手動車椅子に電動駆動装置または制御装置を取り付けた簡便な電動車椅子で、介助者が操作して使用するもの。
	特殊形	介助用標準形および介助用簡易形以外のすべての介助用電動車椅子。

註：障害者総合支援法に基づく補装具の分類とは異なる。

本項では電動車椅子の座位変換機構や駆動方式、姿勢保持要素などについて解説する。

3.1.1　分類と名称

JIS（T 9203：2016）における電動車椅子の形式分類は、外観および用途によって図表4-128のように分類されている。このうち、自操用ハンドル形については、現在、「ハンドル形電動車椅子」として別のJIS（T 9208：2016）が規定されている。

また、自操用標準形について各部の名称を図表4-129に示す。

3.1.2　車体構造

前小項に示した各形式の車体構造について、座位変換機構や駆動方式などからみて整理し、種類と特徴を紹介する。

(1)　座位変換機構からみた種類と特徴

(a)　標準形

シートやバックサポート、フット・レッグサポートの角度が固定されている電動車椅子である。ただし、固定部品の取付位置などを調整することによって、各角度を数段階設定できるものが多い。

(b)　リクライニング機構

バックサポートを倒したり起こしたりできる機構で、起立性低血圧への対処や体圧状態の変化、生活のなかで必要な姿勢（移乗、排泄や更衣、胃瘻による栄養摂取など）や休息姿勢をとるために用いられる。

手動で介助者が操作するものと、電動で使用者が操作できるものがある。

このうち電動リクライニング機構は、バックサポートを倒すと連動してフット・レッグサポートが挙上（エレベーティング）し、バックサポート、シート、フット・レッグサポートがほぼ水平（フルフラット）になるまで可動するものが多い。したがって、連動してフット・レッグサポートを挙上させたくない場合や挙上の角度・タイミングを変更したい場合、また、

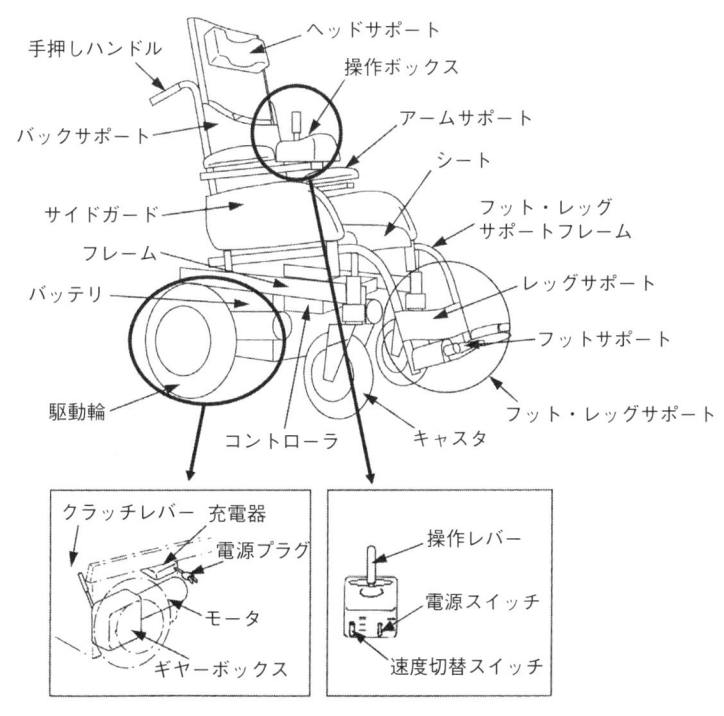

図表4-129　電動車椅子各部の名称（出所：車椅子・シーティング用語検討委員会『車椅子・シーティング用語集』を改変）

それぞれを独立して作動させたい場合などでは、標準とは別仕様の選択や工夫が必要となる。また、電動リクライニング用のアクチュエータがシート下に設置されている機種は標準形に比べてシート高が5cm程度高くなっているものが多く、移乗動作や生活環境への適応（テーブルや洗面台への進入や福祉車両への乗車など）に関して注意する必要がある。

ところで、リクライニング機構を用いて姿勢変換を何度か行うと、バックサポートの構造的な回転中心と身体の回転中心とのずれによって、座席（身体支持部）と身体の相対位置がずれ、姿勢が崩れてしまうという問題が起こる。最近ではこのずれを少なくするために、双方の回転中心を近づけるように工夫された機構や、バックサポートが連動してスライドすることでずれを抑制する機構（図表4-130）などが開発されている。

(c) ティルト機構

バックサポート、シート、フット・レッグサポートの角度を変えないで座席を一体化して傾けることができる機構（図表4-131）で、後傾だけでなく前傾できるものもある。この機構は、身体の各関節角度は変えずに倒れるため、座位変換を行っても身体位置がずれることはほとんどない（ただし、身体に対する重力方向の変化に伴い、若干のずれが生じる）。姿勢を崩さないで起立性低血圧への対処や体圧状態を変化させる場合や、移乗、走行操作、食事や書字などの場面に応じて座席の角度を調整する場合に用いるが、目的に応じた角度調整範囲をもつ機種を選択しなければならない。

(d) リクライニング・ティルト機構

先に紹介したリクライニング機構とティルト機構を組み合わせたものであり、自在な座位姿勢を形づくることができる。電動のリクライニング・ティルト機構の場合は、使用者自身が生活場面にあわせて、作業や休息の姿勢、起立性低血圧への対処、体圧状態の変化などを自在にコントロールできる。

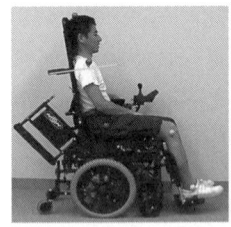

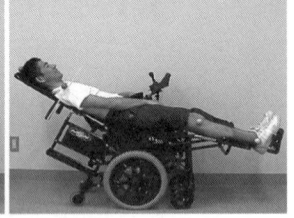

図表4-130 電動リクライニング機構（バックサポートがスライドし、ずれを抑制）

図表4-131 電動ティルト機構；傾けたところ

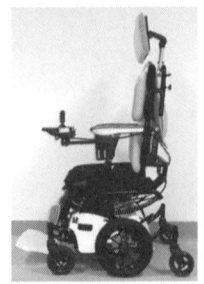

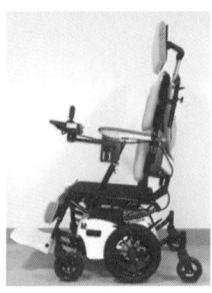

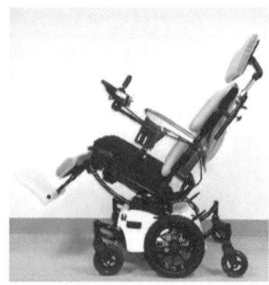

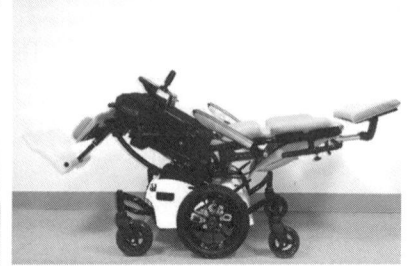

図表4-132 電動リクライニング・ティルト機構（ティルトに伴い座席が前方に移動するよう工夫され、安定性と旋回性を両立している）

リクライニング機構やティルト機構をもつ車椅子は、姿勢が変化しても安定性を維持できるように（転倒しないように）するため、ホイールベース（前輪と後輪の接地点間の距離）が大きくなり旋回性が劣ってしまうことが多いが、近年、座位変換機構の工夫により、座位変換時の重心移動を抑え、安定性と旋回性の両立を図っている機種が開発されている（図表4-132）。

(e) リフト機構

座席を電動で昇降できる機構である（図表4-133）。シートが通常の座面高から上昇できるものや床面に接した位置から80 cm程度まで変えられるものもある。この機構を用いてシート高を調整することによって、テーブル高さに合わせて作業をしやすくしたり、ベッドや便座の高さに合わせて移乗を容易にすることができる。また、普段「和の生活」を送っている場合、床面から電動車椅子に移乗するために、シートを床面まで下げて用いることもある。なお、シートが床面まで下げられる機種は、キャスタが駆動輪よりも外側に設置されていることが多く、狭所での移動や福祉車両への乗車など環境面での注意が必要である。

さらに、高さ方向の上肢の到達範囲を拡大して、より高位置での作業（自動販売機へのコイン投入やボタン選択、エレベータ内の高位置の操作ボタンを押すことなど）を可能とし、公共的環境での対応能力を拡げることができる。

フット・レッグサポートは座席の昇降と連動するもの（図表4-133（b））と、ベースフレームに設置され連動しないもの（図表4-133（a））があるので、用途に応じて選択をするべきである。

(f) スタンドアップ機構

シートやバックサポート、フット・レッグサポートがそれぞれ連動して作動し、座位姿勢から立位姿勢にまで変換する機構である（図表4-134）。下肢の骨格や筋への刺激、消化器官系の鉛直方向への刺激、足関節の適正化など医学的なメリットとともに、視線を他の人と合わせ

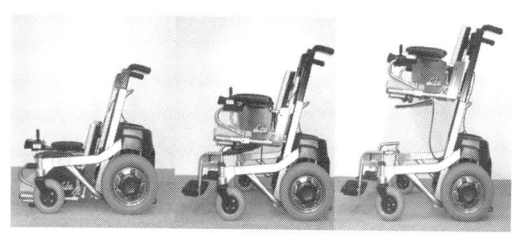

図表4-133（a） 電動リフト機構 (1) ベースフレームに固定されたフット・レッグサポート

図表4-133（b） 同上 (2) 座席の昇降に連動するフット・レッグサポート

図表4-134 スタンドアップ機構

られることや高所への上肢の到達など精神的、社会的メリットも期待できる。これを活用して就業している人もいる。

(2) 駆動方式からみた種類と特徴

(a) 後輪駆動方式

後輪が電動駆動することによって推進力を与える電動車椅子で、標準的なタイプである。進行方向は左右の駆動量の差によってキャスタ（前輪）の向きが変化することで決まるが、そのキャスタの動きを考慮して操作する必要がある。

第4章　用具の種類と機能

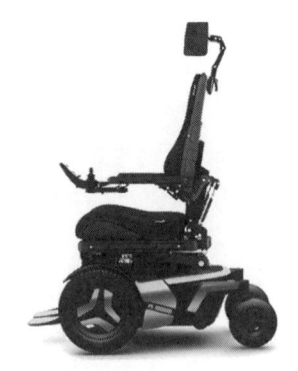

図表4-135　前輪駆動方式

図表4-136　中輪駆動方式

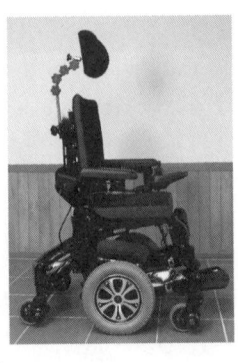

図表4-137　走破性能に長けた中輪駆動方式電動車椅子

図表4-138　全方向車輪（オムニホイール）

図表4-139　四輪駆動方式

(b)　前輪駆動方式

　前輪が電動駆動する方式の電動車椅子で、前輪が推進力を与えるため、段差乗り越えや登坂、悪路・斜面走行において有効である（図表4-135）。走行の方向決定性が高く、発進時のキャスタの向きの影響をほとんど受けずに走行でき、蛇行しにくい。これにより、キャスタの動きを考慮した走行操作が難しい使用者でも、走行操作できる可能性がある。さらに、車輪配置の特徴により、旋回半径は小さい。しかし、旋回中心は体幹位置より前方にあるため、旋回によって体幹が左右に振られることがあり、（慣れるまでは）違和感がある。また、前輪が大きいため移乗時に邪魔になる場合があるので、注意が必要である。

(c)　中輪駆動方式（6輪構造）

　駆動輪を重心や車体中心の近くに配置したものであり、運動損失を低減するとともに小回り性を得ることができる一方で、その場旋回してしまうため幅寄せ操作が難しくなる傾向がある（図表4-136）。後方安定性を確保するため、駆動輪の後方に転倒を防止するキャスタが取り付けられ、全体としては6輪構造となっている。その機構によっては、登坂路への進入時や悪路において、前後のキャスタのみが接地して駆動輪が浮いてしまい走行不能となることがあるので注意が必要である。

　一般的には、屋内や制限のある移動空間での活用が効果的と考えられるが、各機種の特性

（旋回性、走破性など）に応じて活用するとよい。例えば、図表4-137に示す機種では、前後のキャスタを支持するアームにサスペンション機構が装備され、凹凸面に対してそれらが追従して常に4輪以上を接地させるように機能することで、走破性を高めている。

(d) 四輪駆動方式

四輪（前後輪）ともに電動駆動することで、大きな推進力が得られ、坂道、段差、傾斜路、悪路などでの走破性の高い電動車椅子である。勾配10°の坂道や10cm近くの段差、砂浜、雪道などさまざまな場面を走行可能であり、生活・活動をアクティブに拡大できる。

四輪駆動し、旋回、方向変換するために、その駆動機構と操舵機構を工夫する必要がある。例えば、車輪外周に横回転するコマを数珠状に取り付けた特殊な全方向車輪（オムニホイール；図表4-138）を前輪とし、後輪の駆動力を前輪に伝達する機構のものが製品化されているが、その機構と走行路面によって、振動や騒音が気になる場合があるので、そのような問題がないかチェックする必要がある。今後の発展が期待される（図表4-139）。

(e) 電動駆動装置

手動車椅子のフレームに装着して電動走行を可能にする装置で、この方式の電動車椅子を簡易形電動車椅子という。駆動輪に摩擦を与えて駆動するものや駆動輪内にモータを配置したもの（図表4-140）、ギアで駆動力を伝達するものなどがある。これによって、軽量小型の電動車椅子（簡易形電動車椅子）を実現することができる。低速から滑らかな走行性をもつ傾向があり、（フラットな路面であれば）標準形に比べて操作しやすく、屋内や外出先での利用が多い。

ただし、（手動車椅子に比べて）フレーム剛性やキャスタの緩衝構造などについて配慮しないと、走行時の振動が問題になったり、破損しやすくなったりする。また、フレーム構造や車輪配置、バッテリ配置、身体姿勢などのバランスによっては、段差や傾斜、凹凸などのある路面を走行すると安定性が損なわれて転倒などのリスクがあるので、重量バランスを考慮した構造上の工夫と合わせて走行操作の注意が必要である。

(f) キャスタの機構

キャスタは普通、自在輪機構のものが用いられ、キャスタの向きが自在に変化することで電動車椅子は滑らかに旋回できる。移動方向はそのときどきのキャスタの向きの影響を受けるため、発進時や方向変化時など、特にキャスタの向きが変化する場合はそれが大きな抵抗となり、なかなか意図した方向に進めないことがある。これは、駆動輪に対してキャスタへの荷重配分が大きいほど影響が大きくなる。

一方、操舵輪であるキャスタの向きを走行操作に応じて電動で強制的に変える電動ステアリング機構があり、外力の影響を受けにくいので、横断勾配（片流れ）路面や悪路での直進性・走破性が優れている。しかし、これはモータとリンク機構によってキャスタの向きを変えるものが一般的であり、（構造的に）キャスタの操舵角度に制限があるため、自在輪機構のものより（機械的な）小回り性は劣る。ところが、走行操作方向とキャスタ向きが常に一致しているので、その分走行操作は容易であり、操作能力によっては、限られた移動空間内での走行性が高まる場合がある。

図表4-140 電動駆動装置

図表 4-141　シーティングフレーム

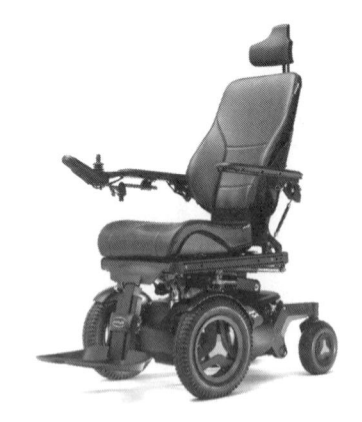

図表 4-142　クッションや支持部品が装着された電動車椅子

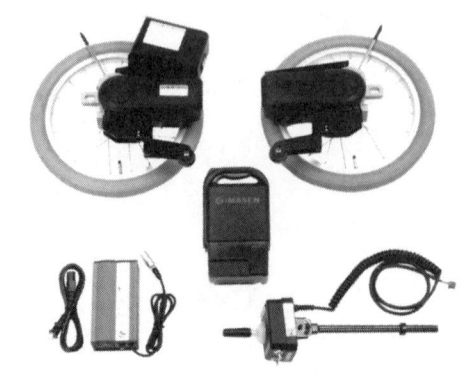

図表 4-143（a）　小径（16インチ）駆動輪の電動駆動装置

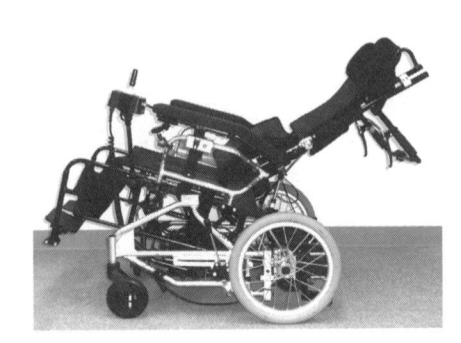

図表 4-143（b）　小径駆動輪の簡易形電動車椅子

(3) 姿勢保持要素からみた種類と特徴
(a) 姿勢保持機能付電動車椅子

電動車椅子使用者の多くは体幹機能障害を伴っており、座位バランスが不良なため、身体支持の調整が不可欠である。また、電動走行することで（手動車椅子の場合以上に）走行や旋回の加減速、振動などによる負荷がかかって身体（特に脊柱や頭頸部）に悪影響を及ぼすことがあるので、将来的な経過も考慮し、これらに耐えうるように安全性を重視して身体支持を図るべきである。

そのうえで、動作の起点となり操作能力を引き出す姿勢保持が基本となるが、この検討を進めるにあたり、身体構造に応じた支持（坐骨前方サポート、骨盤サポートなど）を多様に調整できるようにフレーム形状・構造を工夫した

シーティングフレーム（図表4-141）や、さまざまな調整が可能なクッションや支持部品が装着された電動車椅子（図表4-142）などを用いて試用評価できれば、適合のための指標となり、身体支持の具現化を進めるのに効果的である。

(b) オーダーメイドフレームと電動駆動装置

標準形電動車椅子のフレームを（必要な姿勢保持にあわせて）改造しようとしても、駆動機構やフレーム構造などによる制限があり、自由に製作（オーダーメイド）することはできない。ところが、電動駆動装置を用いた簡易形電動車椅子であれば、手動車椅子のフレームと同様にオーダーメイド可能であり、座位姿勢に適したフレーム形状をつくり出すことができる。このように、姿勢の観点から簡易形電動車椅子を選択する場合がある。

開発当初は電動駆動装置の取付条件によりフレームの自由度が制限されていたが、最近はその取付方法が多様化し、フレームの融通性が増している。さらに小径（16インチ）駆動輪の電動駆動装置を利用することで、リクライニングやティルト機構をもつフレームにも対応可能となってきている（図表4-143）。

3.2 操作装置の種類と工夫

電動車椅子は使用者の意思に応じて走行すべきものだが、その意思を直接感知する装置はなく、ジョイスティックに代表されるような操作装置を介して意思を伝えなくてはならない。したがって、操作装置が適合しているかどうかによって、意思に基づいた走行が実現し、実用に至るかが左右される。そこで、操作装置の種類や適用について以下に解説する。

3.2.1 操作装置の種類

(1) ジョイスティック方式操作装置

電動車椅子の操作装置として一般的に使用されているジョイスティック方式は、操作レバーを傾斜させることによって走行の方向と駆動の出力を連続的にコントロールできる。そして、操作レバーに外力が加わらなければ中立位置に戻るようにバネなどが組み込まれており（図表4-144）、操作レバーから手を放すと走行は停止する。

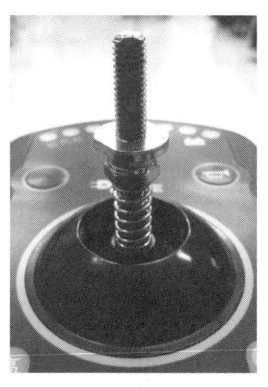

しかし、操作力が弱いとこのバネの弾性力に抗することができず操作困難となるため、バネを弱くするなどの工夫を行う。ただし、操作が不安定になったり、手を放しても中立位置に戻らず電動車椅子が暴走してしまったりすることがあるので注意が必要である。

また、操作範囲を小さくしたい場合には操作レバーの長さを短くするが、作動に必要な力は

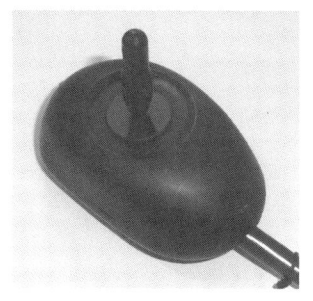

図表4-145　小型ジョイスティック

図表4-146　後頭部操作用ジョイスティック

図表4-147　フットコントローラ

図表4-144　操作レバー内部

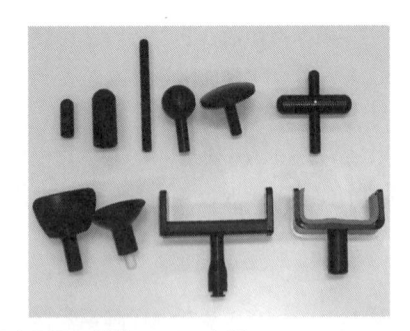

図表 4-148　操作レバー各種

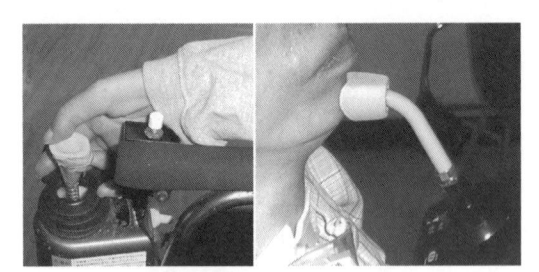

図表 4-149　操作レバーの工夫

図表 4-150　操作方向ガイド

図表 4-151　レバー状スイッチ操作方式

図表 4-152　非接触空間操作方式

かえって大きくなってしまう。そのような場合、小作動力・小作動範囲の小型ジョイスティック（図表4-145）が製品化されており、検討するとよい。これは、手指による操作だけではなく、顎での操作にも適用される場合がある。

　さらに、後頭部で操作するためのジョイスティック（図表4-146）や、下肢で操作するために強度を増したジョイスティック（フットコントローラ；図表4-147）もある。

　手指機能や操作部位によっては、操作レバーの形状を変えたほうがよい場合があり、各メーカーのオプション品（図表4-148）を利用したり、自由樹脂やスプリント材料などを用いて作製したりする（図表4-149）。ただし、この工夫によって重量が大きくなると、かえって操作が難しくなったり、中立位置に戻らなかったりするので、注意が必要である。また、（特に練習段階では）操作レバーの操作方向を4方向に限定したり（操作方向ガイド；図表4-150）、操作レバーの傾斜角度を制限したりすることで、安定した操作性が得られる場合がある。

　なお、方向操作の融通性が求められる場合、ジョイスティック同様の形状をしたレバー状スイッチ操作方式（図表4-151）を適用することもある。これは内蔵する前後左右の4つのマイクロスイッチをレバーで操作する構造のため、緻密な方向操作ができなくても、概ね前後左右に操作することで、その方向に走行することができる。

(2)　その他の方式の操作装置

　ジョイスティック方式では操作困難な場合や、より確実な電動操作のため、別の方式の操

図表 4-153　力感知方式（フォースセンサ）

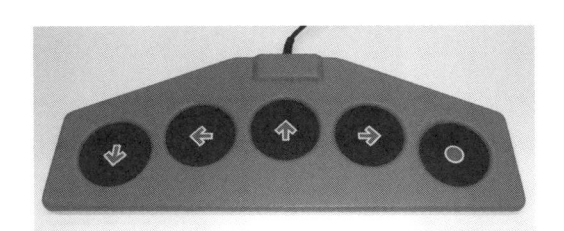

図表 4-154　大型押しボタン方式

図表 4-155　小型押しボタン方式

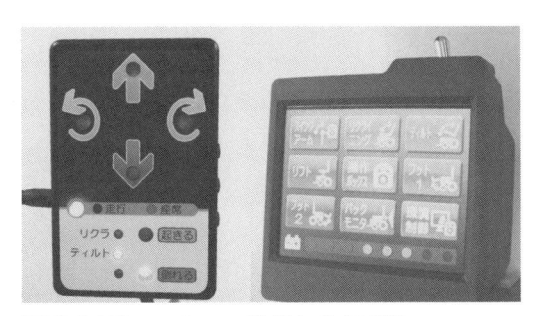

図表 4-156　スキャン選択方式表示器

作装置を活用する場合がある。

　方向と出力とを連続的に操作できる方式として、スライドパッド方式、非接触空間操作方式（箱内に入れた手指を前後左右に動かすことによって操作：図表 4-152）、微細な力を感知する方式（フォースセンサ：図表 4-153）などがある。一方、繊細で複雑な動作は難しいが、スイッチ操作のような単純動作が可能な場合は、大型押しボタン方式（図表 4-154）、小型押しボタン方式（図表 4-155）、8方向押しボタン方式などを活用することによって、安定して操作できることがある。

　これらのスイッチは、作動力、配置、形状、大きさなどを工夫することができるが、作動力がゼロの接触センサなどを用いると、電動車椅子の加減速によって身体が動き、常に触れた状態になって誤走行してしまうことがあるので注意が必要である。

　また、操作できるスイッチが1～2個に限られる場合、スキャン選択方式で走行方向などを選択して走行する。ただし、走行方向の選択に時間がかかり、緻密な操作が難しいため、使用場所には注意を要する。スキャン状況のフィードバックはLEDや液晶表示によって視覚的になされることが多いが（図表 4-156）、目と手の協調動作が困難な場合には適用が難しい。最近では、音色や音階など聴覚的に伝えられるものも開発が進んでいる。

　その他の方式として、左右のモータ出力をダイレクトにスイッチ操作する方式やラッチ機能（次の操作入力まで走行を持続する機能）をもつ操作方式などが開発されている。

　代表的な操作装置について、その特徴や留意点を図表 4-157 にまとめた。

3.2.2　操作装置の配置・固定

　姿勢・肢位や身体機能、重力の影響などを考慮し、操作に適した位置に操作装置を配置しなくてはならない。また、しっかり固定されていないと操作力がうまく伝わらない可能性がある。一方で、移乗や机、洗面台などへのアプローチで不都合が考えられる場合は、操作ボックスの開閉や着脱機構を工夫すべきであり、これらを考慮した固定具が求められる。

3.2.3　走行特性の調整

　多くの電動車椅子は、最高速度の設定を変更

第4章 用具の種類と機能

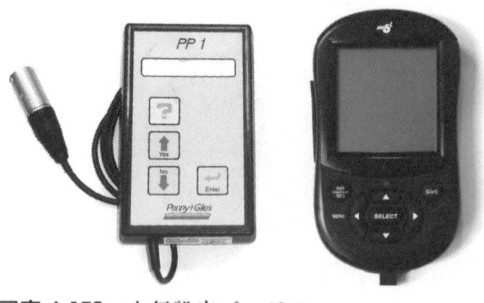

図表 4-158 走行設定プログラマ

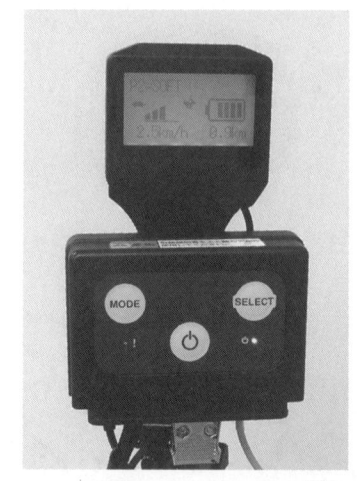

図表 4-159 不感帯や入力感度の調整機能をもつ操作補助装置

図表 4-157 操作装置の比較表

タイプ 方式	アナログタイプ：方向・速度を連続的に操作			
	標準ジョイスティック	小型ジョイスティック	フットコントローラ	フォースセンサ
作動力	標準	小	大	極小 （ただし、センサへの荷重が必要）
作動範囲	標準	小	標準	ほぼ0
形状	形状は大きく、厚みもある	形状は小型で、かなり薄い（配置の自由度が高い）	形状は大きいが厚みは比較的薄い（フットサポート上に配置しても、路面とのクリアランスを確保できる）	形状は小型で、かなり薄い（配置の自由度が高い）
工夫箇所や留意点	・操作レバーの長さやバネの強さを調整 ・操作レバーの種類や形状の工夫 ・操作方向のガイド ・操作レバーの傾斜角度制限	・操作レバー形状の工夫 ・顎操作にも適用可能	・操作レバー形状の工夫 ・力が強い（力の加減が難しい）使用者の上肢操作にも適用可能	・走行振動などによる誤操作に注意

タイプ 方式	デジタルタイプ：方向・速度を選択して操作		
	レバー状スイッチ	多点スイッチ	スキャン選択
作動力	標準	スイッチによる （一般的に小）	スイッチによる （一般的に極小）
作動範囲	標準	スイッチ配置による	極小
形状	操作レバーに応じた円筒状	操作範囲に応じた大きさ	部位や操作に応じた形状・大きさ
工夫箇所や留意点	・進行方向が4方向や8方向であるため、緻密な走行操作が難しい場合でも適用可能 ・内部のスイッチ構造などの工夫によって、作動力や作動範囲を小さくすることが可能	・使用者に応じたスイッチ配置が可能（手指の小さな動きや、上肢・体幹を用いた粗大な動きに対応）	・指先のわずかな動きや身体の一部分の動きに対応 ・目と手の協調動作が困難な場合は難しい

できる。最近では、操作ボックスに内蔵される機能や走行設定プログラム（図表4-158）などを用いて、最高速度だけではなく加速度や減速度、旋回速度などを調整できる機種が増えている。さらに、不感帯の調整機能や使用者の操作範囲に応じた方向別の入力感度の調整機能をもった装置（図表4-159）も開発されている。

これらを利用して、使用者の能力や使用環境、さらに日常生活やスポーツ・レジャーといったさまざまな用途に応じて走行特性を適合調整することが重要であり、この適合調整によって電動車椅子の自操能力を向上させることができる。

3.2.4 操作姿勢と操作部位

電動車椅子での座位姿勢および身体支持の状態、重力方向との関係によって、身体各部位の動作のしやすさは異なり、電動操作に大きく影響を与える。したがって、どの部位のどの動作を用いて操作したらよいかを検討しながら、操作能力を引き出すように姿勢調整を図る必要がある。その姿勢は、十分な視界が確保され、安定・継続して電動操作できるものでなくてはならない。さらに、動作に対応した操作装置はどのようなものか、また操作装置をどのように配置したらよいかを十分に検討すべきであるが、操作練習や段階的な導入によって能力が拡大し、実用に至るケースもあるため、将来にわたって獲得できる能力を考慮する必要がある。なお、操作習得に向けて重視すべきは、いかに安全に移動できるかであり、「確実に止まれる」すなわち「危険を察知したらただちにジョイスティックを離す」などの操作習得がポイントとなり、入力感度や走行特性の調整（最初は加速度の小さいトレーニングモードで走行など）を行い、環境に制限が少ない場面から段階的に練習すべきである。

上肢、下肢、顎（頭部）での操作について、留意すべき点を以下に記す。

(1) 上肢での操作

手指や上肢、体幹のどの動きをどのように活用するかを考えて、肢位や操作装置の配置、アームサポートなどの支持を調整する。特に筋力の弱い人は、重力に抗する動作や摩擦力に打ち勝つ動作が困難であるため、重力方向と操作性を慎重に検討すべきである。

動作の支点や支持面としてアームサポート（やテーブル）を利用する。例えば、不随意動作がある場合には、幅広や縁立てなどの工夫をしたアームサポート（図表4-160）を上肢動作のための支点（固定点）として活用することで、随意的な電動操作が可能となることがある。肩や体幹全体の動きも利用して電動操作する場合は、動作の支持面としてアームサポートを活用するので、その位置、形状、表面素材（適度に滑りやすい）が重要となる。

(2) 下肢での操作

下肢で電動操作する場合には、フットサポー

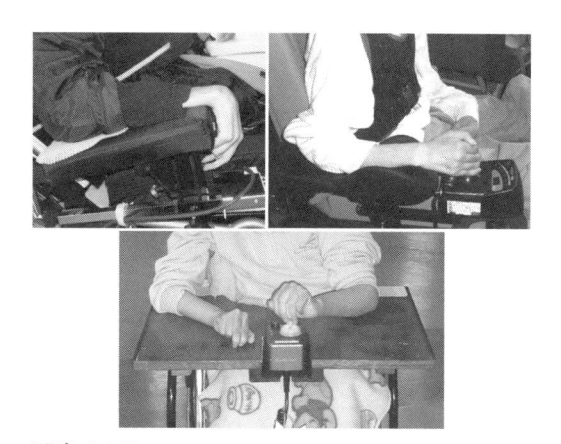

図表 4-160 アームサポートやテーブルの工夫

図表 4-161 足底板と操作支持

図表 4-162　下肢操作のための操作装置の補強
（出所：『第 24 回日本リハビリテーション工学協会車いす SIG 講習会テキスト』）

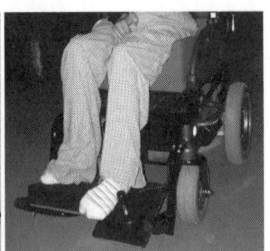

図表 4-163　強度向上した左右連結型下肢操作部

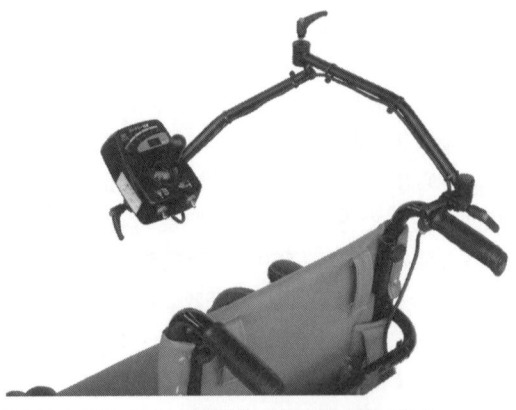

図表 4-164（a）　顎操作用操作装置固定具
（1）車椅子に固定するタイプ

図表 4-164（b）　同上　（2）身体に固定するタイプ

トの位置に操作装置を設置することになり、その高さ、前後左右位置、傾斜などを下肢の可動域に応じて調整しなくてはならない。この際、操作装置やフットサポートの厚みにより、路面との十分なクリアランスを確保できない場合があるので、これに合わせてシート高から設定し直さなくてはならないことがある。また、フット・レッグサポートフレームや操作レバー周囲の足底板（図表 4-161）などを動作のためのガイドとして用いることで、安定した操作を実現できることがある。

標準のジョイスティック操作装置は、下肢で操作するには構造的に強度が不足していることが多く、破損しやすい。そのため、操作装置に直接大きな力がかからないように補強しなければならない（図表 4-162）。あるいは、下肢操作に応じて強度を増した操作装置（前掲（p.151）図表 4-147）を検討するとよいが、その取付けのベースとなるフットサポートの強度や保持力も必要となるので注意すべきである（図表 4-163）。

(3)　顎（頭部）での操作（図表4-164）

顎や頭部で電動操作する場合、操作装置の配置（位置、角度）調整と固定方法（固定具の形状や開閉機構など）の検討が重要となる。特に、リクライニングやティルトなどの座位変換機能があるものは、その角度によってずれが生じるので、使用する角度範囲において、持続的に操作可能かどうか確認しなければならない。

ティルトの場合はずれが小さいように思われるが、実際は重力に対する方向が変化するため、操作が難しくなる場合もある。姿勢の若干の変化や走行時の慣性などがあっても確実に操作できることが求められるため、図表 4-164

(b)のような、身体にベルトなどで設置する（身体との相対位置のずれが小さい）タイプの固定具もある。

標準の操作装置（ジョイスティック）では作動範囲が大きく、うまく操作できない場合や、操作ボックスが大きいことでボックスや電源スイッチなどが胸に接触するなどの不都合がある場合は、小作動力・小作動範囲の小型ジョイスティックを用いる。そして、操作の方向（前に押し出して前進か、後方に引いて前進か）についても検討し、操作装置の設定を調整する。

移乗の際には操作装置を開閉したり着脱したりする必要があるので、その機構を検討すべきである。また、使用者の動作が限定されているため、走行操作や他の生活動作の邪魔にならないように、電源や座位変換などの操作スイッチを配置しなくてはならない（さらに、携帯電話やコミュニケーション機器などの配置や操作スイッチの設置も求められる場合もある）。

(4) その他の部位での操作

その他の部位での操作も検討されている。舌の動きや視線による操作、音声指示や脳波での操作、さらに自動走行に至るまで開発が進められており、動向が注目される。

3.2.5 操作能力に応じた操作装置の適用

操作能力に応じた操作装置の適用や工夫について図表4-165にまとめ、解説する。

(1) 不随意動作が大きく、力の加減が難しい場合

姿勢を調整することで動作を引き出すことができるが、その動作をうまく操作に活かせるように操作装置の配置や動作の支点・支持面（上肢操作の場合：アームサポートやテーブルなど、下肢操作の場合：フット・レッグサポートフレームや足底板など）を工夫し、操作能力に応じてジョイスティックのバネの調整や操作方向のガイド、操作レバーの傾斜角度の制限を検討すべきである。緻密なジョイスティック操作が難しい場合は、レバー状スイッチ操作方式や方向を直接選択するスイッチ入力方式を適用検討する。なお、目と手を協調させて動作することが難しい場合が多く、視覚的な表示をスキャン選択方式で選択することは困難である。

実用導入に至るには、入力感度や走行特性の調整を行いながら継続的に操作練習する必要がある。特に、理解・判断力が低下している使用者が多いため、（危険を回避して）確実に停止できるように重点的に学習させるべきである。

(2) 不随意動作があるが、支持・固定により限定的な動作が可能な場合

不随意運動を抑制し、随意な動作を発揮しやすいように姿勢調整および身体部位の支持や固定（前腕の固定など）を行うことで、限定的な部位・範囲で動作を引き出すことができる場合がある。この支持・固定と限定的動作に応じて、小型ジョイスティックや標準ジョイスティックを工夫して用いることが多いが、ジョイスティック操作が難しい場合は、スイッチ入力方式（スキャン選択）を検討する。

(3) 力が非常に弱く、動作範囲も非常に小さい場合

重力に抗する動作や摩擦力に打ち勝つ動作が困難なため、重力の方向と操作性を慎重に検討する必要がある。

手指で操作する場合には、上肢の自重をキャンセルするようにアームサポートなどで支持し、テコを利用した手指の動作を引き出せるように支点や支持部、操作レバー形状、操作装置の配置を工夫すべきである。操作装置はバネを弱く設定したジョイスティックや小型ジョイスティックを適用し、入力感度や不感帯、走行特性を調整して利用することが多い。力感知方式（フォースセンサ）を適用することで、より小さな操作力でも操作可能となるが、手指の自重をセンサに荷重できないと操作が不確実になってしまう。手指の変形などにより、動作の方向によって可動域が異なり緻密な方向操作が難しい場合は、方向別の入力感度の調整やレバー状スイッチ操作方式を検討する。それでも難しい場合は、スキャン選択方式を適用する。

手指の動きがなく肩や肘の動きで操作する場

図表 4-165　操作能力に応じた操作装置の適用や工夫

能力分類	不随意動作が大きく、力の加減が難しい		不随意動作があるが、支持・固定により限定的な動作が可能	力が非常に弱く、動作範囲も非常に小さい		
操作部位	上肢	下肢	上肢	上肢（手指）	上肢（肩肘）	顎
代表的な疾患	脳性麻痺、無酸素脳症、脊髄小脳変性症	脳性麻痺、脳血管疾患	脳性麻痺	筋ジストロフィー、筋萎縮性側索硬化症、脊髄性筋萎縮症	頸髄損傷	頸髄損傷、脳性麻痺
特徴	・不随意動作により、力や方向のコントロールが困難 ・理解・判断力が低下 ・目と手の協調動作が難しい ・可動域はある	・不随意動作により、力や方向のコントロールが困難 ・理解・判断力が低下 ・目と手の協調動作が難しい ・可動域はある	・不随意動作により、力の加減が困難 ・限定的な部位・範囲で動作可能 ・随意な力は弱い	・力が極弱、動作範囲も極小 ・手指の変形がある場合が多く、方向によって可動域が異なる	・力が弱く、動作範囲も小さい ・手指の動きがないので、肩や肘の動きで操作	・力が弱く、動作範囲も小さい ・頸部の負担軽減が必要
配慮事項	・安定操作可能な操作レバー形状と操作装置の配置 ・動作の支点や支持面の工夫（アームサポート、テーブルなど） ・入力感度や走行特性の調整 ・継続的な操作練習	・安定操作可能な操作レバー形状と操作装置の配置 ・動作の支点や支持面の工夫（足底板など） ・入力感度や走行特性の調整 ・継続的な操作練習	・不随意運動を抑制し、随意な動作を発揮しやすい支持や固定 ・操作装置の配置 ・入力感度や不感帯、走行特性の調整	・上肢の自重を支持し、手指の動作をしやすくする ・テコを利用しやすいような支持と操作装置の配置 ・（方向別の）入力感度や不感帯、走行特性の調整	・水平面上の動作を行いやすいような支持や装置 ・座位変換機構との兼ね合いを考慮した配置と肘の脱落を防止する支持	・頸部負担を軽減する操作部位の支持 ・操作装置の配置と開閉 ・座位変換機構との兼ね合いを考慮した配置
操作装置の条件	・不随意動作に耐えうる強度 ・入力感度の調整（緻密な操作が困難） ・方向操作のガイドおよび方向操作の融通性	・下肢の操作力に耐えうる強度 ・入力感度の調整（緻密な操作が困難） ・厚さを薄く（厚いと路面とのクリアランスが不足する）	・操作力、操作範囲に応じた操作装置 ・操作しやすい操作レバー形状	・極小の操作力や操作範囲に対応した操作装置 ・不感帯をなるべく小さくし、（方向別に）入力感度を調整 ・配置の自由度が高い操作装置の形状	・操作力や操作範囲に応じた操作装置の配置 ・手指を保持し、操作しやすいレバー形状	・頸部負担を抑えた作動力の小さい操作装置とレバー形状 ・配置自由度が高い操作装置形状
操作装置の適用	①標準ジョイスティックを工夫（バネ力の調整、操作方向のガイド、操作レバー傾斜角度制限） ②緻密なジョイスティック操作が難しい場合は、レバー状スイッチ操作方式やスイッチ入力方式（方向を直接選択）を適用	①標準ジョイスティックを工夫（ジョイボックスや操作ボックスの補強、バネ力の調整、操作方向のガイド、操作レバー傾斜角度制限） ②①が難しい場合は、フットコントローラを適用 ③ジョイスティック操作が難しい場合は、スイッチ入力方式（方向を直接選択）を適用	①標準ジョイスティックを工夫または小型ジョイスティック、レバースイッチ操作方式を適用 ②ジョイスティック操作が難しい場合は、スイッチ入力方式（スキャン選択）を適用	①標準ジョイスティックを工夫（バネ力を弱く、操作レバー形状の調整） ②①が難しい場合、小型ジョイスティックやフォースセンサ、レバー状スイッチ操作方式を適用 ③自由な操作が難しい場合は、スキャン選択方式を適用	①標準ジョイスティックを工夫（操作レバー形状、水平可動しやすい上肢支持）	①標準ジョイスティックや小型ジョイスティックを工夫

合には、水平面の動作を行いやすいような上肢の支持（適度に滑らせることができるアームサポートなど）が重要となる。そして、操作力や操作範囲に応じて操作装置（ジョイスティック）を配置するが、座位変換機構を適用する場合は、さまざまな姿勢で座位変換操作を行えるようにしなければならない。また、操作レバーを把持できないため、手指の保持と操作性を考慮して操作レバーの形状を工夫する。

顎で操作する場合には、頭部の負担が懸念される。その負担を軽減できるように姿勢調整および頭頸部支持、操作装置の配置、操作レバーの形状を検討する必要がある。座位変換機構を適用する場合は、さまざまな姿勢で座位変換操作を行えるように操作装置の配置や構成（走行と座位変換操作を別々に設置など）を検討しなくてはならない。

3.3 電気回路（駆動装置）

3.3.1 回路の構成

図表4-166に示すとおり、回路はバッテリ、モータ、アクチュエータ、コントローラ（制御装置）、操作ボックス（操作装置）などで構成されている。国内メーカー製のものの多くは、各ユニットがメーカー固有の装置であってメーカー間の互換性はなく、その回路情報は公開されていない。しかし、走行操作や座位変換操作、電源操作や速度切替操作などにおいて特別な回路仕様が必要な場合は、メーカーでオーダーに応じてもらえる場合もある。

一方、海外メーカー製の多くは、コントローラや操作ボックス、操作スイッチなどには車体と独立したメーカー（DYNAMIC社、Penny+Giles社など）の製品が使われていることが多く、それらのメーカーラインナップに応じた互換性をもっている。

走行のための操作装置からの電気的な指示は、多くの場合、図表4-167のような入力操作に応じて変化する2つの電圧（前後方向相当と左右方向相当）によって行われる。特別な入力装置が必要な場合、これに応じて電圧出力されるように調整できれば走行指示できるといえるが、実際の接続については、製造物責任や保証の問題もあるのでメーカーと相談のうえ、慎重な対応が必要である。

また、操作装置内部のスイッチやソフトウェアを調整することで、操作装置の向きや進行方

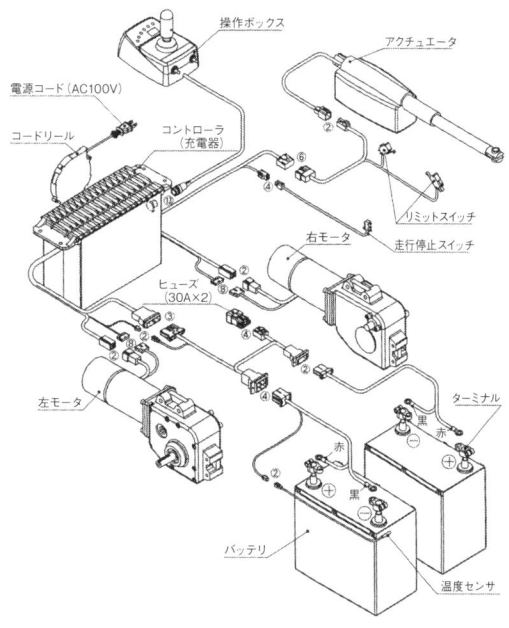

図表4-166 回路の構成図（出所：「電動車いす取扱説明書『EMC-700型・EMC-710型』」）

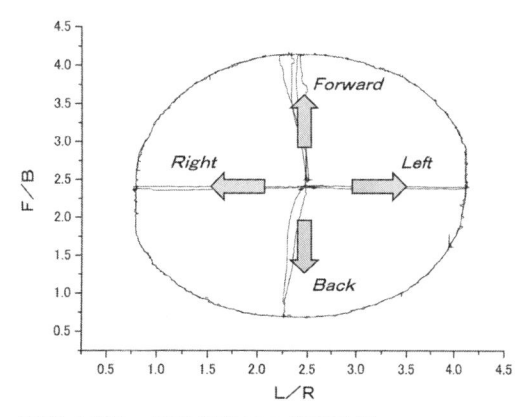

図表4-167 電動車椅子の信号電圧

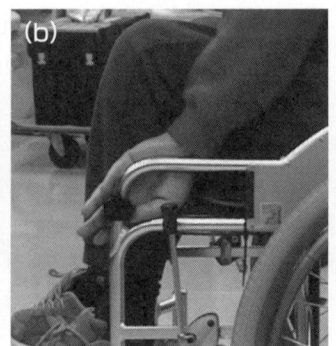

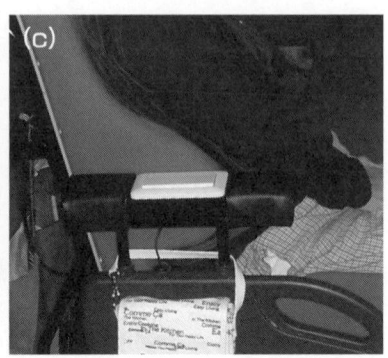

図表 4-168　主電源スイッチの工夫

向、座位変換機能の設定変更などが可能な機種がある。

3.3.2　走行操作以外の工夫

走行操作以外のスイッチすなわち主電源や速度切替スイッチ、座位変換操作スイッチなどの工夫も重要である（図表4-168）。通常のスイッチに延長棒（エクステンションバー）を取り付ける対応から、操作ボックスの外部に各スイッチ操作、各種センサによる操作が可能な装置を設けるなどの工夫が可能である。

一般的に主電源や速度切替などはトグルスイッチが利用されていることが多いが、これを別の押しボタンスイッチなどで代用する場合、オルタネイトタイプ（一度スイッチを押すとON状態を維持し、さらにもう一度押すとOFFになる）のスイッチであれば、各端子に接続するだけの簡単な改造で対応できる。これを、モーメンタリータイプ（押している間だけON）のスイッチやセンサで操作したい場合は、ON（またはOFF）を保持する電子回路を別に設けなくてはならない。

電動リクライニングなどの座位変換操作については、モーメンタリータイプのスイッチで可動する機種が多く、それに応じてスイッチ、センサを選択するとよい。また、これらを1スイッチで操作するには、走行操作と同様にスキャン選択方式で操作することとなる。

3.3.3　バッテリ

電動車椅子では、充電をすることで繰り返し使うことができる充電式の電池（二次電池または蓄電池という）を用い、バッテリと呼んでいる。電動車椅子において主に使用されているバッテリについて以下に示す。また、それらの特性比較を図表4-169にまとめる。

(1)　鉛蓄電池（図表4-170）

正極に二酸化鉛、負極に金属鉛（海綿状鉛）、電解液として希硫酸を用いたバッテリであり、多くの標準形電動車椅子に用いられている。電解液中の硫酸（と電子）が正極に移動することで放電し、それに伴い電解液の硫酸濃度が低下するので、その硫酸濃度によって残っている電気容量がわかる。公称電圧は単セルあたり2ボルトと、比較的高い電圧を取り出すことができ、放電中の電圧もほとんど変化しない。安価であるが、他の蓄電池に比べて大型で重い。

短時間で大電流放電させたり、長時間緩やかに放電したりしても比較的安定した性能をもち、メモリ効果（「(2)　ニッケル水素電池」参照）はないが、逆に放電し切るとサルフェーションと呼ばれる現象を起こして性能を著しく悪化させる。ここでサルフェーションとは、放電し切ることにより負極板表面に硫酸鉛の硬い結晶が発生すること（白色硫酸鉛化）をいい、この硫酸鉛は電気を通さず抵抗となるため、十分な充放電が行えなくなる。機能が低下した

図表 4-169　バッテリの特性比較（出所：「リチウムイオン電池の基礎」をもとに改変）

項目	鉛蓄電池	ニカド電池	ニッケル水素電池	リチウムイオン電池
大きさ	××	×	○	○
重量	××	×	×	○
メモリ効果	○	×	△	○
大電流放電	○	○	△	△
価格	◎	△	△	×
環境性	××	×	○	○

◎：特に優れる、○：優れる、△：平均的、×：劣る、××：特に劣る

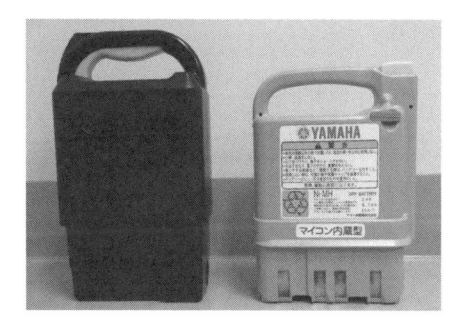

図表 4-170　鉛蓄電池

図表 4-171　ニッケル水素電池（Ni-MH）

バッテリの回復を謳った「バッテリ添加剤」などが販売されているが、多くはサルフェーションの発生を予防・抑制するものである。

　容量以上の充電（過充電）によって、電解液中の水が水素ガスと酸素ガスに電気分解され、電解液が減少する。そのほか、自然蒸発によっても電解液は減少する。電解液不足のまま使用すると電極が劣化し、さらに発火や爆発のおそれがあるので、液面の点検・補充（精製水）は欠かせない。

　過充電時のガスを吸収できるように工夫し、ガス圧力が上がっても破損しないように制御弁を設けた制御弁式鉛蓄電池は電解液を補充する必要がないため、メンテナンスフリーバッテリと呼ばれる。また、液漏れを防ぐように電解液を固定化し、密閉型構造としているため、シールドバッテリやドライバッテリとも呼ばれる。

　原理的には、過放電を避けて使用後すぐに充電を行い、常に容量を満たしておく運用が望ましい。しかし、あまり放電しないうちに充電しすぎると（充電器にもよるが）過充電となり、（正極格子や芯金の腐食劣化が起こり）寿命が低下してしまうので、バッテリおよび充電器の特性、電動車椅子の使用状況に応じて充電運用すべきである。

　多くの電動車椅子では2個直列に接続して使用し、満充電の状態から20〜30 kmの連続走行が可能である。

(2)　ニッケル水素電池（Ni-MH；図表4-171）

　正極にニッケル化合物、負極に水素吸蔵合金、電解液に水酸化カリウム水溶液を用いたバッテリで、簡易形電動車椅子などに用いられている。

　代表的な小型二次電池であったニッケルカドミウム蓄電池（ニカド電池と呼ばれる）の2倍以上の電気容量をもち、材料にカドミウムを含まず環境への悪影響が小さい。しかし、自然放電が多く、（ニカド電池ほど顕著ではないが）メモリ効果がある。

　ここでメモリ効果とは、容量のほぼすべてを使い切らない（電荷が十分に残っている）状態で継ぎ足し充電を繰り返すと、電荷が残っているにもかかわらず放電電圧が低下し、結果として容量が減少したようにみえる現象のことで、単に放電電圧が低下するだけであって電池そのものの劣化ではない。これは、電圧の低下にかかわらず放電を続け、電荷をすべて放出した後

に再充電することで概ね解消できる。充電器によっては、リフレッシュ機能と呼ばれる自動で完全放電してメモリ効果を解消する機能をもつものがあるが、頻繁に行うと電池そのものの寿命を縮めることになる。多くの製品で、充放電300～500回程度が寿命とされていることもあり、ある程度使った（放電した）状態から充電することが望ましい。

現在、簡易形電動車椅子のバッテリとして主流となっており、各社とも専用のバッテリおよび充電器を用いている。電池容量や価格も各製品で異なるが、概して満充電の状態から10～15 km 程度の連続走行が可能である。

(3) リチウムイオン電池（Li-ion；図表4-172）

非水電解質二次電池の一種で、電解質中のリチウムイオンが電気伝導を担う二次電池の総称であり、正極にリチウム金属酸化物を用い、負極にグラファイトなどの炭素材を用いるものが主流となっている。簡易形電動車椅子に用いられるようになってきた。

高電圧（ニッケル水素電池の約3倍）が得られ軽量で大容量であり、メモリ効果がなく（ただし、充放電ごとにわずかに容量が低下する）、自己放電も少ない（1か月貯蔵しても自己放電は10%以下）。しかし、使用方法によっ

図表 4-172 リチウムイオン電池（Li-ion）

ては発熱や発火の危険性があるため、絶対的な安全性確保が求められる。

過充電してしまうと有機溶媒が分解されてガスを発生するので危険であるとともに、急激な劣化を招く。そのため、必ず専用の充電器および充電方法で充電しなければならない。また、（特に高温環境で）満充電の状態で保存することが劣化につながることから、ある程度放電した状態（残りの電池容量30～50%）で保存することが望ましい。

ニッケル水素電池の2倍以上の充放電が可能で、満充電の状態から30 km 程度の連続走行が可能なものが市販されている。しかし、高価である。

4. その他の姿勢保持装置

4.1 排泄用（トイレットチェア）

排泄時に姿勢が不安定な子どもや成人を対象として、さまざまなタイプの排泄用の姿勢保持装置が開発されている。一般の便座に固定するものと、単独の排泄専用の椅子としてデザインされた製品がある。

前者はバックサポートを金具やボルトを使って固定する方式で、使用者の姿勢保持能力に合わせてローバック、ハイバック、ベルトなどが選択できる。また、トイレの便座が大きく臀部が落ち込む場合は、発泡樹脂製の便座を併用すると姿勢が安定する。排泄時の姿勢として体幹を前傾させることが有効であるが、前傾姿勢で姿勢を安定させるためのテーブル状の補助具も市販されている（図表4-173）。

単独で使用できる排泄用姿勢保持装置として、主に子ども用のトイレットチェアがある。便座は臀部や大腿部が安定するようなモールド形状になっており、前ずれ防止と尿を受けるためのポメル形状にデザインされている。使用者の姿勢を安定させるためにバックサポートに張り調節機構がついている製品や、アームサポートまたはテーブルが装備されている製品が多い（図表4-174）。また、前傾姿勢で保持するタイプも受注生産されている（図表4-175）。

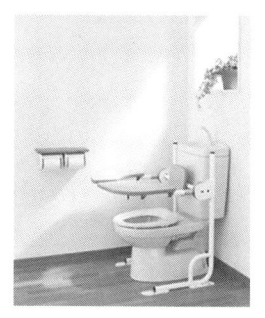

図表4-173　トイレ用アームサポート

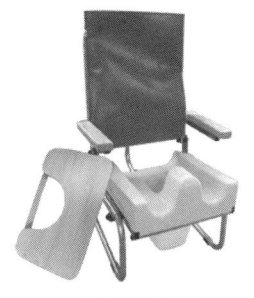

図表4-174　モールドシート付トイレットチェア

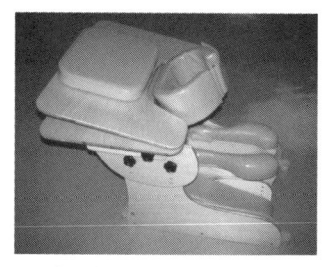

図表4-175　前傾保持型トイレットチェア

4.2 入浴用（バスチェア）

入浴時に姿勢を安定させるためにデザインされた椅子がバスチェアである。主として幼児から小学生までを対象とした製品は、使用者の座位保持能力に合わせてシートやバックサポートの角度が調節できるものであり、体型や成長に合わせてサイズが調整できる製品がある。

シートとバックサポートの素材は水切りをよくするためメッシュ生地を採用しているが、背中の形状に合わせて調整できる張り調節機構を備えた機種もある（図表4-176）。また、居室や寝室から移動できるようにキャスタを装備した

第4章 用具の種類と機能

図表 4-176 シャワーチェア

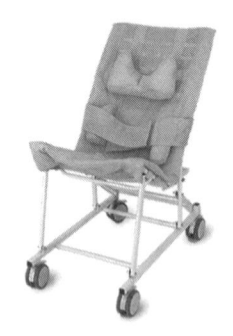

図表 4-177 シャワーキャリー

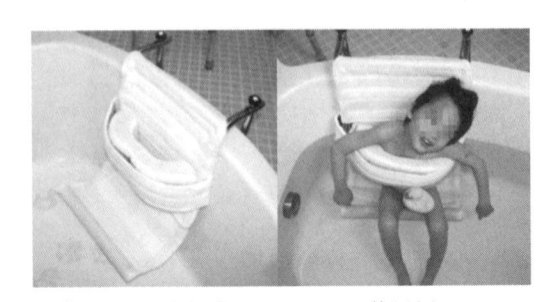

図表 4-178 浴槽内バスチェアの使用例

シャワーキャリー（図表4-177）や、フレームからシート部が外れ、浴室用のリフトで吊り上げることができる分離式も市販されている。

さらに、浴槽内で姿勢を安定させるためにバスタブの縁に掛けるバスチェアが特注で製作され、自宅で使用している例もある（図表4-178）。

4.3 車内用（カーシート）

座位の不安定な子どもなどが自動車の座席に安全で安定した座位を保持できるように、各種

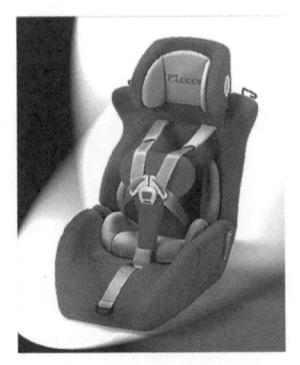

図表 4-179 市販されているカーシート

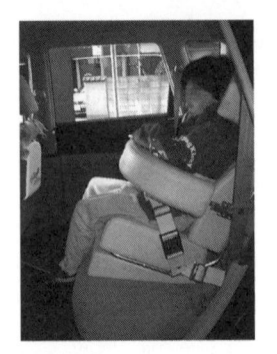

図表 4-180 個別製作したカーシート

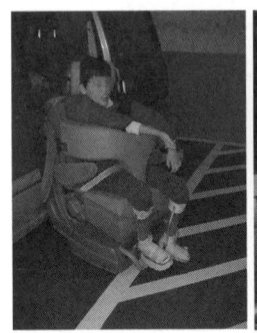

図表 4-181 福祉車両に装着した特注のカーシート

の車内用姿勢保持装置（通称カーシート）が市販されている。

自動車の走行時に生じる加速、減速および横Gに対して座位姿勢が崩れることや飛び出すことを最小限に抑えるために、シートとバックサポートは側方のサポートやアンカーサポートを大きく成型したモールド型が多く、腰ベルトや

肩ベルトあるいは股パッドを装備することによって前方への姿勢の崩れを防いでいる（図表4-179）。また、体型や姿勢保持能力あるいは車の座席の形状に合わせて特注でカーシートを製作することもある（図表4-180、4-181）。

4.4 立位保持装置

立位保持装置とは、自力で立位保持ができない場合に用いられる立位あるいは立位様の姿勢をとるための装置で、直立位ないしは臥位から直立位までの段階的な姿勢を保持する機能をもつ。

立位保持装置の適応となる障害は、四肢・体幹の麻痺、筋力低下、拘縮・変形および運動発達障害である。その原因疾患は脳性麻痺、脳血管障害、頭部外傷などの脳障害、重度精神遅滞（運動発達障害を伴う）、高位脊髄損傷、二分脊椎、骨関節疾患、神経筋疾患（筋ジストロフィー）などである。

このなかで、脊髄損傷、二分脊椎および筋ジストロフィーなどは、障害レベルやステージに応じてリハビリテーションのプログラムにおける「立位」の位置づけが定まっており、立位保持装置は主として立位訓練目的で使用されている。そのプログラムの進行に伴い、下肢装具へと変更されることも多い。

現在、立位保持装置は脳性麻痺を中心とした脳障害児に最も多く処方されている。この場合、適切なアライメントをとり重力の負荷を軽減するため、長下肢装具（LLB）を併用することがある。

現在使用されている立位保持装置は次の3タイプに分類される。

4.4.1 直立位（スタンディングフレーム、スタンディングテーブル）

二分脊椎、筋ジストロフィー、脳性麻痺などの疾患で、上肢の支持で立位保持が可能で、頭部や体幹のコントロールがある程度とれている場合に多く適用される。下肢装具（SLB、LLBなど）を併用することが多い。

4.4.2 前傾位（プロンボード、膝立位保持具など）

前傾した立位姿勢で保持するプロンボード（図表4-182）は、主として自力で立位がとれない運動発達障害児の立位訓練や特別支援教育のなかで適用されている。立位保持装置のなかでは最も適応範囲が広く、頭部のコントロール、上肢の支持性、脊柱伸展などの目的で処方される。呼吸の改善、上肢の操作性の向上などに効果をあげることもある。足部の変形が強い場合や重症心身障害児（以下、重症児と略）の場合、足底で体重支持が困難であるため、膝立位で保持することがある。

4.4.3 後傾位（スーパインボード、ティルトテーブルなど）

背面全体から頭部までを支持する方式である。頭部のコントロールが困難な場合や姿勢運

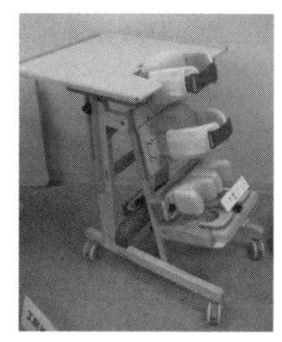

図表 4-182 プロンボードの例

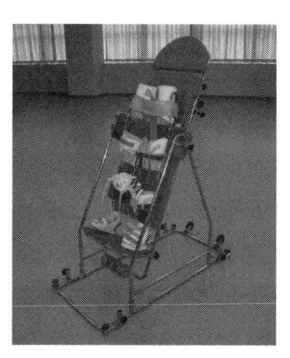

図表 4-183 ティルトテーブルとLLB

動負荷に問題のある場合に適用され、神経筋疾患などに多い。脊髄損傷者が立位訓練を行うときに、水平から徐々に角度を起こすことのできるティルトテーブルを使う（図表4-183）。目的は生理機能の調整、骨格形成が主となる。

4.5 臥位保持装置

臥位保持装置は重症児で、座位保持がきわめて困難な場合に用いることが多い。また呼吸の改善や唾液の誤嚥予防、過緊張の緩和、側彎への対応などに、側臥位や腹臥位、あるいは四つ這い位などの姿勢で保持するために製作することもある。

4.5.1 腹臥位

重症児の場合、背臥位よりも腹臥位のほうが、呼吸の改善、唾液の誤嚥予防、動脈血中酸素飽和度（SpO_2）の数値が良好になることがある。ただし、重症児は変形や拘縮のあることが多く、完全な腹臥位よりも頭部を起こし、股関節が屈曲して膝支持ができるような四つ這いに近い姿勢のほうが、身体への負担が少ない（図表4-184）。

最も注意が必要な点は、呼吸ができるように鼻や口の周りに十分なスペースをつくることである。全体の角度調節機構や体幹サポートなどを加えることが多い。

4.5.2 側臥位

側臥位は、腹臥位と同様に呼吸の改善、唾液の誤嚥予防、過緊張の緩和に適した姿勢といえる。また、高度の側彎がある場合では凸側を下にして側臥位にすることによって、側彎のカーブを軽減することができる。ただし横隔膜や胸郭の動きを制限するため、呼吸が困難になることがあるので注意を要する。

姿勢を保持するために、頭部の枕と足部のポジションを決めるパッド、および胸ベルトなどを装着する。頭部を高くするように角度調節機構をつけることもある。

4.5.3 背臥位

背臥位の場合、下肢が交差することや逆に外転して後方や前方に股関節脱臼を起こすことがあるので、股関節を適度な外転位で保持するクッションが有効である。

全身の変形と緊張が強い場合では、空気を吸引することにより身体の形に合わせて形状を変えることのできる簡易型のモールドバッグ（図表4-185）を使うことによって、背臥位だけでなく腹臥位や座位などさまざまな姿勢に対応できる。

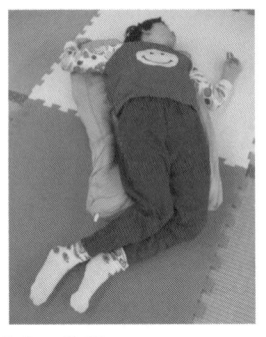

図表4-185（a） 簡易モールドバッグを使った臥位保持 （1）

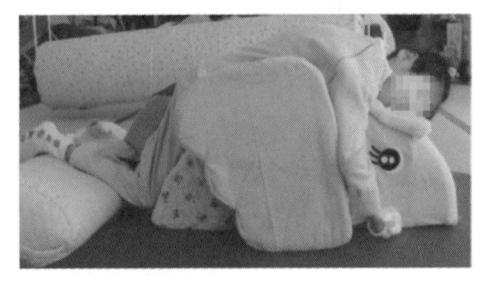

図表4-184 腹臥位保持具の使用例

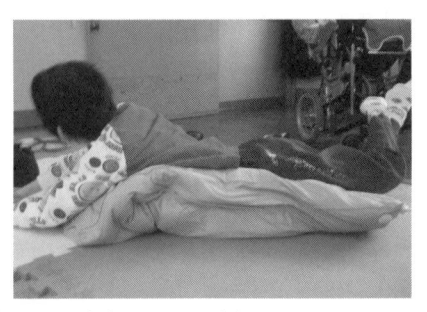

図表4-185（b） 同上 （2）

4.6 歩行器

歩行器は歩行時の姿勢を安定させ歩行動作を補助するテクノエイドであるが、車輪のついていない機種と2個から6個の車輪を有するタイプ（歩行車）がある。車輪のついていない歩行器には4脚固定式、交互式（図表4-186）、ソリ式などがある。

車輪を有するタイプは、前輪のみついた2輪式、折りたたみやすくコンパクトな3輪式、前輪が自在輪になっている4輪式（図表4-187）、中央に主輪と前後に補助輪のついた6輪式（図表4-188）、高齢者を対象としてシートと収納袋を取り付けたシルバーカー（歩行補助車；図表4-189）などに分類できる。車輪付歩行器は欧米ではローレイター（rollator）とも称している。

一般的な歩行器にはグリップやU字型アームサポートあるいは休息するときに座る補助シートがついているだけで、姿勢保持機能は有していない。しかし、脳性麻痺などの運動機能障害のある人を対象として姿勢保持機能を装備した歩行器が市販されている。

図表4-190は歩行時の姿勢をコントロールするために開発された後方支持型歩行器で、療育分野で普及している。図表4-191の前方支持型歩行器はサドルに跨がることで体重を免荷し、

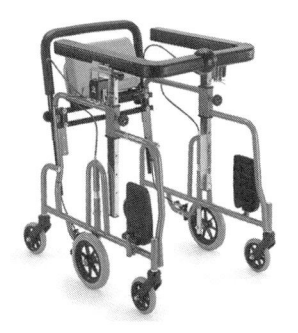

図表4-188　6輪式歩行器

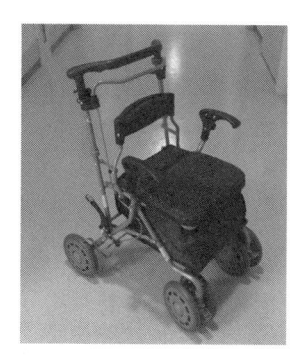

図表4-189　シルバーカー（歩行補助車）

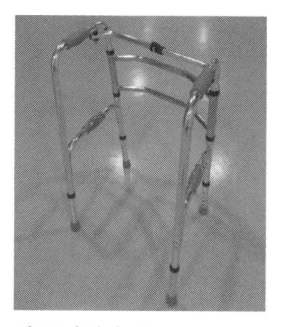

図表4-186　交互式歩行器

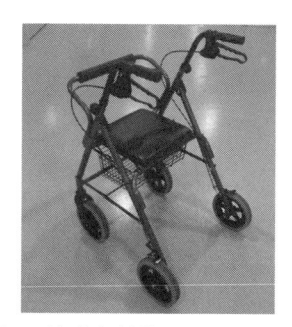

図表4-187　4輪式歩行器（ローレイター）

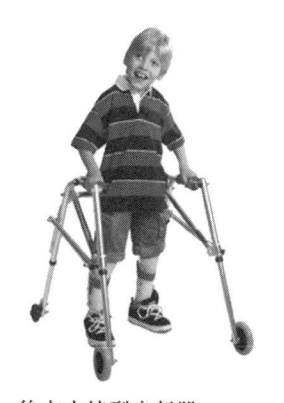

図表4-190　後方支持型歩行器

第4章 用具の種類と機能

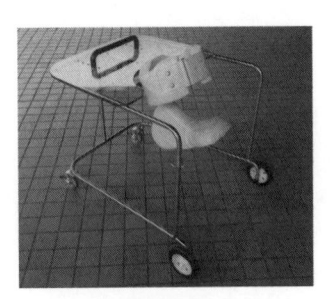

図表4-191 前方支持型歩行器 (1)

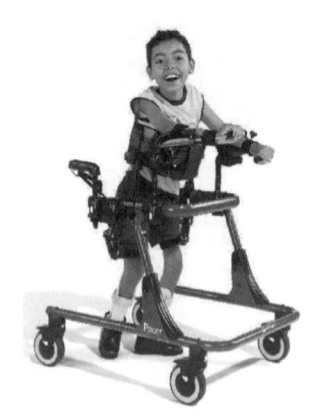

図表4-192 同上 (2)

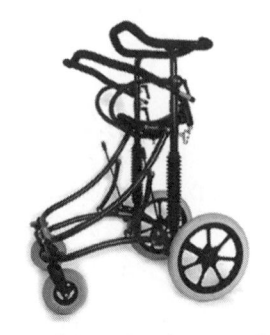

図表4-193 同上 (3)

図表4-194 スプリングのサスペンションを用いた歩行器

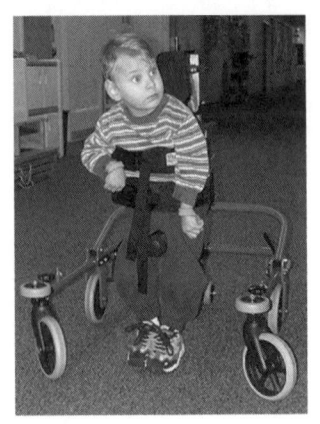

図表4-195 サスペンション付歩行器

体幹サポートで前傾姿勢を保持し透明なテーブルで上肢を保持することができるため、臥位レベルの重度障害児でも立位に近い姿勢で保持し、両下肢の動きを促すことが可能である。また、少しでも自力で移動することができれば自発的な活動を引き出すことにつながる。自発的な活動に乏しい重度障害児を対象として比較的容易に適用することができるため、全国の療育施設や特別支援学校で普及している歩行器である。

外国製の姿勢保持機能付歩行器の種類は豊富で、日本でもその多くが輸入販売されており、療育の現場で活用されている。図表4-192は歩行訓練を目的として障害や発達段階に合わせて各部が調整できる。図表4-193は股下にメインフレームとサドルが設置されているのが特徴である。前方の支持部として胸部サポートとハンドグリップがある。

図表4-194は、フレームにスプリングのサスペンションを使っており、サドルと曲線を多用したハンドルおよび体幹のサポートで姿勢の安定を図っている。図表4-195は使用者の身体を後方からサポートする構造で、サスペンションがついているので歩行時の重心の上下動に追従する機構が組み込まれている。

5. 周辺機器

近年、障害の重度・重症化に伴い、人工呼吸器などの周辺機器を使用する障害児・者が増えてきた。また、製作者の技術の向上により、このような重度障害児・者のシーティングが可能になり、ベッドからの離床も容易になってきた。

これらの周辺機器は精密機械なので、取付位置、角度などについて販売元および製造元への確認が必要となる。また医療関係者のみならず、製作者側も周辺機器の知識が必要とされている。

5.1 人工呼吸器（図表4-196〜4-198）

人工的に肺腔を換気する医療機器である。自発呼吸ができない、自発呼吸は可能だが酸素の血中への取込みが非常に低い人が対象となる。通常、肺に炎症が起こったり、肺に何らかの異常があり正常に空気を取り込めない肺疾患のある人が使用する機械であるが、肺が正常であっても神経疾患や筋疾患で、肺の周りにある筋肉が動かないような場合にも使用する。

人工呼吸器の換気経路としては、一般的に下記の3種類が存在する。

・気管挿管
・気管切開
・マスク

前の2種は侵襲的陽圧換気と呼ばれ、気管内へ直接チューブを挿入する。それに対してマスクは非侵襲的陽圧換気（Non-invasive positive pressure ventilation：Nippv）と呼ばれる。

病院内で使用される人工呼吸器は、専用のラックに固定され移動が困難であったが、現在はB4サイズ程度でAC100V電源を使用し、重量が約4kg程度のコンパクトタイプもある。

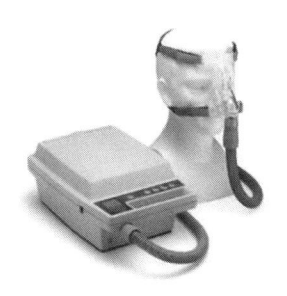

図表4-196 マスク （1）コンパクトタイプ

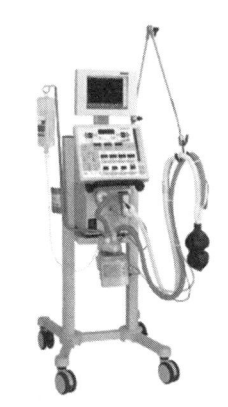

図表4-197 同上 （2）病院内で使用されるタイプ

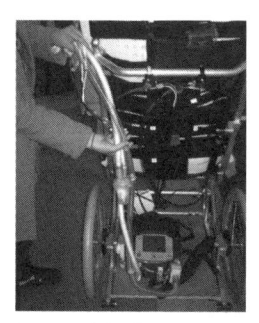

図表4-198 同上 （3）加湿器（別ユニット）を装備したタイプ

加湿器（別ユニット）を装備したタイプ（図表 4-198）もあるが、300 mm×500 mm くらいの架台で納まるので車椅子、座位保持装置への積載も可能である。車椅子積載の場合は、パイプの取回しや予備バッテリの取付位置も要検討項目である。

5.2 酸素ボンベ（酸素ボンベ架）（図表 4-199）

主に在宅酸素療法で使用されるもので、携帯用ボンベとしては容量により異なるが、ϕ100 mm、ϕ130 mm 程度が一般的である。重量は 1.5～3 kg だが、最近では軽量なグラスファイバー製のものもある。

車椅子、座位保持装置へは通常、金属製の酸素ボンベ架（台）により後方へ取り付けられることが多いが、リクライニング式の場合本体フレームとボンベの干渉に注意が必要である。車椅子ではクロスバーの下へ横置きすることもある。

5.3 パルスオキシメータ（図表 4-200、4-201）

プローブ（探触子）を指先や耳などへ取り付け、侵襲（外科手術などにより、人体を切開すること）せずに脈拍数と経皮的動脈血中酸素飽和度（SpO_2）をモニタする医療機器。心拍グラフやさまざまな数値が表示されている箱型の機器は、バイタルサインモニタといい、心電図、血圧、体温、脈拍数などを同時に測定する機器である。

パルスオキシメータは小型化が進み、大型の洗濯バサミ程度の大きさで、SpO_2、脈拍数、脈派波形、パルスバーグラフ、電池残量を同時に表示できるようなものもある。

SpO_2 の安心ラインとしては、一般的に 95 %以上である。

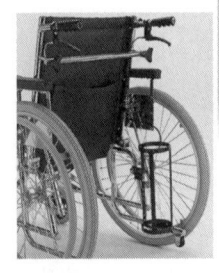

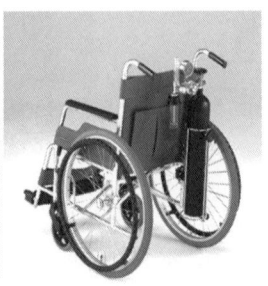

図表 4-199　酸素ボンベ架（台）；酸素ボンベ取付前（左）・後（右）

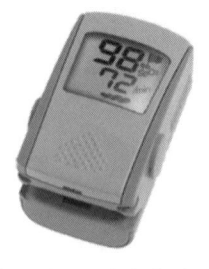

図表 4-200（a）　パルスオキシメータ　(1) 指で測定するタイプ

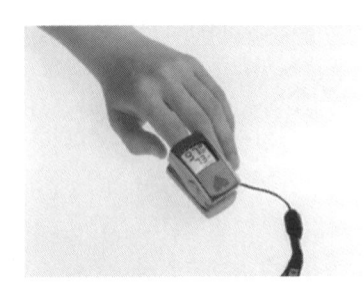

図表 4-200（b）　同上　(2) 指で測定するタイプの使用例

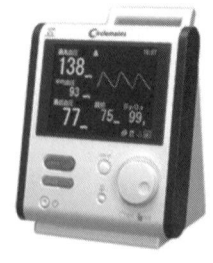

図表 4-201　同上　(3) バイタルサインモニタ

5.4　吸引器（図表4-202〜4-204）

吸引器には、口腔内にたまった唾液を吸引する「唾液専用低圧持続吸引器」と、痰（たん）を吸引する「たん吸引器」の2種類がある。気道を確保するために口腔内の痰や分泌液、洗浄液などを陰圧になったチューブで吸引する装置である。

大きさは吸引の能力により異なるが、W 200 mm×D 200 mm×H 250 mm、重量約2 kg程度の小型のものから、大型のものはW 400 mm×D 400 mm×H 900 mm、重量約24 kgくらいのものまである。外出用としてはW 400 mm×D 150 mm×H 300 mm、重量約5 kg程度までを考えることができる。近年は3電源式（AC 100 V、内蔵バッテリ、シガーライタ）も多く発売されている。

吸引器を搭載する場合には、本体だけでなく吸引用チューブ、消毒液、その他吸引のための道具が必要となるので、それらの設置スペースを考慮しなければならない。

5.5　点滴ポール（栄養パック取付用ガートル架）（図表4-205）

点滴の輸液バッグや、経管栄養の栄養バッグを取り付けるための柱。大型のバッグや輸液ポンプ取付けの場合は、ポールの強度、固定強度に注意が必要である。また、使用者の点滴の位置や、介護方法により取付方向、角度の検討が必要になる。伸縮式や回転式、脱着式を用いることにより、コンパクトな収納も可能である。

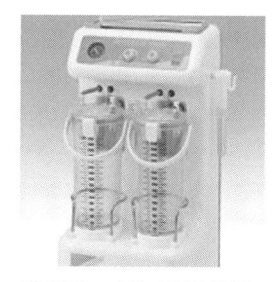

図表4-202　吸引器　(1) 唾液専用

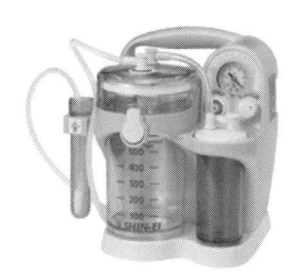

図表4-203　同上　(2) たん吸引器

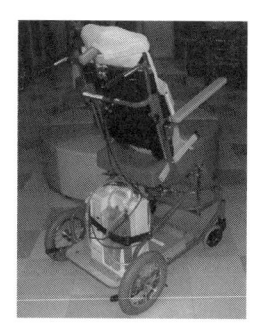

図表4-204　同上　(3) 搭載例

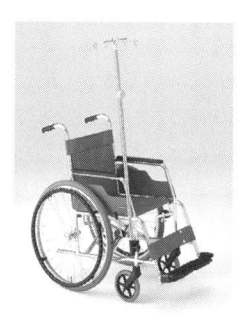

図表4-205　点滴ポール

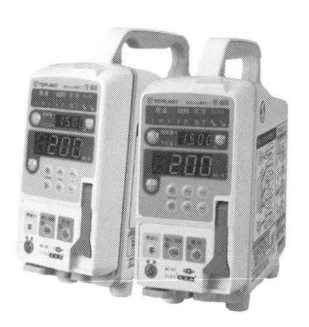

図表4-206　輸液ポンプ　(1)

5.6 輸液ポンプ（図表 4-206、4-207）

点滴や、経管栄養の輸液チューブを機械に挟み込んでローラーで押すことにより、あらかじめ設定された量を輸注するための装置である。輸注速度および輸注予定量を設定できる。

重量約 2 kg で、AC 100 V 電源に加えて内蔵バッテリ（約 2 時間）の稼動も可能。点滴ポールへ固定して使用するので、点滴ポール本体の強度および点滴ポール固定場所、固定強度に注意が必要である。

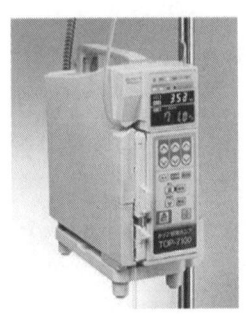

図表 4-207 同上 （2）点滴ポール固定例

―― 引用・参考文献 ――――――――――――――――――――――――――――――――――

Axelson, P., J. Minkel and D. Chesney（車いす SIG 監訳）「車いすの選び方」『日本リハビリテーション工学協会車いす SIG』日本リハビリテーション工学協会車いす SIG、1996 年。

梅尾良之『新しい電池の科学』講談社、2006 年、120-173 頁。

Engstrom, Bengt（桂律也他訳）「車いすの力学」『エルゴノミック・シーティング』ラックヘルスケア（株）、2003 年、173-198 頁。

大川嗣雄他「車いすの科学」『車いす』医学書院、1987 年、98-117 頁。

沖川悦三「車輪アライメントと車いすの走行性能」『第 4 回日本リハビリテーション工学協会車いす SIG 講習会テキスト』日本リハビリテーション工学協会車いす SIG、1995 年、97-105 頁。

沖川悦三「車いすの構造 ―― 各部の名称と部品・材料」『第 14 回日本リハビリテーション工学協会車いす SIG 講習会テキスト』日本リハビリテーション工学協会車いす SIG、2001 年、21-30 頁。

株式会社今仙技術研究所「電動車いす取扱説明書『EMC-700 型・EMC-710 型』」2002 年、28 頁。

株式会社今仙技術研究所「デイリーパル」パンフレット、2009 年。

株式会社ベイサン「リチウムイオン電池の基礎」(http://www.baysun.net/lithium/index.html)。

北野義明「車いす不適合による二次障害」『リハビリテーションエンジニアリング』17 巻 2 号、2002 年、10-14 頁。

北野義明他「脊髄損傷者（頸髄・胸髄・腰髄）の車いす」『第 20 回日本リハビリテーション工学協会車いす SIG 講習会テキスト』日本リハビリテーション工学協会車いす SIG、2004 年、45-83 頁。

北野義明・小林博光「電動車いすの種類と活用のすすめ」『第 22 回日本リハビリテーション工学協会車いす SIG 講習会テキスト』日本リハビリテーション工学協会車いす SIG、2005 年、72-79 頁。

車いす・シーティング用語委員会編『車いす・シーティング用語集』日本リハビリテーション工学協会車いすシーティング用語委員会、2005 年。

小池純子「立位保持装置の必要性と処方」（財）テクノエイド協会編『立位保持装置に関する調査研究報告書』1998 年、4-8 頁。

繁成剛「重度障害児用歩行器 SRC ウォーカーの適合と評価」『川崎医療福祉学会誌』13 巻 1 号、2003 年、64-65 頁。

繁成剛他「トライウォールを使った簡易型座位保持装置の製作と適応」『クリニカル・リハビリテーション』2 巻 8 号、1993 年、685-688 頁。

繁成剛他「姿勢保持用モジュラーフレームの開発」『第 20 回リハ工学カンファレンス』2005 年、218-219 頁。

自転車産業振興協会『自転車実用便覧〔第 4 版〕』自転車産業振興協会、1982 年、88、113 頁。

染谷淳司「重症・重度児の姿勢保持」『理学療法学』19 巻 3 号、1999 年、296-299 頁。

高塩純一他「姿勢制御、粗大運動に問題を持った子どものための機器開発」『ベビーサイエンス』6 巻、2006 年、16-30 頁。

田中理・米田郁夫「車いす駆動に関する力学・生体力学」『車いす・シーティング』はる書房、2005 年、193-203 頁。

辻村和見「走行・制御システムの工夫」『第 24 回日本リハビリテーション工学協会車いす SIG 講習会テキスト』日本リハビリテーション工学協会車いす SIG、2006 年、158-160 頁。

角田和雄『摩擦の世界』岩波新書、1994 年。

中村俊哉「操作インターフェースのハードウェア」『第 24 回日本リハビリテーション工学協会車いす SIG 講習会テキスト』日本リハビリテーション工学協会車いす SIG、2006 年、147 頁。

日本規格協会：JIS T 9201：2016「手動車いす」2016 年。

日本規格協会：JIS T 9208：2016 「ハンドル形電動車いす」2016 年。

日本規格協会：JIS T 9203：2016 「電動車いす」2016 年。

日本リハビリテーション工学協会 SIG 姿勢保持編『小児から高齢者までの姿勢保持』、「5 章 姿勢保持装置の概要」医学書院、2007 年、43-45 頁。

広中清一郎『新しい摩擦の科学 ―― トライボロジー入門』講談社、1991 年。

松尾清美「車いすの選び方」第 11 回日本リハビリテーション工学協会車いす SIG 講習会テキスト『車いすエキスパートになるための基礎学 2』日本リハビリテーション工学協会車いす SIG、2000 年、103-115 頁。
ヤマハ発動機株式会社「JW アクティブ・JWX-1」パンフレット、2009 年。
米田郁夫「車いすの重心と走行性能」『第 4 回日本リハビリテーション工学協会車いす SIG 講習会テキスト──車いすの処方の基礎と実習』日本リハビリテーション工学協会車いす SIG、1995 年、106-114 頁。
米田郁夫「『車』へのこだわり──車いす車輪の力学」『第 6 回日本リハビリテーション工学協会車いす SIG 講習会テキスト』日本リハビリテーション工学協会車いす SIG、1997 年、25-47 頁。
米田郁夫「走行性能に影響する要因について」『第 18 回日本リハビリテーション工学協会車いす SIG 講習会テキスト』日本リハビリテーション工学協会車いす SIG、2003 年、29-40 頁。
米田郁夫他「手動車いすによる縦断勾配走行時の負担と操作難易度評価」『日本機械学会論文集（C 編）』71 巻 701 号、2005 年、237-244 頁。
Cooper, R. A., "Specialized Wheelchairs," *Wheelchair Selection and Configuration*, USA：Demos, 1998, pp. 253-270.
Cooper, R. A., et al., "Manual Wheelchair Propulsion Biomechanics," 車いすシーティング国際セミナー 2002 テキスト『日本リハビリテーション工学協会車いす SIG』日本リハビリテーション工学協会車いす SIG、2002 年、pp. 5-9。

引用ホームページ
① ハートリーフレスト：http://www.p-supply.co.jp/hojyo/hrest/index.html
② トイレットチェア：http://www.arizono.co.jp/top/seihin/shisei00.html
③ シャワーエイド：http://www7a.biglobe.ne.jp/~kisaku/wholesaler/showeraid.html
④ キャロット II：http://www.lt.sakura.ne.jp/~seeds/index.html
⑤ グーパ（Goo-pad）：http://technosjapan.jp/goopad/index.html
⑥ Kaye Products：http://www.kayeproducts.com/posturewalkers.html
⑦ Walk-about：http://www.p-supply.co.jp/child/hoko/walk/index.html
⑧ Rifton：http://www.rifton.com/
⑨ Pony R82：http://www.r82.com/
⑩ Meywalk2000 Meyland-smith：http://www.meyland-smith.dk/EN/
⑪ Walk-about Mulholland Positoninng Systems：http://www.mulhollandinc.com/
⑫ i トライチェア：http://www.asahitec.com/itry/index.html
⑬ JOSY：http://www.josy.jp/

第5章

材料・構造・力学

本章の概要

　用具を設計・製作する者は、構成する材料や部品の種類、特性および特徴についてある程度理解しておかなければならない。材料力学や機構学的視点についても同様である。

　機能性材料として用いられるクッション材と張り生地は、身体のサポートのあり方、快適性、褥瘡などに関与し、構造材は、用具の重量と安全性に関与する。またメカニカル・ロック、アクチュエータなどの構造部品は機能性や操作性に、そしてボルト・ナット類は、安全性、耐久性などに関与する。

　これらの材料や部品の選択は、用具の良し悪しに大きく影響する。本章で取り扱った内容は、適切な用具の提供には欠かすことができない基礎知識である。しっかりと身につけておきたい。

1. 機能材料

材料は主に構造材料と機能材料に分類される。構造材料は製品の骨格をつくる材料で強度が要求される。機能材料は使用者の快適性を高める材料である。姿勢保持装置や車椅子では、身体と接触する背や座のシートやパッド類のクッション材、またその張り生地が機能材料である。これらには通気性、透湿性、伸縮性、耐熱性、耐候性、耐水性、撥水性、耐摩耗性、耐摩擦性、耐薬品性、抗菌性、および難燃性に優れた材料を用いるが、材料ごとに特性が異なるので目的に応じて選択しなければならない。

ここではその種類、特性、用途について解説していく。

1.1 クッション材（素材）

現在、クッション材としてよく使われる素材として、軟質ポリウレタンフォーム、ポリエチレンフォーム、ポリスチレンフォーム、ゴムスポンジ、フォームラバーなどの発泡体がある。これらは、泡の構造により次の2つに分類することができる。

①連続気泡フォーム（通気性がある）：発泡膨張中または硬化前は独立気泡であるが、硬化時は気泡膜が破れているもの。軟質ポリウレタンフォーム、フォームラバーなど

②独立気泡フォーム（通気性がない）：硬化終了後も気泡膜が破れず、気泡膜が密閉され、ガスが封入されたもの。硬質ポリウレタンフォーム、ポリエチレンフォーム、ポリスチレンフォーム、ゴムスポンジなどがこの類である

1.1.1 ポリウレタンフォーム

石油化学製品であるポリオールとイソシアネートの反応をベースに、発泡助剤、触媒、整泡剤、着色剤、添加剤などが加えられ、パンのように膨らんだポリウレタンフォーム（ポリウレタンの発泡体。単にウレタンフォームともいう）ができる。

(1) ポリウレタンフォームの種類・分類

(a) 硬度による分類
- 軟質：柔軟性、弾性のあるフォーム（クッション材などに使われるもの）
- 半硬質：軟質と硬質の中間に位置するが、高硬度のなかに柔軟性を保持する
- 硬質：建築用断熱材として多く使われ、ボードタイプと現場発泡吹き付けタイプがある

(b) 主原料による分類（ポリオール）
- エーテルタイプ：主にクッション材・寝具・梱包材など、クッション性を重視する分野に使われる（耐水性・耐湿性に優れる）
- エステルタイプ：吸音材・断熱材・クリーナーなど、耐油性、機械的強度などを重視する分野に使われる（耐候性・耐薬品性に優れる）

(c) 製品形態による分類
- ブロック：60 m 発泡品を大きな食パン状にカットしたもの
- ロール：薄くスライスしたものをロール状に巻き取ったもの
- モールド：型の中で発泡、成型品としてできるもの（自動車のシートなど）

(d) その他
- インテグラルスキンフォーム（成型発泡品）：製品表面近くにスキン層があり、金型につけてあるシボや模様を製品に写し取

ることができ、また原料に着色し、金型内面に塗料をスプレーすることにより、さまざまな色の製品にも仕上げられる。製品表面が無発泡に近いため、長時間タバコの火を押しつけても影響を受けないほどの耐熱性をもつ。車椅子の肘掛や、自動車のハンドルなどによく使われる

- チップウレタンフォーム：軟質ウレタンフォーム製造時や加工段階で発生する断材や使用後の製品を細かく粉砕し接着剤を噴霧・撹拌し圧縮成型したもので、通常の軟質ウレタンフォームにはない「硬さ」「弾性」をもち、ローコストであることからも椅子や自動車関連など幅広く利用される。圧縮率により硬さの種類の取り揃えがある

(2) ポリウレタンフォームの特性

(a) クッション性

クッション性は、密度・硬さ・圧縮残留歪（長期使用時の復元性の良し悪しで、数値が低いほどよい）などの特性が重要な要素となる（一般的に密度が高いほど硬さも増し、圧縮残留歪も低い。よって密度が高いほどよいクッション材といえる）。

クッション性をタイプ別に分けると、汎用タイプ、高硬度タイプ、ラバーライクタイプ、高弾性タイプ、ソフトタイプなどがあり、ウレタンメーカが多種のポリウレタンフォームを製造している。

(b) 耐熱性

常用で70℃、最高で90℃。一般有機材料の引火点は230～390℃、発火点は230～530℃だが、（ポリ）ウレタンフォームの引火点は288℃、発火点は456℃となる。したがって、着火源なしで自然発火するものではない。

(c) 耐候性

紫外線に対して変色しやすい欠点をもつ。これは紫外線により、アゾ化合物・キノンイミドを形成し黄変することによると説明されている。高分子鎖の切断とは違い、変色がただちに物性の劣化につながるものではない。しかし、変色がさらに進むと科学的脆化、強度劣化を起こす。紫外線の影響の少ない使用方法が望まれる。

1.1.2 ポリエチレンフォーム

ポリエチレンフォームは、大きく次の3つに分類される。

① 化学架橋ポリエチレンフォーム：3～50倍型内発泡品（15～30倍が汎用品として使用されている）。最大30～100 mmの厚みをもつ（シート状発泡をするメーカもある）。雑貨・梱包材・ビート板・シャワーチェアのクッションなど

② 電子架橋ポリエチレンフォーム：5～40倍の長尺シート状発泡品。パッキン材・断熱材・バスマットなど

③ 無架橋ポリエチレンフォーム：シート状押し出し成型品・異型押し出し高発泡品。包装梱包材・緩衝材など

- ビーズ成型ポリエチレン：10～40倍発泡品。見た目はスチロール（PS）と同じだが、適度な柔軟性と弾性、復元力をもち、溶剤系の接着剤の使用も可能
- EVA発泡体：見た目はポリエチレンの化学架橋品と見分けがつかないものの、柔軟性と弾性そして復元力でポリエチレンに勝る（価格も上がる）

1.1.3 ポリスチレンフォーム（発泡スチロール）

発泡スチロールは、製法により次の3つに分類される。

① EPS（ビーズ発泡ポリスチレン）：農水産容器や機器の緩衝包装材に主として用いられる

② PSP（ポリスチレンペーパー）：食品用トレーに主として用いられている

③ XPS（押し出しボード）：断熱建材に使用されている

- マイクロビーズ：ポリスチレンビーズに蒸気をかけ一次発泡（5～100倍）したもの。これを金型に充填し蒸気をかけ二次発泡したものが発泡スチロールとなる
- 発泡スチロールの接着材：発泡スチロール

は、有機溶剤（アルコール類を除く）や石油類に侵される。水系接着剤や発泡スチロール用接着剤が推奨されている

1.1.4 ゴムスポンジ

原料ゴム（天然ゴム・合成ゴム）に有機発泡剤、架橋材、軟化剤、補強材を練り込み、密閉された型内で加硫を行うことで発泡剤の分解により独立した気泡ゴムスポンジがつくられる。原料ゴムの特性の違いによる、代表的なゴムスポンジ5種類を以下に説明する。

①天然ゴム系（NR）：主成分が天然ゴムおよびスチレンブタジエンゴムのゴムスポンジ。一般工業製品に用いられ、最も安価なゴムスポンジである

②ニトリルゴム系（NBR）：主成分がアクリルニトリルとブタジエンのゴムスポンジで、耐油性を特徴とする。ただし反発弾性や耐オゾン性に乏しく、主として耐油性を必要とする工業用ゴム製品に用いられる

③クロロプレン系（CR）：主成分がクロロプレンのゴムスポンジで、ネオプレンという名称でよく知られている。中程度の耐油性、耐熱性があり、耐候、耐オゾン性が良好で一般物理的性質もよいので、耐油、耐候性を必要とする一般工業用ゴム製品に広く用いられる

④エチレンプロピレンゴム系（EPDM）：主成分がエチレン・プロピレンのゴムスポンジであり、耐熱・耐候性がよく、屋外での使用など特に耐候性の必要な用途に用いられる。EPDM系は、連続気泡のタイプもあり、一般的にはシール材として使われる。その柔軟性からクッション材として、低反発ウレタンフォームの代替品として使用される例もある

⑤シリコンゴム系（Si）：主成分がシリコン・シロキサンのゴムスポンジで、耐熱用ゴム製品に広く用いられる。耐用温度範囲は-60〜$+200$℃である

1.1.5 フォームラバー

ゴムラテックスを、機械的に泡立てて加硫乾燥させたもの。現在国内では、化粧用パフ材・マットレス用型成型品などの生産はあるが、クッション材向け資材として生産しているメーカはない。そのため入手が困難になっている。

1.1.6 合成繊維立体構造体

一般的によく使われるポリウレタンフォームに替えて近年使われるようになってきたものに、合成繊維立体構造体がある。これはPET（ポリエチレンテレフタレート）、ナイロンなどの繊維をWラッセル編みという二重立体構造に編み上げたもので、表面部、連結部、裏面部からなる三次元立体編物である（図表5-1）。表面部、連結部ともメッシュ、スムースなどいろいろなパターンの編み方が可能で、表面に色・柄のプリントも可能になっている。

連結部にはモノフィラメント（テグス・釣り糸のようなもの）が使用されている。連結部の構造には筋違、クロス、トラス（図表5-2）などがある。

表面、裏面の素材には合成繊維（合繊）のほ

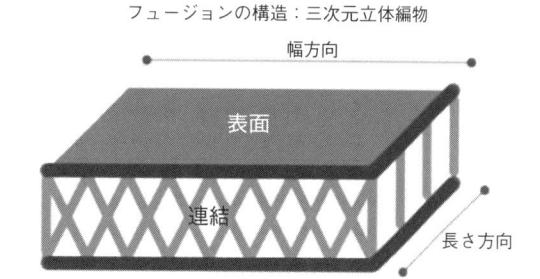

図表5-1 立体構造の例

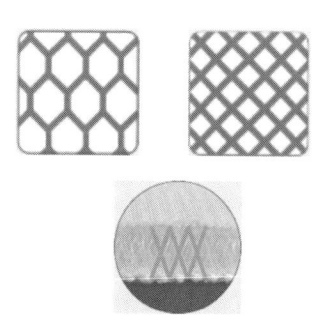

図表5-2 トラス連結

か、化学繊維（化繊）、天然繊維が使われる。
- 表面：PET（他に合繊、化繊、天然繊維）
- 連結部：PTT（ポリトリメチレンテレフタレート）・PET・PBT（ポリブチレンテレフタレート）・Ny（ナイロン）など
- 裏面：PET・PTT（他に合繊、化繊、天然繊維）

厚さは通常2～10 mm程度だが、製品によっては編み方、製法の違いにより30 mm程度のものもある。平面なのでウレタンなどのベースの表面部分に使われる場合が多い。薄いものは染色され、そのまま表面材としても利用される（1.2項参照）。

1.1.7　合成樹脂立体構造体

ポリエステルポリマー、ポリエステルエクストマーなどの樹脂を立体的な網目状に生成したもので、通気性、透湿性、へたりの出にくさなどの特性がある。製品によって構造となる繊維状の部分の太さが種々あり、硬さ、柔軟性の違いとなっている。

市販品として、カールロックマット（高木化学研究所）、エルク（帝人ファイバー）、ブレスエアー®（東洋紡）などがある（図表5-3）。型を用いて熱加工で一定の形に成型することはできるが、オーダー対応のモールド形状などは難しい。

1.1.8　クッション材の変遷

フォームラバーは1937（昭和12）年にTQ-1が最初に生産を始め、その後ブリヂストンタイヤ、横浜ゴム、大成ゴム、内外ゴム、東洋ゴム、世界長、雪ケ谷化学、羽田産業などが製造を始めた。1962（昭和37）年頃に生産のピークを迎え、翌年以降ポリウレタンフォームへと替わられていった。

ポリウレタンフォームはイノアックにより1954（昭和29）年に日本に導入されたのが最初で、その後ブリヂストン、TQ-1、ソフラン、アキレス、クラボウなどが参入し、現在のフォームメーカ6社に至る。

(1) 低反発ウレタンフォーム

軟質ポリウレタンフォームの一種であり、特殊な分子構造に設計されたもの。本来の「弾性」を抑え「粘性」を上げたフォームで、ヒステリシスロス率（JIS K 6400-2）の大きい衝撃吸収性フォームの特徴を有する。圧縮したのちに外力を取り除いた際、ゆっくりと元に戻る性質があり、一般フォームに比較して反発弾性率（JIS K 6400-3）が15％程度以下と非常に小さい。

局部的な圧迫が少なく体圧が全体に分散されるので、血流阻害や褥瘡の予防に効果的とされる。この特性により、枕・寝具・椅子などに用いられることが多い。

なお、この種のフォームは温度依存性が高く、低温で硬く、高温で軟らかくなる性質をもつ。

(2) 通気性ポリウレタンフォーム

軟質ポリウレタンフォームに特殊な二次加工を施し、つながっている泡の骨格部分のみを残して膜を完全に取り除いたもの。三次元網目構造で高度の通気性とクッション性を兼ね備える。

(3) ポリウレタンフォーム接着作業の注意点

軟質ポリウレタンフォームには、静電気が溜まりやすい。静電気の火花だけで発火する可能

図表5-3　通気性の高いクッション材（出所：東洋紡パンフレット／帝人パンフレット）

性は少ないものの、可燃性の接着剤を使用する場合、接着材に含まれる溶剤に静電気の火花が引火してポリウレタンフォームへ燃え移ることもある。引火防止のため、水系接着剤や難燃性接着剤の使用が推奨される。

1.2 張り生地

1.2.1 素材別の機能性

張り生地として使われる布地や皮革（人口皮革）は、素材特性や加工法などにより多くの機能的な特性を備えている。通気性、伸縮性、耐候性、耐水性、撥水性、耐摩耗性、耐摩擦性、耐薬品性、抗菌性、難燃性などの特性があり、目的用途に合わせて選択する必要がある。

1.2.2 素材の種類と特性・織り

(1) 素 材

(a) 天然繊維

繊維のうち人工的につくられたものではないもの。一般的には、食物繊維（木綿・麻・リンネル）、動物繊維（羊毛・絹・カシミア）のどちらか。肌触りがよく、吸水性に優れている。

(b) 合成繊維（合繊）

有機低分子を重合させてつくった高分子を原料とする化学繊維（化繊）のこと。石油を原料とするものが多い。張り生地として、ポリエステル（布地）やポリウレタン、ポリ塩化ビニルなど（皮革）がある。他にはナイロン、ビニロン、アクリルなど。

(c) 塩ビ系

合成樹脂（プラスチック）の一つで、塩化ビニル（クロロエチレン）を重合したもの。一般的にビニールレザーと呼ばれているものであり、防汚性や耐久性が強いが、経年使用で硬くなるものもある。

(d) ポリウレタン系

イソシアネート基とアルコール基が縮合してできるウレタン結合でモノマーを共重合させた高分子化合物である。一般的に、伸縮性・軟らかさ・肌触り等はよいが、加水分解でぼろぼろになることもある。

(e) オレフィン系

炭化水素（一定数の炭素原子と水素原子が結合した構造化学物で、石油の主成分）を結合の仕方に基づいて分類したものの一つ。炭素原子の連なりを骨格と考えた場合、連なりの中に二重結合が含まれるものをオレフィン系炭化水素という。

(2) 織 り

(a) 平織り

縦糸と横糸を交互に浮き沈みさせて織る、最も単純な織物繊維。綿・麻・ウールなど、一般的に椅子張り生地として使われることが多く、平織りの特性として伸縮性が少ないので切り口の端処理が必要である。

(b) ニット

糸から布や立体物をつくる編み物で、手編み・メリヤス編み・機械編みなどの種類がある。一般的に生地としてジャージなどがあり、洗濯可能で肌触りがよく伸縮性があるため、痛みが出やすい部分（褥瘡の危険箇所）に使える。

(c) 立体メッシュ

2枚の編地間を弾力のある糸でつないだもの。一般的に生地としてコア、ラッセル、Wポリメッシュ、フュージョン、3Dネットなどがあり、濡れても乾きやすく天然繊維と比較して吸水性が低いので、洗濯に最適。強度があり、磨耗に強く、通気性・クッション性・軽量性に優れ、伸縮性に関しては中程度であり、張り生地としては利点が多い。

(d) その他

面ファスナーの素材としては、ポリエステル系とナイロン系がある。シャワーチェアなどに使用する場合、ポリエステル系のほうが耐水性が高く、濡れた状態での使用強度（接着強度）も高い。またナイロンに比べて、防カビ性に関しても高い。

2. 構　造

本節では姿勢保持装置や車椅子の骨格となる構造材（構造材料）と構造部品を取り上げる。これらは姿勢保持装置や車椅子の強度を決定づけるので、設計段階で適切なものを選択しなければならない。しかし強度ばかりでなく、使用者にとって必要な機能、使いやすさ、**重量**、コスト、さらには製造や組立ての容易さなども考慮しなければならない。

2.1　構造材（structural material）

姿勢保持装置や車椅子に用いられる構造材という観点から、その種類と特徴について以下に説明する。

材料の選択については、「3.1 材料力学の基礎」で説明する事項と合わせて検討されたい。

2.1.1　金属（metal）
(1)　分類と性質

金属の分類にはさまざまなものがあるが、車いす・シーティングに使用される材料という観点から、工業的また料学的特性からの分類についてのみ解説する。工業材料としての金属は鉄鋼材料と非鉄金属材料に大別され、さらに細分類される（図表5-4）。

金属の性質として次のことが挙げられ、これらの条件を満たすものが金属とされる。

- 導体である
- 磨くと光沢を放つ（金属光沢）
- 常温では固体（水銀を除く）
- 抗張力が大きい
- 弾性がある
- 可鍛性がある
- 疲労に対する抵抗力がある

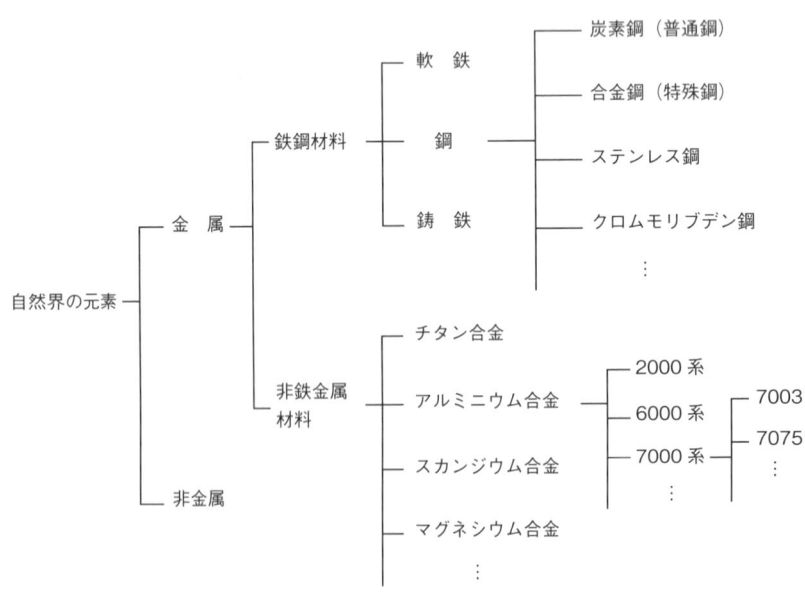

```
自然界の元素 ─┬─ 金属 ─┬─ 鉄鋼材料 ─┬─ 軟　鉄
              │        │             ├─ 鋼 ─┬─ 炭素鋼（普通鋼）
              │        │             │      ├─ 合金鋼（特殊鋼）
              │        │             │      ├─ ステンレス鋼
              │        │             │      ├─ クロムモリブデン鋼
              │        │             │      └─ …
              │        │             └─ 鋳　鉄
              │        └─ 非鉄金属材料 ─┬─ チタン合金
              │                          ├─ アルミニウム合金 ─┬─ 2000 系
              │                          │                    ├─ 6000 系
              │                          │                    ├─ 7000 系 ─┬─ 7003
              │                          │                    │           ├─ 7075
              │                          │                    │           └─ …
              │                          │                    └─ …
              │                          ├─ スカンジウム合金
              │                          └─ マグネシウム合金
              │                              …
              └─ 非金属
```

図表 5-4　金属、鋼の関係

・熱を通しやすい

(2) 鉄鋼材料 (ferrous metal)

鋼（はがね、こう、steel）とは鉄 Fe を主成分にする炭素 C との合金で、鉄のもつ性能（強度、じん性、磁性、耐熱性など）を人工的に高めたものである。鋼はその炭素量により次のように分類される。軟鉄、鋼そして鋳鉄を合わせて鉄鋼材料という。

炭素 C： 0〜0.3%　0.3〜2.1%　2.1〜6.7%
分類：　　軟鉄　　　　鋼　　　　鋳鉄

この鋼は鉄鉱石からつくられる。鉄鉱石は酸化鉄の一種であり、これを溶鉱炉で還元して鉄にする。これが銑鉄である。これには炭素や不純物が多いので、それらを少なくするために製鋼炉で鋼にする（図表5-5）。

鋼は車椅子設計のための重要な構造材料である。鋼の規格について責任のある組織は、日本では日本規格協会（JIS）であり、アメリカではアメリカ鉄鋼協会（American Iron and Steel Institute: AISI）とアメリカ自動車技術者協会（Society of Automotive Engineers: SAE）である。

車椅子は通常、普通鋼［AISI 4130、4340、8620］を使用している。AISI 4130 は、組立てにおいてその強度、溶接性、製造容易性のため広く使用されているクロムモリブデン合金（chromium-molybdenum alloy）である。AISI 4340 は、顕著な延性、剛性、疲労強度が優れたクロムニッケルモリブデン鋼である。AISI 8620 は、被切削性が優れ、研磨仕上げがよいクロムニッケルモリブデン鋼である。

多くの材料の規格は日本規格協会から「JISハンドブック」で公開されている。

鉄鉱石 →（還元／溶鉱炉）→ 鉄（銑鉄）→（脱炭精錬／製鋼炉）→ 鋼

図表 5-5　鋼ができるまで

(3) ステンレス鋼 (stainless steels)

ステンレス鋼とは、鉄に少なくとも 10.5% 以上のクロムを含有した合金鋼の総称である。鉄の最大の弱点である錆を防止するように改良されており、耐食性、耐久性、意匠性、耐火性、低温特性、加工性などで非常に優れた特性を備えている。またメンテナンスが容易であることも大きな特徴である。

鉄にクロムを添加すると、クロムが酸素と結合して鋼の表面に薄い保護皮膜（不動態皮膜）を生成する。この皮膜が錆や汚れの進行を防ぐ。また、この皮膜は 100 万分の 3 mm 程度のごく薄いものだが、大変強靭で一度壊れても周囲に酸素があれば自動的に再生する機能をもっている。

(4) 非鉄金属材料 (non-ferrous metal)

非鉄金属とは、鉄および鉄を主成分とした合金つまり鉄鋼材料以外の金属を指す。日本工業規格においては部門記号 H（非鉄金属）に区分されている。

非鉄金属の応力—ひずみ曲線では降伏点が現れない（後掲（p. 196）図表5-40）。降伏点の代わりに、基準応力として耐力（たいりょく）を定義する。

車いす・シーティングに使用される主な非鉄金属は、アルミニウム（英 Aluminium、米 Aluminum）、チタン Ti（Titanium）の合金である。

(5) アルミニウム合金 (aluminum alloy)

素材そのものの弾性率では鉄の約 1/3、チタンの約 1/2 とかなり軟らかいアルミであるが、比重もやはり鉄の約 1/3、チタンの約 1/2 と軽いため、フレームを構成するチューブを大径化して剛性を上げても鉄などと比較して軽量なフレームが設計しやすい。現在使用されているアルミニウム合金は、大きく 2000 系、6000 系そして 7000 系に分けられる。

車椅子においては、次の 4 つのアルミニウム合金が一般的に使用される。

SAE 2024 は普通の高強度アルミニウム合金

図表5-6　自転車のフレームに使われる材料の特性

材　料	引張強さ [MPa]	縦弾性係数 [GPa]	密　度 [kg/m³]	縦弾性係数/引張強さ [－]	縦弾性係数/密度 [MPa m³/kg]	耐食性
低炭素鋼	510	206	7,800	404	26.4	劣
高張力鋼	860	203	7,800	236	26.0	劣
クロモリブデン鋼	980	206	7,800	210	26.4	劣
アルミ合金	570	73	2,700	128	27.0	中
マグネシウム合金	280	45	1,800	161	25.0	優
スカンジウム合金	730	74	2,800	101	26.4	優
チタン合金	950	110	4,400	116	25.0	優
炭素繊維強化樹脂	900	120	1,400	133	85.7	優

出所：自転車のフレーム　http://www.geocities.jp/jitensha_tanken/frame.html

である。それは高疲労抵抗、高比強度、よい加工性を有するが、溶接を必要としない構造部品に使用される。耐食性がよくなく、一般的に陽極酸化処理されるか、すべて被覆（すなわち、商業上純粋なアルミニウムの稠密な塗装）して使用される。

　SAE 6061 は、安価で、多用途の構造用アルミニウム合金である。アルミニウム車椅子フレームはこの合金でつくられてきた。それはよい機械的性質と耐食性をもっており、最も一般的な方法で溶接できる。

　JIS 7003 は強度が比較的高く、熱処理可能な溶接構造用材として開発された合金である。7000系は軽量で剛性の高いフレームをつくることができるが、非常に硬いため加工性が悪く比較的高価な製品になってしまう。最近、アルミニウム車椅子フレームはこの合金でつくられている。

　SAE 7075（Al-Zn-Mg-Cu）は最も高強度のアルミニウム合金の一つであり、高応力に適している。溶接部品には推奨できない。

　2000系、6000系および7000系は熱処理合金に分類され、溶接などで材料が溶融すると強度が低下するが、焼き戻しを行うと時効硬化（析出硬化）し、強度が戻るという性質がある。7000系のなかでAl-Zn-Mg合金は常温時効性が大きく、30日程度の自然時効で硬さが回復する。

　アルミニウム合金の焼き戻しの質別記号は数字の合金表示の終わりにつけられている。例えば6061 T 6 では、6061 によって合金を示し、T 6 は焼戻しまたは硬さの程度を示している。車椅子のために一般的に使われる合金は、T 4 または T 6 の焼き戻し質別記号を使用する。

(6)　チタンTi（Titanium）

　チタンは、鋼鉄以上の強度をもつなど大変強い物質である一方、質量は鋼鉄の約45％と非常に軽く、アルミニウムと比較した場合、約60％程度重いものの約2倍の強度をもつ。したがって全体として軽くできるが、コストが高いため価格とのトレードオフとなる。

　チタンは高い比強度、対金属アレルギー性、耐食性という特性を活かし、日常・スポーツ用車椅子に使われている。

(7)　代表的な車椅子フレームの材質比較

　図表5-6 は、代表的な自転車のフレーム材質の特徴を示す。車椅子のフレーム材質を考える際に参考となる。

2.1.2　木材（wood）

　木材とは、さまざまな用途の材料として用いる樹木の幹の部分の呼称であり、樹木の幹を素材として捉えたものである。このことから、木

図表 5-7　木材の種類と性質

	名　　称	性　　質	用　　途
広葉樹	ビーチ（ブナ）	硬いが粘りがあり曲げやすい。乾燥の途中で狂いやすい	建築内装材、家具、器具、曲材、合板、船舶、機械、パルプ
	バーチ（カバ）	重硬で均質な材。肌目は緻密で上品な風合いがある。加工性は中くらいで、表面の仕上げは良好。接着性はよい	洋家具材、床材、器具材、造作材
	メープル（板屋カエデ）	木質はやや重硬で、加工はやや困難。表面の仕上がりは良好。粘りが強く曲木に適する	家具、建築内装材、ピアノなどの楽器材、運動具
	アッシュ（アメリカタモ）	衝撃に対する抵抗力が強い	バットなど運動具用材、家具
	シナノキ	材質は均整で軽軟。加工は容易。仕上げは中庸。塗料や接着剤に注意が必要、乾燥は容易	家具、機械、合板、器具、鉛筆
	ケヤキ（欅）	曲木に適す。日本の広葉樹の中で最優良材の一つとされる	建築、社寺、彫刻、家具器具、船舶、装飾用突板
針葉樹	杉（スギ）	軽軟で加工性がよい。特有の香りがある。乾燥が早い	建築、建具、土木、船舶、車輛、家具、器具、櫓、桶、はし
	ヒノキ	水に強い。光沢がある。狂いが少ない。加工性がよい。特有の芳香がある	建築、家具、器具、船舶、彫刻、車輪、社寺

出所：『木材図鑑』、木の城工房

材ではその繊維が縦方向に強く並んでおり、これがその強度の性質を決める。また、多孔質であることはその軽量と断熱性のもととなる。

(1) 種類と性質

木材の種類と性質を図表 5-7 に示す。

(2) 無垢材（むくざい）

無垢材は天然の木材である。

(3) 集成材（しゅうせいざい）

集成材とは、断面寸法の小さい木材（板材）を接着剤で再構成してつくられる木質材料である（図表 5-8）。構造用と造作用に分類され、主に建材として用いられる。

集成材は合板とは異なり、ひき板または小角材などの繊維方向を平行にして、長さ、幅および厚さ方向に集成接着した材料で、柱材などの構造強度を要するところに主に使用される。集成材は構造用材として用いられることが多いので、力学的な耐力と設計（弾性率や許容応力）が重視される。

車椅子に用いた例では、梨原（1995）は車椅子への適用をねらって LVL（laminated veneer lumber）フレームの設計強度を求め、成形合板による車椅子の構造化の妥当性を明らかにした。

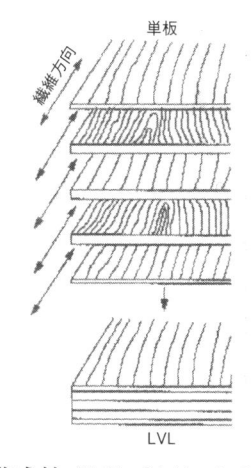

図表 5-8　集成材（出所：『木材のおはなし』）

(4) 合板（ごうはん plywood）

合板とは、一定の厚さにした単板（たんぱん、ベニヤ）を、3 枚以上木目を直角に交差させて張り合わせたもので、ベニヤ板とも呼ばれている。これは木質系複合材料である。

図表 5-9 は木製車椅子であり、図表 5-10 は

第5章 材料・構造・力学

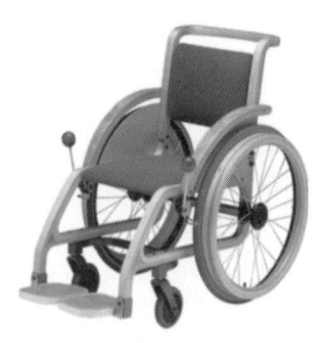

図表 5-9　木製車椅子

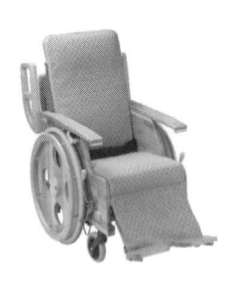

図表 5-10　リクライニング機構付木製車椅子「木楽微笑（きらっくす）」

リクライニング機構を装備した木製車椅子である。リクライニング機構付木製車椅子のフレームは鉄製で、座席部分は北海道産のシオジという木材でつくられ、座面や背面は籐で編まれたものを使用し、バックサポートとレッグサポートが角度調整できる構造となっている。

2.1.3　プラスチック（plastic）
(1)　プラスチックと樹脂
　樹脂には天然樹脂と合成樹脂とがあり、合成樹脂は有機化学の発達により合成されるようになった、天然樹脂とよく似た性質をもつ物質のことである。今日では単に樹脂といった場合には合成樹脂を指すことが多くなっている。
　プラスチックは「可塑性物質」という意味であり、ほとんどの場合、合成樹脂にかぎって使う。

(2)　合成樹脂の分類
　合成樹脂の分類を図表 5-11 に示す。
(a)　熱可塑性樹脂（thermoplastic resin）
　熱可塑性樹脂は、ガラス転移温度または融点まで加熱することによって軟らかくなり、目的の形に成形できる樹脂のこと。一般的に、熱可塑性樹脂は切削・研削などの機械加工がしにくいことが多く、加熱し軟化したところで金型に押し込み、冷やして固化させて最終製品とする射出成形などが広く用いられている。
(b)　熱硬化性樹脂（thermosetting resin）
　熱硬化性樹脂は、加熱すると重合を起こして高分子の網目構造を形成し、硬化して元に戻らなくなる樹脂を指す。
(c)　エンジニアリング樹脂
　エンジニアリング樹脂は、その目的に沿ったさまざまな機能が強化された合成樹脂製品の素材の総称である。家電製品に使われている歯車や軸受け、CDなどの記録媒体など、強度や壊れにくさを特に要求される部分に使用される。略して「エンプラ」とも呼ばれる。磨耗が少なく軽量で、かつ金属部品よりも大量生産にも向く。
(d)　ポリエチレン（polyethylene: PE）
　五大汎用樹脂（熱可塑性合成樹脂のうち、価格が安く性能が比較的低い、そのために生産量が多い主な5つの種類をまとめた呼称）の一つ。最も単純な構造をもつ高分子であり、容器や包装用フィルムをはじめ、さまざまな用途に利用されている。
(e)　ポリプロピレン（polypropylene: PP）
　五大汎用樹脂の一つである。工業的に入手可能であり、包装材料、繊維、文具、プラスチック部品、種々の再利用可能な容器、実験器具、スピーカコーン、自動車部品、紙幣など幅広い用途をもっている。汎用樹脂のなかで比重が最も小さく、水に浮かぶ。強度が高く、吸湿性がなく、耐薬品性（酸、アルカリを含む）に優れている。汎用樹脂のなかでは最高の耐熱性である。
(f)　ポリ塩化ビニル（PVC）または塩化ビニル樹脂
　硬質にも軟質にもなり、優れた耐水性、耐酸性、耐アルカリ性、耐溶剤性をもつ。また難燃性であり、電気絶縁性である。このような優れ

```
                              ┌─ ポリエチレン(PE)
                              ├─ ポリプロピレン(PP)
                    ┌─ 汎用樹脂 ├─ ポリ塩化ビニル(PVC)
                    │         ├─ アクリル樹脂
                    │         ├─ ABS
         ┌─ 熱可塑性樹脂         ⋮
         │          │         ┌─ ポリカーボネート(PC)
         │          │         ├─ ポリアミド(PA)
合成樹脂   │          └─ エンジニア ├─ ポリエステル
(プラスチック)│            リング樹脂  ⋮
         │          ┌─ エポキシ樹脂
         └─ 熱硬化性樹脂 ├─ 不飽和ポリエステル樹脂
                    ├─ シリコーン樹脂
                    ⋮
```

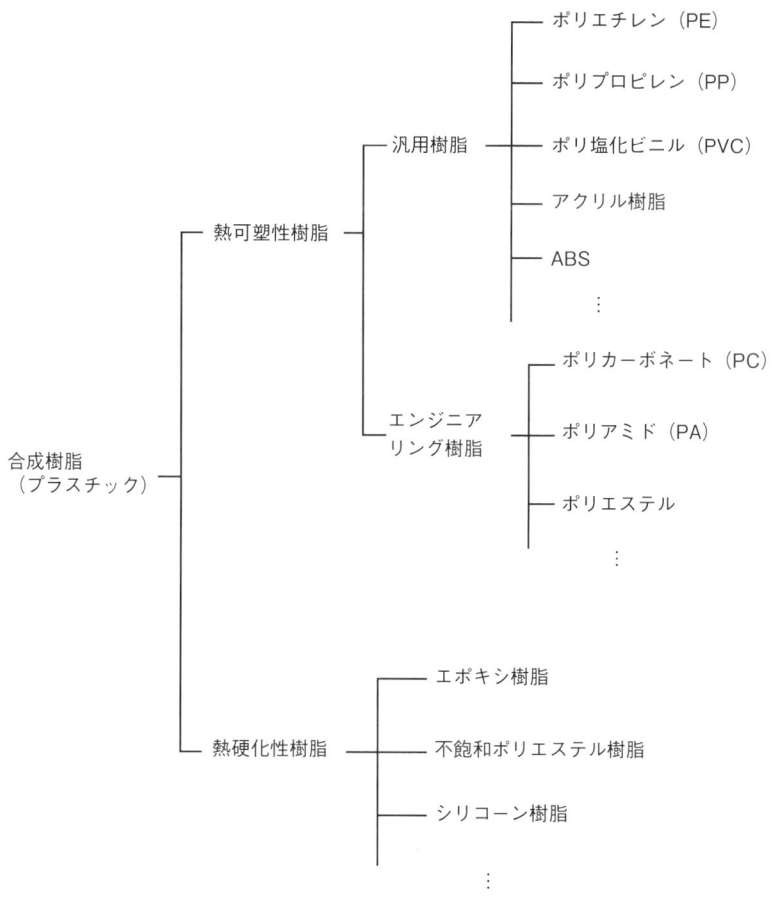

図表 5-11 合成樹脂の分類

た物性をもちながら非常に値段が安いことから用途は多岐にわたり、衣料、インテリア(クッション材、断熱・防音材として)、ロープ、電線被覆(絶縁材)、防虫網、包装材料、レコード盤、水道パイプ、消しゴム(プラスチック字消し)、フィギュアなど多数のものに用いられており、最近では軽量化を図る目的で一部の自動車用のアンダーコートとしても用いられている(例:ヴィッツ、9代目以降のカローラシリーズ、プレミオ/アリオンなどの一部のトヨタ車)。

(g) アクリル樹脂

アクリル樹脂(acrylic resin)とは、透明性の高い非晶質の合成樹脂である。特にポリメタクリル酸メチル樹脂(略称PMMA)による透明固体材はアクリルガラスとも呼ばれる。擦ると特有の匂いを発することから匂いガラスとも呼ばれた。また、ポリカーボネートによる透明固体材とともに有機ガラスとも呼ばれる。

(h) ABS樹脂

種々の機器の筐体や内装、建材など広い分野で採用された。難燃性樹脂への改質も容易だったため、テレビなど電気機器にも広く採用された。また、ポリカーボネートなどの流動性改良を目的としたアロイ化の主材料としても広く活用されてきた。近年は繊維強化グレードなどの開発により、機構部品などの分野で依然として多く活用されている。

主な用途は、家電や電気電子製品の各種外装・筐体・機構部品類、自動車パネルなど内装

部品、文具・雑貨類、事務用家具部材など。学校教育で使われるリコーダーなど、楽器にも使用されている。また模型の可動部品や、樹脂製の鉄道模型の車輪や透明部品を除いた大部分など、さまざまな用途で使用される。

(i) ポリカーボネート（polycarbonate: PC）

熱可塑性プラスチック（汎用エンジニアリング樹脂）の一種である。化合物名字訳基準に則った呼称はポリカルボナート。さまざまな製品の材料として利用されている。ポリカーボ、ポリカ、PC と省略されることもある。

(j) ポリアミド（polyamide : PA）

一般にポリアミドをナイロン（nylon）と総称する。

(k) ポリエステル（polyester）

ポリエステルには2種類のものが含まれ、繊維やペットボトルなどに使われるものと、ボタンなどの成形品、ガラス繊維などで強化して、船舶・ボートなどに使われるものとがある。

(l) エポキシ樹脂（epoxy resin）

プレポリマーの組成と硬化剤の種類との組み合わせにより、物性が多様に変化する。特に寸法安定性や耐水性・耐薬品性および電気絶縁性が高いことから、電子回路の基板やICパッケージの封入剤として汎用されている。また接着剤、塗料、積層剤としても利用される。これらの多くは2液型で、混合して使用する。

(m) 不飽和ポリエステル樹脂

不飽和ポリエステル樹脂は、軽く、強く、腐食しないという特性により、主に強化プラスチック（FRP）のマトリックスとして、家庭用品、家電製品、自動車部品から海洋開発まで、多彩な分野に使用されている。

(n) シリコーン（silicone）樹脂

略されて「シリコン」と呼ばれることが多い。医療素材としては、弾性材料や繊維材料として利用されており、前者ではバルーンカテーテル、後者では気体透過性がよいことから人工心肺膜としても利用されている。また、シリコーンハイドロゲルは親水性ゲルにシリコーンを配合したもので、酸素透過型コンタクトレンズや、形成外科・美容整形手術の充填剤などにも用いられている。

2.1.4 複合材料（composite material）

複合材料は、2つ以上の異なる素材を一体的に組み合わせた材料のこと。単に複合材ともいう。単一素材からなる材料よりも優れた点をもち、各種の複合材料が製造・使用されている。

(1) 繊維強化複合材料樹脂（fiber reinforced plastics: FRP）

プラスチックは軽量ではあるが、弾性率が低く構造用材料としては適していない。そこで、炭素繊維のように弾性率の高い材料と複合させて、軽量で強度の高い（比強度の大きな）材料として用いられる。

強化材にはガラス繊維、炭素繊維、アラミド繊維などがあるが、汎用製品ではガラス繊維、先進複合材料関連では炭素繊維が主といえる。炭素繊維を使用した場合、「炭素繊維強化プラスチック（carbon-fiber reinforced plastic: CFRP）」となる。

その複合材料を車椅子に適用した旅行用車椅子「夢キャリー」を図表 5-12 に示す。この旅行用車椅子「夢キャリー」は、車に載せたり、お年寄りが旅行を楽しむために目的を絞って開発された、折りたためて軽量（5.5 kg）でコンパクト化した炭素繊維強化プラスチック製車椅子である。シート面とバックサポートの素材は熱可塑性樹脂複合材料である。強化材は炭素繊維の朱子織物で、マトリックスはポリアミド樹

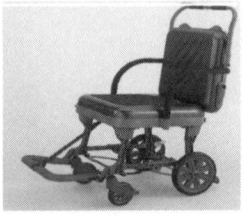

図表 5-12　旅行用炭素繊維強化プラスチック（CFRP）車椅子「夢キャリー」（写真提供：岡谷鋼機）

脂（PA）、すなわちナイロン66である。シートは、表裏が炭素繊維の織物1 plyで、中間層はガラス繊維織物1 plyで構成され、シートの厚さは0.8 mmである。これは、航空宇宙関連で開発された材料が福祉技術に技術移転された例である。

(2) 車椅子——車輪・ブレーキ

図表5-13は、手動車椅子の駆動輪に炭素繊維強化プラスチック（CFRP）を用いたものである。同時にこの車椅子ではブレーキ取付部のところにCFRPが使用されている。

(3) ロボットアーム iARM

図表5-14はオランダ製のロボットアームiARMである。このiARMを電動車椅子に装備し、ジョイステックまたはキーパッド（図表5-14）で操作することにより活動範囲を格段に広げることができる。各パーツの重量を最小にするために炭素繊維強化樹脂とアルミ合金を使用しており、有効荷重1 kgである。作業スペースは使用者から測ってすべての位置で0.75 mである。

2.2 構造部品（structural component）

リクライニング機構やティルト機構において、角度・昇降調節のために使用される部品について説明する。

2.2.1 メカニカル・ロック（スプリングシリンダー）

メカニカル・ロックの構造を図表5-15に示す。

図表5-16は図表5-15のメカニカル・ロックの分解写真である。図表5-17はレバー操作によりロックをはずす機構を図に描いた。

ロック機構の仕組みを図表5-17によって示す。レバーを操作していないときは上の図の状態で、スプリングの力によりシャフトを締め付けることによって固定されている。一方、レ

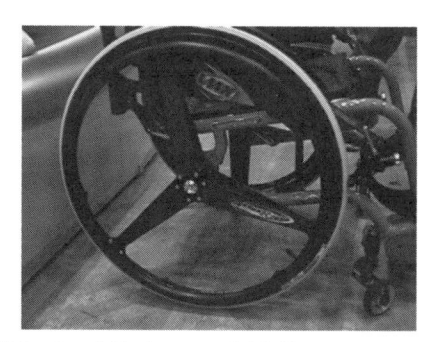

図表5-13 車椅子CFRP駆動輪

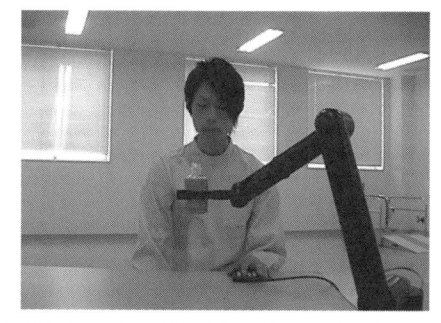

図表5-14 炭素繊維強化樹脂製の軽量マニュピレータiARMを操作しているところ

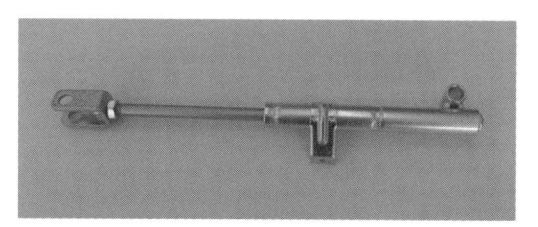

図表5-15 メカニカル・ロック （1）構造

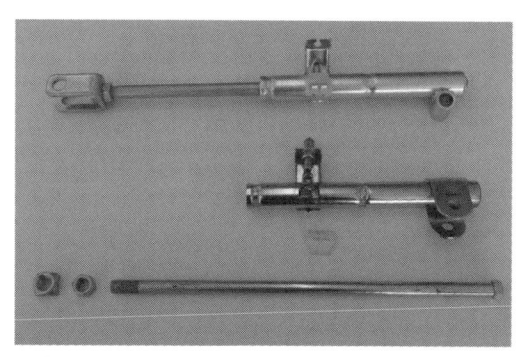

図表5-16 同上 （2）分解図

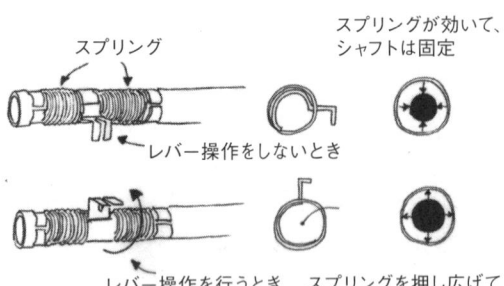

第5章 材料・構造・力学

図表5-17 メカニカル・ロック機構（概念図）

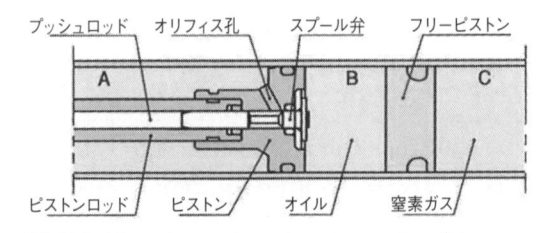

図表5-18 ガスシリンダー・ロック （1）ロックされた状態

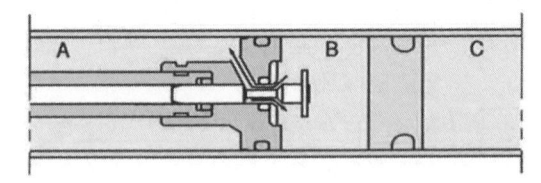

図表5-19 同上 （2）ロックが解除された状態

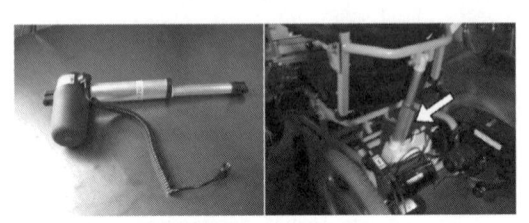

図表5-20 電動直動アクチュエータ
（左：単体、右：電動車椅子取付例）

図表5-21 ダイヤルロック
（左上：ロック解除状態、左下：ロック状態、右：車椅子への取付例；ハイバックサポートの角度可変。レバーは反対側のため隠れている）

バー操作を行うことにより下の図の状態となり、スプリングを押し広げ、シャフトの締め付け力はなくなりシャフトはフリーとなる。

2.2.2 ガスシリンダー・ロック（ガススプリング）（図表5-18、5-19）

①ロックされた状態：A室とB室のオイルはスプール弁により流通できず、ピストンはロックされている（図表5-18）
②プッシュロッドを押し込むとスプール弁が開かれ、A室とB室のオイルはオリフィス孔を介して移動可能となり、ロックが解除される（図表5-19）。そしてC室のガス圧によりピストンロッドは伸びるが、ピストンに押し込む力を加えるとピストンロッドは縮む
③プッシュロッドを離すと、ガス圧によりスプール弁が閉じられ、再び①の状態となる

2.2.3 電動直動アクチュエータ（図表5-20）

モータ、減速機、ネジ軸、伸縮ロッドを一体に組み込み、モータの回転運動を伸縮ロッドの前後運動に変換するアクチュエータで、リクライニングやティルトを電動化するのに用いる。

2.2.4 ダイヤルロック（図表5-21）

車いす・シーティングの角度可動部に用い、シートとバックサポート、シートとフット・レッグサポートの角度調整を可能にすると同時に、ロックとロック解除をレバーなどで容易に行うことができる継手部品である。

2.3 ボルト・ナット類（bolt, nut）

姿勢保持装置や車椅子を組み立てるための締結要素であるボルトとナット、さらにその緩み止めの方法について説明する。

2.3.1 ねじの基礎

(1) 原理

円筒の周囲に直角三角形の紙を巻き付けたとき、その斜辺がつくる曲線をつる巻線といい、この線に沿って、みぞや突起を作ったものをねじ（fastener）という。ねじは、代表的な締結要素であるが、動きをつくり出すメカニズムでは、回転運動を直進運動へ変換する代表的な方法である。回転運動と直進運動は比例するので自由度は1である。

JIS T 9201「手動車椅子」によれば、次のように規定されている。

- 車椅子各部の組み付けに用いる「ねじ」は、通常、JIS B 0205-1～4（一般用メートルねじ）及びJIS B 0209-1～5（一般用メートルねじ公差）に規定する一般用メートルねじを用いなければならない。

(2) 各部の名称

ねじは、「頭（部）」と「軸」からなる（図表5-22）。「頭」と「軸」の境目を「首」という。またねじの先端を「先」という。

(3) ねじ山の違い

(a) メートルねじ
- 特徴：ミリメートルで表す。製作が簡単で、谷底に多少のすきまがあり潤滑に都合がよい。谷底にまるみがあり衝撃に割合強い

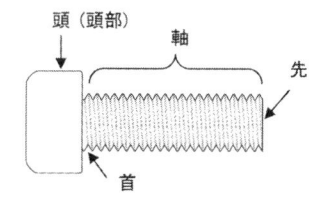

図表5-22 ねじ各部の名称

- 形状：ネジ山の角度は60°で平ら、谷底は丸い
- 用途：一般的に広く利用されている
- JIS B 0205はメートルねじの表し方を規定している
  ［種類を表す記号］［呼び径］×［ピッチ］
- ピッチは山同士の間隔mmで表す。メートル並みねじのように、同一径でピッチがただ1つに規定されているねじでは、ピッチの記入は省略する（例：M 8　JIS 0250）。細目ねじの場合は、必ずピッチを記入する（例：M8×1　JIS 0207）

(b) ユニファイねじ
- 特徴：インチで表す
- 形状：ネジ山の角度は60°で平ら、谷底は丸い
- 用途：日本では航空機などごく一部での採用にとどまるが、米国では広範に使用されている
- JIS B 0206はユニファイねじの表し方を規定している
  ［種類を表す記号］［呼び径］×［ピッチ］
- ただし、ピッチは25.4 mm（1インチ）当たりの山数で表す

2.3.2 ボルト（bolt）

ボルト（bolt）とは、部品と部品を締め付け固定するための機械要素で、ねじの一つ。雄ねじが切られた軸部と頭部からなり、ナットとともに締めたり、雌ねじが切られた穴（タップ）に締め付けて使用される。形状、用途、製法などによって、いろいろな種類がある。

以下に車いす・シーティングで使用されるボルトやねじについて説明する。

(1) 六角ボルト

六角頭のボルトで、JISには、ねじの呼び径に対する二面幅の大きさによって、並形六角ボルト（通常、単に六角ボルトという）（図表5-23）と小形六角ボルトの2種類が定められている。

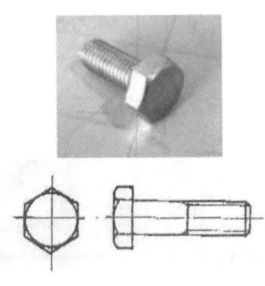

図表 5-23　並形六角ボルト

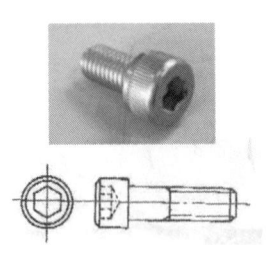

図表 5-24　六角穴付きボルト

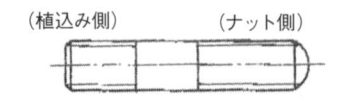

図表 5-25　植込みボルト

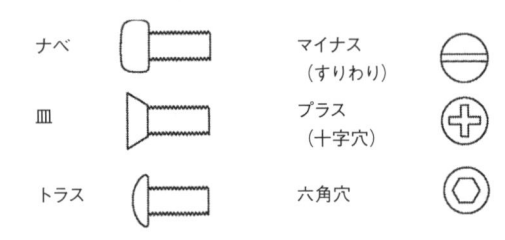

図表 5-26　頭の形状と穴・溝の種類

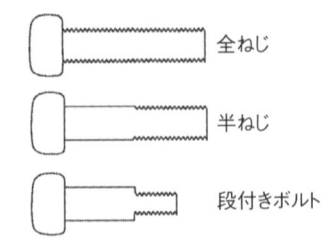

図表 5-27　軸の種類

(2) 六角穴付きボルト
六角穴付き頭のボルト。ナットと組まないで用いる（図表 5-24）。

(3) 植込みボルト
JIS には植込み側のねじについて、特別な精度のものが規定されているが、植込み側もナット側と同じように普通のねじ精度にしているものもある。なお、植込み側とナット側を識別するために、前者は平先、後者は丸先となっている（図表 5-25）。

(4) その他
(a) 頭の形状と穴・溝の種類（図表5-26）
①ナベ：上面の角に丸みをつけた形状
②皿：上面が平坦な円錐の形
③トラス：厚みが小さく球を平面で切断した形状
④マイナス：マイナスドライバーを使用する
⑤プラス：プラスドライバーを使用する
⑥六角穴：六角レンチを使用する
(b) 軸の種類（図表5-27）
①全ねじ（フルスレッド）：軸部すべてにねじが切られたもの。頭がなく全長にわたりねじが切られた軸だけのものを「全ねじ」と呼ぶこともある
②半ねじ（中ボルト）：先端部から特定の長さだけねじが切られたもの
③段付きボルト：半ねじと同様ねじが切られていない軸があるが、ねじが切られている先端部の太さが小さいのが特徴。ねじが回転体の軸となる

2.3.3　ナット（nut）

「ナット（nut）」とは、機械などの組立てに使用される締結部品の一つ。中央にめねじ（雌ネジ）と呼ばれる開口部が切ってあり、ボルトなどのおねじ（雄ネジ）部品と組み合わせて使用される。

(1) 形状による種類
①六角ナット（図表 5-28）：一般には形状が六角柱をした六角ナットを指す
②六角袋ナット（図表 5-29）：片面が閉じていて、ねじ穴が貫通していない形状のもの。機

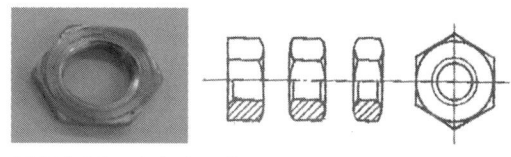

図表 5-28　六角ナット

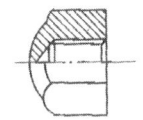

図表 5-29　六角袋ナット

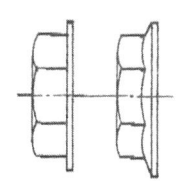

図表 5-30　フランジ付六角ナット

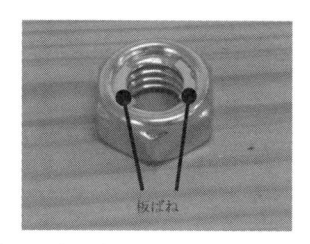

図表 5-31　Uナット

図表 5-32　ナイロンナット

図表 5-33　爪付Tナット

図表 5-34　鬼目ナット

械外面に取り付けられる
③フランジ付六角ナット（図表 5-30）：フランジとは円筒形または部材からはみ出した部分の総称。フランジ付六角ナットは、六角ナットに接地面積を広くするためのフランジがついたもの。フランジ付六角ナットはワッシャーを使用する場合と同じく、接地面積を大きくすることによって緩み止めの効果がある
④蝶ナット：蝶の羽のような形状をしており、手で締付けや取外しができる場所に使うナット

(2)　機能の違いによる種類
①Uナット（図表 5-31）：板ばね（フリクションリング）がナット上部に組み込まれていて、板ばねがねじ山を押し付けることで緩み止めの効果がある
②ナイロンナット（図表 5-32）：ナイロン製のリングがナット上部に組み込まれている。ナイロンリングの内径は使用するねじよりも小さくなっているので、ナイロンの反発により、戻り止め、緩み止めの効果がある
③袋Uナット：片面が閉じていて、ねじ穴が貫通していない形状のナットで、さらに緩み止めとして板ばね（フリクションリング）が組み込まれている
④袋ナイロンナット：片面が閉じていて、ねじ穴が貫通していない形状のナットで、さらに緩み止めとしてナイロンリングが組み込まれ

ている
⑤爪付Tナット（図表5-33）：ネジ部と爪とフランジ部が一体になった、木工用埋込みナット
⑥鬼目ナット（図表5-34）：木材など直接ねじが切れないときに埋め込むナット

2.3.4 ボルト・ナットの緩み止めの方法
①Uナット：上記のとおり
②ナイロンナット：上記のとおり
③Wナット：2つのナットを二重に締めることで緩みを防止する
④ハードロックナット（図表5-35）：上ナットと下ナットの2つの回転中心の違うナットを利用し、お互いが中心に寄ろうとする力を利用して雄ねじへの摩擦を生じさせ、緩み止めの効果を得るナット
⑤ロックタイト：ねじの緩み止めに使用される接着剤
⑥スプリングワッシャー：ワッシャーの一部を切断し、切り口をねじることによりばね作用をもたせたもの。右ねじに対して緩み止め効果を発揮するために、切り口を手前にしたときに右側が上になるようにねじられており、上からボルトを差し、スプリングワッシャー、被固定物、ナットの順で締める
⑦菊座金（歯付き座金；図表5-36）：座金の外側あるいは内側に菊の花びらのように多数の歯があり、その先端はねじられている。ボルト・ナットを締め付ける際に、ねじられた部分がつぶされることによって過大な軸力を防

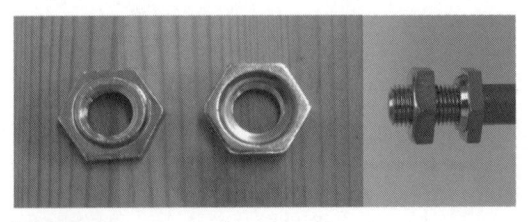

図表5-35　ハードロックナット

図表5-36　菊座金（歯付き座金）　右：内歯、左：外歯

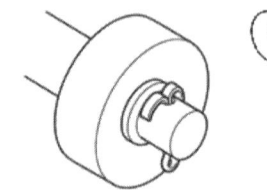

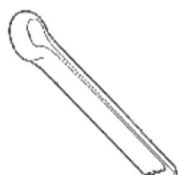

図表5-37　割りピン

ぐ。このため歯の部分を完全につぶしてはならない
⑧割りピン（図表5-37）：ボルト、シャフトなどのピン穴に差し込んで、回り止め、抜け止めとして使用する。ピン穴に差し込んだ後、先端を曲げて取り付ける

3. 材料・構造・力学

姿勢保持装置や車椅子の設計者は力学の知識が必要となる。そこで本節では材料や部品の変形や破壊を解明するための学問である材料力学の基礎に触れる。特にそれは他の福祉機器（assistive technology：AT）の強度設計にも使用できる重要なものである。

3.1 材料力学の基礎

姿勢保持装置や車椅子は複数の部品から構成される構造体である。車椅子に力がかかると応力とひずみが発生し、破壊につながることもある。一つひとつの部品に注目するのが「材料力学（strength of materials）」であり、車椅子全体に注目するのが構造力学（structural mechanics）である。本項では、「材料力学」の導入部に触れる。

3.1.1 材料の物理的特性

金属材料の物理的特性を知っておくことは、車いす・シーティングを設計するうえで重要である。車椅子の規格（JIS T 9201）は、車椅子の使用期間中に受ける荷重（静荷重、動荷重（繰返し荷重、衝撃荷重））を想定し、車椅子が安全に機能を果たすように決められている。

車椅子は使用者が乗り、必要な動作を行うことにより関連する内力とモーメントを受ける。

- 内力（F）：材料内部に生じる力（単位 N：ニュートン）
- モーメント（M）：物体を回転させようとする能力（単位 Nm：ニュートン・メートル）

車いす・シーティングの開発には材料と材料特性の基礎知識を必用とする。材料を選ぶために使用する道具は、応力（σ）—ひずみ（ε）曲線である。材料力学で応力は、荷重により発生する内力を断面積（A）で割ったものである。ひずみは内力による材料の伸び（縮み）（$\Delta \ell$）をもとの長さ（ℓ）で割ったものである。

$$応力（stress）= \frac{内力（internal\ force）}{断面積（sectional\ area）}$$

$$ひずみ（strain）= \frac{伸び（縮み）}{もとの長さ}$$

それぞれ記号で表せば、

$$\sigma = \frac{F}{A}$$

$$\varepsilon = \frac{\Delta \ell}{\ell}$$

となる。

応力とひずみは、車いす・シーティングの研究と設計に使用される。弾性、塑性、延性、および脆性は、応力—ひずみ曲線に関連した材料特性である。

3.1.2 引張試験（tension test）

最も重要な材料特性は、材料の応力—ひずみ曲線（stress-strain curve）に基づいている。材料の特性を測定する試験に引張り試験がある。試験方法や試験片形状は、JIS で定められている。図表 5-38 は降伏現象（yielding）という現象をもった鋼の応力—ひずみ曲線である。

材料は応力—ひずみ曲線から次の 2 種類に分類できる。

①延性材料：鋼のように塑性変形した後、破断する材料（延性のある材料）
②脆性材料：鋳鉄やセラミックス、ガラスのように、ほとんど塑性変形せず破断する材料（脆い材料）

延性材料のなかでもよく用いられる鋼を例にとると、図表 5-38 において O（記号の意味に

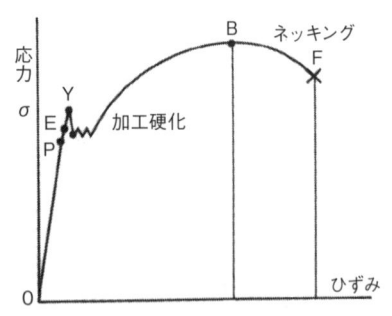

図表 5-38　鋼の応力―ひずみ曲線

図表 5-39　図表 5-38 の記号の説明

記号	名称	意味
O	原点	基準となる点
P	比例限度	応力とひずみが比例して変化する上限の応力 σ_P
E	弾性限度	応力を除荷しても永久ひずみが残らずもとの状態へ戻ることができる上限の応力 σ_E
Y	降伏点	応力が増加しないでひずみが増加しはじめる直前の応力 σ_Y
B	引張り強さ	破断に至るまでに受ける見掛けの最大応力 σ_B
F	破断強さ	破断する応力 σ_F

ついては図表 5-39 参照）からPまでの線は、応力とひずみが直線的に比例する応力―ひずみ曲線の部分である。この直線部分の傾斜は、縦弾性係数またはヤング率（E）（Young's modulus）と呼ばれる。この比例関係をフックの法則（Hooke's law）といい、

$\sigma = E\varepsilon$

と表す。この縦弾性特性は車椅子につけるスプリングシステムに利用される。また、生体工学において力センサへの応用にも利用されている。この範囲では、材料は「ばね」のように働く。縦弾性係数は材料によって異なった値となる。縦弾性係数が大きいほうが同じ力を受けても変形しにくい。

材料の延性は、破断に先駆けて起こる塑性変形の量で定義される。じん性は、衝撃に耐える

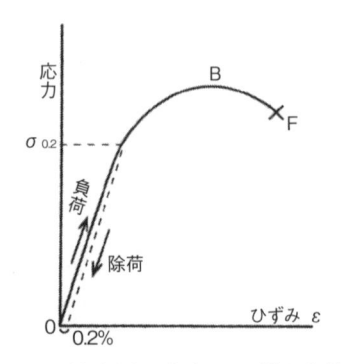

図表 5-40　非鉄金属の応力―ひずみ曲線

性質をいい、弾性限度を越えても容易に破断しない材料の能力であり、材料特性の一つである。塑性変形の例として、車椅子のフレームのパイプに屈曲部をつくるときには、パイプに力を加え、塑性変形させる。もちろん一旦車椅子フレームが組み立てられたら、塑性変形は避けなければならない。一方、非鉄金属の応力―ひずみ曲線では降伏点は現れない（図表 5-40）。降伏点の代わりに、設計の基準応力（3.1.5 参照）として耐力（proof stress）を定義する。普通は永久ひずみが 0.2% になるような応力を耐力として $\sigma_{0.2}$ と表し、0.2% 耐力という。

3.1.3　疲労試験（fatigue test）

試験片に繰り返し荷重をかけ、繰返し応力 S（stress）と破断するまでの繰返し数 N（number of iteration）の関係を片対数表に示すと、図表 5-41 のような S-N 曲線が得られる。鋼では 10^7 回の繰返しをしても破壊しない場合にはいくら繰り返しても破壊しないと考える。この S-N 曲線が水平となる応力を疲労限度という。繰返し荷重が作用する場合には、疲労限度を基準応力に選ぶ。

しかし、アルミニウム合金では、鉄鋼系材料のような明確な疲労限度をもたず、下に凸のいつまでも右下がりの曲線となり（横軸が漸近線）、水平部が現れない。つまり、疲労限度が存在しない。そのため小さな繰返し応力でも疲労破壊を起こすことに注意をしなければならない。

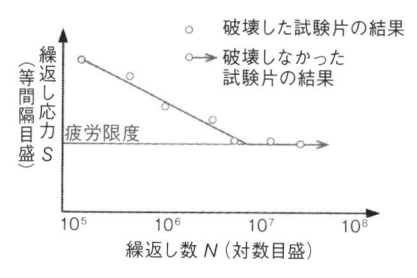

図表 5-41　S-N 曲線

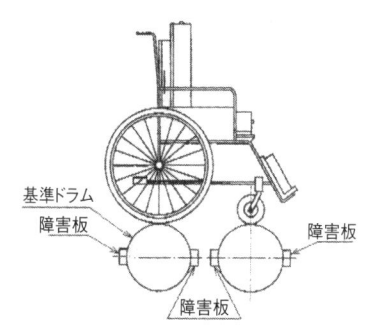

図表 5-42（a）　走行耐久性試験（JIS T 9201）
(1) 横から見た図

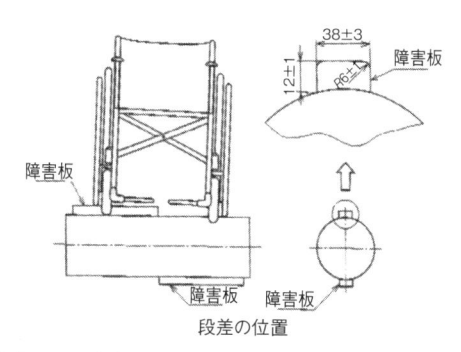

図表 5-42（b）　同上（JIS T 9201）(2) 前から見た図

車椅子疲労試験には、次の走行耐久試験（endurance test；JIS T 9201）がある。ダミーを載せた車椅子を図表5-42（a）、(b) の試験装置に、横方向の動きは50 mm以内、垂直方向の動きは制限しないように、さらに、各々の車輪がドラム1回転中に1回転段差を乗り越えるように位置決めする。基準ドラムの周速度が1.0 m/sになるように設定し、200,000回まで回

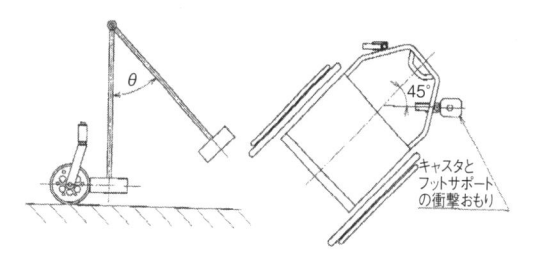

図表 5-43　キャスタ耐衝撃性試験（JIS T 9201）

転させ、目視、触感などによって決められた評価要件に適合しているか確認する。

3.1.4　衝撃試験（impact test）

　材料に衝撃荷重（衝突などで急激に加わる荷重）を与え、破断に至るまでに吸収されるエネルギーを測定する試験。この吸収エネルギーを試験片の断面積で割った値をシャルピー衝撃値（単位 J/m^2）といい、材料のねばり強さを表す。延性材料では衝撃値が高く、脆性材料では衝撃値が低い。材料に衝撃荷重が作用する場合には、安全率を大きくとらねばならない。
　以上は材料の試験片による衝撃特性を知るための試験であるが、車椅子としての耐衝撃性試験（JIS T 9201）には次のものがある。

［車椅子キャスタ耐衝撃性試験］

　図表5-43に示すように、キャスタを車椅子の縦軸に対し45°±5°の状態にして、ブレーキを外した車椅子を試験平面上に置く。質量10 kgのおもりを衝突角度 θ（別途求める）からキャスタ車輪に衝突させ、目視、触感などによって確認する。
　そのほかに、
　・バックサポート斜め耐衝撃性試験
　・ハンドリム耐衝撃性試験
　・車椅子落下試験
がある。

3.1.5　許容応力（allowable stress）と安全率（factor of safety）

　座位保持装置や車椅子が安全に使用されるためには、各要素が破壊せずに設計どおりに機能する必要がある。この目的にかなうためには、

材料に生じる応力が安全な値以下でなければならない。この許しうる最大応力を許容応力 σ_a といい、この許容応力を決める基準となる応力を基準応力 σ_s という。この基準応力は、車椅子の場合には延性材料がよく使用されているので、降伏応力または耐力と疲労限度（fatigue limit）を考えればよい。

設計においては、材料のばらつきや実際とモデルとの違いなど予測できない危険性を考慮して、安全率 f を設定する

$$許容応力（\sigma_a） = \frac{基準応力（\sigma_s）}{安全率（f）}$$

安全率を決定するにあたっては、設計者は荷重の種類、材料の性質、応力集中、加工精度、使用条件、保守点検方法等を総合的に検討しなければならない。

3.1.6 曲げ応力（bending stress）

使用中の車いす・シーティングのフレームの各部には、荷重によって、フレームを曲げようとする力が作用し続けている。これを曲げ応力と呼び、フレームの強度が不十分の場合は破損の原因となる。

いま、パイプを曲げるため、一端を固定し、もう一端を固定せずに力が作用する場合を考える（図表5-44）。このパイプで最も大きな曲げモーメントが発生するのは固定した部分であり、値は120 Nmである。したがって、その部分の応力も最大となる。図表5-45は、外径0.025 m、肉厚0.002 mのパイプを基準に、肉厚一定でパイプ径を変化させたときと、断面積一定でパイプ径を変化させたときの曲げ応力を算出した結果を表している。

曲げ応力の計算には、「断面二次モーメント」という、断面の寸法や形状によって決まる材料の"曲がりにくさを表す"値が必要になり、次式となる。

$$断面二次モーメント \quad I = \frac{\pi(d_2^4 - d_1^4)}{64}$$

この I を用いると、曲率半径 ρ は、$\rho = \dfrac{EI}{M}$

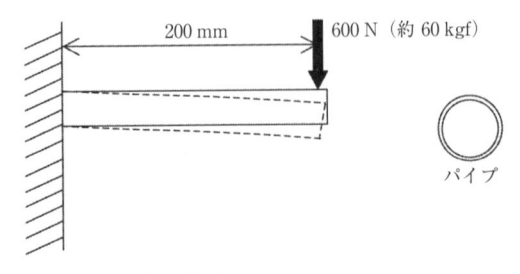

図表5-44 曲げ荷重

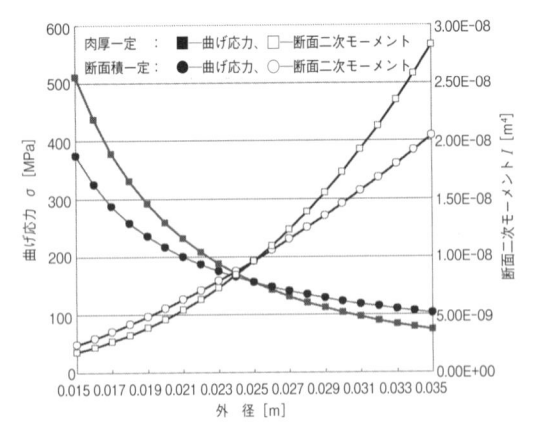

図表5-45 パイプ外形と断面二次モーメントおよび曲げ応力の関係
註：第2Y軸の数値で、例えば「1.00 E-08」は「1.00×10^{-8}」を表す。

$\left(曲げ応力 \quad \sigma = \dfrac{M}{I}y\right)$ となる。

ただし、π は円周率、d_1 と d_2 は内径と外径、E はヤング率、M は曲げモーメント、y は中立面からの距離である。EI は曲げ剛性といい、曲げにくさの指標となる。（これらの式の詳しい説明は本書の主旨から外れるので、興味のある読者は材料力学関連の書籍を参照されたい。）

図表5-45から、パイプ径（外径）が小さくなると断面二次モーメントが小さくなり、曲げにくさが減少するが、これに伴って曲げ応力が大きくなり、材料にかかる負担が大きくなることがわかる。このことから、肉厚が大きく径が大きいフレームほど曲げに対する強度が大きいことがわかるが、車いす・シーティングの重量増

ボルトの強度比較計算

計算モデル物性値

名称	材質	強度区分	0.2%耐力 (降伏点)σm [MPa]
鉄A	SS400	4.6	240
鉄B	SWCH	4.8	320
ステンレスA	SUS304	A2-50	210
ステンレスB	SUS304	A2-70	450
クロモリ(焼入焼戻し)	SCM435H	8.8	640

	(有効)断面積S [mm^2]	みなし直径D [mm]
M6	20.1	5.06
φ6	28.3	6
M8	39.2	7.06
φ8	50.3	8
M10	64.5	9.06
φ10	78.5	10

	断面2次モーメントI	断面係数Z	
丸棒	$\pi D^4/64$	$=I/(D/2)=\pi D^3/32$	(D:外径)

曲げ応力σ=(曲げモーメントM)/(断面係数Z)
9.8N=1Kgf

計算結果

種別		耐力σm×断面積S [N]	引張り又はせん断の耐荷重の指数	断面2次モーメントI ×10^(-12) [m^4]	断面係数Z ×10^(-9) [m^3]	破壊する直前の曲げモーメントMb [N·m]	曲り難さの指数 (数値が大ほど強)
鉄A (SS400)	M6全ネジ	4824	1.0	32	12.7	3.05	1.0
	M6半ネジ	6792	1.4	64	21.2	5.09	1.7
	M8全ネジ	9408	2.0	122	34.5	8.29	2.7
	M8半ネジ	12072	2.5	201	50.2	12.06	4.0
	M10全ネジ	15480	3.2	331	73.0	17.51	5.7
	M10半ネジ	18840	3.9	491	98.1	23.55	7.7

種別		耐力σm×断面積S [N]	引張り又はせん断の耐荷重の指数	断面2次モーメントI ×10^(-12) [m^4]	断面係数Z ×10^(-9) [m^3]	破壊する直前の曲げモーメントMb [N·m]	曲り難さの指数 (数値が大ほど強)
M6全ネジ	鉄A	4824	1.0	32	12.7	3.05	1.0
	鉄B	6432	1.3			4.07	1.3
	ステンレスA	4221	0.9			2.67	0.9
	ステンレスB	9045	1.9			5.72	1.9
	クロモリ	12864	2.7			8.14	2.7
M6半ネジ [くびφ6]	鉄A	6792	1.4	64	21.2	5.09	1.7
	鉄B	9056	1.9			6.78	2.2
	ステンレスA	5943	1.2			4.45	1.5
	ステンレスB	12735	2.6			9.54	3.1
	クロモリ	18112	3.8			13.56	4.4
M8全ネジ	鉄A	9408	2.0	122	34.5	8.29	2.7
	鉄B	12544	2.6			11.05	3.6
	ステンレスA	8232	1.7			7.25	2.4
	ステンレスB	17640	3.7			15.54	5.1
	クロモリ	25088	5.2			22.10	7.2
M8半ネジ [くびφ8]	鉄A	12072	2.5	201	50.2	12.06	4.0
	鉄B	16096	3.3			16.08	5.3
	ステンレスA	10563	2.2			10.55	3.5
	ステンレスB	22635	4.7			22.61	7.4
	クロモリ	32192	6.7			32.15	10.5
M10全ネジ	鉄A	15480	3.2	331	73.0	17.51	5.7
	鉄B	20640	4.3			23.35	7.7
	ステンレスA	13545	2.8			15.32	5.0
	ステンレスB	29025	6.0			32.84	10.8
	クロモリ	41280	8.6			46.70	15.3
M10半ネジ [くびφ10]	鉄A	18840	3.9	491	98.1	23.55	7.7
	鉄B	25120	5.2			31.40	10.3
	ステンレスA	16485	3.4			20.61	6.8
	ステンレスB	35325	7.3			44.16	14.5
	クロモリ	50240	10.4			62.80	20.6

図表5-46 ボルトの強度比較(株式会社きさく工房より提供)

第5章 材料・構造・力学

パイプの曲げ強度の比較計算

計算モデル物性値

名称	種別	0.2%耐力(降伏点) [MPa]
鉄	SS400	235
ステンレス	SUS304	206
アルミ	7003T5	254

	断面2次モーメントI	断面係数Z	
角パイプ	(BH^3-bh^3)/12	=I/(H/2)=(BH^3-bh^3)/(6*H)	(B:横の外寸、H:縦の外寸、b:穴の横寸、h:穴の縦寸)
丸パイプ	π(D^4-d^4)/64	=I/(D/2)=π(D^4-d^4)/(32*D)	(D:外径、d:穴径)

曲げ応力 σ=(曲げモーメントM)/(断面係数Z)   9.8N=1Kgf

計算結果

材質	断面形状	縦寸 [mm]	横寸 [mm]	肉厚 [mm]	断面2次モーメントI ×10^(-12) [m^4]	断面係数Z ×10^(-9) [m^3]	破壊する直前の曲げモーメントMb [N·m]	折れ難さの指数 (数値が大ほど強)
鉄 (SS400)	□	13	13	1.2	1328	204	48	0.24
				1.5	1547	238	56	0.29
				2	1833	282	66	0.34
		16	16	1.2	2610	326	77	0.39
				1.5	3081	385	91	0.46
				2	3733	467	110	0.56
		19	19	1.2	4532	477	112	0.57
				1.5	5399	568	134	0.68
				2	6641	699	164	0.84
ステン (SUS304)	□	13	13	1.2	1328	204	42	0.21
				1.5	1547	238	49	0.25
				2	1833	282	58	0.30
		16	16	1.2	2610	326	67	0.34
				1.5	3081	385	79	0.40
				2	3733	467	96	0.49
		19	19	1.2	4532	477	98	0.50
				1.5	5399	568	117	0.60
				2	6641	699	144	0.73
ステン (SUS304)	○	φ16		1.2	1537	192	40	0.20
				1.5	1814	227	47	0.24
				2	2198	275	57	0.29
		φ19		1.2	2668	281	58	0.30
				1.5	3179	335	69	0.35
				2	3910	412	85	0.43
		φ22		1.2	4253	387	80	0.41
				1.5	5099	464	95	0.49
				2	6343	577	119	0.61
アルミ (7003T5)	○	φ16		1.5	1814	227	58	0.29
				2	2198	275	70	0.36
		φ20		1.5	3752	375	95	0.49
				2	4635	463	118	0.60
		φ22		1.5	5099	464	118	0.60
				2	6343	577	146	0.75
		φ25		1.5	7672	614	156	0.80
				2	9623	770	196	1.00

図表5-47 パイプの曲げ強度比較（株式会社きさく工房より提供）

につながるので、使用者の体重や使用環境を考慮し、適切な強度のパイプの選択が必要となる。

強度のもう一つのポイントは材質である。よく利用するボルトフレーム（パイプ）材質とねじの強度比較表を図表5-46、5-47に示すので参照されたい。ここで注意する点は、強度を「破壊する直前の曲げモーメント」としている点である。つまり"どれくらいの荷重をかけても壊れないか"を基準にしているので、曲げモーメントが大きいほど強度が大きいことを示している。

3.1.7 有限要素法による構造解析

一般に、構造物の強度設計には有限要素法（finite element method: FEM）がよく使用されている。今後車椅子の設計にあたっても有限要素法が使用されていくことが期待される。図表5-48は、車椅子を構造解析するための有限要素（FEM）全体モデルの作成例である。

例えば、ある体重の使用者がこの車椅子に乗ったとき、この車椅子の各部にかかる応力やひずみがFEMにより解析できる。その解析結果と3.1で説明した「材料力学」の知識を使用して、各部に発生している応力が許容応力内に入っているかどうかがわかる。許容応力内に入っていない場合は材料や各部の形状を設計し直し再び解析を行う。これを繰り返してすべての部材が許容応力内に入れば設計が完了する。出来上がった車椅子を必要な試験（3.1で説明した走行耐久試験、種々の衝撃試験）にかけて合格するかどうかを確認する。

3.2 トグル機構（倍力機構：toggle joint）

車椅子には安全のため、停止したときにその状態を長く保つためのブレーキがついている。そのブレーキに使用されている機構の一つであるトグル機構（倍力機構）について説明する。これは弱い力で車椅子にブレーキがかけられる装置であり、力をあまり出せない障害者や高齢者にとって、安全・安心を確保するうえから重要なものである。

トグル機構はリンク機構（linkage）の一種類である。図表5-49で、Oを垂直方向へ小さな力Pで押せば、yの値は小さくなりスライダCに発生する力Fは大きく増幅される（図表5-50）。リンクA、Bが一直線に近づくに従って、スライダCに非常に大きな力が発生し、一直線状になったときには理論上は無限大の力となる。

図表5-51（a）では、Oを垂直に小さな力で押す機構になっており、ブレーキが解除された

図表5-48 車椅子の有限要素（FEM）全体モデル（大鍋研）

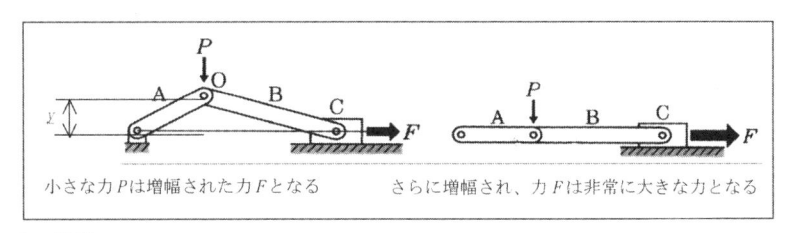

図表5-49 トグル機構

小さな力Pは増幅された力Fとなる　　さらに増幅され、力Fは非常に大きな力となる

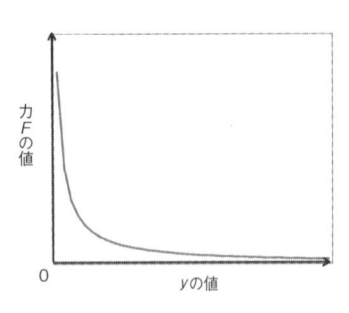

図表5-50 トグル機構における力Fの増幅状況

状態である。図表5-51（b）はブレーキがかかった状態で、リンクA、Bが一直線になっているのがわかる。

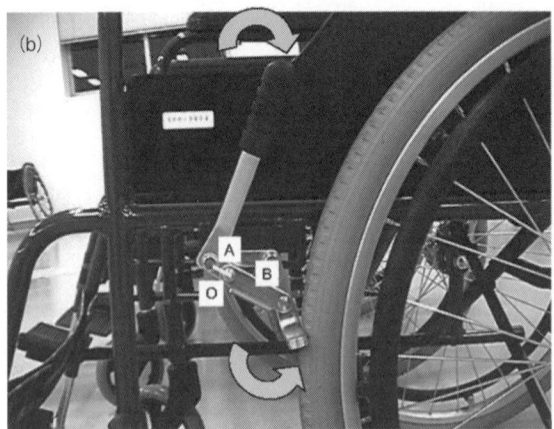

図表5-51 トグルブレーキ
（a）ブレーキをはずした状態、（b）ブレーキをかけた状態

引用・参考文献

Axelson, P., J. Minkel and D. Chesney（車いす SIG 監訳）「車いすの選び方」『日本リハビリテーション工学協会車いす SIG』医学書院、2001 年。

有光隆『入門　材料力学』技術評論社、2006 年。

大鍋寿一「医療と福祉における複合材料の利用技術　Ⅲ．生活支援工学における複合材料」『日本複合材料学会誌』Vol. 29, No. 3、2003 年、81-89 頁．

岡野健『木材のおはなし』日本規格協会、2001 年。

木の城工房　http://www.nasubm.co.jp/kinosirokoubou/kodawari 5.html

Cooper, Rory A.（田中理・大鍋寿一監訳）『車いすのヒューマンデザイン』医学書院、2000 年。

『自転車実用便覧〔第 4 版〕』自転車産業振興協会、1982 年、88、113 頁。

住野和男・林俊一『絵ときでわかる機構学』オーム社、2006 年。

梨原宏「木製車いす用 LVL 成形フレームの設計強度──木材を主素材とした車いすの設計に関する研究・第 3 報」『デザイン学研究』42 巻 2 号、1995 年、47 頁。

日本機械学会編『機械用語集』日本機械学会、1998 年。

日本機械学会編『機械工学便覧　α 編（基礎編）』「α 3　材料力学」日本機械学会、2005 年。

日本規格協会「JIS ハンドブック」。

日本工業標準調査会「JIS　手動車いす　JIS T 9201」日本規格協会、2006 年。

（社）日本溶接協会　http://www-it.jwes.or.jp/

広瀬秀行「座位保持装置や車いすにかかる負荷解析」『第 37 回国際福祉機器展 H. C. R. 2010　出展社ワークショップ、座位保持装置・車いすの基礎講座──強度と規格』2010 年、6-7 頁。

府中家具工業協同組合制作「木材図鑑」http://www.fuchu.or.jp/~kagu/mokuzai/index.htm

又丸純一・坂井伸朗・澤江義則・村上輝夫「有限要素法による車いす定量設計の基礎研究」『日本機械学会（No. 06-46）第 17 回バイオフロンティア講演会論文集』2006 年、7、8 頁。

『有限要素法を用いた快適な福祉機器の設計技術の開発』岡山県工業技術センター・技術情報 No. 479、5 頁。

楽天ショップ　http://item.rakuten.co.jp/pandora/ 004302 /

渡辺忠『図解　機械要素の ABC』技術評論社、2000 年。

Cooper, Rory A., *Wheelchair Selection and Configuration,* Demos, 1998.

Cooper, Rory A. et al., "Manual Wheelchair Propulsion Biomechanics," 車いすシーティング国際セミナー 2002 テキスト『日本リハビリテーション工学協会車いす SIG』2002 年、5-9 頁。

Cooper, Rory A., Ohnabe Hisaichi & Douglas H. Hobson, *An Introduction to Rehabilitation Engineering,* Taylor & Francis, 2007.

応用編

第6章

評価と処方、その対応

本章の概要

　シーティングに際しては、使用者の心身機能評価が必須である。それには、障害の原因疾患を知るだけでなく、二次的に生じた障害についてもできるだけ正確に把握しておく必要がある。例えば、体重の支持と身体各部の良好なアライメントを保ちコントロールするには、神経・筋系および骨・関節系の機能が大きな役割を果たしている。そのため姿勢保持の障害は、一時的には神経・筋、骨・関節の疾患や損傷に由来し、関節の拘縮・変形、筋力低下に代表される二次障害がそれに加わって種々の影響を与えていると考えるのが適当である。ちなみに、各疾患の特性や二次障害が座位などの姿勢にどのように関わるかはそれぞれ異なるが、車椅子使用者では、①座位姿勢、②移動（駆動）、③移乗の３点から評価・検討することが重要である。

　なお、処方に際しては、使用者の機能だけでなく座位保持装置や車椅子の使用目的を明らかにするとともに、使用環境（人的、物的）の評価に基づいて行う必要がある。

1. 評価

　姿勢保持には、体重の支持と身体各部の良好なアライメントを保ちコントロールする神経・筋系および骨・関節系の機能が大きな役割を果たしている。したがって、姿勢保持の障害は、一次的には神経・筋、骨・関節の疾病や損傷に由来し、関節の拘縮・変形および筋力低下に代表される二次障害が影響することになる。

　本節では、まず、姿勢保持の障害を引き起こす主な疾患について紹介する。これらの疾患には神経難病や進行性疾患が含まれており、内部障害の合併など障害の重複する疾患や継続的な医療的ケアの必要な疾患が多く、ケースに対しては包括的な支援の立場から評価することが求められる。

　次に、姿勢保持障害と神経・筋、骨・関節系の関係について、代表的な状態（症状）と対応を紹介することで、適切なシーティングの提供を目的とした評価の視点について解説する。また、呼吸、循環、消化器、嚥下、体温調節、褥瘡、覚醒度、知的障害についても、姿勢保持の観点からその見方と対応について述べる。

　適切な評価に基づくシーティングの提供が日常の姿勢に変化をもたらし、生活空間を広げ、二次障害の低減に寄与することが望まれる。

1.1 疾患別による留意点

　姿勢・運動は、神経筋組織と骨関節の働きにより成り立っている。神経筋疾患は大脳から脳幹、脊髄（錐体路系、錐体外路系、小脳系など／上位運動ニューロン）を経て末梢神経（下位運動ニューロン）、筋に至る経路の損傷により発生し、姿勢・運動の障害を来す。

　姿勢・運動の障害は、損傷部位により特徴的である。上位運動ニューロンの損傷では、痙縮・固縮、さまざまな不随意運動や協調運動障害など通常では見られない所見が観察される。一方、下位運動ニューロンの損傷では、筋力低下が主体である。また、損傷部位により、知覚障害や嚥下・構音障害、自律神経症状、排泄障害などの特有の症状を合併するほか、二次障害として関節の拘縮や変形を来しやすい。骨関節疾患では、拘縮（または不安定性）・変形が一次障害となる。

　この項では、車いす・シーティングの支援者が遭遇することの多い疾患を小児期と成人期に分けて解説する。姿勢保持障害を評価する場合、上記の損傷部位による障害の特徴のほか、進行性の疾患かどうか、てんかんなどの合併疾患の有無、認知、行動などの問題の確認も重要である。

　なお、神経筋疾患は治療が未確立で、いわゆる「難病」とされるものが多い。近年、分子生物学などの進歩により、新しい疾患分類や治療法が試みられるようになってきているものの、難病は、医療面、経済面の長期にわたる負担や社会生活の制限、身辺処理動作の制約が大きい。車いす・シーティングの技術者はそのことを十分踏まえたうえで支援を行うべきである。

1.1.1 脳卒中

　脳卒中の多くは、生活習慣病（高血圧、糖尿病、脂質異常など）を背景に生じた血管病変や心病変に起因するものである。中〜高年に発症し、日本人の死亡原因の第4位（2012年）、寝たきりになる疾患の第1位を占める。

　脳卒中は、脳出血・くも膜下出血の頭蓋内出血と、脳内小動脈病変が原因の「ラクナ梗塞」、頸部〜頭蓋内の比較的大きな動脈に起こる「アテローム血栓性脳梗塞」、心疾患による「心原

性脳塞栓症」などの脳梗塞に大別される。
　一方、もやもや病（Willis動脈輪閉塞症）、大動脈炎症候群、血管奇形など生活習慣病とは無関係な病変もあり、発症年齢は幅広い。

(1) 障害像
(a) 運動、感覚障害
　・大脳半球から中脳までの錐体路病変：反対側の痙性片麻痺を引き起こす
　・中脳病変：不随意運動を起こしやすい
　・脳幹病変：四肢麻痺を呈することが多い
　・視床などの感覚中枢の障害：反対側の感覚障害を招き、視床痛と呼ばれる異常感覚を生ずる場合がある（中枢性疼痛）
　・小脳の損傷：失調症が出現する

(b) 脳神経領域
　半盲や眼球運動障害による複視、顔面神経麻痺・三叉神経麻痺、構音障害・嚥下障害が認められる。構音障害と嚥下障害は、多発性脳梗塞などの両側性の大脳障害による仮性球麻痺によっても起こる。

(c) （広義の）高次脳機能障害（大脳皮質の損傷）
　失語、失行、失認、注意障害、記憶障害、遂行機能障害、社会的行動障害など。

(d) 二次障害、合併症
　肩手症候群、内反尖足などの関節拘縮（片麻痺）、排尿障害、骨粗鬆症、褥瘡、誤嚥性肺炎、症候性てんかんなど。

(2) 予後
　経過および医療・介護保険制度におけるリハビリテーションの流れは、急性期、回復期、維持期の3期に分けられる。一般的には座位がとれるようになるまでを急性期、機能回復のレベルが一定になるまでを回復期、それ以降を維持期とする。
　急性期から回復期には、廃用症候群を予防し早期の社会復帰を図るため、できるだけ早期から十分なリスク管理のもと積極的なリハビリテーションを行う。座位・立位、装具を用いた歩行訓練、摂食・嚥下訓練、身辺処理へのアプローチ、失語症を含めた高次脳機能障害への対応などである（理学療法、作業療法、言語聴覚療法、認知療法などがそれにあたる）。なお、急性期には、廃用症候群の予防として、廃用性筋萎縮、関節拘縮、深部静脈血栓症、褥瘡、誤嚥性肺炎などの発生に留意する。
　運動機能障害の回復期間は発症後4〜6か月程度とされており、この期間を目安に歩行を獲得しなかった場合は、移動手段として車椅子を利用する。脳卒中者の多くは、介護保険の適用により車椅子をレンタルすることになるが、適切な機種の選定や適合調整が不十分で、さまざまな問題を生じていることが指摘されている。また、施設内で使用される備品の車椅子についても、不適合による二次障害が問題とされている。
　維持期には、住環境整備、介護保険や障害福祉のサービスを適切に導入するなど、在宅における生活支援が機能維持のため重要である。生活上の活動性や社会参加の状況に合わせ、車椅子のアフターフォローを行う。脳卒中の危険因子を管理し、再発を防止することの重要性はいうまでもない。

(3) 座位保持の原則と効果
　歩行困難な片麻痺者にとって車椅子は単なる運搬用の機器ではない。片麻痺者に対しても車椅子を処方する場合は、姿勢（座位）、移動（駆動方法）、移乗の3つの視点から評価・検討することが重要である。感覚障害や高次脳機能障害が合併する場合はさらに注意を払う必要がある。
　脊柱起立筋や腹筋群などの抗重力筋は両側性の神経支配を受けているため、片麻痺であっても十分な働きができにくくなっている。そのため、非麻痺側の肩甲帯・骨盤帯筋群が姿勢保持に代償的に加わり、起居動作や座位保持、駆動、移乗などの車椅子関連動作にさまざまな影響を与えている。座位保持が可能でも、食事などの上肢操作や足駆動などの下肢の運動で容易に姿勢が崩れてしまうのはこのためである。車椅子に付加する座位保持用の付属品（クッショ

ンなど）を検討するため、静止時の座位保持能力や上下肢動作中の座位保持能力を評価することが必要である。

片麻痺者の車椅子片手足駆動では、非駆動側（麻痺側）の骨盤・下肢は十分な支持性がなく、足駆動に伴う滑り座りを防ぐことができない。臀部を保持し、車椅子からのずり落ちを防止する対策が必要である。

車椅子への移乗について、片麻痺者は立ち上がり、方向転換して座るという動作をすることが多い。足駆動のための低い前座高は立ち上がりを困難にする。また、方向転換は難しい動作の一つであり、移乗動作時の不安定性の要因となる。移乗の際のブレーキやフットサポートの上げ下げも移乗動作を不確実にする要因である。

片麻痺者を一側の上下肢の麻痺と捉えるのは誤りである。安全で快適な車椅子生活を保障するために、総合的な機能評価とそれに基づく車椅子の処方が望まれる。

1.1.2 脊髄損傷／頸髄損傷

脊髄障害の原因としては、交通・労災・スポーツなどによる外傷性脊髄損傷の頻度が高く、そのほか、脊髄血管障害、炎症性疾患、変性疾患、脱髄疾患、腫瘍などが挙げられる。

外傷性脊髄損傷の好発部位は下部頸椎と胸腰椎移行部といわれ、脊椎の骨折が脊髄に損傷をもたらすことによって、損傷部以下の運動麻痺と感覚障害を起こす。

脊髄血管障害では前脊髄動脈の梗塞が多い。炎症性疾患のなかには緩徐に進行する疾患もある（HTLV-1 関連脊髄症 HAM）。後縦靱帯骨化症（OPLL）や変形性脊椎症などによる脊柱管の狭窄が基礎にあると、わずかな外力によって脊髄損傷を引き起こす。また、高齢者の転倒などによる損傷では、下肢よりも上肢に重度の運動麻痺を呈する中心性頸髄損傷が知られている。

(1) 障害像

(a) 運動麻痺と感覚障害

・頸髄の損傷：損傷髄節以下の上肢筋と体幹下肢の筋に麻痺が起こり四肢麻痺を呈す
・胸腰髄損傷：損傷髄節以下の体幹下肢に麻痺が起こり、対麻痺となる
・腰髄損傷：対麻痺、両下肢麻痺。損傷高位によっては装具などで歩行可能なこともある。損傷髄節以下の随意運動と感覚をほとんど失った場合を完全麻痺という

(b) 自律神経の障害

胸髄中央付近以上（概ね第8胸髄節以上）の損傷では、自律神経の働きが障害されることがあり、起立性低血圧、自律神経過反射、うつ熱などの症状が見られる。自律神経過反射では、非麻痺域（顔面・頸部など）の異常発汗と急激な血圧の上昇をもたらし、脳出血などの重大な合併症につながることがある。

(c) 膀胱直腸障害

急性期以降、膀胱も脊髄の損傷部位とその状態によって痙性膀胱や低緊張性膀胱へと変化していく。膀胱障害のタイプに合わせた排泄方法と管理を行うことが必要である。排便障害は社会復帰に際して阻害因子となる合併症の一つである。

(d) 褥瘡

褥瘡は常に留意すべき問題である。ひとたび悪化させると完治までに時間がかかり、リハビリテーションや社会生活を妨げる大きな要因となる。

(2) 予後

急性期には、損傷脊椎の整復固定や脊髄除圧を目的とした観血的治療が行われることがある。この時期を脊髄ショック期といい、弛緩性麻痺を呈する。末梢血管、膀胱・腸管も弛緩し、末梢循環不全（褥瘡の発生）、尿閉を起こす。その後、損傷部位以下の脊髄反射弓が働くようになると、痙性麻痺へと変化し、関節拘縮のリスクも高まる。

残存機能レベルは脊髄の損傷部位によって決まるため、回復期のリハビリテーションは、残存機能レベルに応じた能力の獲得が目標となる。褥瘡や関節拘縮の合併は容易に能力の獲得

レベルを低下させるので注意が必要である。

(3) 座位保持の原則と効果
- 第4頸髄節（またはそれ以上）までしか、機能が残存していない頸髄損傷者：手動車椅子の駆動は困難である。チンコントロールなど上肢を使わない操作方法で電動車椅子を利用することになる
- 第5頸髄節まで機能が残存している頸髄損傷者：手動車椅子駆動の実用性は平坦な室内レベルである。屋外などでは電動車椅子が必要となる
- 第6頸髄節中央付近まで機能が残存している頸髄損傷者：両上肢駆動がほぼ実用的となる
- 損傷高位が低いほど上肢や体幹の機能が高くなり、駆動の実用性が増す
- 損傷レベルによらず、駆動効率と安全性を高めるための肩（上肢）とハンドリムの位置関係などの配慮が必要である
- 座位保持機能は損傷レベルによって異なる。頸髄損傷者では肩甲帯の筋群が姿勢保持を代償するため、上肢の動作を妨げてしまう場合がある。適切な体幹の支持が望まれる
- 移乗動作は、脊髄損傷者では、両上肢でプッシュアップ（push up）し、臀部を横方向に振って行う。高位頸髄損傷者ではこの方法は困難であり、その場合には車椅子とベッドを直角につけ、「直角移乗」という方法がとられる。第6頸髄中位まで残存していれば、横移乗はほとんどの場合できるといわれている
- 褥瘡予防のためにはクッションの選択のほか、除圧動作など生活面での注意、姿勢への配慮、適切な車椅子寸法なども重要である
- 車椅子の使用による二次障害については、肩関節障害、末梢神経麻痺などが知られている。前者は、車椅子駆動やプッシュアップなどの荷重動作による肩関節損傷（回旋腱板損傷、肩関節周囲炎など）。また、不適切なサイズの車椅子（広すぎるシート幅など）も肩関節障害を引き起こす可能性が高い。後者は、車椅子駆動に伴う、手関節障害、手根管症候群（正中神経麻痺）で、活動的な車椅子使用者に多く見られる。アームサポートや高すぎるバックサポートに起因する末梢神経麻痺も報告されている

1.1.3　筋萎縮性側索硬化症（ALS）

上位・下位運動ニューロン（大脳から末梢神経までの運動神経のすべて）に変性を生じる原因不明の進行性の疾病である。発症年齢の多くは40歳代より60歳代である。上肢筋（特に手内筋）の萎縮や筋力低下から発症することが多く、下肢体幹へと広がっていく。呼吸筋が侵されると呼吸困難を生ずる。

(1) 障害像

症状は、錐体路などの上位運動ニューロン症状（痙縮、腱反射亢進、手指の巧緻性の障害）と、下位運動ニューロン症状（筋力低下、筋萎縮、筋弛緩、線維束性収縮）の組み合わせである。いずれの発症症状が優位かにより、①上肢型（上肢の筋萎縮、筋力低下が主体。下肢は痙性麻痺を示す）、②下肢型（下肢から発症、下肢の二次運動ニューロン障害が前面）、③球型（構音障害、嚥下障害など球症状主体）に分類される。上肢は筋力低下、下肢は痙性麻痺を示すことが多い。

他覚的知覚障害、眼球運動障害は出現せず、ごくまれに膀胱直腸障害を認めることがある。認知障害はないとされるが、最近の研究では、意思決定や記憶の問題などが指摘されている。

(2) 予後

75％は診断から3～5年以内に死亡する（生命維持に影響する嚥下・呼吸困難に至る）とされているが、個人差も大きい。死因は呼吸筋麻痺による呼吸不全、肺炎などの呼吸器合併症である。非侵襲的人工呼吸、経皮内視鏡胃瘻増設術、気管切開などが順次必要となる。人工呼吸

器の使用について、あらかじめ本人や家族と合意しておく必要がある。最近では、人工呼吸器を装着し社会活動を続ける例も少なくない。医療機関との連携を保ちながら、障害状況に合わせた福祉用具（車椅子はいうまでもなく、意思伝達装置やリフトなどの介助機器）の導入を支援し、QOL（quality of life）の向上を図る配慮が求められる。

(3) 座位保持の原則と効果

本症の場合、支援の目的は、機能を維持し、可能な限り自立を保ち、高いQOLを得ることである。歩行が不安定になった時点で車椅子の導入が検討されるが、上肢型ではその時点で手動車椅子の操作は困難なことが多い。

車椅子やシーティングのアプローチは、体圧の分散、頸部の筋力低下・不安定性への対応をはじめ、体幹側方の支持、呼吸の楽な姿勢（リクライニング位）や耐久性低下、疼痛に対する対策のほか、上肢装具（BFOなど）の併用、コンピュータ・コミュニケーション機器の利用、電動車椅子操作など、並行して検討すべき支援が多岐にわたり、かつタイムリーに提供されなければならない。一つひとつのアプローチの有効な期間は短いため、福祉用具のレンタル制度の充実を願うものである。

褥瘡は体動が困難になった時点で注意が必要である。後期には、人工呼吸などの医療ケアや介護との調整を図る。

1.1.4 脳性麻痺

脳性麻痺は臨床、病理、原因が均一な疾患単位ではなく、一つの症候群あるいは包括的な概念といえるものである。

1968（昭和43）年、厚生省（当時）研究班では「脳性麻痺」を、「受胎から新生児（生後4週以内）までの間に生じた脳の非進行性病変に基づく、永続的なしかし変化しうる運動および姿勢の異常であり、その症状は2歳までに現れ、進行性疾患や一過性の運動障害、または正常化されるであろうと思われる運動発達遅延は除外する」と定義した。Bethesdaのワークショップ（2004年）では、脳性麻痺の障害として、運動障害に加え、感覚、認知、コミュニケーション、認識、行動、発作性疾患を挙げている。

脳性麻痺の危険因子として代表的なものは、次のとおりである。
- 出生前：早期産（36週未満）、低出生体重（2,500g未満）、子宮内感染、多胎、胎盤機能不全
- 周産期：新生児仮死、高・低血糖、脳室周囲白質軟化症（PVL*）、脳室内出血、脳出血
- 出生後：感染、痙攣、高ビリルビン血症

脳性麻痺は小児期におけるリハビリテーションの主たる対象であり、各地域において早期発見・早期療育のシステムが構築されている。

(1) 障害像

脳の病変は非進行性であるが、脳性麻痺の障害像は変化する。出生直後は低緊張状態のことが多いが、成長、発達に伴って筋緊張が亢進し、不随意運動が出現するなど麻痺の状態が明らかとなる。乳幼児期に起こった脳障害も障害像が似ているため、脳性麻痺に準じてアプローチすることが多い。

(a) 運動障害

代表的な麻痺の部位とタイプは図表6-1のとおりである。

---

* PVLは低出生体重児の脳性麻痺の原因として知られている。脳室周囲白質部には皮質脊髄路（錐体路）が存在し、錐体路の障害で痙性麻痺を呈する。錐体路は脳室に近いところから下肢、体幹、上肢の順であるため、PVLの大きさにより両麻痺、四肢麻痺となる。体幹が弱く、視知覚認知障害を伴う痙直型両麻痺は低出生体重PVL児の特徴である。低出生体重児にPVLが発生しやすい要因として、同部位が虚血に陥りやすい解剖学的特徴をもつこと、未熟性から低血圧により低灌流を来しやすいこと、白質の脆弱性などが挙げられている。

麻痺の部位

四肢麻痺　　両麻痺　　片麻痺

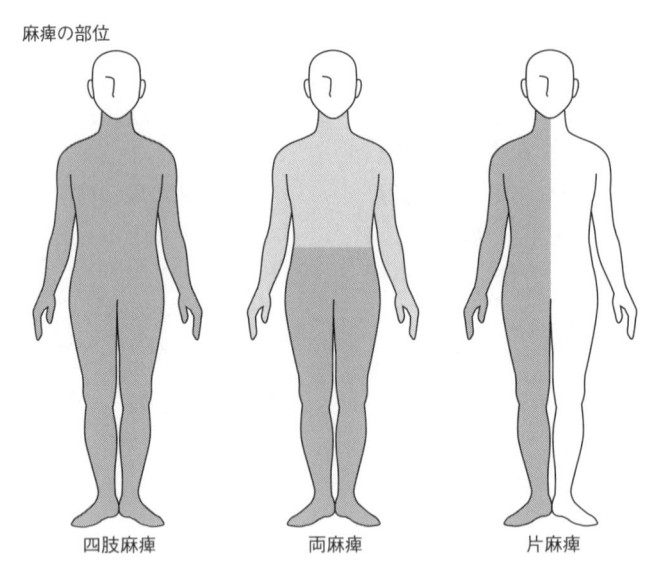

図表 6-1 脳性麻痺による代表的な麻痺の部位とタイプ

（ア）　痙直型：四肢麻痺、両麻痺、片麻痺

　筋緊張亢進（痙性）の状態はさまざまである。乳児期早期より緊張が高い場合は、その後の運動障害が重篤な四肢麻痺である。上下肢の障害程度、左右の身体機能に差があると姿勢や運動のコントロールが難しく、側彎、股関節脱臼、四肢の関節拘縮など二次障害の発生リスクも高い。呼吸障害、構音障害、咀嚼・嚥下障害を伴うこともある。

　両麻痺は一般に下肢装具、歩行補助具を用いて歩行可能であり、特徴的な姿勢、鋏肢位と屈曲姿勢（crouching posture）を呈す。体幹の低緊張が姿勢・運動のコントロールをより困難にする。上肢動作では前腕の回外制限や稚拙さを認める。

　片麻痺は運動発達の遅れも軽微で、歩行能力は高く、脳卒中片麻痺と似たパターンを示す。

（イ）　アテトーゼ型：四肢麻痺

　筋緊張の変動による運動制御の困難性が特徴である。乳児期には低緊張を呈することが多く、不随意運動は明らかではない。姿勢を保持すること、発声・口腔器官・呼吸を含めた四肢体幹の運動を調整することなど、制御の難しさの影響は全身に及ぶ。

　障害の程度はさまざまであるが、上肢機能、姿勢保持、移動機能とも障害されているタイプ、歩行（移動）可能だが上肢、構音に障害の目立つタイプなどが比較的多い。情動や心理面の変動が身体の状況に直結しやすいことも特徴の一つである。拘縮を認めることは少ない。成人期に生ずる頸椎症性脊髄症は二次障害としてよく知られている。

（ウ）　混合型：四肢麻痺

　痙直型の要素とアテトーゼ型の要素を合わせもち、上肢にアテトーゼの要素、下肢に痙直型の要素が優位なタイプを多く経験する。

　処方上は痙直型の要素とアテトーゼ型の要素のどちらが多く出現してくるかによって、痙直型としてアプローチするか、アテトーゼ型としてアプローチするか、対応を変える必要がある。痙直型の要素が落ち着いて（緊張が緩んで）くると、不随意運動が見えてくるというのが多い経過である。身体の機能障害に左右差があると、非対称姿勢が顕著で、頭部のコントロールが難しく、言語や目の協調性にも困難を来す。二次障害の程度も重い。

（エ）　その他の運動障害

　失調型、低緊張型などが知られている。

(b) 感覚障害

表在（触・痛・温度覚）・深部感覚、過敏・鈍麻とも評価が難しく、生活を詳細に観察し判断せざるを得ないことも多い。

(c) 視・聴覚障害

見落とされやすく注意が必要である。

(d) 認知障害

視知覚認知障害の合併が知られている。知覚障害と合わせ、生活機能の獲得に大きく影響する。また、学習上の困難につながる。

(e) 知的障害

障害程度はさまざまだが、運動障害の程度とギャップがある場合、注意が必要である。

(f) 行動障害

情動・行動の異常、自閉症スペクトラムの障害などが含まれる。薬物療法が求められる場合もある。

(g) てんかん

片麻痺や重度の四肢麻痺（痙直型、混合型）に合併しやすいといわれている。適切な薬物治療と生活指導が重要である。

(h) 二次的合併障害（拘縮・変形など）、内科合併症

総体としての生活機能を低下させるため、タイムリーな介入が必要である。筋痙縮の治療として、選択的後根切断術、バクロフェン髄腔内投与療法、ボツリヌス毒素療法などの導入も進んでいる。

(2) 予 後

一口に脳性麻痺といっても、その障害程度はさまざまである。粗大運動能力分類システム（gross motor function classification system: GMFCS）は、重症度などを区分けする判別的尺度であり、子どもの粗大運動（座位、移動）能力について、6歳以降最終的に到達するレベルを以下の5段階に分類している。

　レベルⅠ：制限なしに歩く
　レベルⅡ：制限を伴って歩く
　レベルⅢ：手に持つ移動器具を使用して歩く
　レベルⅣ：制限を伴って自力移動。電動の移動手段を使用してもよい

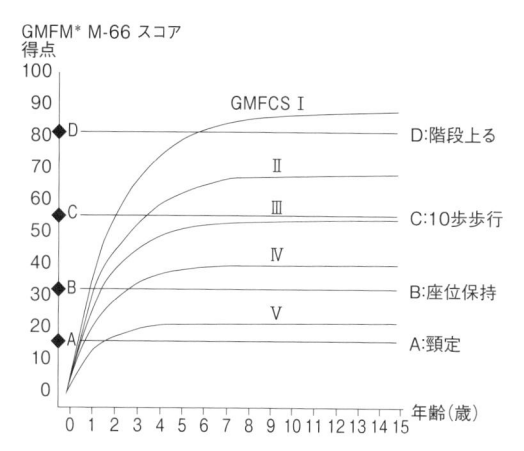

＊GMFM（gross motor function measure）：粗大運動能力尺度。粗大運動能力の経時的変化や治療的介入の効果をみるために考案された評価的な尺度

図表6-2 脳性麻痺児の粗大運動能力の成長曲線
（出所：『こどものリハビリテーション医学』）

　レベルⅤ：手動車椅子で移送される

また、GMFCSでは、各レベルに対して、2歳まで、2～4歳、4～6歳、6～12歳の年齢別に粗大運動の発達内容を説明している。GMFCSは、粗大運動の側面からではあるが、重症度を示す際の基準となり、また、子どもが同じレベルにとどまっていれば、予後予測に対する情報源となる。Rosenbaumらは、脳性麻痺児の粗大運動能力の成長曲線をGMFCSのレベルごとに示した（図表6-2）。最終的に到達するレベルの獲得時期をみると、概ね小学校低学年である。

さらに、青年期、成人期と臨床経過を追うと、レベルⅣ、Ⅴなど重症例ほど中学～高校生年齢で能力低下が始まる傾向にある。即ち、寝返り困難、座位耐久性低下などである。レベルⅤのケースでは新たに医療ケアが必要となる場合もある。レベルⅢでは車椅子への依存度が高まる。レベルⅡでは、30～40歳代に歩行能力が低下し、歩行補助具や車椅子の利用など移動方法の見直しが必要となる。レベルⅠでは、腰痛や関節症に関する管理が重要である。これらの変化は、生活や社会的要請（学校生活での座

位時間の延長、作業効率やスピードが求められる社会生活)の影響も大きい。

麻痺のタイプ別では、痙直型の歩行能力は8～10歳がピークであり、6歳までの向上が大きいといわれている。身体の成長が著しい10歳前後になると、粗大運動は機能維持が中心となり、拘縮・変形の合併により容易に機能は低下する。重症例では、体調の悪化、長期の休暇などで安静が長いと拘縮・変形の増悪が見られ、さらに疼痛や拘縮・変形が増悪する悪循環に陥りやすい。

アテトーゼ型の歩行能力は10歳以降も向上する場合がある。頭頸部の不随意運動による頸椎症性脊髄症の発生は、二次障害としてよく知られている。

シーティングの視点からは、2歳まではすべてのレベルにおいて配慮が必要、6歳まではレベルⅡ～Ⅴにおいて必要である。レベルⅢ～Ⅴはどの年齢においても配慮が必要と考える。また、レベルⅡのケースでも、アテトーゼ型や失調型、体幹の低緊張が著しい場合は、シーティングの配慮が求められる(学校椅子の改良など)。成人期の機能的変化による運動障害の増悪は、筋緊張の悪化や疼痛、口腔機能の低下や食事のしにくさ、しびれ感や疼痛、易疲労などの訴えで気づかれることもある。痛みについては、頸部の過緊張による疼痛、肩周囲の筋緊張、肩関節脱臼による痛み、腰椎前彎による腰痛など各部に及ぶ。この際のシーティングの見直し(姿勢のアライメント、体幹支持部の見直しなど)は非常に重要であり、生活全体の見直しと合わせ、コミュニケーション機能の低下、意欲の低下、社会的活動の低下につながることを極力予防しなければならない。

(3) 座位保持の原則と効果

(a) 原則

①刺激や肢位の変化で誘発される原始反射などについて評価し、座位保持の阻害因子とならないよう、その影響の軽減を図る(図表6-3)。

②股関節の屈曲角度、体幹の後傾・前傾角度や、頭頸部・体幹・骨盤大腿部の支持の必要性を検討し、筋の緊張状態(高緊張、低緊張)をできるだけ適正化させる。

③必要な支持が得られない状況下での座位保持では、体幹などを安定させるために身体の特定の部位が代償的に働く。このような不適切な身体の使い方が定着すると、拘縮・変形や疼痛の発生など二次障害にもつながる。不適切な代償動作の軽減を図る。

④整理された感覚・運動刺激の入力により運動発達を促す。

図表6-3　座位保持に影響を与える主な原始反射

反射	誘因	影響
モロー反射	音・急激なリクライニング	上肢がアームサポート(肘かけ)の外へ落下
ガラント反射		非対称姿勢 変形(側彎、windswept deformity)
陽性支持反射	フットサポート(足台)・床への接触	下肢集団伸展、股関節伸展拘縮、滑り座り(仙骨座り)、褥瘡
非対称性緊張性頸反射	頭頸部の位置	非対称姿勢 変形(股関節脱臼、骨盤の傾斜、側彎)
対称性緊張性頸反射	頭頸部の位置	上肢の動きが影響を受ける (頸部後屈→上肢伸展)
緊張性迷路反射	頭頸部の位置 急激なリクライニング	伸展反射

出所:義肢装具のチェックポイント、Seating In Review

⑤適切な姿勢保持により、拘縮・変形の低減を図る。座位だけでなく生活全般にわたる姿勢マネジメントの支援も重要である。脳性麻痺に合併しやすい拘縮・変形については「障害・症状状況一覧表」(p.327)を参照。
⑥体重の均一な分布を図り、褥瘡の発生を防ぐとともに、座位耐久性を向上させる。

(b) 効　果
①頭頸部のコントロールが改善する。
②上肢機能が向上する。
③呼吸循環機能が改善する。
④活動性が向上する。
⑤介助量が軽減される。

　骨盤が安定し、体幹に適切な支持が加えられると、その効果として機能的な改善が得られる。喘鳴や流涎が減少し咀嚼、嚥下機能、上肢の操作性が向上するが、これは座位保持装置の即時的な効果というより、座位保持装置の使用を含めたリハビリテーションの効果として認められるものである。

　発達支援に軸足を置く幼児期に比し、身体が大きくなりまた本人なりの生活スタイルが確立していく学齢期では生活支援の視点が重要となる。自立促進と介助部分のバランス、生活支援機器として生活のさまざまな場面・環境への適合、保健衛生管理の点からシーティングを見直す必要がある。

1.1.5　二分脊椎

　二分脊椎は神経管閉鎖不全に含まれ、脊柱管の後方の骨性の部分が欠損したものである。脊髄や馬尾神経が背側に脱出し瘤を形成したものを囊胞性二分脊椎といい、水頭症、キアリ奇形、脊髄空洞症などを伴う。潜在性二分脊椎は、脊椎後方の癒合不全のみで髄膜や神経組織の脱出を伴わない。神経症状を生ずる場合と生じない場合がある。脊髄の病変部位によって、両下肢・体幹麻痺および膀胱直腸麻痺が起こる。さらに、一次障害のマネジメントの状況により二次障害を生ずる。

(1) 障害像
(a) 下肢・体幹の運動障害、感覚障害、排泄障害（膀胱直腸障害）
　麻痺の範囲は、脊髄・馬尾神経の病変レベルによって決まる。馬尾神経の病変では弛緩性麻痺を示す。
(b) 中枢神経系の変化（水頭症やキアリ奇形等）に伴う障害／合併症
①知的障害、高次脳機能障害
②上肢機能への影響
③呼吸障害（中枢性）
④内分泌異常（視床下部、下垂体の損傷）：思春期早発症、成長ホルモンの分泌異常、低身長、肥満（運動障害によるエネルギー消費の不足も関与）
⑤発作性障害
(c) 二次的合併症
①関節の拘縮
②変形：前彎、後彎、側彎などの脊柱変形（脊椎の形成不全も関与）
　下肢の構造上起こりうるほとんどすべての変形、脱臼（筋力不均衡、不良肢位が主因）
③疲労性骨折
④褥瘡：車椅子使用者の臀部の問題だけでなく、下肢、特に足部変形における褥瘡形成にも注意が必要である
⑤呼吸障害（胸郭変形による）
⑥腎機能障害（排泄障害の不十分な管理による）

　特に高位麻痺では、脊椎そのものの形成不全、体幹筋の筋力低下、股関節脱臼、骨盤傾斜などのため高度の脊柱変形を来すことが多い。また、下肢の骨萎縮のため骨折を生じやすく、変形などの増悪因子である。座位バランスの影響、膀胱直腸障害による陰部保清の困難から臀部などに難治性褥瘡をつくりやすい。

(2) 予　後
　移動能力（図表6-4）は、一般的には病変部位によって決まる。すなわち、community ambulator のうち独歩可能なものは主として第

図表6-4　歩行者能力の分類（Hofferに準ずる）

1. community ambulator
   a. 独歩群：戸外、室内とも歩行可能で杖不要
   b. 杖歩行群：戸外、室内とも歩行可能なるも杖必要
2. household ambulator
   社会的活動に杖歩行と車椅子移動を併用
3. non-functional ambulator
   訓練時のみ杖歩行可能で、その他は車椅子使用
4. non ambulator
   移動にはすべて車椅子を要す

（出所：『こどものリハビリテーション医学〔第2版〕』）

5腰髄節（以下L5）残存、杖歩行可能なものはL3L4残存、household ambulatorはL1L2残存で、household ambulatorより上位の脊髄に病変があるものは、移動に車椅子を併用または使用することとなる。

一方、歩行の獲得年齢は、精神発達（知的障害の合併）にも影響を受け、就学期～学齢期になって歩行が安定する例もあり、その場合は歩行獲得までの移動手段として幼児期に車椅子の利用が考えられる。

学齢後期には、歩行能力の後退例があり、車椅子を使用することとなる。独歩群の境界領域以下に後退例が認められる。原因としては、尿路および水頭症のシャント感染、骨折などによる長期臥床、成長に伴う体重増加（下肢筋力に比し）、脊髄空洞症、脊髄係留症候群、髄膜瘤修復部の癒着に関連した麻痺の増強および下肢痙性の発生、社会的要因として移動のスピードアップが求められることなどが挙げられる。

（3）座位保持の原則と効果

乳児期には、筋活動の促進と関節可動域を維持する目的でポジショニングを行う。頸のコントロールが得られたら、座位、立位を目指す。乳児期からの脊柱アライメントの保持、脊柱可動性の維持、適切な座位姿勢の保持に留意する。これにより歩行可能となる場合でも、一時的に（耐久性への配慮や変形などの予防のために）座位保持装置を用いることがある。

車椅子やシーティングに関する配慮事項としては、次の点が挙げられる。

①脊柱変形（腰椎前彎、側彎、後彎）への対応：幼児期には体幹の弱さが目立ち、体幹支持の検討をする
②下肢変形／易骨折性への対応
③車椅子・座位保持装置と各種体幹装具・下肢装具を併用する場合の配慮
④褥瘡予防（脊髄損傷者と同様の対応が必要）
⑤膀胱直腸障害による排泄の方法と姿勢保持。姿勢保持への配慮と移乗のしやすさは相反することが多い
⑥中枢神経系合併症の有無：体幹麻痺のための姿勢保持
　・上肢機能障害を合併する場合の上肢操作（駆動方法の選択など）と姿勢保持
　・知的障害を合併する場合、車椅子などの適切な利用と二次障害予防を念頭に置いた生活支援
　・呼吸障害を合併する場合、呼吸機能に配慮した姿勢（角度調節機構の付加）、医療機器の併用
⑦体調の変動（尿路および水頭症シャント感染など）による休息も可能な保護的座位の導入
⑧発汗対策として素材の工夫（ラテックスアレルギーの合併率が高いという報告もあり）

1.1.6　デュシェンヌ型筋ジストロフィー（DMD）

X連鎖劣性遺伝（X染色体上ジストロフィン遺伝子異変）により、筋原形質膜の構造支持に不可欠な蛋白であるジストロフィンの機能異常が生じ、骨格筋・心筋の変性が進行性に起こる。動揺性歩行、登攀性起立、仮性肥大を特徴とする小児期の代表的な進行性筋疾患で、筋ジストロフィーのなかで最も頻度が高い。診断としては、クレアチンキナーゼ（CK）などの血中酵素活性の高値が手がかりとなる。

CKの高値は出生時からあり、多くの例で歩行開始は遅い傾向にある。転びやすい、かけ足

ができないなどの症状で気づかれ、受診に至る。運動障害の主体は筋力低下であり、二次障害として拘縮・変形（下肢・脊柱）が加わる。その特徴は脳性麻痺と異なり、随意性・巧緻性は保たれ、耐久性が低下することである。末期には心筋の障害による心不全、呼吸機能障害が問題となる。

(1) 障害像と予後

　筋力低下の分布は股関節周囲など近位筋（体幹に近い筋）に顕著で進行性である。図表6-5に移動能力を中心とした障害段階（ステージ）を示した。進行の速さには個人差があるが、ほぼ10±3歳で歩行不能となる。歩行不能時期の前後には、車椅子導入のタイミングの問題、同時にシーティングへの配慮の必要性が発生する。その後、自力で座位保持可能（ステージⅦ）の段階を経て15～18歳頃に自力での座位保持も不能となる。

　20歳前後で人工呼吸器の補助が必要となり、心不全・呼吸器合併症などにより20～30歳代で死亡することが多い。

　上肢の筋力低下が著明になるのは下肢より遅れるが、筋力低下の分布は下肢同様体幹に近い近位型であり、肩、肘、前腕、手内筋の順に低下する。車椅子駆動が困難となり、電動車椅子への切替えを検討する時期でもある。手内筋の筋力は最後まで残り、キーボード、スイッチ操作などの手指操作は可能である。上肢の残存機能を活かすシーティングが求められる。なお、知的障害、発達障害を合併することも少なくない。

　関節の拘縮・変形は、拮抗筋の筋力不均衡によって筋力の強い側が短縮することに加え、習慣的な姿勢などが影響して起こる。下肢では、股関節の外転・屈曲拘縮（大腿筋膜張筋・腸腰筋の短縮）、尖足（下腿三頭筋の短縮）などが独歩可能な時期から起こり、筋力低下と相俟って歩行機能を低下させる。立位・歩行困難となり、座位中心の生活になると股関節・膝関節の屈曲拘縮や内反尖足が加わり、また、成長期が

図表6-5 日本的生活様式による障害段階分類

〈歩行可能〉

ステージⅠ	階段昇降可能（手すり不要） a. 手の介助不要 b. 手の膝押さえ必要
ステージⅡ	階段昇降可能（手すり必要） a. 片手手すり b. 片手手すり、片手で膝を押さえる c. 両手手すり
ステージⅢ	椅子からの立ち上がり可能
ステージⅣ*	椅子からの立ち上がり不能、平地歩行可能

〈歩行不能〉

ステージⅤ	四つ這い移動可能
ステージⅥ	ずり這い移動可能
ステージⅦ	自力で座位保持可能
ステージⅧ	自力で座位保持不可能

＊松家豊はステージⅣをa. 独歩で5m以上可、b. 物につかまれば5m以上可（ⅰ）歩行器、ⅱ）手すり、ⅲ）手びき）、に分けている。

（出所：図表6-4に同じ）

重なることもあって、側彎などの脊柱変形が急速に進行する。上肢は、肘関節や前腕の屈曲・回内拘縮（円回内筋・上腕二頭筋の短縮）、次いで手関節の尺側偏位、掌屈拘縮が起こる。手指は、浅指・深指屈筋の短縮による屈曲拘縮が起こりやすい。

　呼吸筋（横隔膜、腹筋、肋間筋など）も四肢の筋力低下と並行して萎縮が進んでいく。脊柱変形の影響はいうまでもない。肺活量が低下するのはステージⅤあたりで、その後急激に低下する。

　以前、本症の死亡原因は肺炎が主であった（20歳前に死亡）。現在では、適切な医療管理により肺炎による死亡は激減し、さらに人工呼吸器の導入、特に在宅での管理が容易な人工呼吸器の開発（非侵襲的人工呼吸療法 noninvasive ventilation: NIV）とも相俟って、会話や食事、入浴などのADLが容易になり、行動範囲も拡大するとともに、より長期生存が可能と

なった。40歳代であっても、大学教育や社会活動、趣味をベースとした社会参加など活発に活動している人たちも増えている。耐久性低下（抗重力姿勢、発声、咀嚼・嚥下、手指操作）、呼吸障害に配慮した電動車いす・シーティングの必要性が高い。また、大きな障害像の変化が青少年期に起こるため、自宅、学校、施設などそれぞれの生活活動の場で、環境整備や生活時間配分、介護支援の導入も不可欠である。

(2) その他の小児期の筋萎縮症

(a) 先天性福山型筋ジストロフィー（FCMD）

遺伝子座 9q31 領域の遺伝子異変である。進行性の筋病変に脳の形成不全（頭部 MRI では厚脳回、白質髄鞘化遅延）を伴い、特有の顔貌、重度の運動障害（筋力低下、四肢体幹の拘縮・変形、運動遅滞）に加えて知的障害を合併し、てんかんを伴う場合もある。障害程度には個人差があるが、出生時には floppy infant を呈し、運動能力は幼児期後半に最高到達レベルに達し（歩行可能になる例はまれ）、その後低下する。

(b) 脊髄性筋萎縮症（SMA）

脊髄前角細胞の変性による下位運動ニューロン病である。体幹に近い近位部優位の進行性筋力低下、筋萎縮を呈する（原因遺伝子は第5染色体長腕に存在）。発症年齢と経過により、4つの型に分けられている。

Ⅰ型（ウェルドニヒ・ホフマン病）は、生下時ないし6か月までに発症する。早期発症型は重症である。定頸せず、嚥下困難、呼吸不全を伴う。外眼筋は侵されない。脊柱を含めた拘縮・変形に対応しつつ、栄養法や人工呼吸器の併用、ケースによってはコミュニケーションエイドの利用に配慮した車いす・シーティングの処方が必要である。

Ⅱ型は、発症は1歳6か月まで、座位保持は可能となっても支えなしの立位・歩行は獲得できない。進行に伴って側彎が顕著となり（脊柱固定術の適応）、残存機能を活かすことと発達に配慮したシーティングが必要である。嚥下困難への対応や重症例では呼吸不全への対応が必要なこともある。

Ⅲ型（クーゲルベルク・ヴェランダー病）は、1歳6か月以降の発症で、発症年齢は幅広く、進行は緩徐である。下肢近位筋群の筋力低下（ころびやすい、走りにくい）が初発症状で、若年発症ほど進行が速い傾向にあるといわれている。歩行能力の維持が課題となるが、車椅子使用者となった場合、上肢筋力が弱いので電動車椅子の導入を検討する。

Ⅳ型は成人期以降に発症したものである。

(3) 座位保持の原則と効果

進行する機能障害に対し、その代償方法を検討していくことは座位保持装置の処方に際しても同様である。

- 適切な姿勢保持により変形の進行を遅延させる
- 上肢機能を最大限に活かす
- 部分的な圧迫を除き、安楽性を増す
- 座位をとることで呼吸器の合併症を減らす
- 移動などの介助を楽に受けられる

ステージ別の留意点は次のとおりである

①歩行不能期前後（厚労省研究班機能障害度Ⅳ～Ⅵ；図表 6-5 参照）

普通型車椅子利用開始と同時に適切な座位保持用の付属品を備える（電動車椅子においても同様）。脊柱アライメントは腰椎前彎保持を目指す。座位時間の延長、脊柱アライメントの変化に伴い体幹の支持を増す。

②座位保持可能期から不能期（厚労省研究班機能障害度Ⅶ～Ⅷ；図表 6-5 参照）

残存機能を最大限に引き出す配慮を行う。急速に進行する脊柱変形に対応し、安楽性や排痰のしやすさを付け加える。人工呼吸器の併用についても配慮する。

1.1.7 その他の姿勢保持が必要な疾患

その他の姿勢保持が必要な疾患のうち、代表的なものを図表 6-6 に示した。

図表6-6 姿勢保持が必要な代表的な疾患

疾患と発症時期	疾患の概要	姿勢保持への配慮
水頭症 胎生期〜成人期	脳脊髄液循環障害により脳室に過剰に貯留した脳脊髄液によって起こる脳障害である。病態は循環路の閉塞（閉塞性水頭症）、過剰産生または吸収障害（非閉塞性水頭症）。水頭症単独の場合、他の脳疾患に合併する場合、先天性・後天性の水頭症が区別される。後天性の場合、頭蓋内出血、髄膜炎、脳腫瘍などに合併。症状は乳児期までは頭の拡大、その後は、頭痛、悪心・嘔吐など。成人では正常圧水頭症が知られており、認知障害、歩行障害、尿失禁が症状である。くも膜下出血後や髄膜炎後のほか、原因不明（特発性）の場合もある。 治療は原因疾患の治療、シャントを用い人工的な排液、循環路の再建。 小児の場合はシャント術を要することが多く、機能的な予後は、原疾患の予後、水頭症状態の存続期間、シャントの機能と合併症などが影響する。	姿勢保持の問題は、原因疾患（嚢胞性二分脊椎や脳障害など）に左右されるといってよい。 シャント不全などコントロールの困難な例においては、体調が安定しないことから姿勢保持に保護的要素が必要である。 最近ではまれであるが、水頭症により頭部が巨大化したケースに関しては、座位保持の際、頸椎への負荷が大きくなる。頭頸部の保持に配慮したシーティングが重要になる。
脊髄小脳変性症（SCD） 小児期〜成人期 多系統萎縮症	小脳性の運動失調を主な症状とする慢性進行性、原因不明の疾患。遺伝性（1/3）と孤発性（2/3）、小脳症状のみ目立つ型と錐体路・錐体外路症状、末梢神経障害など小脳以外の病変、症状がある型に大別される。一般に小脳症状に限局する型のほうが予後がよいといわれる。 ①遺伝性の場合の代表的な病型 　SCA 3（Machado-Joseph disease）：30〜40歳前後の発症が多い。緩徐進行性の小脳失調（構音障害含む）、錐体路徴候、錐体外路徴候（主にジストニア）、末梢神経障害（感覚障害含む）、眼球運動障害、顔面・舌攣縮様運動など。認知機能は保たれることが多い。 　SCA 6：発症年齢は45歳前後が多い。緩徐進行性の小脳失調症が主体。頭位変換時のめまい感、眼振。 　DRPLA（歯状赤核淡蒼球ルイ体萎縮症）：ミオクローヌス発作、知的低下・精神症状、協調運動の障害、不随意運動。小児期に難治性てんかんで発症するケースもある。 ②孤発例の代表的な病型（多系統萎縮症 MSA） 　線条体黒質変性症：パーキンソニズム中心。進行すると小脳失調症状。自律神経症状（排尿障害、自律神経障害）、呼吸障害など。 　オリーブ橋小脳萎縮症：早期症状は小脳性運動失調。経過中にパーキンソニズム、自律神経症状。 　シャイ・ドレーガー症候群：自立神経症状で発症（起立性低血圧、排尿障害、発汗低下等）、パーキンソン症状と小脳症状が加わり進行性に経過。睡眠時無呼吸、嗄声、物忘れなどが合併する。	進行期には車椅子が必要となるが、上肢の失調症状も伴うため、車椅子駆動の実用性を把握しておく必要がある。一方、這う、手すりによる移動（伝い歩き、つかまり立ち）が有効であり、移乗のしやすさや転倒リスクに配慮した処方とする。 タイプにより進行の経過は異なるが、筋力や耐久性低下に留意し、車椅子に姿勢保持の機能を加えていく。また、呼吸、嚥下、排泄、体温・血圧調節など合併する周辺の症状、介護のしやすさに配慮したシーティングが求められる。
多発性硬化症（MS） 15歳〜50歳、若年成人に多い	慢性炎症性脱髄疾患。原因不明で、大脳、脳幹、小脳、脳神経（特に視神経）、脊髄など中枢神経系に脱髄病変を生じる。病巣が散在し寛解増悪を繰り返すので症状は多様である。障害程度は寛解増悪によって変化するが全体としては進行する場合が多い。日本では視神経と脊髄病変が多い。 経過中に認められる主症状は、視力障害、複視、小脳失調、四肢の麻痺（片麻痺、対麻痺、単麻痺）、感覚障害、膀胱直腸障害。そのほか、各種脳神経症状、呼吸障害（緊急の処置必要）、痛み・しびれなどを合併する。	脊髄に病変があって対麻痺を呈するケースが多く、一時的な利用も含め車椅子が必要となる場合が少なくない。 体温上昇により一過性に神経障害が悪化し、視力低下や筋力低下を来すため（Uthoff徴候）、高温環境や長時間の運動を避ける工夫が必要である。 また、再発の誘因として過労などが指摘されている。車椅子利用に際しては、視力障害、褥瘡発生に加え配慮が必要である。痙性、神経因性膀胱、下肢の有痛性痙攣に対する治療も重要。

疾患と発症時期	疾患の概要	姿勢保持への配慮
パーキンソン病関連疾患 成人期〜老年期	①パーキンソン病：主に中年以降（多くは50〜60歳代）に発症する進行性変性疾患。40歳以下で発症するものは若年性パーキンソン病と呼ばれる。黒質線条体系の神経伝達物質ドパミン不足で起こるとされている。安静時振戦、筋強剛、無動・寡動、姿勢調整障害が四大症状である。振戦は、初発症状として約70％に一側性に発症、次いで反対側に出現する。同時に2つのことをすること、リズムを作る能力も低下している。このため、仮面様顔貌で、起居・体位変換動作は遅く拙劣、歩行は前傾前屈姿勢で小刻み、突進現象、すくみ足など特徴的である。 自律神経症状、多彩な精神症状、睡眠障害などを合併。認知症は14〜20％に合併し、加齢に伴い増加する。症状は、失念、思考過程の緩慢化、感情障害として無気力、抑うつ、集中力低下など。 治療は、ドパミンによる薬物療法を基本とし、機能訓練の併用は、症状の進行を遅らせるといわれている。また、進行期の薬物療法時、wearing-off 現象には配慮が必要である。 ②進行性核上性麻痺（PSP）：中年以降に発症、易転倒性、核上性注視麻痺、パーキンソニズム、認知症が特徴。 ③大脳皮質基底核変性症（CBD）：平均60歳代で発症。左右差のある錐体外路徴候と大脳皮質症候が特徴。錐体外路徴候としては、固縮の頻度が高く、進行すると姿勢反射障害や転倒が出現。大脳皮質の症候は、肢節運動失行、構成失行、失語、半側空間無視、他人の手徴候、把握反射、認知症など。 そのほかのパーキンソン症候群として、薬剤性パーキンソニズム、脳血管性パーキンソニズム、多系統萎縮症のパーキンソン型、特発性正常圧水頭症などが知られている。	①歩行困難になると車椅子を利用することになる。生活環境が寝たきりを助長するような条件下にあると、歩行困難の程度より、無動という症候のため、さらに不活発な生活となり、廃用性の問題が加わる。予後はこの時期の合併症に左右され、誤嚥性肺炎などの予防に留意する。 車椅子座位では体幹部の前屈をとることが多く、重心位置や脊柱伸展への配慮が必要になる。また、介助がしやすく、座位耐性を考慮した車椅子処方を検討すべきである。 ②発症から2〜3年で車椅子が必要になるといわれている。車椅子利用時においても転倒に配慮。嚥下障害への対応。 ③車椅子利用に関連する動作にも困難性が高く、安全と介助のしやすさに、進行期には胃瘻造設などもなされるため配慮が必要。
亜急性硬化性全脳炎（SSPE） 小児期	遅発性ウイルス感染の代表的な疾患で、変異麻疹ウイルスによる中枢神経系への感染である。麻疹感染後数年の潜伏期間を経て発症し、発症後は数か月から数年の経過で神経症状が進行する。治療法は確立されていない。 症状は、Ⅰ期：大脳皮質機能障害（性格変化、無関心、意欲低下、軽度の知的低下）。Ⅱ期：痙攣および中枢性麻痺の徴候（四肢のミオクローヌス、歩行障害、精神活動・知的低下）。Ⅲ期：知的退行、運動障害進行、座位困難。呼吸や自律神経障害（発汗や体温調節）、嚥下障害。Ⅳ期：脳皮質機能、運動機能の高度な障害へと進行（昏睡状態、除皮質肢位、除脳肢位）。二次的に四肢体幹の拘縮・変形も進行する。	全経過は数年といわれている。 病勢の進行とともに、中枢性の運動障害が進行し、自発運動、姿勢保持とも困難になる。Ⅱ期以降は車椅子の必要性が増し、シーティングアプローチは脳性の運動障害の特徴、進行性疾患としての配慮のもとに行う。即ち、不随意運動、筋強直、摂食嚥下障害、自律神経症状（発汗、口腔内分泌亢進、高体温）、呼吸管理など。
レット症候群 乳児期早期	女児に発症する特異な発達障害である。乳児期より年齢ごとに定型的な症状（睡眠、筋緊張異常、姿勢運動異常、ジストニア、側彎、自閉症、知的障害、てんかんなど）が出現し、徐々に進行する。 ①初発症状は、筋緊張低下、外界への反応の欠如。寝返りは遅れ、手膝這い、独歩は獲得できないこともある。 ②乳児期後半には、獲得されていた手の合目的的な巧緻性が失われ、特異な手の常同運動が出現。痙攣、自閉症状、自傷行為。	乳幼児期（初期）は、抗重力筋の緊張低下。姿勢・移動運動の発達遅滞として支援していく（日常生活上、移動の介助は常に必要）。即ち、身体寸法に合った、必要な体幹支持などを加えた椅子などである。 年齢とともに筋緊張異常、側彎などが出現し、中枢性姿勢運動障害としてのアプローチが必要となる。 晩期には、摂食障害（胃瘻造設）、誤嚥性肺炎などに留意する。 手の常同運動の解決は困難であるが、上肢操作

疾患と発症時期	疾患の概要	姿勢保持への配慮
	③知的障害、自閉症、呼吸異常（過呼吸、息止めなど）、ジストニア、典型的な手の常同運動（手の握りしめ、手叩き、手を口に入れる）。 ④晩期（発症後10年以上）には運動機能低下、進行性側彎、筋萎縮、強剛、動きの減少など。	に配慮したシーティングは検討されてもよい。
ミトコンドリア病 幼児期～	ミトコンドリア異常による骨格筋の障害と中枢神経障害（知能低下、痙攣、ミオクローヌス、小脳失調）、難聴、外眼筋麻痺など多彩な神経症状を呈する疾患である。以下の分類がある。 ①CPEO：外眼筋麻痺を主症状とし、10歳代に発症することが多い。外眼筋麻痺、網膜色素変性、心伝導ブロックを3主徴とする型があり、筋脱力、難聴、小脳失調、性腺ホルモン異常、糖尿病などを伴うことがある。 ②MELAS：10歳代に発症することが多く、脳卒中様発作（片麻痺、同名半盲）、発作性頭痛、嘔吐、痙攣発作などが見られる。肥大型心筋症をしばしば伴う。 ③MERRF：20歳未満で発症。全身のミオクローヌス、小脳失調、深部感覚低下、足変形など。 ④ミトコンドリアDNA異常を原因とする心筋症：主に肥大型心筋症の所見。糖尿病、低身長、難聴などを伴うことが多い。 タイプにより30～40歳代で死亡するものもある。	多彩な神経症状を呈するが、幼児期では運動発達、その後は、姿勢保持・移動障害の程度に応じての支援となる。ストレス後に症状の悪化を生じやすく、運動負荷により筋脱力症状を来すこともあるため注意。痙攣発作や心疾患の状況への配慮が必要である。
外傷性脳損傷 各年代	頭部への外傷の結果、損傷が脳に及んだものである。診断名としては脳内出血、硬膜外出血、びまん性軸索損傷、脳挫傷など多様。脳の損傷による障害は、中枢性運動障害（四肢麻痺、片麻痺、失調症）、感覚障害、高次脳機能障害（広義）などである。症候性てんかんを合併することもある。交通事故が原因であることが多く、頭部だけでなく、四肢体幹の骨折や内臓損傷など多発外傷を伴っている場合も多い。	基本的には脳障害による姿勢・運動障害へのアプローチに準ずる（重症例では、呼吸・嚥下についても配慮）。多発外傷が合併している場合、骨折の変形治癒や多関節の拘縮に配慮が必要である。 運動障害より高次脳機能障害が主たる障害である場合など、さまざまな社会的支援が必要である。
低酸素性脳症 各年代	呼吸・循環不全などにより、脳への十分な酸素供給ができなくなり脳に障害を来した病態である。実際は、脳への血流量の低下（虚血）と、血液の酸素運搬能の低下（低酸素血症）の病態が混在していることが多く、低酸素性虚血性脳症ともいう。原因は、心筋梗塞、心停止、各種ショック、窒息などである。 神経障害や多臓器不全で死の転帰をとるなど、予後は不良である。 3～5分以上の心停止では、自己心拍が再開しても脳障害（蘇生後脳症）を生じるといわれている。	遷延性意識障害、中枢性の姿勢・運動障害、認知症・高次脳機能障害（広義）など。 遷延性意識障害の場合、いわゆる寝たきりであり、呼吸・栄養など全身の管理と四肢の関節拘縮や褥瘡など二次障害の低減に努める。車椅子処方の際は医療ケアと介護量の軽減に配慮する。姿勢・運動障害への対応は、パーキンソニズム、筋強剛、不随意運動など脳障害児者の対応に準ずる。機器の適用に際しては、軽度の意識障害や高次脳機能障害の合併に留意し、安全面、介護面に配慮する。 遷延性意識障害者や高次脳機能障害者に対しては、さまざまな社会的支援が求められる。
重症筋無力症 若年型(10代、眼筋型が多い)、成人型(20～70代、全身型が多い) （眼筋型：眼の症状だけの場合、全身型：全身の症状があるもの）	神経筋接合部（末梢神経と筋肉の接合部）の筋肉側のアセチルコリン受容体に対する抗体が原因で神経伝達が障害される自己免疫疾患である。初発症状は眼の症状（眼瞼下垂、複視など）であることが特徴。胸腺の異常（胸腺腫、胸腺過形成）が見られることが多く、発病との関連が疑われている。 眼の症状のほか、運動の反復による筋力低下（易疲労性）、夕方に増悪（日内変動）が特徴。筋力低下は近位筋優位。四肢の筋力低下より、軟口蓋、咽喉頭筋、舌筋の障害で嚥下、構音障害が目立つ場合もある。重症例では呼吸困難を呈することもある。	筋力低下のため身の周りのことに介助が必要になる場合が少数ある。疲労の少ない日常生活の過ごし方、安全な生活環境の設定などの支援を行う。

疾患と発症時期	疾患の概要	姿勢保持への配慮
関節リウマチ 若年期〜 成人期	自己免疫疾患であり、その原因は完全には明らかにされていない。免疫系が異常に活動する結果として、リンパ球やマクロファージが産生する物質（サイトカイン）の作用により関節内に炎症反応が引き起こされる。この関節の慢性の滑膜炎の結果、二次的な変形や関節破壊（軟骨・骨の破壊）を招く。女性に多く、四肢に多発性の関節炎を生ずる。薬物療法や関節の病態に応じた外科的療法などが行われる。近年、薬物療法の変遷は目覚ましく、支援のあり方も見直しが必要である。	廃用と拘縮・変形の予防、疼痛緩和、代償機能の獲得、そのための機器の導入などが行われる。併せて、関節保護やエネルギー保存を考慮した生活様式全般の見直しも行う。 車椅子・電動車椅子についても上記を配慮した駆動・移乗・座位での活動の検討が必要である（関節可動範囲の制限、筋力低下によるリーチの制限、起居動作困難。関節保護の必要性。巧緻性あり）。 第1頚椎（環椎）と第2頚椎（軸椎）間の亜脱臼により、頚髄の圧迫を起こすことがある。屈曲方向の運動を避ける。
骨形成不全症 胎生期〜 若年期	骨の脆弱性を中核とした遺伝性疾患である。I型コラーゲンの欠損によって生じるものが多い。重症度や症状など多様であり、近年「症候群」とした捉え方がされている。骨脆弱性以外の症状として、青色強膜、難聴（小児期には見られない）、結合織異常、歯牙形成不全、関節弛緩や脱臼、低身長など。 易骨折性が主たる問題である。長管骨の骨幹部に骨折が生じやすく変形につながる。側彎、後彎、股関節臼蓋陥凹、頭蓋骨などの変形も見られる。	対応は重症度によって異なる。重症例では骨脆弱性や変形のため立位困難で、抗重力姿勢やわずかな外力で脊椎の圧迫骨折を起こす（致死的な場合も）。 保護的な要素を加え、安全性に配慮した車いす・シーティングアプローチで生活活動を保障する。 即ち、姿勢保持に関しては、脊柱や四肢の変形に対応、また、筋力低下や耐久性低下、頚椎の保護に配慮したシーティングとする。操作系では、関節可動域の制限と筋力低下に配慮し、維持されている巧緻性を生かす。

1.2 障害種別による留意点（1）——肢体系障害

1.2.1 筋緊張の異常

　筋緊張とは、骨格筋の弾力の程度をいう。神経学的検査における筋緊張とは安静時の非活動状態における筋緊張のことを指す。シーティングの対象児・者を観察するとき、生体内の筋緊張を定量的に測ることは困難であり、実益的でもない。対象児・者の示している筋緊張の異常を理解するためには、正常な筋緊張と対比してみるとよい。

　正常な筋緊張は、静止時にもある一定の緊張度を保っており、動作（意図的、無意識的）に伴って変化する。これにより、姿勢を保持するためには十分に緊張を高め、一方でいつでも柔軟に動きだせるように低くすることもできる。つまり正常な筋緊張とは、緊張度に適度な幅があって、自立的にも意図的にもその範囲をコントロールできる状態を指している。それに対し、これから逸脱しているのが筋緊張の異常な状態である。主な筋緊張の異常には、筋緊張が過度に亢進している痙縮や固縮、筋緊張が過度に低下している弛緩、さらに筋緊張が変動するアテトーゼといった症状などがある。

①痙　縮

　痙縮のある筋は、安静時には弛緩状態にあるが、他動的伸張を加えると抵抗を増強する。しかし、抵抗が最大となる点を越えると緊張は急激に低下する。この現象を折りたたみナイフ現象という。関節を動かしたときに受ける抵抗は、通常一方向のみに大きい。

②固　縮

　固縮のある筋は、他動的伸張に対して持続的な抵抗を示し、その抵抗が一様である。これを鉛管現象や歯車様現象と表現している。関節を動かしたときの抵抗は、両方向（屈曲⇔伸展など）に大きい。

③弛　緩

　筋疾患や小脳疾患、重度脳障害児・者などで見られる筋緊張が低下した状態である。触診すると柔らかく他動運動に対する抵抗が減弱している。弛緩状態は関節の過可動性につながっていることも多い。

④アテトーゼ

筋緊張が低緊張から過緊張へ、過緊張から低緊張へと変化するため、意図的な動作や精神的な緊張に伴って不随意運動を生じるのが特徴であり、結果的に安定した持続的な姿勢保持が難しいといった症状と関連している。

これらの筋緊張の異常は、以下のような要因によって容易に変化することがあり、シーティングの現場でも配慮すべき点である。第1は、喜びの感情や不安感などの精神的緊張である。第2は、環境要因である。温度や湿度の変化、周囲の視覚・聴覚的刺激、介助刺激の不快感、困難な課題、不快な体験の積み重ね、などがそれにあたる。そして第3は、覚醒状態、体調、痛み、などの内的要因である。対象児・者の反応に合わせた柔軟な関わり、穏やかで和やかなシーティングの環境作りが大切であることはうまでもない。

筋緊張の異常は、一次的には、上述した疾患そのものに由来する「痙縮」「固縮」「弛緩」「アテトーゼ」といった要素であるが、これらは、筋・筋膜の短縮や皮膚短縮、また後述される拘縮と変形、そして筋力低下という二次障害と関連してくることになる。

1.2.2 筋力の評価

私たちが一般に用いる「筋力」には、運動学では3つの用語が関係し、次のように定義されている。

①筋力（muscle strength）

最大努力によって発揮される最大張力で、最大筋力は筋の断面積、動員される運動単位（1本の神経が支配する筋線維群）、収縮様式（等長性、等尺性、等運動性または求心性、遠心性、静止性）、筋長などで左右される。

②筋パワー（muscle power）

単位時間内になされる機械的仕事量で、筋力と筋収縮速度の積で表される。

③筋持久力（muscle endurance）

最大あるいは一定の筋力を持続的に発揮し続ける能力のことで、筋力の要因に加えて活動筋の毛細血管密度やミトコンドリア数、ミオグロビン濃度などの酸素供給能力や酸素取込み能力などによって左右される。筋持久力は反復運動での重錘負荷による位置・角度の維持、反復運動のリズムの乱れ、ピークトルクの変動などで計測される。

筋力の測定については、握力や膝の伸展力の計測には専用機器が市販されているが、体幹筋力の測定に向いた機器はない。専用の測定器がなくても、徒手筋力検査はすべての関節運動で可能である。ただし、徒手筋力検査には麻痺型による測定の難易がある。弛緩性麻痺の場合は、完全弛緩状態から最大抵抗運動まで随意的にコントロールされるので筋力の測定は容易だが、痙性麻痺の場合は、本人の意思とは無関係な筋痙縮と本人の意思による随意的筋収縮が混在し、検者には2つが区別できないので随意的筋力のみの測定は困難である。

座位保持装置を必要とするような例では、知的障害の合併のため指示に従わないことが多いこと、また、座位は関係する分節が多く（頭、頸椎部、胸部、腰部、骨盤）、運動方向も多いこと（屈曲、伸展、側屈、回旋）から、筋力や筋持久力の評価はさらに難しい。

座位能力の分類には、体幹筋力や筋持久力などによる評価が困難なことから、モチベーションや装置までを含む総合的な座位能力を分類する方法がある。独座、手つき座位、座位保持装置座位の3グループに分類する方法（図表6-7：Hofferの分類）や、独座〜座位保持装置（必要な支持部の多寡で細分化）の7段階の分類方法（図表6-8：Mulcahyの分類）であるが、このままではあまり用いられていない（p.283参照）。

座位保持装置の作製に際しての座位能力の評価には、手つき座位や腰掛け座位をとらせてみたときの体幹安定性（立ち直りや動揺）、体幹を支えるのに必要な支持の位置、力の程度などを参考にする。しかし、理想としては、その時点で使える座位保持装置に座ってみて調整を試

独座 手つき座位 座位保持装置座位

手を離すことができる　　上肢の支持が必要　　自立座位保持ができない

図表6-7　座位能力の分類　(1) 3段階の分類（出所："Seating for Children with Cerebral Palsy"）

レベル1　座位になれない
レベル2　座位保持できない
レベル3　座位保持できるが、動けない
レベル4　座位保持でき、支持基底面内で動ける
レベル5　座位保持でき、支持基底面外で動ける
レベル6　座位から動ける
レベル7　姿勢を保持できる

図表6-8　座位能力の分類　(2) 7段階の分類（出所："Adaptive Seating for the Motor Handicapped—Problems, a solution, assessment and prescription"/日本語訳：岩崎洋「脳性麻痺児の座位姿勢の評価とアプローチ」『PTジャーナル』第41巻第7号、2007年、558頁）

みながら、専門職（医師、PT、OT、ST、保育士など）が食事、机上操作などの機能について介助者を交えて検討することである。

1.2.3　筋コントロールと筋力の向上

脊柱のコントロールは頭側に始まり、尾側へ発達する（図表6-9上）。また、首は伸筋が屈筋よりも先にコントロールされはじめる。したがって、伸筋はコントロールできているが、屈筋はまだ、という発達段階のケースでは、体幹が前傾しているときには頭部を支えられるが、頸が垂直位を越えると一気に後方へ倒れる（図表6-9下）。やがて屈筋もコントロールされるようになると、体幹を後傾しても頭部は後ろへ倒れなくなる。運動レベルが伸筋のコントロールの段階でとどまっている子どもでは、前傾が可能な座位保持装置であれば頸がコントロールできる可能性がある。

1.2.4　筋力低下の類別

筋力低下という用語は弛緩性麻痺（二分脊椎症、ミオパチーなど）や筋力を喪失する疾患

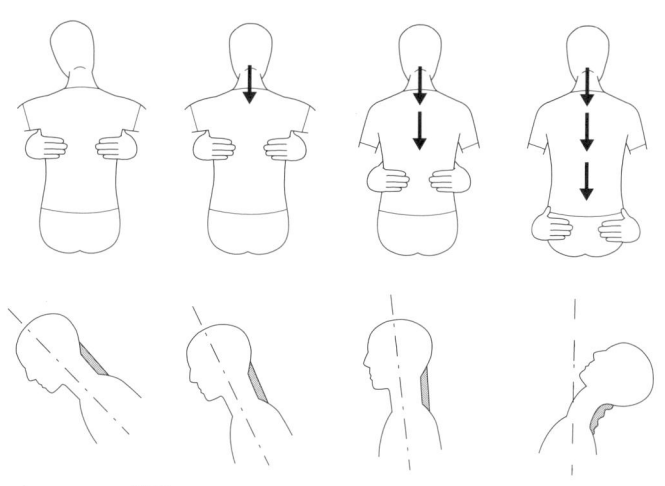

図表6-9 脊柱のコントロールの発達

（筋ジストロフィーや脊髄性筋萎縮症など）、廃用症候群などでよく用いられるが、運動発達遅滞児などの神経や筋の構造的異常を伴わない場合には、低緊張（または筋緊張低下）という用語が好んで使われる。彼らは、運動面の発達が進めば筋力の向上が期待できる。

(1) 成長に伴う生理的な筋力低下

筋力は断面積に比例するので、身長が伸びると2乗倍に比例して増大する。一方、体重は体積に比例するので身長の3乗倍に比例して増大する。したがって、単位体重当たりの筋力は子どものほうが高く、大人のほうが低い。

(2) 老化による筋力低下

20〜30歳代にピークを迎えた筋力は、40〜50歳から著明な低下が見られ、75歳あたりでおよそ50％になる（図表6-10）。70歳以降は10年で約30％低下する。高齢者では脳血管障害などがなくても、同じ姿勢を長くとれないことを考慮しなければならない。

(3) 疾病による筋力低下

進行性疾患には神経か筋の変性を生じる遺伝性疾患が多い。障害が起こる年齢、進行速度などは疾患固有で、それに個人差が加わる。脊髄性筋萎縮症では幼児期に座位不能になる場合もあるし、デュシェンヌ型筋ジストロフィーでは中・高校生から成人にかけて座位不能になるこ

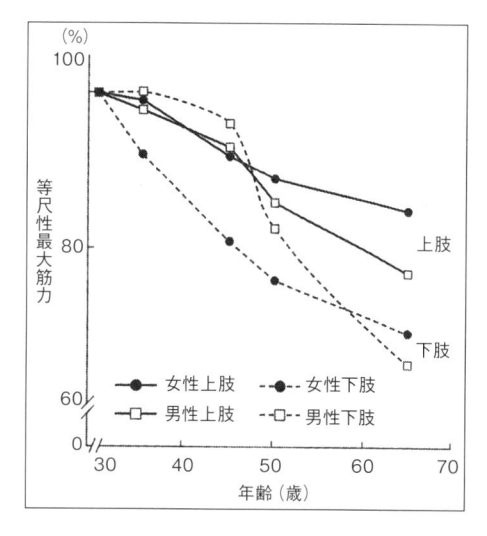

図表6-10 老化による筋力の低下（出所：「運動機能」）

とが多い。

神経や筋以外の疾患でも、肺炎や難治性てんかんの悪化（発作が連発）の治療が長引けば長期臥床による廃用性筋力低下も起こりうる。また、筋力低下というよりも一時的脱力だが、難治性てんかんの発作後にしばらく座位がとれない場合がある。発作のないときは普通型車椅子での座位が可能でも、発作後の座位困難な時間のためにリクライニングとヘッドサポートを必要とすることがある。

1.2.5 立位と座位における筋活動

　ヒトは直立位で二足歩行をするため、猿にはない腰椎の生理的前彎を発達させている。立位のとき、上半身は自らの重さで下肢をアンカーボルトのように床に固定させ、その上でバランスをとっている。体幹を安定させる筋群は、前面の筋が腸腰筋、大腿四頭筋、後面の筋が大臀筋、ハムストリングス、脊柱起立筋である。

　体幹が直立するためには前述の腰椎前彎（すなわち、骨盤前傾）の維持が重要であって、立位では腸腰筋が強力な骨盤前傾筋として作用している。一方、座位では非荷重となった下肢はアンカーボルトとしての役割をなさなくなり、腸腰筋は骨盤前傾作用をなくしてしまう。加えて重心線が立位よりも後方へ変移するので、さらに骨盤を後傾しやすくなる（図表6-11、6-12）。骨盤の後傾は腰椎前彎の減少を起こし、椅子座位では骨盤が前方へ滑りやすくなる。座位で骨盤を前傾させて直立座位を保とうとすると脊柱起立筋群で腰椎前彎を強く維持する必要があり、筋疲労を起こしやすく、あまり長い時間姿勢を保てない（図表6-13）。

　以上は深く腰掛けた場合だが、座面が高めの椅子に浅く腰掛けるとハムストリングスの影響が減り、骨盤の自由度が高まる（図表6-14）。動作のための筋活動は増えるが、姿勢保持のための筋活動を減らすことができる。さらに、前傾すると上肢の操作性を高めることができる。この姿勢は腰椎の前彎を保ちやすいので、腰痛対策に効果があるといわれている。

　傾斜座面だけで体重を支えると坐骨部の皮膚や皮下に強い剪断力が加わるので、長く姿勢を保つためにレッグサポートが使われる（図表6-15）。これは Mandal、Balans チェアなどの名称で健常者用に市販されている。この姿勢は機能的な姿勢で脊柱のアライメントはよいが、座位不能者が微妙な筋コントロールをしてこの椅子に座るのは難しいので、体幹サポートなどの追加が必要であろう。

　床座位には正座、胡座（あぐら）、割座（と

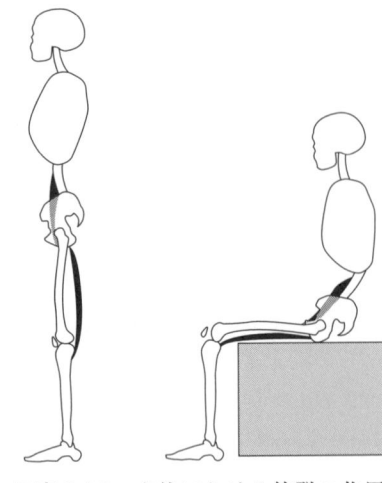

（左）図表 6-11　立位における筋群の作用
（右）図表 6-12　座位における筋群の作用

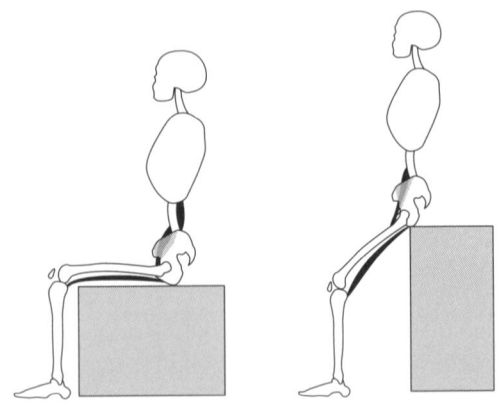

（左）図表 6-13　直立座位の際の脊柱起立筋群の作用
（右）図表 6-14　座面の高い椅子に浅く腰掛けた場合の筋群の作用

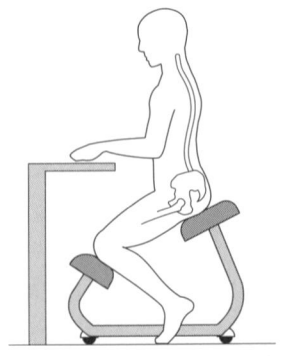

図表 6-15　傾斜座面とレッグサポートを用いた椅子

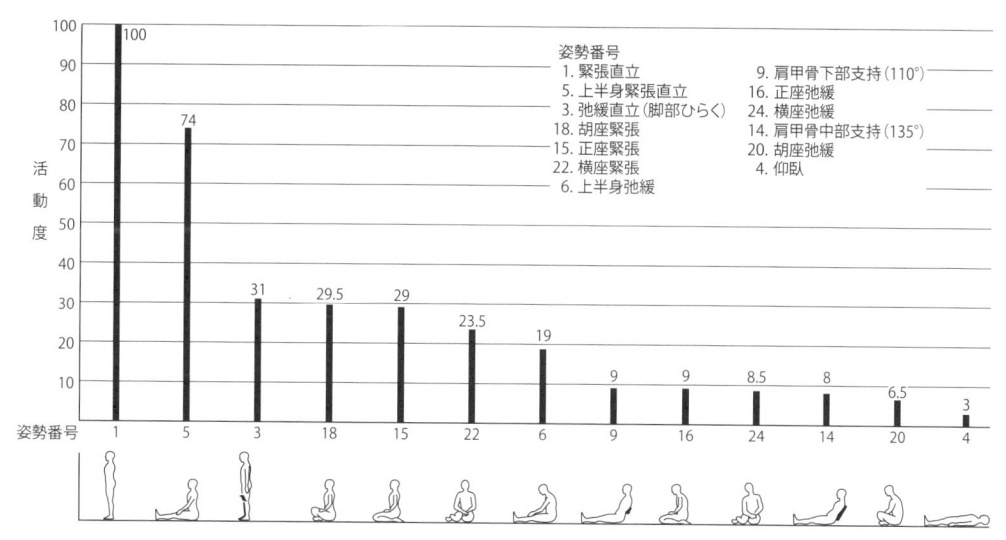

図表6-16 姿勢と筋活動度（出所：『建築・室内・人間工学』）

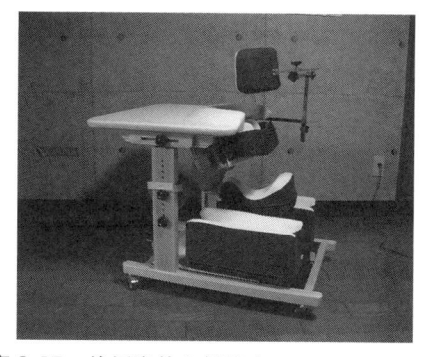

図表6-17 前傾姿勢を維持する rider chair

んび）、長座位などの変化があり、それぞれ筋活動度が異なる（図表6-16）。上半身を緊張した直立状態に保った場合には、長座位＞胡座＞正座（≒割座）であり、上半身の緊張が抜けた状態なら、長座位＞正座＞胡座となる。割座は、脳性麻痺などの痙性麻痺では大腿骨の前捻角増大＊のため、床上ではとりやすい座り方である。骨盤が前傾しやすい姿勢でもあるので上半身も直立位がとりやすい。筋活動度の低い姿勢は高い姿勢より筋疲労が起こりにくく、長時間座れるはずである。しかし、座位保持装置、車椅子でこのような座位をとることはまれである。理由は座面に割座で座る移乗が難しいこと、膝が最大屈曲に近く、かつ捻れて関節に大きなストレスがかかるので下肢にとっては負担が大きいということである。

割座ができないほど体幹コントロールがよくない場合や膝の深い屈曲が難しい状態では、割座より支持の多い前傾の rider chair（図表6-17）を作製することがある。この姿勢は前傾で上肢操作には機能的だが、移乗の難しさや、長時間の座位耐久性が低いため、座位保持をこの装置1台で済ますのには無理がある。

胡座の車椅子や座位保持装置を作製すること

はまれである。割座と同じく移乗の問題、坐骨結節にかかる圧が高い、骨盤が後傾しやすい、などの問題があるからであろう。ただし、症状の進行したデュシェンヌ型筋ジストロフィーでは、股関節が外転外旋拘縮で胡座が楽であるこ

＊ 脳性麻痺など、乳児期からの痙性麻痺では、大腿骨の正常な前捻（膝を正面に向けたときの頸部軸の前向き角度。7歳以降で15°くらい）が股関節周囲の筋緊張のために著しく増大し（過前捻40〜50°など）、股関節可動域の内旋は過大で外旋角度はきわめて少ないことが多い。その場合、割座は可能だが胡座はとりにくい。

コラム　活動と休息

　「活動」と「休息」は一対のものであり、公園にあるシーソーにたとえられる。つまり量的にも質的にもバランスがとれていることが不可欠である。

　「活動」側に片寄りがあるときには、より多くの「休息」を与え、「休息」が多すぎるときには、より多くの「活動」を与える必要がある。このバランスは、自律神経系（交感神経は身を守り活動するために働き、副交感神経はその逆で体を休めエネルギーをためる働き）によって維持されている。そして人は、活動によって疲労が起こり、その疲労感が休息を必要とし、休息によって疲労が回復することで、新たに活動しよう、という意欲が湧いてくる。この、活動－疲労－休息－のサイクル（図A）が日常生活を維持していく基本となっている。

　活動の種類には、①生命維持の活動、②運動や姿勢保持、③日常生活身辺活動、④生産、趣味、創造的活動、などがあり、休息には①休憩、②休養、③安静、④睡眠、がある。睡眠は最も大切な休息であり、①身体の修復機能と成長発達、②意識の維持、③心の健康、④記憶の維持・整理、⑤免疫機能の保持、という役割をもっている。

　結局、よい活動はよい休息を、よい休息はよい活動を生み出すことになり、その逆は、バランスが壊れた状態といえる。

　われわれの目の前にいる障害児・者一人ひとりにとっての質のよい活動とは？　必要な休息の方法とは？　シーティングを通して援助できることとは？　を考えてみよう。

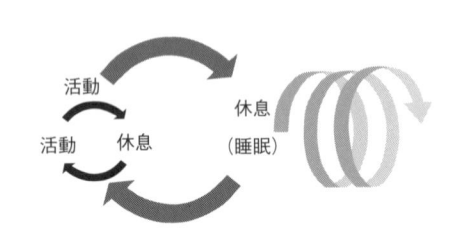

図A　活動と休息の連続

と、体重増加で高い位置まで抱え上げるのが困難である、という理由から、胡座の座椅子タイプの装置を希望され、作製することもある。座椅子以外にも通常のティルト式座位保持装置に胡座用パーツを取り付けることもある（図表6-18）。これは、緊張がきわめて強い（特に膝の伸展）脳性麻痺のアテトーゼ型や痙性四肢麻痺で、緊張を低下させるために通常の座位保持装置に別づくりのパーツを装着し、胡座もとれるようにしたものである。

　いずれにしても、割座、胡座用の装置を処方する場合は、時間的な経過も含めたリスクを伴うことがあり、慎重な検討と使用後のフォローアップが必要である。

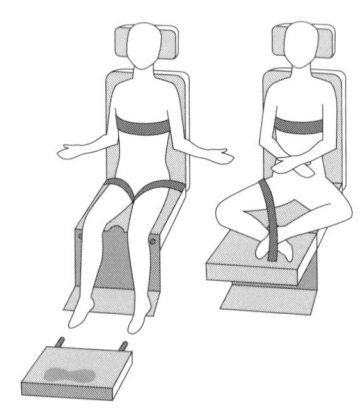

図表6-18　胡座用パーツを取り付けられるティルト型座位保持装置

1.2.6 拘縮と変形

第3章で述べたように拘縮は一定の肢位を長期間続けるために生じる。原因としては、筋力が低いために置かれた位置から四肢を動かせない場合、筋痙縮があるために狭い範囲で肢位が固定される場合、その肢位を好んでとる場合、などがある。また、座位保持装置使用者の麻痺性疾患では総じて下肢の麻痺が上肢よりも強いので下肢に拘縮・変形が強い傾向があり、成長の影響を受けるため年齢が高いほど高度になる。

(1) 部位別の拘縮と変形

(a) 頭頸部

(ア) 頭部の変形

頭部の変形には、頭が大きい（巨頭）、小さい（小頭）、横断面での歪み（斜頭）がある。小頭（図表6-19）には先天性のものと、脳細胞の広範な壊死後（脳性麻痺など）の脳萎縮による後天性のものとがある。巨頭（図表6-20）の原因としては水頭症が多く、先天性のものと、出生後の脳内出血などによる後天性のものがある。小頭は他の変形を合併していなければ、座位での頭部保持の問題は少ない（図表6-19は頸部伸展拘縮を合併）。巨頭では重度の場合、頸椎への過大な負荷や前屈したとき正中位に戻れないことを危惧すると、垂直位近くでは起こせない。また、水頭症では脳圧を下げるシャントチューブが頭から頸部の皮下を通って腹腔まで入っていることがあるので、皮膚にチューブの隆起が見える箇所は強く圧迫しないように注意が必要である。

斜頭は頭頂部から見たときに頭蓋と顔が左右非対称になっている変形で、頭蓋骨自体の疾患である頭蓋縫合早期癒合症による変形と、そうでない変形とがある。後者の変形が多く、これは生後数か月間、柔らかい乳児の頭蓋骨が同じ方向ばかり向いて変形を来したものである。乳児期から非対称の緊張が強いと下側の後頭部が扁平となり、顔も斜めになる（図表6-21）。斜頭児の座位では、深いヘッドサポートで変形を収容して回旋を正中位に保持できることもある

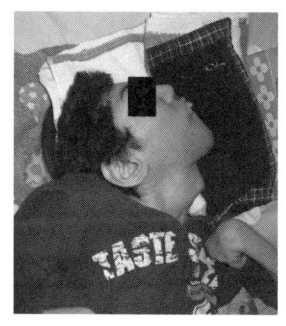

図表6-19 先天性小頭症22歳、頭囲−7SD（平均±2SDは正常範囲）

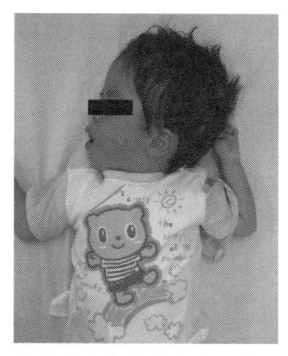

図表6-20 頭蓋内出血後水頭症3歳、頭囲＋4SD

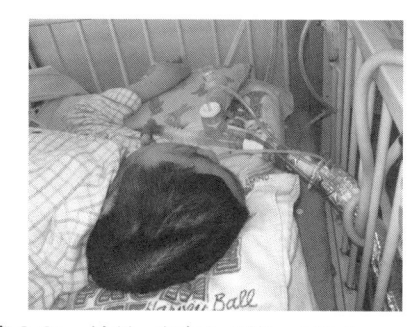

図表6-21 斜頭、右向きが続いた場合

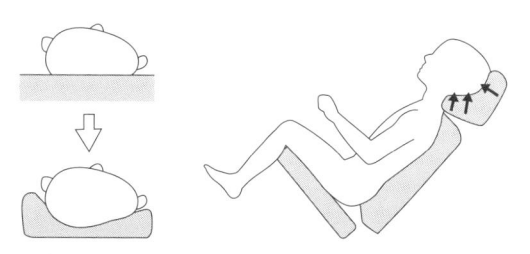

図表6-22 深いヘッドサポートでの斜頭児の変形の収容

し（図表6-22）、斜頭の原因となった頸部の筋緊張で回旋が止められないこともある。

（イ）頸部の伸展拘縮

頸部は前後への屈伸、左右への側屈、左右への回旋の運動が可能だが、拘縮としてよく見られるのは伸展である。脳性麻痺など痙性麻痺での伸展拘縮は、側屈や回旋を伴うこともある。痙性麻痺の伸展拘縮は頸椎全体ではなく、上位（頭に近い）の部位に強い（図表6-23、6-24）。筋ジストロフィーのような神経筋疾患では頸部の屈筋群が伸筋群よりも先に弱くなるため、伸展拘縮となる。側屈や回旋の合併は少ない。

頸椎の伸展拘縮は誤嚥を起こしやすいことが最大の問題である。下方視しにくいために机上操作も困難になる。頸椎が拘縮して前屈しない場合は、体幹を前傾して頭部を垂直位に保持する必要がある（図表6-25左）。このような伸展拘縮の強いケースではリクライニングしたときに後頭部と骨盤の2点で支えるようになるので、この2点での圧を分散するようにサポートの形状と材質を考慮する（図表6-25中、右）。

頸部の伸展では、拘縮が軽度で、緊張時のみ強く反り返ることもある。こういう場合、最近、ボツリヌス毒素（商品名ボトックス）が使われるようになった。この注射薬は斜頸の治療用であるが、伸展緊張も斜頸の一つとして使用が認められている。拘縮要素が少なければ、筋の痙縮を一時的に大きく減弱させることができる。ただし、効果は3か月ほどで切れるので、反復して注射する必要がある。注射後1週間〜1か月は緊張が低下している時期なので、継続

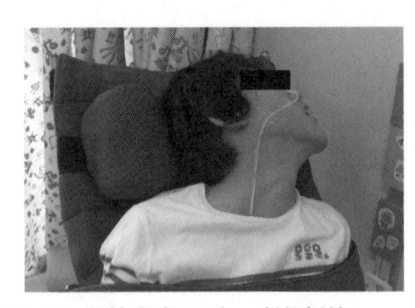

図表 6-23 脳性麻痺15歳、頸部短縮

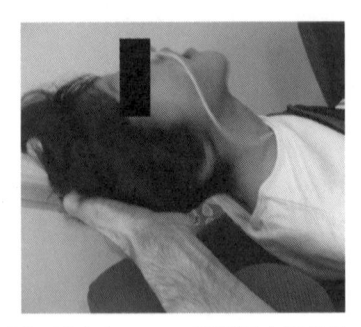

図表 6-24 同上ケース、頸部最大屈曲位

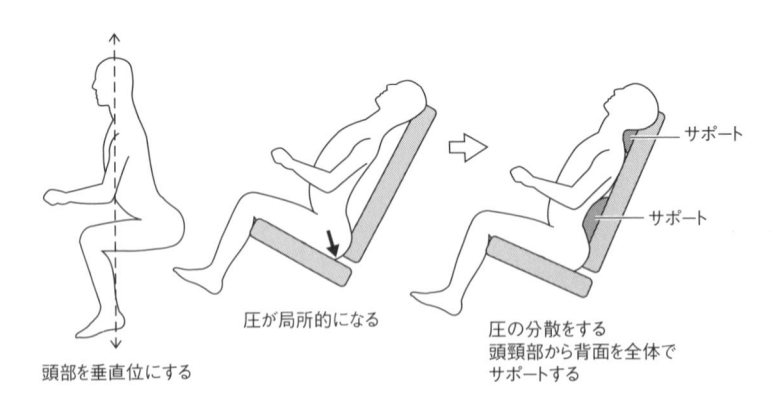

頭部を垂直位にする

圧が局所的になる

圧の分散をする
頭頸部から背面を全体でサポートする

サポート

強い伸展拘縮がある場合は無理
矯正は見かけだけの矯正になり頸椎の前にある気道や食道を圧迫し、気道の閉塞を起こす場合もあるので過度の矯正は避ける

図表 6-25 伸展拘縮がある場合の頸部矯正

使用している使用者はどの時期の緊張に焦点を合わせて頸部のアラインメントを整えるのか、留意する必要がある。

(ウ) 下顎低形成、小下顎、下顎の後退

下顎には、先天的に小さい場合、筋緊張で後退する場合、麻痺の影響で成長障害を起こして上顎よりも相対的に小さくなる場合がある。下顎の大きさと位置は気道の狭窄に影響するので重要である。

先天性下顎低形成は、トリーチャー・コリンズ症候群やピエール・ロバン症候群などの多発小奇形症候群で見られる。これらの症候群では本来、車椅子を必要とする四肢の運動障害はないが、合併症による運動障害があれば車椅子・座位保持装置を必要とすることがありうる。

下顎の後退は緊張亢進と低下の両方で見られる。前者は下顎が筋の緊張で後下方へ引かれる場合で、緊張の強い覚醒時に気道が狭くなり（図表6-26）、喘鳴が出やすく、睡眠時には出にくい。後者は低緊張のために重力で下顎が後方へ落ち込む場合で、仰臥位の睡眠時に喘鳴が出やすく、覚醒時には出にくい。後退した下顎を座位保持装置の装備で直接引き出すことは難しいが、喉頭軟化や気管軟化などの気道の閉塞がなければ、下顎後退による閉塞には座位での前傾位や腹臥位、側臥位が有効である。

(b) 肩

上肢の変形のうち、よく見られる肩の内転拘縮＋肘の屈曲拘縮には座位保持装置の適合上の問題は少ないと思われる。上肢で座位保持装置に対策が必要なのは、痙性や不随意運動による肩のリトラクションであろう。肩甲骨の内転、上腕肩甲関節の伸展が同時に起こることが多い。緊張時に肘がテーブルから落ちたり、一方の肩のリトラクションを伴って体幹が回旋し、食事や書字が困難になったりすることがある。上肢を抑制する手首ベルトや肩の伸展をブロックする肘パッドをテーブルにつけることで緩和できる場合がある。

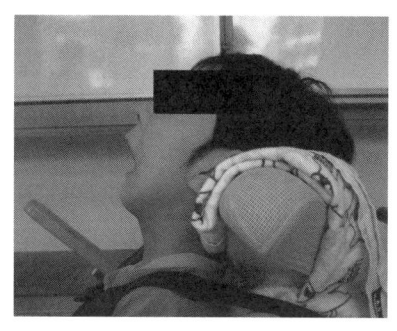

図表6-26 脳性麻痺13歳、下顎後退（筋緊張による後退、小顎、頸部伸展。喘鳴があるが頸部のポジションでいくぶん軽減できる）

(c) 脊柱

脊柱は前後、左右への屈曲と回旋が可能である。拘縮・変形として、それぞれの方向への変形、すなわち前彎、後彎、側彎があり、側彎は回旋変形を伴う。

(ア) 前彎

前彎は、脳性麻痺やデュシェンヌ型筋ジストロフィーでも見られるが、福山型先天性筋ジストロフィーでは多く見られる変形である。前彎は単独で存在することも、側彎に合併して存在すること（前側彎）もある。症状としては、座位困難、背部痛、上腸間膜動脈症候群などがある。上腸間膜動脈症候群は脊椎の前彎により、上腸間膜動脈が引っ張られて緊張し、十二指腸を挟むために消化管の通過障害を起こす重篤な疾患である。

前彎の変形は体幹装具で矯正しようとすると、前彎の上下端を後方から、最突出部を前方から押すことになる。最突出部は腰椎なので、腰椎前方に位置する腸を圧迫することになり、肋骨を押す側彎と比べると装具での矯正が困難である。座位が困難なほど前彎が進行した場合は、外科的矯正をすることがある。座位が困難になったため、脊柱伸筋の部分切離を行った症例を経験した（図表6-27）。

前彎は股関節の屈曲拘縮も合併していることが多い。頭部を正中に保持し、大腿部に圧を分散することを考慮すると、座位保持装置は後傾

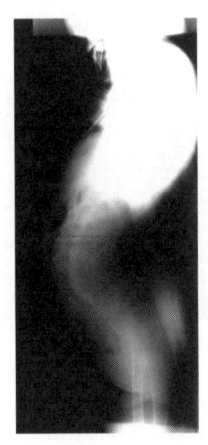

図表 6-27 低酸素脳症後遺症 13 歳、腰椎前彎の著しい増強（生理的前彎を大きく超える）

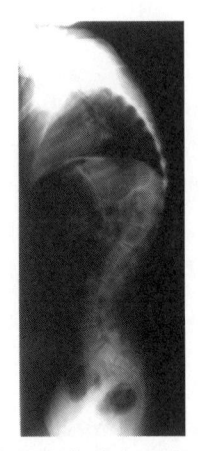

図表 6-29 急性脳症後遺症 15 歳、胸椎後彎の著しい増強（生理的後彎を大きく超える）

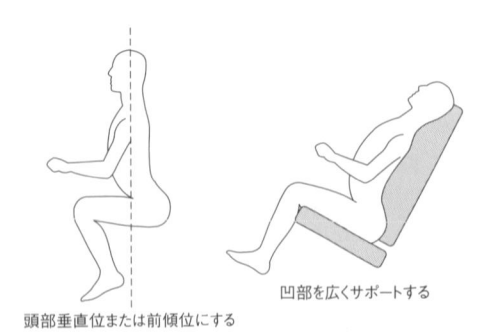

図表 6-28 ティルト式座位保持装置による前彎への対応

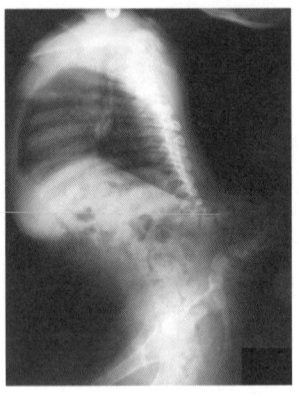

図表 6-30 二分脊椎（脊髄髄膜瘤）3 歳、側臥位で撮影。奇形的腰椎後彎

可能なティルト式が適当と思われる（図表 6-28）。（「(d) 骨盤と下肢」「(イ) 股関節拘縮」の「(vi)（股関節）屈曲拘縮」(p. 243) 参照）

（イ）後 彎

　機能的後彎は、運動発達遅滞や体幹が低緊張の痙性四肢麻痺の場合に見られ、座位では重力の影響で後彎になるが、仰臥位では重力の影響が消えて生理的後彎範囲になる。

　後彎変形の場合は、仰臥位でもカーブが残る（図表 6-29）。座位保持装置はバックサポートを後彎に合わせて深くつくり、ヘッドサポートもそれに合わせる必要がある。後彎変形には先天性奇形の場合もある（図表 6-30）。この例は座位が可能であったが、突出した後彎に知覚がなく、褥瘡になりやすかったので、車椅子のバックサポートのこの部位のみスリングを大きくたるませて接触を回避した。その後、思春期の矯正手術後は通常のバックサポートになった。

　後彎は、麻痺以外に骨粗鬆症による椎体圧迫骨折でも起こる（図表 6-31、6-32）。骨粗鬆症は通常は老人の疾患だが、若年者・小児にも起こりうる。性腺機能低下、甲状腺機能亢進、糖尿病、白血病、神経・筋疾患の不動性などによる二次性骨粗鬆症がある。

　後彎が強くなる（すなわち前屈が強くなる）と、顔を正面に向けるのが難しくなってくる。機能的（後彎）であれば胸ベルト、肩ベルト（またはジャケット型の支え）と腰部パッドで

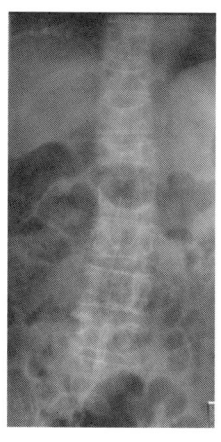

図表 6-31 てんかん性脳症 53 歳、骨粗鬆症により椎体圧迫骨折 (1) 正面からの画像

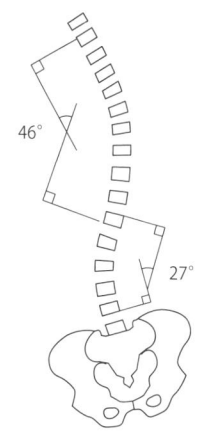

図表 6-33 Cobb 法、ダブルカーブの場合

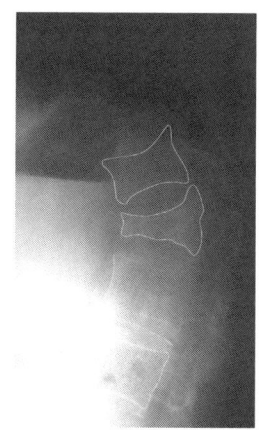

図表 6-32 同上ケース (2) 側面からの画像

直立座位に近づけるが、ベルト類で支えきれないときはテーブルに胸部・体幹サポート（胸～腋窩支持のスポンジ）を付加することもある。

(ウ) 側 彎

側彎は脊柱変形のなかでは最も多く見られる。脊椎の奇形を伴う先天性、原因の明らかでない特発性、全身性の麻痺に伴う麻痺性、がある。先天性、特発性側彎はそれだけでは歩行障害や座位障害には至らないので、車椅子や座位保持装置の作製で遭遇する症例は、他の下肢機能障害を合併する症候群や重度精神発達遅滞の合併例である。

麻痺性側彎は最も頻繁に見られる。代表的麻痺性疾患である脳性麻痺では罹患率が高率で、脳性麻痺の施設入所者（重症麻痺の比率が非入所者より高いと思われる）では罹患率 25～64％の報告がある。

高度の胸腰椎、腰椎左凸側彎は食道裂孔ヘルニアを引き起こすこともあり、胃食道逆流（GER）が著明になる。

(i) 計測法

側彎の角度表示には通常 Cobb 法が用いられる。これはカーブの始まりの椎体上面の線とカーブの終わりの椎体の下面の線のなす角であるが、レントゲンフィルム上で角度が測りやすいようにそれぞれの線から垂線を下ろし、垂線同士の交差する角度を測る。始まりと終わりの椎体は計測されるカーブの角度が最大になるように選ぶ（図表 6-33）。

(ii) カーブの種類

カーブが 1 つだけの側彎（シングルカーブ；図表 6-34）は C（字）カーブ、カーブが 2 つ（ダブルカーブ：図表 6-35）では S（字）カーブと称される。カーブの数だけ Cobb 角がある。

カーブには存在する部位別の呼称もあり、胸椎側彎（図表 6-34）、胸腰椎側彎（下位胸椎～腰椎；図表 6-35、6-36）、腰椎側彎（図表 6-37）と呼ばれる。側彎が左右どちらにカーブしているかによる呼称もあり、胸椎左凸側彎（図表

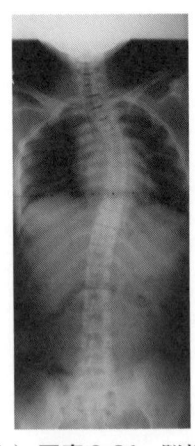

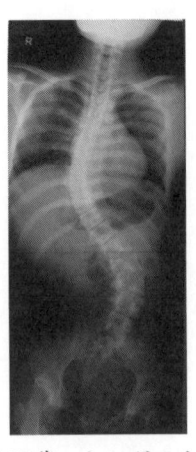

(左) **図表 6-34** 脳性麻痺 15 歳、シングルカーブ、胸椎側彎
(右) **図表 6-35** 脳性麻痺 14 歳、ダブルカーブ、胸腰椎側彎

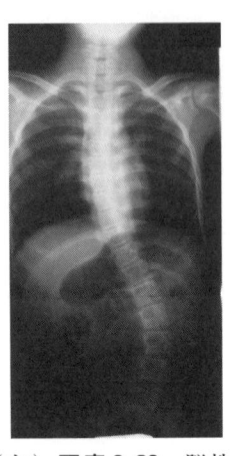

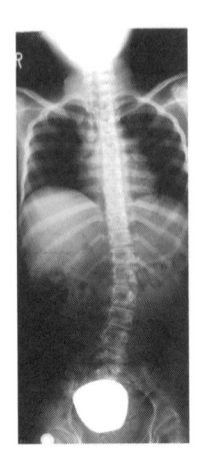

(左) **図表 6-36** 脳性麻痺 15 歳、ダブルカーブ、胸腰椎側彎
(右) **図表 6-37** 脳性麻痺 15 歳、シングルカーブ、腰椎側彎

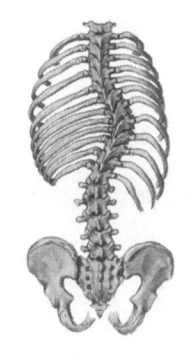

図表 6-38 胸椎右凸側彎（出所："Clinical Symposia Spinal Deformity"）

図表 6-39 凸側への椎体回旋と肋骨変形（出所：図表 6-38 に同じ）

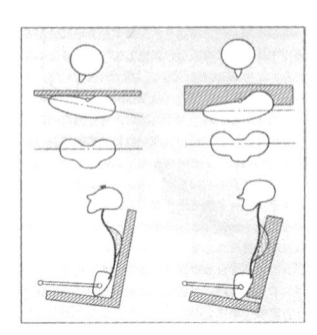

図表 6-40 肋骨隆起のバックサポートへの適合（出所：『第 5 回リハ工学カンファレンス講演論文集 1990』）

6-34)、胸椎右凸腰椎左凸側彎（図表 6-35）などと呼ぶ。

(iii) **肋骨隆起**

側彎は側方への変形だけでなく回旋の変形を伴う。カーブの頂点に近い椎体ほど凸側向きに大きく回旋するので、椎体に連結する肋骨は凸側で後方に突出する（図表 6-38、6-39）。これを肋骨隆起と呼ぶ。肋骨のない腰椎でも、凸側は回旋で突出した腰椎横突起と傍脊柱筋群によ

る隆起が見られる。これらの隆起がある場合は、バックサポートが平板だと肋骨隆起を押し出して体幹の回旋と前方への押し出しが起こる（図表 6-40 左）。バックサポートは隆起を収容して体幹の回旋を防止する必要がある（図表 6-40 右）。

(iv) 肺の変形と呼吸障害

　肺は薄い膜状の組織で、肋骨が形づくる胸郭の内側に張り付いて、胸郭の動きで受動的に動く。したがって、側彎変形が重度になると肺も変形する。肋骨は脊柱と関節をつくって動くが、側彎が進むと動きが悪くなるので、高度側彎では肺活量が減り、肺の一部で換気が不良になる。

　一般的に麻痺を伴わない特発性側彎でも、25°以上で肺動脈圧上昇の可能性、70°以上で肺容量の有意の減少、100°以上で激しい活動時の呼吸困難の可能性、120°以上で肺胞低換気、慢性呼吸不全の可能性がある。特に麻痺性（神経疾患・筋疾患による）側彎では、特発性に比べて、原疾患による麻痺のため胸郭の運動にもともと制限がある。麻痺が幼児期早期に存在することが多いため、成長期の胸郭変形が大きいし、骨格成熟後も側彎が進行することがある。

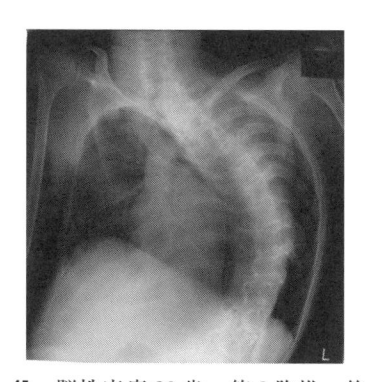

図表6-41 脳性麻痺30歳、第3胸椎〜第4腰椎110°シングルカーブ

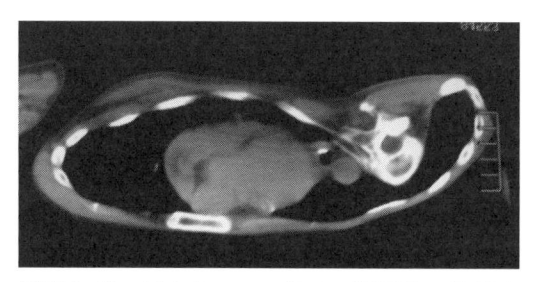

図表6-42 同上ケースの肺CT断面像。胸郭変形による換気不全（無気肺の反復、夜間人工呼吸器が必要）

誤嚥や気道分泌物の貯留による肺炎など、呼吸の問題を合併する可能性が高い（図表6-41、6-42）。

(v) 側彎の進行と治療

　側彎は成長が続く間進行する。成長終了とともに進行が停止する場合と、成長期より速度は落ちるが進行しつづける場合とがある。治療は側彎矯正装具と手術である。側彎矯正装具は側彎のカーブの凹側両端と最突出部の3点で矯正する（図表6-43）。側彎のカーブが緩い間は矯正が効くが（図表6-44、6-45）、カーブが50°を超えると効果が減る（図表6-46、6-47）。側彎が進むと拘縮要素が増えて変動性要素が減るからである。40°以上の側彎は手術的な矯正の適応があるが、手術で脊柱を固定すると体幹の成長が止まるため、ある程度体幹が成長してから（通常は10歳以上で）行う（図表6-48）。側彎手術後は座位がとりやすくなる。

　麻痺性側彎は、現状では手術を受けないことのほうが多い。その理由は、麻痺性側彎を積極的に手術する病院が少ないこと、座位バランスの不良や呼吸への影響などがわかりにくく、侵襲の大きな手術であるからと思われる。

　側彎が進行した場合の目標は、できるだけ頭の直立を保つことである。側彎が軽い間は矯正の効果が高いし、比較的小さな力で矯正が効くので、スリング式シート＋体側サポート〔体幹

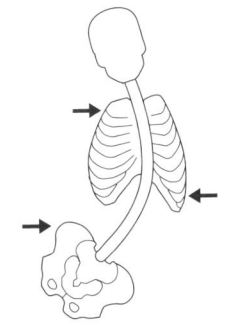

図表6-43 側彎矯正の基本、彎曲の頂点に矯正力、彎曲の始点、終点でカウンターをかける3点支持

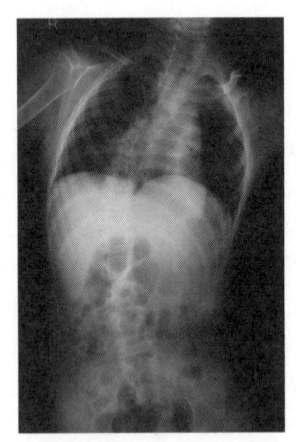

図表 6-44　急性脳症後遺症 5 歳、側彎 38°

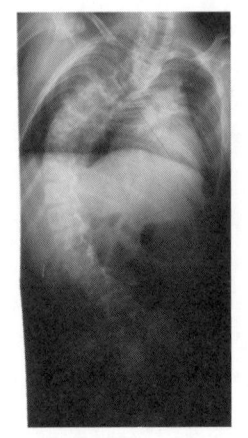

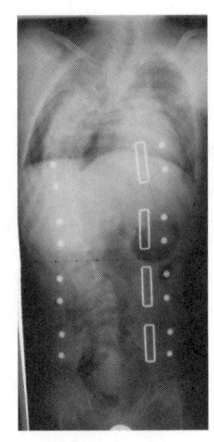

（左）図表 6-46　同上ケース 14 歳、76°
（右）図表 6-47　同上ケース 14 歳、矯正装具で 62°、矯正率 $(76-62) \div 76 \times 100 = 18\%$

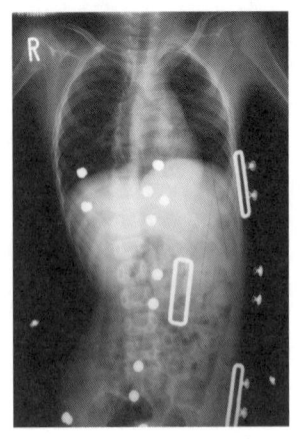

図表 6-45　同上ケース 5 歳、矯正装具で 19°、矯正率 $(38-19) \div 38 \times 100 = 50\%$

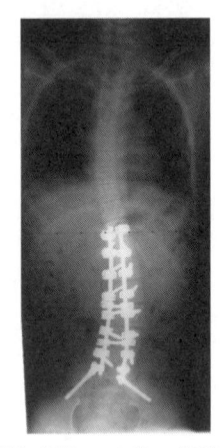

図表 6-48　脳性麻痺、16 歳、側彎術後 30°

パッド〕などの浅いサポートで直立座位が保ちやすい。側彎が高度になると、側方からの強い矯正力を得るために深いモールドが必要になる（図表 6-49、6-50）。側彎が進行する場合は、彎曲が軽い間はスリング式シートや体側サポートの車椅子や座位保持装置、高度になると、体幹の厚みに近いスポンジを削り込んだモールド式座位保持装置に変えることが多い。

　重度の側彎は変形が三次元的になるので、横方向からのサポートで側胸部や骨盤を支持するだけでは面圧を低くしたり、前後方向に圧を逃したり、逆に矯正力をかけたりしにくい。そこで、重度側彎ではスポンジを三次元的に削って

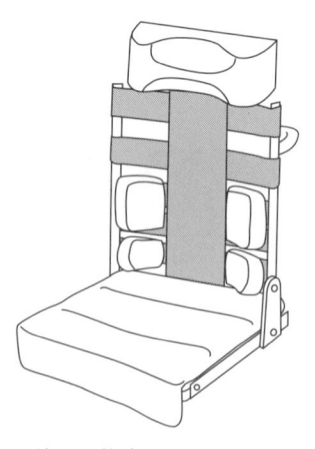

図表 6-49　張り調整式シート

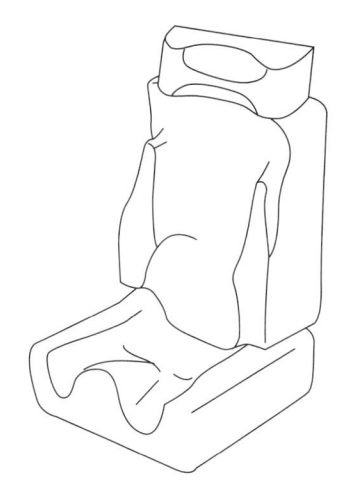

図表 6-50　コンターシート

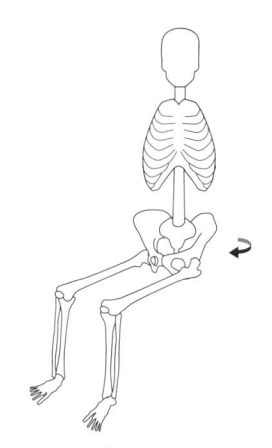

図表 6-51　骨盤の回旋

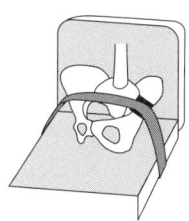

図表 6-52　回旋防止のサポート付ベルト（サポートは上前腸骨棘を押さえる）

シートやバックサポートをつくることが多い。
　モールド式の座位保持装置は面圧が低いが、それでも随意運動がほとんどない使用者が長時間同じ姿勢でいると不快感や痛みがあるはずである。ティルトかリクライニング式による圧の軽減が必要だが、リクライニング式では装置と人体の回転軸のずれからモールド形状と体幹の形状の適合性が不良になるので、ティルト式座位保持装置型を作製することが多い。

(d)　骨盤と下肢
(ア)　骨盤の回旋と股関節脱臼
(i)　骨盤の回旋
　骨盤の変形には、前傾、後傾、傾斜（側方への）、回旋がある。骨盤の筋肉は脊柱（主に腰椎）か下肢に起始か停止があるので、その動きは腰椎か下肢の筋緊張の影響を受けている。したがって、対応は脊柱変形に対するものか、下肢の拘縮に対するものと同様である。
　回旋は骨盤の左右どちらかが前方へ突出し、反対側が後方へ引ける変形である（図表6-51）。回旋も単独の変形は少ない。wind-blownに合併する場合や、腰椎の伸展と回旋が混じった緊張がある場合など、何らかの他の変形を伴うことが多い。後者は、アテトーゼの混じった四肢麻痺で体幹の反りと捻転（腰椎の伸展と回旋）をもつ例で多いように思われる。骨盤部をモールドで保持し、突出するほうの上前腸骨棘を強く押すためのサポートを骨盤ベルトにつけて抑制すると回旋を抑えやすい（図表6-52）。まれに左右差のある内転筋緊張で中央に置かれた内転防止パッドのために骨盤回旋を起こしていることがあるが、その場合は内転防止パッド（ポメル）で調整する（後述）。

(ii)　股関節後方脱臼
　股関節は後方と前方に脱臼する可能性があるが、ほとんどが後方脱臼である（図表6-53、6-54）。股関節屈筋＞伸筋、内転筋＞外転筋の場合に起こりやすい。脳性麻痺のように、屈筋、内転筋の筋群の痙縮が伸筋、外転筋の筋群の痙縮より強いような、筋緊張亢進状態で起こ

第6章　評価と処方、その対応

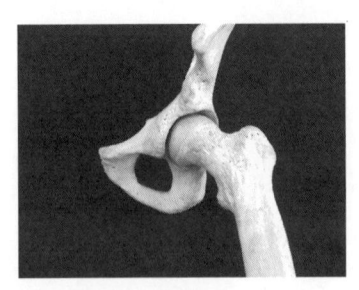

図表 6-53　正常位置の股関節

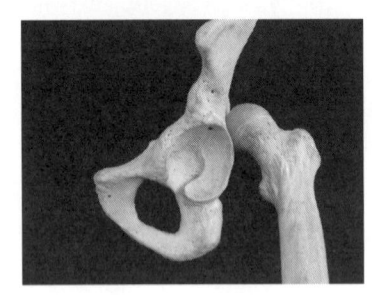

図表 6-54　後方脱臼した股関節

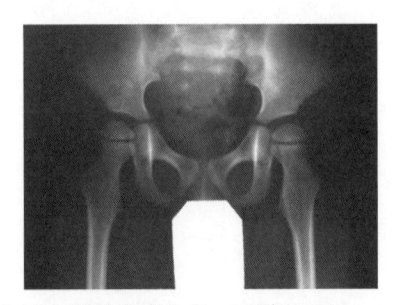

図表 6-55　脳性麻痺 5 歳、亜脱臼なし

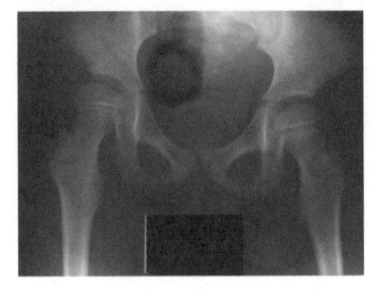

図表 6-56　同上ケース 7 歳、右股関節（向かって左）の亜脱臼傾向

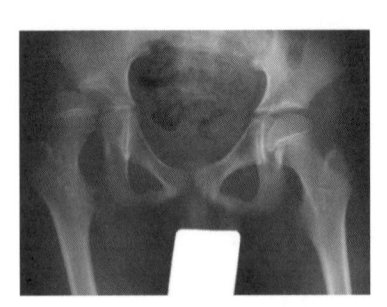

図表 6-57　同上ケース 10 歳、亜脱臼の進行

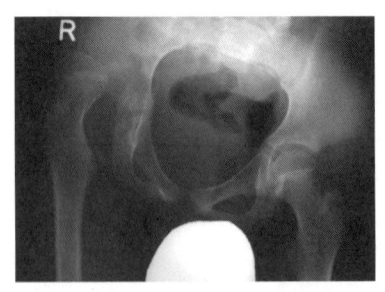

図表 6-58　同上ケース 11 歳、完全脱臼

る場合もあれば、二分脊椎のように、股関節屈筋、内転筋が正常に近く、伸筋、外転筋が弛緩性麻痺というような緊張低下状態で起こる場合もある。

麻痺性の脱臼は、組織が断裂する外傷性脱臼とは異なり脱臼がゆっくりと起こるので（図表6-55～6-58）、組織は成長して対応し、筋、血管、神経、靱帯などは伸びていく。断裂や圧挫などの組織破壊がないので炎症が起こらず、脱臼時やその前後に痛み始めることはない。例外的に寛骨臼（関節の骨盤側の陥凹部）の縁を乗り越えて抜けていく時期に強く痛む場合がある。

脱臼してしまった大腿骨頭は臀部に位置するが、腸骨との間に介在する関節包や臀筋などの軟部組織が残っていれば痛みがなく、摩滅して両方の骨が接触すると痛みが出てくる。脱臼しても無痛のまま経過する股関節も少なくない。

関節唇の痛みも脱臼後の痛みも安静時は強くはないが、移乗動作やオムツ替えなどで股関節を大きく動かすと誘発されてしばらく続く。このような痛みを車椅子や座位保持装置の装具側

の工夫で軽減することは難しいので、医療的対応が必要である（対症療法としては鎮痛剤、股関節ステロイド注射、根本的解決には手術）。

また、脱臼は座位での圧分布を変える。高度な側彎と脱臼を合併した場合の座圧を体圧分布測定装置で測ると、坐骨以上に大転子の圧が高いことがある。体圧分布を測定しながらのシートの修正には時間もかかるが、手で触れた感覚と測定値とは意外にずれもあるので、圧力計を使用しながら作製ができれば、座圧軽減の有益な手段となろう。

脱臼の治療は、完全に抜けてからでは戻す（整復する）のは難しい。有効な方法は、下肢の筋緊張が強い子どもたちではレントゲンを定期的に撮り、亜脱臼が認められた時点で緊張の強い筋の腱を延長して脱臼の原動力を緩めたり、大腿骨を切って筋力のベクトルが関節中心に向かうように変えたり（図表6-59〜6-61）、寛骨臼を深くする手術を行うことである。

(iii) 股関節前方脱臼

後方脱臼と比べるときわめて珍しい。合併する拘縮の型で3型に分けられる。①股関節伸展・外旋・内転拘縮＋膝伸展拘縮を伴うもの、②股関節屈曲・外転・外旋＋膝屈曲拘縮を伴うもの（図表6-62、6-63）、③拘縮がなく脱臼が起こるもの、である。①と②は座位の肢位をとったときの関節の痛みか拘縮か、どちらか影響の強いほうで座位の制限があるだろうから、制限と妥協できる最良の座位姿勢を探さなくてはならない。③の場合は、痛みがなければ座位姿勢の制限はない。

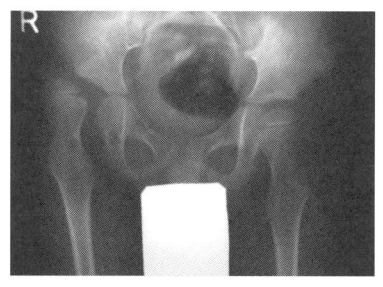

図表6-59 脳性麻痺6歳、右股関節の亜脱臼

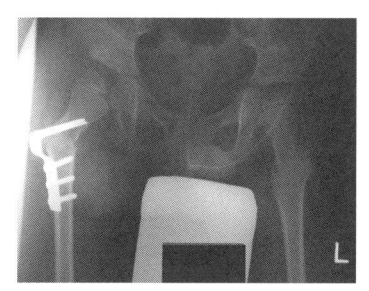

図表6-60 同上ケース6歳、右股関節の腱延長・骨手術後

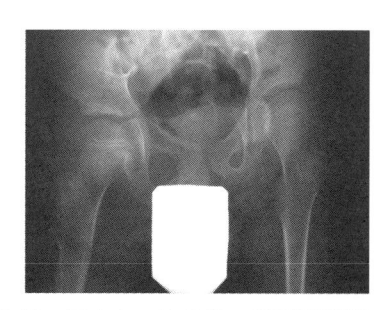

図表6-61 同上ケース8歳、亜脱臼整復

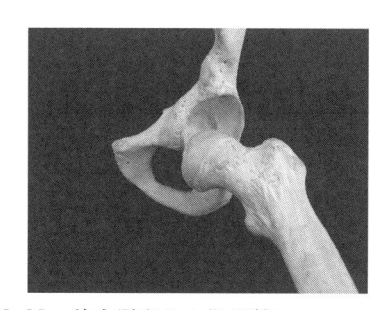

図表6-62 前方脱臼した股関節

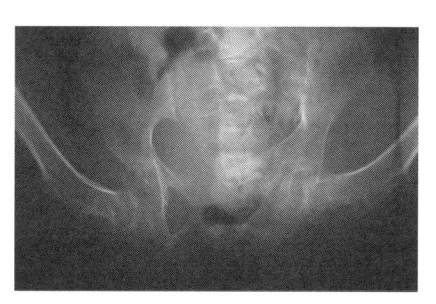

図表6-63 脳性麻痺8歳、両側股関節の前方脱臼（外転外旋拘縮を合併）

治療は手術的にのみ可能で、拘縮の矯正と脱臼整復との両方を考慮して行われる。

(イ) 股関節拘縮

屈曲・伸展、内外転、内外旋が単独で、または組み合わさってさまざまな拘縮が起こる。膝の屈曲または伸展拘縮と組み合わさったパターンの拘縮もある。

(i) 内転拘縮

内転筋群（長内転筋、短内転筋、大内転筋）や内転作用の強い薄筋の緊張が強いと起こる。脳性麻痺をはじめとする痙性麻痺でよく見られる。下肢が交叉し（図表6-64）、座位時の基底面積が減少するため左右のバランスが不良になる。シートに内転防止パッド（ポメル）をつけて内転を予防するが、内転筋力が左右不均衡の場合は、中央の内転防止パッド（ポメル）は骨盤回旋を助長するので工夫が必要である（図表6-65）。

(ii) 伸展内転拘縮

股関節伸筋（大臀筋）の痙縮か、長期間の同一姿勢で起こる。前者は溺水や重症の脳性麻痺などの重篤な低酸素脳症後遺症として見られ、

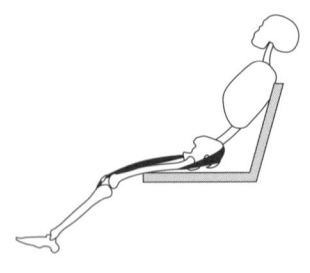

図表6-66 伸展拘縮（大臀筋の短縮による。通常、同時に膝の伸展拘縮を伴う）

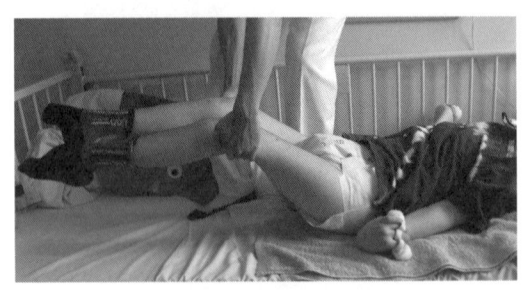

図表6-67 溺水後遺症18歳、股関節と膝の最大屈曲位

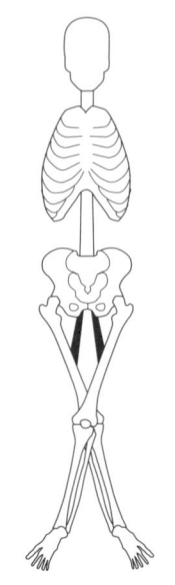

図表6-64 内転拘縮（内転筋群・薄筋の短縮）

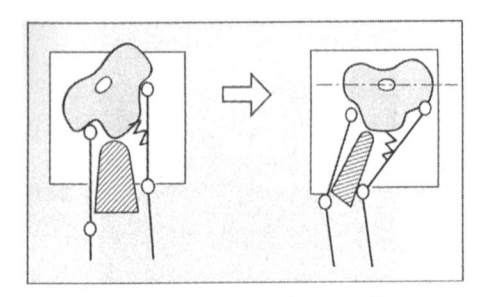

図表6-65 内転拘縮による骨盤の回旋

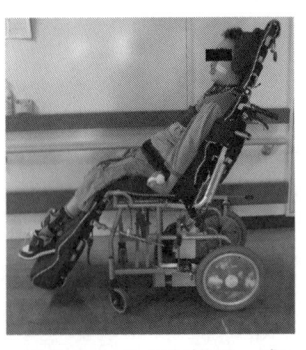

図表6-68 同上ケースの車椅子、浅い座位→坐骨部皮膚の剪断力→褥瘡で長く座れない。全長が長くエレベーターに乗りにくい

膝伸筋（大腿四頭筋）の痙縮を合併する。股関節脱臼を合併していることもある。後者は意識レベルの低下した長期臥床者の股関節伸展、膝関節伸展の不動性拘縮として見られるもので、両者とも膝の伸展拘縮を伴うことが多い（図表6-66〜6-68）。

　股関節、膝関節の伸展拘縮に適合させるため、車椅子はリクライニング式でレッグサポートエレベートとする。下肢伸展に脊柱の伸展を伴う後弓反張姿勢の場合には、ストレッチャー様の車椅子を作製することもある。

(iii)　外転外旋拘縮

　外転拘縮は外旋を伴う（図表6-69）。伸展拘縮を伴う場合と伴わない場合とがある。

(iv)　伸展外転外旋拘縮

　脳性麻痺などで、内転拘縮の手術後逆変形を起こしてこの拘縮が生じることがある。自然経過ではごくまれに見られる拘縮で、膝の屈曲拘縮を合併しており、前方脱臼を合併していることがある。前方脱臼を合併した場合は可動域制限がきわめて強く（図表6-70）、この肢位から屈曲方向へ少し動くだけである。股関節の内転と伸展がいくらか可能な症例では、鞍型のシートで座位可能である。股関節が0°から伸展になるところでは大腿骨が重なって（並んで）しまい、支持面が確保できない（図表6-71〜6-73）。

(v)　屈曲外旋拘縮

　主としてデュシェンヌ型筋ジストロフィーと二分脊椎の一部の麻痺レベルで見られる、股関節の屈曲外旋と膝の屈曲を伴う拘縮である。両疾患とも伸筋群の筋力弱化のため、床上で胡座位になり、仰臥位でも同様な姿勢となるための拘縮である。仰臥位では前項と同様に外転外旋位だが、座位では内転位がとれるので伸展・外旋拘縮とは異なり、椅子座位での座位が困難となるほどではない。モールドで外転を制限する。

(vi)　屈曲拘縮

　股関節屈筋（腸腰筋）の短縮で起こる（図表

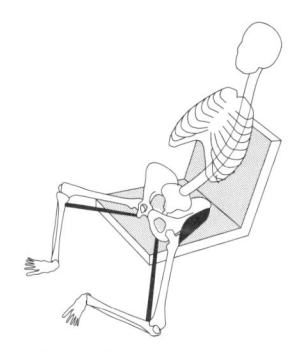

図表6-69　外転外旋拘縮、中臀筋、外旋筋群、膝屈筋群の短縮、時に大臀筋も合併あり

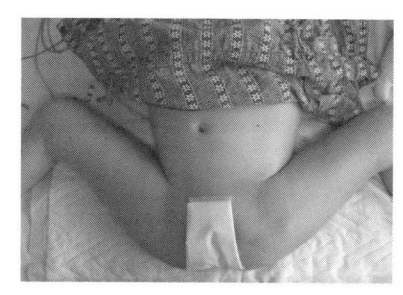

図表6-70　脳性麻痺8歳（図表6-63と同ケースで前方脱臼を合併）

図表6-71　脳性麻痺26歳、股関節脱臼なし

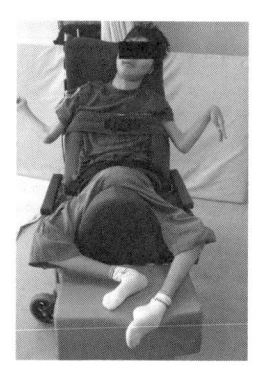

図表6-72　同上ケースの車椅子座位

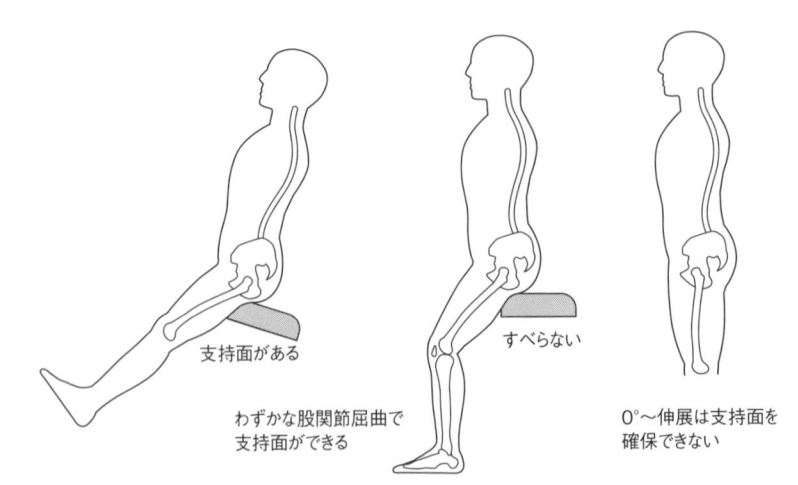

第6章　評価と処方、その対応

図表 6-73　鞍型座面による伸展外転外旋拘縮への対応

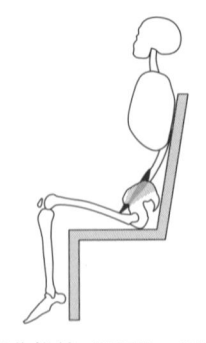

支持面がある
わずかな股関節屈曲で支持面ができる
すべらない
0°〜伸展は支持面を確保できない

図表 6-74　屈曲拘縮（腸腰筋の短縮）

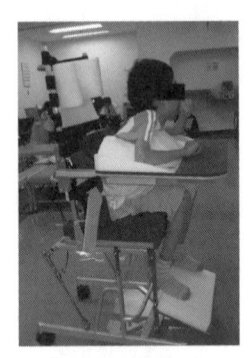

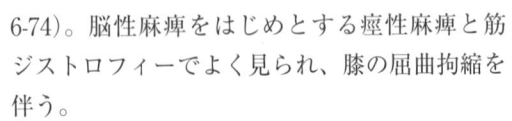

図表 6-75　先天性福山型筋ジストロフィー15歳、前傾位（仮合わせ時）

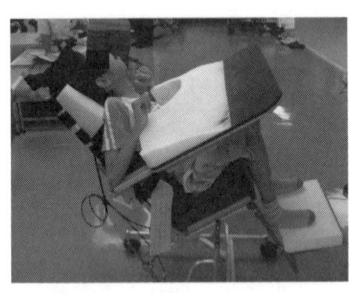

図表 6-76　同上ケース、ティルト位（仮合わせ時）

6-74）。脳性麻痺をはじめとする痙性麻痺と筋ジストロフィーでよく見られ、膝の屈曲拘縮を伴う。

屈曲が90°を超える拘縮は脳性麻痺ではまれで、座位が困難な例は少ない。先天性福山型筋ジストロフィーでは90°を超えることがある。この場合、頭部を垂直位に保持すると、上半身、下肢のすべての体重が坐骨結節に集中するので、同部の圧を下げることが重要となる。そのような場合は、脊柱前彎、頸部伸展拘縮、顔面筋力低下による嚥下不良を伴っていることが多い。体圧の分散と誤嚥防止のためには前傾姿勢が適当である。

前傾位をとる場合は、大腿の重さを大腿後面で受け、上半身の重さはテーブルに体幹前方サポートを付けて胸で受ける。体幹前方サポートは前後に厚く弾力をもたせて、上下にも長くして体幹を広く支持する。ただし、前傾のままでは移動が難しいので、移動時はティルトする。ティルト時は脊柱前彎と頸部伸展が重力の影響

で増強するのでバックサポートとヘッドサポートをうまく適合させる必要がある（図表6-75、6-76）。

（vii） wind-blown 変形または wind-swept 変形

風に吹かれて倒れたように、一側下肢が内転・内旋、対側が外転・外旋する変形で、膝の屈曲拘縮を伴う。内転側の内転筋、外転側では内転筋と外転筋の両方が短縮している（図表6-77、6-78）。内転側股関節の脱臼を伴うことが多々ある。

座位では、軽く矯正できる範囲で骨盤と両大腿が正中を向くようにモールドしているが（図表6-79）、初期段階では極力正中位にするために、骨盤サポートと骨盤ベルトか、外転防止と内転防止のパッド（ポメル）、前方からの膝部サポート（骨盤回旋防止）が提唱されている（図表6-80）。

（viii） 股関節強直

異所性骨化が起こって関節が強直することがある。外傷後に多いことが知られているが、脳性麻痺などでも起こることがある。下肢では通常、股関節に多く膝にはまれである。原因は不明である。

一部の骨化なら可動域が残るが、骨盤と大腿骨がつながってしまうと可動域は喪失する（図表6-81）。椅子または車椅子を作製するときは、強直した下肢の肢位による圧分布、対側下肢のとるべき肢位や荷重のバランスなどを考えて、シートを作製する。

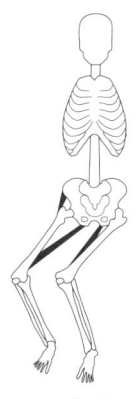

図表 6-77 wind-blown 変形（外転側の中臀筋の短縮と内転筋の緊張、内転側の内転筋の短縮）

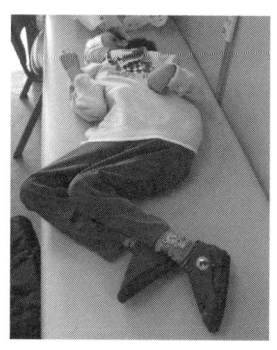

図表 6-78 脳性麻痺21歳、右への wind-blown 変形

図表 6-79 同上ケースの車椅子座位

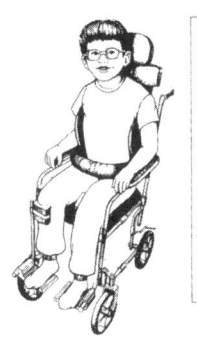

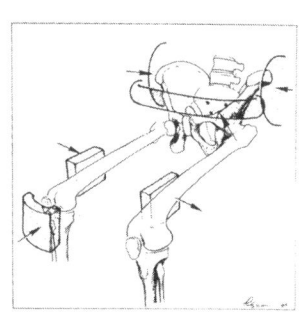

図表 6-80 wind-blown 変形の矯正。骨盤サポート（両側）、外転防止（右）、内転防止（左）と腰の回旋防止（右膝）の各サポート。骨盤ベルト（出所："Electromyographic and Force Patterns of Cerebral Palsy Patients with Windblown Hip Deformity"）

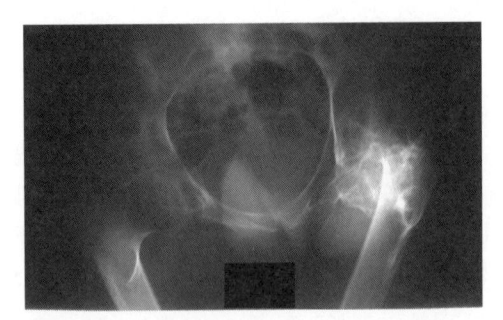

図表6-81 溺水後遺症26歳、異所性骨化による右股関節強直

図表6-82 膝屈曲拘縮、ハムストリングス（膝屈筋群）の短縮。膝を無理に90°にするとハムストリングスの緊張で骨盤が後傾

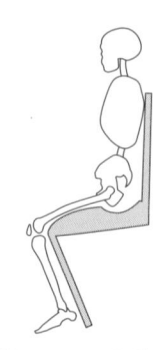

（ウ）　膝拘縮
（i）　屈曲拘縮
　疾患にかかわらず、股関節の屈曲拘縮と同時に起こることが多い。この拘縮が高度になるといわゆる椅子での座位姿勢が困難になる。
　膝屈筋群（ハムストリングス）は股関節と膝関節を越えて骨に付着する二関節筋で、緊張は両方の関節の肢位に影響される。レッグサポートなどで末梢側の膝関節を無理に90°にすると、短縮した膝屈筋は坐骨を引いて骨盤を後傾させるので脊柱が円背になる（図表6-82）。ハムストリングスが短縮している場合は、レッグサポートを後退させて膝の屈曲を許し、骨盤が後傾しないように腰部パッドなどで生理的前彎をできるだけ維持する（図表6-83）。
（ii）　伸展拘縮
　股関節伸展拘縮に伴うことが多い。下腿が重力で下垂する最大屈曲位にレッグサポートを設定する。膝伸展拘縮は緊張時にさらに伸展し、狭い空間での車椅子の取り回しが難しくなるが、筋の緊張が強い割に骨は脆いので、ベルトで伸展緊張を強くは抑制しないほうがよい。
（エ）　足部変形
　足部で起こる変形は、尖足（内外反中間位）、内反尖足、外反尖足、外反踵足である。歩行可能か移乗動作で体重支持ができる場合は装具や手術療法を受けているだろうが、歩行不能な場合は座位の障害にならない限り治療対象にはなりにくい。座位ではあまり障害にはならない。

図表6-83 座面とレッグサポートを鋭角にしてハムストリングスを緩める

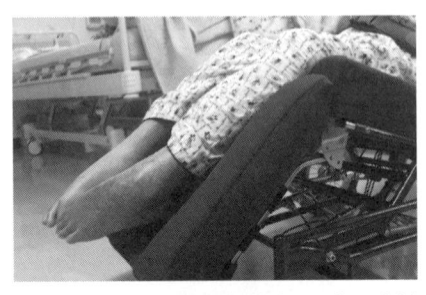

図表6-84 てんかん重積後遺症41歳、尖足

　尖足は、程度が軽ければフットサポート／レッグサポート角を90°以上にして、足底を無理なくフットサポートで支える。尖足が強ければ荷重できないので、レッグサポートを少しエレベートして下腿で支える（図表6-84）。内反尖足では、内反が軽い場合は尖足と同様にレッグサポートで、また内反が強ければ軟性素材で

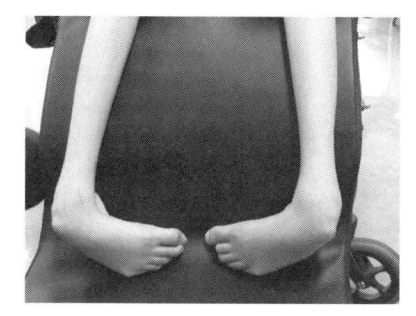

図表 6-85　脳性麻痺 18 歳、内反変形

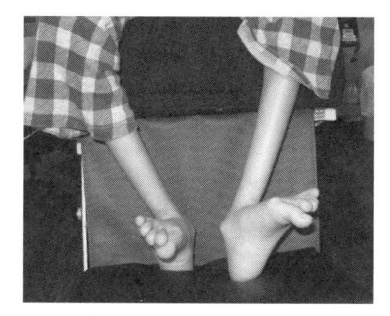

図表 6-86　脳性麻痺 16 歳、外反踵足

覆ったフットサポートで褥瘡に注意しながら支える（図表 6-85）。外反踵足は程度にかかわらず、ソフトなフットサポートで褥瘡に注意しながら踵部にかかる下肢の重さを緩和することが重要である（図表 6-86）。

1.2.7　褥　瘡

シーティングの考え方としては、子どもの成長や高齢者の予後予測と合わせ、二次障害の予防を柱として対応する。そのなかで、自立的生活や生命維持の視点からも、褥瘡予防と褥瘡発生後のケアではシーティングが重要な役割を担う。ここでは、椅子上での圧迫・ずれ力の排除に関する対応を中心に解説する。

(1)　椅子上での圧迫、ずれ力の排除に関する対応

椅子上での評価はシーティングそのものであり、日本褥瘡学会の褥瘡対策指針においては、シーティングの考え方を基本とした、車椅子に座った静的な状態の評価として、簡易車椅子座位能力分類による対応が示されている（図表 6-87）。基本はスリング式シートの椅子機能を

図表 6-87　簡易車椅子座位能力分類

1. 座位に問題なし	特に姿勢が崩れたりせず座ることができる
	自分で座り心地をよくするために姿勢を変えることができる
2. 座位に問題あり	姿勢が次第に崩れ、手で身体を支える
	自分で姿勢を変えることができない
3. 座位がとれない	座ると頭や身体がすぐに倒れる
	リクライニング式車椅子やベッドで生活している

10 分から 20 分程度の座位時間の後にアセスメント。変形、褥瘡の有無確認

高めることで、そのためには、必要に応じて褥瘡予防機能の高いクッションを使用することが重要である。この分類は座位環境における問題点の発見が目的であり、車椅子に座りはじめたときから、10～20 分で姿勢がどのようになるかを食事前、休憩中の様子で判断できる。そのため、医療関係職種、介護関係職種のスタッフが問題点発見のツールとして用いている。

アクティブな座位能力分類では、Hoffer の座位能力分類（JSSC 版；NPO 日本シーティング・コンサルタント協会）がある。シーティング技術をもつ PT・OT などのセラピストがアクティブな座位能力評価として使っている。車椅子上での座位評価ではなく、プラットフォーム上での評価である（図表 6-88）。

足が床に着く高さで、しっかりとした座面上に座った状態を評価する。脊髄損傷などの特定の障害などは現時点では対象外である。評価基準は、座位能力 1：手の支持なしで座位可能（端座位にて手の支持なしで 30 秒間座位保持が可能な状態）、座位能力 2：手の支持で座位可能（身体を支えるために、両手または片手で座面を支持して、30 秒間座位保持可能な状態）、座位能力 3：座位不能（両手または片手で座面を支持しても、座位姿勢を保持できず、倒れて

1. 手の支持なしで座位可能　2. 手の支持で座位可能　3. 座位不能

図表 6-88 Hofferの分類（JSSC改訂版）

いく状態）、の3段階である。

　評価のポイントとしては、対象者の状況のみで評価し、介助者の有無や周辺環境の様子は考慮しない。左右の安定性は前額面から、前後の安定性は矢状面から評価する。日内変動や短期間で変動があるときは、低いほうの評価を採用する。2007年に開発された新しい分類で、詳細の扱いはこれからであり、簡易車椅子座位能力分類と合わせて使うなどの方法が実用的である。

(a) 予防
(ア) 座位に問題なし

　対称性の姿勢を保持し、除圧も可能なので移動能力は高い。そのため、長時間の座位でも姿勢の悪化を防ぎ、座り心地を維持して上下肢動作を妨げないクッションを選択する。

①座位姿勢
・車椅子は身体寸法や角度、そして障害に適合したものとする
・特に関節拘縮などがなければ、指標となる椅子座位姿勢を基本とし、本人の習慣や生活と合わせて座位姿勢を考える（図表6-89）
・脊椎は特に腰椎部の前彎を維持することが望ましい。

②クッション
・動作を容易にし、座り心地を維持するクッションの選択を行う。ウレタンクッションでは底づきしない厚さが目安である（車椅子クッションの分類：後掲図表6-91参照）

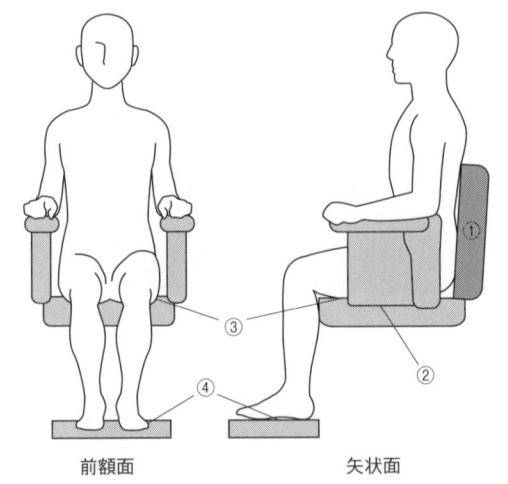

前額面　　矢状面

①背形状に適合し、肩甲骨下縁
②クッションを決め、アームサポート
③下腿に当たらず、大腿下面を広く支持する。膝を左右に動かして、少し動く
④足底を水平に支持

図表 6-89 指標となる椅子座位姿勢と支持面

③座位時間と除圧

　一般的な座位時間の目安として、生理的には1回の座位時間は1時間程度とされる。理由は、同じ固定された姿勢は人間の身体を動かしたいという本能から抑制された状態であり、また、毛細血管の圧迫や腰部への負担も大きくなることである。

　最終的に、クッションを実際に使用して、希望する座位時間の間で底付きしないかどうかを確認する。感覚障害がある場合、除圧動作と除圧間隔を指導する。

④その他
・移動動作・食事動作などの動作が確保されるようにする

(イ) 座位に問題あり

　片麻痺や体幹筋力低下がある場合、高次脳機能障害や認知症などがある場合、時間とともに座位姿勢が崩れていくことが多い。スリング式シートの車椅子では、車椅子座位で動くことによりずれていく方向は前方のみで、滑り座りとなっていく。よく見られる姿勢として、仙骨座りと骨盤の傾斜がある。不良姿勢のため、褥瘡

のリスクは高くなる。そのため、姿勢の保持と同時に褥瘡発生にも注意する。また、これらへの対応で上肢下肢機能などを活性化できる可能性もある。

①座位姿勢
- 仙骨座り：骨盤が後傾、脊柱後彎した姿勢。この場合は仙尾骨と脊椎凸部に褥瘡ができやすい
- 車椅子側が原因：座面奥行が長い、背支持部における腰椎部の前彎が維持されない、スリング式シートやクッションが滑りやすい、車椅子下腿長が長いなど。対応策として、問題を確認、適切な車椅子を処方
- 人間側が原因：ハムストリングスの短縮、股関節の関節可動域制限、片側脚の短縮、円背、座位不安定、疼痛、座位耐久能力低下など。対応策として、問題の確認と座位保持装置を含めた検討
- 骨盤の傾斜：骨盤が左右どちらかに傾斜した姿勢。この場合は傾いた側の坐骨結節部または高度な側彎などがある場合には大転子部に褥瘡ができやすい
- 車椅子側が原因：スリング式シート、幅の広く延びたたるんだスリング式シート。座位不能、座位不安定、骨盤と脊柱の関節拘縮（側彎）。対応策として、問題の確認と座位保持装置を含めた検討

②クッション
- 減圧機能の高い複合素材のクッションであっても、座ったときに底付きしない十分な厚みが必要である
- 姿勢を変えることが困難である場合、褥瘡発生部位は予測できるので、その部位に合わせた減圧具を使用する。また、バックサポートにも、クッションを入れるようにし、足部の圧迫部なども注意する

③座位時間と除圧
- 除圧動作が可能であれば、指導する。困難であれば、介助による除圧を行う。身体を上方に持ち上げる。側方に倒す。前に倒す

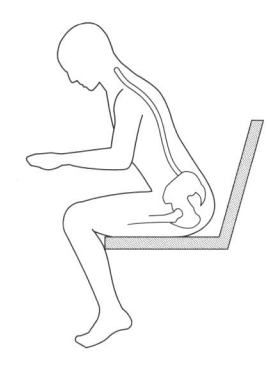

図表 6-90 前方除圧

前方除圧（図表 6-90）
- 仙尾骨部での除圧は前方に体を倒す
- 座位時間での皮膚耐久性を確認する
- 上記により、座位時間を決定する

④その他
- 上肢下肢動作を最大限に活性化する

（ウ）座位姿勢をとれない

除圧動作もまったくとれず、関節の変形をもつ場合も多い。QOLの維持とともに、褥瘡を含めた二次障害の予防と介護しやすさを考慮する。

①座位姿勢
　変形がない人は変形を起こさないように、またあっても変形を増悪させないようにする。

②クッション
　必要であれば、全身に減圧用クッションを敷き、その厚さは10cm程度とする。

③座位時間と除圧
　接触圧の変換を考慮して、リクライニング・ティルト機能をつける。ティルト機能により傾斜をつけることで座面からのバックサポートへの圧分散による圧力変化が期待できる。それらを含めて、座位時間を設定する。介助のしやすさを考慮する。また、生理機能や嚥下機能も考慮するとよい。

(b) クッションの選び方

　クッションの適合として、車椅子寸法と合わせた身体寸法との適合は基本である。

図表6-91　車椅子付属品：クッションの分類

① ウレタンフォームなどの単一素材のクッション
② ポリエステル繊維・ウレタンフォームなどの多層構造のクッション
③ ゲルとウレタンフォームの組み合わせクッション
④ 空気量バルブ調節式クッション
⑤ フローテーションパッド
⑥ 特殊空気室構造クッション

クッションは一般に5〜10cm程度の厚みがあるため、アームサポート、フットサポートの高さが合わなくなる場合が多い。しかし、最近は調節機能のあるモジュラー型車椅子を基本とすることが多く、モジュラー型車椅子はクッションを変えてもアームサポートの高さやフットサポートの高さ調整が行える。

一方、クッション材は、身体機能や褥瘡の発生状況によってフォーム材からゲル材や空気室材などの褥瘡予防機能のあるものに変える必要がある。

（ア）　クッションの種類とその特性

補装具費支給制度では、クッションは車椅子付属品のなかで修理基準のなかにある。2002年より「円座」という名称はなくなった。分類としては、①ウレタンフォーム、②ウレタンフォームなどの多層構造、③ゲルとウレタンフォームなどの多層構造、④空気量バルブ調節式、⑤フローテーションパッド、⑥特殊空気室構造など（図表6-91）。しかし、現在市販されているクッションは多種多様であり国内では明確な分類はない。また、クッションは修理基準付属品として扱われていることで、最初から車椅子と一緒に考えられることは少ない。

（イ）　車椅子の選定・適合方法の流れとクッションの位置づけ

日本の習慣では、車椅子のスリング式シートに座布団を敷くことがあるが、シーティングと褥瘡予防の観点からは推奨できない。理由としては、車椅子に使われる座布団の多くは薄い真綿かウレタンクッションが入っており、スリング式シートの沈み込みや傾き、また、ハンモック現象といわれる滑り座りを改善する役割は少ない。座布団はすべり座位になりやすく、中の綿類が厚い場合は姿勢を崩す原因となる。また、圧分布測定においても圧力の軽減はわずかで、褥瘡予防の効果は期待できない。

車椅子の使用者は上記のクッションのいずれかを使用することになるが、数値的なクッションを試すための指標がないため、圧分布測定装置などを使用して試用前後の比較を行う。車椅子を選ぶのと同時にクッションを選ぶ必要がある。

褥瘡については、臀部の発赤が見られた時点で医療機関の指示を受けることが重要である。本来なら、医療機関で試用評価することが望ましいが、クッションを選ぶ際は試用することが重要で、適合評価のシミュレーションにより選定の決定が行いやすくなるであろう。実際には、福祉用具の展示場や介護ショップのものを1時間程度試用することであるが、できれば、複数のクッションを数日間試用して決めるのが望ましい。

（c）　褥瘡発生後のケア

褥瘡がある場合、その治療が最優先である。臥位と異なり、座位は接触部が少なく、完全免荷できにくい。

① 座位姿勢

治療後、基本的には「(a) 予防」の「(イ) 座位に問題あり」、「(ウ) 座位姿勢をとれない」で示した対応を行う。

仙骨座りで、仙尾骨に褥瘡を認めるが、骨盤を前傾させて座位がとれる場合がある。このとき、仙尾骨から坐骨結節に荷重が移り、仙尾骨が無負荷状態になる。これができる場合、座位をとれる可能性がある

② クッション

治療後、皮膚の状態が十分に安定していないときは、より減圧・体圧分散できるクッションを選択する。

③ 座位時間と除圧

治療後、皮膚耐久性が落ちているので、座位時間と除圧はさらなる注意を要する。

(2) 今後の対応

第1には、医療機関や地域の施設にも褥瘡予防用具に習熟した専門家を配置し、予防を目的とし、褥瘡が発生した場合はその原因などを明確にする。また、車椅子とクッションの選定・適合には、車いす・シーティングの教育を受けた者が関わる必要がある。

第2には、医療関係職種のみでなく、福祉関係職種でも褥瘡予防の基礎知識をもち、褥瘡発生を未然に防ぐ対応が行えるような教育システムを構築する。

第3には、地域リハビリテーション広域支援センターなどに、補装具の判定業務を担っている身体障害者更生相談所の機能を併せもつテクニカルエイドセンターを整備することである。そこで福祉用具の高度な適合評価を含めた、褥瘡予防用具の選定・適合のチームアプローチが行えるような体制づくりが重要である。

(3) 褥瘡対応例

褥瘡予防のシーティングでは圧分布測定装置を用いて圧分布を測定することで、クッションの選定・適合をより正確に行うことができる。ここでは、圧分布測定装置の解説と合わせて、褥瘡対応の事例紹介を行う（p.255以下）。

クッションと使用者の身体状況との適合評価の一つとして、圧分布測定がある。一般にはクッションと臀部の接触面の評価は触診では限界があり、また、簡易圧力測定では、坐骨結節部や尾骨部などのターゲットにセンサ部を合わせることが難しい。褥瘡発生には剪断応力が大きく影響されているとされるがそれらを正確に測る測定装置は一般化されていない。

現在市販されている工学的な評価装置としては、次のものがある。

(a) 圧分布測定：シートタイプの圧分布測定装置

国内では3種類の圧分布測定装置が使われている。このなかで体圧分布測定装置（BPMS）

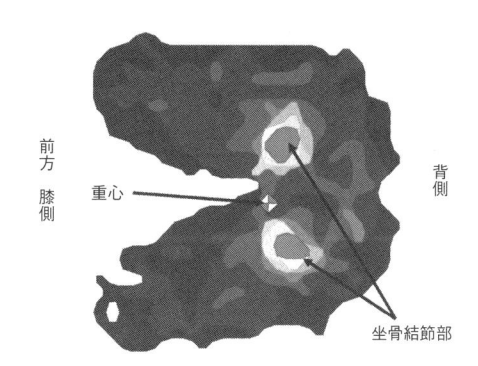

図表 6-92 座圧分布説明図

を使用して褥瘡予防と褥瘡改善に使用する車椅子クッションの選定・適合における圧分布測定方法について解説する。

車椅子クッションは、座り心地を高めるウレタンクッション、減圧効果のあるクッション、褥瘡予防機能の高いクッションに分類される。

(b) 正常な座圧分布

図表6-92は、車椅子の座面上で5cm厚のウレタンクッションを用い、障害のない一般成人が車椅子上で圧分布測定を行った例である。右側の臀部下部より左側が大腿部になる。坐骨結節部に圧力が左右均等にかかっている状態である。また、車椅子のフットサポートなどの高さ調整も行ってあり、臀部、大腿部の全体で体重を受け、広い支持面で圧力が分散されている。圧力値は、特に褥瘡のリスクがない場合は、座り心地を高めるために左右の坐骨結節部の平均値が100 mmHgレベルまで減圧される状態を目指す。坐骨結節部の間にある◉は座面重心点である。車椅子とクッションが使用者に適合しているかの判断に圧分布測定を行う。

(4) 褥瘡対策に関する診療計画書

日本褥瘡学会編集の褥瘡対策の指針より、褥瘡危険因子の評価の用語の定義と看護計画にある椅子上での圧迫、ずれ力の排除に関する対応について示す（図表6-93）。

(a) 危険因子の評価

危険因子の評価は項目を「あり、なし」で判断するが、その定義を下記に示す。

コラム 『褥瘡予防・管理ガイドライン』と車椅子クッションの選定

2009年度版の『褥瘡予防・管理ガイドライン』*が車椅子クッションの選定の参考になる。
リハビリテーション介入時期から円座の使用についての是非まで、11項目にわたる推奨例が挙げられている。また、エビデンスレベルも説明してあり、リハビリテーションにおけるシーティング技術は褥瘡予防管理だけでなく褥瘡を含む二次障害の予防を基本として検討されなければならない。ここでは、そのなかのシーティング技術に大きく関わるCQ6〜11の6項目を抜粋した。

CQ6：慢性脊髄損傷者の褥瘡予防にはどのような方法が有効か
推奨：慢性期の脊髄損傷者の褥瘡予防には、リハビリテーション専門職とともに接触圧を確認しながら指導する方法を行ってもよい。

解説：脊髄損傷者は褥瘡による敗血症で亡くなる比率が高い。脊髄損傷者は車椅子上だけで褥瘡が発生しているわけではない。就寝時、自動車乗車時などすべての活動範囲がリスクとなる。シート状の接触圧測定装置はクッションの選択や姿勢の確認、また姿勢変換時の接触状況など患者へのフィードバックとして使用できる。脊髄損傷者には極力活動性を維持できる褥瘡予防を選択・提案する。

CQ7：どのような圧再配分クッションを用いるとよいか
推奨：圧再配分を意図するクッション間の差はなく、どのようなクッションを使用してもよい。

解説：圧再配分クッションを比較しても褥瘡の発生率には差をみないことより、クッションの使用は推奨できるものの、どのタイプがよいかについては明言できない。NPUAP（米国褥瘡審査委員会）ではクッションだけでは褥瘡を予防できず、適切な姿勢変換や皮膚観察をすべきであると述べている。

CQ8：連続座位時間を制限してもよいか
推奨：自分で姿勢変換ができない高齢者は、連続座位時間の制限を行ってもよい。

解説：自分で姿勢変換ができない場合、EPUAP（ヨーロッパ褥瘡諮問委員会）ではEPUAP1すなわち2時間以内とし、NPUAP2では1時間以内としている。座位時間はリクライニング式車椅子を30度程度起こした状態でも制限されるべきであるとCMS3では述べている。

CQ9：姿勢変換はどれくらいの間隔で行えばよいか
推奨：自分で姿勢変換ができる場合には、15分おきに姿勢変換を行ってもよい。

解説：CMS（Centers for Medicare and Medical Services）では10〜15秒程度の姿勢変換（プッシュアップ）の有効性について疑問を投げている。

CQ10：座位姿勢を考慮することは有効か
推奨：座位姿勢のアライメント、バランスなどの考慮を行ってもよい。

解説：NPUAP1ではクッションだけでは褥瘡を予防できず、適切な姿勢変換や皮膚観察をすべきであると述べている。AHCPR2では座位姿勢についてリハビリテーション専門職の関与を述べている。

CQ 11：円座を用いることは有効か

推奨：円座は用いないように勧められる。

解説：AHCPR（Agency for Health Care Policy and Research）において「使うべきではないC」で掲載されており、また、他のガイドラインでは圧再配分クッションを用いるべきであるとし、円座を用いないことが基本となっている。踵骨部に円座を用いることで、皮膚が引っ張られ、円座との接触部位が虚血になるとされており、円座使用の危険性を示す。

＊ 2015年に『褥瘡予防・管理ガイドライン』は改訂され、現在「第4版」が最新のものとなっている。

（ア） 基本動作能力
①ベッド上：自力体位変換
・自力体位変換とは、自力で体の向きを変えることを指す
②椅子上：座位姿勢の保持、除圧
・座位姿勢の保持とは、特に姿勢が崩れたりせず座ることができることを指す
・座位時の除圧とは、自分で座り心地をよくするために姿勢を変えることができることを指す

（イ） 病的骨突出
病的骨突出とは、仙骨部の場合、両臀部の高さと同じかまたは突出している状態を示す。

（ウ） 関節拘縮
関節拘縮とは、四肢の関節可動域制限があることを指す。

（エ） 栄養状態低下
栄養状態低下とは、褥瘡発生を予防するために必要な栄養が適切に供給されていないことを指し、アルブミン値を指標とする。

（オ） 皮膚湿潤（多汗、尿失禁）
・多汗による皮膚湿潤とは、多量の汗をかくことを指す
・尿失禁による皮膚湿潤とは、臀部皮膚が尿で濡れていることを指す
・便失禁による皮膚湿潤とは、便が臀部皮膚についている時間があることを指す

（カ） 浮腫
浮腫（局所以外の部位）とは、褥瘡部以外の部位で皮下組織内に組織間液が異常にたまった状態を指し、下腿前面脛骨部、足背、あるいは背部などで確かめることとする。

（b） 看護計画

褥瘡に関する看護計画では、栄養状態、褥瘡部位のスキンケア、ベッド上での体位変換、マットレスの選択、車椅子利用による離床計画および使い方などを含めた総合的な取組みがなされている。しかし一方で、高齢者の分野ではシーティングの考え方が一般的になっていないため、シーティング技術が十分に確立されていない。医療機関においても対応が不十分な状況にある。

またすでに褥瘡が発症している場合には、たとえベッドのマットがエアマットレスであっても、仙骨部などはマットレスに接触している。そのために、なかなか治療がはかどらない。一定時間適切な座位姿勢をとることで治癒などが進みやすいといった報告もある。

褥瘡診療対策におけるリハビリテーションの役割は、一般的なリハビリテーションの訓練と合わせて、シーティングによる座位能力評価や車椅子の選定・適合を行うことで個別の離床プログラムや離床環境を整えることになる。車椅子の利用においては、適切なシーティングの提供、適切なシートの選択、体位変換や使用時間への配慮など、褥瘡予防の観点で取り組むことが重要である。

別紙様式5（新設）

褥瘡対策に関する診療計画書

氏名　　　　　　　殿　男女　　　　病棟　　　　　　　　計画作成日　　．　．

明・大・昭・平　　年　月　日生（　　歳）　記入担当者名

褥瘡の有無　1. 現在　なし　あり（仙骨部、坐骨部、尾骨部、大転子部、踵部）　褥瘡発生日　．　．
　　　　　　2. 過去　なし　あり（仙骨部、坐骨部、尾骨部、大転子部、踵部）

<table>
<tr><td rowspan="7">危険因子の評価</td><td colspan="2">日常生活自立度　J(1、2)　A(1、2)　B(1、2)　C(1、2)</td><td colspan="2">対処</td></tr>
<tr><td rowspan="2">・基本的動作能力</td><td>（ベッド上　自力体位変換）</td><td>できる</td><td>できない</td><td rowspan="6">「あり」もしくは「できない」が1つ以上の場合、看護計画を立案し実施する</td></tr>
<tr><td>（イス上　坐位姿勢の保持、除圧）</td><td>できる</td><td>できない</td></tr>
<tr><td colspan="2">・病的骨突出</td><td>なし</td><td>あり</td></tr>
<tr><td colspan="2">・関節拘縮</td><td>なし</td><td>あり</td></tr>
<tr><td colspan="2">・栄養状態低下</td><td>なし</td><td>あり</td></tr>
<tr><td colspan="2">・皮膚湿潤（多汗、尿失禁、便失禁）</td><td>なし</td><td>あり</td></tr>
<tr><td colspan="2">・浮腫（局所以外の部位）</td><td>なし</td><td>あり</td></tr>
</table>

<table>
<tr><td rowspan="7">褥瘡の状態の評価</td><td>深さ</td><td>(0)なし　(1)○○する発赤　(2)○○までの損傷　(3)皮下組織までの損傷　(4)皮下組織を超える損傷　(5)関節腔、体腔にいたる損傷または、深さ判定不能の場合</td></tr>
<tr><td>滲出液</td><td>(0)なし　(1)少量：毎日の交換を要しない　(2)中等度：1日1回の交換　(3)多量：1日2回以上の交換</td></tr>
<tr><td>大きさ（cm²）
長径×長径に直行する最大径</td><td>(0)皮膚損傷なし　(1)4未満　(2)4以上16未満　(3)16以上36未満　(4)36以上64未満　(5)64以上100未満　(6)100以上</td></tr>
<tr><td>炎症・感染</td><td>(0)局所の炎症徴候なし　(1)局所の炎症徴候（創周囲の発赤、腫脹、熱感、疼痛）　(2)局所の明らかな感染徴候あり（炎症徴候、膿、悪臭）　(3)全身的影響あり（発熱など）</td></tr>
<tr><td>肉芽形成
良質肉芽が占める割合</td><td>(0)創閉○又は創が浅い為評価不可能　(1)創面の90%以上を占める　(2)創面の50%以上90%未満を占める　(3)創面の10%以上50%未満を占める　(4)創面の10%未満を占める　(5)全く形成されていない</td></tr>
<tr><td>壊死組織</td><td>(0)なし　(1)柔らかい壊死組織あり　(2)硬く厚い密着した壊死組織あり</td></tr>
<tr><td>ポケット（cm²）
（ポケットの長径×長径に直行する最大径）○○○○○</td><td>(0)なし　(1)4未満　(2)4以上16未満　(3)16以上36未満　(4)36以上</td></tr>
</table>

<table>
<tr><td rowspan="6">看護計画</td><td colspan="2">留意する項目</td><td>計画の内容</td></tr>
<tr><td rowspan="2">圧迫、ズレ力の排除

（体位変換、体圧分散寝具、頭部挙上方法、車椅子姿勢保持等）</td><td>ベッド上</td><td></td></tr>
<tr><td>イス上</td><td></td></tr>
<tr><td colspan="2">スキンケア</td><td></td></tr>
<tr><td colspan="2">栄養状態改善</td><td></td></tr>
<tr><td colspan="2">リハビリテーション</td><td></td></tr>
</table>

（記載上の注意）

1　日常生活自立度の判定に当たっては「障害老人の日常生活自立度（寝たきり度）判定基準」の活用について
　　（平成3年11月18日　厚生省大臣官房老人保険福祉部長通知　老健102-2号）を参照のこと。
2　日常生活自立度がJ1～A2である患者については、当該計画書の作成を要しないものであること。

図表6-93　褥瘡対策に関する診療計画書

褥瘡対応事例1（Hoffer 座位能力分類〈JSSC 改訂版〉Ⅱレベル）
評価・対応票
1. タイトル
   頸髄損傷高齢者の褥瘡対応症例
2. 病名・障害名
   頸髄損傷（c5不全、右c8、左c7頸髄節より完全損傷）
3. 年齢・性別
   60歳代後半　男性
4. 身体状況・障害の状況・既往歴・予後
   約25年前に交通事故による頸髄損傷、身体障害者手帳1種1級、体幹機能障害と四肢麻痺の状態であった。介護保険を利用して訪問看護とヘルパーを週1回程度利用し、妻の介護により自宅生活を行っていた。年に数回、レスパイトのために、近所の介護老人保健施設に10日間ほどショートステイを利用していた。
5. ADL
   ADLは食事、車椅子操作は自立、他は全介助。
   2月に風邪より肺炎を併発し、治療のために近隣の医療機関に入院した。発熱が続き、ベッド上でのギャッジアップなどで、仙骨部、坐骨結節部に褥瘡が発生した。原因の一つとして、褥瘡予防に対する医療機関での配慮がされておらず、エアマットレスを使用していたが、ギャッジアップ姿勢により坐骨結節部のベッド上での底付きによる圧力の上昇が推測された。また、敗血症を発症し、長期入院となった。その年の7月に全身状態安定にて退院した。左坐骨結節部にD3e1s6i1g3、総点14点（DESIGN-Rによる）褥瘡の大きさであった。担当医師より褥瘡完治まで臥床生活を指示された。
6. メンタル状況
   問題なし
7. 現状の問題点
車いす・シーティング評価
   全身状態は落ち着いたが、自宅で本人は車椅子座位がとれないために、生活上の不満をもっていた。以前の車椅子では座位姿勢が保てずにすぐにななめ座りになってしまった。滑り座りになると自分では姿勢の修正が難しく、屋内での車椅子操作ができない状態で、座位に問題ありの座位能力分類Ⅱレベルであった（図表6-94左）。福祉事務所に車椅子製作の依頼を出したが、褥瘡が治癒していないため、完治してからの製作になるとの連絡があった。本人は褥瘡が治っていないが、一日の生活で少しでも車椅子に座りたいとのことで、主治医と相談し、褥瘡が悪化しないならば短時間の座位をとってよいと了解を得た。老人保健施設の担当ケアマネジャーと訪問看護師がサポートしながら、作業療法士がモジュラー式車椅子の導入を検討した。
8. 解決方法
車椅子の対応1：モジュラー式車椅子の選定と圧分布評価
   褥瘡があるということで、座圧分布測定を行った。褥瘡の状態は範囲は小さいがステージⅢレベルであった。本人の車椅子ではウレタンクッション上で身体が左側に傾き、褥瘡のある左側坐骨結節部に200 mmHg以上の高い圧力値を示した。そのため、褥瘡予防機能の高いクッションを試用評価した。空気量調節式クッションと流動体入りのクッションを試した。褥瘡が

あるとのことで短時間評価であったが、左右の圧力値が均等になることで坐骨結節下の圧力が50 mmHg 程度減にまで調整できた空気量調節式クッションを試用することになった。座位時間については褥瘡へ配慮して、1回の座位時間を30分程度として様子をみた。訪問看護師が車椅子に座った後に特に褥瘡が悪化していないことを確認しながら、食事時間の1時間以内の座位時間を確保した。その後、褥瘡も軽快しながら、1日3回各1時間以内の座位時間を確保できたので、モジュラー式車椅子を補装具費支給制度にて製作した。

車椅子の対応 2

　プラットフォーム上での座位評価では、水平な場所では手の支持があれば、数分は手を使わなくても座る能力があることがわかった（Hoffer 座位能力分類Ⅱレベル）。そのために、減圧効果の高いクッションとモジュラー式車椅子を身体寸法に合わせてシミュレーションを行った。座面を水平にするために臀部形状の空気量調節式クッションを試用した。座面が水平となることで座位姿勢が正中位に近づいた。圧分布測定により、左側の高い圧力値が低下し左右均等な圧分布を示した（図表 6-94 右）。坐骨結節部での圧力値は 50 mmHg レベルまで低下した。座位評価で1時間程度の座位時間で本人からの違和感などの訴えはなかった。

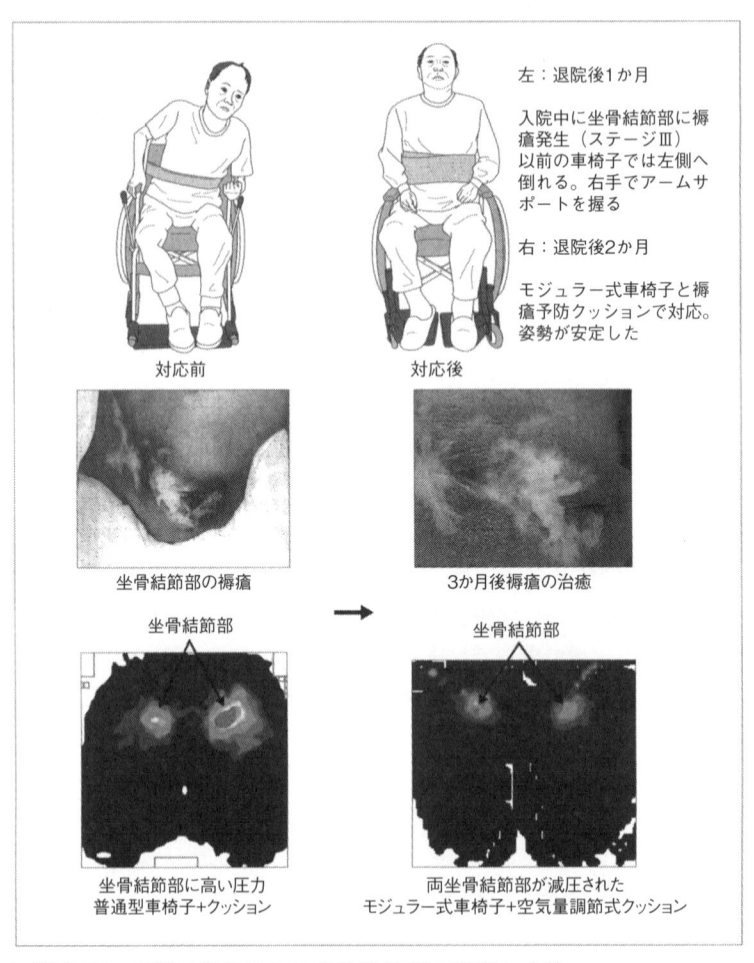

図表 6-94　車椅子座位による坐骨結節部の褥瘡の改善

9. リスクの捉え方、使い方

訪問看護師の処置と3食の1時間以内の座位時間で褥瘡は軽快していき、3か月程度で完治した。10月、試用していたモジュラー式車椅子と同タイプの車椅子を、褥瘡予防クッションと合わせて補装具費支給制度により製作した。屋内移動は車椅子自走で自立した。

入院以前から行っていた小中学生の学習塾も再開し、屋内は自立、座位が安定した状態で、書字等の問題もなくなった。

屋外での散歩等は、坂道等があるため妻が介助で移動していた。その後、本人は近所の散歩は自分で行いたいとのことで、使用していたモジュラー式車椅子に電動ユニットを自費で追加し、簡易電動車椅子として屋外移動も自立した。

10. 考察

頸髄損傷で約30年を経過しており、本人が臥床して褥瘡を治療すると他の廃用症候群が進むことをよく理解していた。訪問看護師など、褥瘡対応に熟知していた地域のチーム医療が活用できたことで、ある一定時間、座位保持を行いながら褥瘡治療が進み完治した。

シーティングの役割は、褥瘡が坐骨結節部にあるために、座位をとることで褥瘡を悪化させないことが重要であった。車椅子のシミュレーションと合わせて、クッション2種類の圧分布測定を行い、試用評価したことでクッションが決定できた。また、座位時間を決めることで、褥瘡の悪化を防ぎ、改善へのきっかけとなった。一方、他の二次障害が出なかったことで、以前と同じ生活ができるようになったことが自立支援のシーティングでは重要である。

褥瘡対応事例2（Hoffer座位能力分類〈JSSC改訂版〉IIIレベル）

評価・対応票

1. タイトル
医療機関からの持込褥瘡の対応

2. 病名・障害名
脳出血後遺症、嚥下障害

3. 年齢・性別
70歳代　男性

4. 身体状況・障害の状況・既往歴・予後

発症2か月後、ベッドのギャッジアップで尾骨部に褥瘡ステージVIの5×5cmのポケットが発症した。褥瘡原因の一つとして、医療機関に入院中にベッドからの離床はなく、ベッドのギャッジアップによる姿勢での尾骨部への圧迫が考えられた。仙骨部の病的骨突出は中程度。栄養状態に問題なく、浮腫なし。四肢には屈曲拘縮は特にない。マット評価による下肢の関節可動域は背臥位にて、股関節屈曲90°、膝関節屈曲90°、足関節0度ポジションはとることができる。脊柱に変形はなく、全身的な筋緊張は緩性で筋力低下あり。言語での意思疎通は少し可能であるが声かけによる追視や笑顔や苦痛などの表情の変化を見る状態。

5. ADL
ベッド上における自力での体位交換、座位保持はできず、ADLは全介助。尿・便失禁ありオムツを使用

6. メンタル状況
軽度の認知症あり

7. 現状の問題点

介助用リクライニング式車椅子の問題点は、小柄な高齢者には車椅子寸法が大きいこと、リクライニング機能のみでは、仙骨座りになり、尾骨部に大きな圧迫や剪断力が加わることである。本症例もリクライニング機能の使用により滑り座りになり、そのために骨盤は後傾し尾骨部への圧迫が強い状態となった。大腿下部は座面から浮き、座面と接触した褥瘡部への圧迫を示していた。入所時より褥瘡に対する治療・ケアは継続して行われていたが、車椅子に座ることで褥瘡を悪化させることになった。

8. 解決方法

ティルト・リクライニング機能付きのモジュラー式車椅子と褥瘡予防クッションを用いて、褥瘡部の減圧と良肢位での姿勢保持の確保を目的に、シーティングを行った。その結果、リクライニング式車椅子では座面に接触していた尾骨部の褥瘡が接触していないことがわかった。減圧クッションにより褥瘡部の減圧も図れたことから、良肢位での座位保持が可能となった。

その後、1日につき約1時間離床を行い、2週間後より、1日3回の個別離床プログラムに移行した。約3か月後には褥瘡部は3×4cm（size 6）となりポケットは肉芽の形成が進んだ

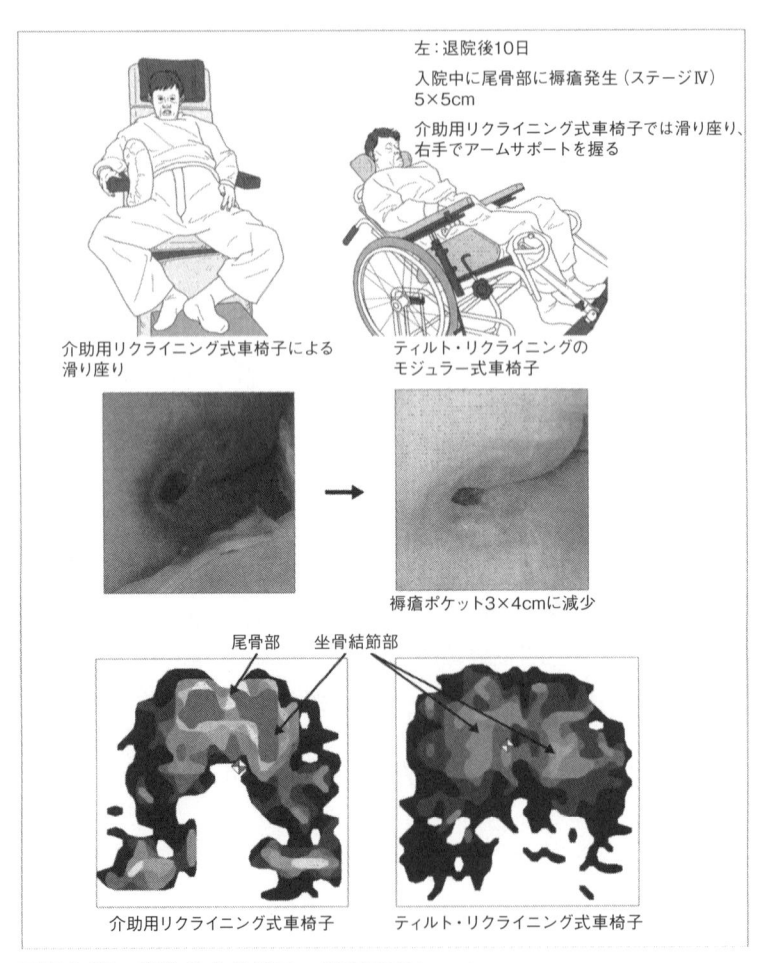

図表6-95　座位能力分類Ⅲ　褥瘡対応ケース

（図表6-95）。ベッド上より食欲も増し、その後3か月、合計6か月後に褥瘡は治癒した。また精神機能面の変化として、声かけによる追視の頻度の向上や穏やかな表情が多く見られるようになった。現在では日中合計5～6時間の離床と家族との散歩が定着した。

9. 使用目的、リスクの捉え方、使い方

ティルト・リクライニング式車椅子を適合させることで、褥瘡部位の尾骨部を接触させない配慮を看護師、作業療法士、ケアワーカーが十分に了解して対応した。一度、坐骨結節部にステージ1の褥瘡が発生したが、座位時間の見直しを行いながら、リスクマネジメントも行われた。

10. 考 察

医療機関での対応は終了となり、褥瘡を有したまま、老健施設への入所となった症例である。施設では積極的な離床を行っていたが、褥瘡対応は十分検討されず、介助用リクライニング式車椅子にて1時間程度の離床を行ったために、より褥瘡が悪化した。対応として、ティルト・リクライニング式車椅子と褥瘡予防クッションを用い、圧分布測定を参考に適宜アセスメントを行いながら離床時間を確保した。また、褥瘡に詳しい看護師がいたことで、高齢者施設ではあったが個別離床プログラムが実施された。さらに、ケアワーカーらによるケアプランにおいて、車椅子の座位時間を組み入れるなど十分な配慮がなされた。その結果、褥瘡完治までの支援に至った。

1.3 障害種別による留意点（2）——内部系、精神・神経系障害

1.3.1 呼吸障害

呼吸は生命を維持するために最低限必要な身体活動の一つである。横隔膜および胸郭の動きによって胸腔内圧が変化し、その変化に伴って受動的に肺が膨張・収縮して行われている（外呼吸）。肺が膨張・収縮するには気道（空気の通り道のこと。鼻腔、口腔、咽頭、喉頭を上気道と呼び、気管・気管支から肺胞に至るまでを下気道と呼ぶ）が必要で、そのほかに胸郭を動かす筋肉、呼吸運動を調節している呼吸中枢（延髄にある）および中枢と筋肉とを連絡している神経が必要である。呼吸障害は、そのどの部分に不具合が起こっても生じることになる（図表6-96、6-97）。

(1) 呼吸障害の原因

(a) 閉塞性換気障害

上気道や下気道が狭窄していることによって起こる障害で、解剖学的な構造の面で狭窄がある場合と、筋緊張の変動や精神的緊張の程度によって狭窄が起こる場合（機能的狭窄）とがある。

その原因によって、覚醒中や緊張亢進時に狭窄症状が強まるか、睡眠中に症状がより強まる

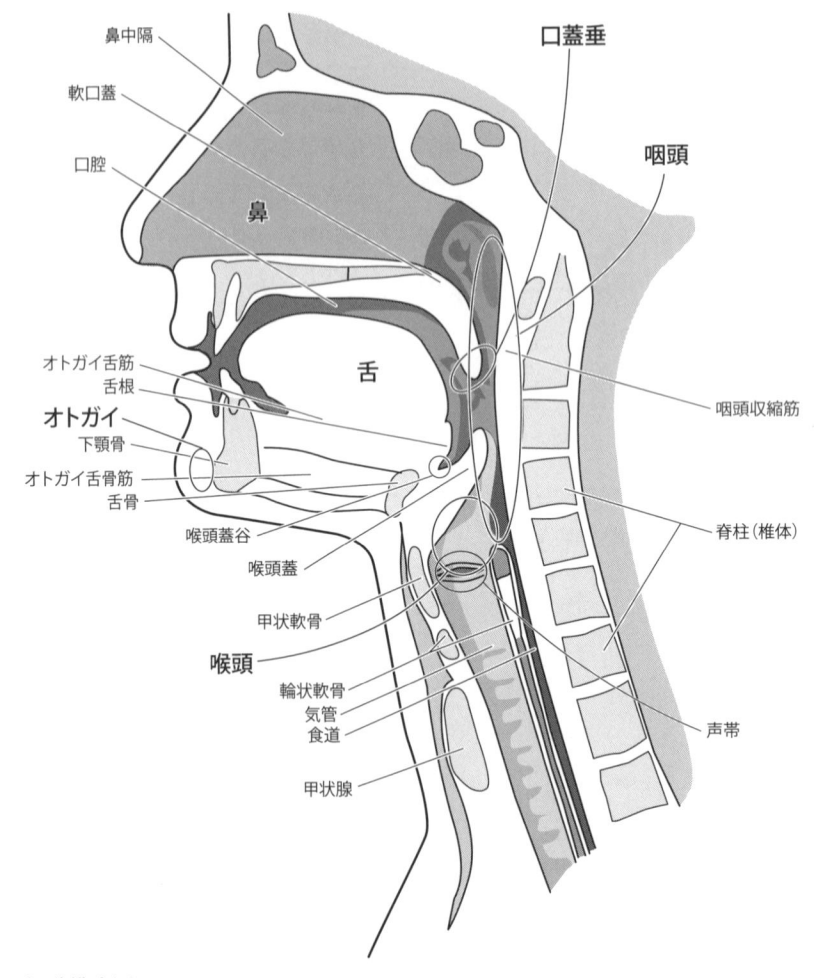

図表6-96 上気道模式図

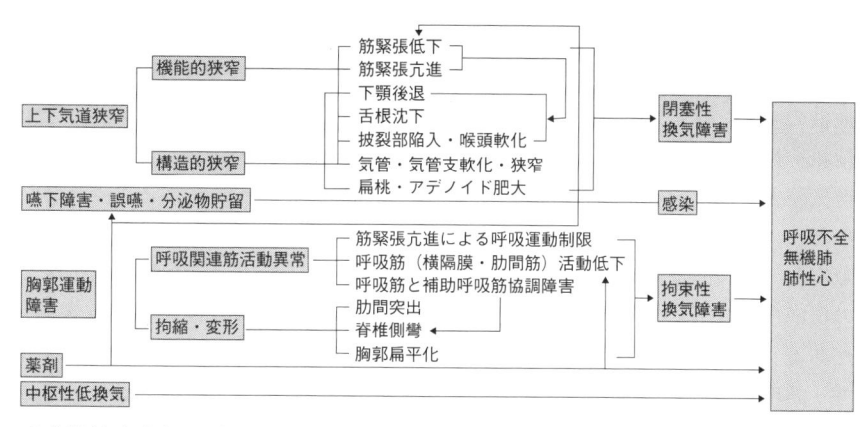

図表 6-97 重度脳性麻痺児の呼吸障害の諸要因（出所：『障害児者の摂食・嚥下・呼吸リハビリテーション その基礎と実践』）

図表 6-98 重症心身障害児・者の気道狭窄とその症状および経鼻咽頭エアウエイの有効性（図表6-97に同じ）

狭窄部位	病因・病態	症状（喘鳴・陥没呼吸など）				経鼻咽頭エアウエイの有効性
		覚醒時	睡眠時	吸気時	呼気時	
上咽頭（鼻咽頭）	アデノイド肥大	−〜+ <	+〜++	+〜++ >	−〜+	++
	鼻炎・鼻甲介肥大など	−〜+ <	+〜++	+〜++ >	−〜+	++
中咽頭	扁桃肥大	−〜+ <	+〜++	+〜++ >	−〜+	+〜++
	舌根沈下	−〜+ <	+〜++	+〜++ >	−〜+	+〜++
	下顎・舌根後退	（緊張亢進時）		+〜++ >	−〜+	±〜++
	頸部過伸展	（緊張亢進時）		+〜++ >	−〜+	−〜+
下咽頭・喉頭部	頸部過伸展	（緊張亢進時）		+〜++ >	−〜+	−
	披裂部前下垂	+〜++ >	−〜+	+〜++ >	−〜+	−
	喉頭軟化	+〜++ >	−〜+	+〜++ >	−〜+	−
	喉頭浮腫	+	+	+	+	−
気管・気管支	気管・気管支軟化症	（緊張亢進時に↑）		+ <	+〜++	−
	気管・気管支狭窄	+	+	+	+	−

かが異なり、また胸郭に入るまでの気道に狭窄がある場合には吸気時に、それ以下の気道に狭窄がある場合には呼気時に喘鳴（ぜんめい）が聴取される（ほかに前者では陥没呼吸*やシーソー呼吸**、胃食道逆流（GER；後述）の誘発などが、両者で肩呼吸が見られる）。咽頭の半ばぐらい（中咽頭）までの狭窄の場合には、経鼻咽頭エアウエイが有効なことがある（図表6-98）。

(b) 拘束性換気障害

横隔膜・胸郭の運動に障害または制限がある場合で、胸郭を形成している胸椎や肋骨の変形に伴う胸腔容積の減少、それらと肩・股関節の可動域の制限などによる呼吸筋・呼吸補助筋の運動制限、および筋緊張の亢進などにより呼吸運動効率が下がることによって、また、横隔膜の運動を制限する腹部膨満によっても拘束性換気障害が生じる。

* 息を吸い込むときに胸郭の一部（鎖骨の上、のどの下など）が陥没する状態の呼吸。
** 息を吸い込むときに胸部がへこみ、腹部が膨らむ状態の呼吸。正常時は吸気のとき胸部と腹部が一緒に膨らむ。

(c) 中枢性換気障害

呼吸運動を制御している呼吸中枢は延髄の背側にあり、血液のpHや酸素分圧、二酸化炭素分圧などの情報を得て、呼吸の調節を行っている。中枢性換気障害には、脳炎や髄膜炎、脳梗塞や脳出血などにより中枢が直接障害を受けたことによる障害と、慢性的な高二酸化炭素血症のため中枢の反応性が低下してしまったことによる障害とがある。

(d) 嚥下障害・誤嚥と唾液・分泌物貯留

新生児・乳児期には成人と比較すると喉頭が高い位置にあり、咽頭での食物や唾液の嚥下時の通り道と気道の共通経路部分が短い。嚥下中枢と呼吸中枢は密接に連携しており、嚥下中には呼吸運動は止まっている。しかし、誤嚥された食物が下気道に流入したり、食物の一部が咽頭に残留したり、嚥下する前の食物や唾液、上気道分泌物が咽頭に貯留すると、肺炎や喘鳴の原因となる。

(e) 薬剤による呼吸障害

神経系に作用する薬剤や筋弛緩剤などの副作用による中枢の活動性の低下や上気道分泌物の増加(特にベンゾジアゼピン系の薬剤による)、筋緊張の低下による呼吸運動の縮小や上気道の狭窄が起こり、呼吸障害が生じる

(2) 閉塞性換気障害の原因と対策

閉塞性換気障害に対する対策は、その原因によっても異なるが、側臥位や腹臥位・前傾座位などの姿勢管理や、用手的にまたはネックカラーなどの器具を用いた下顎の前推保持、筋緊張緩和のほか、咽頭半ばあたりまでの狭窄であれば経鼻咽頭エアウエイの使用(図表6-98)、喉頭以下の狭窄には、陽圧呼吸補助や気管切開が考慮される。

(a) 筋緊張の低下

低緊張の状態では、背臥位またはリクライニングで上体を倒した座位時に舌根の保持が困難となり、下顎も後退してしまいやすく、咽頭の狭窄症状が顕著になる。

(b) 筋緊張の亢進

痙直型の麻痺やアテトーゼ型の麻痺があると、覚醒中に筋緊張が亢進して頸部が過伸展(後屈)することで、その姿勢に伴う咽頭の狭窄に加えて、胸鎖乳突筋や後頸部の筋群の緊張が強くなって下顎の後退が起こり、咽頭の狭窄症状が強くなる。また喉頭軟化症も起きやすい((e)の(ア)「喉頭軟化症」参照)。頸椎や上部胸椎の前彎が増強することで、気管・気管支を後方から圧迫して狭窄症状が生じることもある。

(c) 舌根沈下

舌根とは舌の後部(扁桃腺の位置と同じぐらい口の奥にある部分)のことを指す。

舌は筋肉の塊で、その内部を前後・左右および垂直方向に走っている筋線維と、前方のオトガイ(下顎骨の前の部分)や下方の舌骨、および後方の咽頭などからの筋肉に引っ張られており、さまざまな方向にさまざまな運動が可能になっている。

舌根は口腔底に付着し、通常であれば舌が咽頭に落ち込むようなことは起きない。しかし、下顎の後退に伴ってオトガイが後方に引けている場合や、前方から支えている筋肉(オトガイ舌筋)の張力が弱い場合には、背臥位や上体を大きく後方に倒した座位では、重力のかかっている方向に舌が垂れ下がり(舌根沈下)、咽頭狭窄による症状が見られるようになる(図表6-98、6-99)。

これを改善するには、腹臥位、側臥位や前傾

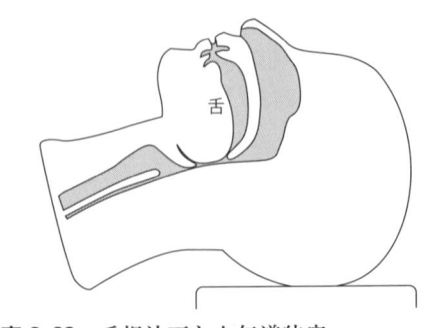

図表6-99 舌根沈下と上気道狭窄

コラム　下顎や舌にかかる重力の影響

　筋肉が弛緩した状態で下顎骨に重力が作用すると、前後方向では顎関節を支点とした回転運動が見られ、横方向では動きはほとんど見られない。したがって下顎体（オトガイの部分）は腹臥位や前傾座位なら軽度前上方へ、背臥位や前傾以外の座位では後下方に移動して開口が見られる（椅子座位で上を向いて居眠りをしている状態など）。咀嚼筋の下顎骨に着く部位（梃子の原理でいう作用点）が支点である顎関節に近いため、咀嚼筋の筋力が低下している場合には、筋肉が弛緩していなくても、重力の作用に抗しきれずに開口していることがある。

　舌にかかる重力の影響に関しては、舌そのものがさまざまな方向への動きが可能なので、裏を返すと、舌には姿勢に応じてあらゆる方向に重力が作用するということになる。したがって筋肉が弛緩した状態では、舌という筋肉の固まりは重力が働く方向に従って垂れ下がることになる。

座位をとるか、用手的またはネックカラーなどにより下顎の前推を行うか、または経鼻咽頭エアウエイを使用する。

(d)　下顎の後退

　下顎の後退は、下顎骨そのものの小ささ（先天性のものと後天性の発育不良によるものとがある）による場合と、下顎骨を支えている（または引っ張っている）筋の影響による場合とがある。

　下顎骨の形態の変化は歯を通じて受ける刺激によるところが大きく、咀嚼が行われないことにより発育不良を来す。また、咀嚼のときに主に活動している筋群は下顎骨を上方および前方に引っ張っており、これらの筋群の発達が悪いと下顎が後退してしまい、筋緊張が低下した状態で背臥位になると、さらに下顎は後方に下がってしまう（図表6-100）。

　下顎骨を後方および下方に引っ張る筋は、直接作用しているものだけでなく、間接的に作用を及ぼしているものなど数多く存在し、頸部後屈や努力性呼吸*に伴う前頸部の筋群の過剰な緊張などに伴い、重症心身障害児・者（以下、重症児・者）では下顎に対して後下方への張力が作用していることが多く、このような状態が

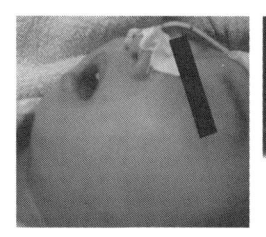

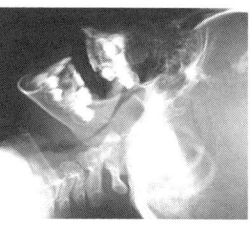

図表6-100　後退した小さな下顎と上気道狭窄

持続していると、次第に下顎が後退し、それに伴い舌根も沈下しやすくなる。

　筋緊張の亢進に伴って下顎が後下方に後退している場合には、その緊張の原因を排除するか薬物により緊張を緩和する。筋緊張が低下して下顎が後退している場合には、腹臥位や前傾座位などの姿勢管理が有効なことがある。

(e)　喉頭軟化症・気管軟化症

(ア)　喉頭軟化症

　喉頭は気管の上端に位置し、その入口の部分（喉頭口）は前壁部分が喉頭蓋で後側には披裂

---

*　横隔膜、肋間筋以外の筋（呼吸補助筋）を多く使う呼吸。そのために、首のところに常に力が入っていたり、肩と首が接近していたりする。

軟骨があり、それらを結ぶ側壁は披裂喉頭蓋ヒダと呼ばれる。これらの構造物が吸気時の気道内腔の陰圧に対して、形を維持できずに喉頭腔側に引き込まれると、喉頭の入口が狭くなり、吸気性の呼吸困難が生じる（喉頭軟化症）（図表6-96、6-105（後掲 p.272）参照）。

先天性のものは、喉頭蓋軟骨の軟骨化の遅れにより起こり、軟骨化が進んだ2歳ぐらいまでに症状が治まる。障害児・者に起こる後天性のものは、ほとんどの場合、筋緊張が亢進しているときに披裂喉頭蓋ヒダが内腔側に引き込まれることで起こっており、前頸部の筋群の過剰な緊張との関連性が考えられる（覚醒時に聴取できる吸気性喘鳴で、リラックスしているときや睡眠中に消失する場合には、この披裂喉頭蓋ヒダ軟化症の可能性が大きい）。

喉頭軟化症を起こしているときは、リラクゼーションを図ることが一番だが（これにより、同時に起こっている下顎後退・頸部後屈増強に伴う咽頭狭窄も治まる）、姿勢による改善を図るには、前傾座位で下顎を前方に突き出させ、前頸部の筋緊張を緩和させるように介助するとよい。

(イ) 気管軟化症

胸腔内での気管内外の圧差は、吸気時は胸腔内圧よりも気管内の圧のほうが高く（気管壁に対して内から内腔を広げるような力が作用）、呼気時には胸腔内圧のほうが高くなる（気管壁を外から圧迫するような力が作用する）。気管には後壁を除く全周の4/5〜2/3に気管軟骨が存在し、これが一定の間隔をおいて並んでおり、本来は内腔を維持できるような構造になっている。

しかし、胸郭の扁平化や頸椎・上部胸椎の前彎の増強などにより、気管の内腔も扁平化（軟骨は変形）し、後壁側の食道との間の軟骨が存在しない柔らかい部分も過剰に拡がって、気管は前後に狭い扁平な形になることがある（図表6-101）。さらに、このような狭窄に加えて気管の慢性炎症（誤嚥などによる）に伴って気管軟

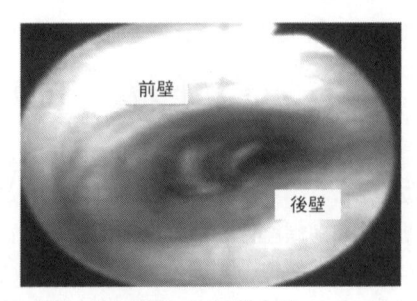

図表6-101 扁平化した気管内腔

骨の脆弱化が生じると、呼気時の胸腔からの圧迫に対して内腔が維持できなくなり、呼気性の呼吸不全を起こす。

このように呼気時に狭窄部分が潰れて吸い込んだ空気を排出できなくなる状態は、筋緊張が亢進しているときや興奮時、および激しく咳込んでいるときなどに見られることが多く、気管支拡張剤は無効で、沈静やリラクゼーションを図ることが有効であり、姿勢としては頸部から上部体幹の伸展を改善させやすい腹臥位や側臥位、前傾座位などが推奨される（かえって筋緊張を高める場合には、その姿勢は避ける）。

胸椎の側彎に前彎が合併していると、気管支を後方から圧迫して狭窄を起こさせることがある。この状態では、その気管支の末梢にある肺区域での十分なガス交換ができなくなり、筋緊張が亢進しているときや興奮時などには狭窄による症状は増強する。

(f) 扁桃・アデノイド肥大

咽頭の鼻部で咽頭円蓋の後上壁の粘膜固有層にリンパ組織が豊富な部位があり、これらが腫大するとアデノイドと呼ばれるものになり、咽頭鼻部の狭窄を起こすことがある。また、口峡（口腔と咽頭の境）の側壁に扁桃腺と呼ばれるリンパ小節の集合体があり、両側が腫大して口峡を塞ぐと呼吸困難や嚥下困難を引き起こすことがある。これらは重力の影響で変形することは少なく、姿勢による直接の影響はないが、下顎が後退すると咽頭の狭窄が起こることがある。

(g) 気道狭窄に対する手術治療

気道狭窄の原因によっては手術による治療が

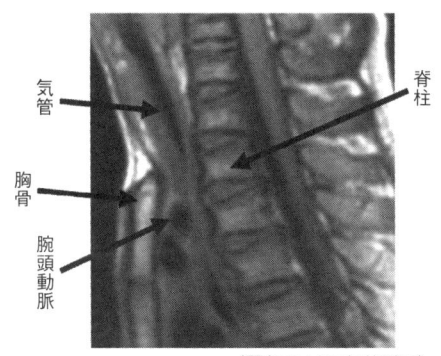

(頸部の MRI 矢状断面)

図表 6-102 気管は頸椎・上部胸椎により後方から圧迫され、胸骨の後方で気管前面を横切っている腕頭動脈により、前方から圧迫されている

行われる場合もある。アデノイドや扁桃肥大により呼吸困難が起きている場合には、それらの摘出術が行われる。喉頭軟化症の場合は、先天性では余剰粘膜の切除などが行われることもある。後天性も含め、呼吸困難が強い場合には気管切開術が検討されるが、唾液の誤嚥が明らかな場合には、喉頭気管分離術や喉頭摘出術が選択される。

喘鳴や呼吸困難・喀痰排出困難などの症状を有する気管狭窄では、狭窄部の切除術や形成術が施行されることがあるが、術後の管理に難渋することも多い。

気管軟化症の場合には、気管壁を保持するために気管の外側や内側にステントを置くこともあるが、障害児・者での有効性は低く、気管内肉芽形成などの問題も大きいため、手術による治療は主流ではない。

気管が頸椎・上部胸椎により後方から圧迫されているときには、前方を横切っている腕頭動脈にも圧迫されていることがあり（図表6-102）、このような狭窄では、腕頭動脈の離断や動脈の前にある胸骨の部分切除が必要になることもある。

(h) 気管切開

気管切開は緊急で切開処置を受けた場合を除くと、ほとんどの場合、甲状腺を避けて胸骨のすぐ上の部位に気管孔が造られている。切開手術を受けた理由としては、口腔・鼻腔や咽頭および喉頭の狭窄により大きくなった気道抵抗に対して、相対的に呼吸筋の活動が追いつかなくなり、慢性的な呼吸不全が進行したことや、長期にわたり人工呼吸器管理が必要になったことなどがある。このほか、慢性的な誤嚥が認められる場合に、喉頭と気管とのつながりを断つようなタイプの気管切開（喉頭気管分離術や喉頭摘出術）が行われる（図表6-103）。

気管切開の管理としては、気管カニューレが留置されているかいないかで少し異なるが、頸部を前頸部伸展状態からやや前屈位で保持することが基本である。それ以外の姿勢が長くなると、カニューレと気管孔や内壁とが過剰に接触し、肉芽形成の危険性が高くなり、カニューレの先端付近の気管内壁にできた肉芽により気道閉塞を起こしてしまうこともある。特にヘッドサポートの調整不良のため頸部が後屈した状態が続くと、腕頭動脈との間に瘻孔を形成して大出血を来すことがあり（図表6-102）、最悪の場合は死に至る（胸郭の扁平化や上部胸椎の前方変位がある場合、および喉頭気管分離術後では危険性が高く、手術後のヘッドサポートの再調整は必須である）。

カニューレが留置されていない場合では、肉芽形成によるトラブルはないが、頸部の過剰な前屈や後屈で、気管孔や気管内腔の閉鎖・狭窄を起こして窒息状態に陥ることがあるため、椅子座位時の頭頸部の姿勢管理は厳重に行われなくてはならない。以上のような理由から、自力で頭頸部を保持できない場合にはバックサポートやヘッドサポートで十分に上体および頭頸部が支えられるようにしておく必要がある。

(i) 姿勢による閉塞性換気障害の悪化

筋緊張が低下している場合に、気道狭窄を悪化させる可能性がある姿勢は、背臥位やリクライニングのバックサポートに体を預けた姿勢であり、舌根沈下や下顎後退による咽頭の狭窄を悪化させる。

第6章 評価と処方、その対応

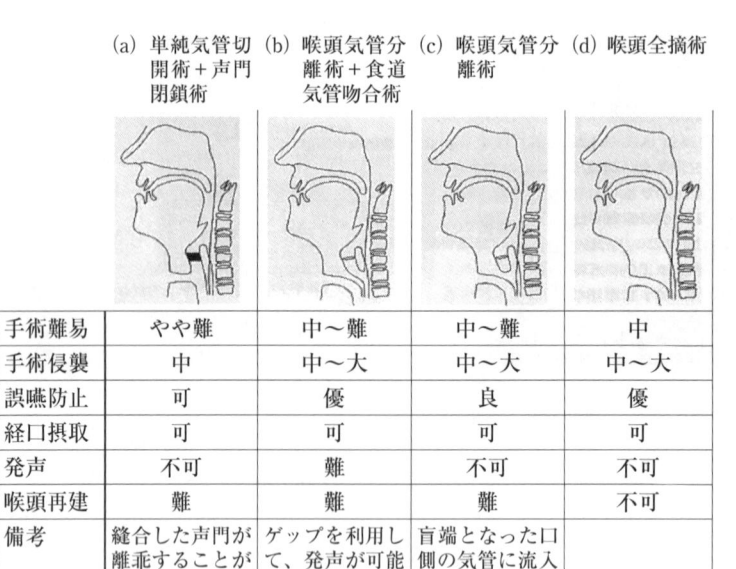

	(a) 単純気管切開術＋声門閉鎖術	(b) 喉頭気管分離術＋食道気管吻合術	(c) 喉頭気管分離術	(d) 喉頭全摘離術
手術難易	やや難	中～難	中～難	中
手術侵襲	中	中～大	中～大	中～大
誤嚥防止	可	優	良	優
経口摂取	可	可	可	可
発声	不可	難	不可	不可
喉頭再建	難	難	難	不可
備考	縫合した声門が離哆することがある	ゲップを利用して、発声が可能	盲端となった口側の気管に流入した食物が貯留する可能性（＋）	

図表 6-103　誤嚥防止術の模式図とそれらの特徴比較

コラム　気管カニューレ

　気管カニューレは気管粘膜が接触するため、低刺激性の素材（ポリ塩化ビニルやシリコーン）でできている。先端付近に空気を入れて膨らませるカフがあるものとないものとがある。カフを膨らませると、気管内でカニューレの位置は安定し、カニューレ先端が気管内壁に接触する可能性は減るが、カフが気管壁を圧迫して疎血状態に陥らせる可能性があるため、最近はカフのないものが主流である。このため気管孔から気管までの部分の長さやカーブの彎曲度が合致しているカニューレを使用しないと、気管内壁に接触して咳嗽反射を起こしたり、肉芽を形成したりする。頚椎の変形に伴い気管が捻れている場合は、複雑な形状にフィットさせるために、内腔の形を維持しながら自在に屈曲することが可能な、コイル状の金属が組み込まれたタイプのカニューレを使用することもある。

　また、カニューレは気管孔の外側部分に左右に伸びた翼がついており、紐で固定できるようになっている。普通は首に固定紐を回して留めておくが、頚部の後屈が強く、肩甲骨を内転・挙上させて肩をすぼめた姿勢をとっていることが多い障害児・者では、気管孔の位置が相対的に肩よりも低くなってしまい、首に回した紐だけでは上方にカニューレが引き上げられてしまうおそれがあるため、固定紐で下方からも引っ張っている場合がある（テープで固定したり、腋窩にかけたりして固定）。これらの固定紐は頚部や肩甲帯の状態によって弛みやすくなり、カニューレが抜けてしまう危険性があるため、椅子への、または椅子からの移乗の際には注意しなければならない（両肩を過剰に内転させ、頚部を強く前屈させた状態が最も弛みやすい）。

筋緊張が亢進している場合では、頸部後屈、肩甲骨内転により頸椎、上部胸椎による咽頭や気管の圧迫が増強しやすく、ヘッドサポートの位置や角度によってはさらにその状態を悪化させることがある。また、胸椎の前側彎がある場合には、胸椎の前彎が強まって気管や気管支の圧迫が増強することもある。股関節が伸展した姿勢（特に背臥位）で悪化しやすい。

(3) 拘束性換気障害の原因と対策

胸郭は12個の胸椎、12対の肋骨および胸骨で形成される。

吸気時には、胸椎と肋骨との関節部分にある肋骨挙筋の作用で肋骨は前上方に持ち上げられ、外肋間筋などの作用で肋間が拡がり、胸郭は前上外側に向けて拡張する（胸式呼吸）。同時にドーム状の横隔膜が収縮して下方に下がり、胸腔を拡げる（腹式呼吸）。さらに深く息を吸い込むときには、頸部の筋（胸鎖乳突筋）や上腕との間にある筋（大胸筋や広背筋など）などが動員されて胸郭を持ち上げる。

呼気は、内肋間筋によって肋間が狭められることと、肺の弾性や吸気時に収縮した筋肉の弛緩という受動的な要素によって起こる。咳などのように大きく、力強く呼気を排出するときには、腹筋群や腰部の筋肉（広背筋の下方部分など）が利用されている。

拘束性換気障害は、これらの筋肉の活動の低下・制限および協調活動の障害により呼吸運動が効率よく行えないことや、胸郭の変形により胸腔の容積そのものが減少すること、および呼吸筋の可動性を制限して吸気と呼気での胸腔容積の変化が減少することで起こる。

その治療や対策は、胸郭運動が効率よく行えるような姿勢や肢位をとること、腹部膨満の防止（これにより横隔膜の可動性が改善する）・筋緊張の緩和や肩・股関節などの可動域の改善

図表6-104　拘束性換気障害の治療・対策

Ⅰ　横隔膜・胸郭の可動性の向上（呼吸筋・呼吸補助筋の可動性の向上と、協調運動の促進）
　①全身的姿勢管理（positioning）：側臥位・腹臥位・前傾座位
　　　・基本的な考え方；胸郭運動が効率よく行えること（上下肢の肢位も含めて）、
　　　　　　　　　　　上気道狭窄が軽減されること、
　　　　　　　　　　　咽頭・喉頭部の唾液・分泌物の貯留が減少すること、
　　　　　　　　　　　精神的なリラクゼーションが図れること、など
　②薬物による筋緊張緩和
　③腹部膨満の防止
　　　・空気嚥下の防止・減少
　　　・おくび（げっぷ）や排ガスの促進、便通の促進
Ⅱ　呼吸理学療法や陽圧換気療法による胸郭の可動性の向上
　④呼吸理学療法
　　　・直接的な換気介助
　　　・胸郭や肩・股関節の可動性の改善
　⑤陽圧呼吸補助換気：In-Exsufflator（カフマシン）、蘇生バッグによる陽圧換気
　⑥非侵襲的呼吸器治療：間欠的陽圧換気（NIV）、持続陽圧呼吸（CPAP）
Ⅲ　上気道抵抗の減少（気道の確保）
　　　・下顎の前推・保持：直接的介助、器具による保持
　　　・経鼻咽頭エアウエイの使用
Ⅳ　その他
　　　・誤嚥への合理的対応（経管栄養の併用・移行）
　　　・胃食道逆流症（GERD）への対応

により胸郭の可動性を向上させること、呼吸理学療法による直接的な換気介助や機器を用いた陽圧換気のほか、低下した胸郭の可動性でも十分な換気が行えるように、上気道の確保や妨げとなる要因（誤嚥や胃食道逆流症（GERD；後述）など）への対応を行うことである（図表6-104）。

(a) 呼吸筋の活動低下と制限

胸式呼吸の主な呼吸筋である肋骨挙筋は脊椎の変形、特に胸椎の前彎によって著しく作用が減弱する。本来、胸椎には緩やかな後彎が認められるが、緊張亢進時の反り返りや、体幹の抗重力姿勢（立位や座位姿勢）を保持するために胸椎を前方に押し出すような姿勢をとると、肋骨挙筋が完全に弛緩しないまま次の収縮が起こり、肋骨の可動性が低下してしまう。側彎の場合も、それに前彎が加わって認められると椎体が側彎の凸側に向かって回旋してしまい、凹側の肋骨挙筋の動きは極端に低下してしまう。

もう一つの胸式呼吸の呼吸筋である外肋間筋の活動性の低下は、胸椎の変形（前彎・後彎・側彎のすべて）に伴い肋間が通常の状態よりも伸長または短縮していることで生じる。また胸郭が扁平化すると、胸椎の変形がそれほどでもない場合でも、肋骨の前上方への動きが小さくなり、胸腔の拡張性が低下してしまう。

吸気で働く呼吸補助筋の活動性の低下は、主に肩関節の可動性の制限、特に内転・伸展拘縮によって肋骨を引き上げる作用が減弱することで生じる。

腹式呼吸の呼吸筋である横隔膜の活動性は、空気嚥下や便秘などに伴う腹部（特に上腹部）の膨満によって著しく低下する。緊張亢進や股関節の過伸展に伴う腹筋群の伸展、および下部胸椎～腰椎の強い後彎に伴う腹腔内容積の減少によっても横隔膜の動きは制限されてしまう。

胸郭の変形が強いために腹式呼吸が主な呼吸法である障害児・者では、食後に胃が張ってしまうだけでも呼吸が苦しくなることがあり、食後の姿勢は腹部が圧迫されないように配慮する必要がある。

呼気で働く呼吸補助筋（腹筋や腰部の筋肉）の可動性は、反り返りなどの胸椎～腰椎の過剰な伸展や股関節の過伸展によって低下し、力強く呼気を排出すること（咳嗽など）が困難になる。

(b) 筋緊張の亢進

筋緊張の亢進により脊柱起立筋などの腰背部の筋肉が過剰に収縮していると、肋骨挙筋も収縮して肋骨が少し持ち上げられ、胸郭は呼気終末でも吸気位に近い状態となり、吸気時の肋骨の動きは小さくなってしまう。また、腰部の筋肉がすでに収縮しているため、強制的な呼気排出（咳嗽など）は腹筋群に頼るしかなくなる。肩関節を内転・伸展させている場合には、大胸筋や広背筋が収縮しているため吸気時に上部肋骨があまり動かせなくなる（協調活動の障害）。

(c) 脊柱変形——胸椎の前彎・後彎・側彎

（a）で示したように、胸椎の前彎があると肋骨挙筋の作用が低下して肋骨の前上方への動きが小さくなる。たいていの場合、胸郭の扁平化も伴っているため、さらに胸腔の拡張性は低下する。

胸椎の後彎が増強した場合には、前彎ほどの拘束性の換気障害は生じないが、最も大きく拡がるはずの肋間の前方部分が短縮しているため、胸腔の拡張性は低下してしまう。

胸椎の側彎による拘束性換気障害は、肋骨の変形に伴う胸腔の拡張性の低下によるが、側彎に前彎が伴うと椎体が凸側に回旋するために、凹側の肋骨挙筋による肋骨の持ち上げが小さくなり、換気が低下してしまう。

(d) 胸郭の扁平化

座位保持が獲得できなかった障害児では、胸郭の前後方向の発達が不良となり胸郭の扁平化が認められる。このため肋骨挙筋によって肋骨後部が持ち上げられたときの肋骨前部の動きが小さくなり、胸郭の拡張性が低下する。さらに横隔膜のドーム部分が高くなり、横隔膜が収縮したときの胸腔の容積変化が小さくなってしまう。

コラム　SpO₂

　SpO₂モニタ（パルスオキシメータ）は、指先などにセンサを装着して、そこにある細動脈の脈波を検知し、2つの異なる波長の光を出して、その動脈血中にある酸素を抱えているヘモグロビン（酸化ヘモグロビン）と酸素を放出したヘモグロビン（還元ヘモグロビン）の吸光度の差から、酸化ヘモグロビンの割合（酸素飽和度）を計算してパーセント表示する器械である。

　静脈血や組織でもそれぞれの光は吸収されているが、脈波の大きな部分と小さな部分との差を測ることで、それらの値は相殺され、動脈血の値だけが計算される。

　通常、動脈血中の酸素分圧は100～150mmHgで、60mmHg以下になると呼吸不全といわれる。パルスオキシメータでは動脈血の酸素分圧が100mmHgのときにSpO₂の値が約94～95%となり、60mmHg以下では90%以下となる。ただし、この値は血液中の炭酸ガス分圧やpHによって変動することがわかっている（炭酸ガス分圧が上昇すると、酸素分圧が同じでもSpO₂の値は下がってしまう）。また、高濃度の酸素投与はかえって組織を傷害するということも念頭に置いておく必要がある。

(e) 胸部・腹部の圧迫

　脊柱の変形防止のためのコルセットや、バックサポートへの体幹固定のためのベルトによって胸郭の可動性を低下させてしまうことがある。ベルトの高さを決定する際には、姿勢を安定に保持することと同じレベルで、呼吸運動を制限しないことを考慮する必要がある。

　胸椎～腰椎に強い後彎がある場合（閉経後の女性などで椎体の圧迫骨折によって、そうなっている場合を含める）、眠気などで意識レベルが低下している場合も含め、体幹の抗重力性が低下している状態で体幹を起こしていると、頭部や胸郭の重量で腹部が圧迫されてしまい、腹式呼吸が十分に行えないことがある。その姿勢ではズボンや下着・おむつカバーなどで腹部がさらに締め付けられて腹式呼吸が制限されるため、胸郭の変形が著しいために腹式呼吸が中心になっている場合には、車椅子や座位保持装置の作製にあたり配慮が必要となる。

(f) 姿勢による拘束性換気障害の悪化

　胸椎に前彎を生じさせる（または悪化させる）姿勢が拘束性換気障害を起こしやすい。このような姿勢では同時に頸部の後屈も起こり、空気嚥下による腹部膨満のため横隔膜の可動性も低下させてしまう。

　全身性に伸展姿勢になりやすい背臥位や、体幹の抗重力性が低いにもかかわらず、バックサポートで十分な支持がなされていない座位姿勢などが拘束性換気障害を悪化させやすい姿勢であり、図表6-104にあるように側臥位や腹臥位、および前傾座位などが良好な姿勢とされている。

　しかし理論的に良好な姿勢でも、かえって緊張が増すようなら、なるべく避けたほうがよい。脊柱や胸郭の変形が進行すると腹式呼吸が中心となっていることが多く、食後（または注入後）に腹部が圧迫されないように配慮する必要がある。

1.3.2　循　環

　循環（特に体循環）に対する姿勢の影響としては、臥位に比べて座位では頭部が心臓よりも高い位置となり、心機能の低下具合によっては負担を考慮する必要が生じることと、椅子座位姿勢で股関節の屈曲が強まり、鼠径部でリンパ

管や静脈が圧迫されると、下肢に浮腫が発現しやすいことなどがある。

(1) 起立性低血圧

起立性低血圧は数値的にきちんとした定義があるわけではなく、数値にこだわらず、立位姿勢になったときに急激に血圧が低下し、めまいや脳貧血などの症状を呈する場合を指すこともある。

血圧は、心拍出力と末梢循環抵抗および有効循環血液量などの諸要素によって決定されていることから考えると、座位や立位への急激な姿勢変換により起立性低血圧を起こしやすいのは、慢性の心機能低下がある場合、および自律神経系が全般的に機能不全に陥っている状態（Shy-Drager症候群など）や頸髄損傷による四肢麻痺のように末梢血管抵抗が低下している場合である。パーキンソン病では疾病により、または服用しているドーパミン作動薬の副作用により起立性低血圧が起こりやすい。また、抗うつ薬を服用している場合にも注意が必要である。

(2) チアノーゼ

チアノーゼは、毛細血管中の還元ヘモグロビン（酸素と結合していないヘモグロビン）濃度が、5g/dl以上になると認められる（このため、貧血があると発現しにくい）。右心室や右心房の静脈血が体循環側に流入する先天性心奇形の場合を除き、多くは呼吸不全が重症化したことを意味している。

姿勢に伴う呼吸状態の悪化は、背臥位や深いリクライニング座位での舌根沈下、下顎後退に伴う上気道狭窄や分泌物の貯留、座位姿勢での腹筋の緊張、あるいは腹部圧迫に伴う横隔膜の可動性の制限や、肢位に伴う呼吸筋の可動性の制限（上腕の位置によって胸郭の可動性が制限され、股関節の過伸展により、腹筋の可動性が制限され、ひいては横隔膜の可動性が制限される）などによって起こりうる。

(3) 心拍数

心拍数の増減には、有効循環血液量や血圧、呼吸状態などが関連しているほか、痛みや筋緊張・精神的緊張の亢進によっても心拍数は増加する。姿勢の変更に伴い心拍数が増加した場合には、これらの状態に変化が起こっていないか、それを改善するにはどうするのがよいかなど検討が必要である。また、頸動脈洞の圧迫や胃内容の食道への逆流に伴い、反射性に、かつ急激に心拍数が低下することがあるため注意が必要である。

1.3.3 消化器

消化管機能に対する姿勢の影響は、後述の嚥下機能を除くと、一般的には取り立てて述べるほどのものはなく、せいぜい、腹筋の発達が未熟な乳幼児期に腹部を強く圧迫した姿勢をとらせると嘔吐してしまうことがあることぐらいである。しかし障害児・者では、姿勢により消化管機能が大きく影響されることがあり、それには直接的な影響と、脊柱の変形（側弯や前後弯）を引き起こしたことによる間接的な影響とが考えられる。

直接的な影響としては、腹壁の皮下脂肪が厚い高齢者（特に骨粗鬆症のため脊柱の圧迫骨折を起こしている症例）や筋疾患患者などで、体幹を強く前屈させるような姿勢をとられた場合に、腹腔内容積が小さくなり、腹圧が高くなってしまい、嘔吐が誘発されることがある。長時間の座位や疲労で姿勢が崩れると、さらに腹圧を高めてしまう。

脊柱の変形は、自力での姿勢変換が困難な障害児・者（特に身長が伸びる時期の障害児）に不適切な姿勢（座位だけではなく臥位姿勢においても）を長時間とらせていることで生じ、消化管機能だけでなく呼吸機能などにも影響を及ぼすことから、姿勢保持用の補装具の作製・使用にあたっては、これらのことを考慮に入れ、細心の注意を払う必要がある。

(1) 胃食道逆流（gastroesophageal reflux: GER）・嘔吐

胃食道逆流とは胃酸や摂食または注入した胃内容が胃から食道に逆流する現象を指し、健常な場合でも過食や胃炎などで起こる。背臥位で

は胃の噴門近く（胃の入口付近）に胃内容が存在するため、おくび（げっぷ）が出たときに胃内容が食道に逆流することがあり、摂食（または注入）後は臥位よりも座位姿勢が推奨されている。

嘔吐とは単に逆流してきたものが口や鼻から外へ排出された現象であり、胃内容の逆流が食道や咽頭までで留まり嘔吐が見られない場合でも、呼吸障害や食道炎などのさまざまな症状が認められ、それらを総称して胃食道逆流症（gastroesophageal reflux disease：GERD）と呼ぶ。

以前は高度の脊柱後彎により腹腔内容積が小さくなり、腹圧が上昇することが原因といわれていたが、前述のように、それが原因で逆流が病的なレベルになるのは、腹壁が皮下脂肪などで厚みを増している障害児・者においてぐらいであり、現在では、①空気嚥下が多く、おくびに伴って逆流すること、②上気道閉塞性の呼吸障害に伴って吸気時に胸腔内圧の陰圧が強まることや、咳嗽、筋緊張の亢進や痙攣に伴い腹圧が上昇することで、食道胃接合部に過剰な上向きの力が作用すること、③嚥下した多量の空気で小腸や大腸のガスが増え、また、体幹を前屈させた姿勢で腹腔内容積が減少し、胃の中央部分（胃体部）が持ち上げられる（胃軸捻転）こと、そして姿勢と最も関係していることとして、④下部胸椎から腰椎にかけての左凸の側彎（椎体の左向き回旋を合併）や、胸椎の前方への変位が生じるような脊柱の変形が生じることが主な原因とされている（その変形によってGERが誘発されやすくなる機序については成書を確認してもらいたい。小児期の不適切な椅子座位姿勢が、GERDを発症させているといっても過言ではない）。

これらの変形は、左右差のある筋緊張が増強することや、筋緊張の低い症例において、抗重力姿勢が適切に保持できていない状態が継続することで起こる。これを防ぐためには、骨盤帯や肩甲帯の捻れが増強するような肢位を避け、自力で上体の姿勢が保持できない場合には、バックサポートへの体重負荷の割合を増やすことも検討しなければならない。特に頸定が完了していない場合には、第9〜10胸椎付近での支持では頸椎・胸椎の前方への変位を抑制しきれないことも多く、胸椎の後彎の頂椎付近（第5胸椎あたり、肩甲骨の中ほどの高さ）で支持することも検討する。

(2) 十二指腸通過障害

胸椎が前方へ変位するような脊柱の変形が生じると、前記のGERの誘発だけでなく、それに伴って上部腰椎が前方に変位（もともと下部腰椎が最も前方に張り出している）し、十二指腸の通過障害を起こすことがある。十二指腸は上部腰椎（第2腰椎付近）の前面を右から左に横切っているが、横切る前の十二指腸は腹腔の右背側にあり、そこから前方に変位している腰椎の前を横切るときに、あたかも後方から椎体に圧迫されているような状態となり、背臥位や上体を深く倒した座位では、食物がなかなかその部分を通過できないことがある。この場合、腹臥位や前傾座位で腹部が圧迫されないようにしておくと、通過障害は起きにくくなる。

(3) 胃瘻

胃瘻は、嚥下機能障害などがある場合の経管栄養の手段として、また、GERDの外科治療として行われる逆流防止術（噴門形成術）に伴って、造設されることが多い。基礎に嚥下機能障害が存在するのなら、誤嚥しやすい姿勢や急激な姿勢変換を避ける配慮が必要となる。

胃瘻造設後の合併症として、瘻孔周囲の皮膚炎や肉芽形成などがある。胃瘻は、心窩部（みぞおち）のやや左下方に造設されることが多いが、体の変形が強いと肋弓の直下に造設されていることもある。カテーテルの腹壁側の形状には、ボタン型とチューブ型の2種類があり、ボタン型の場合には腹壁から1cm程度張り出しているだけであるが、チューブ型の場合は長くチューブが出ており、カテーテルの腹壁外側の部分を引っ掛けると、瘻孔が大きくなって胃内

容が漏れ出たり（皮膚炎の最大の原因）、瘻孔部分に肉芽を形成したりするため、姿勢保持のためのベルトの位置などには配慮が必要となる。

1.3.4 誤嚥

誤嚥とは、食物や唾液などの上気道分泌物、逆流してきた胃内容および誤飲された異物が誤って気管内に流入してしまうことで、窒息の危険性や肺炎など重篤な呼吸症状を引き起こすことがある。

嚥下機能障害と呼ばれる状態には、口腔内での随意的な活動としての食塊の形成（咀嚼し、舌により唾液と攪拌してまとめ、一塊にする）や咽頭への食塊の送り込み、および液体成分の口腔内での保持に障害があることが多く、誤嚥を防止する因子のなかでは、食形態や1回投与量とともに、上体の姿勢や上体に対する頸部の角度が非常に大きなウエイトを占めている。座位保持装置や車椅子上で摂食が行われることも多く、それらの作製にあたっては食事中の姿勢も考慮に入れなければならないことも多い。

(1) 姿勢による違い

嚥下運動に影響を及ぼす上体の姿勢としては、姿勢保持が十分にできない症例では、上体を起こした姿勢ほど誤嚥の危険性が増すことが報告されている。ただし、口腔内で液体成分が保持できない場合には、上体が倒れると口腔内の後方が低くなるため、液体成分が先行して咽頭に落ち、誤嚥が起こる可能性が増してしまう。この場合には増粘剤の利用などによる食形態の工夫が必要となる。また症例によっては、股関節の伸展などに伴い、背臥位に近い姿勢のほうが全身の筋緊張が増してしまうことがあるため、リラクゼーションが図れるよう適度に上体を起こした姿勢をとり、食形態の工夫などで対処していることもある。

上体に対する頸部の姿勢では、頸部が後屈した状態が最も嚥下障害を引き起こしやすい。頸部の後屈により前頸部が過伸展していると、舌骨や甲状軟骨の（前）上方への挙上が不十分となり、ひいては喉頭の挙上不全につながり、嚥下中に喉頭蓋が喉頭腔を十分に覆えなくなる。また輪状軟骨も十分に挙上されないため、輪状咽頭筋（食道入口部を閉めている下咽頭収縮筋の輪走部）の弛緩が少ししか起こらず、食道入口部が十分に開大しないため、嚥下後に食塊の一部が下咽頭に残ってしまい、誤嚥されやすくなる。

頸部の後屈は、食事中だけではなく普段の座位姿勢のなかでも、唾液の咽頭での貯留や誤嚥を引き起こす可能性があるため、ヘッドサポートの調整には十分な注意が払われなければならない（次の（2）「分泌物貯留」参照）。

(2) 分泌物貯留

障害児・者では、喉頭蓋と舌根との間にある窪み（喉頭蓋谷）や、喉頭口の両側にある窪み（梨状陥凹または梨状窩）に貯留した唾液や分泌物、また嚥下運動に先行して咽頭に落ちた食物や嚥下後に咽頭に残留した食物により、吸気時に喘鳴が聴取されることが多い（図表6-105）。

喉頭蓋谷への貯留が増えるのは、前頸部の過伸展などにより舌骨の挙上が十分に起こらなかった場合や、舌の萎縮などによって舌の後方

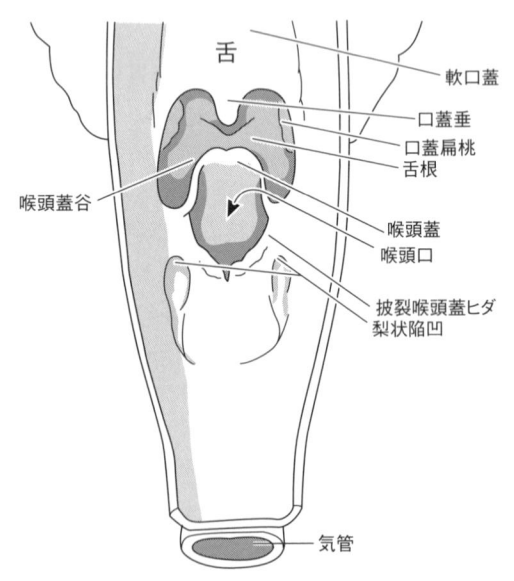

図表6-105 喉頭蓋谷と梨状陥凹（喉頭の後壁を開いた図）

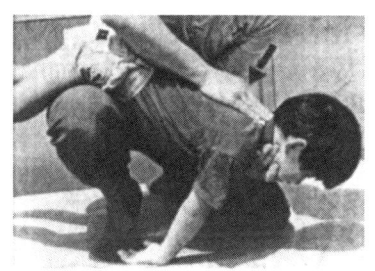

頭を下にして下方を向かせ、背部を叩打
図表6-106 食事中の窒息・呼吸困難への対応

への動きが弱くなった場合であると考えられる。

梨状陥凹への貯留が増えるのは頸部が後屈している状態であり、この場合梨状陥凹が大きくなっていることが多く（茎突咽頭筋が弛緩しているためと考えられる）、吸気時の喘鳴が著明となり、貯留しているものを何度も嚥下しようとするため、多量の空気が一緒に嚥下され腹部膨満を来してしまう。

このように喉頭蓋谷や梨状陥凹の分泌物貯留は、後頸部を短縮させずに頭部の姿勢が維持できるような工夫や、呼吸努力などによって前頸部の過緊張が起こらないように工夫することによって緩和される。これらは通常時であれば前傾座位や腹臥位・側臥位などであるが、貯留した物で呼吸困難を起こしている場合には、頭部を下にして下方を向かせた姿勢（図表6-106）をとらせなければ治まらないことも多い。

(3) 夜間睡眠時唾液誤嚥

障害児・者の誤嚥では、食物や唾液が気管に誤嚥されても咳嗽などの反応が認められない不顕性誤嚥（silent aspiration）が多いが、嚥下機能に問題のない健常な成人においても、約45%の人で睡眠中に唾液を誤嚥しても反応がなかったという報告がある。

この不顕性誤嚥により口腔内の雑菌が下気道に侵入するが、ほとんどの人で誤嚥性肺炎を起こすことはない。これは、誤嚥された異物が気管や気管支粘膜に付着すると、気管支で貪食細胞により処理されるか、粘膜上皮の線毛運動により咽頭に向けて排出される（mucociliary elevator）からである。

老人性肺炎のほとんどが、この睡眠中の唾液の不顕性誤嚥によるといわれており、明らかな食事中の誤嚥が認められない重症児・者が肺炎を繰り返している場合でも、この唾液の不顕性誤嚥が関連していることが多い。慢性的な炎症による局所の免疫低下や粘膜上皮の傷害により、防御機構が破綻して症状が発現すると考えられる。

この肺炎を予防するには、口腔内容物中の雑菌の濃度を減少させる工夫（う歯や歯肉炎の治療および入眠前のブラッシング）と、それを喉頭・気管内に進入させない姿勢の工夫（側臥位や腹臥位）が重要となる。

(4) 咳嗽反射

喉頭や気管・気管支が炎症を起こしたり、異物や刺激性ガスに暴露されたりすると、粘膜にある受容器から迷走神経を経由して延髄にある咳中枢に情報が送られる。喉頭と左右の気管支の分岐部が最も鋭敏といわれており、誤嚥していなくても、喉頭が刺激されるだけでかなりの咳嗽（むせ込み）が見られる。

慢性的な唾液の誤嚥や異物である気管カニューレの留置などで脱感作されていると、誤嚥されても中枢にその情報が届かないことがある。以前は誤嚥してむせ込んでいたのに年月を追うごとにむせ込みが見られなくなる場合は、嚥下がうまくなったのか、それとも silent aspiration が起こっているのかは明らかな肺炎でも繰り返されない限り、外からでは判別できないことが多い。

(5) 筋力低下

筋力低下に伴う嚥下困難としては、老人や重症児・者に見られる嚥下時の喉頭の挙上不全がある。

高齢者では喉頭の位置が、成人のそれと比べてもさらに1～2椎体下方にあるにもかかわらず、喉頭を挙上する筋群の働きが弱くなっていることで、嚥下時に喉頭の閉鎖が十分に起こらず、さらに食道入口部の開大も十分起こらない

ため、咽頭に食物が残留することも多い。舌による食塊の咽頭への送り込みも困難なことが多く、上体を30°近くまで倒して、食形態や1回の投与量を工夫して、重力も利用しながら摂食を行っている。

重症児・者では、重力に抗して下顎や喉頭を前上方に引き上げる筋群が廃用性に筋力低下している場合や、舌骨を下方に引っ張っている筋群の緊張が強いと喉頭の挙上不全が起こりやすい。また老人と同様に舌による食塊の咽頭への送り込みも困難なことが多く、姿勢、食形態、1回の投与量などの工夫が必要となる。

そのほかに筋ジストロフィーなどの筋疾患では、舌骨の前上方への移動を補うため、顔を上に向けて下顎骨を突き出して嚥下していることがある（鵜呑みのような状態）。この場合、食道入口部を食物が通過する前に前頸部の過伸展状態が改善されないと、食道入口部が十分に開かず、嚥下困難や誤嚥の原因となる（(1)「姿勢による違い」参照）。

(6) 下顎の後退（その成因については1.3.1「呼吸障害」を参照）

下顎が後退していると、下顎骨に起始部があり舌骨を前上方に引き上げる筋群（顎舌骨筋、オトガイ舌骨筋、顎二腹筋など）が収縮しても、舌骨は前上方へあまり移動できず、喉頭の挙上不全が引き起こされ、食物の喉頭進入や誤嚥が起こる可能性が高くなる（食道入口部も十分に開大しない）。これらは、背臥位や上体をバックサポート側に倒した座位で顕著となることが多い。

(7) 舌根沈下（舌根沈下が生じる機序については1.3.1「呼吸障害」を参照）

舌根沈下による嚥下への影響としては、舌による食物の攪拌や食塊の形成および食塊の咽頭への送り込みが十分に行えないこと、口峡の閉鎖が不十分となって水分誤嚥の危険性が高まることのほか、食塊が咽頭を上から下に向けて移動する際の舌根による圧排が不十分となり、食塊の一部が咽頭に残留してしまうことが挙げられる。これも、やはり背臥位や上体をバックサポート側に倒した座位で顕著となる。

(8) 気管切開の有無

誤嚥や呼吸不全が原因で行われた気管切開術の種類が、図表6-103にあるように喉頭気管分離術や喉頭摘出術であれば誤嚥の心配がなくなる。しかし、創部で軟部組織や筋肉の癒着が起こり、十分な喉頭挙上が阻害されると、輪状咽頭筋の弛緩が不十分なために食道入口部があまり開かず、嚥下後の食物の咽頭での残留が起こりやすくなる。また、カフ付きのカニューレを使用している場合にも嚥下困難感を訴えることがある。

単純切開の場合には、上記のことに加えて、喉頭の挙上不全による不完全な喉頭閉鎖や、嚥下時に声帯に対して、気管側からの呼気による圧がかけられないために、食物の喉頭進入または誤嚥の危険性が増す。また、カニューレという異物が留置されていることで、その付近の知覚の閾値が上昇し、咳嗽反射が起こりにくくなっており、気管切開されたことで、かえって誤嚥性肺炎のリスクが高くなる可能性もある。

1.3.5 覚醒度（薬の影響）

姿勢保持を考えるうえで覚醒レベルの捉え方は重要である。日中の覚醒レベルの低下は、①睡眠リズムが整っていない場合、②睡眠時無呼吸症候群などのため夜間の睡眠の深度が十分に得られていない場合、③抗てんかん薬・抗不安薬・筋弛緩剤などの作用が強い場合に、および④抗ヒスタミン薬などの服用後1〜2時間に認められる副作用としての眠気によって引き起こされることが多い。

覚醒レベルの低下は姿勢保持力や座位耐久性の低下につながるため、きわめて覚醒レベルが低いときには椅子の使用は避けるべきである。しかし、移動中に車椅子上で覚醒レベルが下がってしまうことも考えられ、その作製においては、「覚醒レベルが低下した状態」に対して、まったく考慮しなくてよいというわけにはいかない。

覚醒度の下がった状態では、抗重力筋の活動性の低下により、一般的に重力に従って骨盤を大きく後傾させ、脊柱を屈曲させた円背姿勢で脊椎を固定して、安定した姿勢をとろうとする。骨盤がずれないように座面に固定されていると、脊柱の前後彎や側彎、股・膝関節の可動域制限の程度、およびバックサポートの位置や角度にもよるが、頭部を前方に垂らした姿勢となりやすく、上体を固定しているベルトやヘッドサポートの役割が大きくなる。

1.3.6 体温調節

恒温動物であるヒトは、視床下部の体温調節中枢で体温を一定の範囲内に維持できるように調整している。熱の産生は食物として摂取された糖質、脂質、蛋白質の分解によって行われている。生体内臓器が安静な状態では基礎代謝熱によって十分体温は維持される。基礎代謝熱は1日約1,500 kcalで、そのうち内臓では56%、筋で18%、脳で16%が産生される。

環境温度の低下などにより熱産生が必要になった場合には、まず肝臓・骨格筋などで代謝を盛んにすることで熱が産生される。筋運動に伴う熱産生は、筋組織の収縮・弛緩の各相において行われる（最大で基礎代謝熱の10倍）。最も効率よく熱産生できるのは、「ふるえ」によるもので（基礎代謝の2～3倍）、全身のほとんどの筋で起こるが、咬筋や四肢筋で起こりやすい。

寒冷刺激に暴露されると、体温調節中枢からの刺激で代謝や「ふるえ」によって熱産生されるほか、末梢血管を収縮させ皮膚表面からの熱放散を減少させて、体温の低下を防ごうとする（露出部分を減らすことで効果が増す）。逆に環境温度が高くなった場合や、運動や緊張によって筋肉で過剰な熱産生が行われた場合には、末梢血管拡張、発汗、浅速呼吸により熱放散が盛んになり、皮膚表面からの熱放散で体温を下げようとする（露出部分が少ないと、これが妨げられる）。

自力での姿勢変換ができない場合には、同じ皮膚面がシートやバックサポートに接触し続けることで熱放散が妨げられる。小児の体温調節では皮膚からの熱放散が重要であるため、自力での姿勢変換が不可能で、筋緊張亢進により熱産生が過剰になっている場合には、特に熱放散に対する配慮が必要となる。

1.3.7 重症心身障害と知的障害

(1) 重症心身障害

重症心身障害とは「身体的・精神的障害が重複し、かつ、それぞれの障害が重度である児童および満18歳以上の者」を指すと定義されている。重症児・者の約半数は、周産期の脳障害に基づく重度の脳性麻痺であり、次いで脳炎・髄膜炎後遺症、てんかん、先天性小頭症、水頭症、染色体異常、などが主要な病因となっている。また原因不明の精神遅滞も多く含まれている。病因がさまざまであるように、重症児・者の病態も一様ではない。24時間の医療的監視を必要とする症例から、生活介助のみが中心となる事例、運動能力はよいが、重度の精神遅滞のため自傷行為・他傷行為があり、保護的管理が必要な事例も含んでいる。

一般的には図表6-107の大島の分類がよく用いられる。これは出生前、周産期、乳児期に生

					IQ 80
21	22	23	24	25	
					70
20	13	14	15	16	
					50
19	12	7	8	9	
					35
18	11	6	3	4	
					20
17	10	5	2	1	
					0
走れる	歩ける	歩行障害	すわれる	寝たきり	

図表6-107 大島の分類

図表6-108　重症児・者の評価の指針

①医療的情報
②睡眠と覚醒のリズム
③感覚刺激に対する反応
④呼吸機能と摂食機能
⑤知的発達状況、コミュニケーション能力
⑥筋緊張と運動能力、姿勢保持能力
⑦拘縮・変形の進行の経過と今後の危険性

図表6-109　覚醒状態の分類（ブラゼルトン、1988）

状態1	閉眼した規則正しい呼吸での睡眠　眼球運動、自発運動はない
状態2	閉眼した浅い睡眠、呼吸は不規則　わずかな自発運動
状態3	開眼し、眠そうな半居眠り状態　刺激に対し、覚醒レベルが上がる
状態4	覚醒しているが、自発運動は少ない　感覚刺激に対し、注意を向ける
状態5	覚醒し、外部刺激に対し大きく反応　ぐずって声を出す
状態6	啼泣状態　外部刺激を受けつけない

じた重い障害を、運動発達障害と知能障害の両面から捉えたものであり、図の1〜4に加え、5〜9で、①絶えず医療の管理下に置くべきもの、②障害の状況が進行的と思われるもの、③合併症のあるもの、のどれか一つでもあれば該当するものとしている。

重症児・者の死亡原因は、その50％以上が肺炎などの呼吸器感染と呼吸不全であり、死亡年齢が低いほどその割合が高い。そしてこれらには、誤嚥や痰の喀出困難が影響しているという点に注目しておかなければならない。

また重症児・者の複合的な症状を評価するために、図表6-108の評価項目が重要である。

(a)　医療的情報

重症心身障害の場合、さまざまな合併症をもつことがあるが、なかでも痙攣発作の有無とその特徴や頻度、誘因となりやすい環境刺激についての情報を得ておくことが大切である。抗痙攣薬の内容や量の変更は、よくも悪くも、対象児・者のコンディションを劇的に変えてしまう。これらは、シーティングの計画やデザインに大きく影響するため、チーム内での情報伝達が必要である。

(b)　睡眠と覚醒のリズム

重症心身障害では、年齢が高くなっても睡眠と覚醒の日内リズムが確立していないことが多く見られる。これは、感覚感受性が変動し環境刺激に対する適応性が育ちにくいといった問題とも関連している。日中も覚醒状態が不規則に変化し、環境刺激に対して低反応と過剰反応が混在する特徴があるため、シーティングのための評価を行う際には、対象児・者の日内リズムを知っておくことも大切である。ブラゼルトンの新生児行動評価などを参考に、図表6-109に示すような6つの覚醒状態で日常生活を推察してみることもよい。姿勢保持能力が生活時間帯によって大きく変化してしまうことがあり、生活の道具としてのシーティングには、これらのすべてへの対応を求められることもあるからである。

(c)　感覚刺激に対する反応

上述した覚醒状態や生活リズムとも関連し、重症児・者は、それぞれ独特の感覚刺激の受け入れ方、処理の方法、反応形態を示している。これらは、特異な行動様式や座っていられないという問題の背景になっていることも多い。対象児・者によっては、視覚、聴覚、触覚、固有受容覚、前庭覚、そして味覚、嗅覚などの感覚機能の特徴を評価（情報収集）しておくことが、シーティングの構造や素材を決定する際の留意点につながる。そのため日本感覚インベントリー（Japanese sensory inventory revised: JSI-R）が役に立つ。JSI-Rは、重症心身障害を対象としたものではないが、家族へのインタビューや観察項目を抽出する助けになるであろう。

シーティングにおいて問題になるのは、触覚過敏や重力不安などの感覚過敏であるが、この点は後述する。また低感受性は表面上目立った

問題とならないことが多いが、シーティングによって呼吸や循環障害、意識障害を引き起こす危険性があることにも留意しておく必要がある。

(d) 呼吸機能と摂食機能

重症児・者に見られる呼吸機能障害の多くは、胸郭の拘束化や上気道通過障害による低換気状態である。そしてこれらの背景に、異常筋緊張と異常姿勢運動パターンの積み重ねが影響していることに留意した総合的な評価が必要となる。同様のことは、摂食嚥下障害についても当てはまる。これらについては、他章の解説を参考にしていただきたい。

(e) 知的発達状況、コミュニケーション能力

現在の対象児・者の発達状況や知的機能を把握するために、各種発達検査や知能テストの情報が必要になる場合がある。しかしシーティングの現場では、このようなテスト結果よりもむしろ、嗜好や興味、楽しく関われる活動の種類といった情報が貴重である。同時にメッセージの発信方法の特徴やわれわれが伝えやすいコミュニケーションの方法といった情報が大切である。

(f) 筋緊張と運動能力、姿勢保持能力（本章 p. 224〜230を参照）

(g) 拘縮・変形の進行の経過と今後の危険性（本章 p. 231〜247を参照）

(2) 知的障害

知的障害とは、「種々の原因により、精神発達が恒久的に遅滞し、このために知的能力が劣り、自己の身辺の事柄の処理、および社会生活への適応が著しく困難なもの」（文部科学省）と定義づけられており、法令上の用語として使われている。一方で、医学や心理学の分野では症候群名である「精神遅滞」という用語で定義づけられているが、これらは同義語であり、共通点は次の3点である。

① 有意（平均より2標準偏差値以上、概ね知能指数70以下）に低い知的機能
② 適応技能の障害を伴っていること
③ 18歳以前に発症すること

知的障害（精神遅滞）は一つの疾患単位ではなく症候群であり、その原因は多岐にわたり、症状も非常に多様である。障害の分類も実際上は困難であるが、一般的には図表6-110のようなものが用いられる。

知的障害児・者では、適応行動の発達不全に加え、多動性、常同性、執着性、自傷行為、自閉傾向などの行動が出現する場合がある。知的障害の臨床徴候として、身体症状を伴うことも多い（身体の発育異常、頭部の発育異常、奇形、免疫機能の障害、痙攣発作、視力障害、聴力障害、前庭機能障害、筋緊張低下、四肢の麻痺、など）。

(3) 重度知的障害に関連した症状の理解とシーティングの対策

知的障害のなかには、脳性麻痺のような目立った姿勢筋緊張の異常や運動障害が見られないにもかかわらず、特異な行動によってシーティングがうまく進んでいかない症例を多く経験する。このような場合、対象児・者の行動の背景にあるさまざまな特徴を理解し、そのデザインと使用方法、使用環境を工夫していくことが望まれる。本書では、姿勢運動の障害に対するシーティングの留意点については多くの章で

図表6-110　知的障害の分類の基準

知能指数の程度による分類		合併症による分類
最重度	IQ 20 未満	精神遅滞
重度	IQ 20 以上 35 未満	精神運動発達遅滞
中等度	IQ 35 以上 50 未満	肢体不自由を伴う精神遅滞
軽度	IQ 50 以上 70 未満	精神遅滞を伴う自閉性障害
境界および正常	IQ 70 以上	その他の精神遅滞

解説されている。ここでは知的障害児・者のシーティングを行う現場で遭遇する困難性や、その対応策について解説する。

(a) シーティングの現場で遭遇する困難性

重度知的障害・児者にシーティングを試みるとき、次のような困難性がよく見受けられる。このとき、表立った問題だけでなく、その背景にある問題を推察し、具体的な対応策を考えていく必要がある。

①じっとしていない
②慣れ親しんだ姿勢に戻ろうとする（よい姿勢がとれるにもかかわらず、その姿勢から逃れようとする）
③常同行動のため意図した姿勢が保てない
④不機嫌に暴れる、泣き叫ぶ
⑤寝てしまう、機嫌よく座れるときとその逆の差が大きい

つまり、重度知的障害児・者の一見特異に見える行動には理由があり、それらを推察し、評価していくことが大切である。図表6-108は、共通した評価の視点である。

(b) 感覚刺激への特異な反応への対策

感覚は中枢神経系が発達するための栄養といってよい。人がもつすべての感覚器官は脳に情報を送り込み、脳はその情報を自分の体や心を環境に適応させるために使っている。したがって、種々の感覚が適切に脳に入力されないとさまざまな適応の困難さを生じることになる。重度知的障害児・者の刺激に対する反応を理解するために、Ayresの感覚統合（Sensory Integration: SI）理論がその一助となる。Ayresによると感覚統合とは、「適切な行動をとるために、感覚情報を脳のさまざまな段階で、目的に応じて処理し、組織化していくことである」とされている（図表6-111（a））。

図表6-111（a）は、正常な感覚統合の状態をイメージしたものである。これに比較し、図表6-111（b）は、感覚の入力と統合に混乱を来している状態であり、この結果生じる感覚刺激に対して不釣り合いな過剰・過小、もしくは変動する反応を示す状態を感覚調整障害という。

感覚調整障害があると、環境を適切に捉えることが困難となる。感覚刺激に過剰反応を示す場合は、驚き怖がりやすく、その結果同種の刺激に対し拒否的になり、ときには苦手な刺激から身を守るように自分で刺激をつくり出す常同行動に結びついていることもある。感覚調整障害には、視覚過敏、聴覚過敏、味覚過敏などさまざまなものがあるが、シーティングにおいては、触覚刺激に対しての過剰反応である触覚防衛や前庭刺激に対する過剰反応である重力不安と姿勢不安が直接的に影響する。

以下、このような特徴に対するシーティングの留意点について解説する。

(ア) 触覚過敏に対するシーティングの留意点

①慣れ親しんだ触感覚に近い身体支持部の表面材料を用いる

一般的には、均一でキメが細かい素材のほうが適している。体動に対し、擦れる感覚が積み重ならないように支持部の形状にも配慮する。筆者は、極端な触覚過敏を示す対象児に対し、家庭で使用していたタオルケットを利用することで座ることへの抵抗が少なくなった例を経験している。

②過敏性が強い身体部位の直接的な接触を避ける

頸部・顔面周囲、坐骨結節部、腋下、足底などは、触覚過敏がよく見られる身体部位である。ネックサポートは、ときに不適合を起こし、この刺激から逃れるようにかえって頸部の後屈を導いてしまうこともある。骨盤の前ズレを防ぐ目的のアンカー、体側サポート、胸ベルトなども同様の可能性があり、デザイン上の工夫が求められる。場合によっては、接触刺激を緩和するような衣服や靴をシーティングの前提としておくことも考えられる。

③固有感覚（圧迫の感覚）を利用する

包み込まれているような圧迫の感覚は、ときに触覚過敏に効果的である。モールド形状

1. 評 価

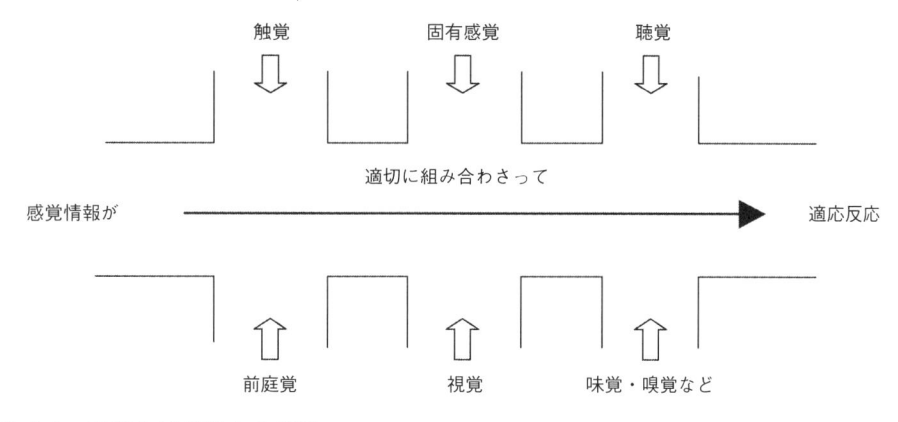

触覚　　固有感覚　　聴覚

感覚情報が　　適切に組み合わさって　　　　　　適応反応

前庭覚　　視覚　　味覚・嗅覚など

図表6-111（a）　正常な感覚統合の状態

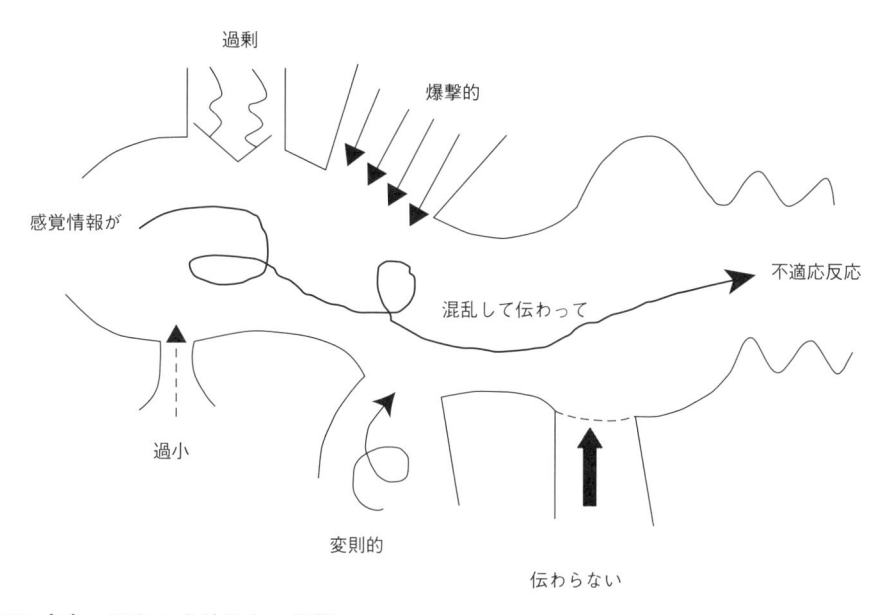

過剰

爆撃的

感覚情報が

混乱して伝わって　　不適応反応

過小

変則的

伝わらない

図表6-111（b）　異常な感覚統合の状態

の支持部に対し弾力ベルトで体を挟んでおくことなどがその例である。足底など過敏で不安定に動いてしまう身体部位は、しっかりとした固定によって、受け入れられることもある。

④慌てず、刺激に順応するのを待つ

　この場合ただ待っているのではなく、好きな音楽や玩具など他の刺激と組み合わせると効果的な場合がある。

（イ）重力不安、姿勢不安に対するシーティングの留意点

①加速度への適応性が低いことに配慮

　シーティングの基本フレームは、静的座位保持時、駆動時ともに揺れの少ないものを設計したい。実際上は介助方法が重要であり、ゆっくり抱き上げ乗せる、移動の開始を予告し対象児・者の体の一部にしっかりと触れておくなどの工夫が大切である。

279

② 身体支持面の安定性を確実にする

　重力不安があると容易に驚愕（びっくり）反応を引き起こし、その影響による座った姿勢での体動がさらに重力不安を助長することになる。触覚過敏への対応と同じように、圧迫の感覚を利用し、広い身体接触面で安定感と安心感のある構造にするとよい。驚愕的反応が生じても大きく上肢が外転してしまわないことを考慮した柔らかい表面素材のテーブルなども効果的である。

③ 姿勢の修正は段階的に行う

　筋痙縮や可動域制限が見られないにもかかわらず、座位にすると全身的な屈曲優位の姿勢になってしまい、姿勢の修正が困難なことがある。日常床上では背臥位や腹臥位で過ごさず、側臥位で丸まったような姿勢で過ごしている対象児・者では、よりいっそうこの傾向が強い。また、頸が側方にうなだれるような姿勢にすぐに戻ってしまう、フットサポートに足底を着けずレッグサポートの側方パイプに足を引っかけてしまう、といった行動も、重力不安、姿勢不安に対する防御的な反応として、一つの拠り所になっていると解釈すべきである。このような点に配慮すると、健常者の模範的な座位姿勢に当てはめようとせず、対象児・者の反応（行動）を能力として尊重したうえで、シーティングを計画していくことが望まれる。

④ 慌てず、座っている姿勢そのものの感覚に順応するのを待つ

　重力不安、姿勢不安の原因である前庭感覚は、入力のされ方によっては「快」の刺激にもなりうる。強弱の差を少なくし、一定のリズムで優しく揺り動かしてあげると心地よく感じ取ることができ、そして段階的に前庭刺激に慣れていくことも可能である。

　対象児・者によっては、sensory needs（ある特定の感覚刺激を強く求める行動）をもっており、これらは常同行動として表出されていることがある。よく見られるのは、指舐め、咬む、手で叩く、足を打ち付ける、首を振る、といったものである。これらも精神的安定の拠り所となっていることに配慮し、その行動を止めるような対応には慎重でなければならない。シーティングの中で sensory needs が失われてしまうと、彼らは不安になり、その結果として不適応行動につながるおそれがある。シーティングを生活の道具と位置づけるなら、形を変えた sensory needs を満たす対策が大切である。

　感覚過敏性が極端に強く、あらゆる刺激が感覚爆撃のようになってしまう症例では、sensory diet（感覚刺激を限定して提供する）に配慮したシーティング環境を工夫することも必要である。

(c) 行動面での困難性への対応

　シーティングの難しさの背景を評価し、チームで確認していくことの重要性は繰り返し述べてきた。しかし一方で、それらは課題としておきながらも、座ることを促し、日常生活空間と経験を広げていく現実的対応が求められる。このときにシーティングの環境づくりという観点で、応用行動分析的な考え方が役に立つ。

　応用行動分析理論では、行動の原因を神経生理学的な機能不全など個体の内部に求めず、個体と環境との相互交渉の中に見出そうとする。つまり行動と環境との間に何らかの関係を仮定し、環境に働きかけることによって行動を形成し、変化させようとする。三項随伴性が応用行動分析の中心概念であり、以下の3つの言葉で表現される。

　　　弁別刺激……反応……強化刺激

　この図式の特徴は、シーティングを例にすると、座っていられない／座れるという行動を、対象児・者自身の振舞いである反応だけを見るのではなく、それに先行する環境状況（弁別刺激）と後続する結果事象（強化刺激）を含めて捉えることである（図表6-112）。

　神経生理学的な障害は治らず、過敏性などの

```
シーティングの現場で／生活場面で          シーティングの現場で／生活場面で
            ↓                                      ↓
       これに座ると                           これに座ると
            ↓                                      ↓
嫌な感覚だけが残る／退屈する／          今までになかった快適な感覚がある／
不安になる／嫌な思い出がよみがえる       面白いことが起きる／楽しい思い出がよみがえる
            ↓                                      ↓
   座ることを嫌うようになる                 機嫌よく座るようになる
        (a) 負の強化                              (b) 正の強化
```

図表 6-112 座るという行動と環境の関係

特徴はもち続けるとしても、環境の側で弁別刺激や強化刺激を調整することによって、機嫌よく座っていられる行動を促せる可能性がある。この場合、決して健常児・者と同じように座れるようになることを求めるのではなく、対象児・者が今できる形に対して強化を与え、座っておく行動として成立させることを優先させる。

このような考え方は近年のリハビリテーションにおいて多く応用されるようになっており、シーティングのための評価、採寸、設計、仮合わせ、モニタリング、実際の使用における一連の過程での環境づくりに役立つ考え方である。

応用行動分析的な考え方を参考にしたシーティングの環境づくりは、次の点に要約できる。

① 対象児・者の好む刺激、遊び、パニック時のなだめ方を知っておくこと
② シーティングと快の体験を組み合わせること
③ 嫌になったらいつでも降ろしてもらえる（見通しのもてる）環境
④ 座っていられる環境の選択肢を正の強化によって広げていくこと
⑤ 環境によって対象者の能力が異なってしまうので、一場面を見て短絡的に判断せず、総合的に長期的に観ていくこと。

発達経験上の問題をもっていた対象児・者が、このような配慮点が決め手となり、座っていることへの適応性が向上するといったことは多く経験する。そしてシーティングの成功の結果、彼らは「座りたくない」と言っているのではなく、「座る意味がわからない」と言いたかったのだと気づかされる。

1.3.8 意識障害

意識障害は、意識の量的変化である「清明度の低下（意識混濁）」と、質的変化である「意識変容」の2つの観点からみることができるが、一般的に意識障害という場合は清明度の低下を意味し、現在自分が置かれている環境に対する認識が低下している状態である。

清明度は、清明、傾眠、混迷、半昏睡、昏睡の5段階で表現される。このうち傾眠は、他人からの問いかけなど軽い刺激で目覚めるが、刺激がなくなると眠ってしまう状態である。注意は散漫で、応答や行動も緩慢である。混迷は、大声で呼びかけると一時的に反応がある状態であり、半昏睡は、問いかけには反応がないが自

図表 6-113 グラスゴーの昏睡尺度（Glasgow Coma Scale: GCS）

1. 開眼：Eye Opening（E）
   - 4：自発的に開眼する
   - 3：呼びかけで開眼する
   - 2：痛み刺激を与えると開眼する
   - 1：開眼しない
2. 最良言語反応：Best Verbal Response（V）
   - 5：見当識の保たれた会話
   - 4：会話に混乱がある
   - 3：混乱した単語のみ
   - 2：理解不能の音声のみ
   - 1：なし
3. 最良運動反応：Best Motor Response（M）
   - 6：命令に従う
   - 5：合目的な運動をする
   - 4：逃避反応としての運動
   - 3：異常な屈曲反応
   - 2：伸展反応
   - 1：まったく動かない

図表 6-114 日本式昏睡尺度（Japan Coma Scale: JCS）

3. 刺激しても覚醒しない（deep coma, coma, semicoma）
   - 300：まったく動かない
   - 200：手足を少し動かしたり顔をしかめたりする（除脳硬直を含む）
   - 100：はらいのける動作をする
2. 刺激すると覚醒する（stupor, sopor, lethargy, hypersomnia, somnolence, drowsiness）
   - 30：痛み刺激でかろうじて開眼する
   - 20：大きな声、または体をゆさぶることにより開眼する
   - 10：呼びかけで容易に開眼する
1. 覚醒している（confusion, senselessness, delirium）
   - 3：名前、生年月日がいえない
   - 2：見当識障害あり
   - 1：だいたい意識は清明だが、今ひとつはっきりしない

動運動が見られる状態である。ちなみに、昏睡は外部からの刺激に反射的な運動が見られる程度の障害を表している。

意識内容の質的変化である意識変容には、せん妄、もうろう状態などがある。このうちせん妄は、幻覚、誤認、不安などが現れ、他者との意思疎通が困難になることが多い。認知症などが進行すると夜間せん妄を生じ、夜中に起きて歩き回るなどの行動障害のために家族の生活パターンを大きく阻害することもまれではない。また、もうろう状態は軽度の意識障害を示し、全般的な認知・判断・思考の低下などを認める状態である。

意識障害は、身体各部から入力される感覚刺激がどこかで遮断された状態で生じる。感覚神経の一部は脳幹網様体を通り、視床を経由して大脳皮質へと広がる。ちなみに、意識レベルを保つための中枢は脳幹網様体にあり、この網様体が大脳皮質を刺激して活動を維持するように働きかけている。

意識障害を生じる原因としては、脳外傷、脳・髄膜炎、脳卒中（脳血管障害）、脳腫瘍、てんかん、循環・呼吸器疾患による低酸素脳症、糖尿病、尿毒症、薬物中毒などさまざまなものがある。また、意識障害の程度を評価する方法としては、イギリスのグラスゴー大学を中心に作成された尺度である「グラスゴーの昏睡尺度（Glasgow Coma Scale: GCS）」（図表 6-113）や、日本の太田らによって作成された尺度である「日本式昏睡尺度（Japan Coma Scale: JCS）」（図表 6-114）などがある。

2. 処　方

現在、座位保持に関するニーズは通常の椅子や車椅子では姿勢を保つことが困難な重度の障害児・者ばかりでなく、上肢機能を考慮し、また腰痛などの二次的問題に配慮した適切な作業姿勢や高齢者の座位への配慮など、さまざまな障害レベルの対象にわたっている。本節では、重度の障害児・者に対する座位保持装置の意義と目的をまとめる。

座位保持装置の主たる目的は以下に挙げるものであり、最終的なゴールはQOLの向上にある。

①身体機能の改善
・四肢・体幹機能に神経生理学的効果を与え運動発達を促し、また、できるだけ残存機能を活かす
・体幹の安定により咀嚼嚥下機能、呼吸循環機能などが有効に働く。さらに、これらの機能の改善や発達の促進を図る
・拘縮・変形、褥瘡の発生などの二次障害や全身的な廃用性の障害を、理学療法、装具療法、薬物療法、手術療法などと併用し予防・軽減する

②日常生活の改善
・上肢作業能力の向上により、机上作業（食事、書字、コンピュータ・コミュニケーション機器などの操作）、車椅子、電動車椅子操作などを改善する
・座位保持能力の向上により、座位耐久性や安楽性を獲得し、また、ADL全般で質的・量的介助量の軽減を図る

③心理社会的側面の活性化
・上肢機能が改善されることによって、目と手の協調動作を可能にし、認知機能の発達を促す。さらに学習能力全般の向上を図る

・座位が可能になることで社会参加を容易にし、生活圏が拡大する。他者とのコミュニケーションの拡大を図り、精神活動を活性化させる

2.1 適応と処方

2.1.1 適　応

座位保持装置の適応となる障害は、体幹を含む麻痺、筋力低下、拘縮・変形および姿勢運動の発達障害で、その原因疾患は脳性麻痺を中心とした脳障害、重度精神遅滞（運動発達障害を伴う）、二分脊椎、骨関節疾患（骨形成不全など）、神経筋疾患（筋ジストロフィーなど）である。さらに中途発症の障害では、血管障害、変性疾患、外傷などによる脳障害、頸髄損傷、骨関節疾患（関節リウマチなど）、神経筋疾患（筋萎縮性側索硬化症（ALS）など）が加わる。

2.1.2 評価に基づいた処方

(1) 評　価

処方に際しては、使用者の身体機能だけでなく装置の使用目的を明らかにするとともに、使用環境（人的、物的）の評価を行う（図表6-115、6-116）。主な評価項目を図表6-117に示した。

(a) 機能障害に関する評価

(ア) 機能障害の特性

機能障害の特性は評価の中心となる項目である。座位能力の指標としては、「手が離せる」「上肢の支持が必要」「自力で座れない」のHofferの3段階の分類が知られている。図表6-118は、MulcahyらのThe Level of Sitting Ability Scale（1988）をもとに改変された、子どもの座位能力を8段階に分けて示した指標で

第6章 評価と処方、その対応

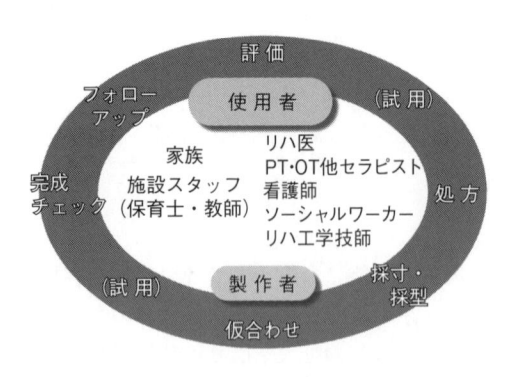

図表 6-115　処方のプロセス（チームアプローチ）

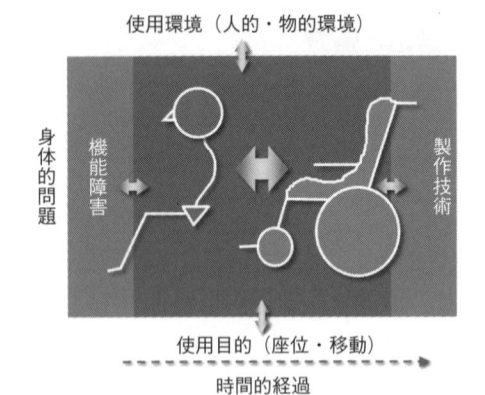

図表 6-116　処方のプロセスと評価

図表 6-117　主な評価項目

機能障害の評価	本書での関連・参照頁
・機能障害の特性 　座位保持能力 　運動発達レベル 　麻痺のタイプまたは筋力低下の分布 　姿勢の異常を引き起こす異常運動パターン 　感覚障害	3章2.2　姿勢運動 (p. 58) 3章2.3　よい姿勢と異常姿勢 (p. 64) 図表 6-1 (p. 214) 6章1.2.1　筋緊張の異常 (p. 224) 〜 同　1.2.5　立位と座位における筋活動 (p. 228) 6章1.3.7の(3) (p. 277)
・拘縮・変形	3章3.　拘縮と変形 (p. 79) 6章1.2.6　拘縮と変形 (p. 231)
・呼吸・循環機能	3章1.3.2　循環器系 (p. 44) 6章1.3.1　呼吸障害 (p. 260) 6章1.3.2　循環 (p. 269)
・上肢機能・摂食機能	3章1.4　摂食・嚥下機能 (p. 45) 3章2.2.3　シーティングへの応用 (p.61)
・精神・心理的状況（知的・認知機能を含む）	6章1.3.7　重症心身障害と知的障害 (p. 275) 6章1.3.8　意識障害 (p. 281)
・その他の留意事項 　原疾患の特徴 　全身状態・合併症	6章1.1　疾患別による留意点 (p. 209)
使用環境に対する評価	
・人的環境の評価 　介助者のニーズ 　介助能力	2章2.　シーティングの評価と支援計画 (p. 21) 7章1.1　姿勢保持の考え方と流れ (p. 341)
・物理的環境の評価 　使用環境 　経済的側面	〜 同　1.3　使用目的・使用環境 (p. 343)

図表 6-118　The Level of Sitting Scale（LSS）

Level	要約 (Descriptor)
1	座位不能 (UNPLACEABLE)
2	頭部以下のサポートが必要 (SUPPORTED FROM HEAD DOWNWARD)
3	肩または体幹以下のサポートが必要 (SUPPORTED FROM SHOULDERS OR TRUNK DOWNWARD)
4	骨盤のサポートが必要 (SUPPORTED AT PELVIS)
5	動かなければ、姿勢保持可能 (MAINTAINS POSITION, DOES NOT MOVE)
6	体幹を20°前方に倒し、直立に戻す (SHIFTS TRUNK FORWARD, RE-ERECTS)
7	体幹を20°側方に倒し、直立に戻す (SHIFTS TRUNK FORWARD, RE-ERECTS)
8	体幹を20°後方に倒し、直立に戻す (SHIFTS TRUNK BACKWARD, RE-ERECTS)

註：1．子どもの座位能力分類の指標である。
　　2．高いマットまたはスツールに座って評価する（足部の支えなし）。
　　3．2〜5は30秒保持。
（出所：http://www.bcchildrens.ca/Services/SunnyHillHealthCtr/Research/Seatedposturalcontrolmeasure.htm／日本語訳：筆者）

図表6-119 SPCM アライメント評価（要約）SEATED POSTURAL CONTROL MEASURE

前方（前額面） ANTERIOR VIEW	右側方（矢状面） RIGHT LATERAL VIEW	右・左側方（矢状面） LIGHT & LEFT LATERAL VIEWS	上方（水平面） SUPERIOR VIEW
1. 骨盤傾斜（左・右） 水平と両ASIS（上前腸骨棘）のなす角度 1. PELVIC OBLIQUITY Line joining ASIS's relative to horizontal	7. 骨盤前傾・後傾 骨盤後面PSIS（上後腸骨棘）から座面を結んだ線と垂線のなす角度 7. PELVIC TILT Line from PSIS along posterior pelvis to seat surface relative tovertical	12., 13. 股関節屈曲／伸展 股関節90°屈曲との比較 12. R, 13. L HIP FLEX/EXT Angle relative to 90° flexion	18. 骨盤回旋 両ASIS（上前腸骨棘）と背シートの平面のなす角度 18. PELVIC ROTATION Line joining ASIS's relative to plane of the seat back
2. 体幹の側方への傾き 胸角切痕と両ASIS（上前腸骨棘）の中間点を結んだ線と垂線のなす角度 2. TRUNK LATERAL SHIFT Line joining sternel notch to midpoint between ASIS's relative to vertical	8. 腰椎カーブ L1～L5 8. LUMBER CURVE L1～L5	14., 15. 左・右膝関節の屈曲／伸展 膝関節90°屈曲との比較 14. R, 15. L KNEE FLEX/EXT Angle relative to 90° flexion	19. 上部体幹回旋 両肩を結んだ線と骨盤前面のなす角度 19. UPPER TRUNK ROTATION Line joining shoulders relative to frontal plane of pelvis
3. 肩の高さ 両肩と水平のなす角度 3. SHOULDER HEIGHT Line joining shoulders relative to horizontal	9. 胸椎カーブ T1～T12 9. THORACIC CURVE T1～T12	16., 17. 左・右足関節・背屈／底屈 足関節0°との比較 16. R, 17. L ANKLE DORSI/PL FLEXION Angle relative to 0 degrees	20. 頭部回旋 両耳を結ぶ線と上部体幹前面のなす角度 20. HEAD ROTATION Line joining ears relative to frontal plane of upper trunk
4. 頭部の側方への傾き 両外眼角を結んだ線と水平のなす角度 4. HEAD LATERAL TILT Line joining outside corner of eyes relative to horizontal	10. 体幹 前傾・後傾 T1と両PSIS（上後腸骨棘）の中間点を結ぶ線と垂線のなす角度 10. TRUNK INCLINATION Line joining posterior surface T1 and median of line joining PSIS's relative to vertical		21., 22. 左右股関節の内／外転 両ASIS（上前腸骨棘）と大腿骨のなす角度 21. R, 22. L HIP ADD/ABDUCTION Angle of femur in relation to line joining ASIS's
5., 6. 左右股関節の内外旋 脛骨と両ASIS（上前腸骨棘）のなす角度 5. R, 6. L HIP ROTATION Angle of tibia relative to line joining ASIS's	11. 頭部 前傾／後傾 外眼角と耳珠を結んだ線と水平のなす角度 11. HEAD ANT/POST TILT Line joining corner of eye to tragus relative to horizontal		

註：1. 評価する座位保持装置に座る。
　　2. 中間位からの偏位を点数化。22項目で満点（正常）は88点。
　　　　正常：4点、軽度の偏位：3点、中度：2点、重度：1点
　　3. 例1. 骨盤傾斜。
　　　　水平と両ASIS（上前腸骨棘）のなす角度

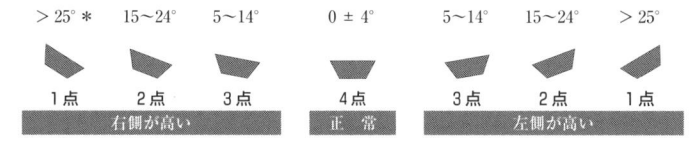

>25°*	15～24°	5～14°	0±4°	5～14°	15～24°	>25°
1点	2点	3点	4点	3点	2点	1点
右側が高い			正常	左側が高い		

（出所：図表6-118に同じ／日本語訳：筆者）

図表6-120 SEATED POSTURAL CONTROL MEASURE(SPCM) FUNCTION SECTION 機能評価（要約）

1	頭をまっすぐに持ち上げ、5秒間保持する（矢状面でのアライメント） Lifts head upright and maintains 5 seconds
2	頭をまっすぐに持ち上げ、正中位で10秒間保持する（前額面でのアライメント） Lifts head upright, in midline and maintains 10 seconds
3	上体を前方に傾け、好きなほうの手首または手でおもちゃ（机上）に触れ、直立位に戻る Leans forward, touches toy with preferred wrist or hand, re-erect
4	上体を右または左に屈ませ、反対側の手でおもちゃ（机上）に触れ、直立位に戻る Leans forward and to right or left, touches toy with oppositehand, re-erects
5	サポートなしで、両上肢を挙上する Lifts both upper arms free of support
6	前方のおもちゃ（机上）に好きなほうの手で、触り、摑み、放す（容器に入れる） Reaches forward, grasps and releases toy with preferred hand
7	（机上の）ねじるタイプのビンの蓋をはずし、元に戻す Removes and replaces lid of screw-type jar
8	好きなほうの手でレーズン（机上）を摘み、口に入れる Picks up raisin, places in mouth with preferred hand
9	（机上）ペンを取って、紙に書く Picks up pen, makes a mark on paper
10	30秒間に、好きなほうの手でサイコロを1個ずつビンに入れる Places dice in jar, one at a time, with preferred hand, in 30 seconds
11	車椅子を前方へ駆動する（30秒以内に45フィート（13.7 m）） Moves his/her wheelchair forward 45 feet in less than 30 seconds
12	8フィート（2.4 m）幅の廊下で車椅子を10フィート（3 m）前進、右または左に90°回転、33インチ（0.8 m）の出入り口を通過する Moves his/her wheelchair forward 10' along an 8' wide corridor, turns right or left 90° and passes through 33" doorway

註：1．子どもが座位保持装置（または車椅子）に座っている間に評価する。
　　2．頭部・体幹のコントロール、手を使う作業（握る・放す）、車椅子の取扱いなど座位機能を評価する12項目からなる。
　　3．各項目は1点〜4点の4段階評価で、満点は48点。
　　　1の例：1点：頭を持ち上げることができない　2点：頭を持ち上げようとする　3点：頭を持ち上げられるが、まっすぐには上がらない。しかし5秒保持　4点：頭をまっすぐに上げ（水平に対し±15°）、5秒保持
（出所：図表6-118に同じ／日本語訳：筆者）

ある。子どもを高さのあるマットまたはスツールに足部の支持なし（足底が床に接地しない状態）で腰掛けさせ、評価する。レベル2〜5は30秒その状態を保持できること、レベル6以上は手の支持なしで座位を保持する。

また、座位保持への介入に対する効果測定については、研究者によりさまざまな方法が提唱されている。しかし、特定の機能（呼吸、嚥下、筋緊張など）の変化を測定するもの、特別な測定機器を必要とする方法など、臨床場面では必ずしも実用的とはいえない。図表6-119、6-120では、臨床場面での評価を前提として開発された評価法の一部を紹介する（Fifeら：Seated Postural Control Measure）。測定時間は30分程度であり、機能評価に用いる用具も指定されているが、ゴニオメーターやメジャー、市販されている玩具などで入手しやすい。詳細はweb siteを参照されたい。

シーティングクリニックなどでは、マット上評価、最も慣れている介助者（母親など）や担当のセラピストに実際に抱っこしてもらった状態の観察、測定椅子、専用の採型装置などを用いて姿勢のシミュレーションを行いながら評価し、同時に採寸・採型することが多い。マット上臥位で評価を行った場合に重力の影響が加味されないこと、脊柱後彎など変形がある場合の

平面であるマットの影響などに注意が必要である。測定椅子は、股関節90°－膝関節90°－足関節0°に設定されていることがあるが、これはあくまで測定スタート肢位である。また、療育場面などで備品や評価用の座位保持装置を用い、活動場面の座位姿勢の変化の状況を評価しておくことも有用である。

(イ) 拘縮・変形

関節可動域（ROM）の測定を行う。特に座位姿勢に影響を与える二関節筋（多関節筋）の評価や、骨・関節の状況についてX線評価などを行う（本章 p. 231 参照、または第3章3.、4.参照）。評価のポイントの一つは、変形が可逆的なものか、非可逆的なものかを判断することで、採型時の修正の程度や体幹保持部品による矯正の程度を決定するために重要である。骨突出部や耳介など皮下組織の少ない部分は、褥瘡好発部位としてマークしておく。

(ウ) 精神・心理的状況の把握

知的障害、高次脳機能障害、行動障害、経験不足など、運動機能以外にも座位保持に影響を与える因子は多い（本章 p. 275「1.3.7 重症心身障害と知的障害」参照、または p. 281「1.3.8 意識障害」を参照）。

また、座位保持装置そのものの受入れあるいは拒否についても評価しておくことは、装置の使用率を高めるうえで重要である。介助者の抱っこから離れ、初めて装置に座る幼児、動きの自由度や姿勢に制限や修正を経験したことのない場合、長期間不適切な座位を余儀なくされていた場合などでは、座位訓練と並行して段階的に座位保持装置を導入する配慮が求められる。

(エ) その他の留意事項

原疾患の特徴（進行性か非進行性か、病状の変動の有無）、座位の医学的禁忌、座位耐久性に影響を及ぼす全身状態、てんかん発作など合併症の有無は、座位保持のレベルを決定するうえで重要な因子である。

(b) 人的環境に関する評価

一般に重度障害児・者に福祉用具を適応する場合、介助者側の条件は非常に重要である。介助者の座位保持装置に対する認識、ニーズ、介助者数など質・量の両面にわたり評価を行う必要がある。

(c) 物理的環境に関する評価

使用場所（家庭/施設、屋内/屋外）、併用する移動介助機器（リフト、エレベーター、車両など）の評価を行う。これらは、装置のサイズや重量、介助者の条件と合わせ、フレーム強度、移動機能（キャスタ、車輪径、外部力源）、折りたたみ機能などに反映される。

経済的側面では、年々改定される装置の公的給付の範囲、製品に関する新しい情報、供給・メンテナンス体制の把握も重要である。

(2) 処方のプロセス

使用目的と評価結果に基づき、身体支持部の形成法、フレームの種類、付加すべき機能、付属品等を選択する。

座位保持装置を処方する際のおおまかな目安を図表6-121に示した。

身体支持部の形成法（平面形状型、モールド型、シート張り調整型など。第4章を参照）、頭部、体幹部、骨盤・大腿部などの支持部位（図表6-122）は機能障害の状況により決まり、特に後者は、座位能力レベル（LSS）に関連している。

身体支持部の処方は、まず、股関節および膝関節屈曲80°～90°程度、足関節中間位をスタート肢位として座位をとらせ、関節の拘縮・変形や緊張の状況に合わせてアライメントを整えながら、バックサポート〔背もたれ〕とシート〔座面〕のなす角度、身体支持部全体の傾き、各々の調整範囲を決定する。

体幹や四肢を保持する部品や部分の決定は、まず骨盤を支持し安定させる条件で仮採寸（採型）し、次いで頭部、体幹の位置が決まった後に骨盤に戻り、下肢の位置を決定する。過剰な支持は避けることが望ましいが、全身状態、合併症、座位経験などから座位耐久性の低さが予想される場合には、ヘッドサポート〔頭部支

図表 6-121　座位保持装置処方の目安

使用目的	機種の選定		処方の目安	備考
●生理機能維持	① フレーム・種類			
	・角度調節機構無	-固定	・比較的座位保持能力が高い場合 ・調整不要な場合	
●訓練的要素	・角度調節機構有	-リクライニング式	・座位保持能力が低い場合 ・易疲労性、要休息	・角度調整によりずれ大
●ADL支援		-ティルト式	・前傾・後傾/作業・休息の調整 ・股・膝関節等の可動域制限	・角度調整によりずれ少
		-ティルト・リクライニング式	・姿勢保持に微調整が必要な場合 ・頻繁に体位変換が必要な場合	・調整の複雑さ有
●作業支援		-前傾前受け型	・抗重力活動促通 ・緊張緩和、気道確保・誤嚥防止	
●安楽性	・材質	-木製	・主に屋内用	
		-金属製	・軽量化・強度が必要	・車椅子・電動車椅子を含む
		-フレーム無（ウレタンフォームのみ）	・屋内用、安全確保 ・緊張緩和、臥位など姿勢保持用	
障害状況・機能障害 ⇒	② 支持部・種類	-平面形状型	・付属品の調節で成長などの変化に対応	・高度変形には対応困難
●座位保持能力		-シート張り調節型	・脊柱後彎などの変形 ・成長期の変化に対応 ・通気性が必要	
		-モールド型	・高度変形、高緊張など	・暑さ・発汗対策要 ・寸法調整困難
●筋の緊張	・材質	-ウレタンフォーム	・シート類の基本的な材質	・単用は避ける
		-低反発ウレタンフォーム	・痛みや褥瘡対策	・硬さと厚みを考慮
●拘縮・変形		-ゲル	・痛みや褥瘡対策	・痩せ/肥満、骨突出、褥瘡の既往など考慮
		-空気室構造	・褥瘡対策	
●呼吸・循環		-立体編物	・褥瘡対策、通気対策	
	・硬さ	-固め	・座位保持能力が高い場合 ・支持部からのフィードバックを得る	・芯として使用 ・圧の集中に注意
●摂食・消化器		-やわらかめ	・反発性の低い支持部が適当 ・痩せ、骨突出が顕著	・身体に接する側に使用・不安定さ、底付き注意
●上肢機能	③付属品	-テーブル	・上肢作業・上肢での支持	
		-パッド類	・体幹・骨盤が不安定な場合	・主として、平面形状型、シート張り調節型の場合
●褥瘡		-ベルト類	・姿勢保持・安全性	

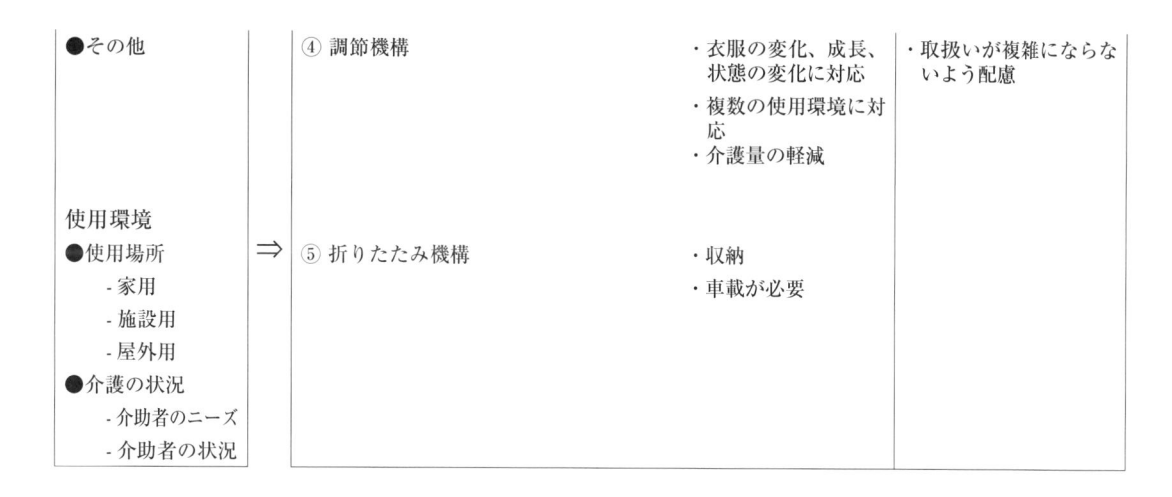

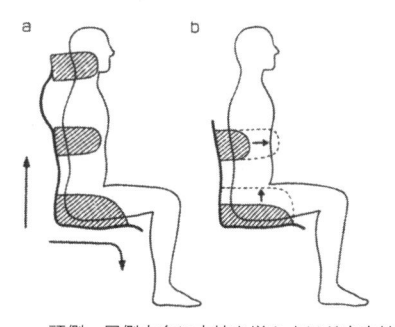

●その他	④ 調節機構	・衣服の変化、成長、状態の変化に対応 ・複数の使用環境に対応 ・介護量の軽減	・取扱いが複雑にならないよう配慮
使用環境 ●使用場所 　- 家用 　- 施設用 　- 屋外用 ●介護の状況 　- 介助者のニーズ 　- 介助者の状況	⑤ 折りたたみ機構	・収納 ・車載が必要	

a. 頭側・尾側方向に支持を増やすほど安定性は増す
b. 背側・腹側に支持を深くするほど安定性は増す

図表 6-122 支持部位と支持の安定性

え〕、体幹保持部品や、リクライニングやティルトなど角度調節機構の追加も考慮する必要がある。

(3) 処方の実際——製作方法と座位保持装置の選択

近年、メーカーにおいて部品類の規格化やS、M、Lなどサイズを揃えた既製品としての開発が進み、公的支給制度においても、それらが完成用部品として承認され、利用可能なものが増えている。製作方法については、タイムリーな供給を念頭に置き、規格化された部品や既製品（完成用部品）の有効活用を検討する。特にフレームについては、補装具費支給の制度のなかで、車椅子、電動車椅子とも座位保持装置のフレームとして用いることが認められ、フレームの選択肢が広がった。身体支持部については、LSS（図表 6-118）でレベル 1. UNPLACE-ABLE に相当する場合、拘縮・変形を合併するケース、身体機能に非対称性を認める場合などは、規格化された部品での対応が難しく、カスタムメイドとなる。

座位保持装置は身体支持部の材質・種類・構成、フレームの種類、その他付加すべきオプションにより構成される。

身体支持部の材質の選択は、座位の安定性を基本に、疼痛、褥瘡、発汗（通気性）、感覚過敏、アレルギーなどを考慮して行う。なお、素材の硬さや反発性も座位の安定に影響する。

身体支持部の種類については、平面形状型、モールド型、シート張り調節型などがあり、バックサポート〔背もたれ〕（体幹部）とシート〔座面〕（骨盤・大腿部）についてそれぞれ選択する。

平面形状型は、各種部品を組み合わせて身体支持部を構成するタイプで、モジュラー式ともいう。身体支持性は高く、部品の交換で寸法調節などにも対応しやすい。

モールド型は基本的にカスタムメイドであり、身体支持性は高いが寸法調整は難しい。平均的なサイズの身体曲面に合わせて製作された既製品も開発され、一定の効果をあげている。

シート張り調節型は中〜軽度の後彎など矢状面の脊柱のカーブや成長などの変化への調整のしやすさが特徴である。ただし、平面形状型や

モールド型に比べ側方の支持性がやや落ちる。

フレームは、姿勢を変換する機能（ティルト、リクライニングなど）や昇降機能、移動（移送）機能など生活圏の広がりや介護面でのニーズに配慮して選択する。

年齢と処方の関係では次のような傾向がある。

小児の場合、補装具費支給制度を利用した座位保持装置の処方は、集団療育などへの参加がきっかけになることが多い。幼児期（1〜6歳）は、座位保持の目的として発達の促進という訓練的要素が重視され、身体の成長と座位能力の向上に合わせ処方内容をタイムリーに変更する必要がある。年齢が上がるに従って、ADL場面（食事・排泄・入浴・遊びなど）での座位保持、車椅子操作と座位保持（移動手段）など生活上のさまざまな目的で座位保持の検討が求められるようになる。

なお、乳児期〜幼児期前半（0〜2歳）では、身体が小さい、身体障害者手帳未取得、障害児用の用具に対する保護者の抵抗感などから、市販のバギー、ベビーラック、カーシートなどにクッション材を加え、適切な姿勢が保持できるよう工夫することもある。

学齢期には、成長や加齢に伴う拘縮・変形の進行など二次障害の顕在化の一方で、生活圏の拡大や変化、自立（自律）と介護の問題などが見られる。成人期においては、就労を含めた社会参加、身体機能や家族機能の変化に伴うライフスタイルの見直しなどが座位保持装置の処方時に留意しなければならない事項である。

座位保持装置を利用することによるリスクとしては、褥瘡のほか脊柱変形、関節拘縮や内臓障害などが知られている。調整できないスリング式の身体支持部や身体寸法に合わない身体支持部は、さらなる不良姿勢、脊柱変形を招く。同様に、同一姿勢をとり続けること、不良姿勢による代償動作、不適切なサポートは、肩甲帯や脊柱、胸郭、股関節の可動域制限、ハムストリングスの短縮、内反尖足や膝関節の拘縮などを来すことが知られている。

高度の脊柱変形、過緊張などによる上部胸椎の後彎、頸部の過伸展などは、咽喉頭、呼吸器、循環器、消化器などを圧迫し、上肢機能、立位機能をはじめ身体諸器官の機能低下にもつながる。また、不良姿勢に伴う身体活動の困難さや不安定性・疼痛は精神活動にも影響を及ぼす。

学校生活は長時間同一姿勢であったり、活動に過剰な努力をする機会が多く、非常にリスクの高い状態といえる。座位保持装置の処方に、生理的な快への配慮や休息の機能を盛り込むことも重要である。

したがって、学校・施設用の座位保持装置については、①食事、学習、作業に対応する機能的座位、②休息や合併症への対応、③屋内・屋外の移動機能など、家庭用の装置については、①食事、余暇活動に対応する機能的座位、②休息や安楽な過ごし方への対応、③介護や屋内移動線における装置の位置づけなどの条件を十分勘案して、処方に反映させる。

なお、身体支持部、フレームに関する詳細については各々以下を参照されたい。

・シートの種類：第4章1.2「身体支持部の種類と機能」の「図表4-4　支持部の構造の違い」(p. 98)
・シートの材質：第5章1.「機能材料」(p. 177)
・フレームの種類・機構：第4章1.1「座位保持装置のフレームと機能」の「図表4-1　座位保持装置のフレーム構造と機能」(p. 94)

(4)　仮合わせ

適合性を高めるために、仮合わせの段階は重要である。適合の確認が難しい場合では、半完成品の状態でしばらく（1〜2週間程度）試用し、身体保持部品の形状や位置などを再検討することもある。

2.2　適合判定

完成時には適合判定と製品検査を行う。製品

検査は使用者（含介助者）に対する安全性を図るうえで重要である。メッキや縫製などの仕上げや、種々の調節機能の道具としての有効性を確認する。同時に介助者に座位保持装置の処方目的を再確認し、取扱い方法やメンテナンスについて口頭および書面で十分に説明する。

2.2.1 適合判定のポイント

処方箋に基づき、目的とした機能を果たしえているか否かという観点から、身体支持部の適合、装置の機械としての性能・外観について判定する。
①モノとして処方箋どおりにできているか
②問題点の解決ができているか
・支持性のよいバックサポート、シートの確保
・良好な体圧の分散
・適切な重心と座位のバランス
③使用目的を達成できているか
④使用する場所に適合できているか
⑤装置の機械としての性能（折りたたみ、角度調節機構、その他の調節機構など）
⑥安全性
⑦外観

2.2.2 効果測定

座位保持装置の効果測定は、①座位保持能力の変化など総合的な効果を測定するほか、装置の使用目的に合わせ、②筋緊張、③呼吸機能、④摂食機能、⑤上肢機能などで行われている。測定方法としては、① SPCM（図表6-120、6-121）、② EMG、③肺活量、1秒率、経皮的酸素飽和度、④口腔機能評価、VFG、経皮的酸素飽和度、⑤ EMG、三次元動作解析などがある。

なお、文献における効果測定の多くは、脳性麻痺による軽～中度の痙直型両麻痺児、四肢麻痺児を対象として、即時的な効果が認められたとしている。上肢機能と姿勢の関係では、体幹を0～10°傾けた前傾姿勢（機能的座位）が有効という報告が多いが、重度例ではかえって不安定であるという報告もある。筋緊張との関係では、体幹を30°後傾したときリラックス、安定したという報告がある。

2.3 フォローアップ、姿勢管理の重要性

病院や診察室（シーティングクリニック）など時間的制約下での適合判定は、実際に使用する場所（自宅・学校・車など）、使用場面（食事・学習・排泄・遊びなど）、使用時間など再現できないことが多く、不十分な場合もある。適合性を高めるには納品後のフォローアップ体制を整えることが不可欠である。

納品後2～3か月間は、使用者および介助者にとって、装置への慣れの問題や拒否、生活上の不具合が明らかになる重要な期間である。

長期的には、使用者の成長・発達、てんかんやその他合併症の病状の変化、加齢に伴う筋の緊張状態の変化や変形などの二次障害が加わり、姿勢も変化する。装置の処方内容だけでなく、使い方の支援や生活全般の見直し、理学療法や整形外科的、脳外科的治療などさまざまな治療法を組み合わせて、総合的な視点で姿勢をマネジメントしていく体制が必要である（第7章8.「フォローアップとメンテナンス」(p. 393) 参照）。

具体的なフォローアップ体制の構築については、定期的な外来（またはクリニック）の受診がフォローアップの基本となるが、座位保持装置を持参しての来所は使用者にとって負担が大きいのも事実である。定期的受診を補完する体制として、以下の3点は比較的実現しやすいと思われる。
①保護者、介助者に対する啓発（装置の適合、不適合に関する簡単なチェックポイントを学んでもらう）
②使用者の通・入所施設や学校のスタッフ（直接の担当者など）との連携
③身体障害者更生相談所、リハビリテーションセンター、総合療育センターなど専門相談窓口の明確化

地域により社会資源の状況はさまざまであるが、地域に適したフォローアップ体制の構築には最大限の努力を払うべきだと考える。

3. シーティングの実際

　高齢者、脊髄損傷、運動発達期の障害を対象に車椅子上のシーティングの実際について解説する。それぞれの障害特性や姿勢保持の考え方をもとに、使用目的、姿勢と生活における問題解決の観点、使用環境などが考慮されなければならない。

　障害・疾患別におけるシーティングの考え方を理解するためにはまず、一般的な車椅子の問題点を知る必要がある。多くが折りたたみ式で、シートとバックサポートがスリング（布またはレザー張り）でできた車椅子は、腰椎部のサポート、矢状面のカーブ、上部体幹の押し出しなどスリング機構に起因する適合性の低さが指摘されている。また、一般的なリクライニング式車椅子も、角度変更時に体のずれや圧迫といった機構に起因する問題を抱えており、その問題点を十分理解しておくことが適切なシーティングを提供するうえにおいて重要なことである。

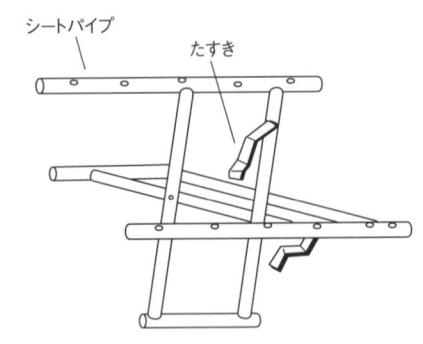

図表6-123　折りたたみ式車椅子の構造

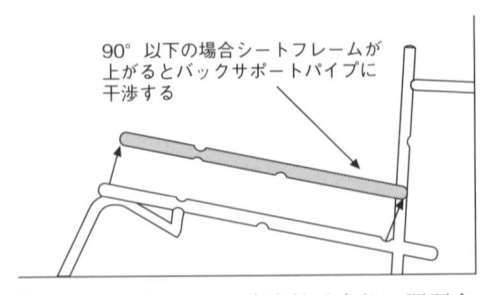

図表6-124　折りたたみ式車椅子全般の問題点

3.1　一般的な車椅子の問題点

3.1.1　スリング式の問題点

　一般的にスリング式といわれているのは、折りたたみ式車椅子のシートパイプ（図表6-123）にビニールレザーか、ナイロンシートの一枚布がビス止めされたものである。

　これは、そもそも折りたたみを優先的に考えられたものであったため、シーティングという立場からみると、さまざまな問題点を含んでいた（図表6-124）。

　シートフレームは通常2～5°に、バックサポートフレームは93～100°の間に設定され、直線的なパイプフレーム（図表6-125）が溶接で構成されたうえにシートが張られているため、当然ながらシートも直接的なラインになってしまい、脊柱の生理的彎曲（図表6-126）に沿わせるような曲面を出しにくい。また、長期の使用によってスリング式シートのたわみが進んでしまい、結果的に次のような問題を引き起こす原因となる。

①重力による骨盤の後傾からくる脊柱の後彎と前方の滑り
②後彎や側方への傾斜が引き起こす側彎変形
③偏った加重が一点に集中するために起こる褥瘡

　シーティングの基本は骨格を支えることであり、そのためには本来シートもバックサポート

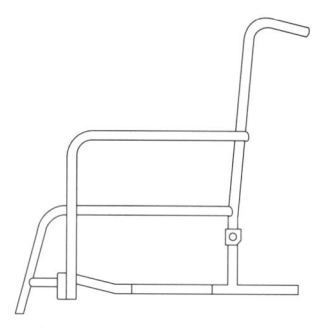

図表 6-125 折りたたみ式車椅子の直線的なパイプフレーム

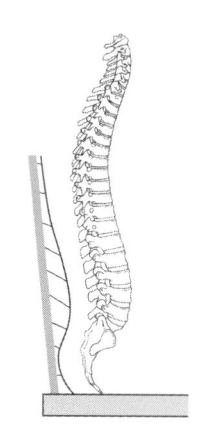

図表 6-126 脊柱の生理的彎曲

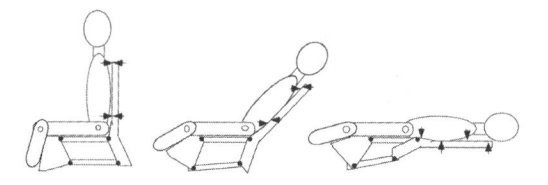

図表 6-127 リクライニング時のずれ（出所：*Wheelchair Selection and Configuration*）

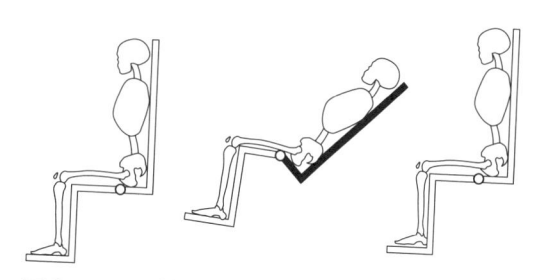

図表 6-128 新しいティルト機構

も身体のラインに沿わせなければならない。しかし、直線的なラインで構成された一般的な車椅子のスリング式シートでは難しい。

3.1.2 リクライニング機構の問題点

リクライニング機構は、シート角度はそのままで、疲労の軽減などを目的としてバックサポート角度だけを変化させる機能である。一般的なリクライニング式車椅子は、シートパイプとバックサポートパイプの接合軸がメカニカル・ロックやガススプリングを伸縮させることによって角度可変する。この従来型のリクライニングのメカニズムは、車椅子本体の軸を中心とした回転と人体の股関節辺りを中心とした回転との間にズレを生じる。最初はわずかなズレが、リクライニング角度を倒す・起こすという動作を繰り返すことによって大きなズレとなる（図表6-127）。

このようなズレは、折りたたみを中心としたリクライニングのフレーム構造とスリング式シートの組み合わせのなかでさまざまな問題点を引き起こすが、最近では、この構造的な問題を解決するために、車椅子本体の回転軸と人体の回転軸をより近づけたものや、ズレを最小限に抑えるために軸をリンク式にしたもの、回転軸を坐骨の前方にもってきた新方式のティルト機構がつくられるようになった（図表6-128）。

3.2 高齢者

3.2.1 高齢者を取り巻く車椅子環境

高齢者のシーティングとは、重度障害のある高齢者や虚弱高齢者が、椅子・車椅子、または座位保持装置を適切に活用し自立的生活を築くための支援や、介助者の負担を軽減する技術のことを指す。高齢者の領域においても、シーティングの考え方が広まるに伴って、これまでの「車椅子の取扱い方」といった表現から「車いすシーティング」という用語が使われるよう

になり、さらには車椅子介助の視点から、「使用者が車椅子を自立的に使いこなす視点」へと変わってきている。

これまでは、ただ、そこにある車椅子に使用者を座らせて運搬するといった考え方であったが、生活のなかでいろいろな問題点が指摘されるようになった。一つには社会問題となっている身体拘束である。身体拘束で一番多いのが車椅子上での身体拘束であり、それは使用者の身体状況と使用している車椅子との不適合および不適切な使い方から発生している事態であった。身体拘束の禁止規定は介護保険制度における規定であり、医療機関での身体拘束は深刻な問題である。また、精神科領域の認知症病棟などでは車椅子上での身体拘束は医療行為とみなされている現状がある。

この項では、まず高齢者の廃用症候群、座位姿勢の運動学的解釈、車椅子の問題点について、次に車椅子の選定・適合による自立的生活支援について解説する。

3.2.2　高齢者の廃用症候群

高齢者の慢性期疾患では、長期臥床に伴う二次障害が発生しやすい。二次障害には、廃用症候群、誤用症候群（運動が適切にされなかった場合に引き起こされる）、過用症候群（もっている筋力や身体機能に見合わない過度の身体運動によって引き起こされる）がある。そのほか転倒による骨折、薬剤多用による副作用や不必要な拘束など、不適切医療も誤用症候群のなかに入る。

廃用症候群は、長期臥床などで活動低下を来したり、ギプスそのほかで固定されて動かせなかったことで生ずる障害である（図表6-129）。長期臥床による弊害は身体全体に及び、筋骨格系の機能低下に伴って、筋力低下、筋萎縮、耐久力低下を来す。さらに心循環系に大きな負荷をかけることになり、心収縮低下や起立性低血圧などの症状が出現する。このような全身機能の低下はさらに運動低下状態を助長することになり、いわゆる悪循環に陥る。

図表6-129　廃用症候群

中枢神経系	：知覚の低下、不安、うつ状態、知的能力の低下、バランスや協調運動の低下
心循環系	：起立性低血圧、心機能低下、血漿量の減少、血栓塞栓現象
骨格系	：骨粗鬆症、関節拘縮
筋	：筋力低下、筋萎縮、耐久力低下
皮膚	：褥瘡、皮膚萎縮
呼吸系	：肺活量の減少、気道抵抗増大、咳せき機能低下、誤嚥性肺炎、肺塞栓
泌尿器系	：尿路結石、尿路感染、排尿障害
消化器系	：食欲不振、便秘
内分泌系	：副甲状腺ホルモン増加、男性ホルモン・精子形成減少、インスリン結合部位減少

廃用症候群の予防は、一般に早期離床およびシーティングや立位・歩行につなげていくことである。やむを得ず長期臥床を強いられる場合は、機能予後に与える影響が大きいものを重点的に予防することが大切である。このなかでも、中枢神経系への影響、起立性低血圧、関節拘縮、耐久性低下などの予防は重要であるが、多くはリハビリテーションやシーティングの対応により予防できる。

ここでは特に、起立性低血圧への対応について述べる。起立性低血圧とは、臥位から座位、立位への急な体位変換によって生ずる低血圧を指し、めまい、脱力、視力障害、失神などの症状を呈することがある。これを予防するためには、臥床期間をできるだけ短くすることや、車椅子上で姿勢の安定を図り座位時間を延長することを試みる。また、斜面台（ティルト式立位保持具）を用いて徐々に起立位をとることも有用である。

3.2.3　座位姿勢の問題点の運動学的解釈
(1)　滑り座り（仙骨座り）

高齢者の問題のある座位姿勢として、骨盤の傾きから生ずる「滑り座り（仙骨座り）」、「骨盤傾斜」、「骨盤回旋」について説明する（図表

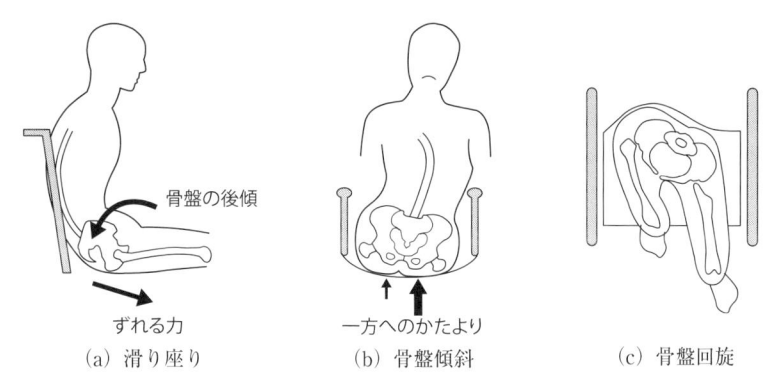

図表6-130　問題となる座位姿勢
(a) 滑り座り　　(b) 骨盤傾斜　　(c) 骨盤回旋

6-130）。

「滑り座り」は矢状面（側方）での姿勢の変化であり、骨盤が後傾し、腰椎が後彎する状態である（図表6-130（a））。これに膝屈曲、脊椎全体での後彎、頭部屈曲を伴うこともある。腰椎部での生理的前彎が維持できないために、車椅子上での腰椎部に手を入れると強い圧迫感がある。また、上前腸骨棘と上後腸骨棘とを結んだラインが後方に傾斜した状態でも「滑り座り」は判断できる。

後彎は内臓の圧迫を招き、同様に腰椎の棘突起間を広げ、棘突起部での褥瘡リスクを増加させる。また姿勢全体では、「滑り座り」により骨盤後傾のため尾骨部がずれ、力や圧力の高まりで褥瘡のリスクが高くなる。さらに骨盤・大腿部が前方へ押し出されるために、フットサポート上の足部や踵への圧力も高くなり、褥瘡のリスクは高まる。坐骨部は前方に移動し、剪断応力や摩擦を引き起こす。身体全体では、骨盤・大腿部が前方へ移動するため車椅子から転落する危険性があり、事故予防のために身体拘束を行わざるを得なくなる。

原因としては、体幹や四肢の筋力低下や姿勢反応の低下、認知症の進行による全身機能の低下などが考えられる。筋骨格の面からみると、ハムストリングスの短縮、股関節や脊柱カーブの可動域制限、車椅子の片手片足駆動などによる骨盤の後傾が要因として挙げられる。

車椅子側からは、シートの奥行が長すぎること、バックサポートの形状やたわみが腰椎、骨盤を支持しないことから骨盤の後傾が生ずる。また、ドーナツ型円座の使用、介助の際の座らせ方が不適切でシートの奥まで座っていないことも影響する。

(2) 骨盤傾斜

「骨盤傾斜」は、前方（前額面）から見た姿勢で骨盤が左右どちらかに傾いている状態である（図表6-130（b））。車椅子側の問題としては、スリング式シートの大きなたわみの影響がある。それにより次第に姿勢が崩れるのを抑えるために、座っている本人が手で支える場合がある。

人間は重力に抗して頭部を垂直に保持する本来的な機能があり、骨盤に左右の傾斜があると、脊柱に彎曲が生じても頭部を垂直に保持しようとする。そのため、傾斜した姿勢を長期間とると脊柱の側彎が発生し、姿勢の崩れはより大きくなる。一方、骨盤は左右の腸骨稜や上前腸骨棘の水平がとれない状態となる。また、スリング式シートは折りたたみを目的としているためにシートにたわみがあり、健常者が座ってもスリング式シートの中央に左右対称に座らないと骨盤の左右の傾きを生じる。そのため、脳卒中などにより体幹の支持性に左右差がある場合やシートの中央に座れない高齢者は、座りはじめから姿勢を崩す。さらに体幹の筋力低下や

姿勢反応の低下なども原因として考えられる。

これらの影響として、一般的には骨盤の傾斜した低い側の坐骨結節に集中する高い圧力は痛みや褥瘡の原因となる。また、大きくたるんだスリング式シートによる体幹の傾きや側彎があると大腿骨大転子部が圧迫され、褥瘡の発生原因となる。あわせて、片手が姿勢保持に使われるために上肢機能が発揮できないといった動作上の問題も生ずる。

(3) 骨盤回旋

股内転筋のアンバランスや体幹筋の弱化や麻痺により骨盤が影響を受け、車椅子上で骨盤が回旋することになる。また、スリング式シートの不安定さやたわみから骨盤の回旋が起きる場合がある（図表6-130（c））。骨盤が回旋した状態では左右の大腿部の位置や膝の位置が非対称となる。脳卒中の片麻痺者では、左右の筋緊張の違いからスリング式シート上で非対称な姿勢をとりやすい。

3.2.4 高齢者の車椅子の問題点

高齢者に提供される車椅子の多くは、標準型車椅子、または普通型車椅子（以下、本小項では車椅子と略す；図表6-131）というタイプである。

介護保険では既製品の車椅子がレンタルされ、高齢者の身体寸法に合わせて車椅子を製作することはまれである。レンタル品の車椅子の種類は増えているが、ほとんどが既製品であり、レンタル事業者の車椅子はシート幅・前座高などの調節ができないものが多く、フット・レッグサポートのスイングアウト機能がないものが多い。また、スリング式シートの問題点を踏まえて車椅子の選定・適合ができる事業者やセラピストも少ない。

ここでは高齢者の使用する車椅子の問題点を整理した。

①寸法の不適合

高齢者に提供される多くの車椅子寸法はシート幅×シート奥行が約400×400 mmであり、高齢者の身体寸法から考えるとシート幅、シート奥行は適合していない。現在はレンタルでの車椅子は幅、奥行、高さ、スイングアウトなどが選択しうる場合もあるが、シーティングの知識のない福祉用具事業者では身体寸法の計測すら行わない場合が多い。シート幅、シート奥行が合わないだけでも車椅子座位姿勢の崩れを引き起こし、車椅子駆動をはじめとするすべての動作を阻害する。

②車椅子のスリング式シート

スリング式シートは前述の「滑り座り」、「骨盤傾斜」、「骨盤回旋」を発生させやすく、座位保持のリスクとなる。

③トランスファーの問題

小柄な高齢者にとっては一般の車椅子のシートの前座高が約45 cmと高く、前座高が低めの車椅子でも厚いクッションを使用する場合は、車椅子への移乗が難しくなる。

片麻痺の場合には、ベッドから車椅子への移乗の際に固定式のフットサポートは邪魔となり、ベッドに車椅子を十分に近づけられない。また、ベルト式のレッグサポートは立ち上がり動作時の下肢の引込みを妨げる（図表6-132）。

次に、介助によってトランスファーを行う際には、跳ね上げたフットサポートの間に本人の脚2本と介助者の脚1本が入り、回転してトランスファーを行う。このとき、フット

・普通型車椅子
 JIS 規格折りたたみ
 座幅×奥行
 400×400 mm
 シート高さ
 約450 mm

・寸法の不適合
 座位姿勢の崩れ

・車椅子走行の阻害

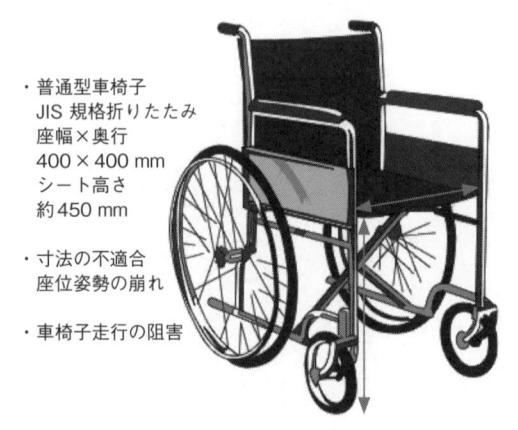

図表6-131 普通型車椅子の問題点

① 側方跳ね上げ式フットサポートを跳ね上げた間隔が狭い

② フットサポートがベッドの縁などに当たる

③ 固定式アームサポートの高さが移乗の際の障害になる

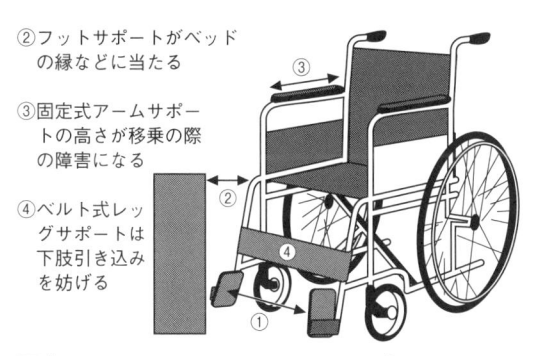

④ ベルト式レッグサポートは下肢引き込みを妨げる

図表 6-132 トランスファーの問題点

サポートのはね上げた部分に脚をぶつけて使用者と介助者がたびたび痛い思いを経験している。また、医療機関や施設での車椅子とベッドの間でのトランスファー時の転倒転落事故の原因ともなっている。

④ 操作性の問題

車椅子を自走する場合、使用者の身体寸法に車椅子が合っていないと車椅子の操作性能は低下する。片麻痺者が片手片足駆動をする場合は、シートの高さが合わないと滑り座りなどの問題を生じる。また、車椅子走行に合わせて車軸やキャスタ位置の調整が欠かせない。

介助で普通型車椅子を操作する場合は、手押しハンドルの高さが合わないと介助者に腰痛などの問題が生じることがある。

3.2.5 高齢者・脳血管障害のシーティング対応

高齢者のシーティングには、椅子や車椅子上での快適な安定した座位姿勢により活動性の向上を図り、社会参加や就労へと可能性を広げる基本的な役割がある。さらに使用者の身体状況やその生活に合わせた車椅子を用い、変形や褥瘡を予防し「寝かせきりの状態」をなくすことも目的とする。ここでは脳卒中による片麻痺患者（以下、片麻痺者と略す）を対象として、椅子座位姿勢の考え方とのアセスメント票（図表

6-133）について紹介する。

(1) 座位姿勢における問題点のチェック

(a) 椅子座位

片麻痺者は左右非対称な不良姿勢を示すことが多い。麻痺側の上半身がどちらかへ傾き麻痺側上肢は体側に落ちる。非対称の姿勢は筋力、感覚、認知障害、意識レベル、姿勢反射などの影響を及ぼす。このような不良姿勢を改善する椅子の選択についてポイントを挙げる。

① シート：シートは足が床に届く高さで、履き物をはいて座るか否かの確認が必要である。シートの奥行は椅子に深く座ったときに、臀部（腰の下部）が椅子の背に接し膝窩部がシート前縁で圧迫されない長さとする。シート幅は広すぎず上半身が自由に動かせる程度とする。クッションは姿勢の安定性を確保するために、柔らかいものよりも硬めのタイプがよい。クッションの硬さは、沈み込みにより底付きしない程度のものがよい。また、長い時間座っても臀部に問題が生じないか確認する。材質については滑りにくさや、防水加工や難燃性の確認をする。

② バックサポート：床面に対してバックサポートの角度は 95〜100°程度と、座ったまま次の動作に移りやすいくらいを目安にする。また、バックサポートの高さは使用目的に合わせて、肩甲骨下縁か、頭部までのものかを選択する。

③ アームサポート：アームサポートは、座位の安定、立ち上がりや座るときの補助、体位変換のための支持などで使われる。アームサポートの高さは上肢での支持を有効にするため、座った状態で肘を曲げた肘の高さを目安とする。立ち上がりや座る際の補助としては、立ちやすさあるいは座りやすさ、長さや高さ、形状を考慮する。体位変換のための支持としては、高さと握りやすい幅、形状を考慮する。側方における体幹の支持性が十分でない場合は、椅子専用の体側サポートやクッションなどで骨盤から胸郭部をサポートし、

図表 6-133　高齢者車いす・シーティングのアセスメント票

シーティング担当者名		日付：　　　年　　月　　日

使用者氏名：　　　　　　　　　性別　男・女　　　年齢：　　　才
　　　　　　　　　　　　　　　要介護度：　　　　　認知症の有・無（　　　）
障害名：　　　　　　　　　　　発病時期　年　月　　合併症

電話番号：　　　　　　　住所：

担当ケアマネジャー：　　　　　　　所属：　　　　　　　連絡先：

1. 現在の座位の状態（写真 or 図示も含む）2枚目に添付　　現在の車椅子：個人用・施設用
　　アセスメントの目的：車椅子の選択・適合、他　　　　　車椅子のタイプ：普通型、介助用、リク型

2. 簡易車椅子座位能力分類　Ⅰ：問題なし（　　　　　　　　　　　　　　　　　　　　）
　　　　　　　　　　　　Ⅱ：問題あり（　　　　　　　　　　　　　　　　　　　　）
　　　　　　　　　　　　Ⅲ：座れない（　　　　　　　　　　　　　　　　　　　　）
　　Hoffer 座位能力分類：手の支持なしで座位可能、手の支持で座位可能、座位不能

3. 車椅子座位の問題点
　　・骨盤後傾（すべり座り）　　　　　　・股関節の内転・外転・骨盤の左・右の傾き
　　・骨盤の回転、片寄り　　　　　　　　・前傾（骨盤）

4. 変形（脊柱の側彎・後彎・前彎）

5. 拘縮の有・無（部位：　　　　　　　　　）・褥瘡の有・無（部位：　　　　　　　　　　）

6. 今回のシーティング・ゴール、その他の目的
　　①安定座位　②外観の向上　③機能の向上　④除圧　⑤可動域の制限への対応　⑥介助者との適合
　　⑦緊張、痙攣の緩和　⑧移動方法（屋内、屋外）　⑨痛みの除去　⑩体重増加への対応
　　⑪車椅子（手動、電動、操作スイッチ）　⑫費用（介護保険、障害者福祉制度、自費、他　　　　）
　　⑬その他

7. 車いす・シーティングのチェックアウト　　身長：　　　cm　体重：　　　Kg　座高：　　　cm
　　①身体寸法計測
　　　a. 座位 臀幅：
　　　b. 座 底 長：
　　　c. 座位下腿長：
　　　d. 座位膝窩高：
　　　e. 座位肘頭高：

　　②クッションの選択目的
　　　・姿勢保持　・減圧　・褥瘡対応　　試用したクッション：　　　　　　　　　
　　　クッションは「ボトルアウト（底つき）」を起こしていないか確認（場所：坐骨結節、仙骨部、他　）

　　③車椅子基本寸法の適合
　　　・前座高（　　　　cm）クッションを含めた高さ（　　　　cm）
　　　・シート奥行（　　　　cm）シート角度（　　　度）
　　　・フットサポート高：シート面からの高さ：（　　　　cm）　床面からの高さ（　　　　cm）
　　　・バックサポートの選択（車椅子自走・車椅子介助・他）
　　　　肩甲骨の最も低い所より（　　　　cm）上・下　背角度の調整：（　　　　度）

④骨盤サポートの調整、バックサポートの形状
　　　・左右の体側支持の調整が必要か　　　　　　　・前側への体幹支持が必要か

　　⑤リクライニング、ティルト機能は必要か
　　　リクライニング角度＿＿＿＿＿度、　　　　ティルト角度＿＿＿＿＿度

　　⑥車椅子走行　自走・介助　・両手操作　・片手片足　・電動

　　⑦トランスファー方法　　自立・介助・全介助　　他の用具：＿＿＿＿＿＿＿＿＿＿＿＿＿＿＿＿＿＿＿

8．圧分布測定

9．座位評価（写真・スケッチ（正面・側方）　コメント：
　　　　　　　　　　　　　　　　　　　　　　試用した車椅子：＿＿＿＿＿＿＿＿＿＿＿＿＿＿＿
適合前（前額面、矢状面）　　　　　　　　　適合後（前額面、矢状面）

高齢者車いす・シーティングアセスメント票の使い方
1．アセスメント票の目的

2．簡易車椅子座位能力分類と要介護度に合わせた車椅子・車椅子クッションの選び方

座位能力	座位の状況	要介護度	認定の基準（身体機能面）痴呆は別途検討	対応する車椅子・座位補助具
Ⅰ 座位に問題なし	特に姿勢が崩れたりせず座ることができる	要支援1、2	日常生活を遂行する能力は基本的にはあるが、浴室の出入りなどに一部介助が必要	運搬用車椅子＋椅子 簡易モジュラー式車椅子＋クッション
	自分で座り心地をよくするために姿勢を変えることができる	要介護1	立ち上がりや歩行などに不安定さが見られることが多い。排泄や入浴などに一部介助	
Ⅱ 座位に問題あり	姿勢がしだいに崩れ、手で身体を支える	要介護2	立ち上がりや歩行など自力では難しい場合が多い。排泄や入浴など一部介助または全介助が必要	モジュラー式車椅子 減圧用クッション 座位補助具
	自分で姿勢を変えることができない	要介護3	立ち上がりや歩行など自力ではできない。排泄や入浴、衣服の着脱などに全介助	
Ⅲ 座位がとれない	座ると頭や身体がすぐに倒れる	要介護4	日常生活を遂行する能力は低下しており、排泄や入浴、衣服の着脱など全介助。食事摂取に一部介助	ティルト・リクライニング機能付きモジュラー式車椅子 座位保持装置 褥瘡予防用クッション
	リクライニング式車椅子やベッドで生活	要介護5	日常生活を遂行する能力は著しく低下しており、生活全般にわたって全面的な介助	

　　　　　　　目安の時間10〜20分の経過　　変形、褥創の有無確認
※要介護度は身体機能面、知的精神機能面を合わせて判定される
※座位能力Ⅱ・Ⅲレベルは車いす・シーティング専門家のアドバイスが必要
　　　　出典：木之瀬隆　編著『これであなたも車椅子介助のプロに』（中央法規出版、2007年）より一部改変

3．ケアプランへの反映
・車椅子などを変えたことで生活の何が変化したか
・使用者側：座位時間、痛みの軽減、車椅子走行、離床時間、食事方法、ADL
・介助者側：抑制帯なし、食事介助、座り直し、車椅子介助

体幹や頭部を適切な位置に保持する必要がある。また、使用するクッションの厚さや材質で沈み込みによる差が生じるため、必要とするアームサポートの高さも変わるので注意が必要である。

(b) 脳卒中の発症から慢性期までの対応

発症初期は意識低下、血圧などの不安定な状態で臥床していることが多い。急性期から姿勢保持について注意を払うことは重要なことである。この段階ではベッドサイドでの関節可動域の維持、ベッド上でのポジショニングが行われる。廃用症候群の予防には起立性低血圧の管理をしながら、早期に車いす・シーティングの対応を行う。急性期の座位がとれない片麻痺患者には、ティルト・リクライニング機能のある車椅子を訓練的に使用する方法もある。リクライニング機能のみの車椅子はバックサポートを倒した場合、バックサポートと身体との間にズレが発生するだけでなく、皮下組織においても剪断応力が大きく働き、褥瘡のリスクが高くなる。使用しないのが望ましい。

安定期に入るとベッドのギャッジアップが行われるが、ギャッジアップは足底が床につかない長座位またはそれに近い状態であり、骨盤は後傾し不良姿勢になる。

この時期、頭部のコントロールが不十分で体幹の安定性が低い場合は座位保持機能の高いティルト・リクライニング式の車椅子を一時的に用いると患者の負担が少ない。車椅子座位がある程度とれる段階で訓練が開始される。

スリング式シートの車椅子座位が不良な場合は、褥瘡に関しても十分考慮したうえで、早期に肘掛け椅子に移す。車椅子座位が不安定な場合には、フットサポートをはね上げて、床または木製ブロックなどの足のせ台を用いる。このことで活動姿勢や前傾姿勢がとりやすく座位が安定する。また、麻痺側の上肢の重さに対しては前腕がアームサポートで支持されることで、姿勢の左右の非対称性は改善する。アームサポートで支持が難しい場合には、テーブル上で支持するとよい。

作業活動については、座位の安定性が基本であり、車椅子上で何らかの不具合がある場合は、椅子や訓練室のプラットフォーム上に座らせることで問題点が明らかになる（Hofferの座位能力分類；p. 248参照）。また、プラットフォーム上で安定した座位がとれない場合は、座位保持装置や何らかの座位補助具を検討する。

座位がとれない場合は、認知機能の低下や姿勢コントロールの低下、体幹筋の低下、運動麻痺や感覚障害、変形や拘縮の状態など、全身状態の評価を行う。どのような部位をサポートすると座位姿勢が安定するか、シミュレーションしながら姿勢を決定する。

片麻痺者や高齢者にとって、座位姿勢での椅子と机の高さ（の関係）は、食事動作や作業活動に大きな影響を与える。JIS規格では、椅子のシートの高さは約40 cmで机の高さは約70 cmとされている。座面（坐骨）高から机の上までの差を差尺といい、約30 cmある。5 cm程度の差尺の違いでも、片麻痺者や高齢者にとっては負担が大きい。座位目的に合わせて机の高さを調整する必要がある。

車椅子からのトランスファーについては、アームサポートのはね上げ式とフットサポートのスイングアウト式のタイプを使用することで、片麻痺者の自立度は高くなる。

片麻痺のリハ・ゴールが独歩であっても、回復段階では一時的に車椅子の片手片足操作をさせる場合がある。しかし、これは滑り座りの大きな原因となるので、車椅子の片手片足操作では低床式の車椅子を使用する。ちなみに、リハ・ゴールが車椅子となる場合は、早期に本人の身体寸法に合った車椅子で訓練を行う必要がある。

(2) 高齢者の車椅子使用における制度的問題点

高齢者の車椅子は制度的に介護保険のレンタルのなかに位置づけられ、医療機関で適合性のチェックがなされることなく見過ごされてきた。一方で、病院では片麻痺者に対して早期訓

練、早期退院を勧めてもおり、車椅子、座位保持装置を用いた治療訓練も積極的に進める必要がある。

片麻痺者は最初から変形や拘縮があるのではない。日常の臥位姿勢や車椅子上の不良姿勢が原因となる場合が多く、発症初期から姿勢保持について配慮がなされなければならない。

3.2.6 高齢者の身体拘束の解決に向けて
(1) 車椅子上での身体拘束の現状

高齢者施設や医療機関、居宅サービスでは、安全ベルトと称して、使用者が車椅子からずり落ちるのを防止する目的で、さらしやベルトなどの抑制帯（図表6-134）、衣服などで身体拘束を行うことがある。これは、使用者が車椅子から落ちて骨折するなどした場合、安全管理が十分でなかったとして管理者側の責任を問われることが主な理由であった。つまり、抑制帯の使用目的は介護する側にとってのニーズであり、使用者のニーズではない。抑制帯を外すことは、人間の尊厳を守ることにほかならない。

身体拘束の定義は、「衣類または綿入り帯等を使用して、一時的に当該患者の身体を拘束し、その運動を制限する行動を指す」（昭和63年4月厚生省告示）となっている。身体拘束の禁止規定においては、「サービスの提供に当たっては、当該入所者または他の入所者などの生命または身体を保護するため緊急やむを得ない場合を除き、身体的拘束その他入所者の行動を制限する行為を行ってはならない」（平成11年3月31日厚生省令39号）とある。

(2) 認知症と車椅子との関係

認知症のいわゆる問題行動として挙げられるものには、おむつはずし、使いじり、大声、徘徊、暴力、脱衣、物いじり・物こわし、異食

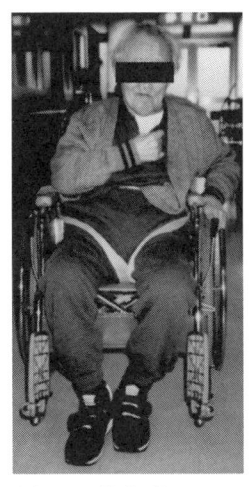

図表6-134　車椅子の抑制帯

図表6-135　障害老人の日常生活自立度（寝たきり度）判定基準

生活自立	ランクJ	何らかの障害等を有するが、日常生活はほぼ自立しており独力で外出する 1. 交通機関等を利用して外出する 2. 隣近所へなら外出する
準寝たきり	ランクA	屋内での生活は概ね自立しているが、介助なしには外出しない 1. 介助により外出し、日中はほとんどベッドから離れて生活する 2. 外出の頻度が少なく、日中も寝たり起きたりの生活をしている
寝たきり	ランクB	屋内での生活は何らかの介助を要し、日中もベッド上での生活が主体であるが、座位を保つ 1. 車椅子に移乗し、食事、排泄はベッドから離れて行う 2. 介助により車椅子に移乗する
	ランクC	1日中ベッド上で過ごし、排泄、食事、着替において介助を要する 1. 自力で寝返りをうつ 2. 自力では寝返りもうたない

（平成3年11月18日 老健第102-2号 厚生省大臣官房老人保健福祉部長通知）

（食べ物でないものを口にすること）、不眠、まとわりつきなどがある。

2006年のアンケートによる全国調査では、身体拘束を受けていた実人員は21,184名で、このうち4,747名（22.4％）は車椅子上での拘束であり、そのうちの3,288名（69.3％）は車椅子からの「ずり落ち」防止のための身体拘束であった。また、車椅子上での身体拘束の多くは、要介護4、5レベルの事例であり、障害老人の日常生活自立度（図表6-135）ランクB、Cの寝たきり状態のレベルであった。現在においても、医療機関における身体拘束や在宅での身体拘束の問題は解決していない。

(3) 身体拘束禁止の対象と車椅子対応

身体拘束禁止の提唱者である吉岡充氏（上川病院理事長）は、認知症高齢者の治療と称した抑制が悪循環を生み、それでますます認知症の症状の悪化や体力の低下が進み抑制死を起こすと述べ、それに対して①起きる、②食べる、③排泄、④清潔、⑤アクティビティの5つのケアを提唱している。特にベッド上でなく、椅子や車椅子へ移乗させることを「離床」として重要視している。2001年に厚生労働省では「身体拘束ゼロへの手引き」を作成した。介護保険指定基準において禁止の対象となっている行為は「身体的拘束その他入所者（利用者）の行動を制限する行為」だが、この手引書に示された具体的な拘束には次のような行為がある（図表6-136）。

ここでは、車椅子上の「立ち上がり」と「ずり落ち」についてその対応を述べる。車椅子使用者の急な立ち上がり、または歩行能力を一部有する場合には、移動のために車椅子を使うとき以外は他の椅子を利用することで転倒事故のリスクを軽減できる。

ケアの方法としては、車椅子に長時間座らせたままにしないように、食事やおやつ、グループ活動などを工夫する。食事は関わりをもちながら1時間以内に済ませるようにし、その後、ソファに移ってもらうなどして環境を変える工夫も必要である。また、不安・不快症状を解消するためには、使用者の排泄パターンを把握するなどし、急な立ち上がりの理由や原因を発見するように努める。

たとえ快適な座位がとれていたとしても、同一の姿勢で過ごすのは普通の人でも1時間が限度といわれており、個別のケアプランのなかで、車椅子、椅子、ベッドなどを使い分けることが必要である。人による介護のあり方と福祉用具とを合わせて対応するなどの検討が必要であり、身体拘束ゼロ推進会議などによる迅速な検討が求められる。

図表6-136　身体拘束禁止の対象となる具体的な行為

①徘徊しないように、車椅子や椅子、ベッドに体幹や四肢をひもなどで縛る
②転落しないように、ベッドに体幹や四肢をひもなどで縛る
③自分で降りられないように、ベッドや柵（サイドレール）で囲む
④点滴・経管栄養などのチューブを抜かないように、四肢をひもなどで縛る
⑤点滴・経管栄養などのチューブを抜かないように、または皮膚をかきむしらないように、手指の機能を制限するミトン型の手袋などをつける
⑥車椅子や椅子からずり落ちたり、立ち上がったりしないように、Y字型抑制帯や腰ベルト、車椅子テーブルをつける
⑦立ち上がる能力のある人の立ち上がりを妨げるような椅子を使用する
⑧脱衣やおむつはずしを制限するために、介護衣（つなぎ服）を着せる
⑨他人への迷惑行為を防ぐために、ベッドなどに体幹や四肢をひもなどで縛る
⑩行動を落ち着かせるために、向精神薬を過剰に服用させる
⑪自分の意思で開けることのできない居室などに隔離する

高齢者のシーティング　事例1〜普通型車椅子からモジュラー式車椅子に変えた症例〜

1. 病名・障害名：左不全片麻痺
2. 年齢・性別：90歳代・女性
3. 身体状況・障害の状況・既往歴・予後：介助にて立位可能、歩行不能、要介護3
4. ADL：車椅子操作介助、移乗は半介助。食事は調子がよいと完全摂食するが、臀部の痛みを訴えるようになり食事に介助が必要となった
5. メンタル状況：軽い認知症はあるが、会話は成立する
6. 現状の問題点：

〈車いす・シーティング評価〉

Hoffer座位能力分類（JSSC版）Ⅱ：座位に問題あり。車椅子上で斜め座りになり、臀部の痛みを訴える。施設所有の普通型車椅子を使用しスリング式シートが大きくたるんでいる状態で、使用者の座位姿勢が不安定なためすぐに右側に倒れる。倒れこまないように麻痺のない右手でアームサポートを握っている（図ア）。また、10分ほどで臀部の痛みを訴え、食事中に大声を出し、アームサポートに手がいくと食事が止まってしまう状態で、食事を最後まで食べられなかった。

7. 問題点に対しての捉え方と解決方法、車いす・シーティングアセスメント：

車椅子の対応1：看護師より右の坐骨結節部が表皮剥離の褥瘡ステージⅡになっているとの報告があり、圧分布測定装置FSAで臀部の圧分布測定を行った。圧分布測定結果では、右の坐骨結節部に200 mmHg以上の圧力がかかっていることがわかった。原因は、スリング式シートのたわみと片麻痺による右側への倒れこみであった。シートには薄い座布団が敷いてあったが圧力軽減にはなっていなかった。褥瘡が坐骨結節部にあることで臥位で治るまで様子を見るという意見もあったが、ケアワーカーより日中寝ていると、夜間せん妄などが出現し、ベッドから無理に起きるような行為が以前からあったとの報告があった。主治医より褥瘡がひどくならない状況であれば、生活支援を一番に考えて食事時間のみの座位で様子をみるとの方針が出された。

車椅子の対応2：プラットフォーム上での座位評価では、水平な場所では数分は手を使わなくても座る能力があることがわかった。そのために、減圧効果の高いクッションとモジュラー式車椅子を用い身体寸法に合わせてシミュレーションを行った。シートを水平にするために臀部形状の空気量バルブ調節式クッションを試用した。シートが水平となることで座位姿勢が正

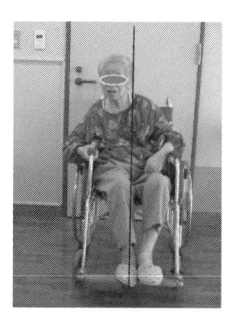

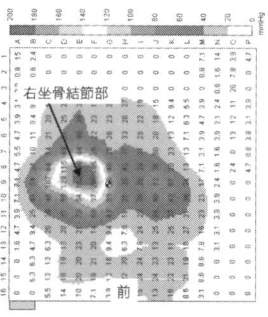

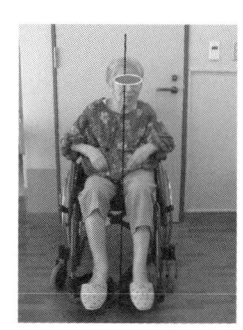

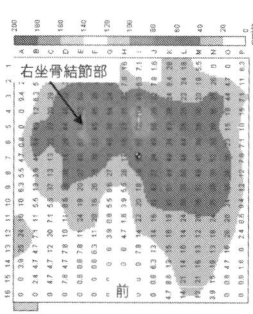

図ア 座位に問題あり（斜め座り）　　**図イ** モジュラー式車椅子による調整

中位に近づいた。圧分布測定により、右側の高い圧力値が低下し左右均等な圧分布を示した（図イ）。坐骨結節部での圧力値は 50 mmHg レベルまで低下した。再度、座位評価を行ったところ、1時間程度の座位時間で本人からの臀部の痛みの訴えはなかった。

8. 使用目的、リスクの捉え方、使い方：次の日より、1時間以内の座位時間で昼食時のみ座ってみた。食事も一人で全部食べられるようになり、看護師が褥瘡のチェックをしたが悪化はしていなかった。2日後より、1日3回の食事時間のみ座位をとって様子をみた。1週間程度すると褥瘡は完治し、徐々に離床時間が延長した。

9. 効果および効果予測、考察：

① ケアプランの見直し

ケアプランについては、看護師と作業療法士で提案を行った。長期目標は「食事を自分で食べる」とし、短期目標に「褥瘡を予防しながら車椅子による離床時間を確保する」が加えられた。具体的には個別離床プログラムを作成し、1回の座位時間を2時間以内として昼寝も1時間ほど入れ、合計8時間の離床時間を確保した。しかし、自分で姿勢の変換や座り直しができないために、座り直しやベッドへ一度戻るなどの対応をプランに組み込んだ。

② 考察

症例は高齢であり、褥瘡発生後、臥床して治療するには廃用症候群や夜間せん妄などの問題もあり、日中の座位確保は必須条件であった。普通型車椅子の問題点を整理し、モジュラー式車椅子、褥瘡予防機能のクッションを利用することにより指標となる椅子座位姿勢に近づき褥瘡治癒と食事動作の自立が可能となった。

高齢者のシーティング　事例2〜ティルト・リクライニング機能付モジュラー式車椅子で抑制パイプが外れた症例〜

1. 病名・障害名：脳梗塞による両麻痺
2. 年齢・性別：80歳代・男性
3. 身体状況・障害の状況・既往歴・予後：発症後約5年経過、全介助、全失語にてコミュニケーション不能、経管栄養
4. ADL：ベッドから車椅子への移乗介助は2名で行う
5. メンタル状況：全失語症のため表情で快不快の判断、認知機能の低下
6. 現状の問題点：Hoffer 座位能力分類（JSSC 版）では座位がとれないレベルで、車椅子に座らせると20分程度でずれ落ちてしまう。全身の関節が固いために自分では座位姿勢の修正が困難。また、普通型車椅子から落ちないように座位姿勢を保持するためにアームサポートに抑制用の鉄パイプが取り付けられていた（図ウ左は鉄パイプが外された状態）。
7. 問題点に対しての捉え方と解決方法、車いす・シーティングアセスメント：

脳卒中の両片麻痺のため5年前に製作した普通型車椅子を使用している。現在は、左右ハムストリングス短縮により下肢はフットサポートにのらない状態で、膝が90°以上屈曲しているため股関節を90°程度に近づけると図ウ左のようにフットサポートの内側に下腿部、足部が落ちていた。身体のずり落ち防止のため、車椅子のアームサポート固定用の鉄パイプを取り付けていた。20分程度で苦しい表情になり、大きなうなり声を上げるようになった。全失語であるため言葉によるコミュニケーションはできないが、原因は鉄パイプに腹部が圧迫されていることにあり、さらには腹部や肩甲帯部が車椅子のハンドル部にあたり痛みを生じていることが

推測された。頭部は垂直位で筋緊張の高い状態であった。

また、介護者が座位姿勢の修正を行うが全身の硬さのために十分行えず褥瘡の発生が危惧されていた。

8. 使用目的、リスクの捉え方、使い方：

車椅子アセスメント：臥位評価により、二関節筋であるハムストリングスの短縮、股関節の屈曲制限、上肢では肩関節、肘関節の可動域制限があることがわかった。また、足部は尖足状態でフットサポートにはのらない。

車椅子導入時期は身体寸法に合っており、座位姿勢は安定していたとの情報があった。発症後5年を経過し、本人の座位能力、全身の身体機能が車椅子と不適合状態にあることが問題であった。

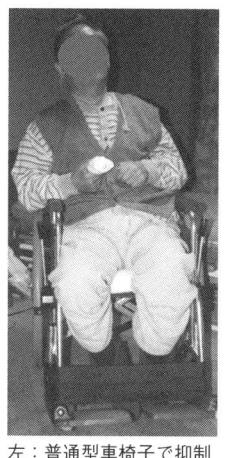

左：普通型車椅子で抑制帯で固定──両足がフットサポートから落ちている　右：ティルト・リクライニング式車椅子を調整──安全座位

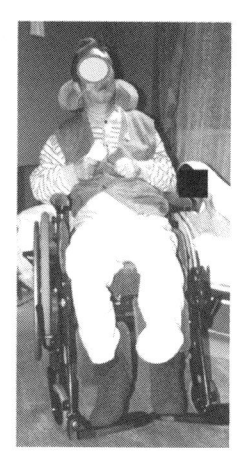

図ウ　座位がとれない両片麻痺

9. 効果および効果予測、考察：

簡易座位能力分類では座位がとれないレベルであり、股関節の屈曲制限もあるためティルト・リクライニング機能のある車椅子で試用評価を行った。体幹側方からのサポートを加えることとハムストリングスの短縮に合わせ、モジュラー式車椅子で身体寸法との適合や調整を行い、ティルト・リクライニングの角度を調整することで座位保持が可能になった（図ウ右）。

1回2時間程度の座位時間が確保された。またヘッドサポートを装着したことで、座位全体が安定し苦痛の表情も少なくなった。介護者側の変化として、フットサポートのスイングアウトやアームサポートを簡単に取り外せるようになったため、トランスファー時の負担が軽減した。

［考察］身体機能との適合状態として、ハムストリングスの短縮に対して、ティルト角度、リクライニング角度を調整することで股関節角度に多少の余裕ができ、ハムストリングスの緊張が緩和され足部がフットサポートにのるようになった。尖足状態の足部も褥瘡予防を行いながらフットサポートで多少の支持が行えるようにした。

頭部はヘッドサポートで支持されることにより、頸部の強い筋緊張は低下して楽に保持されるようになった。肩甲帯部まであるバックサポートにより上体も安定した。また、大声を出すようなことが減り、介護者が表情を観察することで、ティルト角度の調整などを行うようになり、滑り座りも見られなくなった。

3.3 脊髄損傷

3.3.1 脊髄損傷の特性

脊髄は脳で発生した命令を体全体に伝達する役目と、体全体で起こった事柄を脳に伝達するという大きな役目をもっている。脊髄損傷は脊髄が骨折や脱臼によって損傷された状態をいい（図表6-137）、情報伝達が完全に閉ざされた場合を完全麻痺、一部残存している場合を不全麻痺と呼んでいる。なお、脊椎損傷（骨・関節の障害）を混同している場合があるが、疾患論としては脊髄神経の障害であり、脊椎損傷とは区別すべきである。

脊髄神経の損傷では、手足の運動麻痺や感覚の麻痺はわかりやすいが、腰や胸や股関節周囲が麻痺し、自力では座位保持が困難になることや、排泄や生殖器の障害のことはあまり知られていない。加えて、発汗や体温調節を司る自律神経の障害を随伴することも外見ではわかりづらい症状である。夏の暑いときはうつ熱になり、冬の寒いときには一度冷えるといつまで経ってもガタガタ震えているなど、生活するうえで大きな支障となる。

多くの人は車椅子の生活を余儀なくされている。特に、麻痺による影響はバランスの障害に大きく関与し、麻痺していない部位である頭頸部や上肢の活動にまで影響してしまう（図表6-138）。そのために生活道具としての車椅子が重要となる。

安定しすぎる車椅子は、姿勢の崩れは少ないが移乗動作のような活動では動きづらくなる。あまり体を覆わない不安定な車椅子は、活動的な移乗動作時はよいが脊柱の変形や褥瘡、疲労をもたらす。目的別の車椅子が理想であるが、経済的、制度的縛りがあるため、当事者の生活に鑑みながら、どちらに重きを置くかを検討していく必要がある。

3.3.2 脊髄損傷者に求められる車椅子の要素

脊髄損傷者（以下、脊損者）の車椅子は、駆動、日常生活活動（以下ADL）、座位姿勢、そしてデザインや座席昇降等の特殊機能の4つのニーズで構成されている。

臨床では、移動の道具としての印象が強く、駆動のための姿勢や形状および重量に重点が置かれている印象を受ける。しかし、実際には、ADLを中心にした考え方も考慮しなければならない。特に食事時や机上動作時のテーブルへの進入、車椅子―ベッド間の移乗動作や自動車への積み込みなどについて配慮する必要がある。

日常では駆動している時間や移乗している時間はほんのわずかであり、安静座位がほとんどの時間を占めている。そのため脊損者の車椅子を考えるうえでは、まず車椅子上での座位姿勢について考慮することが重要である。

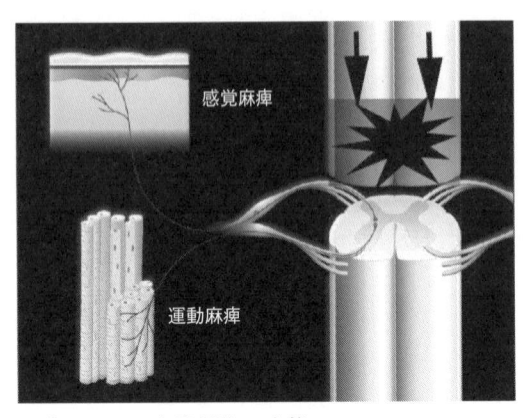

図表6-137 脊髄損傷の病態

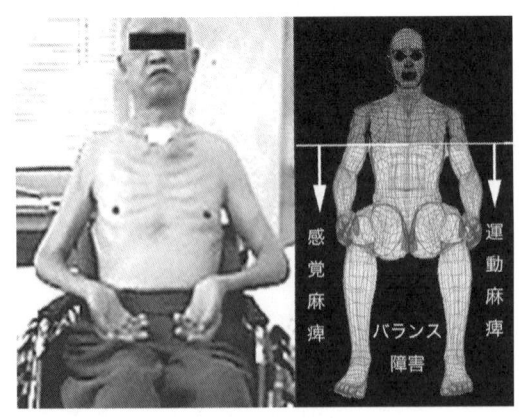

図表6-138 脊髄損傷のバランス障害

3.3.3 長い人生を過ごすことを考慮した座位姿勢への配慮

現時点では脊髄損傷は回復困難な障害とされている。その意味では長期的な展望に立って車椅子を作製する必要がある。

脊損者の座位バランス能力は残存機能によって異なり、受傷からの期間によっても能力が変化する。他の疾患と違い、体幹・下肢の感覚麻痺および運動麻痺によって座位バランス能力が大きく低下しているため、脊損者は代償的な姿勢として脊柱を後彎し、骨盤を大きく後傾して座面積を拡大、支持面を広くして座位バランスを確保していることが多い（図表6-139左）。

しかし、骨盤後傾や脊柱の後彎の代償として頸部を過伸展するため、頭頸部から肩周囲にかけて肩こりや痛みが起こりやすくなり、シートにおいては仙尾骨に高い圧力や剪断力が発生し褥瘡になりやすくなる。加えて、バックサポート上端のみで体幹を支えているため、脊柱の接触部（棘突起部）に褥瘡ができやすくなる。また、骨盤とバックサポートとの隙間が開いているため、脊柱後彎の角度が増強する可能性がある。

安定性のよい（生理的）アライメントで座位を保持できれば、機能が残存している上肢や頭頸部の運動性が増すとともに、褥瘡や痛み、筋痙縮などの合併症の予防にもなると考えられる（図表6-139右）。

3.3.4 臨床で見られる問題点

(1) 脊柱の変形

身体に対して大きすぎる車椅子の場合、後彎や側彎、まれに前彎などの変形が起こりやすい。

最近では、無理してバックサポートを低くする傾向が見られる。しかし、座位を保持できる高さはその人によって決まっているため、バックサポートが低くなると臀部を前方に移動し、余計に脊柱の後彎（図表6-140（a））が大きくなってしまう。

また、起立性低血圧などの諸問題により、長期間にわたりヘッドサポートのついた高いバックサポートの車椅子に乗っている人や、脊椎固定のため長期臥床を強いられた人では、脊柱の可動域が著しく制限され、板のようにまっすぐな体幹（図表6-140（b））や骨盤前傾で前彎し

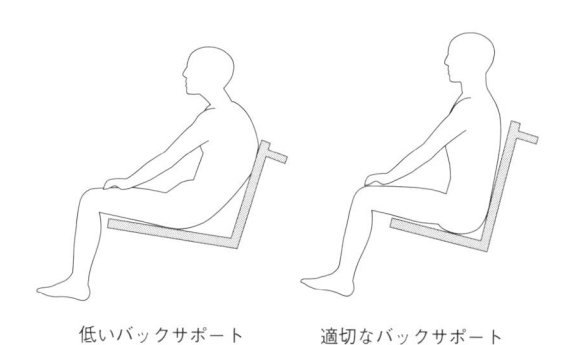

低いバックサポート　　適切なバックサポート

図表 6-139 座位姿勢の比較

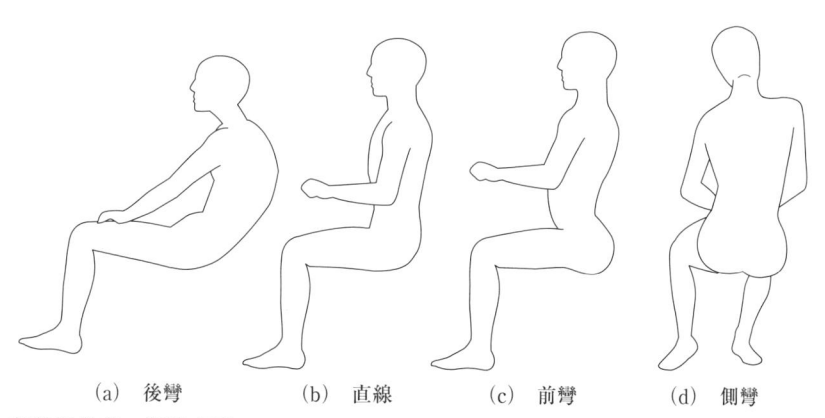

(a) 後彎　　(b) 直線　　(c) 前彎　　(d) 側彎

図表 6-140 脊髄損傷者の脊柱変形

た脊柱の変形（図表6-140（c））になりやすい。

側彎（図表6-140（d））の原因の一つとしては、シート幅の大きい車椅子やどちらかに片寄りやすいクッションなどが考えられるが、上肢の使用方法やADLの動作にも原因があると思われる。

(2) 褥瘡

車椅子に乗ることで、最も注意しておきたい合併症は褥瘡である。特に坐骨・仙尾骨は好発部位で、クッションや除圧動作の指導で予防することが最善策である。発生してしまった後の坐骨除去などの手術の影響は座位バランスに大きく影響するため、車椅子およびクッションに工夫が必要である。

(3) 能力の変化

例えばヘッドサポートが必要だった人の座位バランスが改善すれば、上肢の運動性を発揮しやすいようにバックサポートは低くする必要がある。頸髄損傷者を急性期から訓練していくと、座位バランスやADLなどの能力が改善するため、それに応じて要求される車椅子の機能も変化する。

3.3.5 車椅子上での座位姿勢

基本的には、安定性を保障するためにシートとバックサポートの位置や高さ、角度を調整したポジショニングが必要となる。典型的な脊柱の側彎などは、種々の問題点があるため避けたい姿勢である。理想の座位姿勢としては、骨盤は中立位で脊柱は軽度屈曲し、頭頸部はその上に楽に乗っているような状況がよいと考えられている。バックサポートは重心と脊柱カーブを考慮して角度と高さ、形状を設定し、骨盤と体幹の安定性を図るべきである。

神奈川リハ病院では、頸髄損傷者に評価用車

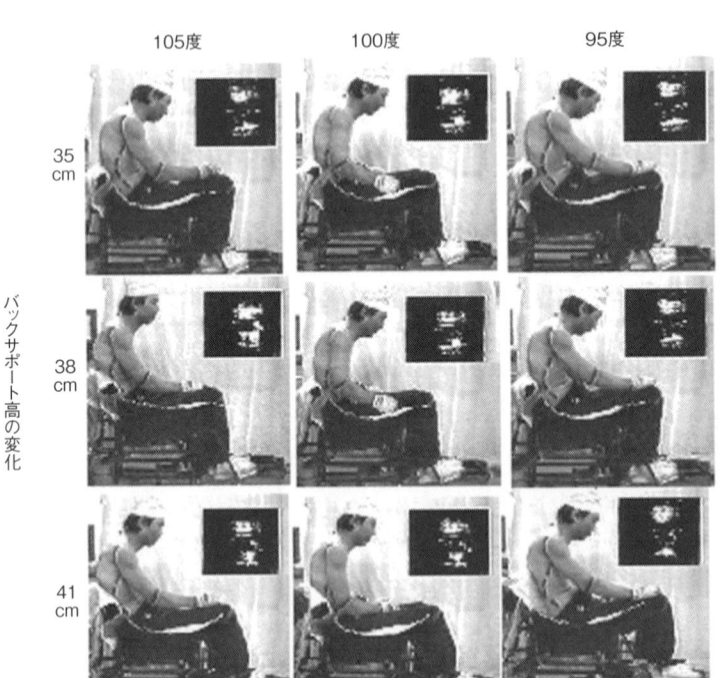

支持面積の広さと頭頸部の角度などの姿勢から分析すると、最も支持面積が広く圧分散しており、頭頸部が正面を向いている、バックサポート角度105°／バックサポート高38 cmが最も適切と判断した

図表6-141 バックサポート角度とバックサポート高を変えたときの座位姿勢と支持面の変化

椅子に乗ってもらい、車椅子の形状の変化によって、座位姿勢や圧力がどのように変化するかを計測した。車椅子に10cmのクッション（ラテックスマット）を敷き、シートとバックサポートの各々にシート型の圧力センサを乗せ、面積と圧力の面で分析した。評価用車椅子の段階づけの基準は、1987～1988年の2年間、頸髄損傷者用に作製した20台の車椅子のバックサポートの高さや角度、シートの前後差データの平均をとり、平均値、平均＋SD、平均－SDの3つの段階づけをした。平均前後差4cmでのバックサポートの高さ3段階（38±2.0cm）、バックサポート角度3段階（100±5°）の9通りの計測を行った。

結果として、図表6-141より、バックサポートの高さによって座位保持可能な高さはある程度決まっており、低くなると臀部を前方にずらすために脊柱が屈曲してしまい、後彎が強化されて、仙骨やバックサポート部位への圧力が増強する。一方、高くなると脊柱は伸展して直線的になり、坐骨部への圧力が増強していった。バックサポートが高すぎたり、あまり倒しすぎることも後方除圧の制限になったり頭頸部の過伸展を強く促すため、痛みを引き出すことになる可能性が大きいものと考えられ、それぞれのニーズに合った車椅子を作製するには十分な検討が必要である。

車椅子製作者は頸髄損傷者と相談しながら、どういう姿勢にしたいのか、生活の道具としてどのように家庭や職場などと適合させていくか、長い時間もしくは期間乗っていた場合にどうなるかなど、目的意識をもたなければならない。例えば急性期と社会適応期では目的が異なってくる。急性期には、座位姿勢や残存機能レベルに合わせ、適切な車椅子を早期から処方できれば、変形や痛みの予防やADL能力の向上に役立てることができるであろう。また、すでに脊柱の変形などを引き起こしている場合、それ以上の変形を助長しないアプローチが可能である。

3.3.6 脊髄損傷者の車椅子

臨床では通称として胸腰髄損傷の下半身麻痺を「脊損」と呼び、頸髄損傷による四肢麻痺者を「頸損」と呼ぶことが多い。ここでは、脊損者の車椅子の特徴を提示する。基本的には上肢機能は残存し、体幹機能や骨盤・下肢機能は残存機能により差が見られる。上肢機能の残存は自立度に大きく寄与し、身の周りのADLは自立している人が多く、活動性が高い。また、就労や就学などの社会参加の機会やスポーツ・趣味活動など幅広いニーズがある（図表6-142、6-143）。

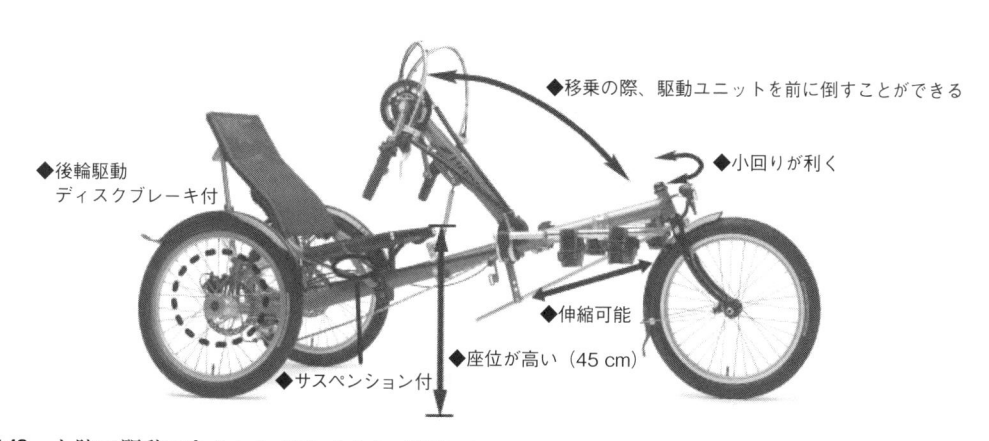

図表6-142 上肢で駆動できるハンドサイクル（出所：http://www.terreus.co.jp/ 04 _recreation/ 02 _hase/recreation_hase.htm）

図表 6-143 脊髄損傷者のスキー実現のためのチェアスキー（出所：http://www.wheel-chair.jp/sports_ski.php）

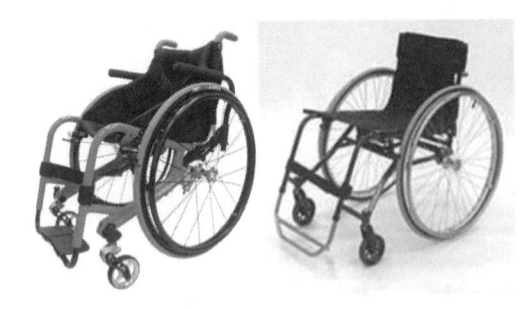

図表 6-144 脊髄損傷者用車椅子

(1) 意外と多いバランス障害の影響

脊損者では、脊椎の固定のために長いプレートを脊柱に埋め込み固定している場合がある。そのために体幹の屈曲や伸展活動時に運動制限が起こり、バランスの調整機能が障害される。結果的に上肢は体幹を固定するために利用されるため、緊張を強いられ疲労しやすくなることが多々見受けられる。

最近では高齢受傷の増加や脊損者の高齢化が進み、よりいっそう車椅子の適応が難しくなっている。また、活動性を高めるために必要以上にバックサポートを低くし、姿勢を悪くしている場合もある。これらが、痛み、しびれ、ひいては褥瘡などの合併症につながることが予測される。デザインもそれなりに重要であるが、座位保持に配慮した車椅子の選定はより重要である（図表6-144）。

(2) 就労に伴う褥瘡の危険性

就労時間が長い場合は、バックサポートの高さなどを調整して安楽座位を保障できるだけの機能が必要である。特に脊損者の場合、痛みを感じない感覚障害の影響により、仕事に集中して長時間の座位をとる場合に褥瘡を発生する危険性が高い。こまめな除圧動作が重要となる。

3.3.7 頸髄損傷者の車椅子

四肢麻痺の場合、体幹機能の障害によるバランス障害、膀胱・直腸障害、体温調節、起立性低血圧などの自律神経障害の影響が大きい。残存機能が脊損者に比べて少ないため、ADLはより困難となり車椅子の構造はより綿密に考える必要がある。高位頸髄損傷者は残存機能が少ないため、当事者の過ごしやすさと介助のやりやすさが両立されなければならない。また、人工呼吸器を使用している場合には、その置き場所だけでなく、貧血、痙性や疲労などの身体面にも考慮しなければならない。

(1) ティルト・リクライニング機能

高位頸髄損傷者は筋痙縮の影響を強く受けることが多い。貧血や安静のためにバックサポートを倒す場合、リクライニング機能のみだと股関節伸展の伸張刺激により痙性が出現し、不安定になることが多い。そのため、場面に応じてティルト機能と使い分ける必要がある。ティルト機能で股関節を変化させずに後方に倒すことで安静を保ち、排尿管理や更衣の介助時などはリクライニング機能を使用する。頸髄損傷者は知的水準が保たれているため、電動可変機構を利用することで介助量を軽減し、自立度を上げることができる。

(2) 電動車椅子

上肢機能の低下した頸髄損傷者にとって、車椅子駆動は困難な活動の一つである。例えば病院のような、平坦で障害がない場所では可能であるが、市街地などの走行は困難を極めるため、電動車椅子は本質的に必要と考えられる。現在、上肢や顎（チン）やヘッドコントロールなどインターフェースも充実してきている。脳波などでのコントロールの研究も進められており、ぜひ実現してほしいものである（図表6-145）。

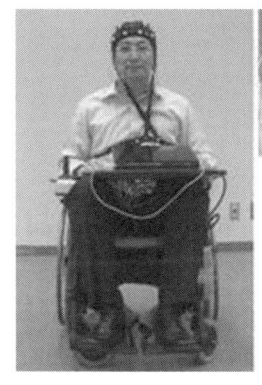

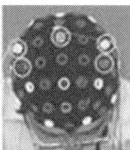

図表6-145　脳波で動く車椅子（出所：http://www.riken.jp/pr/press/2009/20090629/）

3.3.8　ADLを念頭に置いた車椅子

ADLを目的とした車椅子の作製は、歩行を代償する道具としてだけではなく、ときとして脊損者が生きていくうえでの重要な手掛かりとなるため、製作スタッフは頸髄損傷者の意向も含め、能力や環境因子なども十分検討して実施すべきである。作製のためのポイントを以下に挙げる。

(1)　駆動動作

ハンドリムを押し出す力を得るためには、手を動かしその反動で体幹が後方に崩れないような安定した座位が必要である。このとき重要なポイントはバックサポートの高さである。駆動時の上肢の動きを妨げないように、肩甲骨に当たらないような位置で、かつ体幹が後方に反り返らないような高さが必要である。また、残存機能レベルに左右差がある場合や側彎がある場合には、シート幅はできるだけ頸髄損傷者の座幅（大転子間距離）に近く狭いほうが安定する。

駆動を考えると、高位頸髄損傷者は三角筋や広背筋が弱いため、上肢の後方への振り出しが少ない（図表6-146）。駆動効率を上げるにはハンドリムへの接触時間が長いほうがよいため、車軸の位置は前方のほうがよい。しかし、車軸を前方に出すと後方に転倒しやすいため、車軸調整ができるものが望ましい。

最近では車軸を車椅子の中心に置き、キャス

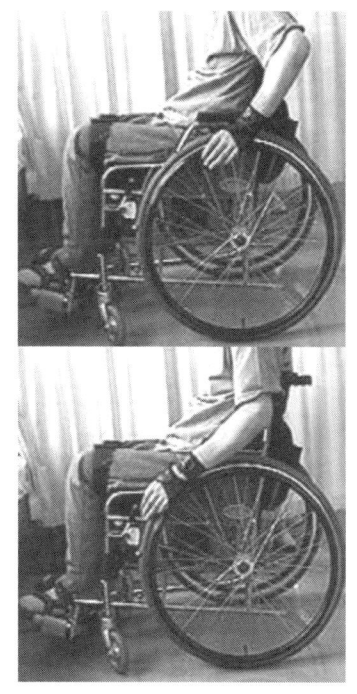

図表6-146　頸髄損傷者の車椅子駆動時の上肢接触範囲

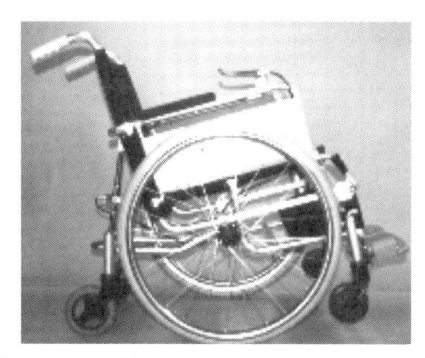

図表6-147　6輪車椅子

タを前後に配置した6輪車椅子（図表6-147）も市販されており、駆動効率と狭い家庭内での回転効率の改善が必要な場合に処方する。

(2)　移乗動作

移乗にはプッシュアップや後方の除圧動作を利用して臀部を移動させ、その後両上肢で押し出していく方法がある。このとき、車椅子のシート角度（前後差）が大きすぎると、臀部を前方へ移動できても後方に戻ってしまうので、

図表 6-148 頸髄損傷者の車椅子処方データ（出所：『第 9 回リハ工学カンファレンス講演論文集』）

項目	四肢麻痺		
西暦年	1973～1984	1988～1990	1989～1993
車椅子座幅と身体座幅の差	3.5 cm	3.1 cm	3.5 cm
バックサポート高さ	39.1 cm	38.4 cm	39.2 cm
前後差	3.1 cm	4.3 cm	4.2 cm
シート角度	−	6.2 度	6.2 度

図表 6-151 下出し式フットサポート

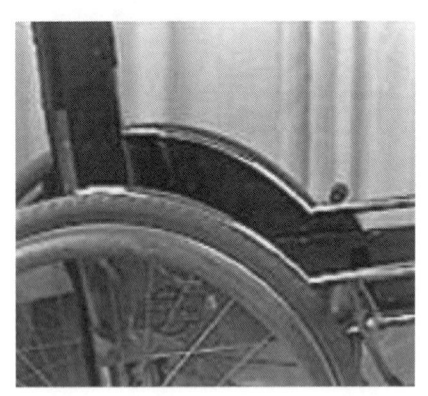

図表 6-149 タイヤに沿ったアームサポート

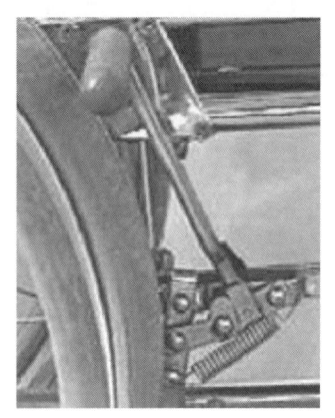

図表 6-152 L 字型のブレーキレバー

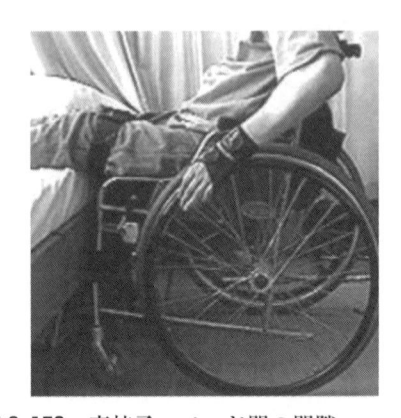

図表 6-150 車椅子―ベッド間の間隙

シート角度は約 6°（シート前後差は約 4 cm 程度）が適当であろう（図表 6-148）。また、手を置く位置が必要なため、アームサポートはデスクアームかタイヤに沿った形状のもの（図表 6-149）が有効である。

ベッドとの移乗動作時に横移動なら問題ないが、前方移動を行う場合は、車椅子―ベッド間の間隙（図表 6-150）を少なくするため、着脱式もしくは開き式（スイングアウト式）のフット・レッグサポートか、レッグパイプが切断してある下出し式フットサポート（図表 6-151）が有効である。また、手指機能の低下している頸髄損傷者にとって、ブレーキを掛けるための延長レバーや L 字型レバー（図表 6-152）も有効である。

(3) 除圧動作

特に後方への除圧動作時には、バックサポートの高さを越えて体幹を後方へのけ反らせるためバックサポートは低いほうがよい。しかし、低すぎると元の位置に戻れなくなるため、動作を確認しながら高さを設定するべきである。

(4) 食事

テーブルや食器類にできるだけ近づくために、デスクアームかタイヤに沿った形状のアームサポートが有効である。また、膝の高さが高すぎるとテーブルに入れないため、あらかじめ利用するテーブルの高さを考慮に入れ、シート角度やシートの高さを決定する。なお、外食などを考慮すると、クッションも含めたシート高は50 cm前後が有効である。

(5) トイレ

身障者用便座を利用する場合は、前方から侵入するためフット・レッグサポートの着脱式や開き式（スイングアウト式）など臀部と便座に隙間ができないように作製する。また横移動で便座に移乗する場合は、臀部が当たらないようにデスクアームかタイヤに沿った形状のアームサポートが必要である。いずれの場合も、便座の高さとシートの高さにあまり段差がないようにするのが望ましい。

(6) 自動車

移乗に際しては、プッシュアップ時に手をつく位置が必要なため、デスクアームかタイヤに沿った形状のアームサポートがよい。また、車椅子の積み込みに際しては、軽量であることとドアに邪魔にならぬようにバックサポートはできるだけ低いほうが有効である。

3.3.9 より高いニーズに対しての試み

(1) 調節機能をもつ車椅子

頸髄損傷者の能力変化に対応できる車椅子を考えると、いろいろなパーツが調節できる車椅子に注目すべきである。

最近では、シート角度、バックサポートの高さ、バックサポート角度の可変やバックサポートの張り調整、パーツ交換によるシート幅の可変など多様な機能をもつ車椅子が、外国製も含め日本のメーカーでも製品化が進められている。脊損者の場合、車椅子上でのADL訓練が重要であるが、車椅子の少しの変化でパフォーマンスが変わってしまうため、調節機能のついた車椅子が早期に支給できるようなシステムが必要である。

(2) クッションの影響

クッションは褥瘡予防用との考え方が浸透しており、ポジショニングとしての機能は軽んじられてきた。しかし、姿勢保持への影響力は大きく、クッションによっては脊柱の後彎や側彎を悪化させるものがある反面、適切なクッションを選択すれば、体幹は安定し良姿勢を得ることができる治療具ともなりうる。

最近では、除圧性能はもちろん、姿勢保持を考慮したクッションが外国製品を中心として浸透しつつある。なかでも臀部の形状に近い形をベースとし、坐骨や仙尾骨などの骨が突出している部分にはエアー（図表6-153（a））やゲル（図表6-153（b））などで除圧しているクッションや、一旦座位をとらせ空気を抜いて骨盤を安定させるような空気量バルブ調節式（図表6-153（c））のクッションがある。

また、高位頸髄損傷者に対するシーティングを行うときに、除圧能力と座位保持能力の両側面を可能とした調節機能付のバックサポート（図表6-154）も販売されているので有効利用

(a) ROHOクッション　　(b) JAYクッション　　(c) バリライト・ソロクッション

図表6-153 さまざまなクッション

図表6-154　調節機能付バックサポート

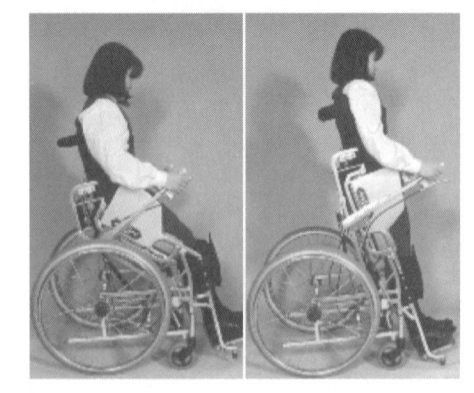

図表6-155　手動スタンドアップ式車椅子

図表6-156　電動スタンドアップ式車椅子

すべきである。

(3) 立位保持の必要性

脊損者は立位をとる機会がほとんどないが、家庭生活のなかで立位をとることができれば身体機能面、精神面、ADLの面でも有効なことがわかっている。以前より脊髄損傷専門病院などでは、立位を家庭でとらせることができるようなスタンドアップ式車椅子（図表6-155）や、電動起立補助器などの立位保持具の研究がなされている（図表6-156）。

3.4　運動発達期の障害

ヒトは、乳幼児期から学童期、成人期を経て老年期へと、それぞれのライフステージに沿って成長・発達していく。運動発達に何らかの障害が生じると、そのライフステージの節目ごとの活動や参加において、さまざまな制約・制限を受けることがある。彼らへの車椅子適合支援を進めるうえで最も大切なことは、どのライフステージの時期に、どのような生活目的をもち、個々の生活様式に応じた、どのような車椅子の利用を必要としているかを十分に把握することである。そして、運動発達の過程で、原疾患による一次障害とその後に併発する可能性のある二次障害がどのような状況にあり、予後的にどのような変容を来すのかを予測しておかなければならない。これらを総合的に評価し、車椅子の機能・構造に含まれる移動、移乗、姿勢、上肢・下肢の操作の要素を適正に選定・適合していかなければならない。

本項では、運動発達障害のなかでも最も車椅子の適合支援を必要とする代表的な原疾患として脳性麻痺と筋ジストロフィーを取り上げ、車椅子適合支援の進め方について説明する。

3.4.1　脳性麻痺

脳性麻痺では、1968年厚生省特別研究班の報告にあるように、病気そのものの進行はなく停止するが、成長・発達の過程で運動機能や姿勢などの変化は続く。その運動発達の過程で異

常が認められれば、正常な発達過程を経ないために一次的な障害に加えて二次的な障害を併発することがある。

成人の脳性麻痺において多く発生する二次障害としては、頸椎症による疼痛やしびれ、腰痛症、脊柱側彎や胸郭変形などの変形、関節拘縮などがあり、さらに重症例では、他章で詳しく解説されている呼吸・摂食嚥下機能障害などが見られる。

章末の事例A〜Cに、成人脳性麻痺3例の車椅子適合支援の実際を紹介した。

3.4.2 筋ジストロフィー

筋ジストロフィーとは「筋線維の変性・壊死を主病変とし、進行性の筋力低下を見る遺伝子の疾患である」と定義されている。

デュシェンヌ型筋ジストロフィーでは、乳児期に歩行開始遅延（1歳6か月以降に歩行開始）が30〜50％いること、歩行開始時にはすでに筋力低下（立ち上がり方の異常；Gowers徴候など）が見られることなどから、乳児期にすでに異常が生じている可能性がある。病初期は転びやすい、走れないなど歩行に関する異常が最も多く見られる。さらに進行すると、何かものにつかまらないと立てなくなり、10歳前後で歩行不能となり、車椅子生活となる。次第に寝返りなどの基本動作も自力では難しく介助が必要となり、20歳前後で呼吸筋の力が弱くなると、人工呼吸器の助けが必要となる。

筋萎縮は病初期にはあまり著明ではないが、ふくらはぎが異常に太いのが特徴的である（仮性肥大（pseudohypertrophy））。この筋の肥大は肩や、頬筋、舌筋にも見られる。

病気が進行すると、筋萎縮を伴う筋力低下は躯幹近位筋（大腿、上腕、躯幹筋）に著明に見られるようになる。歩行時には関節拘縮を伴う尖足のみで、歩行不能となった時点から、股関節、膝関節などに広がっていく。脊柱変形、手指、顎関節など全身の関節の拘縮をみるようになる。

最近では、医療技術の進歩などに伴い、従来20歳以前に死亡していた本疾患者が40歳程度まで生命維持ができるようにもなってきている。それと並行して、ライフステージの延長に伴う生活課題に応じた支援プログラムが提供されなければならない

章末の事例D・Eに、デュシェンヌ型筋ジストロフィー2例の車椅子適合支援の実際を紹介した。

3.4.3 運動発達期の障害に対する車椅子適合支援の留意点

個々のライフステージにおける生活ニーズは多種多様であり、車椅子の適合支援に求められる要素は複雑である。小児の時期においては発達を中心とした問題解決アプローチが主流となるが、成人を越えた時期においては、それまでの経過を踏まえ、これからの人生においてどのような生活プログラムを想定しながら、そのライフステージの節目ごとにどのような車椅子適合支援を行うべきか、十分に検討する必要がある。

医学的な情報・知識・技術も重要であるが、当事者自身およびその家族・介助者などの経験則にも、問題解決の糸口が存在する場合が多々ある。使用者を中心に、支援技術者、家族、介助者などが有効な連携をとりながら適合支援を進めていかなければならない。

事例 A

頸部右回旋時　　　頸部左回旋時

図表 6-157 身体状況

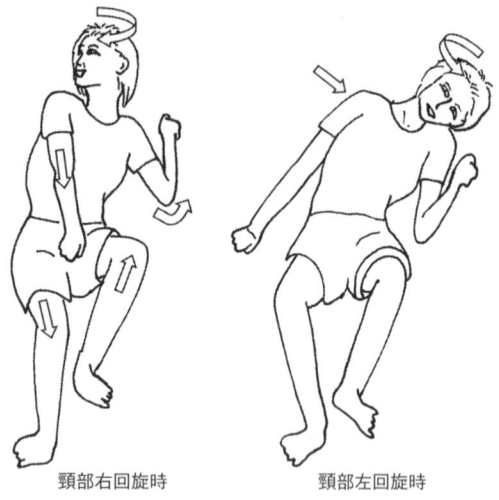

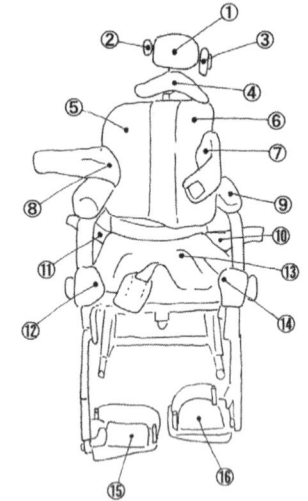

① 頭部後方サポート
② 右頭部側方サポート
③ 左頭部側方サポート
④ ネックサポート
⑤ バックサポート（右側）
⑥ バックサポート（左側）
⑦ 左体側サポート・胸ベルト
⑧ 右体側サポート・胸ベルト
⑨ 左アームサポート
⑩ 股ベルト（左下肢用）
⑪ 骨盤ベルト（右側）
⑫ 外転防止パッド（右側）
⑬ シート（左骨盤下部の床上げ）
⑭ 外転防止パッド（左側）
⑮ 右フットサポート
⑯ 左フットサポート

図表 6-158 座位保持装置設定

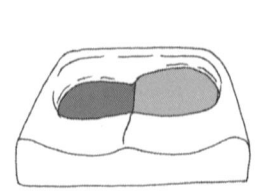

骨盤下部支持面（左側床上げ）　　股ベルト・骨盤ベルト

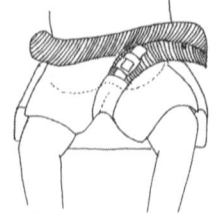

図表 6-159 シートと骨盤ベルトの設定

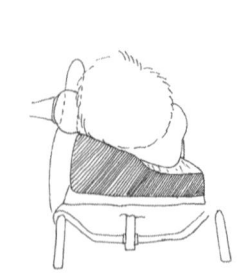

バックサポート（上面から見た図）　　同（前方から見た図）

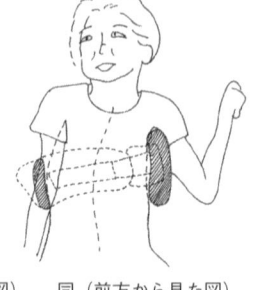

図表 6-160 バックサポート（部）と胸ベルトの設定

　20歳代、女性、痙直型四肢麻痺による四肢・体幹機能障害と言語機能障害あり、ADLは全介助。コミュニケーションは、発声はあるが言語的表出は認められない。他者の言葉は部分的に理解できているが、Yes-Noは表情や発声で応答するものの不明瞭である。

　車椅子は、主に通所施設、医療機関などへの移動手段として必要であり、一日の大半を車椅子上で過ごしている。それ以外にも、遊びや娯楽、旅行などで外出する機会も多い。

　車椅子上における自発運動としては、頭部・頸部の回旋を伴った屈曲・側屈以外はきわめて少なく、非対称的な異常筋緊張分布および異常な姿勢運動パターンを呈している。頸部右回旋時には、ATNR（非対称性緊張性頸反射）の影響を受け右側上下肢の伸展優位、左側上下肢の屈曲優位になり全身の筋緊張が亢進し、反り返るような姿勢となり前ずれを生じる。その反対方向の左回旋時には、全身の緊張が低下し、頸部は屈曲し、体幹が左側屈して左側方へ倒れ込むような姿勢となる。そのたびに、介助者による座り直し介助が頻繁に必要となっていた。また、二次障害として、右凸側彎とそれに伴う肋骨隆起変形、腰椎前彎を伴っている（図表6-157）。

　したがって、車椅子における座位保持装置の設定は、長時間の使用によって抗重力姿勢を獲得する

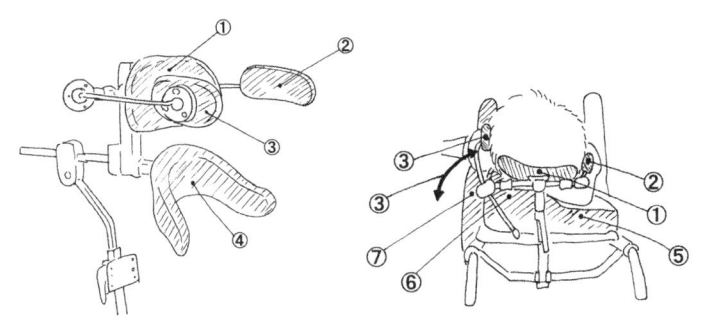

図表 6-161 頭・頸部支持部の設定

①頭部後方サポート
②左頭部側方サポート（スイングアウェイ式）
③右頭部側方サポート
④ネックサポート
⑤右肩部の後方サポート
⑥左肩部の後方サポート
⑦左体側サポート

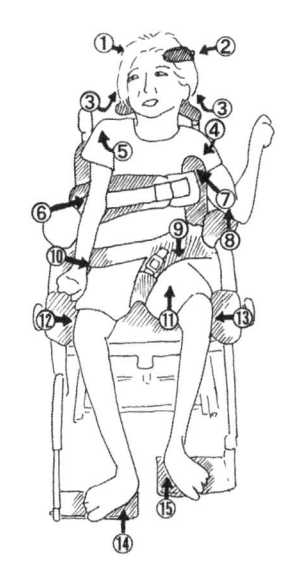

①頭部右側方の支持
②頭部左側方・左前部の支持（移乗児にはスイングアウェイする）
③頸部および頭部の後方からの支持
④左肩甲帯の後方からの支持
⑤右肩甲帯の後方からの支持
⑥右体幹部の側方からの支持
⑦左体幹部の側方および下方からの支持
⑧左上腕の支持および保護
⑨大腿の上方からと骨盤（左骨盤部）の前方からの支持
⑩骨盤（右骨盤部）の前方からの支持
⑪シートの左骨盤部を右骨盤部より高くしている（骨盤傾斜位：左拳上位）
⑫右大腿部の右側方の支持
⑬左大腿部の左側方の支持
⑭右足部の支持
⑮左足部の支持

図表 6-162 処方概要

とともに、非対称姿勢をできるだけ強めず、変形を助長しないような支持面で構成されている。その一方で、支持面が頸部の自動的な動き（左右回旋運動）や呼吸時の肋骨の動きを阻害しないようにも考慮した（図表 6-158）。

(a) シートと骨盤ベルト

まずは、骨盤を安定させるために広い支持面を構成しながら、左骨盤下部面を右側に比べやや高めにし、設定した。次に筋緊張亢進の際の骨盤のズレを少なくするために、左股関節伸展と骨盤右側前方への回旋を抑制するための2方向の骨盤および股ベルトを設定した（図表 6-159）。

(b) バックサポート

肋骨隆起を伴う右凸側彎変形への対応と左肩甲帯の後方引き込みを防止する目的で、バックサポートの形状を構成した（図表 6-160）。さらに、左側方への倒れこみ防止を目的とする大き目の左体側サポートと、胸ベルトと一体化した右体側サポートを設定に加えた。ただしこれらについては、呼吸機能のために必要となる胸郭の動きを制限しないように、部分的にバックサポートによる圧迫を避け

事例　A

られるように形状設定を配慮した。
（c）頭・頸部支持部
　頭部が左側に大きく傾かず、対象者のよい能力である頭部のコントロールが発揮できるためのヘッドサポートおよびネックサポートによる支持面を構成した（図表6-161）。

　事例Aは、この車椅子で安定姿勢を確保でき（図表6-162）、外出や平日の通所施設への通所時に利用している。特に、姿勢の崩れに対する座り直しが少なくなり、介助者の介助量も軽減した。

事例　B

図表 6-163　座位保持装置なし（設定前）

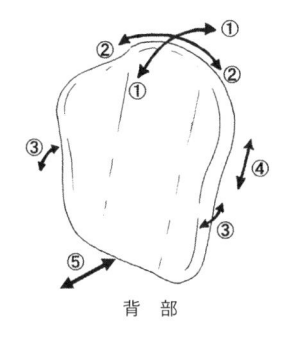

①両肩甲帯の拳上
②脊柱後彎→円背：構築性の変形あり
③骨盤後傾位、前滑り
④下肢伸展優位　膝伸展運動
⑤下肢伸展優位　足関節底屈運動
⑥フットサポートへの荷重負荷が困難

背部

アルミニウムのベースシートにウレタン製クッション材を重ねたもの。上図のように三次元の角度調節、シート奥行調節、高さ調節が可能。
①前後方向への角度調節（矢状面）
②左右方向への角度調節（前額面）
③水平方向への角度調節（水平面）
④高さ調節
⑤シート奥行調節

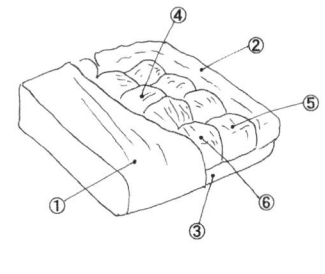

座部

ウレタンベースシートの上に圧吸収性の異なる3種類のゲル状素材により構成されたもの。
①カバー
②側方、後方支持パッド部
③ウレタンベースシート
④ゲルパッドA（圧吸収性：強）
⑤ゲルパッドB（圧吸収性：中）
⑥ゲルパッドC（圧吸収性：弱）
　＊④⑤⑥は配置変更、取り外し可能

図表 6-164　座位保持設定のポイント

40歳代、男性、痙直型四肢麻痺、胸椎後彎（円背変形あり）、逆流性食道炎あり。

ADLは要介助レベルであるが、移動に関しては、左上肢でのジョイスティックレバー操作により電動車椅子利用が可能である。ただし、標準の電動車椅子のシート、バックサポート設定では、骨盤後傾位、胸椎後彎により前滑りが起こり、両下肢伸展位を助長し下肢での支持性低下を起こす。さらに、その不良な姿勢は、仙骨部に圧迫による痛み、皮膚損傷、胃の圧迫による逆流性食道炎、腰部・大腿筋膜張筋の筋スパズムと痛みを生じていた（図表6-163）。

したがって、電動車椅子に座位保持装置を設置し、骨盤—体幹の安定を図ることで上記のような身体的負担を軽減するようにした。また、外出時にしびんを使った排泄方法（排尿）を行っていることも考慮して座位保持装置の設定を行った（図表6-164）。

車椅子の製作においては、まず体幹の抗重力伸展活動を促すために、骨盤のポジショニング設定の

事例　B

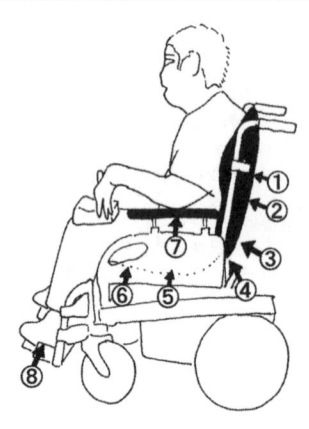

①胸椎下部の後方下部および両側からの支持
②腰椎部の後方からの支持
③骨盤の後方からの支持
④骨盤の下方からの支持
⑤坐骨結節部前方へのアンカーサポート（前滑り予防）
⑥大腿部の下方からの支持
⑦前腕部の下方からの支持
⑧足部（足底部）の下方からの支持

図表 6-165　座位保持装置あり（設定後）

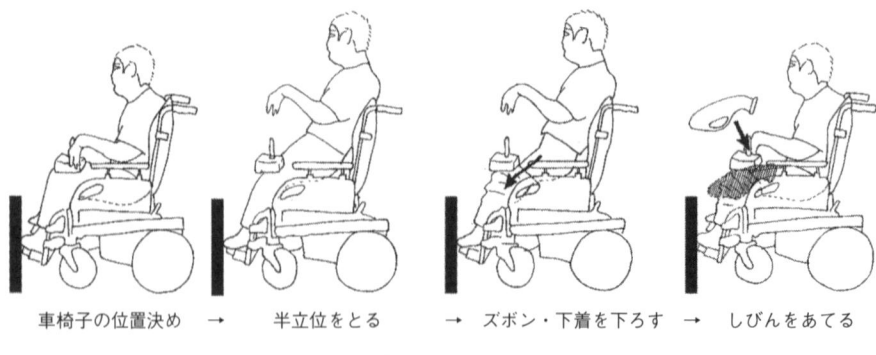

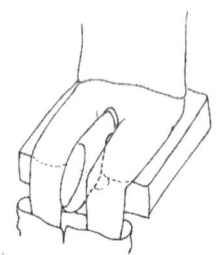

車椅子の位置決め　→　半立位をとる　→　ズボン・下着を下ろす　→　しびんをあてる

しびんを使用するにあたり、シートの中央前方部分と干渉しないように工夫・配慮した

図表 6-166　座位保持装置と ADL

ためにシートクッション部にアンカーサポートによる坐骨結節前下方からの支持面、臀部パッドにて骨盤の後下方からの支持面を構成した（図表6-165）。なお、筋緊張が両下肢伸展運動パターンにそれほど強く支配されている状況ではないため、内転防止パッドは用いず、シートに用いたクッションの素材や形状特性による大腿部下部、側方支持面での全面支持で対応した。それは、しびんを使用する際に排出した尿のもれ、逆流を防ぐため、シートと干渉し合わないためにも必要であった（図表6-166）。

　事例Bは、日常外出することが多く、今回設定した座位保持装置により安定した座位姿勢を得るとともに、夏季の臀部および股間部のムレも少なくなり、快適に電動車椅子を利用できるようになった。

事例 C

　50歳代、女性、痙直型アテトーゼ、頸椎症（C-3、C-4）、喘息あり。

　30歳代後半ぐらいから頸部への過剰なストレスから、二次障害として頸椎症が著明となり、手足のしびれ感、脱力感が徐々に強くなってきた。手術療法の適用も検討されたが、喘息の問題があり施行はされていない状況であった。呼吸機能も低下の傾向にあり、将来的には人工呼吸器の設置が不可欠となる可能性が強いことを担当医師より伝えられていた。

　ADLは、要介助で立位・短距離（2～3m）介助歩行が可能なレベルで、その他の動作はほとんど全介助で行っている。日常は、自立生活センターの活動をしていて、移動手段として電動車椅子を主に使っており、操作は自力による上肢操作にて可能。しかし、座位姿勢で体幹筋群の筋緊張が低く、骨盤後傾位、胸椎後彎の状態で頸部は屈曲位が多い状態であった。そのため、走行中の頭部の持続的な保持が難しく、左上肢で下顎部を支えながら走行することもしばしばであった。停止時でも座位姿勢は不良で安定しないことから、頸部を屈曲位にしていることが多く、不随運動や急激な伸展運動によって頸部へのストレスを強めており、頸椎症を悪化させる傾向にあった（図表6-167）。

　車椅子製作においては、車椅子上座位姿勢および走行時の骨盤・体幹の安定性を確保することで頸部へのストレスを軽減することを目的とした。

　まず、安定した座位姿勢の保持のため、骨盤の両側方を支持するためのパッドを設置し、さらに右体側サポートにより右側方への体幹側屈による姿勢の崩れを防いだ。そのことにより、右側方への体幹の崩れを防いだ。なお、シート、バックサポートについては、骨隆起部の圧迫による痛みを軽減するために、シートにゲル状の素材、バックサポートに空気層の素材を適用した。また、日常約8時間を車椅子上で過ごすため、姿勢変換機構も自力でできるように入力用スイッチの工夫を行った（図表6-168、6-169）。

　事例Cは、電動車椅子における安定した座位姿勢を獲得し、走行時もヘッドサポートにもたれながら走行ができるようになった。そのことで、不随運動や頸椎の伸展運動による頸椎へのストレスが軽減した。しかし、その後、頸椎症の悪化が認められ、担当医師の処方により頸椎カラーを装着することとなり、ヘッドサポートの形状などを一部変更した。

　今回の電動車椅子および座位保持装置の設定により、日頃の自立生活センターの活動において移動手段を確保するとともに、自力での姿勢変換を行うことができることで長時間の利用でも快適な姿勢を獲得することができるようになった。

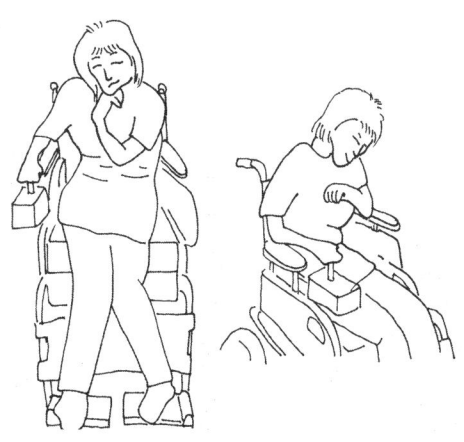

図表6-167　身体状況

事例　C

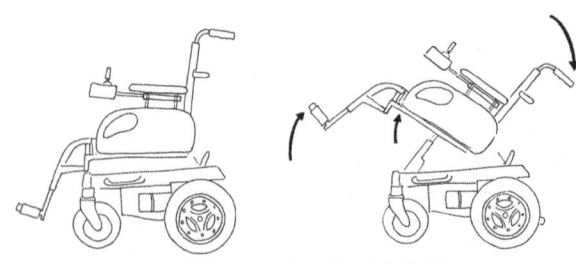

電動車椅子：ティルト式姿勢変換機構付

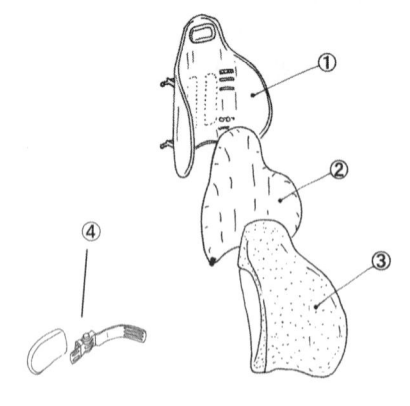

バックサポートの座位保持装置

①アルミニウムベースシート
②空気量バルブ調節式シートクッション
③カバー
④スイングアウェイ式右体側サポート
　→バックサポートの座位保持装置に設置

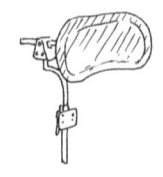

三次元角度調節式ヘッドサポート
（高さ、奥行調整を含む）

図表 6-168　座位保持装置設定

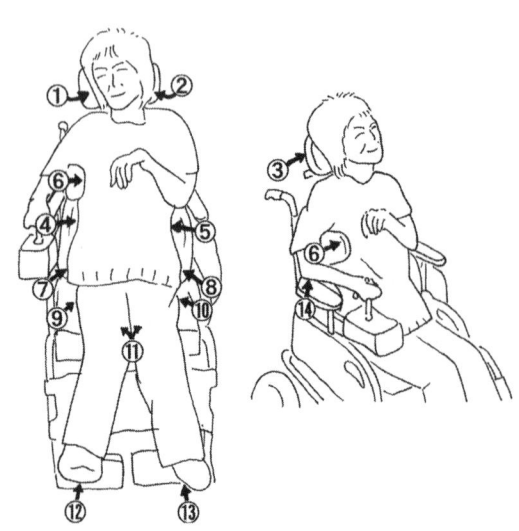

①右頭部の側方からの支持
②左頭部の側方からの支持
③頭部の後方からの支持
④右体幹の側方からの支持
⑤左体幹の側方からの支持
⑥右体幹上部の側方からの支持
⑦右骨盤の側方からの支持
⑧左骨盤の側方からの支持
⑨右骨盤の下方後方からの支持
⑩左骨盤の下方後方からの支持
⑪大腿部の内転防止
⑫右足部の下方外側からの支持
⑬左足部の下方外側からの支持
⑭右前腕部の下方からの支持

図表 6-169　処方概要

事例 D

　10歳代、男児、デュシェンヌ型筋ジストロフィー。
　脊柱の変形として、腰椎前彎、胸・腰椎の側彎、それに伴う肋骨変形が強く、車椅子（リクライニング式普通型）上での座位姿勢を保持することが困難で、両脇に座布団用クッションおよび胸ベルトで固定するような方法をとっていた。それにより自力での前方への姿勢変換ができないため、上肢操作範囲の制限が生じていた。ADLは、書字、食事などは一部介助で可能であるが、その他はほとんど介助を要する。移動手段については、介助にて移動しており、自力での移動はできていなかった（図表6-170、6-171）。
　車椅子作製においては、まず自立した移動手段の確保を目的として電動車椅子を適用し、車椅子上での座位姿勢の安定と電動車椅子の操作および卓上における上肢の残存機能を最大限に引き出すことを目的に座位保持装置を設置した。また、中学に入学した頃に軟性コルセットとの併用を行うこととなり、一部座位保持装置の設定を修正・変更した。さらに、できる限り自分の座位姿勢の状態を視覚的に確認できるように、テーブル中央部を透明アクリル板にしたり、テーブル上に鏡を設置するなどの工夫・配慮も行った（図表6-172）。
　事例Dは、安定した座位姿勢に伴い上肢動作範囲も拡大した。そのことにより、電動車椅子の操作を自力で行えるようになり、自分で自由に移動できるようになった。また、中学校においても卓上での上肢動作が行いやすくなるとともに、長時間の座位姿勢獲得ができるようになった。

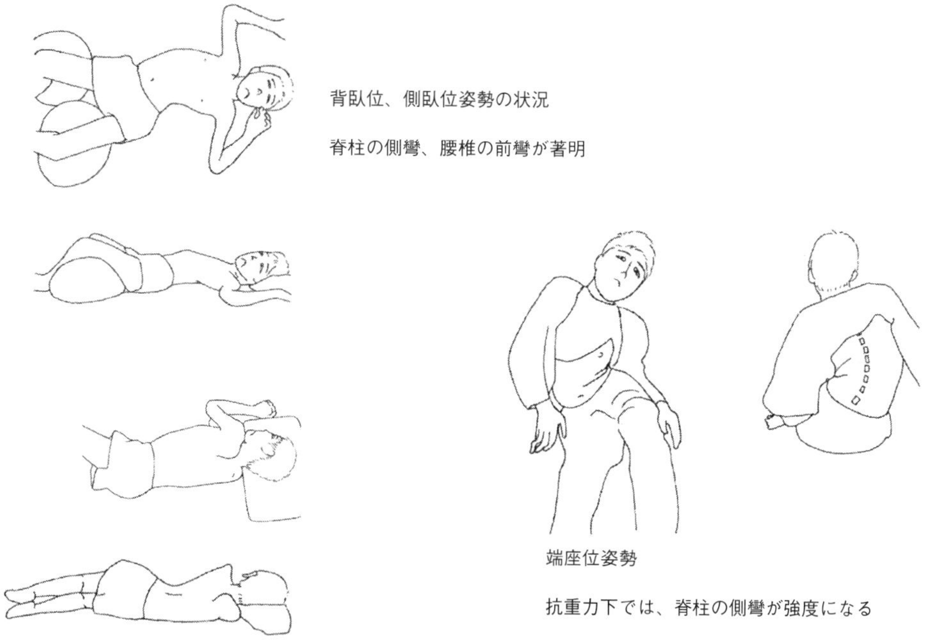

背臥位、側臥位姿勢の状況

脊柱の側彎、腰椎の前彎が著明

端座位姿勢

抗重力下では、脊柱の側彎が強度になる

図表6-170　身体状況

事例　D

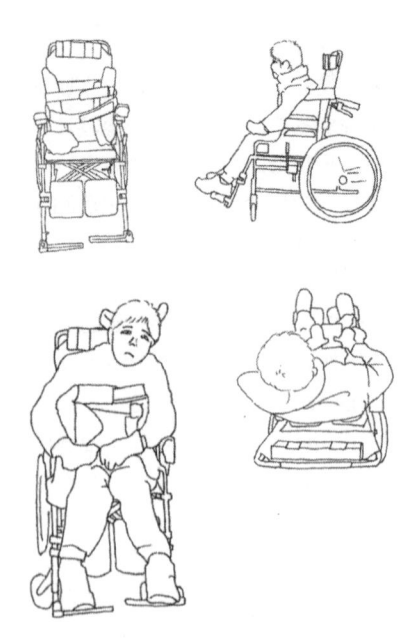

リクライニング式車椅子上に市販のクッション材を挟み込む方法で対処されており、
体幹の自力での動きは制限され、上肢動作の範囲を狭めていた

図表6-171 座位保持装置処方前の状態

① 右体幹部の側方下方からの支持
② 左体幹上部の側方からの支持
③ 体幹前部の前方（若干下方）からの支持
④ 左体幹部の側方からの支持
⑤ 右骨盤部の側方からの支持
⑥ 左骨盤部の側方からの支持
⑦ シートの左骨盤部を右骨盤部より高くしている
　（骨盤傾斜位：左挙上位）
⑧ 右前腕部の下方側方からの支持
⑨ 左前腕部の下方側方からの支持
⑩ 右足部の下方側方からの支持
⑪ 左足部の下方側方からの支持
⑫ ADL上で上肢を前方で使う際に両上肢を下方から支持する
　（下肢の状態を確認できるように透明アクリル板をはめ込んでいる）

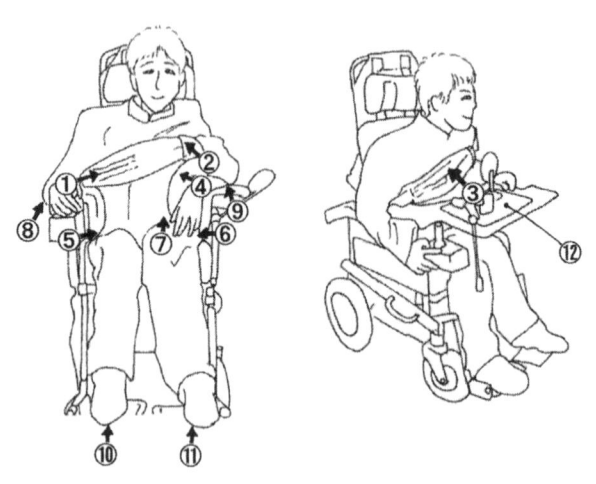

図表6-172 座位保持装置処方後の状態

3. シーティングの実際

事例　E

30歳代、男性、デュシェンヌ型筋ジストロフィー。

脊柱の変形として、胸・腰椎の後彎および側彎、それに伴う肋骨変形が強く、車椅子上での座位姿勢の保持、姿勢の変換が困難な状況であった。パソコンを用いた入力作業を中心として在宅就労を行っていたが、主な介助を母親が担っており、介助量の多さなどを理由にあまり車椅子上座位姿勢をとらず、ベッド上での半側臥位の状態で一日の大半を過ごしていた。そのため、パソコン入力操作が車椅子利用時よりも効率が悪くなり、その改善を必要としていた。また、呼吸機能の障害があるため、非侵襲性の人工呼吸器を装着しており、車椅子には人工呼吸器の搭載が必要条件であった。

移動機能と合わせて姿勢変換機構を自力でできるように、走行モード（室内用、室外用の2種類）、姿勢変換モード（ティルト、リクライニング、エレベーティングレッグサポート左右の4つの姿勢変換）の各種機能を統合し、モード選択および実行をすべて自力で行えるような制御システムの

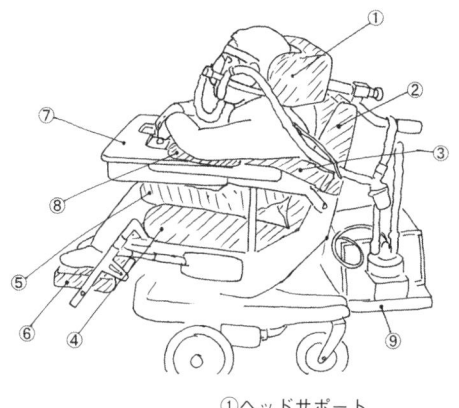

①ヘッドサポート
②バックサポート
③胸ベルト
④シート
⑤ビーズクッション
⑥フットサポート
⑦テーブル部（カットアウトテーブル）
⑧アームサポート
⑨人工呼吸器搭載台
⑩右アームサポート（前腕部）
⑪ジョイスティック
⑫モード切替スイッチ
⑬電源スイッチ
⑭右アームサポート

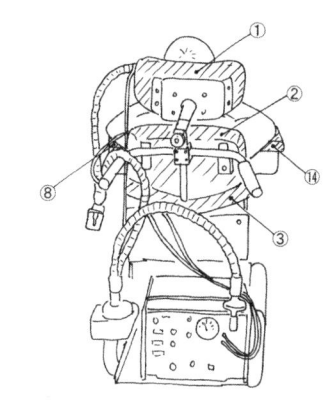

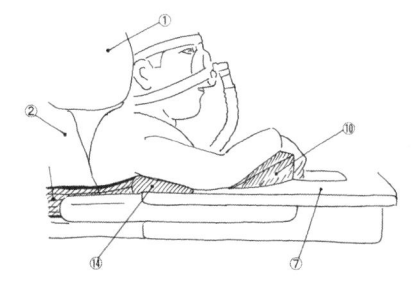

図表6-173　座位保持装置および電動車椅子の設定

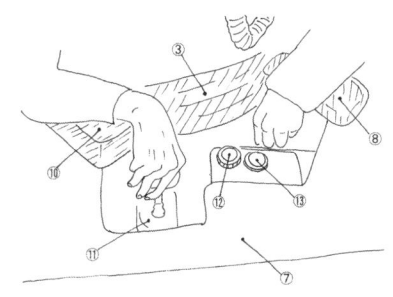

事例 E

ある電動車椅子を用いた。座位保持機能においては、長時間の座位姿勢において、臀部、大腿部下部の圧迫による痛みの訴えがあったため、姿勢変換機構と合わせてエアバッグによる圧調節機構をシートクッションの中に設置した。調整については自力では不可能なため、介助者による調整が必要であった（図表6-173）。

また、外出時の玄関口およびマンション内段差解消のための簡易スロープを設置し（取外し式、収納可能）、移動環境の整備を行った（図表6-174）。

事例Eは、座位姿勢の安定と自力での姿勢変換機構により、長時間座位姿勢の確保ができるようになった。そのことにより、パソコン操作などが大幅に改善し、在宅での就労活動時間も延長できるようになった。また、外出では、パソコンショップや野球場などに出かける際に活用するが、電動車椅子が前輪駆動式のため回転半径も小さく、狭い空間（エレベータや建物の通路など）も容易に走行ができるようになった。

図表6-174　移動環境の整備

参考：障害・症状状況一覧表

【参考：障害・症状状況一覧表】筋力低下があるときにスクリーニング的にご参考ください。第3〜6章で詳細に述べられていますが、早見表的にお使いください。

障害・症状の状況	主な原因	問題点	姿勢保持の留意点と対応
1. 筋力低下	1. 中枢神経障害および末梢神経障害 2. 筋疾患（筋ジストロフィーなど） 3. 筋力未発達 4. 廃用症候群 5. 加齢による筋力低下 6. 成長による相対的筋力低下	1. 姿勢保持能力の低下 2. 努力性過緊張 3. 持久力の低下（疲労しやすい） 4. 代償的筋活動の出現 5. 変形の原因 6. 呼吸障害 7. 唾液誤嚥	1. エネルギー消費量の低い姿勢の提供 2. 頭部・体幹部・骨盤部の十分なサポート 3. バックサポートの矢状面対応（バックサポートが身体を押し出していないか） 4. 身体の側方からのサポート 5. バックサポート角度調節機構（リクライニング・ティルト） 6. 前傾前受け姿勢（筋活動を引き出しやすい姿勢の提供） 7. 使用時間（長すぎないように）（どれぐらいの時間で姿勢の崩れが起きるか） 8. 疲労に対しては休息
2. 低緊張	1. 中枢神経障害 2. 末梢神経障害	1. 変形の原因 2. 呼吸障害 3. 唾液誤嚥 4. 食物誤嚥 5. 不動 6. 体幹の崩れによる内臓圧迫	1. 頭部・体幹部・骨盤部の十分なサポート 2. バックサポートの矢状面対応を十分に 3. バックサポート角度調節機構（リクライニング・ティルト） 4. 前傾前受け姿勢 5. 腕の重さをテーブル・上腕サポートなどでしっかり支持する 6. 食事、作業など活動場面における上肢のサポート
3. 知的面 ①興味 ②モチベーションの低下 ③多動 ④情動	1. 精神発達遅滞 2. 学習障害 3. 課題難易度の高すぎ 4. 刺激のない環境 5. 薬剤	1. 持久力の低下 2. 姿勢保持能力の低下 3. 指示・誘導が難しい 4. 椅子座位が本人の目的とならない（動機付けが困難）	1. 使用者の意欲を引き出す環境の設定 2. 興味がないときは無理に椅子などの使用を避ける
4. 感覚 ①疼痛	A. 外的要因 1. 機器の不適合 2. クッション性 3. 関節可動域制限を越えた屈曲や伸展 B. 内的要因 1. 骨格のぶつかり 2. 脱臼初期に見られる 3. 褥瘡	1. 多くの機能障害を引き起こす 2. 座位をとることができない 3. 過緊張を引き起こす	1. 痛みの原因を可能な限り取り除く（内的・外的） 2. 可動域の確認 3. クッション性を考える 4. 使用時間を考慮する 5. 重力負荷の調整
②触覚過敏	1. 感覚神経の過剰反応	1. 過緊張を引き起こす 2. 逃避的行動をとる	1. 刺激の少ない表面素材を使う 2. クッション性を考慮する 3. 接触をさせない（足底を浮かせておくなど） 4. 装具の使用でよい効果が出る場合もある 5. 刺激の調整

327

第6章 評価と処方、その対応

5. 生理的機能

障害・症状の状況	主な原因	問題点	姿勢保持の留意点と対応
①呼吸障害	1. 拘束性換気障害 過緊張 筋力低下 胸郭・腹部の圧迫・アライメントの崩れ 脊柱変形・胸郭扁平 2. 閉塞性呼吸障害 舌根部、咽頭・喉頭周囲の筋緊張の低下 過緊張 下顎の後退 舌根沈下 気管、喉頭軟化 扁桃・アデノイド肥大 3. 中枢性呼吸障害 脳幹・延髄にある呼吸運動の中枢が正常に作動しない 4. 誤嚥による呼吸障害 誤嚥してしまった睡液や食べ物が気道に貯留	1. 運動制限 2. 意識障害 3. 持久力低下 4. 過緊張を引き起こす 5. チアノーゼ	1. アライメントの調整（体幹部の回旋など） 2. SPO_2 などを測定しながら適切な姿勢を探る 3. 腹部の圧迫をなくす 4. 胸部の圧迫をなくす 5. 気道確保 6. 頭頸部の位置を考える 7. 臥位姿勢（側臥位、腹臥位） 8. 座位では前傾前受け 9. 過緊張の緩和
②唾液誤嚥	1. 筋力低下 2. 嚥下反射の異常・低下 3. 咳嗽反射の低下 4. 覚醒レベルの低下	1. 誤嚥性肺炎 2. 過緊張	1. 睡液を排出する考え方 2. 口腔内を前傾にする（頭頸部の前傾） 3. 側臥位・腹臥位 4. 夜間時や睡眠時は起きやすくなるので特に姿勢管理が必要になる 5. 座位では顔が正面前傾を向くようにリクライニング時には顔が正面前傾を向くよう保持は要注意 6. 背臥位（リクライニング、ティルトなど）の姿勢をなるべく避ける。
③食物誤嚥	1. 食道疾患 2. 口腔・咽頭・喉頭疾患 3. 脳血管障害 4. 筋力低下 5. 呼吸障害 6. 嚥下反射低下	1. 低栄養 2. 脱水症状 3. 食べる楽しみの喪失 4. 誤嚥性肺炎 5. 窒息の危険	1. 誤嚥回避 2. 過緊張を起こさない配慮（食事場面での関わり方）
④循環機能 ・チアノーゼ	1. 血液中の酸素の低下 2. 血行障害 3. 呼吸障害	1. 呼吸困難 2. 運動制限 3. 意識障害	1. 気道確保 2. 血管や神経を圧迫する要因がないかのチェック 3. SPO_2 などを測定しながら適切な姿勢を探る 4. 下肢のエレベーティング

参考：障害・症状状況一覧表

・起立性低血圧	1. 体内の血液量の減少 2. 血圧維持と頭部への血流維持の不調 3. 起立時の血圧調節機構の障害 4. 長期臥床	1. 立ちくらみ、頭痛 2. 四肢あるいは全身のしびれ（異常感覚） 3. 姿勢維持筋緊張の消失	1. 体位変換は時間をかけゆっくりと行う（徐々に起こしてゆく） 2. 頭部から足部までの高低差をなるべく少なくする（バックサポート・リクライニング＋下肢のエレベーティング）
⑤消化器機能			
・胃食道逆流（GER）	1. 多量空気嚥下による腹部膨満 2. 仰臥位による筋緊張の亢進や薬剤作用 3. 食物摂取量の増加 4. 腹部の圧迫 5. 十二指腸通過障害 6. 慢性的な呼吸障害 7. 食道裂孔ヘルニア 8. 噴門機能の低下 9. 脊柱側彎（左凸）	1. 肺炎（誤嚥性） 2. 逆流性食道炎 3. 慢性炎症による食道壁硬化 4. 過緊張 5. 摂食拒否	1. 腹部圧迫を回避する姿勢 2. 側臥位 3. 腹臥位 4. 頭高位姿勢 5. 過緊張を起こさせない 6. 食後の姿勢管理（特に食後の胃、腹部の圧迫の改善）（食後30分程度は起こしておく） 7. 高度脊柱側彎の場合は左下のほうが起きにくい
・嘔吐	1. 胃食道逆流によるもの 2. 咳込み 3. 腹部圧迫 4. 過緊張	1. 繰り返される嘔吐は栄養障害・体重増加不良 2. 吐しゃ物による感染（ウイルスなど） 3. 誤嚥、吐血、食道炎、肺炎、潰瘍 4. 脱水、口内炎、倦怠感 5. 誤嚥、窒息	1. 食後に腹部を広げる 2. 骨盤後傾（腹部の圧迫を避ける） 3. 側臥位による排出物が気管を塞がない姿勢
・胃瘻	1. 嚥下障害や食道壁硬化に伴う摂食障害 2. 経口摂取が困難な人 3. 誤嚥などを起こしやすい場合 4. 経口・鼻腔からのチューブ栄養では、胃食道逆流などにより生命的リスクが高い場合の医学的栄養摂取処置法 5. 誤嚥予防、肺炎予防	1. 感染症 2. 食べる楽しみがなくなる 3. GERが起きやすくなる	1. リクライニングやティルト角の設定（確認） 2. 腹部圧迫を回避する位置 3. ベルトの取付位置 4. ベルトなどがPEGのボタンに引っかからないように注意 5. 機器として注入ボール 6. 過緊張の改善 7. 変形に合わせた（適切なアライメント）
6. 覚醒レベルの低下	1. 低体温症 2. 感覚器官の鈍化 3. 薬の影響 4. 廃用症候群 5. 生活リズムの乱れ（昼夜逆転） 6. 体温調節⇔覚醒レベル	1. 姿勢保持能力の低下 2. 持久力の低下 3. モチベーションの低下 4. 嚥下・呼吸などを含む全体的なレベルの低下	1. 覚醒レベルが低いときは起こした姿勢での使用を控える 2. 覚醒レベルに合わせた角度の設定（リクライニング、ティルト）

329

第6章 評価と処方、その対応

障害・症状の状況	主な原因	問題点	姿勢保持の留意点と対応
7. 体温調節	1. 体温調節中枢（視床下部後領域）の異常 2. ホルモン異常 3. 過緊張 4. 自立神経系の未発達、不安定 5. 温度受容器の低下 6. 基礎代謝が低い 7. 運動が乏しい 8. 産熱が少ない 9. 体温調節⇔覚醒レベル（自律神経系に含む） 10. 発汗できない	1. 高体温：熱中症 2. 低体温：意識低下 3. 脈拍異常 4. 低体温によるチアノーゼ 5. 末梢冷化 6. 過緊張を引き起こす	1. モールド型は熱がこもりやすい 2. 低反発ウレタンフォームは熱がこもりやすい 3. 高体温：モールド型は熱がこもりやすいので注意が必要（電動ファン、コールドパックの使用） 4. 低体温：ホットパック、保温素材 5. 過緊張緩和の姿勢の提供
8. 褥瘡	1. 外的因子：外力 　1）圧迫　2）剪断応力 　3）ズレ　4）湿潤 2. 内的因子 　1）加齢　2）低栄養　3）麻痺 3. 自力で除圧できない 4. 多汗、失禁による皮膚の湿潤 5. 関節拘縮 6. 介護力の低下 7. 機器の不適合	1. 感染症 2. 組織壊死 3. 痛みによる過緊張 4. 骨髄炎、敗血症 5. 痛みによる座位の不安定	1. 体圧分散素材の選択 2. 体圧分散の形状（トータルコンタクト） 3. リクライニングおよびティルトを用いた減圧、除圧 4. 座位時間の配慮 5. 仙骨座りを可能な限り避ける 6. 体位変換 7. ズレが生じないこと 8. 通気性があること
9. 拘縮・変形 ①脊柱側弯	1. 筋力低下 2. 異常筋緊張による筋のアンバランス 3. 重力によるつぶれ 4. 麻痺による筋緊張の左右差 5. 立ち直りによる代償性カーブ 6. パターン化した姿勢 7. 機器の不適合 8. 相対的短縮（筋と骨の成長に差を生じる）	1. 両坐骨で支持ができない 2. 支持能力の低下 3. 水平面・矢状面・前額面でのアライメントを崩す 4. 内臓の圧迫 5. 誤嚥 6. 呼吸換気能力の低下 7. 移植（高度側弯の場合、座位時に股関節、大転子に痛み） 8. 凸側換気能力の低下 9. 胸郭と骨盤の接触・圧迫による痛み 10. GERの原因になる 11. 立ち直りによる代償カーブ 12. 嚥下、摂食能力の低下 13. 寝返りが困難になる 14. 皮膚のびらん 15. 褥瘡	1. 適切なサポート（トータルコンタクト） 2. 前額面、矢状面、水平面のアライメントを整える 3. 三点支持の考え 4. 支持性の代償下があり頭部体幹の重みを下方から支える 5. 腹部圧迫を回避する姿勢（ティルト・リクライニング） 6. 側弯のサポート部位、程度、肋骨隆起、椎体のねじれに配慮し、ニュートラルな構えを探る 7. 凸側、凹側の体幹圧迫などに差が生じないよう、胸部の圧迫を決定する（体軸回旋、凹側ラテラルの位置の方向） 8. ABC 123の考え方（p.346参照） 9. 適度な休息

参考：障害・症状状況一覧表

②脊柱前弯	1. 筋力低下による代償的な姿勢 2. 過緊張による筋のアンバランス 3. パターン化した姿勢 4. 腸腰筋の短縮 5. 脊柱起立筋群の短縮 6. 機器の不適合	1. 嚥下、呼吸を妨げる 2. 視野を狭くする（目と手の協調を妨げる） 3. 呼吸（胸部の可動性） 4. 支持性の低下 5. そけい部の圧迫 6. リクライニング時などに頸椎の負担が大きくなり痛みや頸椎症の原因になる 7. 座位や臥位時に支持が局所的になり、特に尾骨部に痛みや褥瘡が生じやすい	1. 矢状面における前弯部サポート（トータルコンタクト）(リクライニング時に空間ができ支持面が局所的になる） 2. 前傾位における前面からのサポート（前弯進行への配慮） 3. そけい部の圧迫に留意（生理的休息） 4. 腸腰筋の短縮がある場合は股関節の屈曲に合わせる 5. 適度な休息
③脊柱後弯	1. 筋力低下 2. 筋緊張のアンバランス 3. 重力によるつぶれ 4. ハムストリングスの短縮による骨盤の後傾 5. 骨粗鬆症による椎体の圧迫骨折 6. パターン化した筋活動（体幹屈曲筋の過度な緊張と背筋群の弱化） 7. 胡座など日常パターン化しやすい（骨盤後傾）	1. 内臓の圧迫 2. 脊柱の伸展の妨げ 3. 坐骨での支持困難（仙骨座り） 4. 嚥下・呼吸の妨げ 5. GER 6. 支持性の低下 7. 褥瘡（仙骨部・棘突起部） 8. 頸椎に過度の代償が起きる	1. 腹部圧迫が起きない姿勢 2. 矢状面の立ち直りの過度な代償が出ないよう、矢状面の構えを決定 3. 内臓の圧迫への配慮（つぶれがないように） 4. 前傾前傾位受け姿勢の提供 5. ティルトによる矢状面のアライメント調整 6. 骨粗鬆症による圧迫骨折の場合は無理な屈曲はしない 7. ハムストリングスの短縮の場合は股関節を広げるか膝関節を屈曲位にして、骨盤の後傾を起こさない 8. 仙骨部への加重に配慮 9. 骨盤から腰椎下部にかけてのサポート、下方から支える 10. 起こしすぎ、倒しすぎに注意
④頭蓋変形	1. 幼児期における長期臥床による頭部圧迫 2. 出生時における異常（外的） 3. 斜頸による一方向のみの頭部の向き 4. 寝たきり一方向の無動による左右の非対称 5. 水頭症による肥大	1. 左右非対称になり頭部のコントロールができない場合、一方を向いてしまう 2. 巨大変形→頭部への過度な加重、頭部のコントロール困難 3. 側弯症を引き起こす	1. 頭部支持の形状を考慮 2. 巨大化・下方から引き上げるような支持・広い面での確実な支持、可能であればそのうえで動きの確保 3. 左右の非対称に関しては頭部の形状に対応したヘッドサポート 4. 頭部は対称であるが他の原因による形状がある場合もあるので、一概に正面を向かせようとしてはいけない 5. 一方向を向くのが多いので形状もある一方に対応、一概に正面を向かせようとしてはいけない（気道確保など）

331

第6章 評価と処方、その対応

障害・症状の状況	主な原因	問題点	姿勢保持の留意点と対応
⑤後頭部筋短縮	1. 伸展過緊張による筋のアンバランス 2. 低緊張 3. パターン化した姿勢 4. 道具仕立ての悪さ 5. 立ち直り代償カーブ 6. 過緊張	1. 舌根沈下 2. 閉塞性呼吸障害 3. 嚥下障害 5. 視野が狭くなる	1. 頸部の可動性があり、低緊張になっている場合は後頭部短縮で後頭隆起下部を支え、脊柱が後弯している場合は伸展させて脊柱のアライメントを整える、支持力に合わせたリクライニング角とする 2. 後傾部過緊張の場合も基本的には同じだが、無理な矯正は効果がないばかり気道狭窄につながることもあるので注意 3. 下顎後退、舌根沈下による呼吸障害がとれない場合は側臥位、腹臥位を検討
⑥下顎の後退	1. 過緊張 2. 下顎の発育不全 3. 筋力低下 4. 長期の背臥位〈重力の影響〉	1. 誤嚥 2. 摂食機能低下 3. 閉塞性呼吸障害 4. 睡眠時無呼吸症候群	1. 過緊張の緩和 2. 気道確保の姿勢（側臥位、腹臥位、前傾座位）
⑦股関節脱臼	1. 筋短縮（ハムストリングス・腸腰筋・内転筋群） 2. 外転筋群の弱化（中臀筋など） 3. 股関節臼蓋形成不全 4. 大腿骨頭体角不全（骨と筋の関係） 5. 筋のアンバランス	1. 筋の萎縮、短縮を引き起こす 2. 側弯を引き起こす 3. 立位での体重負荷困難 4. 股関節可動域制限 5. 可動域制限により座位がとりにくくなる 6. おむつの交換や更衣介助困難 7. 痛み 8. 脚長差	1. 可動域内のニュートラルな下肢の構え（屈曲・伸展、内転・外転など左右対称にはならない） 2. 痛みに対しては股関節の角度設定など 3. 脚長差に合わせた座面形状
・後方脱臼			
・前方脱臼	1. 低緊張 2. 股関節開排位 3. 強い全身性の伸展過緊張	開排位拘縮を起こし座位が非常に困難になる	1. 極端な開排位をとることが多く、脱臼前に股関節の中間位を心がける（背臥位でのレッグサポートなど） 2. 緊張の原因を取り除く
⑧股関節伸展拘縮	1. 不動 2. ハムストリングスの短縮 3. 伸展過緊張 4. 除脳固縮	車椅子上などの座位姿勢における 1. 坐骨での支持が困難 2. 車椅子や椅子座位の中で腰背の後 弯・腰椎の圧迫	1. 股関節の屈曲が極端に制限されている場合、座位は、背座両面角を股関節の可動域以上に屈曲させると、腰椎や尾骨折の原因に大きな負担をかけ痛みがとれれば坐骨での支持が可能である。わずかな屈曲骨部ででも座り体重を支持したうえで、股関節の可動域に応じて背座両面角を合わせることができる限り背を滑り出すティルト式が滑り出し使える座位が前方へのズレを減らず。リクライニングよりもティルト式が滑り出しを軽減できるため、かなり起こして使える 2. ハムストリングスの短縮に対しては、膝関節を屈曲位にすることで股関節の屈曲ができるようになる

332

参考：障害・症状状況一覧表

⑨股関節屈曲拘縮	1. 不動 2. 股関節脱臼 3. 腸腰筋の短縮	1. 骨盤前傾 2. 膝関節屈曲 3. 腰椎前彎 4. 支持が困難になる 5. 痛み	1. 可動域内で、腰椎が前彎を起こさないようにする、その角度が変化しないティルトで対応する
⑩股関節内転・内旋拘縮	1. 内転筋群と薄筋の短縮（内転） 2. 内側ハムストリングス（半腱様筋、半膜様筋）短縮（内旋） 3. 大腿筋膜張筋の短縮（内旋）	1. 膝と膝のぶつかり、押付けによる痛み 2. 股関節可動域制限 3. 脱臼 4. 立位困難	1. 股パッド（内転防止） 2. 下腿部の外転防止パッドまたはベルト 3. 膝屈曲位 4. ハムストリングスを緩める
⑪尖足	1. 下腿三頭筋の緊張 2. 下腿三頭筋の短縮 3. 不動	1. 歩行・立位困難（膝の伸展でアキレス腱が引っ張られ、尖足を強める） 2. 内反尖足は特に足底荷重が困難である 3. 痛み 4. クローヌスの誘発	1. フットサポート角度可変式 2. 足底全体での支持（足底パッド） 3. 股関節ベルトなどによる背屈位保持（軽度の場合）
⑫ハムストリングスの短縮	1. 痙性による筋短縮 2. 廃用性による筋短縮 3. 成長による相対的筋の短縮	1. 骨盤後傾（脊柱後彎につながる） 2. 脊柱伸展困難 3. 股関節伸展 4. 膝関節屈曲	1. 膝屈曲位 2. 大腿部下がり座面（股関節を広げた姿勢）（坐骨での支持を提供） 3. 可動域に合わせた姿勢決定
⑬腸腰筋の短縮	1. 痙性による過緊張 2. 無動（腸腰筋の働きの低下） 3. パターン化した姿勢による大臀筋の弱化 4. 大腿直筋の短縮	1. 股関節前傾 2. 骨盤前傾 3. 腰椎前彎 4. 関節可動域制限 5. 腰痛	1. 屈曲座位とティルトにて、重力の影響の少ない姿勢で体幹部を支持する 2. 姿勢に合わせてティルトし、腰部を押しすぎない
⑭後頸部筋の短縮	1. 伸展過緊張 2. 脊柱後彎の代償 3. 気道確保	1. 気道狭窄 2. 誤嚥 3. 嚥下障害 4. 下顎の後退 5. 舌根沈下 6. 頸部の痛み 7. 視野を狭くする 8. 目と手の協調を妨げる	1. 誤嚥のないように、唾液の流れ方向確認（側・腹臥位、前傾前受け） 2. 過度な矯正は避け、外後頭隆起から頸部にかけて広い面で支持する 3. 過度な矯正は気道狭窄の原因になる

333

第6章 評価と処方、その対応

障害・症状の状況	主な原因	問題点	姿勢保持の留意点と対応
10. 過緊張	痙性による筋の伸縮亢進（心理的要因、痛み、発熱、体調不良、疲労、空腹、誤嚥、脱水、消化管障害、呼吸障害、アライメントのくずれなどによる不快な状態、さまざまな精神的要素の関与、それを越えてしまった状態、現在の状況・場面からの逃避）	1. 安定した（リラックスした）座位が得られずに、食事・排泄・移動・学習・コミュニケーションなどに問題が生じる 2. 緊張を起こしている筋の拮抗筋も過剰に抑制されてしまい、それも十分に働かなくなっている（緊張性相反抑制） 3. 拘縮、変形を引き起こす 4. 呼吸 5. 嚥下 6. 体温上昇	1. 何が原因で過緊張を起こしているのかを探ることが重要で、その原因をできるだけ取り除く 2. 食事や車椅子操作など課題難易度の調整 3. 省エネの姿勢ならびに使用場面・時間のコントロール 4. 環境ならびに姿勢の変換 5. 緊張緩和の姿勢・サポート。それぞれの原因に対応した姿勢・サポート・抑制のポイントを考慮する。ただし、過度な抑制姿位は脊柱の伸展をはじめに頭部のアライメントに悪影響を及ぼすこともあるため、注意が必要

334

引用・参考文献

安藤徳彦「頸髄損傷者のADL」『総合リハビリテーション』10、1982年、1033-1087頁。

安藤徳彦『脊髄損傷マニュアル』医学書院、1984年。

安藤徳彦他「頸髄損傷四肢麻痺の上肢機能」『総合リハビリテーション』7(9)、1979年、657-663頁。

池田健二他「概念（特集：筋力と持久力）」『総合リハビリテーション』36、2008年、625-629頁。

石井光子・北住映二「摂食嚥下障害　経管栄養」北住映二・杉本健郎編著『〔新版〕医療的ケア研修テキスト』クリエイツかもがわ、2012年、138-169頁。

伊藤利之他監修、車いす姿勢保持協会編『車いす・シーティング――その理解と実践』はる書房、2005年。

岩崎清隆（鎌倉矩子・山根寛・二木淑子編）『発達障害と作業療法〔基礎編〕』三輪書店、2001年。

岩崎清隆・岸本光夫（鎌倉矩子・山根寛・二木淑子編）『発達障害と作業療法〔実践編〕』三輪書店、2001年。

ウィリアムス、マリアン他『バイオメカニクス 1-100』医歯薬出版、1974年。

ヴィルヘード、ロルフ（金子公宥・松本迪子訳）『目で見る動きの解剖学〔新装版〕スポーツにおける運動と身体のメカニズム』大修館、1999年。

エアーズ、ジーン（佐藤剛監訳）『子どもの発達と感覚統合』協同医書出版社、1997年。

エングストローム、ベンクト（高橋正樹・光野有次訳）『からだにやさしい車いすのすすめ』三輪書店、1994年、54-78頁。

エングストローム、ベンクト「エルゴノミック・シーティング」『ラックヘルスケア』2003年。

太田篤志他「感覚調整障害の概念について」『感覚統合障害研究』9、2002年、1-8頁。

大浜幹子・玉垣努・江原義弘「頸損傷者の長坐位における損傷部以下の痙性腹圧等の影響」『作業療法』7(2)、1988年、160-161頁。

大浜幹子・玉垣努・江原義弘「頸髄損傷者の長坐位保持能力に関する研究」『作業療法』8(3)、1989年、494-495頁。

大浜幹子・玉垣努・江原義弘「頸髄損傷の坐位バランス能力の分析（第4報）」『第4回リハ工学カンファレンス講演論文集』日本リハビリテーション工学協会、1989年、19-22頁。

沖川悦三「新型スタンドアップ車いすの開発」『第10回リハ工学カンファレンス講演論文集』日本リハビリテーション工学協会、1995年、181-184頁。

沖川悦三他「スタンドアップ車いすの効用に関する一考察」『第12回リハ工学カンファレンス講講演要録集』日本リハビリテーション工学協会、1997年。

小野田英也「外傷性頸髄損傷患者のADL自立状況」『神奈川リハセンター紀要』17、1990年、47-48頁。

小原二郎・内田祥哉・宇野英隆編『建築・室内・人間工学』鹿島出版会、1969年。

金子芳洋監修『障害児の摂食・嚥下・呼吸のリハビリテーション』医歯薬出版、2005年。

岸本光夫「発達障害における拘縮予防――脳性麻痺を中心に」『OTジャーナル』40、2006年、324-328頁。

北住映二「誤嚥や関連する問題の病態と対応の基本」北住映二・尾本和彦・藤島一郎編著『子どもの摂食・嚥下障害　その理解と援助の実際』永井書店、2007年、59-74頁。

北住映二「嚥下や呼吸と関連する障害や問題――呼吸障害」北住映二・尾本和彦・藤島一郎編著『子どもの摂食・嚥下障害　その理解と援助の実際』永井書店、2007年、75-85頁。

北住映二・三浦清邦「呼吸障害――病態の理解、姿勢管理、エアウエイ、痰への対応、吸引、酸素療法」北住映二・杉本健郎編著『〔新版〕医療的ケア研修テキスト』クリエイツかもがわ、2012年、34-75頁。

北住映二・米山明・長瀬美香「誤嚥・呼吸障害など全身状態と摂食機能との関連」金子芳洋監修、尾本和彦編『障害児者の摂食・嚥下・呼吸リハビリテーション　その基礎と実践』医歯薬出版、2012年、48-79頁。

木之瀬隆編著『これであなたも車いす介助のプロに！　シーティングの基本を理解して自立につなげる介助をつくる』中央出版、2008年。

木之瀬隆編著『福祉用具の使い方・住環境整備』（『作業療法全書〔改訂第3版〕第10巻』）協同医書出版社、2009年。

権田絵里「直立二足歩行と腰痛症」『PTジャーナル』41、2007年、99-105頁。

篠原幸人他編（脳卒中合同ガイドライン委員会）『脳卒中治療ガイドライン2009』協和企画、2009年。

「褥瘡対策に関する診療計画書（資料：別紙様式5）」日本褥瘡学会編『褥瘡対策の指針』2002年。
陣内一保他監修『こどものリハビリテーション医学〔第2版〕』医学書院、2008年。
杉山尚子『行動分析学入門』集英社新書、2005年。
染谷淳司他「ポスチュアリング（姿勢の選定）について」『義肢装具学会誌』7巻1号（特集「座位保持装置」）、1991年。
田代国浩他「座位保持装置における脊柱側弯等高度変形に対するアプローチ――背もたれ・座面形成の考え方と方法」『第5回リハ工学カンファレンス講演論文集』日本リハビリテーション工学協会、1990年、14-17頁。
玉垣努「前方支持タイプの便坐の試作」『第9回リハ工学カンファレンス講演論文集』日本リハビリテーション工学協会、1994年、519-520頁。
玉垣努「頸髄損傷者の機能レベルと移動能力」『脊椎脊髄ジャーナル』9(3)、1996年、193-197頁。
玉垣努「高齢中心性頸髄損傷者へのスタンドアップ車いすを利用したアプローチ」『第22回リハ工学カンファレンス講演論文集』日本リハビリテーション工学協会、2007年、33-34頁。
玉垣努・大浜幹子・江原義弘「頸髄損傷者の坐位バランス能力の分析（第1報）」『第3回リハ工学カンファレンス講演論文集』日本リハビリテーション工学協会、1988年。
玉垣努・大浜幹子・江原義弘「頸髄損傷者の坐位保持能力の分析」『作業療法』8(3)、1989年、498-499頁。
玉垣努・大浜幹子・江原義弘「頸髄損傷者の車いすの検討」『第5回リハ工学カンファレンス講演論文集』日本リハビリテーション工学協会、1990年、33-34頁。
玉垣努・大浜幹子・江原義弘「頸髄損傷者の上半身体重率の計測」『作業療法』10、1991年、148頁。
中谷勝利「心身障害児における消化管障害の病態――胃食道逆流症を中心に」『小児外科』36、2004年、183-190頁。
中谷勝利「重症心身障害児・者の胃食道逆流症――その特徴と治療法・日常的支援の工夫について」『重症心身障害療育学会誌』4(2)、2009年、161-172頁。
中谷勝利「主な症状と重症心身障害児看護 恒常性の維持（医学的理解）」重症心身障害児在宅療育支援マニュアル作成委員会編『重症心身障害児在宅療育支援マニュアル〔2版〕』東京都福祉保健局障害者施策推進部居住支援課、2013年、93-95頁。
中村隆一・齋藤宏・長崎浩『基礎運動学〔第6版〕』医歯薬出版、2003年。
奈良勲・浜村明徳編『拘縮の予防と治療〔第2版〕』医学書院、2008年。
難病情報センター　URL：www.nanbyou.or.jp
新田淳子・木之瀬隆他『高齢者介護施設の褥瘡ケアガイドライン』中央法規出版、2007年、70-102頁。
日本褥瘡学会編『褥瘡予防・管理ガイドライン』照林社、2009年。
日本リハビリテーション医学会監修『脳性麻痺リハビリテーションガイドライン』医学書院、2009年。
芳賀信彦「二分脊椎児に対するリハビリテーションの現況」『リハビリテーション医学』46、2009年、711-772頁。
廣瀬秀行・木之瀬隆『高齢者のシーティング〔初版〕』三輪書店、2006年、1-68、130-142頁。
ブラゼルトン、T. B. 編（亀山富太郎監訳）『ブラゼルトンの新生児行動評価〔第3版〕』医歯薬出版、1998年。
ブロムリー、I.（田口順子訳）『四肢麻痺と対麻痺のリハビリテーション』医学書院、1982年、59-62頁。
松枝秀明他「座位保持装置（モジュラータイプ）」『日本義肢装具学会誌』7、1991年、34-45頁。
松瀬博夫・志波直人「運動機能」『総合リハビリテーション』34、2006年、629-632頁。
三原博光『行動変容アプローチによる問題解決実践事例』学苑社、2006年。
宮本晃・沖川悦三・大橋正洋「神奈川リハセンターにおける車いす処方調査'94」『第9回リハ工学カンファレンス講演論文集』日本リハビリテーション工学協会、1994年、227-230頁。
吉本美紀子・玉垣努・江原義弘「頸髄損傷者の長坐位における坐面の広さの影響」『作業療法』7(2)、1988年、162-163頁。
吉本美紀子・玉垣努・江原義弘「頸髄損傷者の坐位保持における坐圧の分析」『作業療法』8(3)、1989年、

498-499頁。

レビット、ソフィア（高松鶴吉監訳）『脳性運動障害児の発達指導』ブラザー・ジョルダン社、1987年。

World Health Organization（融道男他監訳）『ICD-10 精神および行動の障害——臨床記述と診断ガイドライン』医学書院、2005年。

Bleck, E. G., *Orthopaedic Management in Cerebral Palsy*, MacKeith Press, 1987.

Cooper, R. A., "Specialized Wheelchairs," *Wheelchair Selection and Configuration*, USA：Demos, 1998, pp. 253-270.

Japanese Sensory Inventory（JSI）サポート　URL：http://atsushi.info/jsi.html

Keim, H. A. & R. N. Hensinger, "Clinical Symposia Spinal Deformity," *CIBA-GEIGY*, 1994, 35.

Koumbourlis, Anastassios C., "Scoliosis and the respiratory system," *Paediatric Respiratory Review*, 7, 2006, 152-160.

Mulcahy, C. M. et al., "Adaptive Seating for the Motor Handicapped—Problems, a solution, assessment and prescription," *Physiotherapy*, 74, 1988, 531-530.

Nwaobi, O. M. & M. D. Sussman, "Electromyographic and Force Patterns of Cerebral Palsy Patients with Windblown Hip Deformity," *Journal of Pediatric Orthopedics*, 10, 1990, 382-388.

O'Dwyer, N. J., P. D. Neilson & J. Nash, "Mechanism of Muscle Growth Related to Muscle Contracture in Cerebral Palsy," *Developmental Medicine & Child Neurology*, 31, 1989, 543-552.

Rang, M. et al., "Seating for Children with Cerebral Palsy," *Journal of Pediatric Orthopedics*, 1, 1981, 279-287.

Rosenbaum, P. L. et al., "Prognosis for gross motor function in cerebral palsy, creation of motor development curves," *JAMA*, 288, 2002, 1357-1363.

Selva, G., F. Miller & K. W. Dabney, "Anterior Hip Dislocation in Children with Cerebral Palsy," *Journal of Pediatric Orthopedics*, 18, 1998, 54-61.

第7章

採寸・採型から実用まで

本章の概要

　前半は、身体支持部・付属パッドの加工例、完成部品の利用など、採寸・採型の基本的な考え方や留意点について解説する。後半は、使い方、介助の方法、トランスファー（移乗）の方法などを、過用、誤用の考え方をまじえて解説する。

　採寸・採型は、評価や処方内容を再確認する場であり、具体的にモノになる工程であるとともに、設計・加工のもとになる重要な工程である。前章の繰り返しになるが、評価、処方に関して改めて整理しておく。

1. 採寸・採型の考え方とポイント

　採寸・採型は、製作者が単に機器をつくるため身体の寸法を計測、型採りするものではない。身体評価や使用目的を踏まえ、処方された内容に従って、医師やセラピストの指導のもとに行うものである。特に医学的な情報や留意点、決定（選択）された姿勢やそのサポートの確認など、多角的な視点で注意深く行われなければならない。

　採寸・採型にあたっては、第3章・第6章の医学的な知識と対応や、第4章・第5章の機構的な捉え方を一つずつチェックしながら進める。使用者を含めたチーム全体が処方された機器の完成を具体的にイメージできることが大事であり、また、設計できるための詳しい情報を集めることが重要である。

1.1　姿勢保持の考え方と流れ ── 身体評価から採寸・採型まで ──

　姿勢保持と採寸・採型の考え方について、図表7-1にまとめたので参照されたい。

1.2　身体評価

　姿勢保持を考えるにあたっての身体評価とは、身体の状況や障害の状況を調べて把握し、生命・健康維持、身体機能、姿勢・運動機能、精神面などにおいて懸案となる問題点を抽出し、その対応策を整理しておくことである。

1.2.1　身体評価項目

　主な身体評価項目を以下に示す。
①病名・病型
②予後
③生理的機能
　・呼吸　・排泄　・嚥下（食物誤嚥・唾液誤嚥）　・体温調節　・循環　・覚醒　・消化（胃瘻・嘔吐・胃食道逆流（GER））
④精神発達面
　・コミュニケーション能力　・認知　・モチベーション　・知能
⑤感覚面
⑥姿勢・運動発達面
　・姿勢保持機能能力（座位・立位などで）　・関節可動域　・頭部・体幹部・骨盤部のコントロール　・身体各部の構え　・運動レパートリー　・姿勢の崩れる様子　・筋のトーン
⑦過緊張
　・痙性　・特徴的な緊張パターン
⑧筋力低下
⑨拘縮・変形・脱臼
⑩筋の短縮
⑪痛み・褥瘡など
⑫痙攣
⑬自傷行為

1.2.2　身体評価を行ううえでの留意点

　（1）　評価する際には、使用者が本来の身体状況にあるか、また本来の能力が出せているかを見極めることが重要である。身体状況や能力を阻害する要素があれば、極力取り除くよう十分な配慮が必要である。
　・緊張状態・興奮状態
　・薬の影響・病気中
　・覚醒レベルが普段の状態でない
　・姿勢保持具の不適合状態
　（2）　使用中の姿勢保持具が不適合を生じている場合は、まず、使用中の機器で不適合を生じた理由、改善点を探し出すことが重要である。また現在の姿勢保持具から一旦離れ、プ

図表 7-1　姿勢保持と採寸・採型の考え方

基礎となる学問分野
・医学的基礎……生理学・病理学・解剖学・運動学・発達学・リハビリテーション医学 ・工学的基礎……人間工学・物理学・生体力学・構造力学・材料学 　　・人間工学…機械や装置をつくるにあたり人間特性（形態や機能）に適合させていく科学 　　・生体力学…生物の構造や運動を力学的に探究しその結果を応用させていく科学

身体評価	使用目的・使用環境の設定
身体の状況や障害の状況を調べ、生命・健康維持、身体機能、姿勢・運動機能、精神面などにおいて懸案となる問題点を抽出し、その対応策を整理しておく。 ・身体評価項目 ・身体評価を行ううえでの留意点 ・懸案となる問題点の抽出と対策・対応の整理	日常生活ならびに治療・療育の計画のなかで、「姿勢保持」の効果予測をしっかり立てたうえで、使用目的・使用環境を定める。 ・使用目的　　・効果予測 　　　　　　　・使用場面 ・使用環境　　・使用場所 　　　　　　　・介助にあたる人

身体評価の結果として抽出された問題点に対する対策・対応、および使用目的・使用環境から、姿勢の選択に関わること、装置に求められる機能に関することを整理する。
目的を達成するために適した姿勢と避けるべき姿勢を決定し、装置に求められる機能を決定する。

姿勢の決定（選択）	装置に求められる機能の決定（選択）
・姿勢の選択の考え方 ・目的達成のための要件を備え、かつ時間耐久性のある姿勢とする ・筋の短縮・拘縮ならびに関節可動域の状況に応じ、可動域に余裕をもった姿勢とする ・姿勢（構え）の選択に際しては、頭部・体幹部の構えを先に選択し、次にその頭部・体幹部の構えを受けて、骨盤・大腿部の構えを検討する ・前額面での重力方向ならびに水平面での装置正面の方向の設定においては、身体に及ぼす効果・影響の変化を十分考慮したうえで選択する ・必要に応じ、筋の異常な緊張を緩和する肢位を検討し組み込む	・身体支持部 　・サポートの位置・方向・量 　・平面形状型・シート張り調節型・モールド型 　・採寸・採型 ・姿勢保持パーツ 　・パッド類・ベルト類 ・フレーム機構ならびに調節機構など 　・シート〔座面*〕・バックサポート〔背もたれ〕角度可変機構 　・各部の調節機構 　・安全対策・介助者対策

採寸・採型
主たる効果予測の内容、姿勢を選択したねらい、サポートのポイント、フレーム機構ならびに調節機構に十分配慮した採寸・採型を行う。 　・採寸・採型を行ううえでの留意点 　・採寸・採型の特徴 　・採寸のポイント 　・採型のポイント

＊〔　〕内に制度用語を併記

ラットホームなどの上でポジショニングを試みながら身体状況や能力を評価し、新たに姿勢の選択をすることも重要である。適当なデモ機の利用は機器の適合を事前に確認できるので有効な方法である。不適切な姿勢保持具を通して評価しても本当の評価にはならない。

（3） 実際に使用するのは日常生活での場面である。診察室や訓練室での状況だけでなく、家庭や学校・職場での状況を十分に確認する必要がある。
　・家庭や学校・職場での活動状況
　・食事や学習時などの緊張状態
　・食後などの嘔吐やGER

（4） 脊柱変形の状況、脱臼、褥瘡や発赤の有無、腹部の圧迫など衣服の上からの観察などが難しい項目は特に注意が必要である。脊柱変形や脱臼に関してはレントゲン像での確認が望ましい。

（5） 呼吸や循環器に問題がある場合は、プラットフォームもしくはデモ機などの上でポジショニングを行い、パルスオキシメータでの測定が有効である。できない場合は医師、セラピストに十分確認を行いながらポジショニングを行う。

1.2.3　問題点の抽出と対策・対応の整理

身体状況・障害状況ごとに下記3点について整理を行ったものを「障害・症状状況一覧表」（p.327参照）に示す。
①主な原因
②問題点
③姿勢保持での留意点と対応

個別のケースとしては、身体評価を通して問題点を抽出し、項目ごとに以下の事項について整理することとなる。
①姿勢を選択するうえでのポイント
②姿勢を保持するうえでの留意点と対応
　・姿勢保持のポイント
　・装置に求められる機能

1.3　使用目的・使用環境

日常生活ならびに治療・療育の計画のなかで、事前に姿勢保持の効果予測を立てたうえで、使用目的・使用環境を定めることが重要である。

1.3.1　使用目的

(1)　効果予測

身体評価によって身体状況・障害状況から問題点を整理し、それぞれの項目ごとに効果予測を立てることが重要である。その主なものを以下に示す。

①発達の促進
　・姿勢運動の発達
　・平衡反応の発達
　・口腔機能の発達
　・上肢機能の発達
　・認知の発達

②生理的機能の改善
　・呼吸の確保・調整
　・誤嚥の予防
　・廃用性疾患の予防（筋肉、骨・関節、自立神経系、循環器系）
　・消化・排泄の調整
　・排気（げっぷ）のスムーズ化
　・食物の逆流の予防

③拘縮・変形の予防・矯正
　・パターン化された姿勢からの解放

④ADL機能の拡大
　・食事動作・排泄動作の改善
　・学習・遊び・作業動作の改善
　・立ちあがり動作の容易化
　・介助の負担軽減
　・意識レベルの向上

(2)　日常生活における使用場面

日常生活のなかで使用される姿勢保持具であり、その主な使用場面は下記のとおりである。
　・食事　・休息・だんらん　・学習・作業・仕事　・入浴　・排泄　・外出・移動

1.3.2 使用環境

姿勢保持具の使用環境とは、使用する場所と家族や介助者などの人的環境の両面である。使用する場所の条件や介助にあたる人の年齢・体力および装置の操作理解度なども、姿勢保持具に求められる機能に影響する。

(1) 使用場所

主な使用場所を次に示す。

・自宅室内　・浴室　・トイレ　・学校・職場（作業所）　・施設（入所）　・車内　・屋外

(2) 介助にあたる人

姿勢保持具の操作、乗せ降ろしにあたるのは、主に次に示す人々である。

・家族　・介護職（ヘルパー）　・教師　・施設職員

1.4 姿勢の決定（選択）

身体評価の結果として抽出された問題点に対する対策・対応、および使用目的・使用環境から、姿勢を選択する。

1.4.1 姿勢の考え方

①身体評価の結果を踏まえ目的達成のための要件を備える姿勢とする。

②筋の短縮・拘縮や関節可動域の状況に応じ、可動域に余裕をもった姿勢とする。
　・みかけの正中位や左右対称を保つような無理な姿勢にはしない
　・関節にストレスをかけ続けるような、関節可動域限界などでの肢位にはしない

③姿勢選択に際しては、頭部・体幹部の姿勢を先に仮選択し、次にその頭部・体幹部の構えを受けて、骨盤・大腿部の構えを検討する。

④前額面での重力方向ならびに水平面での装置の正面方向の設定においては、身体に及ぼす効果・影響の変化を十分考慮したうえで選択する。

⑤必要に応じ、筋の異常な緊張を緩和する肢位を検討し組み込む。

（例）下肢の伸展過緊張はハムストリングスの作用により椅子座位のなかで骨盤が後傾してしまうことになる。ハムストリングスの短縮がある場合はさらに骨盤後傾は強くなる。股関節・膝関節・足関節が屈曲位である割座・胡座（あぐら）・正座は下肢の伸展緊張を緩和する構えであり、骨盤の後傾が起きにくい。

1.4.2 選択の留意点

①使用者にとって目的達成のために適した姿勢はどれか、適さない姿勢はどれかを明らかにしながら、最も適した姿勢を探し出していく。そのためには椅子以外の姿勢も含めて多面的に検討することが重要である。

②身体評価の結果を踏まえ、目的を達成する姿勢をイメージし、姿勢づくりを試行する。スツールやプラットフォーム上でポジショニングを行い、姿勢を選択していく。このとき、ハンドリングによるサポートは、用具に置き換えることが可能な程度としておくことが必要である。

③選択された姿勢や用具を使用する場合には何らかのリスクが含まれていると考えるべきであり、どのようなリスクがあるかはっきりさせておくことが重要である。

1.4.3 構えと体位

運動学において、姿勢を定義するときには、「構え」と「体位」の2つに大別される（p.5、67参照）。

　・構え……身体各部の相対的位置関係を示す
　・体位……身体が重力の方向とどのような関係にあるかを示す

(1) 構えが決定されるいくつかの例

①ハムストリングス短縮の場合

　股関節軽度伸展位・膝関節屈曲位にしてハムストリングス短縮の影響で骨盤が後傾するのを防ぐ。

②股関節・膝関節の伸展過緊張が強い場合

　股関節・膝関節をそれぞれ伸展過緊張の出にくい角度まで屈曲位に保つ。

③目的動作に伴う下肢伸展過緊張が出現する場合
　　膝関節屈曲位を保持し、膝伸展に伴う骨盤後傾を防ぐ。
④高度側彎のケース
　　腸骨と肋骨のぶつかりを回避する構えとする。
⑤変形ならびに関節可動域制限
　　関節可動域に余裕をもった構えとする。

(2) 体位が選択されるいくつかの例
①呼吸障害（舌根沈下・下顎の後退）
　・側臥位・腹臥位
　・座位では前傾・前受け
②唾液誤嚥
　　口腔内の傾きを前向きにする

1.4.4 バックサポート〔背もたれ〕重視の考え方

シーティングでは、バックサポートが装置の機能のポイントで、バックサポートによって選択・保持される体幹部の姿勢を受けて、座の役目・機能が決められる。

(1) 装置の機能のポイントとしてのバックサポート

体幹部の姿勢ならびに重量を支え受け止め、姿勢の崩れを防止するのがバックサポートの役目である。作業時・休息時の角度設定や頭部・体幹部の支持性の弱さに対応するための角度設定とともに、バックサポート角度が重要なポイントとなる。

脊柱側彎においては矢状面、水平面、前額面のすべてにおいてバックサポートを中心としたサポートとなり、姿勢の崩れの防止、凸側凹側の荷重配分、腹部圧迫の回避、気道の確保などの役割を受け持つ。

脊柱後彎においては通常のバックサポートでは、身体を前方に押し出すことになったり接点が局所的になったりすることに対して、モールド型やシート張り調節型で後彎部の張り具合を後方へ緩めることで対応している。脊柱前彎においてはバックサポートで前彎部をトータルでサポートすることで腰椎の負担を軽減したり、局所的な体重負荷を避け尾骨部などの痛みや褥瘡に対応している。

(2) 頭部・体幹部の構えの先行検討・決定

身体評価の結果を踏まえ目的を達成しうる姿勢をイメージし、まず先に頭部・体幹部の構えを選択し、その頭部・体幹部を十分に支え受け持つものとして、ヘッドサポート〔頭部支え〕・バックサポートの位置・形状・角度などが決められる。次に、その体幹部の姿勢を受けて下肢の構えが定まり、それを支え受け持つものとして座面の位置・形状・角度などが決められる*。

股関節の屈曲制限のある場合において、身体機能的には体幹部を起こせるにもかかわらず、平面的なシート〔座面〕のままでバックサポートを起こすと、シートが前傾することで滑り落ちることになってしまい、実際には目的が達成できないことになる。股関節の伸展に合わせた、滑らない、ずれないシートの角度・形状を見つけることが重要である。脊柱側彎の場合では、まずバックサポートで身体のサポート（起こし具合、矯正の具合など）が選択され、そのあとでシートの凹側補高や股関節の屈曲角も決まるものである。

バックサポートの角度や形状を検討・仮決定した後に、シートの検討に移り、骨盤・大腿部の十分な安定を保証するシート角度や形状を見つけるようにすることが、間違いを生じさせないことにつながる。

---

*　実際の場面においては、シートの決定の過程で頭部・体幹部への影響が考慮され、ヘッドサポート・バックサポートの微調整がなされる。各部の微調整を繰り返しながら、最終的なプランが決定される。

1.4.5 高度の脊柱側彎の場合における「前額面での重力方向」ならびに「水平面での装置正面の方向」の考え方

同じ構えの条件でも、体位（身体と重力方向との関係）を変更することで、姿勢保持具が身体に及ぼす効果・影響が大きく変化する。高度の脊柱側彎のある場合において前額面での重力方向ならびに水平面での装置正面の方向を変更することでの、効果・影響を以下に示す（図表7-2 参照）。

- 前額面（ABC）……前額面での重力の方向
- 水平面（①②③）……水平面での装置正面の方向（ティルト・リクライニングの操作で、身体と重力方向との関係が変化する）

(1) 前額面での重力の方向の設定（ABC）

A：頭部の正中位に近い
- ㋑の凹側サポートへの荷重は小さい
- ㋺の凸側サポートへの荷重は大きい
- 高度側彎の場合㋩の荷重が大きくなり㊁は小さい

C：頭部の正中位からずれる
- ㋑の凹側サポートへの荷重が大きくなる
- ㋺の凸側サポートへの荷重が小さくなる
- ㋩と㊁の坐骨への荷重分散ができる

B：AとCの中間的な位置づけになる

(2) 水平面での装置正面の方向の設定（①②③）

①：凹側に回旋したバックサポート〔背もたれ〕→床での仰臥位に近い
- 側彎のある人の姿勢の崩れ方向にラテラル（体幹側方支持部）があり、崩れにくい

③：身体から見た正面に近く、肋骨隆起を考慮したバックサポートである
- 側彎があり支持性の低い人の場合、①に比

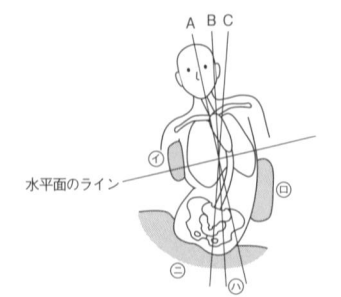

前額面（正面から見た図）

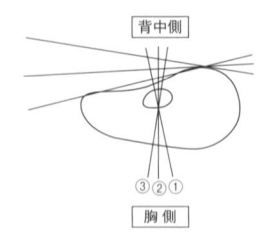

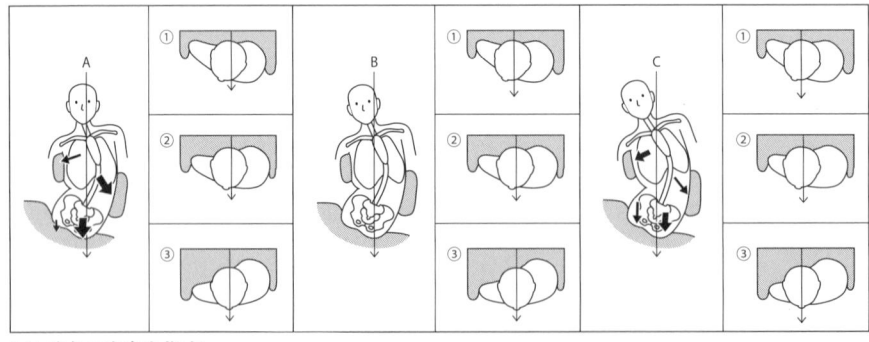

水平面（上から見た図）

※A、B、Cは重力の方向を指す。
※①②③はバックサポート〔背もたれ〕と体幹の関係を指す。①はバックサポートの正面に対して頭部体幹が右に向いた状態である。③はバックサポートの正面に対して頭部体幹が正面を向いている。
※矢状面に関しては配慮されたものとする。

図表7-2 左凸脊柱側彎の例

べて姿勢の崩れ方向に支持がなく右前方に崩れやすくなる

②：①と③の中間的な位置づけである

(3) 前額面（ABC）、水平面（①②③）の設定による効果・影響
・凸側腹部圧迫　　C①＜C③＜…＜A①＜A③
・右前方への姿勢の崩れ　　①＜②＜③
・凸側坐骨への荷重の大きさ㊅（坐骨または、大転子部）　C＜B＜A（疼痛や褥瘡の原因になる）
・側彎の増強（悪化）　　C＜B＜A
　　A-㋐のサポートは重力方向に対して平行に近く、C-㋑のサポートのほうが下方向から身体を支えるサポートになりうる。Aは重力がかかり身体がつぶれやすく、側彎を強める。Cのほうが姿勢は崩れにくくなる。
・舌根沈下、下顎の後退の危険性　　①＜②＜③
　　左凸側彎の場合、頭部右向きで舌根沈下を防ぎ気道確保しているケースが多く、後方リクライニング時に③の設定にすると頭部が前方上向きになり、舌根沈下、下顎の後退を起こしやすくなる。
・GERや嘔吐の危険性　　C＜B＜A and ①＜②＜③
　　Aの設定では㊅の荷重が大きくなり腹部の圧迫が強くなり、特に食後の胃の圧迫は逆流や嘔吐の大きな原因になっている。また、側彎の増強（つぶれ）による腹部の圧迫で同様の問題が起きる。
・唾液誤嚥の危険性　　①＜②＜③
　　唾液誤嚥を起こす人は、腹臥位・側臥位をとることで改善する場面が多く、仰臥位においても頭部を横に向けることで唾液を排出しているケースが多い。左凸側彎の場合、頭部右向きで唾液の排出を確保しているケースで③に設定すると、唾液誤嚥を起こすことになる。

・腹部の圧迫や胸郭運動への阻害　　C＜B＜A
　　Aの設定では、㊅の荷重が大きくなり腹部の圧迫や胸郭運動が阻害され、SpO_2の低下が起きる。Cの設定にすることにより下部胸郭、腹部への圧迫は減り、SpO_2は改善される。

(4) 症状ごとの基本的な考え方
・頭部・体幹の立ち直りのある人……基本的にはA（Cの設定は過剰な立ち直りになる）
・上肢機能が高い人……A（上肢操作に配慮して）
・高度側彎で呼吸に問題のある人……C①（姿勢の崩れ防止と気道の確保に配慮して）
・高度側彎で唾液誤嚥のある人……C①（姿勢の崩れ防止と唾液誤嚥に配慮して）
・高度側彎で凸側坐骨に疼痛や褥瘡の危険のある人……C①（姿勢の崩れ防止と凸側坐骨の荷重に配慮して）
・側彎があり支持性が低い人……①（姿勢の崩れ方向の支持に配慮して）

1.5 装置に求められる機能

使用目的・使用環境ならびに身体評価の結果を受けて、装置に求められる機能が決定（選択）される。

1.5.1 身体支持部ならびに姿勢保持パーツ

姿勢を保持するうえでの留意点ならびに、サポートの位置・方向・量などから決められる。（p. 97～101 参照）

①身体支持部の形式・手法
・頭部、上肢、体幹部、骨盤・大腿部、足部
・平面形状型、シート張り調節型、モールド型
・採寸、採型

②姿勢保持パーツの形式・形状・構造
・パッド類
・ベルト類

1.5.2 フレーム機構ならびに調節機構など

使用目的・使用環境ならびに身体評価の結果などから選択される。(p. 93～97 参照)

① シート〔座面〕・バックサポート〔背もたれ〕、角度可変機構（リクライニング・ティルトなど）
② フレーム機構
　・折りたたみ機構
　・シート高、幅、長さ（詳細は計測後）
　・押し手ハンドル高さ調節機構
③ 調節機構
　・高さ、幅、奥行、角度
　・アームサポート〔アームレスト〕、レッグサポート〔下腿支え〕、フットサポート〔足台〕
　・各種パッド
④ 安全対策
　・身体保護
　・開閉機構
　・泥除け、スポークカバー
　・日よけ・雨よけ
⑤ 介助者対策
　・フットブレーキ
　・キャリパーブレーキ

1.6 採寸・採型

装置に求められる機能と設計・製作のために必要なデータを的確に採る。

1.6.1 採寸・採型を行ううえでの留意点

主たる効果予測の内容、姿勢を決定したねらい、サポートのポイント、フレーム機構ならびに調節機構に十分配慮した採寸・採型をしなければ、どんなに細かく計測しても、どんなにきれいに型取りしてもまったく意味がない。

① 使用目的・使用環境の確認（効果予測・使用場面・使用場所・介助にあたる人）
② 身体評価の結果の確認（懸案となる問題点の抽出結果とその対策・対応）
③ 対象者が普段の状態であるかの確認（身体評価を行ったときと同じか？）
④ 身体評価などにより決定した姿勢が再現できているのかの確認
　・構え・体位の再確認
　・変形の部位、変形の程度、構築的か可動性はあるのかの再確認
　・関節可動域の再確認
⑤ シート・バックサポート、角度可変機構の確認（リクライニング・ティルトなど）
⑥ バックサポート角度の確認
　・通常使用角度、最大起こし角、最大倒し角
⑦ クッションの選択
　・使用する部位ごとに機能も目的も違うので、材質・形・厚みなどについて細かい打ち合わせが必要である。
⑧ 介助のしやすさや安全対策の確認
　・シートの高さ、手押しハンドルの高さ、ベルトの種類、脱着・開閉の方法などの確認
　・安全対策の必要性の確認
⑨ 付属機器の確認
　・吸引器、酸素ボンベ、人工呼吸器、点滴ポールなどの種類と設置の方法

1.6.2 採寸・採型の特徴

採寸・採型それぞれの特徴を以下に対比した[*]。

〈採寸〉
　・三次曲面・非対称曲面は計測困難
〈採型〉
　・三次曲面・非対称曲面がそのまま型取りできる
　・シミュレーションの結果をそのまま残せる

1.6.3 採寸のポイント

① 必ず、選択された姿勢（構え・体位）で計測すること
　・座位姿勢で使用するものを、臥位で計測してはいけない

身体各部の可動域の確認程度であれば問題ないが、身体寸法ならびにサポートのポイントは、決められた姿勢の重力下で行わないとまったく違うデータになってしまう（重力によって

関節の圧縮や姿勢のずれが生じるため）。
②身体各部のサポートの位置・方向・量を決めていく
　・骨格を支えるよう支持面をイメージする
　・頭部・体幹部・骨盤・大腿部の、どの部位をどの方向へどの程度支えるかを決める

セラピストによるプラットフォーム、スツールなどでのポジショニングをもとに行う。可能であればデモ機を用いたポジショニングも試みる。身体部のサポートの位置・方向・量をしっかり見極め・確認することが重要なポイントである。

③頭部や上肢の動作時の姿勢の変化や、実際に使用する環境に対しても配慮して計測すること
④でき上がりをイメージして、すぐに設計にかかれるように、計測原点、計測基本ラインをとること

参考までに「身体計測図」（図表7-3）および「評価フォーマット〈記入例〉」（図表7-4)、「アセスメント票〈記入例〉」（図表7-5）を挙げておく。

1.6.4 採型のポイント
①基本的な注意点・ポイントは「採寸」と同じ
②採型器を使用するため、背面の状況・骨盤の起こし具合などは採型器で見づらくなるため、十分注意して確認すること（シミュレーションで選択された構え・体位が採型器上で再現されているか）
③採型器上での頭部・体幹部の重心の落ちどころを十分に確認するとともに、左・右ラテラルの体重の荷重具合は手を差し込んで確認する

---

*　非対称な三次曲面での支持面が必要で、メジャーなどの計測器具のみでは必要なデータが確保できないと判断される場合に、採型の方法が選択される。

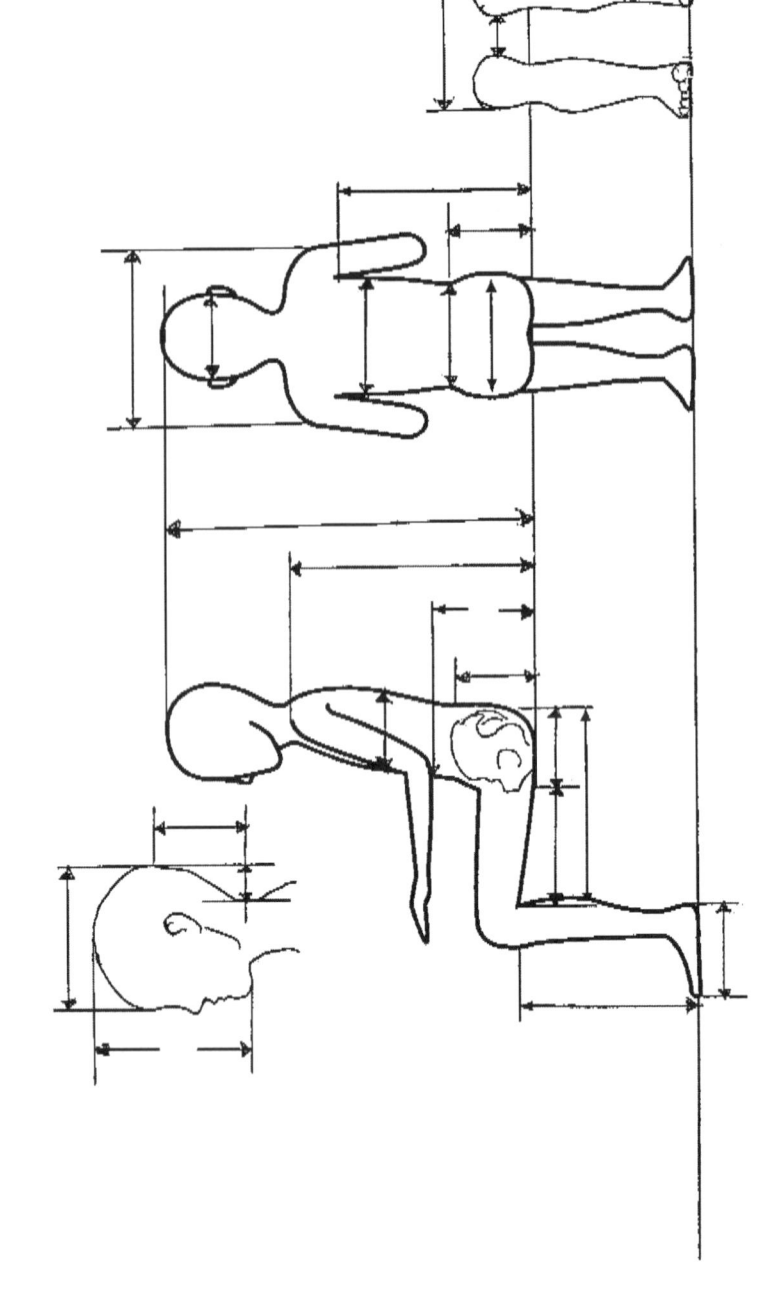

図表7-3 身体計測図（採寸表）
単位 cm

図表7-4 評価フォーマット〈記入例〉

氏 名	■■　■■	性別	男・女	生年月日	M T S H
住 所	〒　−			TEL	
病 名	脳炎後遺症		病 型	痙性四肢麻痺	
ADL	ADLすべてにおいて全介助 食事は、座位保持装置利用で経鼻経管栄養にて行っている					
身体状況	身長： 143 cm　　体重： 23 kg					
	障害状況	○頸座なく、自力での姿勢保持困難 ○興奮時に過緊張になる　　○両股関節脱臼　　○下顎後退 ○脊柱側彎（S字カーブ）T_2〜T_{11} Cobb 4 j　L_1〜L_5 Cobb 25° ○骨粗鬆症　　○四肢の関節可動域制限				
	履 歴	出生時は正常　　199X年 急性ウィルス性骨髄炎				
	既住歴	肺炎　　骨折を繰り返す				
メンタル	自発的な動きはなく覚醒レベルは低い					
予 後	呼吸状態が不安定になりやすいため、突然死のリスク・高度の骨粗鬆症					
現状の問題点	舌根沈下　気道狭窄によるSpO_2の低下 骨折のリスク					
問題点の解決の考え方と方法	舌根沈下を起こさない姿勢　24時間姿勢管理 唾液誤嚥を起こさない姿勢					
使用目的	○生命維持　→　気道確保　唾液誤嚥防止 ○GER					
デザイン工夫	○座位保持装置では、前傾前受けの姿勢で気道の確保と唾液排泄の姿勢 ○ベッド上では腹臥位の姿勢で、骨折に対しての配慮をする 　（可動域の確認と支持面は広くやわらかく受ける）					
リスクと捉え方	前傾位や腹臥位を取るため、鼻・口を塞ぐことが起きやすく、窒息の危険、頭頸部のアライメントにより、気道確保ができなくなる。					
使い方	気道を塞ぐリスクがあるので、常時介助者の目の届く範囲で使用する 自力での体位変換や体動が困難なため、必要に応じ体位変換を行う					
効果および効果予測	気道の確保・唾液誤嚥の改善で、過緊張を軽減し、リラックスした日常生活が得られる 機器を複数利用することで、多様な姿勢を提供できる					

図表7-5　高齢者車いす・シーティングのアセスメント票

シーティング担当者名　T・K		日付：　　年　月　日	

使用者氏名：A・K様　　　性別　男・⊙女　　年齢：　90代後半　歳
　　　　　　　　　　　　要介護度：3　　　認知症の有・⊙無（　　　　）
障害名：右不全片麻痺、　　　発病時期　年　月　　合併症：糖尿病
　　　　両膝変形性関節症
電話番号：　　　　　　　　住所：

担当ケアマネジャー：　　　　　　　所属：　　　　　　　連絡先：

1. 現在の座位の状態（写真 or 図示も含む）二枚目に添付　　現在の車椅子：個人用・⊙施設用
　アセスメントの目的：車椅子の選択・適合、他　　　車椅子のタイプ：⊙普通型、介助用、リク型

2. 簡易車椅子座位能力分類　Ⅰ：問題なし（　　　　　　　　　　　　　　　　　）
　　　　　　　　　　　　⊙Ⅱ：問題あり（手の支持で座り直し可能　　　　　　　）
　　　　　　　　　　　　Ⅲ：座れない（　　　　　　　　　　　　　　　　　　）
　Hoffer座位能力分類（JSSC改訂版）：手の支持なしで座位可能、⊙手の支持で座位可能、座位不能

3. 車椅子座位の問題点
　・⊙骨盤後傾（滑り座り）　　　　・股関節の内転・外転・骨盤の左・右の傾き
　・骨盤の回転、片寄り　　　　　　・前傾（骨盤）

4. 変形（脊柱の側彎・後彎・前彎）

5. 拘縮の⊙有・無（部位：股・膝屈曲拘縮、胸椎後彎部の痛み）・褥瘡の⊙有・無（部位：仙骨部既往あり　）

6. 今回のシーティング・ゴール、その他の目的
　⊙①安定座位　②外観の向上　③機能の向上　④除圧　⑤可動域の制限への対応　⑥介助者との適合
　⊙⑦緊張、痙攣の緩和　⑧移動方法（屋内、屋外）　⊙⑨痛みの除去　⊙⑩体重増加への対応
　⑪車椅子（手動、電動、操作スイッチ）　⑫費用（介護保険、障害者福祉制度、自費、他　　　　）
　⑬その他：

7. 車いす・シーティングのチェックアウト　　身長：140 cm　体重：42 Kg　座高：　　cm
　①身体寸法計測
　　a. 座位　臀幅：33 cm
　　b. 座底　長：42 cm
　　c. 座位下腿長：36 cm
　　d. 座位腋窩高：38 cm
　　e. 座位肘頭高：15 cm

　②クッションの選択目的
　　・姿勢保持　・減圧　⊙・褥瘡対応　　試用したクッション：空気量バルブ調節式
　　クッションは「ボトムアウト（底つき）」を起こしていないか確認（場所：坐骨結節、仙骨部、他　）

　③車椅子基本寸法の適合
　　・前座高（　37　cm）クッションを含めた高さ（　42　cm）
　　・シート奥行（　40　cm）シート角度（　3　度）
　　・フットサポート高：シート面からの高さ：（　32　cm）　床面からの高さ（　5　cm）
　　・バックサポートの選択（車椅子自走・⊙車椅子介助・他
　　　肩甲骨の最も低い所より（　4　cm）上・⊙下　背角度の調整：（　110　度）

④骨盤サポートの調整、バックサポートの形状：下部ベルト張り調整式バックサポート、バックサポートに1層ウレタンクッション
　　・左右の体側支持の調整が必要か　　　　　　・前側への体幹支持が必要か

⑤リクライニング、ティルト機能は必要か
　　リクライニング角度＿＿＿＿＿度、　　　　ティルト角度＿＿＿＿＿度

⑥車椅子走行　　自走・(介助)・両手操作　・片手片足　・電動

⑦トランスファー方法　　自立・(介助)・全介助　　他の用具：

8. 圧分布測定（必要ケースのみ）

9. 座位評価（写真・スケッチ（正面・側方））　コメント：円背が胸腰椎部のため、当たる部分に痛みがあり、バックサポートに1層の薄いクッションを入れバックサポートの張り調整を行い改善した
　　　　　　　　　　　　　　　　　　　　試用した車椅子：簡易モジュラー式車椅子
適合前（前額面、矢状面）　　　　　適合後（前額面、矢状面）

高齢者車いす・シーティングアセスメント票の使い方
1. アセスメント票の目的

2. 簡易車椅子座位能力分類と要介護度に合わせた車椅子・車椅子クッションの選び方

座位能力	座位の状況	要介護度	認定の基準（身体機能面）痴呆は別途検討	対応する車椅子・座位補助具
Ⅰ 座位に問題なし	特に姿勢が崩れたりせず座ることができる	要支援1、2	日常生活を遂行する能力は基本的にはあるが、浴室の出入りなどに一部介助が必要	運搬用車椅子＋椅子 簡易モジュラー式車椅子＋クッション
	自分で座り心地をよくするために姿勢を変えることができる	要介護1	立ち上がりや歩行などに不安定さが見られることが多い。排泄や入浴などに一部介助	
Ⅱ 座位に問題あり	姿勢がしだいに崩れ、手で身体を支える	要介護2	立ち上がりや歩行など自力では難しい場合が多い。排泄や入浴など一部介助または全介助が必要	モジュラー式車椅子 減圧用クッション 座位補助具
	自分で姿勢を変えることができない	要介護3	立ち上がりや歩行など自力ではできない。排泄や入浴、衣服の着脱などに全介助	
Ⅲ 座位がとれない	座ると頭や身体がすぐに倒れる	要介護4	日常生活を遂行する能力は低下しており、排泄や入浴、衣服の着脱など全介助。食事摂取に一部介助	ティルト・リクライニング機能付モジュラー式車椅子 座位保持装置 褥瘡予防用クッション
	リクライニング式車椅子やベッドで生活	要介護5	日常生活を遂行する能力は著しく低下しており、生活全般にわたって全面的な介助	

　　　　　目安の時間10～20分の経過　　変形、褥瘡の有無確認
※要介護度は身体機能面、知的精神機能面を合わせて判定される
※座位能力Ⅱ・Ⅲレベルは車いす・シーティング専門家のアドバイスが必要
　　　出典：木之瀬隆編著『これであなたも車椅子介助のプロに』（中央法規出版、2007年）より一部改変

3. ケアプランへの反映
・車椅子などを変えたことで生活の何が変化したか
・使用者側：座位時間、痛みの軽減、車椅子走行、離床時間、食事方法、ADL
・介助者側：抑制帯なし、食事介助、座り直し、車椅子介助

2. 設 計

設計は処方された内容に従って、採寸・採型されたものを具体的に形にしていく最初の過程であり、機器の出来・不出来を大きく左右する重要な工程といえる。快適性、安全性、使いやすさ、使用場所への適合、成長対応などが求められ、身体支持部の型式、フレーム機構（構造）、使用する材料、部品、デザイン性なども検討しながら進めていくことになる（図表7-6）。

2.1 設計上の留意点

車椅子や座位保持装置の設計にあたっては、前節の身体評価、使用目的・使用環境で抽出された決定事項・問題点への対応策を整理し、採寸・採型のデータをもとに決定（選択）された姿勢を再現することが重要である。

設計上必要な事項として、以下の項目に留意し設計を行う必要がある。

①身体との適合

　採寸・採型のデータをもとに使用者の身体寸法、変形、関節可動域に適合したフレーム構造、角度可変機構、支持部の形状などを選択する。

②障　害

　使用者の抱える問題点解決の対応と使用目的（効果予測）を確認し、リクライニング・ティルト角度などの機能を選択する。

③快適性

　使用者の身体の状況・体重を考慮しクッションの厚み、素材の選択を行う。採寸・採型で決められた姿勢（体位や構え）の確認を行い、シート・バックサポートの角度を決める。

図表7-6　設計上の留意点のまとめ

身体評価	身体との適合	使用者の身体寸法、変形、関節可動域に適合した大きさ、構造（バックサポート幅、シート幅、バックサポート角度、支持部の形状、角度可変機構など）
	障害	使用者が抱える障害の問題点解決への対応
	快適性	クッションの素材、厚み、角度などを考慮した設計
	成長、変形	成長期の児童の場合、成長に伴う身体寸法や状態の変化（変形の進行など）に合わせ調整可能な構造
使用目的・使用環境	安定	機器としての安定性（重心位置）。使用環境、使用者の身体寸法に対しての大きさ（幅、高さ）
	安全	けがをしない構造、壊れにくい構造（強度）
	操作性	車椅子（普通型）、車軸位置・バックサポート角度・シート角度・キャンバ角など
	トランスファー（移乗）	自力での移乗の場合、移乗動作、他環境の確認を行い、アームサポート〔アームレスト〕の形状、構造、キャスタ、フットサポート〔足台〕のレイアウトなどに留意
	介助面	移動、食事、排泄、移乗など介助のしやすさ。重量、大きさ

④成長、変形

　成長期の児童の場合、成長に伴う身体寸法や状態変化（変形の進行など）の確認を行い、バックサポート高、シート奥行などの調節幅を選択する。

⑤安定性

　使用環境や使用者の身体寸法に適合する大きさを確認し、前方・後方・側方転倒しない構造とする。成長時の身体支持部と構造フレームのバランスを確認し、キャスタ位置、車軸位置を選択する（ホイールベース）。リクライニング・ティルト式は最大倒し・最大起こし時の重心位置の変化に注意しながら安定を図る。

⑥安全性

　けがをしない構造、壊れにくい構造（強度）を求めて、パイプの形状・大きさを選択する。可動部のある構造とする場合には、指はさみなどが起こらないようにフレームの動きなどを十分に確認する。

⑦操作性

　車椅子（普通型）の場合、採寸時のデータおよび駆動時の動作を確認し、車軸位置、シート角度、キャンバ角、キャスタ角などを決める。

⑧トランスファー（移乗）

　自力での移乗の場合、移乗動作、他環境（車、ベッド、トイレなど）の確認を行い、アームサポート〔アームレスト〕の形状、構造、キャスタ、フットサポート〔足台〕の位置を決める。

⑨介助面

　使用者の使用環境や移動、食事、排泄、移乗など介助動作の確認を行い、重量、大きさ、手押しハンドルの高さなどを選択する。

⑩その他

　人工呼吸器、吸引器、酸素ボンベなどの搭載物がある場合には機器のレイアウトや搭載時の動作の確認を行い、構造フレームの設計を行う。

2.2　設計の手法・手順

　車椅子、座位保持装置の設計手法としては手描き（縮小・原寸大）、CADの2種類が一般的である。

　原寸の手描き図面では、1/1で身体図を描き、フレームの設計を行うことで最終的な出来上がりをイメージしやすい。

　CAD図面ではシート・バックサポート角度などのフレームの動きを確認しやすい。また、次回設計時に役立ち設計時間短縮などのメリットもある。設計の手順を図表7-7に示す。

2.2.1　身体図を描く

　採寸・採型・写真などの身体評価記録データをもとに側面からの身体図を描く。身体図はデータをもとに、骨盤の傾き、矢状面のライン、各部の変形などをリアルに描く。身体図を忠実に再現することで、適合性の高い身体支持部の設計が可能となる。

2.2.2　身体支持部の設計

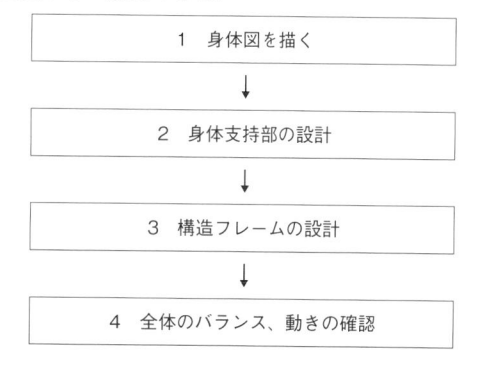

　身体図を描いた後、シート〔座面〕・バックサポート〔背もたれ〕などのクッションの沈み込み、スリング式シートのたわみ加減、上モノの厚みなどを考慮し、リクライニングなどの支点位置（新方式リクライニング、オフセット式リクライニング、前座角度可変）がある場合、支点位置を選択後、支持部フレームの設計を行う。手描き図面の例を図表7-8、7-9に、CAD図面の例を図表7-10に示す。

図表7-7　設計の手順

```
┌─────────────────────┐
│　1　身体図を描く　　│
└─────────────────────┘
          ↓
┌─────────────────────┐
│　2　身体支持部の設計　│
└─────────────────────┘
          ↓
┌─────────────────────┐
│　3　構造フレームの設計　│
└─────────────────────┘
          ↓
┌─────────────────────┐
│　4　全体のバランス、動きの確認　│
└─────────────────────┘
```

第7章 採寸・採型から実用まで

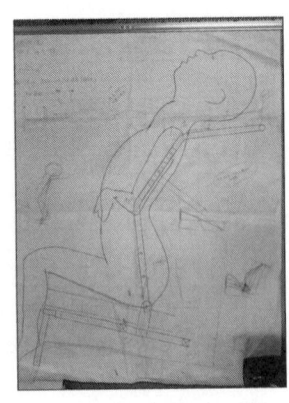

図表7-8 カーシート(コンターシート〔座面〕・張り調整式バックサポート〔背もたれ〕)

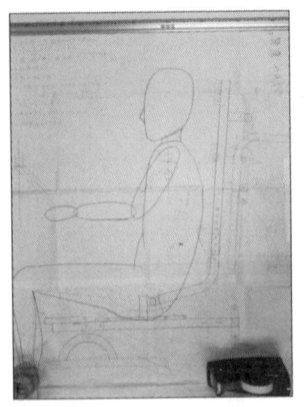

図表7-9 車椅子リクライニング・ティルト式(コンターシート〔座面〕・張り調整式バックサポート)

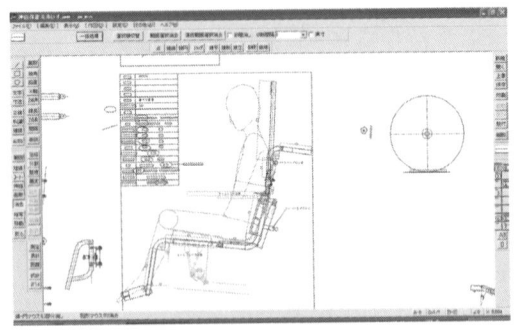

図表7-10 新方式リクライニング式車椅子(シート〔座面〕・張り調整式バックサポート)

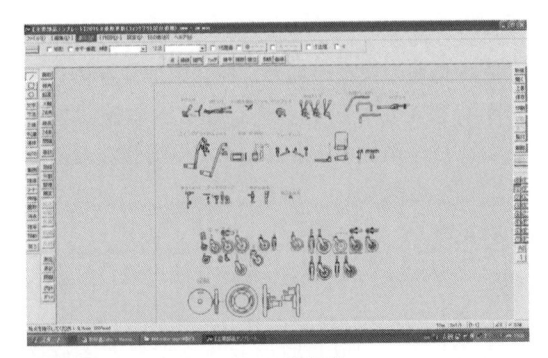

図表7-11 CADによる部品集

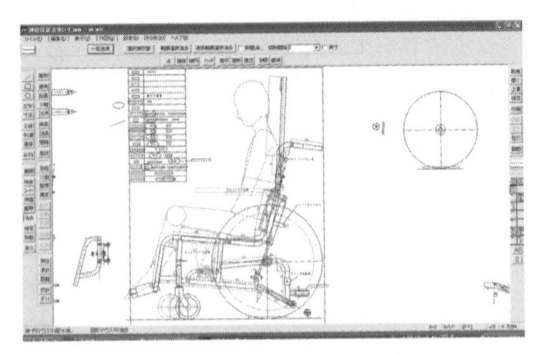

図表7-12 CADパーツのレイアウト

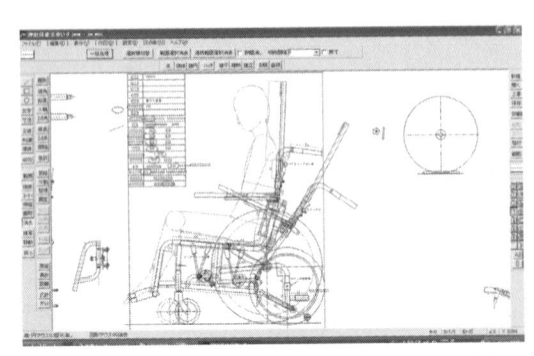

図表7-13 CADによる最終的な可動部の確認

　図表7-8はカーシート、図表7-9はオフセット式リクライニングを用いた車椅子の図面である。矢状面形状に合わせた、張り調整式バックサポート〔背もたれ〕によるフレームを設計したもので、クッションの沈み込みを考慮したリクライニングの支点位置を決めるうえで1/1の身体図が有効となる。

2.2.3 構造フレームの設計・動きの確認

身体支持部の設計後、駆動車輪、キャスタ、フットプレートなどの付属部品のレイアウトを選択する。

原寸の手描き図面では、現物の部品を図面上に置くことで、フレーム全体のバランス、人物と各パーツのバランスを原寸大で確認しながらレイアウトを決められる。CAD図面も同様に、部品集（図表7-11）を用意することで図表7-12のように図面上でのレイアウトが可能となる。

構造フレームに稼動部が伴う設計（折りたたみ機構やティルト機構・リクライニング機構・昇降機構など）では、画面上で実際の動きを確認することができる（図表7-13）。

3. 製 作

ここではまず、身体支持部や付属品であるクッション材の加工に一般的に使用されている工具の紹介を行う。次に支持部の種類（平面形状型・シート張り調節型・モールド型）とその機能、さらにはクッション加工について説明する。それぞれ実際の製作例をもとに、手順と注意点を示す。

なお、身体支持部や付属品の製作は、既製品を利用する場合や、車椅子などをレンタルで使用する場合にもよく行われている。支持部や付属品の製作は、オーダーで車椅子や座位保持装置などを製作する場合に限らず、姿勢改善のための必要な要素となっている。

3.1 クッション材の加工に使用する工具

①ノコギリの刃を利用したウレタンカッター（市販のノコギリの刃の部分をグラインダーやベルトサンダーでカッターの刃のように加工する）

ⓐ木工用ノコギリ（替刃式）を利用して加工する（図表7-14）

ⓑ金切ノコギリの刃の利用（図表7-15）——曲がらない刃と曲面形状がつくれる刃がある

ⓒ市販品もある（図表7-16）

特徴：
- ⓐは直線のカットや大きくカットするときに使用し、ⓑ、ⓒは曲面の加工や細部の加工に適している
- 施設などへの持ち出しが楽であることと電源を必要としない
- 価格が安く自分で製作もできる

②電動ウレタンカッター（市販品）

特徴：
- 図表7-17は長い直線カットに適している

図表7-14 木工用ノコギリ（替刃式）

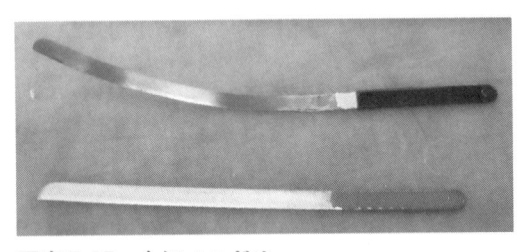

図表7-15 金切ノコギリ

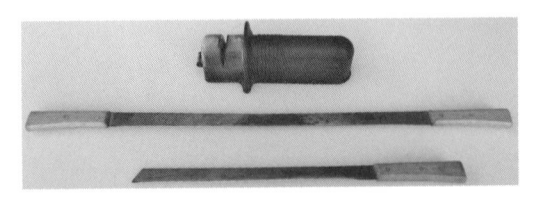

図表7-16 市販品のウレタンカッター

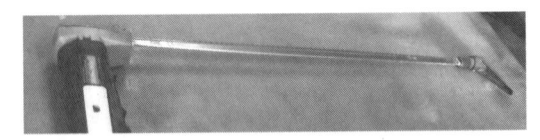

図表7-17 直線用電動ウレタンカッター

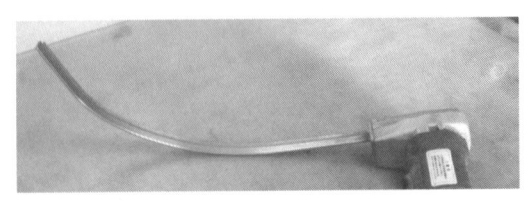

図表7-18 曲線用電動ウレタンカッター

・図表7-18は大きくえぐること（荒削り）に適している

3.2 身体支持部の種類と機能

身体支持部とは、補装具制度のなかの座位保持装置で規定されており、「頭・頸部」「上肢」「体幹部」「骨盤・大腿部」「下肢・足部」といった身体部位の区分によって分けられた身体各部位を支えるものである。

座位保持装置の制度では、図表7-19のように分けられている。車椅子や電動車椅子では、制度として明確に規定していないが、部位ごとにヘッドサポート〔頭部支え〕、上腕サポート〔上肢支え〕、バックサポート〔背もたれ〕、シート〔座面〕、レッグサポート〔下腿支え〕、フットサポート〔足台〕と呼んでいる。

体幹部および骨盤・大腿部の支持部は、シート張り調節型、平面形状型、モールド型に分けられ、目的により使い分けられている。ここでは、それぞれの製作実例を示しながら、その構造および機能についてみていく。

3.2.1 シート張り調節型

フレームに数本のベルトを分割して取り付け（図表7-20）、その上にカバーやクッションをかぶせたもの（取り付けるベルトの形状や取付方法にはいくつかの種類がある；図表7-21）。ベルトの張り調整で体幹の矢状面、水平面を合わせる。

バックサポートでは、張り調整だけで姿勢の保持が難しい場合にはパッドを併用する（パッドはベルトとカバーの間に入れることが多い）。

シートはバックサポートと同じようにつくるが、バックサポートに比べて圧力がかかるためクッション入りのカバーをかぶせることが多い。

(1) 張り調整式の機能的な意味と製作例（図表7-22）

脊柱の矢状面のカーブ（標準、後彎、前彎）の形状や腰椎部のサポートなどを考慮して調整することで座位姿勢改善を行う。張り調整だけでは適合が不十分な場合は、フレーム形状から設計する必要がある。

(2) クッションの製作

車椅子などのスリング式（張り調整なし）、

図表7-19 身体部位名称、支持部名称

身体部位	部　位	名　　称
頭・頸部	頭部	ヘッドサポート〔頭部支え*〕
上肢（片側）	上肢	上腕サポート〔上肢支え〕
体幹部		前腕・手部支え（片側）
骨盤・大腿部	体幹部	シート張り調節型
下肢・足部（片側）		平面形状型
		モールド型
	骨盤・大腿部	シート張り調節型
		平面形状型
		モールド型
	下腿部	レッグサポート〔下腿支え〕（片側）
	足部	フットサポート〔足台〕（片側）

＊〔　〕内は制度用語

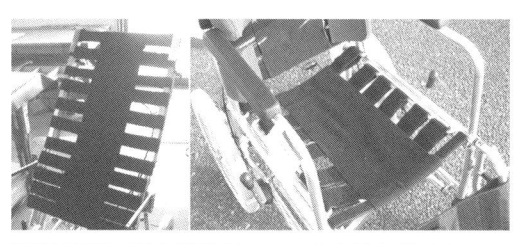

図表7-20 張り調整用のベルトを取り付けたバックサポート〔背もたれ〕（左）とシート〔座面〕

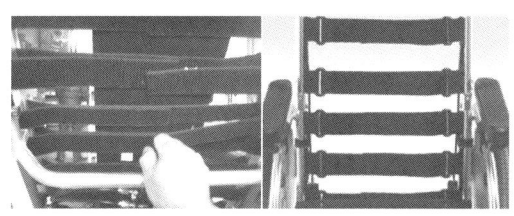

図表7-21 面ファスナー式（マジックベルト）（左）とバックル式

第7章 採寸・採型から実用まで

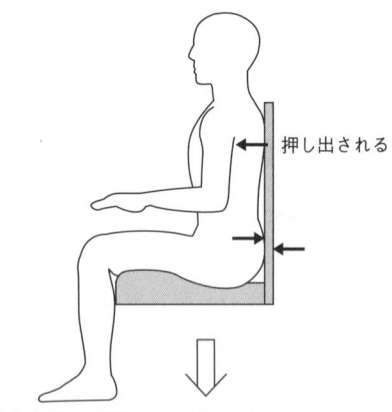

一般的な車椅子（普通型や手押し型）でフラットなバックサポート〔背もたれ〕や張り調整ができないスリング式バックサポートの場合、バックサポート角度（背座角度）によっては上部体幹は押し出されたり、腰椎のサポートが十分でないことから骨盤の後傾や腰椎部の後彎につながる

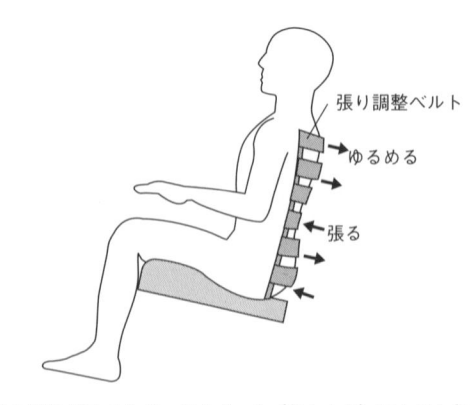

張り調整ができるバックサポート〔背もたれ〕により上部体幹の押し出しの改善、矢状面や重心位置などを考慮した調整を行う

図表7-22　張り調整による姿勢の改善

a シートのスリング（ベルト）のたわみ分
b シートの幅
c 斜線部、シートのスリングのたわみに合わせカットする部分

図表7-23　スリングのたわみとの合わせ方

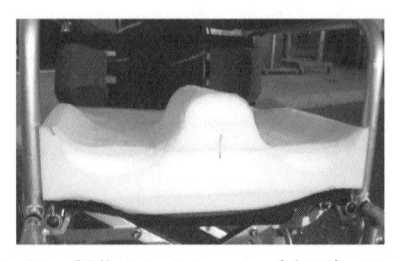

図表7-24　製作されたシート〔座面〕用のクッション

張り調整式（張り調整あり）のシート〔座面〕、バックサポート〔背もたれ〕用にクッションや付属品をつくる場合は、シートやバックサポートのスリング（ベルト）のたわみに合わせることが必要になる（図表7-23、7-24）。

シートやバックサポートのスリングのたわみに合っていない状態、例えばクッションの底面や背面が平らだったり、（たわみとの）合わせが足りない場合には体重がかかることで図表7-25のように側方のラテラル（体幹側方支持）部分が内側に狭くなり身体が入らないことになる。

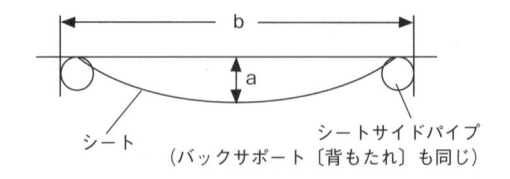

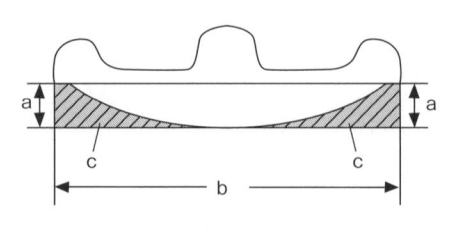

3.2.2　平面形状型

バックサポートやシートが平面またはほぼ平面に近い状態のものを指し、板にクッションを貼り付けたものや、クッションだけで製作される場合がある。

脊柱側彎、前彎などの変形が比較的少ない人に多く処方される。体幹の崩れに対するサポートや腰椎部のサポートが必要な場合は、付属品として体側サポート〔体幹パッド〕や骨盤前方・側方サポート〔骨盤パッド〕などを併用することが多い。

(1) バックサポートの製作（図表7-26）
①必要な場合はT-ナット（バックサポートパ

3. 製作

図表7-25 スリングのたわみに合わせる必要性

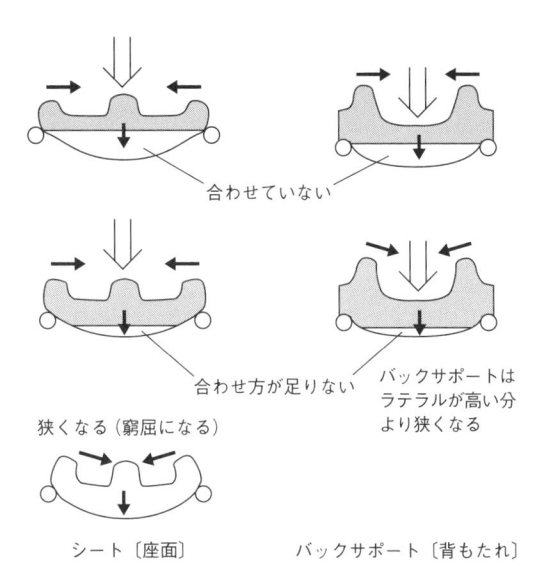

シート〔座面〕やバックサポート〔背もたれ〕のスリングのたわみに合わせてカットしていない場合や合わせ方が足りない場合は、ラテラル（体幹側方支持）部分が使用時に狭くなる（窮屈になる）

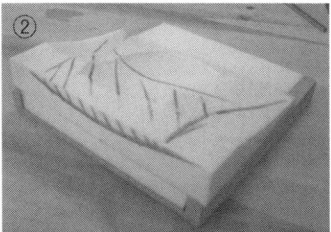

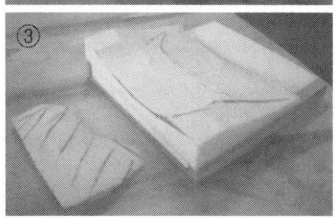

図表7-26 バックサポート〔背もたれ〕の製作工程

イプに固定するため）や台木（体側サポート固定用）を取り付ける。
②①の板にウレタンフォームを張り、墨付けする。

　バックサポートが平面形状であっても体幹部背面の矢状面や水平面に合わせたカーブは必要である。カーブを考慮した厚さにする。
③墨付部をウレタンカッターでカットして仕上げる

(2) シート〔座面〕（股パッド取付タイプ）の製作（図表7-27）
①必要な場合はT-ナット（シートサイドパイプに固定するため）や台木（股パッド固定用）を取り付ける。
②①の板にウレタンフォームを張り、墨付けする。ウレタンフォームの厚さは身体の大きさ、体重、アンカーウェッジなどを考慮して座ったときに底づきが起きない厚さに仕上げる。
③墨付部をウレタンカッターでカットして仕上げる。

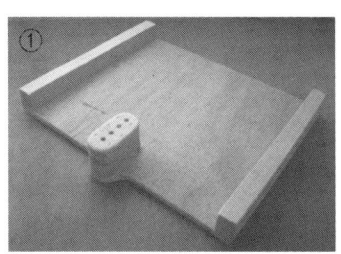

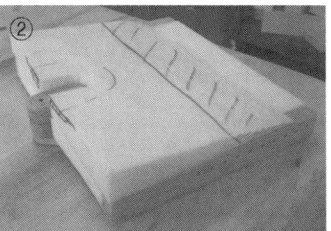

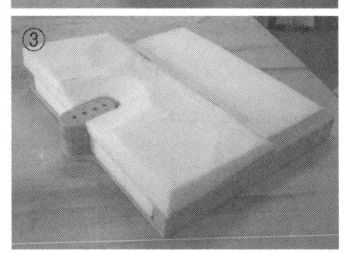

図表7-27 シート〔座面〕の製作工程

3.2.3 モールド型シート〔座面〕、バックサポート〔背もたれ〕の製作

現在用いられているモールド型クッションは、個々の製作技術者が製作するものとセントラルファブリケーション*によって製作されるものに大別されると思われる。この項では、それぞれの製作方法を紹介する。

(1) 採寸モールド

使用者の各部位について、採寸台やプラットフォーム上の座位姿勢をもとに前額面・矢状面の採寸をし、そのデータをもとにウレタンなどを加工する。

採寸にあたっては、図表7-28の部位を測定する。図の各部以外に、水平面（体幹の回旋・骨盤の回旋など）の情報も記入する。

(2) 加工法（図表7-29）

加工の手順は概ね次のとおりである。
① ベースとなるウレタンフォーム・マイクロチップ（50〜60 mm厚）に、採寸した寸法をもとにおおまかな輪郭線を書き入れる。
② 矢状面・前額面をウレタンカッターなどで削り出す。
③ 削り出した支持面をつくるために、切り出したウレタンフォームを貼り付け、形状に合わせるべく作業を繰り返す。
④ 荒削りした表面をカービングマシーンで整える。
⑤ 仮合わせクッションの完成。

特に注意すべき点として、最突出部位のクッションの厚さを充分考慮しなければならない。

(3) 採型モールド

採型したモールドバッグにギプスシーネを貼り、陽性モデルを作って加工する。削りモールド式と貼りモールド式がある。

(a) 削り式によるバックサポートの製作（図表7-30）

あらかじめ必要とされる厚さに用意したウレタンやウレタンチップに、陽性モデルの形状に合わせて削り込んでいく方法である。モデルには直径3 cmのチェックができる穴をポイント部位に数か所開けておく。

クッション上にモデルの外郭線を書き込み、

矢状面　　前額面

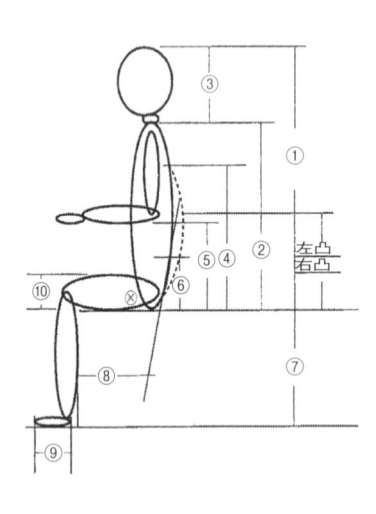

①座高長　②肩峰高　③頭頂高　④腋窩高
⑤肘頭高　⑥骨盤高　⑦下腿高　⑧大腿長
⑨足長　⑩大腿厚

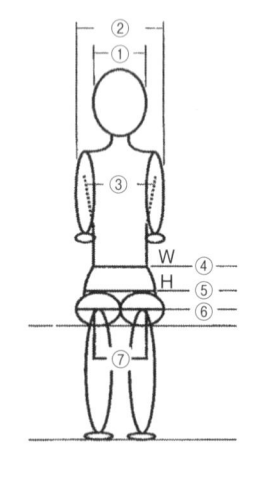

①頭幅　②肩幅　③胸部幅
④腰幅　⑤臀部幅
⑥大転子間幅　⑦膝中心間幅

図表 7-28 身体各寸法（座位）

図表7-29 モールド型シート〔座面〕の加工

図表7-30 削り式の製作例

それ以上広がらないように注意しながらモデル形状に合わせて削り込んでいく。細部の形状合わせはモデルにチョークなどで色をつけ、クッションに着色した部分を削り込む作業を繰り返し、最終的にはクッションの全面にチョークの色が付着するまで調整する。

この製作を行う場合には、作業途中でモデルが破損しないように十分強度を出しておく必要がある。この方法を用いて製作するケースは実際には少ないものと思われる。

(b) 貼り式によるシート・バックサポートの製作（図表7-31）

石膏モデル上にトリミングラインを記入する。不要な部分をカットし、モデル裏面全体にエアーパッキンを貼る。この作業は仕上げ時の表層部分になるためであるが、同時に完成時のモデル取外しを容易にするためでもある。

次にウレタンチップを積層する作業に移るが、最初に10mm厚のやや硬めのウレタンチップを貼る。これはモデルの凹凸に隙間なく

* モデルやCADで取り込んだデータをもとにモールド型クッションを製作する事業所（会社）。

図表7-31　貼り式の製作例

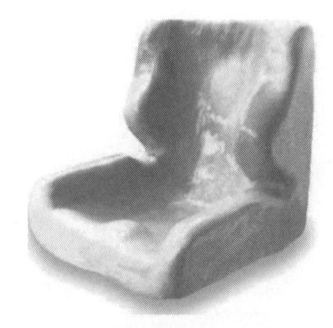

図表7-32　直接発泡法によるシート〔座面〕・バックサポート〔背もたれ〕の製作

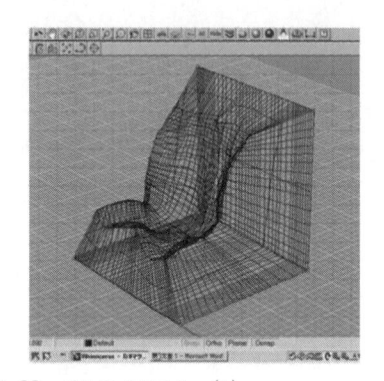

図表7-33　CAD/CAM（1）

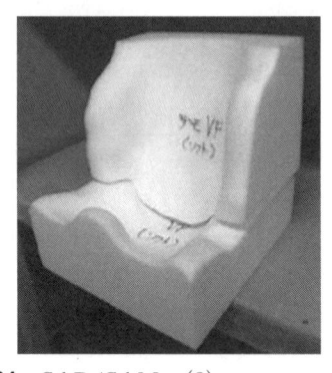

図表7-34　CAD/CAM（2）

接着しやすいようにすることと、クッションをへたりにくくすることを目的にする。そして窪んでいる部分にウレタンチップを貼り足し、周囲の形状に合わせながら不要な部分をカッターで切削することで、細かな凹凸をなくしていく。

背部の最突出部分と同じレベルでアライメントどおりの平面になるまで貼足しと切削を繰り返す。最薄部の厚みが20 mm以上になるようにし、両サイドにも貼り足し裏面全体が平面になるようにする。

シート〔座面〕の製作も同様にして行い、使用フレームの幅に合わせてクッション幅を調整する。最後に表層部分に10 mm厚のクッション材を貼り合わせる。

両製作ともに、採型器上にて陽性モデルにアライメントの再現を行うために、円形水準器をギプスに固定することを忘れないようにすることが肝要である。

(c)　直接発泡法（図表7-32）

ポリウレタン原液を袋の中に入れて混ぜ合わせ、その上から使用者が座る。2液が混合されると発熱しながら膨張するので、身体の形状に沿わせて固まらせる方法である。

この方法はフォーム・イン・プレース（Form In Place Seating：FIPS）と呼ばれており、国内においても植物成分を用いた低反発性素材のキットが販売されている。この方法の長

所は、使用者のいる現場で短時間でクッションができ仮合わせ適合まで可能であり、完成納品までの時間が短縮できるという点である。

(d) CAD/CAM（図表7-33、7-34）

モールドバックで採型した後、石膏モデルを採らずに計測装置を使って曲面形状を数値化する方法である。これはCAD（Computer-Aided Design）の応用であり、採型した形状を機械的または電気的なセンサを使って計測し、データをコンピュータに入力する。必要ならばモニタ上で形状を修正することもできる。

CAM（Computer-Aided Manufacture）は、このデータをもとに切削機械を作動させ、発泡材のブロックから要求されている形状を削り出す方法である。

3.2.4 ヘッドサポート〔頭部支え〕

頭部を支えるもの。採寸、採型しクッション材を削ってつくられるものと、完成用部品を使ったものがある。形状としては、平面型（後方）、R型（後方＋側方）、ネック型（後方＋側方＋下方）などに大きく分けられる（図表7-35）。

平面型、ネック型それぞれの製作工程を示す（図表7-36、7-37）。

3.3 付属品

付属品にはパッド類（上肢・体幹・骨盤・下

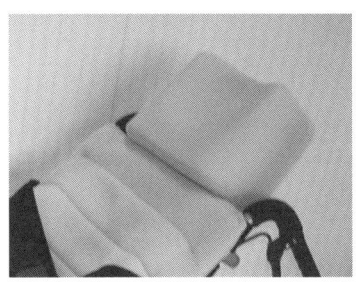

平面型（後方）

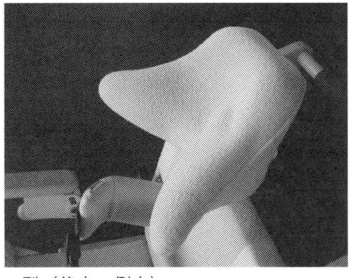

R型（後方＋側方）

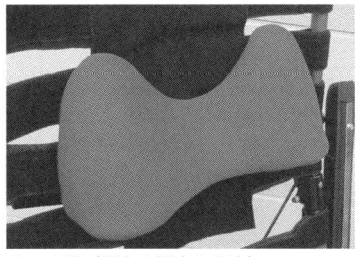

ネック型（後方＋側方＋下方）

図表7-35 ヘッドサポート〔頭部支え〕の種類

① ウレタンブロックに墨付け

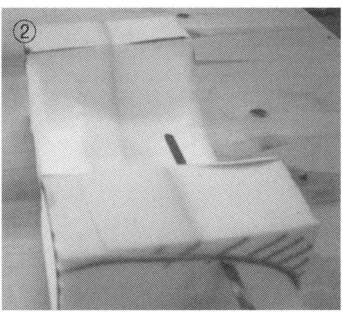

② 斜線部をカット

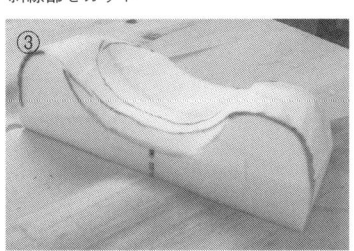

③ 仕上げ、頭部・後頭部の形に合わせて形を整える

図表7-36 平面型（後方）の製作工程

第7章 採寸・採型から実用まで

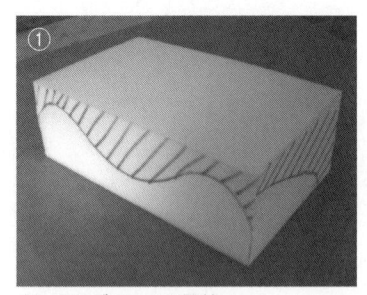

① ウレタンブロックに墨付け

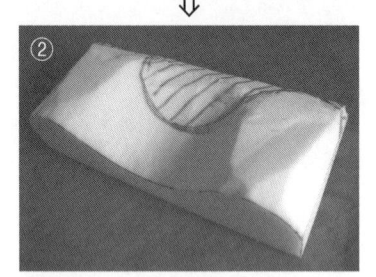

⇩

② 前面にカット部分の斜線を入れる

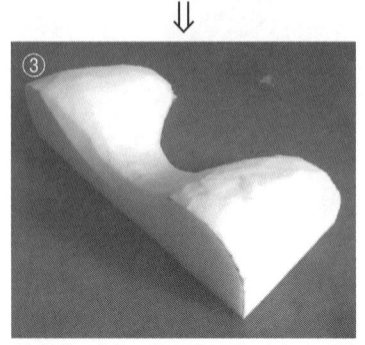

⇩

③ 仕上げ、頭部・後頭部の形に合わせて形を整える

図表7-37 ネック型（後方＋側方＋下方）の製作工程

肢の保持用）、ベルト類（腕・手首・肩・胸・骨盤・股・大腿・膝・下腿・足首の保持や固定用）、テーブル部〔カットアウトテーブル〕などがある。ここではパッド類、ベルト類を取り上げる。

3.3.1 パッド類

パッドに加わる圧力が大か小か、また持続的か瞬間的かによって、クッションの種類や形状などを考えなければならない。また直接身体に接触するため、違和感が生じないよう、クッ

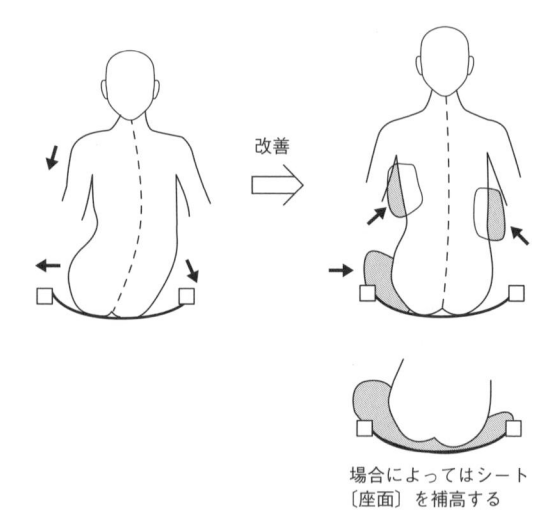

場合によってはシート〔座面〕を補高する

図表7-38 一方向への姿勢の崩れ（脊柱側彎のケース）

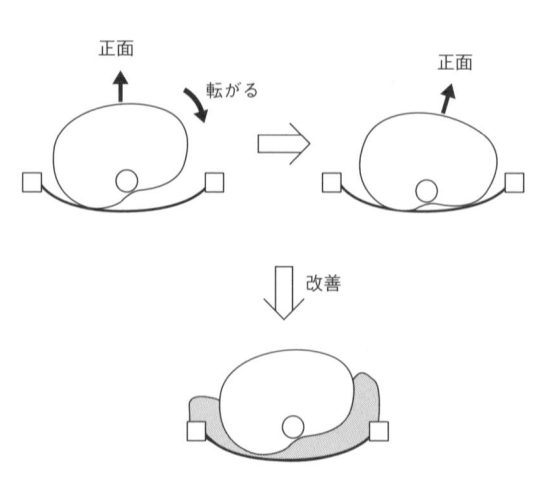

骨格ならびに身体の形状、姿勢の崩れ方向を考慮した体側サポート〔体幹パッド〕

図表7-39 水平面：転がるような姿勢の崩れ（肋骨隆起があるケース）

ションのベースの素材や形状にも注意が必要である。

(1) 体側サポート〔体幹パッド〕（図表7-38〜7-40）

一方向へ転がるように姿勢の崩れが起きる場合、例えば後彎や側彎がある、あるいは図表7-38に見られるように身体が側方へ倒れ込んでいくときに、体側サポートで改善する。

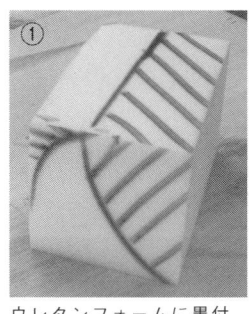

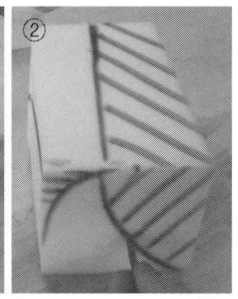

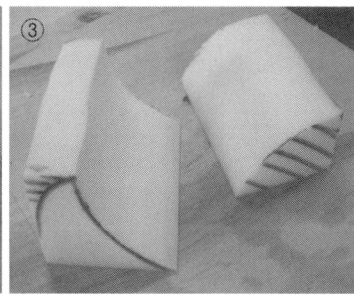

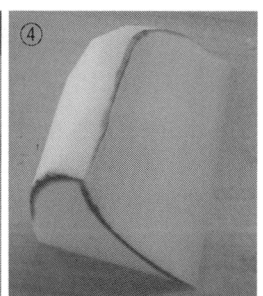

① ウレタンフォームに墨付けする。胸郭の形状や腋窩の形状を考慮する
② ウレタンカッターで斜線部をカット
③ カットした後の形状
④ 形を整えて仕上げ

図表7-40 体側サポート〔体幹パッド〕の製作工程

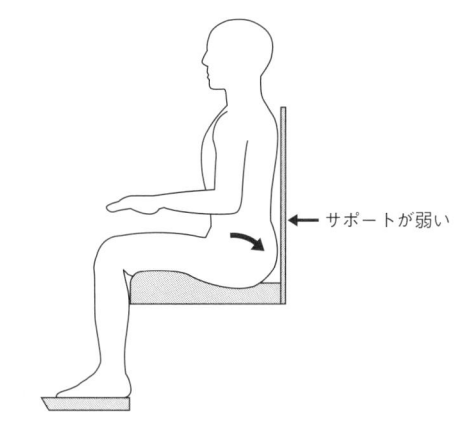

腰椎のサポートが弱いことで骨盤の後傾が起きる

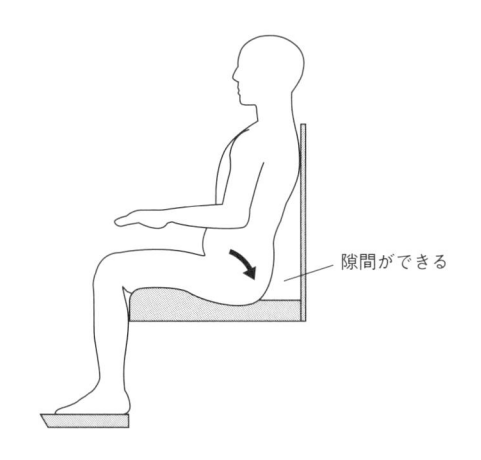

シート〔座面〕の奥行が深いことで骨盤の後傾が起き、仙骨座りになる

図表7-41 矢状面の調整と腰椎サポート〔腰部パッド〕

(2) 腰椎サポート〔腰部パッド〕（図表7-41、7-42）

普通型車椅子（介助用を含む）など張り調整ができないスリング式バックサポート〔背もたれ〕の場合、図表7-41に見られるように矢状面の調整、重心の調整、腰椎のサポートが弱く、骨盤の後傾を起こしやすい。また、車椅子が身体に合わずシート奥行が深い場合なども骨盤の後傾や脊柱後彎を引き起こす。骨盤の後傾による仙骨座りは腹部の圧迫や褥瘡の原因となるが、ウレタンフォームの腰椎サポートを追加することで、これらの改善が図られる。

(3) フットサポート〔足台〕

足部を支えるもの。左右一体のものと分割式のものがある。

(4) 足底パッド（図表7-43、7-44）

3.3.2 ベルト類

市販されているベルトは、素材によって硬いもの、柔らかい物、伸びるものなどさまざまなので、用途に応じて使い分ける必要がある。肌に直接当たると摩擦などで傷になったりすることがある。痛みが予測できる場合は、柔らかいベルトを作るかクッションをあてがってほしい。

第7章 採寸・採型から実用まで

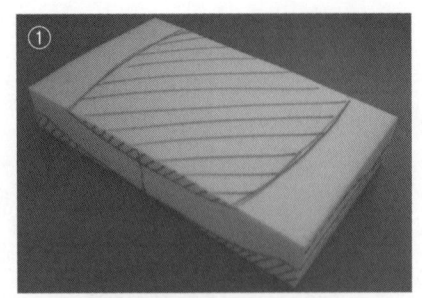

① ウレタンブロックに墨付け

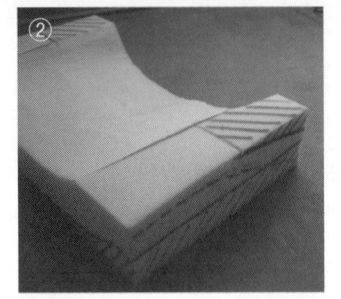

② 斜線部をカットする

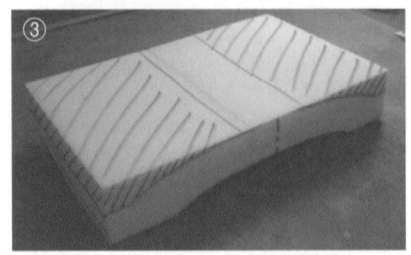

③ 腰椎サポート〔腰部パッド〕背面をスリングのたわみに合わせてカットする

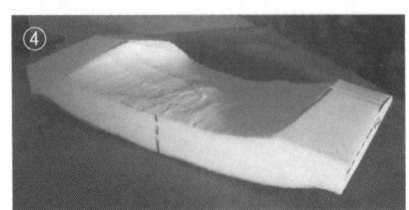

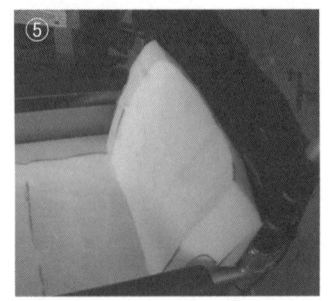

④ 仕上がり

⑤ 車椅子のバックサポート〔背もたれ〕に取り付けた状態

図表 7-42 腰椎サポートの製作工程

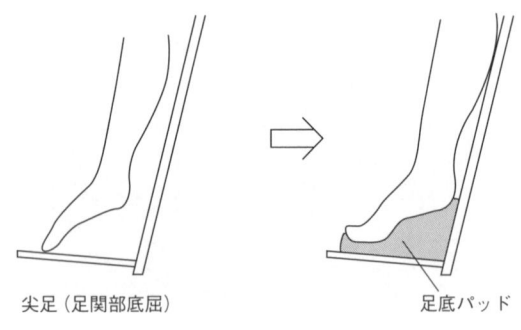

尖足（足関節部底屈） 足底パッド

図表 7-43 足底パッドの製作

① ウレタンフォームに墨付け

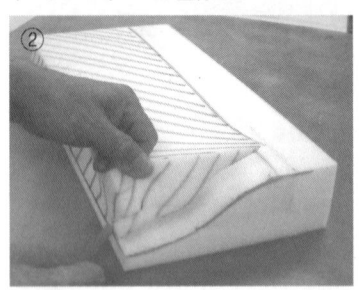

② 斜線部をウレタンカッターでカットする

③ 仕上がり

図表 7-44 足底パッドの製作工程

4. 既成パーツ・完成用部品の利用

　補装具制度の「座位保持装置」には完成用部品の項目があり、構造フレーム、支持部、継手部品など、多くの部品が採用・登録されている。これは、以前より義肢装具については採用されていたが、車椅子・電動車椅子には現時点でない制度である。

　完成部品の採用によって、座位保持装置の製作要素価格では供給が難しかった高機能商品・高額商品・輸入品などが、制度を利用して供給できるようになった。

　座位保持装置の価格構成は、「基本価格」+「製作要素価格」+「完成用部品価格」となり、その完成用部品は、以下の区分からなる。
①支持部
②支持部ベース
③支持部調節用部品
④身体保持部品
⑤構造フレーム
⑥継手部品
⑦固定金具部品
⑧その他

　2004（平成16）年には、座位保持装置部品の安全性および使用者が誤った使用をしないための必要事項が定められ、座位保持装置を使用する者の身体に対する危害防止および生命の安全を図ることを目的に、認定基準および基準認定がとりまとめられ、同案が完成用部品の認定基準として適用されることとなった。

①支持部
　支持部の項目には、頭部、体幹部、骨盤・大腿部、足部がある。材質は、ウレタン・ジェル素材などがあり、いろいろな形状がある。

②支持部ベース
　主に、支持部の固定などに使用されており、構造フレームなどに取り付けられる部品などである。

③支持部調節用部品
　支持部にパッドなどが取り付けてあり、そのパッドを動かすことにより調整が可能。

④身体保持部品
　身体保持のサポートなどに使用できる部品。主に、体側サポート〔体幹パッド〕、腰椎サポート〔腰部パッド〕、内転防止パッド、膝パッド、ベルトなどがある。

⑤構造フレーム
　構造フレームには、屋内用と屋外用がある。屋内用には、木製・昇降フレームがあり、リクライニングやティルト機構が装備された製品もある。屋外用には、キャスタやタイヤの大きいものや、リクライニング・ティルトなどの機構が装備された製品もある。

⑥継手部品
　主に支持部と支持部を継ぐための部品。前後・角度などが変更可能な部品などもある。

⑦固定金具部品
　構造フレームと、支持部を固定する部品などがある。

⑧その他
　その他のなかには、テーブル部〔カットアウトテーブル〕、アームサポート〔アームレスト〕、支持部カバーなどがある。

　完成用部品にはさまざまな製品があり、デモ機などで製品の実物を確認できる。また、インターネットなどでも製品が確認できる。

5. 仮合わせ

姿勢保持装置は、比較的重度の障害児・者が対象者となることが多い。そのため装置を完成させる前（クッション・パッド類は縫製やカバーをする前の状態、フレームは塗装などの表面処理を行う前）に必ず仮合わせを行う必要がある。

完成してから不具合が生じた場合、仕上げたカバーを縫製し直すことやフレームの表面処理を再度行うと製作期間が大幅に延びてしまい、その修正費用も必要である。なお、既製品やモジュラー式車椅子のデモ用製品などの試乗で十分適合が確認できる場合は、それをもって仮合わせとみなしてもよい。

仮合わせの実施にあたっては、処方時と同じ医師、担当専門職（OT、PT）、介助者（家で使用する場合は家族、施設用ならば施設の指導員、学校用であれば担当の教員など）、製作者などのチームで検討することが重要である。処方時に参加してくれた施設の指導員（学校の教員など）とは別の指導員（教員など）が参加し、処方時に検討・方向性を整理したこととは異なる意見を述べてチームが混乱することがあるので注意を要する。そのような場合は、製作者側からも、処方時の方針を振り返ってもらうように要望するとよい。

処方チーム（リハスタッフ）が修正する必要があると判断すれば、修正箇所と方法を確認する。適切な適合が確認できないときは、何度も仮合わせを行い、処方チームの意思統一ができた時点で仕上げの段階に進むこともある。

5.1 身体への適合判定

5.1.1 装置に乗せるときの留意点

姿勢保持の機能を確認するうえで、まず製作した座位保持装置や車椅子などに使用者を乗せた状況で適合性を評価する。乗せ方の一例を図表7-45に示す。

座位保持装置や車椅子に乗せた後、使用者の体幹部を上に引き上げると骨盤がシート〔座面〕とバックサポート〔背もたれ〕の交点（原点）方向に入り込みやすくなる。この状態で概ね45度で取り付けたベルトで骨盤を支えればシート方向とバックサポート方向にほぼ同等の力がかかり、しっかりと座ることができる（ティルト式はより介助しやすい；図表7-45左）。

例えば、ズボンのベルトを持ち、前方から図表7-45右に示す矢印の方向に引いて骨盤の左右の傾きを調整すると、左右の重心バランスがとれた状態で乗車できる（できれば介助者2名で協力して行うと安全である）。

5.1.2 評 価

装置に乗せたところで、処方時の処方箋やカルテ、製作者側の記録などをもとに適合性のチェックを行う。

最初に、身体寸法と装置との基本的な項目を

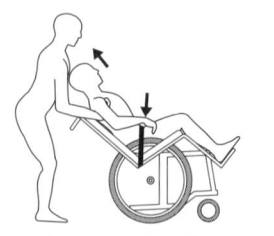

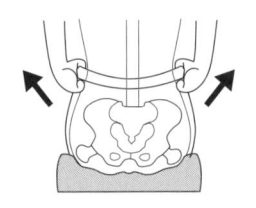

図表7-45 乗せ方の一例

処方箋などで確認する。重度の障害がある場合には付加的な情報として、体幹の変形や身体支持部の構造に関する寸法などを記録していることも多いので、合わせて確認する（図表7-46）。

次に身体支持部について確認する。特に支持する場所や方向などについて具体的な処方方針が出されている場合には、その再現性をチェックする。

使用者が意思表示できるときは、どこか当たっているところはないか、不具合など本人の評価や意向を聞く。使用者が意思表示できないときは、主な介助者の観察による評価が頼りとなる。使用者の普段の様子から快適に利用できているか、不快感を訴えていないかなどを確認する。処方チームによる姿勢保持の治療的・機能的効果などの確認は当然である。

その際、身体支持部の要であるシートやバックサポートだけでなく、腰椎サポート〔腰部パッド〕、体側サポート〔体幹パッド〕、内転防止パッド（ポメル）などのパッド類や、ヘッドサポート〔頭部支え〕の形状、大きさ、支持の方法も確認する。

評価の視点としては、姿勢をパッドやモールド型のクッションなどで物理的に保持すればよいというものではなく、過剰な支持をしないように注意し、本人の自発的な動きを引き出すように計らうことが大事である。また、使用者自身がさまざまな姿勢変化（食事をするとき、上肢の訓練を行うとき、リラックスしてテレビを見るときなど）に適応できるかどうか、さらに、適応能力を高められるかどうかにも配慮しなければならない。

ちなみに使用者と装置との適合性という観点から、身体全体の重心バランスについても改めて確認する必要がある（図表7-47右）。

骨盤の位置は、採寸・採型上の基本であり、それにより体幹（脊柱）はさまざまな影響を受

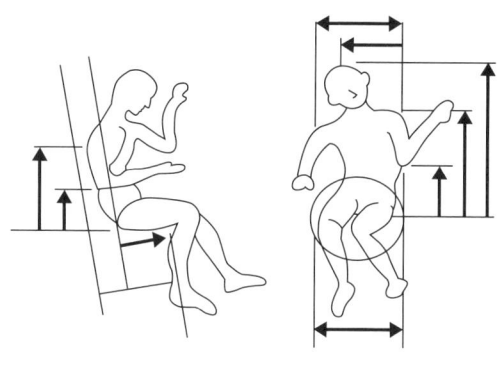

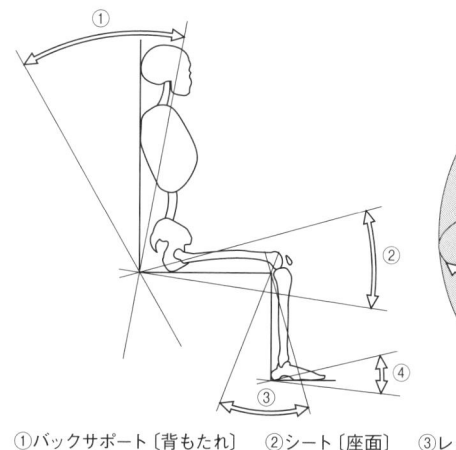

※基本的な身体寸法に加え体幹変形の状況や脚長差、関節角度の左右差などを記録

図表7-46 基本的な身体寸法や付加情報

①バックサポート〔背もたれ〕　②シート〔座面〕　③レッグサポート〔下腿支え〕　④フットサポート〔足台〕

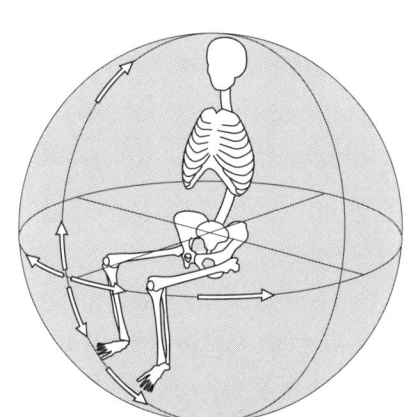

図表7-47 姿勢全体の構成と重心バランス

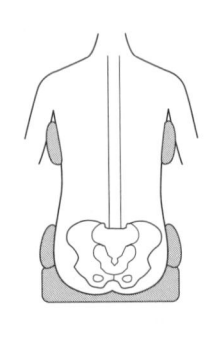

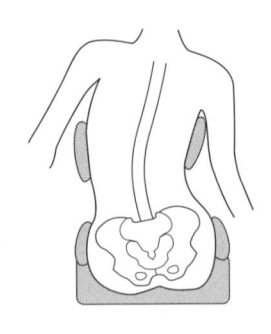

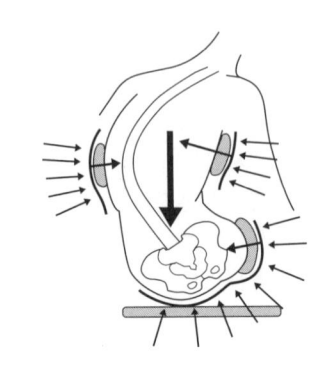

図表 7-48 体側サポートの支持

ける。一般的に安定した座位をとるためには、左右の坐骨への体重の均等な加重、脊柱のバランス（脊柱がまっすぐに伸びているか）、骨盤の前後左右の傾き・回旋、脊柱の後彎や前彎などを予防できているか、などがポイントとなる。

座位の側方への安定については、体幹全体の左右のバランスをとる必要があり、両側の支持がポイントになる。筋の過緊張や変形などの障害が重度になればなるほど両側からの支持の範囲は広くなり、シートやバックサポートの形状に工夫が要る。

図表7-48右に示すように、高度側彎で骨盤が水平にならない場合は、骨盤の傾きを許容してトータルに体幹全体でバランスをとる方法もある。実際には使用者の目的に合わせた種々の支持方法を検討する必要がある。

ベルト類についても確認する。ベルト類の利用目的は、安全の確保、姿勢の崩れをコントロールすることにある。ベルトは装置の支持部とパッド類に一体感をもたせる点で有効であるが、本数は少なくてすむように工夫する。基本的に、ベルトは仮合わせ時に実際に固定して適合をチェックする必要がある。

骨盤ベルトは、骨盤後傾ならばやや下方でとめるなどベルトの取付角度を調整し確認する。このとき腹部の圧迫に注意する。股ベルトは股間が赤くなることや痛みを発生しやすいので、できるだけ使用を避ける。

胸ベルトは、最近では通常のタイプに加え

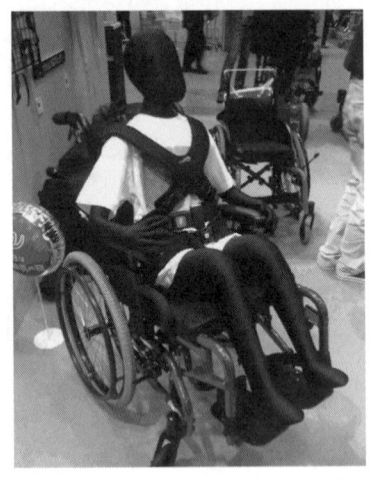

図表 7-49 身体のラインに沿って支持する各種ベルト

て、図表7-49に示すような胸郭を広く支持できるバタフライベルトやカンターベルトもある。通常の胸ベルトでは支持が難しい場合に用いる。痛みなどを訴えるようであれば、ベルトの接触面に適度な厚みのウレタンパッドなどを取り付けるとよい。

5.2 問題解決への適合

重度の障害児・者の場合には、体幹変形、関節拘縮、過緊張、筋力低下、支持性の低下や座位耐久性、呼吸の改善、GERや誤嚥などの課題に取り組む必要がある。また、使用者の身体の痛み（腰痛など）や支持部の痛みを改善する

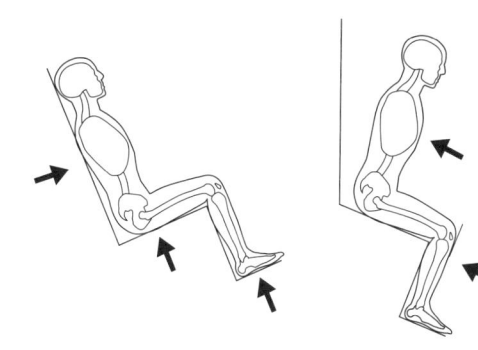

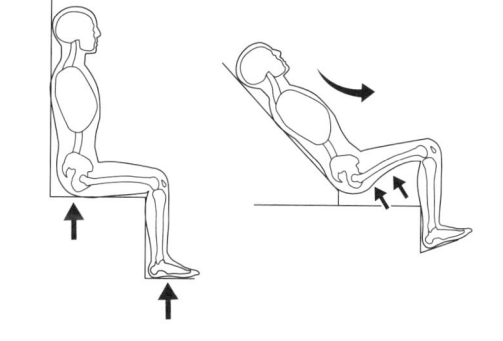

図表 7-50　各支持面の角度

ことが求められることも多い。

5.2.1　側方からの使用者と装置の関係

側方から見た座位姿勢の構成は図表 7-47 左が参考になるが、使用者に対応する装置の支持面は、バックサポート、シート、レッグサポート〔下腿支え〕、フットサポート〔足台〕であり、障害状況に合わせて部位ごとに設定でき、さまざまな姿勢に対応できることが重要である。

5.2.2　バックサポート〔背もたれ〕の角度

前傾姿勢は、体幹の緊張が高い場合や抗重力位の体幹コントロールを促す場合などに試みられる。体幹前方サポート〔胸パッド〕や膝パッドなどを用いる場合、前方斜め下方からの支持が適切に行われているか確認する。

前傾姿勢は一般的に活動的姿勢といわれている。気道の確保や誤嚥の改善に有効な姿勢である。

バックサポートにリクライニング機構を導入する場合、バックサポートを倒していくとバックサポートに沿って身体は滑りやすくなるので、滑りにくいシートの傾き、形状などを検討する（図表 7-50）。

5.2.3　シート〔座面〕

シートは骨盤を支持する重要な部分である。座位では、骨盤の位置が体幹、頭部、大腿部、下腿部、足部の位置関係に影響する。また、前方へのずり落ちを防ぐため、斜め下方からの反力で臀部・大腿部が支持されているかチェックする必要がある。図表 7-51 下は臀部から大腿

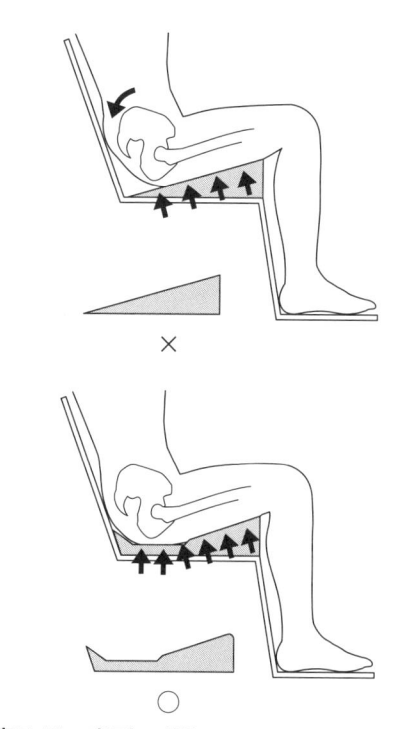

図表 7-51　座面の形状

部のラインに沿っており、坐骨結節部を直下から支持しやすい。

バックサポートよりシートのほうが支持する重量は大きくなる。長時間同じ姿勢を余儀なくされる場合は、圧力を分散しトータルに支持するソフトな素材（軟性のウレタンフォーム、低反発ウレタンフォーム、ゲル状クッションなど）が用いられているか確認する。

最近では市販のクッションも種々あるので、

5.2.4 シート・レッグサポート〔下腿支え〕

シート・レッグサポートは、膝関節の拘縮やハムストリングスの短縮などの影響を受ける。拘縮角度に合わせるなど状態に合わせた設定が必要になる。例えばハムストリングスの短縮がある場合、通常の車椅子のような下腿面の支持では坐骨部が前方へ引かれて骨盤が後傾する（図表7-52上・点線部）。そのため足をシート下に少し引き入れた設定とする。

5.2.5 レッグサポート・フットサポート〔足台〕

レッグサポート・フットサポートは直角に設定することが多い。しかし、足関節の拘縮があるときには拘縮の角度に合っているかを確認する。また、足底への刺激で緊張を誘発することもあるので注意する。その場合、軟性クッションのフットサポートを使用するか、あるいはフットサポートを取り付けないこともある。

また、下腿長に合わせてシートとフットサポートの高さが調整されているか確認する（図表7-52下）。

5.2.6 シートとバックサポートの形状の適合

シートとバックサポートの形状については、ポイントのみの支持や全面支持など目的に応じて適合性を確認する。採型の場合は、まず身体の形状に合わせ、次にしっかり押さえるポイントや多少矯正ぎみに押さえるポイント、あえて支持しないポイントなどを確認し修正する。

採寸の場合は処方に基づき製作を行い、パッドなどは予定より大きめにつくっておき、削って適合させる。パッドの大きさ、形状・位置の確認も行う。

股関節が可動域の限界に達していないか確認し、最終可動域で保持せず多少の余裕をもたせる必要がある。骨盤の支持は基本であり体幹や下肢の支持に影響するので、特に丁寧にチェックする。

5.2.7 ヘッドサポート〔頭部支え〕

ヘッドサポートは、個々の頭部形状に合わせ、後頭隆起から頸部にかけてサポートするのが基本である（図表7-53上）。常に頭部を動かしている場合や頸部の刺激をいやがる場合などは、使用者が受け入れてくれる形状や素材を選択する。ヘッドサポートが合わない場合、ヘッドサポートだけの問題でないこともあり、全体の重心バランスや体幹のサポートの状態を見直すことも必要である。

とりわけ重度の障害児・者で頭部コントロールが悪い場合や呼吸の問題を抱えている場合は、気道の確保に努め呼吸や摂食、排気（げっぷ）が楽にできるようにする。

一方、頭部コントロールがよければ、ヘッドサポートはつけないことが多い。リクライニングでバックサポートを倒す場合は、バックサポートを高くすることや、分割式ヘッドサポートをつけることを検討する。

頭の支持力が低い場合には、頭部形状に合わせて外後頭隆起から頸部にかけて斜め上方にサポートした形状などが考えられる。片側に倒

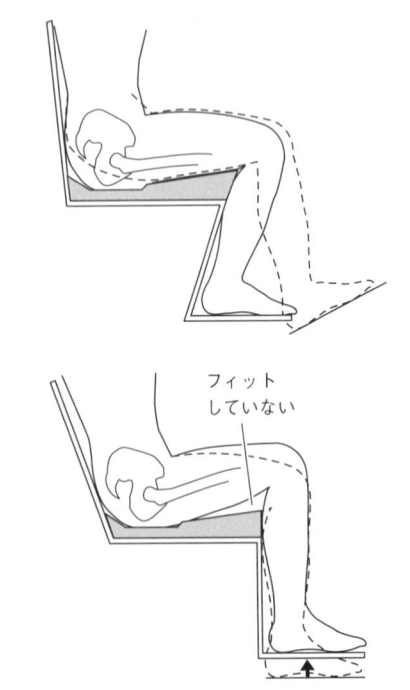

図表7-52 レッグサポートの支持

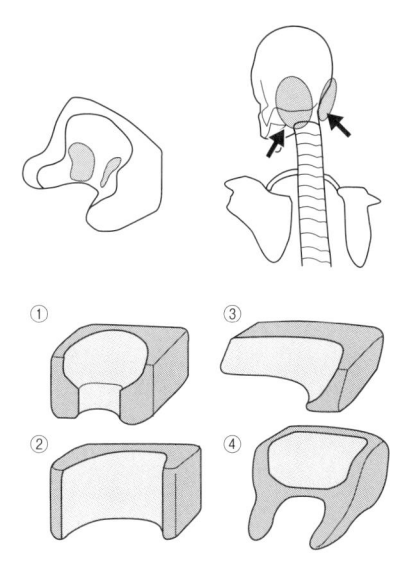

図表 7-53 ヘッドサポートによる支持

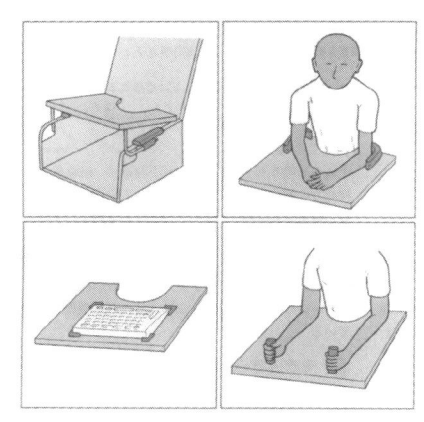

図表 7-54 テーブルの活用

れる傾向があれば、その方向からの支持に重点を置き、反対側は支持部を取り除き頭を向けやすくしてバランスをとる方法もある（図表7-53 ③）。

5.2.8 上肢の支持

上肢の動きを妨げている姿勢要因はないか、上肢の位置が体幹の崩れの原因となっていないかを確認する。必要に応じて、テーブル、ベルト、パッド、握り棒などを試す。

姿勢保持装置のテーブルには、物を置くだけでなく、上肢の支持や体幹前方サポートとしての役割があるため、使用目的をチェックする（図表 7-54）。

5.2.9 フレーム・クッション・張り地などの決定

フレーム形状・構成は使用目的・場所、介護状況などを考慮し概ね測定時に決定しているが、使用してみないとイメージできないことも多い。再度使用者・介助者などと確認する。

5.2.10 クッション・張り地のフィット感

確認事項としては、クッション・張り地はなじんでいるか、痛みやしびれ感はないか、などである。

そのほか、実際に使用場面に持ち込んで環境との関係を確認する必要がある。例えばマンションの動線の走行確認やエレベーターに乗れるかどうかなど、処方時に寸法確認はしていても最終的な確認が必要である。

車載を希望するのであれば、実際に使用する自動車に積載して確認する。車載用リフトを使用する場合には、リフト乗車の一連の流れを確認し、車載用ベルトの装着確認も行う。

5.2.11 試 用

健康や筋緊張の状態などから長期間にわたって適合性を十分に判断できない場合は、一定期間の試用が有効である。

試用期間を設ける場合は事前に取扱説明書を渡し、説明して安全指導を行う。

6. 完成チェックと納品

　完成時は、当初の目的、評価、処方に従って製作されているか、寸法、形状、機能など製品としての仕上がり状態をチェックし、使用者および介助者との適合性についても再度チェックする。特に仮合わせで指摘された修正点についてチェックする。

　納品時、使用者の家族や学校・施設の指導員などに対しては、製作者からも座位保持装置の使用目的、取扱い方などを十分に説明する。

　そのうえで、一連の操作（ティッピング、折りたたみ操作、ベルトの操作、ティルト・リクライニングの仕方など）を実際に行ってもらい、問題なくできるかを確認する。そこで修正箇所が見つかるようであれば再度修正調整する。

　また、不具合を感じたときには遠慮なく処方チームか製作者に連絡するように伝えることが大切である。定期的なメンテナンスの必要性についても伝え、簡単な整備・清掃などは家族や介助者が行えるように説明する。

　納品の際は、製作者をはじめ処方チームが責任をもって立ち会うこと、同じ資料（カルテなど）をもとにチームで一貫したチェックを行うことが必要である。

7.
使い方

　リハビリにおける訓練のなかで、誤用・過用に関しての考え方は、きわめて重要な事柄である。そこで最初に「過用」と「誤用」について触れる。

　誤用・過用は、訓練の効果が得られないだけでなく、筋力低下や関節痛といった深刻な影響を身体そのものに及ぼす。車椅子や座位保持装置などの機器を利用する場合においても同様であり、目的に合った正しい使い方が求められる。正しく使うためには、処方目的を理解し、機器の機能や特徴を知り、機器を使ううえでのリスクを知っておくことが必要である。

　次に車椅子を使って日常生活を営むうえで必要な移乗法の動作について取り上げる。正しい移乗法、また介助法について知ることで、転倒・転落などの事故を防ぎ、自立度の高い生活を送ることができる。

　車椅子からベッドや便器、自動車などへの移乗方法と自動車への積み下ろし、社会環境下での使い方までを詳述する。

7.1　過用・誤用

7.1.1　過　用

(1)　使用時間

　どんなに適合した機器であっても、使い過ぎは多くのリスクを引き起こし、活動性の低下や二次障害につながる。

　使用時間に関しては「長時間の使用は避ける」「1時間までは使用してもよい」などと耳にするが、このような曖昧な時間の決め方は避けなければならない。使用者の障害状況、その日の健康状態などで大きく変化する。また、リクライニングやティルト角の設定や支持部のクッション性などにも左右されるものである。10分が長く感じられる人もいれば、1時間を長く感じない人もいる。

(2)　疲労や痛みの影響

　認知症やメンタルが低い（精神遅滞がある）場合は、疲労や痛み、不快などのシグナルを出せないことが多く、介助する側が姿勢の崩れやわずかな変化を読み取ることが重要である。

　疲労や痛みが姿勢の崩れや過緊張を引き起こし、さらには褥瘡、腹部の圧迫、変形の助長といった多くの問題を引き起こす。

7.1.2　誤　用

(1)　使用する角度

　リクライニングやティルトの角度が可変式の場合は、起こし過ぎ、倒し過ぎが問題になる。起こし過ぎは姿勢の崩れや疲労、腹部の圧迫を引き起こし、倒し過ぎは過剰な立ち直りなど活動性の低下を招く。

(2)　乗せ方

　車椅子には基本的に深く座らせることが大切であり、浅く座ることは骨盤の後傾が起きて仙骨座りになり褥瘡の原因になる。また脊柱後彎に伴い腹部の圧迫が起き、呼吸の妨げやGERの原因にもなる。さらに体幹や骨盤のねじれは、姿勢の崩れや呼吸への影響、不快感につながる。ベルトの締め過ぎは呼吸を妨げることになるので注意が必要である。

7.1.3　その他の注意点

　健康状態が悪いときや覚醒レベルが低いとき、睡眠中、痙攣があるとき、過緊張状態のとき、使用者が座ることを拒否するときは使用を避けるなど、十分な配慮が必要である。

7.2 車椅子

7.2.1 車椅子からの移乗方法

健常者のように安全に立ち上がり、座ることができる場合は、移乗動作ではなく立ち座り動作ですむので、ここでは、立ち座り動作では転倒の危険性のある人を対象とした立位移乗と座位移乗について解説する。移乗動作の安全性や自立度を高めるために共通していえることは、車椅子とベッド間の段差と隙間をできる限り小さくしておくことである。また、車椅子のアームサポートやレッグサポートの脱着機能や長さ、高さ、ベッド周辺機器などを本人の移乗方法に合わせて設定することも大切である。

(1) 立位移乗

病院の玄関などに置かれている車椅子では、アームサポートが固定され脱着できないため、立ち上がることができない人が移乗する際には、臀部がアームサポートに当たらないようにしなければならない。一般的な立位移乗における介助では、使用者の腰を抱え上げて立ち上がらせるため、介助者の腰などに大きな負担がかかるのである（図表7-55）。そのため、腰や膝、腕などを痛める介助者が多い。アームサポートが固定されている車椅子や折りたたみできない車椅子（リジッドタイプ）でも、アームサポートの前への長さが短いものであれば、座ったまま移乗する座位移乗で自立できる人も少なくない。

立位移乗では、自立でも介助でも図表7-55のような角度で移乗場所にアプローチすれば、立って腰を90度ほど旋回して座ることにより移乗動作が完了する。正面アプローチでは身体の向きを180度変えて座ることになるので、労力も少なく安全なアプローチ方法である。人は立ち上がる前に足を引くが、安全な移乗を獲得するために移乗する側の足を他方の足よりも少し前に出すと、腰をベッド側へ回すとき足の位置を踏み変えることが不要になるし、足がもつれて転倒し骨折することも防止できる。移乗する側にある車椅子のレッグサポートは、外すと

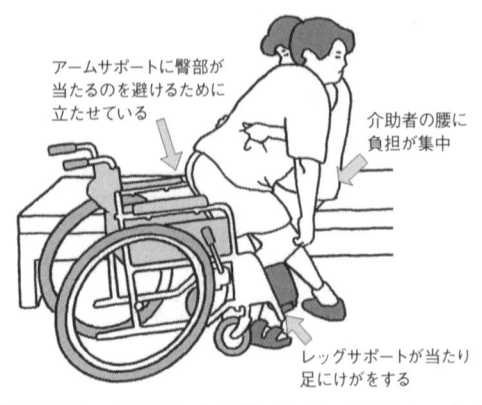

図表 7-55 立位移乗介助（出所：「車椅子の選び方・使い方」）

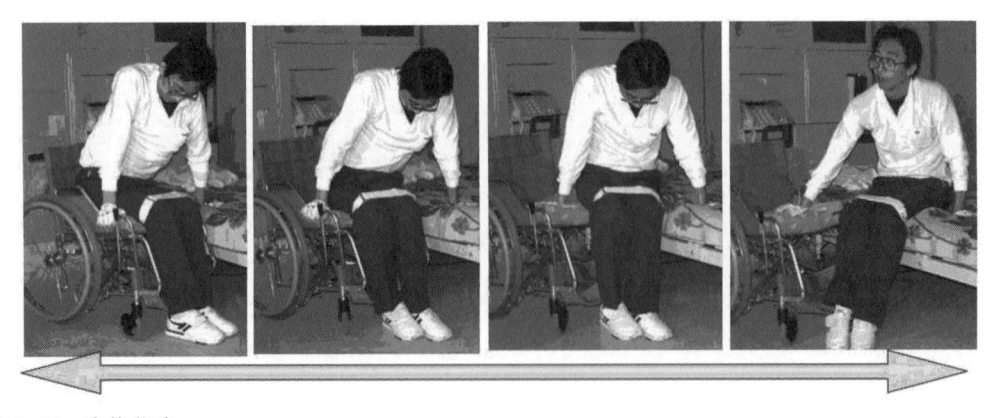

図表 7-56 座位移乗

足に当たらないので安全である。

また、病院の玄関などにある普通型車椅子やリジッドタイプといわれる折りたたみができない車椅子のようにレッグサポートが脱着できない場合は、立位移乗でも座位移乗でも、移乗するときに足関節周囲がフットサポートに接触してけがをしないように、移乗時の注意を喚起する配慮が必要である。

(2) 座位移乗

座位移乗は、立位移乗のような上下方向の力ではなく、図表7-56のように水平方向への力で座位姿勢のまま臀部を移動して移乗するので、隙間と段差が少なければ、転落の危険性が少なく安全な移乗方法である。

また座位移乗を習得しておけば、高齢となり身体機能が低下しても、トランスファーボードやスライディングシートなどのさまざまな移乗補助器具を使えば座位移乗で自立した安全な移乗が可能となる。

7.2.2 車椅子でのさまざまな移乗場面
(1) 車椅子とベッド間の座位移乗

車椅子とベッド間の移乗方法には、横移乗と正面移乗の2種類がある。図表7-57に、この2種類の車椅子のアプローチ方法を示す。

(a) 横移乗

車椅子からベッドへの横移乗（側方移乗ともいう）では、床に下ろした足を中心に臀部を旋回してベッドへ移乗する方法と、車椅子に座った姿勢で足をベッドに上げてから臀部を横へ移動してベッドに横移乗する方法がある。ベッドから車椅子への横移乗は、この反対の動作で行う。いずれにしてもアームサポートが、臀部の横への移動を妨げない形状や長さでなければならない。また、移乗する側の足の位置は反対側の足よりも10cm程度前に出しておくと下腿が交差しないので安全である。

(ア) ベッドへの自立移乗の方法

ここでは3つの方法を紹介する。

①移乗補助器具を使わず、数センチメートル刻

(a) 横移乗

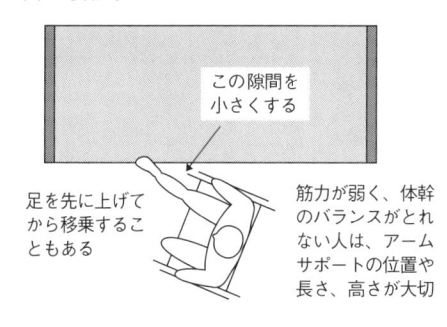

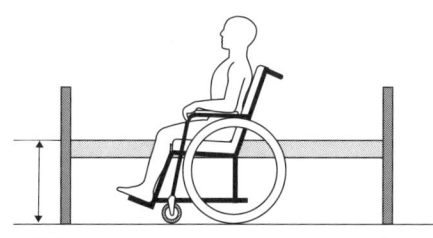

この隙間を小さくする

足を先に上げてから移乗することもある

筋力が弱く、体幹のバランスがとれない人は、アームサポートの位置や長さ、高さが大切

車椅子のクッションとベッドのマットレスの高さを移乗しやすい高さに合わせることが大切

(b) 正面移乗

上肢の筋力や体幹のバランスがとれない場合はこの隙間を小さくすること

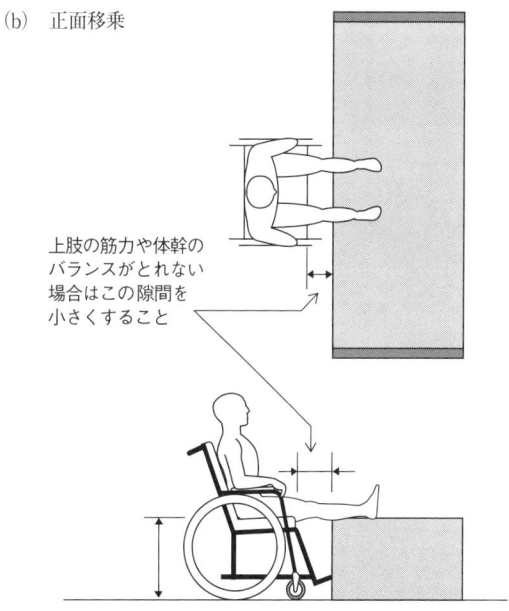

クッションとマットレスの高さを合わせる移乗のときに車椅子がずれないようにする

図表7-57 ベッド移乗時のアプローチ方法

みのプッシュアップで臀部を移動する方法（図表7-56）。

②スライディングシートを使った座位での横移乗（図表7-58）。スライディングシートを2つ折りにして、坐骨の下へ敷きこみ、次に膝裏に敷き込む。スライディングシートを敷き込んだ側の坐骨で滑って移乗するために、片方の手でアームサポートを押し、他方の手でマットレス上部あるいは介助バーを引っ張って移動する。スライディングシートを抜くときは、重なっているスライディングシートの一番外側の1枚だけを下から引くと容易に抜けてくる。

③トランスファーボードを使った座位での横移乗（図表7-59）。移乗する側の坐骨の下にトランスファーボードを差し込むには、服を少し持ち上げたり、トランスファーボードの差込み側の角をクッションに押し付けながら差し込むと、身体を挟まずに挿入できる。その後の流れは、移る側の高さを少し下げて（ここではベッド高を車椅子より高くする）、ベッド側の手をマットレス上に載せ、トランスファーボードを敷き込んだ坐骨側に身体を傾ける。そして車椅子側の手でアームサポートを押して、トランスファーボードを差し込んだほうの坐骨で、ベッドのほうへ滑って移乗する。トランスファーボードを抜くときは、ボードを上に持ち上げて前後に振りながら抜くと容易に取れる。

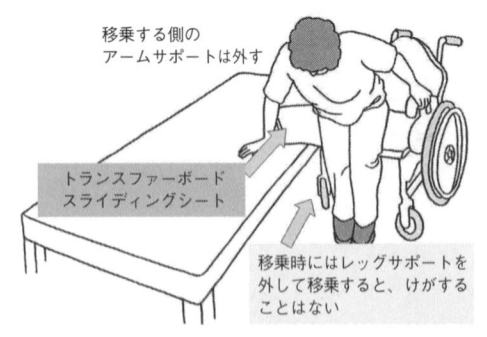

図表7-58 スライディングシートでの横移乗
（出所：図表7-55に同じ）

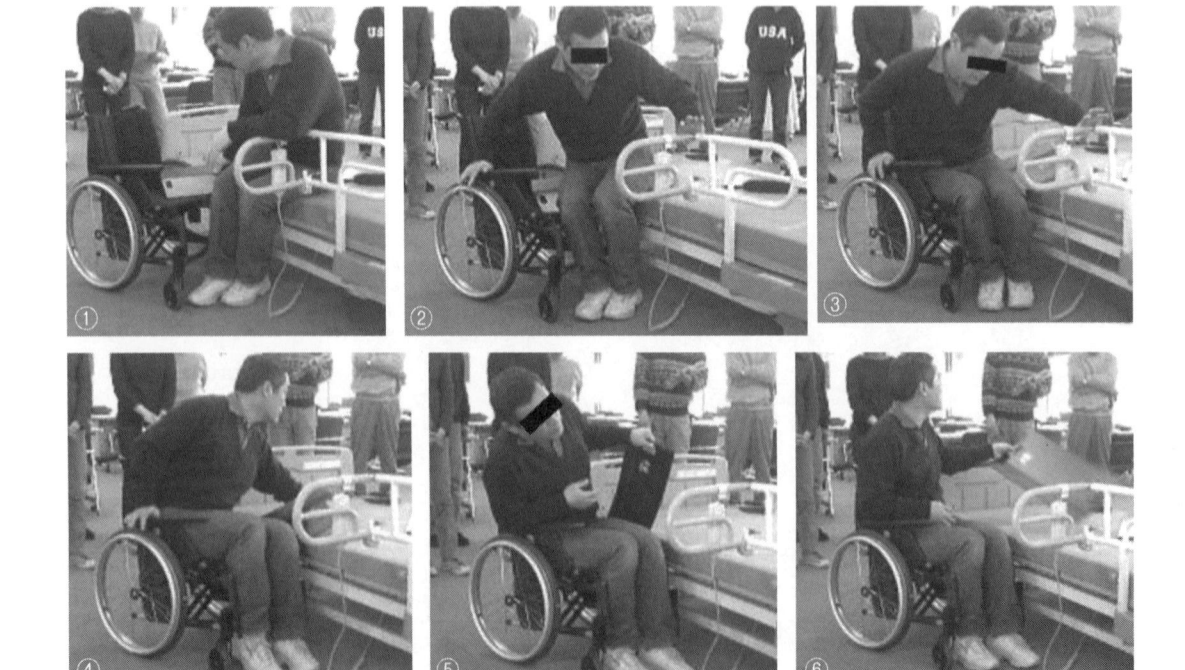

図表7-59 トランスファーボードでの移乗の流れ

（イ）半自立移乗（半介助移乗）の方法

基本的な考え方は、「使用者の動作は自立移乗の場合と同じで、移乗動作全体の流れのなかで自立できない部分を介助してもらう」ことである。介助者は抱え上げたりするのではなく、声を掛け合って使用者と協力して移乗する方法で、押したり引いたりする軽介助である。本人の腰に介護ベルトを装着すると、介助者の介助負担が少なくなるだけでなく、使用者の身体への負担も少なくなる。介助による移乗方法を介助者の位置で分類すると、前方介助と後方介助などがある（図表7-60）。トランスファーボードやスライディングシートを使うと自立度も高まり、老老介護も可能となる（図表7-61）。

（ウ）全介助移乗の方法

身体を支えないと転落してしまうような人を座位で横移乗させる場合には、前方や側方から全介助で行うことになる（図表7-62）。介助負担が大き過ぎる場合は、リフトで移乗する方法

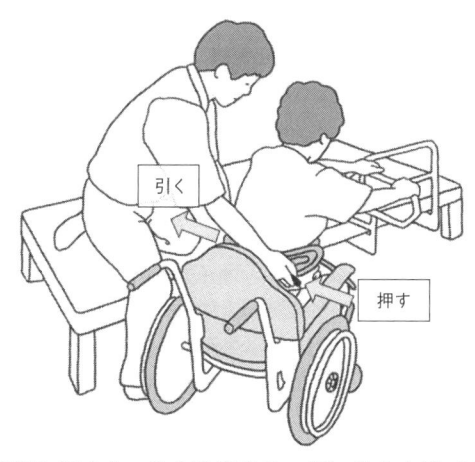

図表7-60（a） 半介助横移乗 （1）後方介助（出所：図表7-55に同じ）

スライディングシートやトランスファーボード、介護ベルトなどを使うと自立度が上がり、介助負担が少なくなる

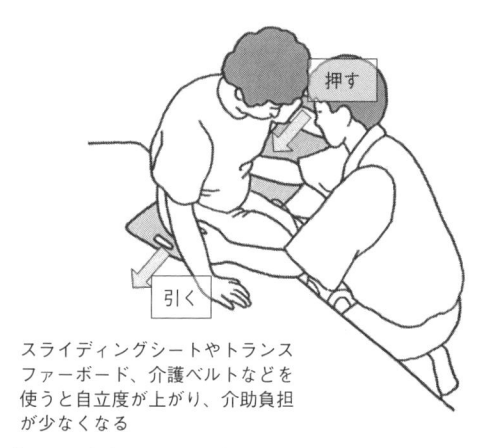

図表7-60（b） 同上 （2）前方介助（出所：同上）

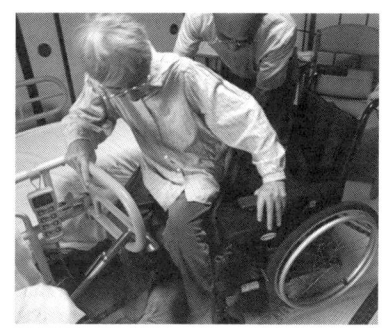

図表7-61 スライディングシートを使った座位半介助横移乗

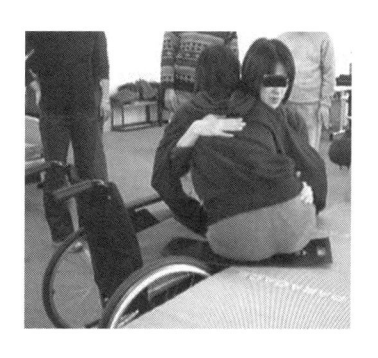

図表7-62（a） 全介助横移乗 （1）トランスファーボードでの全介助横移乗

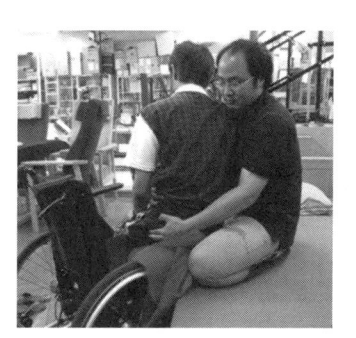

図表7-62（b） 同上 （2）スライディングシートでの全介助横移乗

第7章 採寸・採型から実用まで

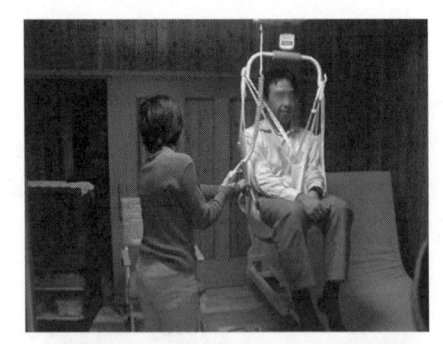

図表7-63 吊上げ式リフトでの全介助移乗

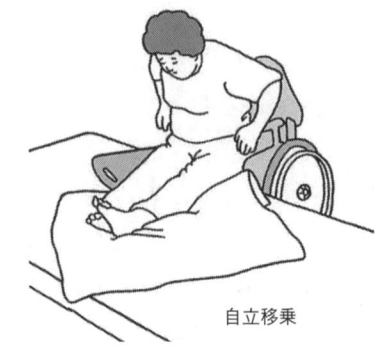

図表7-64 スライディングシートでの正面自立移乗（出所：図表7-55に同じ）

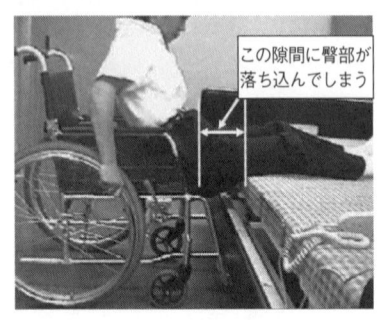

図表7-65（a） 座位正面移乗 （1）フットサポートが脱着できない車椅子の場合

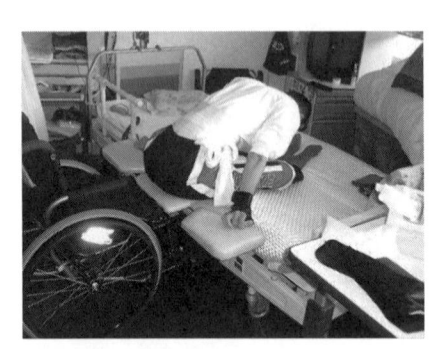

図表7-65（b） 同上 （2）トランスファーボードを置いて隙間をなくす対応

がよい。リフトには床走行式や据置き式、ベッド設置式、天井走行式などがあり、吊具にはシート型や脚分離型、トイレ用、ベルト式などがあるので、身体機能や住環境などを考慮して選択する。図表7-63のリフトは据置き式リフトで、脚分離型吊具を使って全介助で車椅子へ移乗している状況である。

(b) 正面移乗

正面移乗は、足をベッド上に乗せてから臀部を前方へ移動させて移乗する方法である。ベッドから車椅子へ移乗するときは、ベッド上長座位で後方に移動して車椅子に移乗する。レッグサポートが脱着できるタイプでは、レッグサポートを外して正面アプローチすれば、ベッドと車椅子のクッションの隙間が少なくなり安全な移乗ができる。アームサポートは、横移乗時とは異なり、前方向に長いと移乗時の支えとなり、また転落する隙間が少なくなるので、より安全である。

(ア) 自立移乗の方法

長座位での移乗を安全に実行するには、本人の力にもよるが、車椅子のレッグサポートを外して隙間を少なくする配慮が大切である。ここでは3種の方法を紹介する。

①移乗補助器具を使わずに、数センチメートルずつ前移乗していく方法。
②スライディングシートを活用した座位での正面移乗。スライディングシートを踵の下に敷き、移乗時にマットレスとの間に生じる踵の

ブレーキを少なくする。力が弱く前進できない場合は、坐骨の下へも敷き込んで前かがみになれば摩擦が少なくなり自立度が高まる（図表7-64）。スライディングシートを抜くときは、重なっているスライディングシートの一番外側の1枚だけを下から引くと容易に

382

外すことができる。
③トランスファーボードを活用した座位での正面移乗。ベッドと車椅子の間に隙間がある場合などに、ベッドと車椅子の間にトランスファーボードを敷き込んで、前かがみで前方へ滑って移動する方法である（図表7-65）。
(イ)　正面移乗での半自立移乗（半介助移乗）の方法
　スライディングシートやトランスファーボードの敷き込み方や外し方は自立のときと同じで、自立できない動作を介助者が介護ベルトを引いたり臀部を押したりして介助する方法である。
(ウ)　全介助移乗の方法
　足をベッド上に載せてトランスファーボードを敷き込み、図表7-64の姿勢になるまでの動作をすべて介助者が行う。体幹のバランスが悪い場合も多く、体幹を支えながらベッドへの移乗介助を行うことになるので介助者の負担は大きい。介助者にとって負担が大きすぎる場合は、リフトでの移乗介助が望ましい。

(2)　車椅子と洋式便器間の移乗
　車椅子と便器間の移乗方法としては、図表7-66に示すような方法がある。
(a)　斜め前方アプローチ（図表7-66 (1)）
　便器の斜め前方からアプローチし、足を便器の片側に寄せて洋式便器に横座りするように移乗した後、正面へ向きを変える移乗方法である。アームサポートについては、脱着機構を備えているか、前方への長さが移乗するとき接触しない程度かなどが移乗をしやすくするために重要である。またレッグサポートは、脱着できるか、足を床に下ろしやすい形状や長さであるかが移乗のしやすさに影響する。
　車椅子と便器に隙間がある場合は、移乗台を間に置いて移乗すると安心感が増し自立度が高くなることが多い。また筋力がない場合は、移乗台と臀部の間にスライディングシートを敷き込めばより容易に移乗できる（図表7-67）。
　斜め前方移乗は、起立できない人が80 cm

幅の狭いトイレで移乗できる数少ない方法の一つである。自立移乗できない場合は、介助者が臀部を押したり、本人に介護ベルトを装着してそれを引っ張るなどして座位移乗を部分介助することになる。
(b)　直角アプローチ（図表7-66 (2)）
　便器に対して90度ほどの角度で接近し、便器の先端に車椅子のフレームを接触させて車椅子のクッションと便座の隙間を少なくすることが大切である。便座と車椅子の隙間が広くて移乗できない場合は、便器横に台を設置するとベッドへの横移乗と同じ方法で移乗できることが多く、自立移乗の可能性が高くなる（図表7-68）。また、スライディングシートを使うとより自立移乗の可能性が高くなり、介助移乗では介助負担を減少させることにつながる。トイレが半間幅の場合はこのアプローチ角度を確保できないことが多いので、住宅改造が必要である。
(c)　平行アプローチ（図表7-66 (3)）
　便器に対して車椅子を真横に接近させ、便器の横に車椅子のフレームを接触させることにより車椅子のクッションと便座の隙間を少なくして車椅子の横方向へ移乗する方法である。アームサポートの脱着機能や長さ、そして駆動輪径については、臀部の移乗軌跡を見て決める。洋式トイレが半間幅では、トイレの幅を広げる改造が必要である。
(d)　正面アプローチ（図表7-66 (4)）
　便器に対して車椅子を真正面から接近させ、足を便器の両サイドに開いて、便器を跨ぐように移乗して便器のタンクを抱えるように座る移乗方法である。したがって、ズボンや下着は脱いでから移乗しなければならない。アームサポートは、前方向に長いと移乗時の支えとなりより安全である。
　前後逆さまに座ることになるため、坐骨が便座に当たり圧迫するだけでなく、座位バランスがとりにくい姿勢となる。半間幅のトイレでも移乗可能であるが、坐骨の痛みを軽減し座り心地をよくするために便座の上にクッションを敷

第7章 採寸・採型から実用まで

移乗方法	名称	移乗の流れ
	(1) 斜め前方アプローチ	1. 足を便器の片側に寄せる → 2. 手すりでプッシュアップし、横座り → 3. 車椅子を動かし、身体を正面に移動
	(2) 直角アプローチ	1. アームサポートと手すりを持つ → 2. プッシュアップで移乗する → 3. 車椅子を動かし、身体を正面に移動
	(3) 平行アプローチ	1. 車椅子を便器に横付けする → 2. 便器の縁をアームサポートでプッシュアップし移乗 ・アームサポートは着脱式であるか、装着しないこと ・もしくは20インチの車輪を使用し、タイヤが臀部に当たらないようにすること
	(4) 正面アプローチ	特殊便器での正面移乗
	(5) トイレッタブル	便器の周囲に台を設置した場合

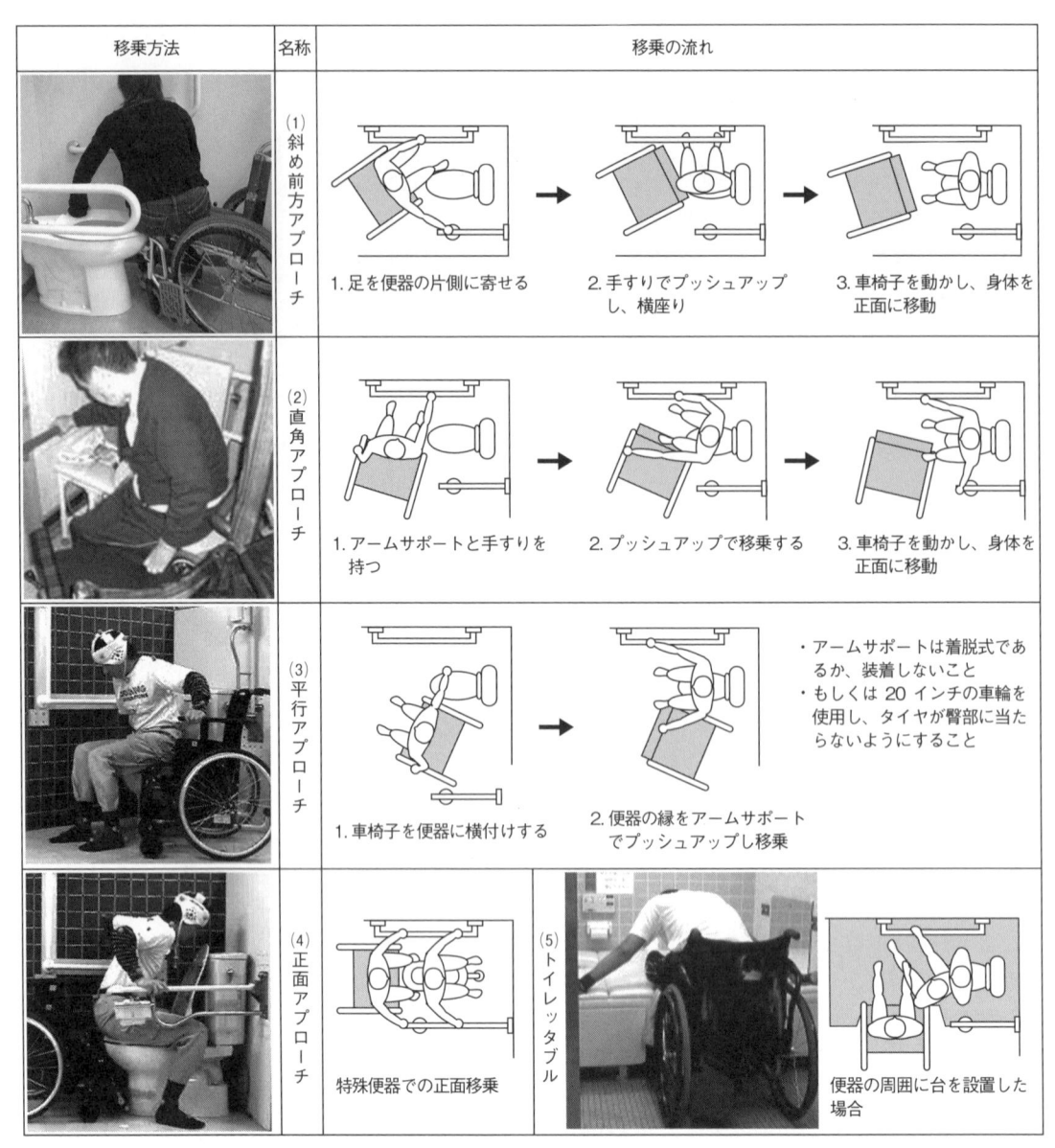

図表7-66 洋式便器へのアプローチの各種方法

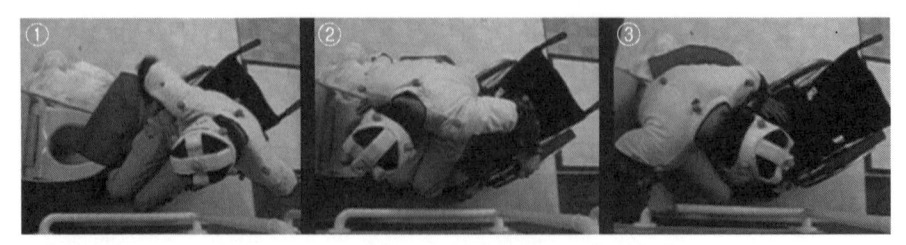

図表7-67 移乗台とスライディングシートを使った洋式便器への自立移乗

図表 7-68（a） トイレへの移乗台の設置による
直角移乗　(1) 設置の状況

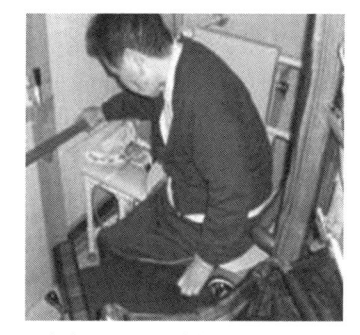

図表 7-68（b）　同左　(2) 実際の移乗の様子

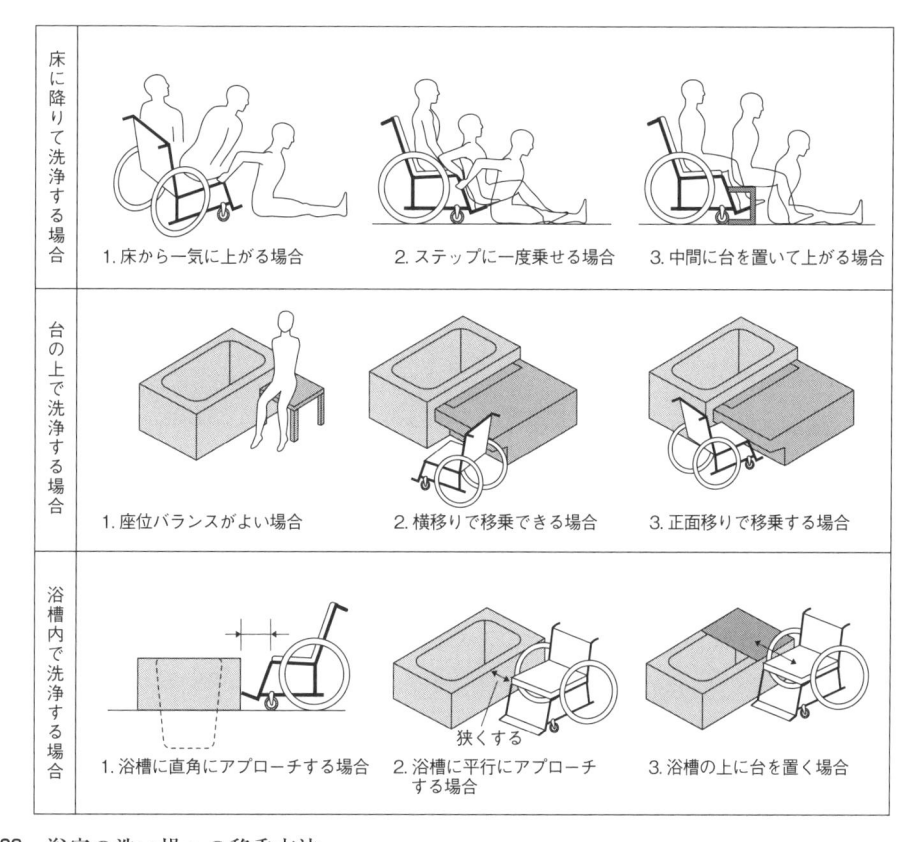

図表 7-69　浴室の洗い場への移乗方法

くなどの配慮が必要である。
(e) 便器周囲に台を設置したトイレッタブルでのアプローチ（図表7-66 (5)）

　ベッドへの正面移乗と同様の移乗方法である。この方法では、ベッドに移乗して衣服を脱着して再び洋式便器へ移乗する時間を短縮することができるので、重度の身体障害があっても排泄を自立できる可能性が高くなるが、専用トイレを設けなければならない。

(3) 車椅子と浴室の洗い場間の移乗

　車椅子から浴室の洗い場への移乗方法を図表7-69にまとめておく。洗い場としては、床や

図表 7-70 洗い台への正面移乗

図表 7-71 シャワーキャリーからバスリフトへの移乗

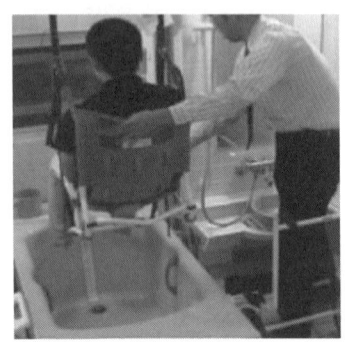

図表 7-72 浴室設置式リフトとシャワーキャリーでの入浴介助

シャワーチェア、ベンチのような台、1m四方程度の台などが考えられる。ベッドへ横移乗を行っている人では浴室でも横移乗ができるように、正面移乗している人では正面移乗ができるように改造すると、自立度は高くなる。

しかし、浴室では裸であるから、転落や移乗転倒を考慮して移乗場所を柔らかい材料で仕上げたりクッションを敷くなどの配慮や、台の高さを車椅子のクッション高に合わせることなども事故を防ぐために大切である（図表7-70）。また、スライディングシートを使って移乗を容易にすることも、自立度を上げたり、介助負担を軽減することにつながる。図表7-71に示すように、シャワーキャリーから浴槽の上のバスリフトへ移乗する際にスライディングシートを使う方法もある。身体をまったく動かせない場合は、リフトとシャワーキャリーを使って全介助入浴にすることで、在宅で入浴することが容易になる（図表7-72）。

(4) 車椅子と自動車のシート間の移乗

体幹のバランスに加え、上肢あるいは下肢の力がある場合は、練習すれば移乗補助器具を使わなくても自立移乗が可能である。図表7-73に自動車への移乗の流れを示す。

上肢や下肢あるいは体幹の力が不足している場合には、自動車と車椅子の隙間にクッションや枕などを置いて隙間をなくしたり、その上にトランスファーボードを敷いて滑らせて移乗する方法もあり、自立度を高めることができ、かつ安全な移乗を獲得できる（図表7-74）。介助で移乗する場合でも、抱え上げるのではなく、トランスファーボードを使って滑らせて移乗させることができるので、介助負担を軽減することができる。

図表7-75に介護ベルトを活用している例を示す。近年では、自動車のリアゲートから車椅子に座ったまま乗り込み、自動車の床などに固定して乗車するタイプも増えてきた。

7.2.3 車椅子を自動車へ乗せ降ろしする方法

車椅子を自分で自動車へ乗せ降ろしする方法としては、車椅子を折りたたんでからお腹の上を転がして後部座席へ載せる方法（図表7-76）や電動リフトで吊り上げて天井に積み込む方法（図表7-77）、折りたたみ機構のないリジッド車椅子では車輪を外してフレームと車輪を別々に積み込む方法などがある。

また、介助者が行う方法としては抱えてトランクや後部座席へ積み込む方法が一般的である

図表 7-73 自動車への移乗の流れ

図表 7-74 自動車から車椅子へ

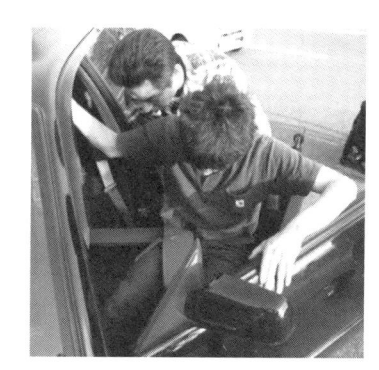

図表 7-75 自動車への介助移乗

図表 7-76 車椅子を腹部上方に転がして積み込む方法

図表 7-77 車椅子を天井に積み込む方法

が、介助負担を軽減するための吊上げ式リフトなども市販されている。

7.2.4 社会環境下での使い方

公共のトイレ設備や道路と歩道の状況、建物へのアプローチと階上への移動方法、公共交通機関や駐車場の利用方法、市民の身体障害者に対する考え方などが車椅子で生活する人々に影響する。

(1) 公共交通機関

公共交通機関は、仕事や買物、人的交流、社会活動などを行うために大変重要な役割をもっている。下肢障害者や高齢者にとってはなおさら重要な交通手段であるはずだが、下肢に障害のある者には使用しづらいものとなっている。それは、バスや電車などの車輌と乗場間の段差と隙間が大きいことや、ドア幅が狭いことなどによる。公共交通機関と呼ばれるためには、今後、これらの段差と隙間を解消していくことが必要である。

しかし現状でも、バリアフリーやユニバーサルデザインの提唱もあり、バリアフリー化が進んできていることは周知の事実である。また、バリアを残したままにしておけば、加齢に伴い不便や危険を感じることが認識されてきた。社会環境にはいまだ多くのバリアがあるが、不備な点は人的介助で支援してくれる社会になってきており、車椅子使用者一人でも旅行することができるようになってきた。ここではバスや電車、飛行機、フェリーの使用例を示す（図表7-78）。

(2) さまざまな路面

外出するとさまざまな路面がある。車椅子で移動する人にとっては、アスファルトやタイルなど整地された道路は大変動きやすいが、砂利や不整地、あるいは溝や段差などは自由に動くことを妨げるバリアとなっている。それでも使い方を工夫して練習し、そのバリアを少なくすることができるのである。

(a) 砂利や不整地

石畳やデコボコの多い道路や歩道を車椅子で移動すると、車輪から大きな振動を受けるとともに、キャスタからの振動がフットサポートから足に伝達され、下肢の痙性が誘発されることもある。このような場合は、車輪の取付部に衝撃を吸収するショックアブソーバを装着した車椅子やショックアブソーバ付キャスタに交換できる。

バスケットボールや車椅子テニスなどを行う活動的な人では、ウィリーといわれる前輪を上げてバランスをとる方法で移動する人もいる。街中を移動しながら、砂利や砂地、小さな段差や溝などの不整地などがあれば、ウィリーして前輪キャスタがつまずかないように移動しているのである。ウィリーでバランスをとることが難しい人は、このような不整地を避けて遠回りしたり、介助者に押してもらうなどの方法があるが、これはストレスを伴う。

不整地を自立移動するための工夫としては、車椅子に転倒防止装置をつけ、前輪を上げても後方へ転倒しない安心感を得ることで、安心して前輪キャスタを上げ、段差や溝を越えさせることができる。図表7-79に示すように、この動作は簡易型電動車椅子ででも可能である。前輪が段差や溝を越えたらすぐに接地させれば、転倒防止用の後輪キャスタは浮き上がり、段差や溝を越えるという仕組みである。

(b) 大きな段差の昇降

バスケットボールや車椅子テニスなどを行う活動的な人の中で、腕の力が強くバランスのとり方を習得した人では、助走して10～20cm程度の段差を上ったり、ウィリーして段差を降りたりすることができる。しかし、20cmを越える歩道や階段は、車椅子使用者一人では上がることはできない。

この場合、介助方法は上肢で抱え上げる方法ではなく、下肢の筋力で押し上げる方法である（図表7-80）。上肢で抱え上げると脊椎に大き

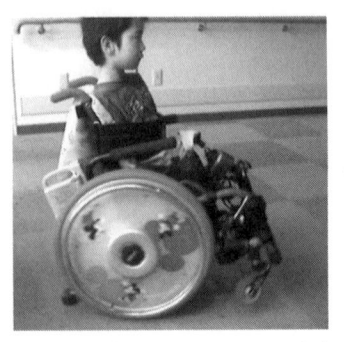

図表 7-79　電動車椅子でのウィリー走行

図表 7-78　公共交通機関での車椅子移動

な負担がかかるが、この方法ならば脊椎にかかる負担が大幅に減少する。

(3) 公衆トイレでの使い方

多目的トイレの便器横の壁面の手すりや紙巻器、排水レバーの位置などを一定の寸法の範囲内とすることがJISで決まった。車椅子使用者からは、「身障トイレや多目的トイレ内の設備機器の配置がどれも異なるので、トイレに入ってから移乗方法や排泄方法を考えて用を足している」という話が聞かれる。しかし、こうした点についてのJISが定まり、どこのトイレに入っても配置が決まれば、排泄動作の練習や準備がしやすくなる。

便器への移乗方法は、便器への移乗動作の項で示した移乗方法を習得していれば自立できる可能性は高い。しかし、多目的トイレなどがない場合は、一般のトイレブースのドア幅が50 cm前後で車椅子の車幅が60～65 cm程度あるので、立って移動できない人は使えない。そこで、駆動輪のハブの中心にあるクイックリリースというボタンを押して駆動輪を外しても移動できるように小さな補助輪を付けておけば、全幅をドア幅より狭くすることができるので、トイレ内の便器の側へ移動できるようになる（図表7-81）。

転倒防止輪でも補助輪の役割を果たせるように見えるが、転倒防止装置の小さな車輪はその車輪で動くことを想定していないものが多いので、移動を目的とした使い方をする場合は、各車椅子メーカが準備している補助輪を装着することが望ましい。

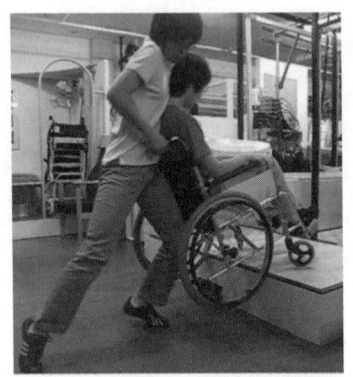

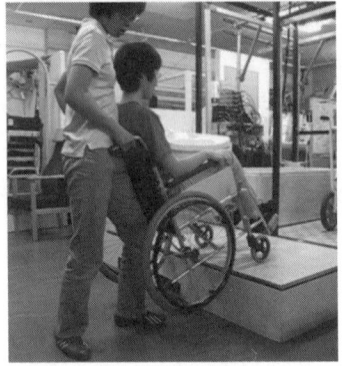

段差を上げるときは腰で押し、
段差を下ろすときは大腿を滑らせて下す

図表7-80 段差を上がるとき・下ろすときの方法

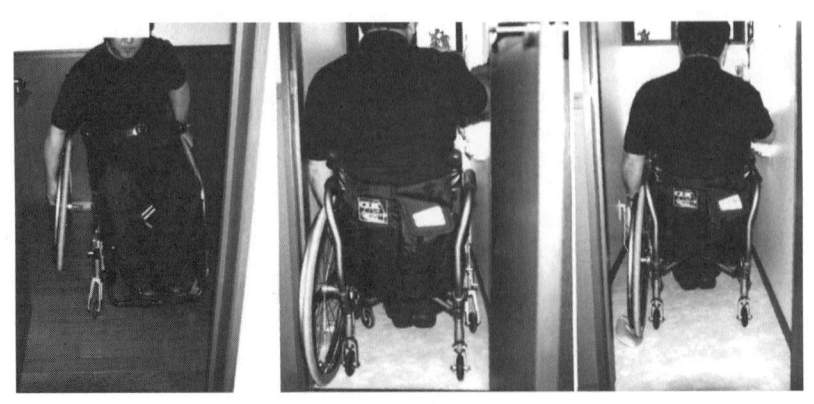

図表7-81 狭いドアのトイレブースへ入るための補助輪

7.3 電動車椅子

7.3.1 使用環境

手動車椅子と同様に、使用環境に応じた寸法、形状、移動性をもつ機種を選択しなければならない。特に、エレベータや福祉車両の乗車スペース（積載可能な高さ、奥行、幅）などには注意が必要である。

電動車椅子は重量が大きい（標準型では80 kg程度以上）ため、床面の強度や段差解消機の耐荷重などに注意しなくてはならない。駆動トルクも大きい（特に発進時）ことから、畳や絨毯の上を走行すると、表面を傷めたり巻き込んでしまったりする危険性があるので注意すべきである。

また、機種によっては、操作に応じて確認音が出るものがある。これが、病室や教室、図書館、映画館など、静かな公共環境で迷惑になる場合は、音量の調整や消音の対処が必要になる。

7.3.2 乗り降り

手動車椅子と同様に乗り移りについて配慮が必要となるが、電動車椅子で特に注意すべきはシート高（前座高）である。普通型の電動車椅子はシート下部にバッテリ、コントローラ、モータ、アクチュエータなどを積載しているため、シート高が手動車椅子よりも高いことが多く、これを加工するにも限界がある。このため、周囲の環境と高さが合わないことや、立位移乗の際に足を接地しにくいといった不都合が生じる。なお、手動兼用型の電動車椅子であれば、このような不都合が起きないようにフレーム形状や寸法を設計可能である。

また、電動車椅子使用者は手動車椅子使用者に比べて、体幹機能障害などの重度の障害をもつことが多く、さらに走行加速度や振動の影響も大きいので、姿勢を保持するためにシート角度を後傾（シート角度を大きく）させることが必要であり、この場合にはさらに前座高が高くなってしまう。これに対して、ティルト機構を活用し、電動走行時と移乗時のシート角度を変えて対応することがある。

また、移乗時に操作ボックスが邪魔になることがあり、この場合は、操作ボックスの開閉機構等を工夫するとよい。

7.3.3 生活応用

電動車椅子使用者は操作部位の可動範囲が小さいことが多く、その範囲内で電動走行操作だけではなく、座位変換操作、電源操作などを行わなければならない。また、携帯電話や携帯用会話補助装置などの配備も求められることが多く、これらを操作するためのレバーやスイッチ、装置を固定するアームなどが干渉しないように配置し、さまざまなケアなどでも邪魔にならないようにしなくてはならない。さらに、使用者によっては人工呼吸器搭載なども検討しなくてはならない（図表7-82）。

7.3.4 電動車椅子活用のために

電動車椅子を活用する際、最も重要なのが安全性の確保である。したがって、操作練習で第一に重視すべきは「確実に止まれる」すなわち「危険を察知したらただちにジョイスティックを離す」などの操作習得である。また、座位変換を自分の力ではできない人の場合は、電動で座位変換できることも安全性の確保の一つである。

これらを考慮したうえで、有効活用できるように操作練習を重ねることにより、習熟によっては、さまざまな生活場面で電動車椅子の駆動力を応用利用することさえ可能となる。例えば、片手で取っ手を把持したり、電動車椅子のフットサポートにゴムを装着しておきそれをド

図表7-82 人工呼吸器の搭載

アに押しつけて、電動車椅子を前進や後進させて引き戸を開けることができる。

また、オートパワーオフ機能（電源を入れた状態で一定時間操作しないと、節電のため自動的に電源が切れる機能）が作動すると、再び走行するには電源を再投入しなくてはならない。電源操作が難しい使用者では再走行できなくなるため、その設定時間や機能の解除について検討すべきである。

充電は家族など介助者が行うことが多いが、使用者が行う場合は、そのしやすさなどを十分に考慮しなくてはならない。いずれの場合も、生活状況とバッテリ特性に応じた充電管理について、計画的に対応する必要がある。

7.4 車椅子の使い方全般について

この節では、足で歩行しづらくなったりまったく歩けなくなっても、車椅子を使って人生を楽しむ方法について記述した。

歩けなくなっても、車椅子の選び方や使い方を知って活用すれば生活を楽しむことができる。車椅子を使用するようになった身体を後悔している人や車椅子では何もできないと思い込んでいる人には、その考えを改善するように支援しなければならない。車椅子のなかには、市販されている椅子よりも座りやすく、調整しやすく、座り心地がよいものがある。また、その車椅子で容易に移動でき、便器などへの移乗もしやすいものがあることを知らせ、ベッドを中心とした生活から、社会参加する活動的な生活へと導きたいものである。

社会環境はいまだバリアフリーではないので、少し遠回りをしなければならないところや他の人に手伝ってもらわなければならないところもあるが、人生を楽しむためにもバリアフリー化をもっと発展させるためにも、自分でコントロールできる車椅子や電動車椅子を使って、勇気を出して社会参加していただきたいものと考えている。

8. フォローアップとメンテナンス

　装置が完成して納品した後にも、メンテナンスが必要である。
　目的としては、①装置の機構的なメンテナンス、②装置の適合性チェック、の2点である。不具合を感じたときにはいつでも連絡をとるよう使用者や家族に伝え、名刺や会社のパンフレットなどを渡しておく。
　できれば、6か月あるいは1年ごとのサイクルで行えるようにしたい。

8.1　機構的なメンテナンス

　多く生じる機構的なメンテナンスとしては、ブレーキの効き具合（トグルブレーキ、足踏み式ブレーキなど）の位置調整、ドラムブレーキのワイヤーの張り調整（ブレーキ操作レバーの握り具合などを含む）、タイヤの空気圧調整（虫ゴムの点検を含む）などを含む。ブレーキ調整やタイヤの空気圧調整は、使用者側でメンテナンスができるように説明しておくとよい。
　さらに留意すべき点としては、アームサポート〔アームレスト〕、バックサポート〔背もたれ〕、レッグサポート〔下腿支え〕などの各部の着脱機構や折りたたみ機構の操作がスムーズに行えるか、ガタがないかなどである。これらの点は使用者が自ら行うのは難しい。
　ヘッドサポート〔頭部支え〕の調節部については適合に関連した部分であるが、固定力や調整操作がスムーズに行えるかなどについてはメンテナンスの範囲といえる。
　フレーム折りたたみ機構の固さや操作性（グリースアップ含む）のチェックおよび調整についても必要に応じて行う。
　走行時の直進性や回転性能に偏りがないかなども確認する。加えてキャスタ、タイヤの減り具合いや旋回性、軸受けのベアリング性能（髪の毛などのゴミが軸に巻きついていないか）なども確認する必要がある。

8.2　使用者と装置の適合性チェック

　装置を使いはじめてから身体状況が変化することもある。ほぼ同じ状況で使用し続けられる場合もあるが、多くは成長と発達による変化、障害状況の変化があると考えたほうがよい。状況の変化にはどんなものがあるのか、またその変化への対応策について整理しておきたい。

8.2.1　子どもの成長による変化

　子どもは成長するので、それに合った対応が必要になる。一つは、身体寸法の成長とそれへの対応である。身体寸法には幅方向と長さ方向があり、子どもの成長では幅方向よりも長さ方向の変化が大きく見られる。座位保持装置などの機器製作においては、ほとんどが成長対応可能な寸法調節機構やモジュラー式が導入されている。また、車椅子でも最近ではモジュラー式の機種が充実してきており、調節機構や部品交換を併用することでかなりの範囲で対応が可能となった。
　こうした機器の進歩に対しては、情報伝達に差があるため使用者の間で認識の違いが生じており、すでに寸法が合わなくなっているのに不適合なまま使用している例もしばしば見かける。成長期の子どもではこうした事態を想定し、使用者の家族に定期的な機器の調整と、最近の機器の進歩について伝えておくことが必要である。
　特にモジュラー式の場合、合わなくなったと

いう理由から新規製作を望む家族もいるが、まずは調整が可能かどうかを確認する必要がある。

次に留意しなければならないのは、障害に基づいた機能変化というよりも発達による機能向上である。そうした場合には、オーバーサポートするのではなく、発達をさらに促すことを検討する。

8.2.2　状態の変化・変形の進行

身体状態の変化・変形の進行などにも注意が必要である。各関節の可動域の変化、関節拘縮、股関節の脱臼などが生じた場合には、装置そのものの修理が求められる。クッション類の形状変更で対応できることもあれば、基本的なフレームの形状・角度の調整が必要になることもある。

変形の進行については、装置による予防は難しく、ある程度の変形の進行はやむを得ないこともある。その結果、徐々に装置の使用ができなくなることもある。特にオーダーメイドで製作したモールドタイプでは、合わなくなると痛みや苦痛を伴うこともあるので注意する。

変形の進行への対応としては、迅速な修理または再製作の手配が求められる。

8.2.3　筋力低下

神経筋疾患などの進行性の障害や加齢などにより、製作時より身体各部の筋力が低下することもある。この場合、座位保持能力に最も影響が出るので、装置に導入した姿勢保持の技術あるいは構成部品などの修理や方式の変更を迅速に行う。

処方時にこの点が予測されるならば、定期的な連絡と点検が必要である。

8.2.4　呼吸状態・誤嚥

使用者の呼吸状態、食事や唾液の誤嚥は、装置の使用に大きな影響をもつ。子どもであれ高齢者であれ、障害が重度になるに従い、誤嚥の問題には注意する。

製作時に比べ、呼吸の状態に変化が現れSPO_2の数値も低下していれば、すぐに処方チームと連絡をとり、修理などの対応が検討されるべきである。

8.2.5　筋緊張の状態

脳性麻痺などの障害児・者のなかには、筋痙縮やアテトーゼなど、身体の異常な筋緊張を伴う場合がある。緊張が製作時に比べて強くなる場合（障害のタイプや子どもの成長による変化など）と、緊張が落ち着いていく場合（投薬などの医学的治療や製作した装置の効果などの影響）があるが、処方時に筋緊張の状態の変化が予測されるならば、処方チームと使用者・家族の間で定期的な連絡をとること、変化があった際の連絡の仕方や対応の方法について事前に確認しておく必要がある。

8.2.6　季節による着衣の変化

夏と冬の時期による着衣の差は大きい。特に直接身体を支持するシート〔座面〕とバックサポート〔背もたれ〕に対する影響は著しい。少し厚手のものを着用する冬を想定して製作し、夏はややゆったりサイズというのが実際的であるが、夏にカバー素材を1枚支持部に挿入する方法もある。

8.2.7　使用環境や家族状況の変化

使用環境や家族状況が変化する場合もある。使用環境が自宅から学校へ、学校で使用していた装置を作業所で、自宅からグループホームで使用することになるなど、処方時とは環境が変わることも多い。また、家族が高齢になって介助ができない、家族が亡くなって施設に入ることになったなど、処方時から装置の使用条件が変わり修理や再製作が必要になることもある。こうした場合でも、関係者から連絡をもらうことが大切である。

8.2.8　フォローアップとメンテナンスの経費

上記のフォローアップとメンテナンスについて、経費面のことも考慮する必要がある。経費が請求できる内容であってもサービスですませてしまうことも少なくない。サービス対応の範囲は各業者に委ねられていることではあるが、当然請求できる経費が生じることも多いので、案件が生じた時点で迅速に処方チーム（ケース

ワーカなど）に連絡し、必要な手続きをとることを勧める。

経費について曖昧にすると業者間のバランスが崩れるだけでなく、費用面でのトラブルが発生することも考えられる。

コラム　製作者のモラル

特に以下の点について留意しましょう。

- **主訴の把握と確認**

  製作者は、車椅子や座位保持装置を指示どおりに作製すればそれでよいのではなく、どのような使用者がどんな目的や場所で使用するのか、情報を収集し確認する。

- **説明と同意**

  言葉による説明だけでなく、カタログや写真集、スケッチなどで製作する車椅子や座位保持装置、各部品などのイメージを伝えて同意を得る。また、製作費についても概算額を伝え、装置の価値と費用負担への理解を得る。

- **記録の作成**

  口頭だけの確認は禁物で、専用ノートなどを用意して必要事項を簡潔に記録し、処方チームと使用者との間で確認しておく。

- **守秘義務**

  車椅子や座位保持装置の製作に関わっていると使用者やその家族の個人情報を知ることも多い。知りえた個人情報は十分注意して守秘するとともに、製作に関係しないことにまで介入しない。

- **その他**

  言葉遣いは丁寧に、礼節をわきまえた態度で身なりは清潔に保ち、金銭面の扱いは公明にして、頻繁に連絡調整するなど。

引用・参考文献

飯島浩「シーティングのバイオメカニクス的アプローチ」『理学療法』第 16 巻第 5 号、1999 年、355-361 頁。

市川洌・加島守・浜田きよ子・松尾清美他『福祉用具支援論――自分らしい生活をつくるために』財団法人テクノエイド協会、2006 年。

市川洌・窪田静・松尾清美他『福祉用具アセスメントマニュアル』中央法規出版、1998 年。

「介護保険制度の使い方」URL：http://kaigohoken.pnet55.com/

厚生労働省「障害者福祉　福祉用具」。

繁成剛「姿勢保持の製作と適用技術」『第 4 回姿勢保持講習会テキスト』1997 年、4-20 頁。

繁成剛・秋田裕・沖川悦三・松尾清美他「車いすに乗る・座る・車いすで移動する」伊藤利之・田中理監修、車いす姿勢保持協会編『車いす・シーティング――その理解と実践』はる書房、2005 年、213-248 頁。

総務省「介護保険の運営状況に関する実態調査結果」について、2001 年 4 月～02 年 4 月。

高橋義信・光野有次・松尾清美他（足立芳寛監修、後藤芳一編著）『バリアフリーのための福祉技術入門』オーム社、1998 年。

竹野廣行「姿勢保持装置製作の実際」『第 4 回姿勢保持講習会テキスト』1997 年、23-33 頁。

日本リハビリテーション工学協会 SIG「姿勢保持」編『姿勢保持研究』No.1、1988 年～No.14、2001 年。

日本リハビリテーション工学協会 SIG 姿勢保持編『小児から高齢者までの姿勢保持――工学的視点を臨床に活かす』医学書院、2007 年。

日本リハビリテーション工学協会福祉用具評価検討委員会車いす部会（部会長：松尾清美）編集「車椅子の選び方・使い方」2000 年。

松尾清美「高位頸髄損傷者の生活環境と住まい方」『脊椎脊髄ジャーナル』第 8 巻第 4 号、1995 年、280-292 頁。

松尾清美・窪田静・作業療法ジャーナル編集委員会『最新版・テクニカルエイド（福祉用具の選び方・使い方）』三輪書店、2003 年。

松尾清美他「体験を通して知る車いすの機能：移乗、日常生活における移乗場面とその方法」『日本リハビリテーション工学協会車いす SIG 講習会テキスト 2007 in 名古屋』2007 年、107-118 頁。

編集後記

　本書の刊行準備は 2009 年 4 月 29 日に第 1 回編集会議が開催されたことに始まりました。その席で私は編集委員長を仰せつかりました。
　協会には、2005 年に初版を刊行し版を重ねていた書籍、『車いす・シーティング』がすでにありましたが、全面的な改訂をこの機に行うとのことでした。その背景には、高齢者を含むシーティングの需要の増大と、日々進化するシーティング理論および製作技術がありました。

　今回執筆にあたりましたのは、医師 4 名、理学療法士 2 名、作業療法士 4 名、福祉リハ工学系エンジニア 7 名、協会のシーティングエンジニア 13 名の合計 30 名です。いずれも臨床現場や研究でシーティングと深く関わってこられた方々ばかりですので、現在国内のシーティング技術を集大成した内容になっていると確信します。
　しかしながら、5 年近くの時間を費やしたことを今振り返りますと、シーティングの奥深さについて改めて学び考えさせられた 5 年間でもありました。全体会議を含め 25 回の会議が執り行われましたが、そのなかでシーティング理論をめぐって議論になることもしばしばありました。また、2011 年 3 月 11 日に発生した東日本大震災では、編集作業が半年ほどストップするという事態を経験しました。

　このような経緯を経て、『車いす・シーティング』の刊行から 10 年の節目に本書を出すことができました。これも、執筆にあたってくださった先生方のご協力のおかげであり、編集委員会を代表して感謝申し上げる次第です。
　身体と用具の適合、特に障害のある方への適合を目的とするシーティング技術は、医学と工学の協同によって成り立つものです。この領域はまだ進歩発展の途上にあり、多くの課題を残しています。言い換えればそれは、多くの人たちの関わる余地があることを意味してもいます。
　本書が、障害者の方たちの自立支援として役立つことを期待しています。
　すでに車いすやシーティングに関わっているエンジニア、多くの医療・福祉職種だけでなく、教育・施設の指導員やこれから医療・福祉の世界での活躍が期待される学生といった方々にもぜひ手にとっていただきたいものです。
　皆様からのご批評を待って、さらなる内容の充実に努めてまいりたいと存じます。

2014 年 1 月末

木之瀬　隆
日本車椅子シーティング協会テキスト編集制作委員会編集委員長／
NPO 法人日本シーティング・コンサルタント協会理事長

索　引

■あ
アームサポート　97, 109, 113, 119, 155, 157, 297, 313, 348, 355, 369, 378
アームレスト　97, 101, 348, 355, 369
ISO　11
ICF　11
アクチュエータ　96, 159, 190
胡座　6, 71, 228
アクリル樹脂　187
足駆動　210
足駆動式　104
足台　97, 100, 348, 355, 359, 367, 374
圧調節機構　326
圧分布測定　251, 255, 303
アテトーゼ　225, 394
アテトーゼ型　214, 230, 262
アルミニウム合金　114, 183
安全率　197

意識障害　281
意識変容　281
意思伝達装置　213
移乗　95, 96, 105, 118, 145, 210, 212, 229, 296, 306, 311, 355, 378
異常姿勢　66
移乗台　383
移乗動作　211, 212, 355, 378
胃食道逆流（GER）　67, 270, 329
胃食道逆流症（GERD）　268, 271
椅子座位　5, 21, 70, 73, 228, 248, 297
易疲労性　223, 288
胃瘻　271, 329

ウィリー　388
wind-blown　79, 239, 245
Uthoff 兆候　221
wearing-off 現象　222
内がえし　53

ウレタンクッション　248, 251
運動神経　33
運動量　140

栄養状態　83, 85, 253
ASIS（上前腸骨棘）　35, 74, 239, 285, 295
ASL　12
ADL　6, 19, 219, 255, 283, 288, 303, 306, 311, 343
ABS 樹脂　187
エポキシ樹脂　188
円座　250, 253
エンジニアリング樹脂　186
遠心性収縮　56
塩ビ系　181

横隔膜　44, 268
嘔吐　270, 329, 343, 347
横紋筋　39
応用行動分析理論　280
応力　195
応力-ひずみ曲線　183, 195
OH スケール　86
大型押しボタン方式　153
大島の分類　275
オーダーメイドフレーム　150
オートパワーオフ機能　392
鬼目ナット　194
オフセット式リクライニング　94, 95, 96, 355
折りたたみ機構　106, 108
折りたたみフレーム　106

■か
カーシート　164, 356
下位運動ニューロン　209
回外　52
外後頭隆起　36
外肛門括約筋　47
介護ベルト　381
介護保険制度　13

介助者　95, 102, 378
介助用　97, 102
回旋　52
外旋　51
回旋変形　233
回内　52
臥位評価　305
潰瘍　87
外肋間筋　267, 268
蛙様肢位　80
下顎の後退　233, 263, 274, 332, 347
下気道　260
過緊張　70, 96, 166, 334, 377
覚醒状態　276
過充電　161
ガスシリンダー・ロック　96, 190
ガススプリング　96, 109, 293
カスタムメイド　289
下制　52
仮性肥大　218, 315
下腿　49
下腿支え　99, 348, 359, 374
下腿三頭筋　43
片手足駆動　211
片手片足駆動　297
片手駆動式　102
片麻痺（者）　104, 210, 297, 303
滑車　55
カットアウトテーブル　100, 369
構え　5, 67, 344
仮面様顔貌　222
過用症候群　294
仮合わせ　27, 290, 370, 376
簡易圧力測定　251
簡易形　144, 149
感覚過敏性　81, 280
感覚障害　248, 300, 310
感覚神経　33
感覚調整障害　278
感覚統合　278

399

眼瞼下垂　223
寛骨　35, 36, 37
関節拘縮　24, 86, 253, 294

気管切開　169, 265, 274
起始　42
基準応力　183, 196
拮抗筋　42
機能材料　177
機能障害　283
逆流性食道炎　319
キャスタ　102, 110, 113, 149
キャスタオフセット　112, 114, 135
キャスタ角　112, 114, 134
キャスタ軸　110, 114
キャスタシミー　114, 135
キャスタトレール　112, 114, 135
キャスタフラッタ　114
ギャッジアップ　255, 300
CAD　355
キャンバ角　112, 123, 134
キャンバ・スラスト　123, 134
吸引器　171, 348, 355
QOL　6, 19, 79, 213, 249, 283
求心性収縮　56
急性期　300, 308
休息姿勢　72, 94, 145, 146
胸郭　34, 37
驚愕反応　81
胸鎖乳突筋　40, 43, 262, 267
胸椎　35, 36
胸腰髄損傷　211, 309
拳上　52
巨頭　231, 331
許容応力　185, 197
起立性低血圧　146, 211, 270, 294, 329
筋萎縮　212, 294, 315
筋活動　43, 81, 228
筋緊張　224, 262, 268, 305, 394
筋持久力　225
筋ジストロフィー　94, 158, 165, 315
筋パワー　225
筋腹　42

筋力　225
筋力低下　94, 209, 212, 217, 219, 226, 273, 283, 294, 315, 327, 394
クイックリリース　390
空間知覚　59
空気圧　138
空気量バルブ調節式　250, 313
屈曲　51
クッション材　177, 180
駆動効率　212, 311
駆動操作性　105
駆動方式　147
駆動方法　102
駆動輪　102, 113
グラスゴーの昏睡尺度　282
車いす・シーティング　31, 182, 209, 255, 303
クロスブレース　106

ケアプラン　302, 304
ケアマネジャー　13, 26, 255
痙縮　57, 224, 394
頸髄損傷（者）　94, 158, 211, 308, 310
痙直型　214, 262
頸椎　35, 36
頸椎症　315, 321
頸椎症性脊髄症　214
茎突咽頭筋　273
ゲル　250, 288, 313, 319
腱　42
減圧　84, 249, 251
肩甲骨　34, 37
肩甲骨の下角　37
減速度　128

高位頸髄損傷（者）　310, 313
効果予測　304, 343
交感神経　33, 230
後弓反張　80, 243
後座高　111
高次脳機能障害　210
抗重力姿勢　5, 57, 58, 64, 220, 268, 271, 316
抗重力伸展活動　63, 70

拘縮・変形　80, 97, 219, 231, 287, 288, 330, 341
剛性　108, 134, 139
合成樹脂立体構造体　180
合成繊維　181
合成繊維立体構造体　179
強直　79, 245
喉頭蓋　46, 263
喉頭気管分離術　265, 274
喉頭摘出術　265, 274
広背筋　41, 43, 267, 268, 311
合板　185
降伏点　183, 196
後方介助　381
後方脱臼　239, 332
後輪駆動式　105
後輪駆動方式　147
後彎　37, 57, 80, 94, 234, 268, 271, 295, 307, 331
誤嚥　45, 70, 166, 262, 265, 272, 328, 341, 394
コーナリング・フォース　122, 133
小型押しボタン方式　153
小型ジョイスティック　152, 157
股関節脱臼　79, 166, 239, 332
呼吸器　43
呼吸不全　269, 270
固縮　57, 224
骨格筋　39, 42, 56
骨粗鬆症　234
骨盤　37
骨盤（の）回旋　239, 242, 285, 294
骨盤（の）傾斜　73, 249, 285, 295
骨盤（の）後傾　65, 228, 295, 307, 367
骨盤（の）前傾・後傾　73, 228, 285
骨盤前傾　228
固定式フレーム　106
Cobb 法　235
ゴムスポンジ　179
誤用・過用　377
誤用症候群　294
転がり抵抗　105, 128, 139
混合型　214

索引

コントローラ　159

■さ
座位移乗　379
座位可能　247, 298
座位時間　24, 248, 252, 257
最大駆動力　132
サイドガード　113, 119
サイド・フォース　122
座位能力　225, 247, 283, 299
座位バランス　61, 237, 307, 308
座位不能　247, 298
座位変換機構　145
座位保持装置　6, 8, 21, 93, 225, 233, 239, 249, 283, 288, 369
座位補助具　299
坐骨　35, 37
坐骨部　50, 96, 228, 295, 309
坐骨結節部　84, 251, 255, 303
差尺　300
座面　95, 98, 348, 355, 359
座面昇降機構　109
座面昇降式　109
左右軸　51
三角筋　40, 43
酸素ボンベ　170, 348, 355
残存機能　211, 307, 311

GER　67, 73, 235, 261, 270, 271, 329, 341, 343, 347, 372, 377
GERD　267, 268, 271
シーティング　6, 24, 58, 81, 83, 209, 247, 277, 293
シーティングエンジニア　6
シーティングエンジニアリング　6
シーティングフレーム　150
シート　37, 95, 98, 113, 348, 355, 359, 361, 362, 373, 374
シートパイプ　292
シート張り調節型　98, 288, 359
弛緩　57, 224
支持基底面　50
支持部　97, 288, 347, 355, 359, 369, 371
矢状面　51, 57

ジストロフィン　218
姿勢の決定　342, 344
姿勢不安　278
姿勢変換機構　107
姿勢変換機能　97, 103
姿勢保持　7, 67, 93, 150, 163, 209, 220, 288, 341
姿勢をマネジメント　291
自走用　97, 102
失禁　46, 253
シムス（の姿勢）　72
車軸前後位置　111
車輪アライメント　133, 139
車輪と車軸　55
シャルピー衝撃値　197
シャワーキャリー　164, 386
シャント感染　218
シャントチューブ　231
従重力姿勢　5
重症心身障害　275
重心　50, 128, 137
重心線　21, 24, 50, 228
集成材　185
従来式リクライニング　95
修理　98, 394
重力不安　279
手根管症候群　212
樹脂　114, 186
主輪　102, 113, 115
循環器　44
除圧　84, 248, 308, 312
除圧性能　313
除圧動作　212, 312
ジョイスティック　97, 155, 157
ジョイスティック方式　151
試用（評価）　150, 290, 305, 375
上位運動ニューロン　209
障害者自立支援法　9, 10
障害者総合支援法　9, 10, 25, 27
消化器　45
使用環境　22, 283, 289, 344, 348, 354, 391, 394
上気道　260
衝撃試験　197
昇降型　95, 96
昇降機構　103

上後腸骨棘　35, 285, 295
上肢機能　283, 288, 291, 309
使用者　6, 22, 102, 144, 378
上前腸骨棘　35, 74, 239, 285, 295
常同行動　81, 278, 280
静脈　45
静脈血　43
正面移乗　382
使用目的　21, 93, 283, 288, 291, 342, 354
上腕　49
上腕三頭筋　41, 43, 56
上腕二頭筋　40, 43, 56
褥瘡　24, 82, 180, 211, 247, 288, 295, 308, 310, 313, 330
褥瘡対策指針　247
褥瘡予防　24, 83, 247, 251
触覚防衛　278
ショックアブソーバ付キャスタ　114, 388
処方　26, 27, 109, 165, 283, 289, 291, 341, 370, 376, 394
処方チーム　370, 376, 394
処方の目安　288
シリコーン樹脂　188
自立移乗　379
自律神経　33, 230
自律神経過反射　211
シルバーカー　167
シングルブレース式　106
神経系　31
人工呼吸器　169, 212, 219, 315, 325, 348, 355, 391
浸出液　88
身障者用便座　313
靱帯　38, 79
身体拘束　22, 294, 301
身体障害者更生相談所　9, 25, 27, 251, 291
伸展　51
真皮　87
新方式リクライニング　95, 96, 355

随意筋　39
垂直軸　51

401

水頭症　221, 231, 331
水平面　51, 58, 346
スイングアウト(式)　296, 300, 312
スーパインボード　70, 165
スキャン選択方式　153, 157
スタンディング機構　147
スタンディングフレーム　69, 165
スタンドアップ機構　103
スタンドアップ式　109
スタンドアップ式車椅子　109, 314
ステンレス(鋼)　93, 116, 183
滑り座り　57, 248, 294
滑り止め　117
スポークカバー　121
スライディングシート　379
スリング機構　292
スリング式シート　293, 355
寸法基準点　111

正座　6, 71, 228
製作目的　22
正常圧水頭症　221
正常発達　58
正中位　67, 286
正中線指向　59, 80
制動ブレーキ　115
清明度の低下　281
脊髄　33
脊髄空洞症　217
脊髄係留症候群　218
脊髄損傷(者)　165, 211, 252, 306
脊柱　36, 233
脊柱起立筋(群)　41, 43, 51, 70, 210, 228, 268
脊柱変形　79, 94, 235, 268, 290, 343
背座角度可変型　93
背座角度固定型　93
舌根　262, 272, 274, 347
接触圧　249, 252
摂食・嚥下　45
摂食機能　61, 277
背もたれ　93, 98, 348, 355, 359

遷延性意識障害　223
全介助移乗　381
旋回性能　134
旋回半径　105, 137
前額面　51, 58, 346
前脛骨筋　41, 43
前傾前受け型　95, 96, 288
前後軸　51
仙骨　35, 36
仙骨座り　57, 95, 248, 294, 377
潜在性二分脊椎　217
前座高　111
仙髄　47
尖足　246, 305, 333
sensory diet　280
sensory needs　280
選択的後根切断術　215
剪断応力　82, 251
全長　107, 112, 131
蠕動運動　47
セントラルファブリケーション　362
仙尾骨　249, 307, 313
全幅　112, 134
浅部肛門括約筋　47
前方介助　381
全方向車輪(オムニホイール)　149
前方除圧　249
前方脱臼　241, 332
前輪駆動式　105
前輪駆動方式　148
前腕　49
前彎　37, 57, 233, 264, 268, 307, 331, 345

走行効率　121, 128
走行設定プログラマ　155
走行耐久試験　197
走行抵抗　128, 141, 142
操作装置　151, 157
操作負担　126, 130, 140, 142
操作ボックス　155, 159
僧帽筋　41, 43
側臥位　71, 166, 273
足底　49

側彎　58, 79, 94, 166, 235, 268, 308, 330, 345, 346
阻血性障害　82
粗大運動能力分類システム　215
側屈　52
外がえし　53

■た
体圧分散　94, 250
体圧分布　241
体位　5, 67, 344
第1の梃子　54
体位変換　85, 253, 297
体温調節　275, 306, 330
大胸筋　40, 43, 267, 268
第3の梃子　55
体循環　45
耐衝撃性試験　197
体性神経　33
体側サポート　237, 317, 366
大腿　49
大腿四頭筋　39, 43, 78, 228
大腸反射　47
大臀筋　39, 41, 43, 75, 228
大転子　35, 38, 84, 95, 241, 249, 296
第2の梃子　55
ダイヤルロック　190
耐力　183, 196
唾液(の)誤嚥　166, 265, 273, 328, 341, 347
惰走期　128
脱臼　38
縦弾性係数　196
立膝　6
Wナット　194
ダブルブレース式　106
ダブルリクライニング式　94, 96
端座位　5, 64, 247
炭素繊維強化プラスチック　188
断面二次モーメント　198

チアノーゼ　270, 328
チームアプローチ　25, 251
力感知方式(フォースセンサ)　153, 157

恥骨　35, 37
恥骨直腸筋　47
チタン　115, 184
チタン合金　116
知的障害　81, 277, 287
遅発性ウイルス感染　222
駐車ブレーキ　115
中枢神経　31, 294
中輪駆動式　105
中輪駆動方式　149
腸骨　35, 37
長座　6, 70, 229
腸腰筋　39, 51, 74, 228, 333
直腸－肛門角　47
直立位　50, 69, 165
直角移乗　212
チンコントロール　212

椎間板　36
椎骨　36
対麻痺　211
通気性ポリウレタンフォーム　180
爪付Tナット　194

低緊張　213, 227, 262, 327
低座面　104
停止　42
ティッピングレバー　113
低反発ウレタンフォーム　180, 288, 373
ティルト機構　21, 24, 103, 108, 146, 189, 293
ティルト式　95, 108, 288
ティルトテーブル　70, 165
ティルト・リクライニング機能　300, 304, 310
ティルト・リクライニング式　108, 288
テーブル部　100, 369
手押しハンドル　102, 113
適合判定　26, 290
梃子　54
デスクアーム　312
鉄鋼材料　183
手の常同運動　222

デュシェンヌ型筋ジストロフィー　218, 227, 229, 233, 243, 315, 323, 325
てんかん　215, 275
点滴ポール　171, 348
電動駆動装置　149
電動車椅子　8, 93, 96, 144, 288, 310, 391
転倒転落事故　297
転倒防止　106
転倒防止装置　120, 388
電動リフト　386
天然繊維　181

トイレットチェア　163
トウ・アウト　112, 133
トウ・イン　112, 133
頭蓋骨　36
トウ角　112, 133, 142
等尺性収縮　57
等張性収縮　57
疼痛　81, 216, 289, 315, 327
登攀性起立　218
頭部支え　99, 345, 359, 365, 374
動脈　45
動脈血　43
動脈血中酸素飽和度（SpO$_2$）　166, 170
動揺性歩行　218
トグル機構　116, 201
突進現象　222
トランスファー　296, 355
トランスファーボード　120, 379
トレーリングポジション　114

■な
内肛門括約筋　47
内旋　51, 333
内転筋　43, 239, 242, 332, 333
ナイロン　179, 188
ナイロンナット　193
ナット　192
斜め前方移乗　383
鉛蓄電池　160
難病　209

二関節筋　43, 287
肉芽　88, 258, 265, 271
二次障害　8, 126, 209, 212, 291, 294, 314, 377
二次電池　160
日常生活用具　10
日常生活用具支給制度　10
日内変動　248
ニッケル水素電池　161
ニット　181
日本感覚インベントリー　276
日本式昏睡尺度　282

ねじ　191
熱可塑性樹脂　186
熱硬化性樹脂　186

脳　31
脳室周囲白質軟化症　213
脳性麻痺　63, 94, 157, 165, 213, 229, 235, 239, 291, 314
囊胞性二分脊椎　217

■は
パーキンソニズム　221
背臥位　71, 166, 262, 270
敗血症　252
肺循環　45
排泄管理　46
排尿反射　47
パイプフレーム　292
肺胞　43
廃用症候群　83, 294
銅　183, 195
バギー　103
バクロフェン髄腔内投与療法　215
バスチェア　163
バックサポート　5, 37, 93, 98, 102, 113, 345, 348, 355, 359, 360, 373, 374
バックサポート角度　103, 107, 111
バックサポートパイプ　102, 105, 293
発達支援　217

バッテリ　160
ハムストリングス　39, 43, 77, 228, 246
ハムストリングス（の）短縮　70, 97, 249, 290, 295, 304, 333, 344, 374
張り生地　181
張り調整（式）　98, 313, 353, 356, 359
パルスオキシメータ　170, 269
パワーアシスト　103
半介助移乗　381
ハンドリム　102, 113, 116
ハンドリム取付間隔　111, 116
ハンドル形　145
反力　110

PSIS（上後腸骨棘）　25, 285, 295
BFO　213
皮下組織　87, 253, 287, 300
尾骨（部）　35, 36, 84, 257, 295
膝立位　70, 165
非侵襲的人工呼吸（療法）　212, 219
ひずみ　195
非接触空間操作方式　153
非対称の姿勢　297
引張り試験　195
非鉄金属材料　183
皮膚（の）湿潤　83, 85, 253
皮膚損傷　88
皮膚耐久性　249
標準形　103, 145
平織り　181
披裂喉頭蓋ヒダ　264
披裂軟骨　263
疲労　64, 71, 72, 79, 93, 230, 293, 306, 310, 377
疲労限度　196
疲労試験　196
疲労性骨折　217

フォーム・イン・プレース　364
フォームラバー　179
フォローアップ　27, 291, 393
腹圧　47, 270

腹臥位　71, 166, 262, 273
副交感神経　33, 230
福祉用具　8, 11, 13, 20, 25
腹直筋　43
腹部の圧迫　67, 94, 269, 377
不顕性誤嚥（silent aspiration）　273
浮腫　86, 253
不随意筋　39
不随意動作　155, 157
負担率　140
フックの法則　196
プッシュアップ（push up）　212, 252, 311, 380
プッシュ・プル・ゲージ　132
フットコントローラ　154, 158
フットサポート　97, 100, 113, 118, 155, 246, 296, 348, 355, 359, 367, 374, 379
フット・レッグサポート　104, 113, 117, 145
プラスチック　181, 186
プラットフォーム　247, 300, 303, 343, 344, 349, 362
フラップバルブ・メカニズム　48
不良姿勢　248, 290, 297, 300
ブレーキ　113, 115
ブレーデンスケール　84
フレックス構造　96
プロンボード　69, 165

平面形状型　98, 288, 359, 360
ヘッドサポート　36, 99, 231, 265, 345, 359, 365, 374

ホイールベース　107, 112, 137
ポケット　87, 258
歩行器　167
ポジショニング　7, 308, 343
ポスチュアリング　7, 68
補装具　9, 10, 26, 27
補装具費支給制度　9, 10
発赤　88, 250, 343
Hoffer（の）座位能力分類　225, 247, 256, 298
ボツリヌス毒素（療法）　215, 232

骨突出（部）　84, 253, 288
ポリアミド　188
ポリウレタン系　181
ポリウレタンフォーム（ウレタンフォーム）　98, 177, 250, 288, 361
ポリエチレンフォーム　178
ポリスチレンフォーム　178
ボルト　191

■ま
曲げ応力　198
曲げ剛性　198
摩擦力　125
末梢神経　33
マット評価　257

無垢材　185
胸ベルト　101, 234, 317, 323, 372

メカニカル・ロック　96, 189, 293
目と手の遊び　62
メモリ効果　160
メンテナンス　291, 376, 393

モーメント　122, 195
モールド型　98, 288, 359
モールドバッグ　166, 362
木材　184
モジュラー式　103, 109, 255, 289, 299, 303, 370, 393
モラル　395

■や
薬剤多用　294
ヤング率　196

有限要素法　201
Uナット　193
床座位　5, 70, 228

よい姿勢　24, 64, 278
腰椎　35, 36
腰椎前彎　37, 57, 73, 228
余暇活動　290

抑制　302, 304
横移乗　379
横座　6
横滑り角　122, 133
四つ這い位　166
四輪駆動方式　148
4輪構造　102

■ら
ライフスタイル　290
ラテックスアレルギー　218

リクライニング機構　24, 103, 107, 145, 189, 293
リクライニング式　93, 107, 258, 288
リクライニング・ティルト機構　146
リクライニング・ティルト式　96
リジッドタイプ　378
離床　169, 302
離床時間　304
離床プログラム　253, 258
リスクマネジメント　259
リチウムイオン電池　162
立位移乗　378
立体メッシュ　181
リハビリテーション　6, 19, 252
リフト　381
リフト機構　147
両片麻痺　304
両麻痺　214, 304
リラクゼーション　22, 264
リンク機構　104

輪状咽頭筋　272, 274

レッグサポート　99, 113, 119, 145, 246, 348, 359, 374, 378
レバー駆動式　104
レバー状スイッチ操作方式　152, 157

6輪車椅子　137, 311
6輪構造　148
肋骨　35, 37
肋骨挙筋　267, 268
肋骨隆起　236, 316
ロボットアーム　189

■わ
割座　6, 71, 228

監修者および編集委員

監修
澤村誠志　　兵庫県立総合リハビリテーションセンター名誉院長／神戸医療福祉専門学校
医師　　　　三田校校長

伊藤利之　　横浜市リハビテーション事業団顧問
医師

編集委員長
木之瀬隆　　NPO法人日本シーティング・コンサルタント協会理事長
作業療法士

編集委員
内田充彦　　神戸医療福祉専門学校三田校義肢装具士科学科長
義肢装具士

大塚　博　　人間総合科学大学保健医療学部リハビリテーション学科義肢装具学専攻准教授
博士（工学）、義肢装具士

岸本光夫
作業療法士

繁成　剛　　東洋大学ライフデザイン学部人間環境デザイン学科教授
リハビリテーション工学士

田中　理　　横浜市リハビリテーション事業団顧問
リハビリテーション工学士

松枝秀明　　日本車椅子シーティング協会
シーティングエンジニア

高橋良明　　同　　上
シーティングエンジニア

渡部憲士　　同　　上
シーティングエンジニア

編集協力
水口文洋
海上保安大学校

一般社団法人日本車椅子シーティング協会
Japan Association of Wheel chair and Seating (JAWS)

日本車椅子シーティング協会は、心身に障害があるため、活動にあった姿勢を自立してとることが困難な方に、快適に座れる用具（車椅子、電動車椅子、姿勢保持具など）を提供し、その用具が安全に使える環境を整備することで、使用者とその周囲の方々のQOL（Quality of Life：クオリティ・オブ・ライフ）向上に貢献することを目的に2007年5月に設立された団体です。

また、協会ではシーティング技術の普及・向上を目的とした講習会を開催しています。2010年からは「シーティングエンジニア」の資格認定も行っています。

〒105-0014　東京都港区芝2-2-12　ローヤルマンション金杉301
Tel：03-6435-0365/Fax：03-6435-0366
URL ● http://www.j-aws.jp

車いす・シーティングの理論と実践

2014年4月30日初版第1刷発行
2017年3月30日初版第2刷発行
2020年3月10日2版第1刷発行

監修　澤村誠志／伊藤利之
Ⓒ 編者　一般社団法人 日本車椅子シーティング協会

発行所　株式会社はる書房
〒101-0051　東京都千代田区神田神保町1-44　駿河台ビル
Tel.03-3293-8549/Fax.03-3293-8558
振替 00110-6-33327
http://www.harushobo.jp/

落丁・乱丁本はお取り替えいたします．　印刷　中央精版印刷／組版　閏月社
©JAPAN ASSOCIATION OF WHEEL-CHAIR AND SEATING, Printed in Japan, 2014
ISBN 978-4-89984-138-8 C0047